中国年鉴资源全文数据库

中国妇女研究年鉴

（2006~2010）

ALMANAC OF CHINESE WOMEN'S STUDIES

(2006-2010)

全国妇联妇女研究所　编

主　编　肖扬　姜秀花
副主编　宓瑞新　史凯亮

社会科学文献出版社
SOCIAL SCIENCES ACADEMIC PRESS (CHINA)

编辑委员会

主　编：肖　扬　姜秀花
副主编：宓瑞新　史凯亮

编　委：（按姓氏笔画排列）

丁　娟　方　刚　王金玲　史静寰　乔以钢
刘伯红　刘　兵　刘利群　刘　霓　佟　新
吴　菁　张李玺　李小云　李明舜　李银河
杜芳琴　杜　洁　杨菊华　肖　扬　肖　巍
季仲赟　郑真真　金一虹　侯　杰　姜秀花
段成荣　贺燕蓉　蒋永萍　谭　琳　潘锦棠
薛宁兰

编　辑：（按姓氏笔画排列）

王庆红　史凯亮　吴　菁　李线玲　李海燕
宓瑞新　姜秀花　贺燕蓉　高　倩

目 录

研究综述

研究成果选介

研究机构和组织、学术活动、学者简介

附 录

前　言

《中国妇女研究年鉴》由全国妇联妇女研究所组织编写，是全面反映中国妇女/性别研究进展的专业文献书刊，也是妇女/性别研究的工具书。《中国妇女研究年鉴》自 1995 年以来，以五年为一个周期，已连续出版三卷。《中国妇女研究年鉴（2006～2010)》是第四卷。

一　编纂目的

为保证《中国妇女研究年鉴》的学术性、原创性和权威性，全国妇联妇女研究所邀请部分全国妇女/性别研究领域的权威专家组成《中国妇女研究年鉴》编辑委员会，组织近年来在妇女/性别研究各领域较为活跃的学者撰写研究综述，并依托全国妇联妇女研究所信息中心、中国妇女研究会办公室、《妇女研究论丛》编辑部搜集整合近年来妇女/性别研究领域的研究文献和研究机构信息，力求全面反映 2006～2010 年中国妇女/性别研究成果，努力使本年鉴成为对各级政府决策部门、妇女/性别研究机构以及妇女工作者兼具研究和资料价值的工具书。

二　主要栏目及内容

《中国妇女研究年鉴（2006～2010)》的栏目基本与前三卷保持一致，设有"研究综述""研究成果选介""研究机构和组织、学术活动、学者简介"及"附录"四个栏目。本卷年鉴的"2006～2010 年中国妇女/性别研究概述"对这五年中国妇女/性别研究的概况、特点、主要研究进展及不足进行了较为整体和全局性的回顾与总结，并对未来发展进行了展望。

"研究综述"栏目是本年鉴的重点部分，主要是对中国妇女／性别研究各领域和各学科的研究进展进行系统总结，除"概述"外，包含"妇女／性别专题研究综述"和"学科建设研究综述"两个子栏目。根据2006～2010年妇女／性别新的学科发展趋势和研究热点，本卷年鉴的"妇女／性别专题研究综述"部分共设31个专题综述，与第一、第二、第三卷的9个、19个和23个专题相比，有较大幅度的调整。具体而言，本卷年鉴删去了第三卷中的"女性人力资源研究综述"专题；将"妇女人权与妇女法律研究综述"专题改为"女性主义法学研究综述"，并置于"学科建设研究综述"部分；将"社会性别与公共政策研究""流动妇女研究"和"国外女性／性别研究译介"专题分别扩充为"公共政策与公共管理中的社会性别研究综述""受流动影响的妇女研究综述"和"国外女性／性别研究综述"专题；增设了"妇女与社会保障研究综述""农村妇女土地权益研究综述""女性主义艺术研究综述""社会性别视角下的性与身体研究综述""男性气质研究综述""妇女与旅游研究综述""女性生活方式研究综述""性别与空间研究综述""女性高层人才研究综述"及"女性主义国际关系研究综述"等反映新的研究热点的专题。同样，在"学科建设研究综述"部分，本卷年鉴共设13个学科综述，在前三卷的基础上增设了对"社会性别经济学""女性主义法学""女性人类学""女性主义政治学"四个学科的研究综述，删去了"女性研究方法研究综述"，将"中国古代妇女史研究综述""妇女运动史研究综述"及"女性心理学研究综述"分别更改为"古代妇女／性别史研究综述""近现代妇女／性别史研究综述""女性／性别心理学研究综述"。

"研究成果选介"栏目旨在汇集2006～2010年课题／项目、论著以及论文等各类学术成果，为读者提供全面了解这五年妇女／性别研究进展的窗口。本卷年鉴与前三卷保持一致，分为"课题/项目选介""论著选介""论文选介"三个子栏目。其中，"课题/项目选介"介绍了国际及省部级以上的大型课题/项目30个，"论著选介"对国内外影响较大、学术质量较高的50本专著进行了介绍，"论文选介"则筛选了学术影响力较强、被引用频次较高的65篇学术论文。

"研究机构和组织、学术活动、学者简介"栏目主要介绍前三卷未介绍过的或较以往有较大变化的学术研究团体，以及这五年间全国范围内开展的学术交流活动，分为"研究机构和组织简介""学术活动简介"和"学者简介"三个子栏目。本卷年鉴与上卷年鉴保持一致，"研究机构和组织简介"介绍的研究团体和学术机构共计21个，"学术活动简介"则对2006~2010年召开的研讨会和学术论坛进行了介绍。"学者简介"遵循前三卷年鉴选介原则，主要介绍前三卷年鉴没有介绍过的、具有正高级职称并在妇女/性别研究领域有较大影响的32位学者。

"附录"栏目在延续上卷年鉴"附录"内容的基础上，将"论文索引"改为"博士学位论文索引"，并增加了"优秀博士、硕士学位论文获奖名单"，最终形成了包含"论著索引""博士学位论文索引""妇女/性别研究学术刊物及专栏名录""妇女/性别研究网站名录""全国妇联、中国妇女研究会第二届中国妇女研究优秀成果奖、优秀组织奖获奖名单"以及"中国妇女研究会第一届至第三届妇女/性别研究优秀博士、硕士学位论文获奖名单"六部分的附录格局。

三　编纂体例和选用原则

1. 本年鉴"研究综述"栏目所采用文献资料是2006年1月1日至2010年12月31日中国大陆公开出版或内部发行的研究成果（个别例外另做注明）。

2. "研究综述"栏目遵循本年鉴首发原则，是由学者撰写的一次文献，之前协定不发表于任何公开出版物。

3. "课题/项目选介"是以2006～2010年国际、国内、省部级以上课题为重点，兼顾研究选题内容、地域和研究机构分布，并注意民族、代际均衡，最后由年鉴编委会讨论决定。资料来源主要为中国妇女研究会妇女/性别研究基地和各研究中心。

4. "论著选介"栏目的论著筛选主要根据选题、内容、学术质量和社会影响力，注重学术性和创新性，在突出重点和热点研究领域的基础上，兼顾各学科、各民族和代际、性别及累年成果的均衡，尽力展现新领域的学术成果。是否获得省部级奖励也作为考量因素。资料来源以国家图书馆、北京大学图书馆、中华女子学院图书馆和全国妇联妇女研究所信息中心馆藏的中国大陆2006年1月至2010年12月出版的妇女/性别研究专著为主。

5. "论文选介"以论文的学术影响力、被引用频次、被下载频次为主要标准，注重学术性和创新性，在突出重点和热点研究领域的基础上，兼顾各学科、各民族和代际、性别及累年成果的均衡。资料来源以中国知网数据库、万方数据知识服务平台、维普数据库为主，并参考数据库未收录的《新华文摘》《中国社会科学文摘》、《高等学校文科学术文摘》和人大复印报刊资料《妇女研究》以及部分以书代刊的连续出版物，时间范围为2006年1月1日至2010年12月31日。

6. "研究机构和组织简介"对于前三卷年鉴已经介绍过的研究机构原则上不做介绍，但个别变化较大的学术机构和组织除外。资料来源于中国妇女研究会办公室。

7. "学术活动简介"资料主要由中国妇女研究会、全国妇联妇女研究所信息中心和各妇女研究组织提供，也包含从相关报刊、网站等媒介的信息源中筛选出2006年1月1日至2010年12月31日之间开展的、影响较大或有特色的学术活动。

8. "学者简介"主要介绍前三卷年鉴没有介绍过的、截至2010年底具有正高级职称、在妇女/性别研究方面有较多学术成果和较大学术影响力的部分学者。选介的学者以各地妇女研究中心推荐的学者信息为基础，并补充了未推荐地区和学科中有代表性的学者作为候选名单，最后由编委会讨论决定。

9. "附录"栏目中的"论著索引"是在搜集国家图书馆、北京大学图书馆、中华女子学院图书馆和全国妇联妇女研究所信息中心馆藏和部分出版社、图书网上商城书目的基础上，通过参考图书分类号，大致阅读论著内容，根据本年鉴的"研究综述"专题编辑分类而成。"博士学位论文索引"是在中国知网博士论文数据库的基础上，参照上述图书馆馆藏，按照本年鉴的"研究综述"专题和学科分类而成。"论著索引"和"博士学位论文索引"中文献排列顺序也基本参照"研究综述"栏目的专题和学科排列顺序。"妇女/性别研究学术刊物及专栏名录""妇女/性别研究网站名录"是在前三卷年鉴已有成果的基础上，依托《妇女研究论丛》编辑部和全国妇联妇女研究所信息中心，新增了2006～2010年新开办或以前未介绍过的期刊、栏目及网站。"全国妇联、中国妇女研究会第二届中国妇女研究优秀成果奖、优秀组织奖获奖名单"和"中国妇女研究会第一届至第三届妇女/性别研究优秀博士、硕士学位论文获奖名单"由中国妇女研究会办公室提供。

四　致谢

《中国妇女研究年鉴（2006～2010）》的编撰得到国内妇女/性别研究同仁和有关机构的大力支持，我们在此向本卷年鉴所引用的各类文献的作者、资料的提供者、学界同仁、有关协助单位和部门的负责人表示真诚的感谢！各个专题和学科综述撰写工作十分繁重，作者们不厌其烦数易其稿，付出了艰苦的努力。全国妇联妇女研究所各个研究室通力配合，在年鉴综述的撰写和讨论中贡献良多。中国妇女研究会办公室的吴菁、李海燕、高倩同志和妇女研究所信息中心的贺燕蓉、李线玲同志承担了相当多的数据收集和组织协调工作。在谭琳、肖扬同志的直接领导和指导下，《妇女研究论丛》编辑部的姜秀花、宓瑞新、史凯亮同志在方案策划、组织撰写、召开作者交流研讨会、联系作者、收集数据的工作中不辞辛劳，任劳任怨，并各自承担了撰写研究综述、研究概述以及编辑、校对等工作，他们付出了大量的心血，王庆红同志负责全书的排版和部分编务工作。没有这些同志的无私奉献和辛勤劳动，本卷年鉴的组稿和编撰不可能顺利完成。在此，我们对所有年鉴的直接和间接参与者致以最诚挚的谢意！同时，我们也对社会科学文献出版社在本卷年鉴出版过程中给予的大力支持表示由衷的感谢！

2006~2010 年是中国妇女/性别研究不断发展、硕果累累的五年，我们力图在本卷年鉴中全面反映这五年中国妇女/性别研究的进展和不足，但由于组织工作量大面广，我们的力量水平有限，遗漏和讹误在所难免。欢迎广大读者对本卷年鉴提出宝贵的批评和建议，共同推动《中国妇女研究年鉴》以及中国妇女/性别研究的发展进步。

编　者

2015 年 4 月

研究综述

概　述

2006～2010 年中国妇女/性别研究概述

肖　扬　姜秀花　宓瑞新　史凯亮*

2006～2010 年是中国社会发展和妇女运动发展的重要时期。国家经济社会发展"十一五"规划实施，社会主义新农村建设和社会主义和谐社会建设全面展开，党的十七大报告完整提出和阐述了中国特色社会主义理论体系，保障民生、注重公平，成为经济社会发展的主题。

在中国经济社会繁荣发展的形势下，中国妇女迎来前所未有的发展机遇。各级政府推进性别平等与妇女发展的责任意识明显增强，国家"十一五"规划纲要首次将妇女发展纳入并作为国家经济社会发展规划的目标，要求"落实男女平等基本国策、实施妇女发展纲要"，为保证妇女与社会同步协调发展创造了条件；《国家人权行动计划（2009～2010 年）》的实施将妇女人权事业推向新阶段；《中国妇女发展纲要（2001～2010 年）》和《中国儿童发展纲要（2001～2010 年）》的实施和评估，进一步强化了各级政府实施"两纲"的主体意识，"两纲"目标基本实现；《妇女权益保障法》实施办法、《就业促进法》《物权法》等与妇女权益关系密切的法律相继制定和修改，将男女平等基本国策进一步落到实处；党的十七大赋予妇联等人民团体参与社会管理和公共服务的新使命，使妇联组织代表、维护、服务妇女群众的渠道进一步拓宽；妇联组织在源头参与、维护妇女权益方面上取得重要进展；社会性别主流化在各领域进一步推进，使妇女从更加公正的政策、方案和项目中进一步受益；各类妇女组织和媒介也在妇女运动的发展进程中发挥了重要作用。

中国经济社会和妇女运动的发展为妇女/性别研究的繁荣发展带来了丰富的研究议题；富有创新性的妇联、党校、社科院和高校"四位一体"的"妇女/性别研究与培训基地"建设，为妇女/性别研究和学科建设主流化提供了机制保障；

---

* 作者简介：肖扬，全国妇联妇女研究所原副所长、研究员；姜秀花，全国妇联妇女研究所研究员；宓瑞新，全国妇联妇女研究所副研究员；史凯亮，全国妇联妇女研究所《妇女研究论丛》编辑部编辑。

妇女/性别研究广泛的学科分布和多学科、跨学科的知识积累，不断加深研究者对妇女和性别问题的认识和理解，提升了妇女/性别研究在社会科学研究中的地位；中国妇女研究会在促进妇女/性别研究进入国家社会科学研究主流方面的努力取得明显成效，妇女/性别研究条件更加有利，研究成果更加丰厚；配合妇联源头参与形成的大量提案、议案和立法、修法建议被采纳，进一步增强了妇女/性别研究服务于妇联工作和妇女发展实践的积极性和能动性；妇女/性别研究优秀成果奖和优秀组织奖、妇女/性别研究优秀调研报告、妇女/性别研究优秀博士、硕士学位论文评奖机制的常态化，推进了妇女/性别研究理论创新和学科发展，促进了妇女/性别研究队伍的成长壮大；中国妇女研究会和各基地妇女/性别教学研讨和培训工作的制度化、常规化，加强了妇女/性别研究的队伍建设和能力建设，进一步整合了资源，推动了科研和学科建设；活跃的学术研讨和国际交流活动，开阔了视野，凝聚了研究力量，丰富了研究内容；中国妇女研究会的专业委员会和各地团体会员单位、妇女/社会性别学学科发展网络等各研究机构和学术共同体的蓬勃发展，为妇女研究提供了丰富的资源和后备力量；专业性学术刊物的发展为妇女研究成果传播提供了更多交流共享的平台。

一　妇女/性别研究统计性描述

1. 学术论文数量持续增长，质量明显提升

以"妇女""性别""女性"三个关键词对中国知网期刊数据库、会议论文数据库、博硕论文数据库所有学科领域（以下简称"全科"）和哲学与人文科学、社会科学一辑与二辑、经济与管理科学四个学科领域（以下简称"四科"）的论文题目分别进行检索发现，2006~2010年相关研究成果总量远远高于上一个五年（见表1）。

表1　中国知网期刊、会议论文、博硕论文数据库中妇女/性别研究成果统计

单位：篇

论文	"妇女"		"性别"		"女性"	
	2001~2005年 全科/四科	2006~2010年 全科/四科	2001~2005年 全科/四科	2006~2010年 全科/四科	2001~2005年 全科/四科	2006~2010年 全科/四科
期刊	7792/3044	10731/4299	3016/1871	6348/4759	11447/6677	22978/14834
会议	1932/327	2673/343	2384/561	5670/1038	6980/535	12285/919
博硕	214/147	901/613	256/180	1125/900	866/736	3628/3032

在学术论文数量持续增长的同时，学术质量也相对提升。在"四科"中对题目含有"妇女""性别""女性"的期刊论文进行检索，发现 2006～2010 年在人文社科类核心期刊和 CSSCI（中文社会科学引文索引来源期刊）上发表的论文比 2001～2005 年在绝对数量上有较大增长，但在"四科"妇女/性别研究的期刊论文总量中占比未现优势（见表 2）。这与许多非社科核心期刊的涌入及其发文量的增加有一定关系。

表 2 中国知网"四科"妇女/性别研究论文在人文社科类
核心期刊和 CSSCI 发表数量统计

论文	"妇女"		"性别"		"女性"	
	2001～2005 年发表论文（篇）/占比（%）	2006～2010 年发表论文（篇）/占比（%）	2001～2005 年发表论文（篇）/占比（%）	2006～2010 年发表论文（篇）/占比（%）	2001～2005 年发表论文（篇）/占比（%）	2006～2010 年发表论文（篇）/占比（%）
核心期刊	1659/54.5	1857/43.2	1076/57.5	2084/43.8	2810/42.1	4628/31.2
CSSCI	724/23.8	733/17.1	636/34.0	1195/25.1	1484/22.2	1905/12.8

2. 学术著作成果斐然，研究领域不断扩展

通过对国家图书馆、北京大学图书馆、全国妇联妇女研究所信息中心等馆藏图书和相关出版社、网上图书商城等书目的搜索，可以看到，2006～2010 年出版的论著比 2001～2005 年增加了一倍多。总体来看，各学科成果斐然，特别是女性学、女性心理学、女性经济学、妇女法教程、女性社会学教程等学科课程教材以及《20 世纪中国妇女运动史》《中国妇女通史》等重要学术著作的出版，为学科发展奠定了坚实基础。妇女就业、妇女与媒介、反对针对妇女的暴力等传统研究议题的创新发展和女性与空间、妇女与旅游、男性气质等新兴领域研究成果的出现，进一步拓宽了妇女/性别研究空间。国外妇女/性别研究及成果和译著的大量出版，开阔了中国妇女/性别研究的视野。《中国女性文化》《中国女性主义》《社会性别与公共管理》等以书代刊类图书的密集出版，凝聚了研究力量，扩大了妇女研究成果交流平台。

3. 基金支持力度增大，项目成果丰富

在中国妇女研究会的积极推动下，国家社科基金和教育部哲学社会科学研究重大攻关项目对妇女/性别研究重视程度和支持力度明显提高，各省级机构和高校系统对妇女/性别研究的项目资助日益增多。2006～2010 年，国家社会科学基金项目中累计批准立项的妇女/性别研究课题达 88 项，是 2001～2005 年（32 项）的近 3 倍。立项项目由 2001～2005 年的 14 个学科领域发展到 18 个学科领域，其中获得资助最多的是社会学（23 项），其后依次是中国历史（12 项）、人口学（11 项）、中国文学（8 项）。[①] 在教育部"十一五"哲学社会科学研究规划及课题指南中，设立了更多的涉及妇女与性别研究的课题。这五年教育部人文社会科学基金累计资助妇女/性别研究课题高达 721 项（包括一般项目、基地重大项目、重大攻关项目、各类专项及后期资助项目）。此外，国家自然科学基金资助妇女/性别研究课题也有了重大突破，共有 10 个课题立项。

基金项目的增多催生了大批研究成果。在中国知网"四科"中对题目含有"妇女""性别""女性"的期刊论文进行检索发现，2006～2010 年基金论文数倍于 2001～2005 年的基金论文（见表 3）。其中国家级基金论文涵盖了国家社会科学基金、全国教育科学规划、国家自然科学基金、跨世纪优秀人才培养计划、长江学者奖励计划、教育部留学回国人员科研启动基金、国家留学基金、中国博士后科学基金、国家软科学研究计划、高等学校博士学科点专项科研基金、攀登计划、国家科技支撑计划、国家重点基础研究发展计划等 20 余种。联合国人口基金、联合国儿童基金、福特基金会等国际基金组织在支持中国妇女/性别研究方面也做出了重要贡献。

表3 中国知网"四科"期刊论文中基金论文发表数量统计

单位：篇

基金类别	"妇女"		"性别"		"女性"	
	2001～2005 年	2006～2010 年	2001～2005 年	2006～2010 年	2001～2005 年	2006～2010 年
国家社科基金	9	106	11	137	29	195
全国教育科学规划	3	2	9	17	7	10
其他国家级基金	6	24	30	101	23	88
省级和高校基金	5	55	10	68	18	162
国际基金	9	13	8	23	6	14

4. 学术研究机构和组织系统化、网络化建设取得明显进展

据统计，到 2010 年底，除西藏自治区外，全国其他 30 个省、自治区、直辖

① 李海燕：《1993～2012 年国家社科基金妇女/性别研究立项项目分析》，《社会主义文化发展繁荣与性别平等》，社会科学文献出版社，2013。

市和 3 个计划单列市都建立了妇女研究机构和组织，其中北京和上海以其区位优势和妇女研究人才优势，凝聚了 30 多个相关研究机构和组织。到 2010 年，中国妇女研究会的团体会员发展到 112 个，其中妇联组织的妇女学会、研究会、研究所和研究中心 42 个；社科院系统妇女研究中心 9 个；高等院校妇女研究中心 47 个；党校妇女研究中心 2 个；其他妇女研究组织 12 个。①

2006 年，全国妇联和中国妇女研究会与中央党校、中国社会科学院和北京大学等 21 个单位共建"妇女/性别研究与培训基地"，形成妇联系统、党校系统、社会科学研究系统和高校系统以妇女/性别研究力量为主体的"四位一体"的妇女研究网络。在中国妇女研究会的带动下，一些省妇女学会纷纷在本省与有关高校、党校和社科研究机构合作，建立省级的妇女/性别研究与培训基地。

此外，中国妇女研究会妇女教育专业委员会、中国人才研究会妇女人才专业委员会等专业委员会和中国妇女/社会性别学学科发展网络、性别与法律研究网络等学术共同体的建立，使妇女研究呈现出网络化发展的趋势。2007 年 9 月"中国社会学学会女性/性别社会学专业委员会理事会"的正式成立，确立了中国女性社会学作为中国社会学分支学科的学科地位。

妇女/性别研究的组织化、制度化程度明显提高。各个基地与其他妇女研究机构和组织发挥自身优势，积极开展学术研讨和培训，推动男女平等基本国策进入社会科学主流，促进女性学学科建设，配合妇联进行妇女发展的重点难点问题研究，主动开展对外交流与合作等，为妇女/性别研究的繁荣与发展提供了重要的专家资源和智力支持。同时，妇女/性别研究在人文社会科学领域的影响日益加强，在高校系统，妇女/性别研究的教学、科研、人才培养，已成为文科建设的重要内容。

二　妇女/性别研究特点

1. 研究广度和深度有所拓展

（1）研究议题更加广泛，学术空白得到填补。与前三卷相比，本卷《中国妇女研究年鉴》在专题研究综述中涉及的议题显著增多，新的研究议题或以前重视

---

① 顾秀莲:《在中国妇女研究会第三届会员大会上的工作报告》，2010 年 3 月。

不够的研究领域涌现出大量研究成果，填补了这些方面的学术空白或研究不足。例如，受流动影响的女性研究不仅聚焦于农村流动妇女的就业、社会融入以及婚姻家庭、健康问题，而且对农村留守妇女的身心健康和多重角色研究也给予关注。在妇女贫困领域，移民搬迁与贫困、气候灾害与贫困等也成为新的研究议题。在妇女与环境领域，妇女与减灾研究、妇女与绿色消费研究等成为新的热点。

（2）研究内容更加丰富。除新兴研究领域不断丰富学术积累外，在一些传统的、延续性的专题研究领域，也不断出现新的学术生长点。在就业领域，男女不同退休年龄引起的退休政策公平性和对妇女收入与职业发展的影响问题引起广泛讨论。在妇女工作领域，妇联组织参与社会管理和公共服务方面也涌现出大批研究成果。在妇女土地权益保护方面，既延续了以往对法律、土地政策缺陷和习俗作用的关注，也对市场化发育不足、土地制度和财产分配制度的性别歧视等进行分析。

（3）研究更加深入。一是对中国特色社会主义妇女理论和中国妇女运动发展规律的研究成为这一时期的重要研究课题和学术主流的重要组成部分。二是对一些基本概念的梳理体现了求真务实的学风。如关于妇女时间贫困、精神文化贫困等概念的讨论，对男性气质理论的讨论，对家庭暴力的概念化释义，等等，这些都促进了研究的深入。三是一些研究取得突破性进展。如在妇女与科技编年史学方面的系统总结和探讨，从社会性别视角对伊斯兰教和基督教、佛教的重新解读，对中国妇女与基督教关系的研究，等等。四是"眼光向下"成为一种重要的学术品格，一些研究者以参与式的方法体验女性生活，通过观察见微知著，透析微观现象背后的宏观社会结构性特征。如何明洁（2007）对酒店女工群体性别化年龄的考察，潘毅（2007）对国家权力、全球资本主义和父权制与工厂女工的考察，等等。五是研究对象进一步细化。许多领域的学者尝试对不同妇女群体进行分层研究，揭示多元化的妇女生活样态及其处于不同社会境遇的制度性因素和治理方案。

（4）方法更加多元。这五年，除延续以往的文献研究法、比较研究法、定量定性方法、口述史方法、参与式行动研究、参与式观察和田野调查等方法之外，女性主义民族志方法、专家评议法、计量学方法、实验法、心理测试法、个案分析法、地理定位法等都得到灵活运用。另外，跨学科、多学科研究也得到更大发展。

2. 注重研究成果的政策转化，推进男女平等基本国策落实

在推动妇女/性别研究成果的政策转化方面，全国妇联、中国妇女研究会及地方各级妇联和妇女研究组织发挥了重要作用；一些专业性妇女研究机构也密切关注中国相关立法修法进程，在项目实施过程中注重成果的社会转化。

妇联组织和妇女研究会在推动研究成果的政策转化方面，一是推动各级政府将性别平等与妇女发展纳入国家、地区和部门经济与社会发展的"十一五"规划。如，在国家层面，"十一五"规划纲要首次将妇女发展作为国家经济社会发展规划的目标。二是积极探讨如何将妇女发展与性别平等纳入国家社会经济发展进程。2006～2010 年，中国妇女研究会连续几年举办研讨会，讨论如何将妇女发展与性别平等纳入法律政策的制定、实施及监测评估过程。在研讨的基础上，全国妇联妇女研究所研究开发了中国性别平等与妇女发展指标体系，并向政府有关部门提出了将妇女发展和性别平等指标纳入全面建设小康社会指标体系的建议。在《中国妇女发展纲要（2001～2010 年）》中期指标的调整和《中国妇女发展纲要（2011～2020 年）》指标论证中，妇女研究成果都得到充分采纳。三是中国妇女研究会联合妇女/性别研究与培训基地的专家学者，对《妇女权益保障法》《公务员法》《就业促进法》《女职工劳动保护特别规定》《社会保险法》《村委会组织法》《劳动合同法》《物权法》《婚姻法司法解释（三）》《预防和制止家庭暴力法》等近 30 部与妇女权益关系密切的法律提出可操作性的建议，力求将有利于性别平等的条款纳入法律政策。四是各级妇联和妇女研究会积极探索、研究服务于妇联工作和妇女发展实践的新途径，抓住每年"两会"召开的有利时机，就有关妇女发展和性别平等的重点难点问题提出有价值的提案、议案建议稿；密切配合全国妇联的源头参与工作，为扶持城乡妇女创业就业的小额担保贷款财政贴息政策、农村妇女"两癌"检查、提高农村妇女进入村"两委"比例、促进高层次女性人才成长等政策措施提供研究支持。此外，妇女/性别研究成果还经常以《妇工要情》《信息简报》《研究内参》等方式向中央有关部门报送。

相关研究机构在推动法律和政策以及在项目实施中推动成果转化方面，一是通过直接提交意见、建议的方式开展。如，中国社会科学院法学所性别与法律研究中心、中国法学会反家庭暴力网络于 2007、2008 年两次联合向全国人大和全国政协会议提交《关于人民法院审理性骚扰案件若干规定》的项目专家建议案，2010 年中国法学会反家庭暴力网络向"两会"提交关于制定《中华人民共和国反家庭暴力法》的建议等，积极以研究推动对妇女暴力的相关立法与司法改革。二是通过项目研究或干预促进地方实践。如"中国社会性别预算推进/探索/构建"等一系列社会性别预算项目的开展，推动了河南省焦作市、河北省张家口市、浙江省温岭市和广东省深圳市在实践方面取得突破性进展。全国妇联妇女研究所承担的"反对针对妇女的暴力"项目在试点地区浏阳市出台了中国首个反对针对妇女暴力的地方性法规，拓展和深化了当地的反暴力实践。"陕西省农村参政妇女能力建设"（合阳二期）项目的实施，提升了当选女村官的执政能力，将社会性别与善治引入了村务管理及新农村建设。三是高质量的研究成果得到相关部门、机构的重视和采纳。西安交通大学开展的"中国社会政策协调和社会性别平等促进项目"成果得到了国家人口计生委的批示。浙江省社会科学院社会学所承担的"拐卖/拐骗妇女儿童问题研究——以流入地为视角"项目成果《华东五省云南/广西被拐卖骗妇女儿童流入地个案调研项目总报告》获中央领导批示并在学术界引起较大反响，等等。

3. 妇女/性别研究的学科化程度进一步提高

本卷年鉴对 13 个学科领域的研究综述，展示了妇女/性别研究逐渐进入学科主流的大致情况。总的来看，虽然有些学科还处于基础性建构阶段，但学科教育在走向规范化、系统化方面已取得较大进展，课程设置、教材开发、学位教育与人才培养、教学和研究网络/信息平台建设等初步形成了一定的良性机制，促进了妇女/性别研究在主流学界的发展。

（1）课程设置

这五年间，妇女学的主干课程框架已基本成形，并逐步向相关领域发展，形成交叉学科课程。以妇女/女性学概论、妇女/女性学理论、女性主义研究方法、社会性别基础知识、女性/性别社会学、女性文学、女性心理学、妇女社会工作、性别问题研究专题等为主干，妇女学课程已初步建构相关的课程框架，能够为本、硕、博的专业教学提供系统的概念体系、理论框架和研究方法。在此基础上，妇女学一些核心思想和理论已经被引入美学、史学、犯罪学、法学、文学、语言学、民族学、医学、建筑学等学科，一些高校开设了相应的妇女学课程。[①]特别是"四位一体"的妇女/性别研究与培训基地的建立，有力地推动了学科建设。早在 2007 年由 21 个妇女/性别研究与培训基地为主体举办的"妇女/性别教

---

① 王金玲、王平：《从意识觉醒到社会关照：中国妇女学的发展（1995~2011）》，《云南民族大学学报（哲学社会科学版）》2012 年第 6 期。

育与培训机制化发展研讨会"上，各基地汇总形成了包含 551 门课程的妇女/性别教育培训资源库。① 到 2010 年，中国大陆 31 个省区市已有 100 多所高校开设面向专科、本科、硕士和博士各个层次学生的女性学课程，涵盖公共选修和必修、专业选修和必修以及素质教育、博雅课程、通识教育等各类课程充分体现了妇女/社会性别研究多学科、跨学科、跨领域的新发展。

（2）教材建设

2006～2010 年，女性学本土教材的编写工作取得显著成果，有几十部教材面世。普通高等教育"十一五"国家级规划教材《女性文学教程》（乔以钢、林丹娅，2007）入选原国家新闻出版总署"三个一百"图书出版工程。在本土教材开发过程中，相关研究和研讨活动起到了很好的支持作用。如，在此期间召开的全国高校妇女/性别研究与培训基地建设研讨会、妇女/社会性别学课程建设与发展经验研讨会、中国女性文学学术研讨会暨高校女性文学教材建设研讨会等都对教材开发进行了交流和研讨，中国社会科学院法学研究所性别与法律研究中心 2010 年年会也把"性别与法律教材的完善与教材的使用方法""性别与法律教学方法的探索"作为两个重要议题。"妇女/社会性别学学科发展网络"在教学、研究、行动联动的基础上，共资助/收购/开发优秀课程 22 门（包括本科生课程和研究生课程），评选推荐课程两批共 34 门，资助、收购、征集和出版教材与教学参考资料 9 部。

（3）学位教育和人才培养

学位点建设和研究生培养是学科建设的重要目标。2006 年，教育部将女性学列入了本科专业，中华女子学院首次招收 30 名女性学专业本科生。到 2010 年，中国大陆已有 90 所大学和研究院的 83 个硕士学位点和 24 个博士学位点分别招收女性/性别学研究方向的硕士和博士研究生，涉及哲学、经济学、文学、史学、法学、管理学、教育学和医学等多个学科门类。

课程设置和学位教育的发展，促进了师资队伍和妇女/性别研究人才队伍的不断壮大，妇女/性别研究队伍的年轻化、专业化趋势明显。更多地受到良好学术训练的年轻学者的加入，为妇女/性别研究注入了活力。

（4）教学和研究网络/信息平台建设

这五年间，一些以研究课题和项目为纽结形成的跨地区、跨单位的研究网

① 顾秀莲：《在中国妇女研究会第三届会员大会上的工作报告》，2010 年 3 月。

络，或以课程结成的教学网络、专业性学术研讨和课程教学研讨活跃，为女性学教学与科研人员提供了信息交流平台，促进了教学和人才成长。

在加强教学和研究网络／信息平台建设方面，一个重要的力量是来自中国妇女研究会及其建立的 21 个"妇女／性别研究与培训基地"组织的全国性学术活动。在中国妇女研究会每年的学术年会上都专门开设中国妇女／性别学科建设专题论坛，进行多学科、跨学科的研究和教学交流。中国妇女研究会支持的，由北京大学、武汉大学、东北师范大学、中华女子学院和厦门大学等高校牵头建立的全国高校妇女／性别研究与培训基地建设研讨制度已坚持了数年，对促进学科建设发挥了一定作用。中国妇女研究会教育专业委员会也召开不同主题的年会，研讨并编辑出版女性学课程教材，推动妇女学学科建设。许多省区市妇女研究会与高校积极开展合作，推进本地的妇女学学科建设。

另外一个重要力量是来自 2006 年由浙江省社会科学院以"发展中国大陆妇女／社会性别学学科"课题为基础构建的妇女／社会性别学学科发展网络，该网络通过定期的教学研究与经验交流活动，积极开展具有网络特色的行动 - 研究 - 教学三联动课程建设，构建了知识生产、传播、积累、传承的全新机制。该网络还开展中国大陆唯一的全国性妇女／社会性别学科课程评优活动，并组织一些区域性、专业性的学术研讨，活跃了妇女／性别研究与教学。

此外，一些专业学会年会妇女／性别论坛的开设、妇女专业委员会的建立与一些高校的自主性活动，都有助于学科建设进程的推进。如 2006 年后历届社会学年会都设立性别分论坛，历年中国人口学年会和在此期间召开的第七届全国人口科学讨论会（2007）都设有女性人口研究方面的议题，凝聚了人口学领域的妇女／性别研究与教学力量；中国当代文学研究会女性委员会对中国女性文学和高校女性文学教材建设的研讨，促进了女性文学研究的进一步发展；等等。这些都有效地推动了妇女／性别研究在各个学科领域的发展。

三　主要研究进展

鉴于妇女／性别研究的跨学科性和多学科性以及研究议题的多元性，无论依据学科、研究方法抑或研究对象分类，都可能出现偏颇或重复现象，本年鉴在借鉴前三卷年鉴和其他妇女／性别研究的基础上，主要从妇女发展的重要议题研究、有关妇女的法律政策研究、妇女/性别基本理论研究、女性学学科建设研究以及国外妇女/性别研究五个方面对这五年妇女/性别研究做一个简要概述。

（一）妇女发展的重要议题研究

妇女发展的社会议题众多，本部分着重选取妇女就业、参政、教育、健康、婚姻家庭、贫困等与妇女发展关系最密切的几个重大社会议题来反映妇女发展状况，此外，女性高层人才研究也因在这五年中表现突出而被列入其中。

1. 妇女与就业研究①

与 2001～2005 年相比，这五年妇女与就业研究领域不断拓宽，研究内容不断深入，主要体现在以下三个方面。

第一，非正规就业与职业行业性别隔离研究有新的突破。越来越多的研究建立在全国或地方性实证调查基础之上，既有截面数据研究，又有纵向追踪数据研究，无论是对女性整体就业还是对大学生和研究生就业状况的研究都更为深入。通过定量及定性研究，学者们认为女性非正规就业取向明显，在扩大两性收入差距、加剧两性职业技能和职业层次分化、降低女性职业安全和社会保障方面带来不利影响，此外，中国非正规就业者面临社会保障制度障碍、相关法律缺陷、就业市场道德观念缺位等多重障碍。

第二，就业性别歧视的研究更为全面。研究者发现，就业歧视造成了女性经济参与机会不平等、职业地位下沉、劳动权益问题突出、失业率较高、再就业困难。就业性别歧视的表现形式包括就业机会歧视、薪酬歧视、怀孕歧视、晋升歧视、性别隔离和退休年龄及退休金待遇不平等。女大学生就业难是对中国女性整体就业问题的折射，反映了女性就业、参与发展、两性和谐以及社会公平等深层次的社会问题。

第三，收入性别差距与退休年龄问题研究进展明显。研究发现，在过去的 20 年中，性别收入差距显著扩大，市场机制是导致性别收入差距扩大的主要原因，但最近十年来性别歧视已成为更为重要的因素。很多学者认为男女不同龄退休与宪法精神不符、与科教兴国战略相悖，阻碍了养老保险制度的完善和性别平等的进程。对于实施男女同龄退休的必要性研究方面，2009 年全国妇联妇女研究所男女平等退休研讨会分别从人权、财政、劳动社会保障、社会性别和公共政策、人

---

① 详见本年鉴"研究综述"栏目中蒋永萍、杨慧的《妇女与就业研究综述（2006～2010 年）》。

口老龄化及经济发展等不同视角，讨论了实行男女同龄退休的必要性。

2. 妇女参政研究①

首先，这五年中研究对象和研究议题有了进一步的拓展。与上五年相比，研究对象除了传统妇女参政研究所关注的重点人群，如人大女代表、女领导干部、女村官等之外，还涉及了不同地域、民族、年龄和阶层的妇女群体。从研究议题来看，既包括对妇女参政内涵的界定，也包括对妇女参政意义的探讨；既有对妇女参政状况的调查和描述，也有对阻碍妇女参政的原因的分析和总结；既有对妇女参政法律政策的分析和评估，也有对促进妇女参政行动的梳理和总结。

其次，研究角度和方法有新的突破。妇女参政研究领域一些学者开始运用各种理论和框架来深入思考和分析相关问题，研究视角和观点具有一定的创新性。从研究方法上来看，除了理论推演、文献研究、定量和定性调查之外，一些研究者还运用构建模型来分析妇女参政领域的问题。

最后，研究和实践的结合更为紧密。许多研究议题都是从实践需要中产生的，许多项目和工作都是研究者和实际工作者合作开展的。研究成果既推动了实际工作的开展，同时又在实践中得到了总结和提升。

3. 妇女与教育研究②

这五年妇女与教育领域的研究进展主要体现在以下三方面。

第一，国际与比较教育视野下的女性教育理论研究进展明显。学者们不仅以女性主义视角对主流教育进行审视与批判，也着眼于在此基础上建构女性主义教育思想体系。既有从女性主义哲学视角对女性主义教育观的理论和实践进行的全面审视，又有运用女性主义理论探讨学生、教师、教材、教学之间的关系，还有从性别视角对中韩两国的女性教育理念、制度和实践进行的比较研究。

第二，女子教育史研究方法的多元化倾向逐渐显现。2006～2010年，女子教育史尤其是近代女子教育史的研究成果十分丰富，无论是制度史还是思想史研究都取得了新的进展，尤其是女子学校教育、教会女子教育、女子职业教育、妇女社会教育、女子留学与高等教育等领域的研究已经相对成熟，研究者们十分注重研究方法和视角的选取，自觉地运用社会性别视角对近代女子教育的各个方面进行观照，呈现出教育史、社会史和妇女史相互交叉、共同繁荣的局面。

---

① 详见本年鉴"研究综述"栏目中张永英的《妇女参政研究综述（2006～2010年）》。
② 详见本年鉴"研究综述"栏目中史凯亮的《妇女与教育研究综述（2006～2010年）》。

第三，女子高等教育研究成为相对成熟的研究领域。女性高等教育在基本理论问题、女性高等教育的现状及发展、女子高等院校、女大学生、高等院校女教师等研究领域都取得了丰硕的成果，显示出学者们对这一研究领域的极大关注。越来越多的经济学、社会学、心理学、民族学等学科的学者从性别视角对女子高等教育问题进行观照，这一领域的研究广度得以拓展。而随着多学科的介入，研究视野不断开阔，研究方法更加多元，"小题大做"式的研究不断涌现，研究纵深推进明显。

4. 妇女健康研究①

与上个五年相比，妇女健康领域的研究中一些新的研究议题，如本土化的妇女健康促进实践、妇女特别是女大学生/研究生和女教师等高知女性的心理健康问题成为重要研究方向；而多元差异视角，如全球化视角、民族多样性视角、公共管理视角、公共健康伦理视角、文化观察视角等都得到不同程度的关注和运用。基于妇女需求的干预研究和行动研究在艾滋病、生殖道感染、青春期教育等多个领域的开展，赋予了妇女权力，增强了妇女的能力，促进了妇女健康，从而使国家、组织和个人都从先进的生殖健康理念和实践中获得利益，并使这些工作具有了开创性和本土化的意义，创建了不少新的参与性健康促进模式。

5. 妇女与婚姻家庭研究②

这五年来，妇女与婚姻家庭的研究进展主要体现在三个方面：一是城市化与现代化对农村家庭性别分工的冲击引起重视，二是剩女成为婚姻挤压问题中新的研究热点，三是工作与家庭平衡问题的研究更为深入。一些学者指出，流动使得农村家庭出现"离散化"现象，流动带来的个体化和居住模式变化虽然部分改变了家庭权力关系以及性别规范，但家庭父权制在流动中仍然得以延续和重建。虽然剩女议题的社会关注度较高，而相当一部分学者认为剩女是一个伪命题，女性在各年龄组及受教育程度下都基本处于短缺状态。关于"工作与家庭"冲突的原因，有学者指出，人口、家庭的发展与变化趋势总体上加剧了家庭照顾的复杂性和难度，宏观经济政策的改变、公共服务投资的减少、公共服务供给不足、现有的企业政策和文化都不利于劳动者缓解工作与家庭的矛盾和冲突。

---

① 详见本年鉴"研究综述"栏目中姜秀花的《妇女健康研究综述（2006～2010 年)》。
② 详见本年鉴"研究综述"栏目中杨玉静的《妇女与婚姻家庭研究综述（2006～2010 年)》。

6. 妇女与贫困研究①

妇女与贫困的研究进展主要体现在：第一，研究领域得到拓展。以前未曾或较少关注的领域在这一时期都有研究者涉足，如移民搬迁与贫困、气候灾害带来的新型贫困和性别差异化影响。新的边缘状态的贫困妇女人群，如贫困与受艾滋病影响的妇女得到关注，而以社会性别视角探讨全球金融危机如何强化弱势群体的易受损害性也第一次进入女性研究的视域。第二，研究主题更加丰富。女性贫困的代际传递、贫困妇女的精神文化贫困、时间贫困等主题开始得到关注，而分析视角也呈多元样态，如从制度与权利、资源、社会排斥和易受损害性、社会转型和新贫困、日常生活的视角来分析均大大增加了贫困与性别研究的维度。第三，研究框架的初步探索。许多研究已不再停留于对妇女贫困现状的描述上，在建构一个更为复杂、更有解释力的理论分析框架方面做出了有益的探索。多重交叉的视角在揭示社会性别机制与贫困之间的关联，多层变量的复杂分析框架在社会性别敏感的贫困监测系统上的运用也得到了学者们的关注。

7. 女性高层人才的研究②

女性高层人才研究是2006年以来兴起的妇女/性别研究的热门领域，研究成果呈井喷态势，迅速填补了这一研究领域的空白。2006~2010年，在中国知网检索到的女性高层人才研究的文章比1988~2005年的总和还多。这五年来，女性高层人才研究的主要内容包括以下三个方面：第一，女性高层人才现状研究。大多数研究都认为，高层人才中性别比严重失衡，女性在高层人才中比例比男性低。第二，对高层女性人才结构性缺失的因素分析。学者们一般认为教育中的性别隔离和歧视是重要原因，大学教育上存在明显的性别隔离现象，专业训练的过程多由男性主导；媒介宣传上的刻板印象也不容忽视；而工作中的性别歧视又加重了这一现象；受传统性别分工的影响，女性人才更多地承担了子女抚养、家人照顾和日常家务劳动等责任，并形成"劣势累积"；高层人才结构失衡的再生产作用，即现有决策领域中的女性缺位易导致女性的能力与成就难以得到认可，而在资源分配中处于劣势成为进一步强化因素。第三，改善女性高层人才结构的政策与建议。由于女性在高层人才结构中的失衡状况，多数研究认为应通过公共政策来

---

① 详见本年鉴"研究综述"栏目中金一虹的《妇女与贫困研究综述（2006~2010年）》。
② 详见本年鉴"研究综述"栏目中佟新、马冬玲的《女性高层人才研究综述（2006~2010年）》。

改进结构失衡，主要是国家公共福利事业的发展，特别是有关幼儿和养老照料等国家政策会影响女性职业发展，同时要改革不平等的退休政策。

（二）有关妇女的法律政策研究

对现有法律、政策和制度进行社会性别视角的审视和分析不仅是妇女/性别研究十分重要的组成部分，而且有利于改变政策法规中的性别盲视，将社会性别纳入公共政策和法制建设的主流。

与前三个五年一样，妇女的社会保障、妇女的土地权益、反对针对妇女的暴力等议题都得到了研究者尤其是法律学者的积极关注，同时，对现有公共政策的性别分析也得到了延续。总体来看，与上个五年相比，各个议题在研究的深度和广度上都有不同程度的拓展。

有关妇女社会保障研究的进展主要体现在研究立场的转变，更加注重男性参与、源头参与。部分对于生育保障的研究开始关注男性在生育中的角色，提出强化男性生育责任。研究者不仅关注如何在实践中维护妇女的合法权益，而且研究分析现有社会保障制度中存在的性别中立甚至性别歧视导致女性合法权益的损害，积极关注并参与相关法律法规、制度政策的出台，推动将性别视角纳入相关法规。研究不再把妇女仅仅看作生理上的弱势群体给予保护，而是从将男女平等与妇女特殊生理特点相结合的角度，维护妇女的合法权益。如对同龄退休问题的研究，不再仅仅从妇女养老收益受损角度出发建议男女同龄退休，而是从妇女不同龄退休是对妇女就业权的侵害出发，提出要维护妇女就业权，就要实行男女同龄退休。[①]

从对妇女土地权益研究来看，上个五年学者们主要从婚姻流动、30 年不变的土地政策缺陷、法律缺陷与传统习俗的作用等方面论证妇女土地权益缺乏保障的根源，而这五年的研究进一步理清了这一问题，将妇女土地权益缺乏保障的根源归结为以下四点：一是法律漏洞或缺陷；二是土地制度歧视论；三是以财产分配为代表的非成文制度对妇女的歧视；四是市场发育不充分。由于研究的理论基础以法学和社会学居多，对法律政策的缺陷分析较为深入，社会学的实证研究也提供了大量经验证据，因此在如何保障农村妇女土地权益问题上，大多数学者从法

---

① 详见本年鉴"研究综述"栏目中黄桂霞的《妇女与社会保障研究综述（2006～2010 年）》。

律角度提出操作性较强的政策建议，如修正《村民委员会组织法》，增强对村民自治章程和村规民约的审查和制约，以迁徙作为确定土地承包权变化的判断标准来拟定法条；在农村土地集体所有家庭承包经营条件下，在婚姻半径内的村组实行统一的土地承包办法；建立农村妇女救助保障体系，对家庭关系结束、陷入贫困的妇女给予物质救助和法律援助。①

而在反对针对妇女的暴力的研究中，一些实证研究和比较研究对家庭暴力、性骚扰从表现形式到本质、危害等做出了具有中国特色的揭示；对于反家庭暴力、性骚扰立法和司法中的难点（概念、证据规则、责任承担等），学者们做了比较系统的探讨；对于强奸罪立法的性别盲点，结合司法判例，进行了社会性别分析。而围绕热点问题的学术争论是这一阶段研究的重要特点。"人身保护令"的司法改革体现了中国防止家庭暴力理念的重大转变，开辟了国家公权力防治家庭暴力的新途径，学者们也对其给予了充分的肯定。1997年中国修订后的《刑法》将嫖宿幼女的行为从奸淫幼女罪中抽离，作为独立的犯罪。2009年媒体曝光的一系列嫖宿幼女案件，暴露了设立这一罪名的危害，学界再次对它的存废展开争论：赞同取消该罪的学者认为应通过《刑法修正案》的形式废止嫖宿幼女罪，将嫖宿幼女的行为收归强奸罪之下；以奸淫方式嫖宿幼女的，构成奸淫幼女型的强奸罪；对以猥亵方式嫖宿幼女的，应纳入猥亵儿童罪之中。也有一些学者站在立法者一边，从法理角度为嫖宿幼女罪的存在合理性进行辩护。②

2006年以来，现有公共政策的研究仍是诸多研究者所关注的话题，他们在诸如农村中的社会性别问题、社会性别与立法、出生性别比失衡的问题、女性参政议政、社会性别与社会保障等领域引入了社会性别的分析方法，取得了不少实质性成果，而在公共政策的制定、执行过程中如何贯彻社会性别的观点成为越来越多的学者关注的重要方向。学者们提出了更多完善社会性别视角下的公共政策和公共管理的研究思路，如继续推进性别意识纳入决策主流、纠正公共政策执行过程中的偏差、借鉴国外社会性别与公共政策做法等，尤其是妇联组织的作用得到了广泛的认同和重视，这是这五年公共政策领域研究的明显进展。③

---

① 详见本年鉴"研究综述"栏目中商春荣的《农村妇女土地权益研究综述（2006～2010年）》。

② 详见本年鉴"研究综述"栏目中薛宁兰、胥丽的《反对针对妇女的暴力研究综述（2006～2010年）》。

③ 详见本年鉴"研究综述"栏目中张再生的《公共政策与公共管理中的社会性别研究综述（2006～2010年）》。

（三）妇女/性别基本理论研究①②

本文从中国特色社会主义妇女理论、西方女性主义理论两个方面对这五年中妇女/性别基本理论研究进行概述。

1. 中国特色社会主义妇女理论研究

2006～2010 年，中国特色社会主义妇女理论研究主要围绕以下五个方面展开：①中国特色社会主义妇女理论体系概念的提出；②中国特色社会主义妇女理论的研究内涵；③马克思主义妇女理论对中国特色社会主义妇女理论的指导作用；④党的三代领导集体对中国特色社会主义妇女理论体系的贡献；⑤中国特色社会主义妇女理论体系的构建原则。

中国特色社会主义妇女理论体系概念的提出是 2006～2010 年关于中国特色社会主义妇女理论研究的一个重要突破。在 2008 年召开的中国妇女第十次全国代表大会上，全国妇联提出了中国特色社会主义妇女理论体系这一概念。顾秀莲指出这个体系是妇联在总结多年工作经验基础上，逐步形成的一个新构想，要在实施马克思主义理论研究和建设的工程中，努力构建中国特色社会主义妇女理论体系，为妇女运动理论建设提供宝贵经验。研究者普遍认为，中国特色社会主义妇女理论是中国特色社会主义理论的有机组成部分，是马克思主义妇女理论与当代中国妇女运动实践相结合的产物。有学者对中国特色社会主义妇女理论的研究内涵提出了自己的看法，认为中国特色社会主义妇女理论重点回答了社会主义初级阶段中国妇女解放与发展的目标、任务、条件、道路等一系列基本问题，为开创妇女发展的新局面提供了理论指导。学者们还从思想渊源、历史地位和方法论指导等方面系统论述了马克思主义妇女理论对中国现阶段妇女运动的指导作用。党的三代领导集体都注重在社会主义革命和建设进程中发挥妇女的伟大作用，不断促进妇女地位的提高，重视妇女理论研究和妇女解放事业。有学者认为，毛泽东在妇女解放的问题上密切结合中国国情，将中国妇女所受压迫概括为政权、族权、神权、夫权四大枷锁，阐明了中国妇女受压迫根源的多重性；改革开放后，邓小平提出了中国社会主义制度还处于初级阶段的重要理论，为新时期妇女研究

---

① 详见本年鉴"研究综述"栏目中丁娟的《中国特色社会主义妇女理论研究综述（2006～2010年）》。

② 详见本年鉴"研究综述"栏目中戴雪红的《国外女性/性别研究综述（2006～2010 年）》。

奠定了新的认识论基础；党的第三代中央领导集体把握马克思主义妇女理论的精髓，紧扣时代脉搏，紧密结合国际、国内发展趋势，在妇女发展特别是男女平等和妇女权益保护等方面进行了一系列探索和实践，丰富和发展了马克思主义妇女理论，使这一理论具有更鲜明的时代特征。在构建中国特色妇女理论体系过程中应始终坚持以马克思主义为指导，而马克思主义妇女理论中国化的关键是与当代妇女运动实践相结合，同时还要注意借鉴西方妇女运动研究的优秀成果。

2. 西方女性主义理论研究

这五年中，西方女性主义理论研究的发展主要体现在三个方面：第一，对西方女性主义先驱思想的研究进一步深入和系统。第二，在"后"学语境下，对传统女性主义理论的研究呈现出新的面貌，一些新兴研究领域的活力更加凸显。第三，社会性别理论作为一种视角和方法在其他学科和理论研究中的渗透更为深入。

这五年中，对西蒙娜·德·波伏瓦、朱莉娅·克里斯蒂瓦等西方女性主义先驱的研究进一步持续和深化。2008年波伏瓦百年诞辰之际，国内掀起了解读《第二性》、理解波伏瓦的高潮。波伏瓦的自我意识、他者、承认和自由等论题依然得到国内许多学者的研究，同样，关于克里斯蒂瓦的学术理论研究成果也大量涌现。国内学者关注西方马克思主义女性主义对马克思主义的继承和发展。有学者明确指出，西方马克思主义与女性主义的理论结合体现了马克思主义在社会性别视域中的演进与拓展，随着"后"学语境中西方女性主义理论的急速发展，后现代女性主义也得到了国内学者越来越多的关注。苏红军、柏棣主编的《西方后学语境中的女权主义》（2006）对西方女性主义在当代全球化加剧氛围中关注的主要议题进行了梳理，而针对女性主义理论中具体问题的研究也更为多见，如曹剑波对后现代女性主义哲学的知识论问题展开了连续研究。在此背景下，朱迪斯·巴特勒、露丝·伊里加蕾等后现代女性主义思想家的研究也引起学界越来越多的关注。国内学者对其的研究有的聚焦于巴特勒的性别表演理论研究，有的着力于巴特勒的一般理论研究，有的分析了巴特勒的身体观。近年来，在环境问题日益成为关注的热点之后，生态女性主义也随之成为当前女性主义理论中最具活力的流派之一。如果说上个五年是中国生态女性主义研究的兴起阶段，那么这个五年则是中国生态女性主义研究的深入拓展阶段，开始更多地着眼于中国本土实践经验，力求将生态女性主义中国化。在经济学、社会学、心理学、教育学、历史学、哲学等主流人文社会科学研究中，社会性别理论的影响正在日渐凸显。以文学为例，刘思谦认为，性别视角的运用标志着女性文学研究学科化进程中一次静悄悄的学术转型，乔以钢则将"性别"作为文学研究的一个有效范畴看待。除了在传统主流学科渗透之外，女性主义理论与国际关系、传媒、艺术以及科技等交叉学科和研究领域的融合更加快速和直接，并呈现出越来越广阔的生长空间，是这五年女性主义理论发展的重要特点。

（四）女性学学科建设研究

本年鉴学科建设部分从相对成熟的学科和新兴研究领域两个部分加以概述。五年间，中国妇女/性别研究成果相对集中在女性文学、女性史学、女性哲学、女性教育学、女性社会学、女性人口学六个分支领域，究其原因，与这几个学科的学科教育逐步走向规范化、系统化，学术成果的生产和人才培养形成了一定的良性机制，学科发展相对成熟有关。与此同时，女性经济学研究、女性人类学研究、女性与科技研究、男性气质研究等新兴领域以其新颖的视角和富有创新性的研究成果，引起了学术界的重视和关注，显示了其发展潜力。

1. 一些学科稳步推进，主流化程度有所提高

（1）女性文学研究[①]

这五年，女性文学研究的拓展与深化主要体现在三个方面：一是"性别"作为文学阐释的一个有效范畴，被广泛运用于文学研究领域。研究者性别意识的自觉与深化、性别视角与其他分析理论的综合运用，成为文学研究中常见的现象。二是女性文学研究进一步拓展。古代文学领域较前五年研究成果明显增多，一批高质量的专著和论文集相继出版。由于新史料的发现、新视角和新方法的引入，现代文学研究对女作家经典作品的跨学科研究、对男性作品特别是男性作家所塑造的典型女性形象的"再解读"进一步深入，张爱玲研究再度成为热点。空间的敏感和再思、性别与空间迁移的经验成为当代女性写作的新亮点，空间概念被自觉纳入女性文学批评之中，性别问题被更多地放到了与社会空间的关系中去探讨。另外，以性别为中介联结文学与社会历史，对文学话语、文学现象、文学思潮加以重新审视，成为研究中的一个热点。三是研究者具备自觉而鲜明的"理论本土化"意识，更加注重对理论与中国社会文化现实以及文本的民族性、地域性之间的契合度进行辨析，对女性文学研究的资源、方法、主体性问题、本土化问

---

① 详见本年鉴"研究综述"栏目中乔以钢的《女性文学研究综述（2006～2010 年）》。

题、文学史观念问题等目前女性文学研究领域中比较深层次的重大问题进行了深入的探讨，女性主义文学批评理论的适用性和局限性得到进一步探讨和廓清。在文学领域，城市的开放和全球化的推进带动了人们的迁移，同时也改变了人们对故乡/城市空间的感受，性别与空间迁移的经验成为当代女性文学研究中的一个新亮点。

（2）妇女/性别史研究①

其一，新理论的引入、新材料的运用成为妇女/性别史发展的新趋势。权力理论、身体理论、文本分析、历史记忆等新的理论和研究思路被引入妇女/性别史研究中，对睡虎地秦简、张家山汉简、唐代墓志、清代官府文档、法律文书等考古资料和新史料的运用更为自觉，推动妇女/性别史研究走向深入。其二，妇女/性别史研究的视野、空间、深度得到进一步延伸和拓展。在学科方面，性别研究视角被广泛应用到科学史、医疗史、教育史、文化史等领域。在研究对象方面，从少数上层妇女与女性精英人物逐渐转向普通民众，对一些特殊的社会阶层如女工商业者、寡妇、尼姑、女道士、女山人等展开了微观研究。在研究时段、研究区域方面，近现代妇女史的一个趋势是从清末民初逐渐向民国时期拓展；尤为明显的是，有关20世纪二三十年代的研究成果大量出现，集中于对城市所出现的妇女/性别现象——女性自杀问题、生育节制运动、分娩卫生的研究。女性身体史研究、性别与媒介的关系研究成为这五年的研究热点，不仅丰富了妇女史研究的内容，更扩展了传统史学研究的领域。

（3）女性主义哲学研究②

一是对西方经典原著的翻译和解读更为系统化。女性主义政治哲学、宗教心理学、生态伦理学理论，酷儿理论，性别身份理论，被系统介绍到国内，2010年出版的《女性主义哲学指南》，更是从一个宏大的、全方位的哲学场景中展现了当代西方女性主义哲学研究的最新成果。二是对女性主义哲学基础问题的研究呈现深入发展的态势。其一，哲学方法论与认识论持续受到关注。女性主义哲学方法论特征，女性主义认识论演进中的平等认知主体问题、优势认知群体问题、女性经验与知识客观性问题，女性主义认识论的使命及其对知识生产的意义，女性

---

① 详见本年鉴"研究综述"栏目中张菁的《古代妇女/性别史研究综述（2006~2010年)》和侯杰、汪炜伟的《近现代妇女/性别史研究综述（2006~2010年)》。
② 详见本年鉴"研究综述"栏目中肖巍、朱晓佳的《女性主义哲学研究综述（2006~2010年)》。

主义经验论、立场论，女性主义后现代论及其批判困境等成为讨论的热点。其二，伦理学研究本土化趋势明显。女性主义关怀伦理学研究进一步拓展，关怀伦理的视角介入政治哲学、伦理学、教育学、经济学、心理学和建筑设计等领域；针对中国改革开放中出现的各种实践问题，从应用伦理学领域，尤其是运用生命伦理学和生态伦理学等视角研究女性主义伦理学进一步深入。其三，"差异""性别差异"与平等成为讨论的热点。研究者强调女性主义哲学要思考包括多元和差异的体验，把女性和边缘人的利益、体验和话语引入哲学，以开辟平等和公正的思维空间。其四，身体哲学、生态女性主义也受到研究者的关注。这五年，国内学者注重对于"身体""身心关系"和"缘身性"（embodiment）等范畴的研究，批判父权制哲学和社会体制通过对身体范畴的建构维持性别歧视和不平等的性别关系，强调确立女性作为身体及其体验主体的地位，围绕着身体探讨一条通向性别平等和解放的路径。

（4）女性社会学研究①

这五年，女性社会学在以下领域呈现出活跃的景象：其一，女性社会学从描述性研究转向概念和理论建构。一些新的、具有本学科和本土特征的重要概念、理论观点和研究方法被总结提炼出来，② 学科理论体系的构建更为深入和系统。其二，女性社会学学科建设进入制度化和网络化发展阶段。这五年，"中国女性社会学学科化的知识建构"等 23 个课题获得国家哲学社会科学基金立项，中国妇女/社会性别学学科发展网络建立并呈现出网络化发展的趋势，"中国社会学学会女性/性别社会学专业委员会理事会"成立并连续举办中国社会学年会性别研究分论坛，表明女性社会学学科建设、知识建构、学科地位得到国家和主流学界重视。其三，女性社会学在主流社会学中的地位逐渐显现。劳动就业、社会政策、政治权力、家庭社会学研究取得了较大进展，妇女健康、妇女教育、性别文化、社会阶层和地位、环境保护、生活方式、休闲、互联网、女性犯罪等领域受到较多关注，从不同的历史时期和社会事实出发探讨性别问题的女性社会生活史研究新近崛起，并成为女性社会学研究的一个新亮点。

---

① 详见本年鉴"研究综述"栏目中王宏亮、张李玺的《女性社会学与社会工作研究综述（2006～2010 年)》。
② 石彤、王宏亮、李芳英：《学科化知识建构中的中国女性社会学》，《中华女子学院学报》2010 年第 4 期；石彤：《中国女性社会学学科化的本土知识建构的累积历程》，《西南民族大学学报》2010 年第 6 期。

（5）女性人口学研究①

女性人口学研究议题在前五年的基础上更为深入，研究领域不断拓展，主要表现在从社会性别视角进行的女性人口的婚姻与家庭问题研究有了大幅度的增加。已婚妇女自主选择婚居模式、"剩女"、"搭伙夫妻"现象、农村留守妇女的夫妻关系状况成为热点话题。在生殖健康研究方面，女性人口学发展了生殖健康领域的社会性别公平性评价体系，管理者与服务提供者对女性生殖健康的影响受到关注，老年女性和女童成为新的健康关注群体。与教育有关的女性人口研究，与五年前相比，不再仅仅停留在是否存在性别差异的层面，而是更加注重区分不同的教育层级、城乡差别、区域差别等。与这一时期流动人口持续高位和老龄化程度越来越深的宏观态势相契合，学界对人口流动与女性发展、人口老龄化与老年女性等问题的研究得到很大关注。同时，研究者也更为注重把女性问题置于宏观的经济社会环境中，放在可持续发展的大背景下，突出性别问题与宏观制度、微观家庭决策之间的互动；实证资料更加丰富；一些学术成果提出了原创性的理论框架、概念和观点。

（6）女性主义法学研究②

这五年，女性主义法学研究得到全面深入的发展。一是女性主义法学的引入、反思和本土化进一步深入。二是研究的领域进一步拓展。社会性别分析不仅在宪法、刑法、婚姻家庭法、劳动法、诉讼法、国际人权法和法律教育等诸领域展开，还扩展到对国际法、国际经济法和国际贸易法中的基础概念的批判，以及对最惠国待遇原则、WTO原产地规则和WTO农产品协议的性别分析。三是研究的议题不断深入。在法律领域推进社会性别主流化成为这五年的核心议题，法律教育、法律职业中的性别主流化也受到关注，研究涉及教育和法律职业中女性的状况，性别与法律教材的编写与使用方法，教学过程中的议题、方法和策略。与前五年相比，婚姻家庭权利和法律、就业性别歧视、家庭暴力、性骚扰、农村女性土地权益问题的研究数量明显增多，研究角度多元，成为这一时期的研究热点。另外，嫖宿幼女罪成为新的关注点。

---

① 详见本年鉴"研究综述"栏目中杨菊华、张莹、李美玲的《女性人口学研究综述（2006~2010年）》。

② 详见本年鉴"研究综述"栏目中熊赖虎的《女性主义法学研究综述（2006~2010年）》。

（7）女性主义政治学研究①

其一，对西方女性主义政治理论的评介进一步深入。这五年，对女性主义与性别正义的讨论仍在继续，并深入到对中国和谐家庭、家庭正义的追求。女性主义公民资格理论、南茜·弗雷泽的政治哲学成为新的研究热点。其二，在本土研究中，妇女政治参与、妇女组织、性别与公共政策等研究占有重要比例。妇女政治参与问题的研究更为充分。其三，女性主义国际关系研究进展突出。研究的学理化分析程度加强；对国家和国际无政府状态、权力与安全、战争与和平、世界秩序与正义等国际关系学核心概念和议题的社会性别分析在广度和深度上均得到拓展；妇女在战争中的特殊遭遇以及她们在实现和平中的作用，由"慰安妇"引发的对社会性别、民族、国家间关系的思考；全球化背景下跨国公司的性别政治等国际关系中的"妇女问题"研究进展显著，研究者还以女性主义视角研究了中国高校学生的安全观和中国的对外关系，逐步形成了独立的研究体系并达到了一定的规模。其四，在女性主义政治学研究中，发展中国视角的努力开始凸显出来。宋少鹏在《中国女权思想真的被西方理论绑架了吗？（2010）》中对中国妇女主体性与特殊性的探讨就体现了这种努力，这在其他学者的研究中也有所体现。

2. 新兴研究领域快速发展，显示出新的学术发展潜力

（1）女性经济学研究②

这五年，经济学界对社会性别问题的研究以及女性主义经济学研究呈现快速发展趋势。一是对国外女性主义经济学理论、其方法论的特点、其对主流经济学的挑战介绍得更为细致和深入。二是研究内容、研究领域逐渐扩大，从劳动经济学关注的劳动力市场的性别问题，逐渐扩大到公共政策、无偿劳动、时间分配、照料劳动等领域。社会性别预算是这五年研究的一个重点，涉及社会性别预算的概念界定、参与式特征、一般理论、国外的成功模式和案例、在中国推动社会性别预算的试点情况、挑战和发展路径等，对提高公共政策的性别敏感度、增强社会公正具有重要意义。三是中国经济社会转型过程中女性与经济之间的关联成为研究关注的焦点。四是研究方法不断丰富和完善。除了经济学中最常使用的各种定量研究方法之外，逐步采用了女性主义经济学研究中使用的深度访谈、参与观

---

① 详见本年鉴"研究综述"栏目中李英桃的《女性主义政治学研究综述（2006~2010 年）》和胡传荣的《女性主义国际关系研究综述（2006~2010 年）》。

② 详见本年鉴"研究综述"栏目中庞晓鹏、董晓媛的《社会性别经济学研究综述（2006~2010年）》。

察、案例分析等其他社会科学的研究方法。

（2）女性人类学研究①

这五年，女性人类学越来越以一个独立而重要的学科领域出现。其一，与早期侧重概述性不同的是，理论译介更加系统化、前沿化和专业化，尤其是引进了海外的研究个案和专题性研究。其二，研究对象涉及面更广。研究持续了以往对少数民族妇女的关注，农村流动妇女、留守妇女、僧尼、从事性服务的女性、都市女性等女性人群也都被纳入了研究视野。其三，研究主题有更深的扩展，涉及的内容从社会组织到婚姻家庭、从礼仪习俗到性别关系、从情感分析到对策建议。在亲属关系和婚姻家庭领域，研究质疑了对原来父系父权亲属制度、家庭结构及生活于其中的妇女角色的单一理解，提出了新的概念和理解图式。在流动妇女与发展研究方面，主要关注女工与资本机制的关系、她们的反抗策略和主体性，女性性服务者的组织方式及防治艾滋病的应对政策，加深了劳动过程研究与性别视角的结合，突出了女性群体的内部差异。另外，对个人生活和体验的重视也反映在这五年女性人类学的进展中。

（3）妇女与科技研究②

这五年，妇女与科技的相关研究在哲学、历史、社会学等层面取得了较大进展。其一，对女性主义科学哲学家的思想研究更加重视。桑德拉·哈丁、唐娜·哈拉维、海伦·朗基诺、伊夫林·福克斯·凯勒等的科学哲学思想受到较多关注。其二，针对女性主义技术哲学的相关探讨开始增多。除总体性的述评与分析外，还对特定技术领域女性主义研究进行了述评与案例分析。研究涉及计算机与信息技术领域的女性主义研究、赛博空间中的主体技术和性/性别政治、家庭场域中技术与性别的关系。其三，妇女与科技的历史研究有了突破性进展。理论研究重点放在对女性主义科技史的编史基础、编史原则、编史方法、史学观念等问题的探讨上，相比之前，在广度和深度上都有很大的拓展和提高；案例研究方面，在研究对象上突破了单纯的科技女性主体，将目光投向了科技领域性别政治的各个方面，具有较强的社会性别视角和学术批判性。其四，科技实践领域的性别差异依然是这五年的一个研究重点。研究者考察了中国女性科学家群体状况、妇女在中国科技发展中的地位及面临的机会与挑战，主要关注了性别比例结构、

---

① 详见本年鉴"研究综述"栏目中李霞的《女性人类学研究综述（2006～2010年）》。

② 详见本年鉴"研究综述"栏目中章梅芳、刘兵的《妇女与科技研究综述（2006～2010年）》。

专业分工、职称、薪酬及所获科研资助、科学素养水平等方面的性别差异。另外，倡导科技政策和科技教育性别主流化的文献有所增多，并开始注重借鉴国际相关制度与办法。

（4）男性气质研究①

这五年，中国男性气质研究从无到有，发展迅速。其一，男性研究主要在文学、影视、传媒、教育、社会学等领域展开。媒体、广告、文学方面的男性气质研究占 70%以上。其二，研究内容丰富、深入，中国本土的男性气质理论框架构建取得重要进展。男性气质的形塑，主流男性气质的变迁，战争与男性气质的关系，男性性工作者男性气质建构，男性、国家形象和男性气质之间的关系，男性气质的文化符号表象及其背后的规范、话语、权力、资本运作等得到深入分析，展示了对男性气质理解的复杂性，提出男性气质多元实践的论述。其三，男性研究与女性主义的关系得到深入探讨，其重要性、立场定位以及策略日益清晰。普遍性的认识是，男性研究必须在女性主义社会性别平等的视野下进行，同时又要发展出属于自己的性别政治；男性研究应把男性经验放在性别结构中去理解。其四，改造男性气质，促进男性参与是这五年的一个亮点。男性研究对教育、家庭领域、生态文明建设的变革作用受到重视。

（5）性别与空间研究②

其一，较之前五年，性别与空间研究视角深入众多学科领域，性别与空间维度正被越来越多的研究者自觉使用，产生了一批富有学术深度和研究质量的成果，不仅批判和挑战了既有学科的性别与空间盲视，还参与了新的学科基础重建的进程。黄春晓的《城市女性社会空间研究》、姚霏的《空间、角色与权力：女性与上海城市空间研究（1843～1911）》、李霞的《娘家与婆家：华北农村妇女的生活空间和后台权力》是其中的代表作。其二，运用多学科的理论进行跨学科研究，或将空间、性别、年龄、阶层、族裔等维度交叉融合成为这五年的一个新特点。其三，研究议题有很大的拓展。例如，2006 年以前，从空间角度对女性就业问题进行探讨的成果很少，这五年，女性就业与城市空间结构之间的关系、就业空间的性别化及权力特征、女性就业者的行为空间差异以及女性内部就业空间的分化成为研究的重点，使用大型人口普查数据或实证研究的特色明显；教育学领

---

① 详见本年鉴"研究综述"栏目中方刚的《男性气质研究综述（2006～2010 年）》。

② 详见本年鉴"研究综述"栏目中宓瑞新的《性别与空间研究综述（2006～2010 年）》。

域的性别与空间研究，在延续 2006 年前关注学生空间思维与能力的性别差异、性别差异与校园空间环境的关系的基础上，还对学校空间与不平等性别关系的再生产、校园空间所蕴含的性别意识形态及其对性别的规训等深层权力关系进行了探讨。

（6）性与身体研究①

2006～2010 年，无论是从论文、论著的数量还是从学术会议的召开来看，中国大陆性与身体研究都取得了长足的进步。首先，性与身体成为很多学科的研究热点。社会学视野中女性的身体、性、感情等受到关注。黄盈盈（2008）立足于对中国城市年轻女性的访谈及对日常生活的观察和体验，以女性为主体，探讨了对于"身体""性""性感"的想象与构建，以及从中所体现的身体与性之间的具体关系。女性人类学对女性身体及身体观念的研究逐渐趋向于文化构建论，不少研究者致力于对女性观念、女性身体和性的构建研究。这五年，中国女性艺术创作、诠释或解读突出了"身体""情色""窥视"这几个关键词，女性艺术家试图掌握对性与身体的自主权，表达女性对性与身体的各种感觉与体验，传达女性的独特经验。一些研究认为，描绘自己的身体、对女性性别符号即情色的凸显并未改变女人作为被观看者、被窥视者的身份，她们的努力恰恰是在加固和拓展这种趣味，实际上是女性主体意识的自我否定。这对于女性主义艺术创作突破局限、持续发展具有重要意义。其次，从性医学的角度对女性性工作者的研究取得了一定的进展。再次，性的研究逐渐趋向多样化，深入不同性取向的人群。强调同性恋性权利、同性恋性认同方面的声音不断加强，提出了对同性恋的伦理公正原则。

另外，妇女与旅游研究②作为一个新兴研究领域，研究成果数量增长较快。这五年，妇女与旅游研究主要包括女性旅游史、女性旅游市场、女性旅游心理、女性旅游消费行为以及女性旅游产品五个方面。其中，女性旅游市场和消费研究相对较多，主要包括女性旅游市场的现状、潜力、前景及影响因素，女性旅游的产品设计，女性旅游消费的意愿、动因、特征、结构以及影响因素等方面。

---

① 详见本年鉴"研究综述"栏目中王小平的《社会性别视角下的性与身体研究综述（2006～2010 年）》、李霞的《女性人类学研究综述（2006～2010 年）》、罗丽的《女性主义艺术研究综述（2006～2010 年）》。

② 详见本年鉴"研究综述"栏目中范向丽的《妇女与旅游研究综述（2006～2010 年）》、李亚妮的《女性生活方式研究综述（2006～2010 年）》。

（五）国外女性/性别研究①

本年鉴主要从国外女性/性别研究进展和国内对国外成果的翻译介绍两个方面来概述。

1. 国外女性/性别研究水平不断提高，研究领域更加多元化

其一，一些传统研究领域在学术产出上依然占据优势地位，并有了更深入的发展。①从不同的理论视角出发，对国外小说、诗歌、戏剧、童话、影视剧、时尚杂志、绘画等进行性别分析仍然是这五年国外妇女/性别研究的重要组成部分，其中，尤其对英美的研究最多。美国黑人女权主义思想、女性主义文学批评理论及代表性作家、华裔女性文学成为研究的热点。②国内学者拓宽视野，转换角度，更多地关注理论立场前提，完善理论框架，使马克思主义女性主义研究在传统基础上有所深入，学理化程度明显提高。③女性/性别哲学研究领域和视野不断扩展，研究者不仅关注西方女性主义哲学的热点、焦点和难点问题，对西方女性主义理论家西蒙娜·德·波伏瓦、朱莉娅·克里斯蒂瓦、朱迪斯·巴特勒等加以重新审视，还引入女性主义哲学方法，努力建设和推广女性主义哲学学科，增强了研究的学术性。其二，新研究领域得到很大的拓展。①生态女性主义从总体性的介绍转为对具体的深层问题的研究探讨，研究视野也在很大程度上得到了拓宽。②西方女性主义翻译理论研究进展迅速。国内对该领域的关注肇始于 2000年。这五年，研究数量明显增多，研究者从译者的身份、女性主义翻译的本质、女性主义对传统翻译理论的颠覆和重写、女性主义对翻译理论的影响、女性主义翻译理论对译者主体性的研究等不同角度展开了深层次探讨，拓宽了翻译研究的视角。③对国外女性主义国际关系、男性研究、女性主义经济学等领域的最新研究成果给予越来越多的关注。

2. 国外妇女/性别研究译介成果颇丰，丰富了中国妇女/性别理论研究

2006～2010 年，国内出版的妇女/性别研究译著的内容不断丰富、深度不断拓展、种类不断增加，并且更加系统化、前沿化和专业化，涉及的学科领域十分广泛，起到了沟通中外学术交流的作用，对国内学者的研究产生了不能忽视的影响。其一，女性主义基本理论、马克思主义女性主义、女性/性别哲学、女性主义

---

① 详见本年鉴"研究综述"栏目中戴雪红的《国外女性/性别研究综述（2006～2010 年）》。

政治学、妇女/性别史等传统学科领域的译著持续深入发展。《妇女：最漫长的革命——当代西方女性主义理论精选》《女权主义理论读本》《女性身份研究读本》《性别伦理学》《女性主义哲学指南》《迈向女性主义的国家理论》《女权主义政治与人的本质》等是其代表作。在妇女史研究方面，2006～2010年，江苏人民出版社的"海外中国研究丛书——女性系列"出版了6本专著，这些著作不仅在中国女性史文献资料上进行了较为全面的发掘，而且在研究方法、理论以及研究进路上对于中国本土的性别研究具有重要的启示意义。其二，生态女性主义、媒介与性别研究、男性研究、女性主义经济学、女性主义电影、女性主义艺术、女性主义宗教心理学、性别与考古学、女性主义国际关系、女性人类学、性别与空间研究等学科领域的译著不断出现，促进了女性/性别理论体系的丰富与完善，开阔了中国妇女/性别研究的视野。其三，大型工具书和一批高质量的国外教材的翻译出版，构成了对本土教材的有益补充。教材专业化、学科化、体系化得到实质性推进，为学科发展奠定了坚实基础。例如，《国际妇女百科全书》2007年中译精选本已经成为中国妇女和社会性别研究领域最具权威性和实用性的工具书。不仅如此，这五年，一个突出的变化是，很多出版机构改变了早期一套丛书中夹杂一本性别译著的做法，发展为以丛书的方式翻译出版国际妇女/性别研究的经典作品。"性与性别学术译丛"就包含了酷儿理论代表人物朱迪斯·巴特勒的三部代表作。

在有关国外女性/性别研究的译文方面，从成果质量来看，除了南希·弗雷泽的《女性主义、资本主义和历史的狡计》（2009）、桑德拉·哈丁的《女性主义、科学和反启蒙思想的批判》（2009）等少数文章被翻译以外，大多集中在生态女性主义领域，如 K. 沃伦的《生态女性主义哲学与深层生态学》（2010）、艾瑞尔·萨勒的《生态女性主义经济学：从生态适量到全球正义》（2010）等。另外，《国际社会科学》（中文版）还不定期地设专栏译介国外的性别研究，例如，2006年第2期共有13篇译文，主题是"盘点北京世妇会后十年"，内容涉及北京世妇会之后的10年里全球范围内妇女的社会、经济、文化和政治状况等；2008年第2期共有6篇译文，主题是"妇女权利：行动、研究与政策"，涉及妇女赋权、人权、法律、性别权力等方面的内容。何成洲、王玲珍主编的《性别、理论与文化》（2010）收录的几篇重要译文，分别从文学、电影、跨国女性主义、社会学和电视等不同角度探索了妇女和性别研究的前沿理论议题。

四 研究的不足与展望

(一) 研究不足

综上所述，2006～2010 年中国大陆妇女/性别研究出现前所未有的繁荣景观，但各领域和各学科的研究与发展参差不齐，存在着种种不足。

1. 妇女理论研究的系统化、本土化和创新性有待加强

一是中国特色社会主义妇女理论体系的研究，不仅在中国特色社会主义理论体系中处于相对薄弱的地位，而且自身研究的体系化也显不足，对体系结构、研究对象、内在逻辑的研究都处于起步阶段，远不能满足中国特色社会主义妇女理论创新化、时代化、大众化的需求，在一定程度上反映了当前中国特色社会主义妇女理论研究边缘化的倾向。

二是目前国内妇女理论界在一定程度上存在机械套用西方话语体系解释中国文化的现象，基于本土的理论建构不足。如在妇女与科技、女性生活方式、女性主义哲学、女性心理学等诸多研究领域，依然存在偏重译介、缺乏本土案例研究和理论创新等问题，其研究水平和本土化程度也多受质疑。与此趋向不同，婚姻家庭、老年妇女、妇女与旅游等领域的研究又相对封闭，对国外相关理论缺乏整体性的介绍和认识，对新理论和新方法的吸纳借鉴不够，在一定程度上制约了这些领域研究的理论建树与发展，理论研究的滞后使妇女/性别研究在学术界处于边缘位置。

三是经验性、描述性研究较多，相当数量的研究结论较为表面化，缺乏对问题的深入分析和严谨的理论抽象与概括，缺乏完善的多学科分析框架，无助于解决问题。如在妇女/性别与教育等领域，许多研究只是单纯地关注问题，没有有意识地形成该学科的理论体系。妇女与贫困研究虽然对相关的机制问题进行了分析，但分析的系统化和解释力仍有待提高；妇女土地权益问题的分析框架还没有形成，对不同地区不同妇女群体的土地权难以给予更符合当地特点的解释。同时，妇女群体的差异性和多样性未能得到充分反映。

2. 研究的学术影响力和社会影响力有待提高

一是高质量、有影响的研究成果相对较少，同类研究存在低水平重复和"炒冷饭"现象。一些领域有价值的数据和原创性观点少，高质量学术专著短缺，研究成果在国内一流期刊上登载的数量较少，社会关注度不高。同时，一些领域或一些学者性别视角分析不足，将妇女发展中的问题归因为妇女素质不高，甚至坚持生理决定论，对性别的理解存在本质主义倾向。

二是深入妇女生活不够，女性主体体验和真实需求还未得到很好的反映。对相关公共政策的深入分析不足，对政策制定、执行、评估等环节如何有针对性地贯彻社会性别意识尚缺乏可操作性的建议。如在近年来各地纷纷出台和实施有关流动人口保障政策和公共服务政策的背景下，从社会性别视角评价这些政策及其影响的研究有限，相当数量的研究结论流于表面化。

三是研究主体在学术领域相对处于弱势地位，更多是妇女圈子里的自说自话。一方面，缺少与主流学界的理论交锋和对话，对来自主流学界的挑战和质疑较少做出理论回应；另一方面，缺乏与政策制定者的对话与交流，对政策的影响力不足，妇女/性别研究整体上还是妇女圈子里的事情。

四是跨学科和交叉视角研究不足，不利于打破学科间壁垒，焕发妇女/性别研究的学术活力。有些领域研究主题范围较窄，如妇女与经济领域现有的研究重点主要是从社会性别视角研究家务劳动、劳动力市场的性别歧视，对于教育、就业、收入、占有生产资料等的不平等及其对经济增长的影响，贸易条件的变化对性别平等的影响等宏观经济问题关注不足；对宏观经济对无酬劳动的影响研究不足；对民族、阶层等影响社会关系的深层问题关注不够；等等。

3. 学科发展参差不齐，学科地位有待提高

一是有些学科尚未形成完善的知识体系与理论基础。如女性教育学、女性主义经济学、女性主义政治学等学科领域的研究成果较为零散，学科建设处于起步阶段，还没有形成完整的理论体系和独特的研究范式，更缺乏理论的前瞻性；妇女/性别研究对主流学界的影响也较小，主流学界的研究者没有强烈感受到将性别纳入主流学科是中国学界发展的迫切问题。

二是多数学科建制不完善。学科的组织机构、行政编制、资金支持多不到位；许多领域的专业研究者、学科代表人物、经典著作、专业出版物、专业期刊短缺；专业学术共同体建设还处于摸索发展阶段，专业研究者开展学术交流研讨的制度化建设还不完善；固定教席、学系、研究基金、信息资料中心、研究生学位点设置、学科相关课程设置、师资与教材等一系列组合条件还不成熟。

三是学科的社会影响力不足，学科地位有待提高。在国家和地方各级立项课题中，妇女/性别研究在立项课题总量中占比低，资金资助明显不足，尚未确立其在人文社会科学研究中的重要地位。

4. 研究基础建设仍有待改进

一是研究队伍稳定性不足，研究主体女性化特征明显。许多领域缺乏一定数量的有学术地位的带头人；在妇女与环境、妇女与宗教、男性气质研究、妇女与旅游等领域，研究学者少，研究面比较窄，研究成果难成体系；很多领域新加入的研究者大多为年轻的硕士和博士生，由于他们所能调动的研究资源少，研究积累和对妇女经验的体验有限，难以精准地把握问题并提出有针对性和可操作性的对策建议，影响了这些领域重要成果的产出；许多以前从事妇女/性别研究的学者逐渐退出或弱化妇女研究；高产的研究者不多，相当一部分学者是偶尔涉足这一研究领域，并没有成为稳定的作者群；妇联系统、政府系统的研究者尚未广泛加入妇女研究队伍。

二是研究方法训练不足，方法缺乏规范性、科学性，研究者研究能力参差不齐。许多实证研究成果对研究方法、样本等基本要素交代不清，在样本选择、问卷设计、数据分析方面也存在科学性不足的问题。

三是研究资源匮乏。与妇女发展和妇女研究的需求相比，基金项目、研究经费相对较少；资料的挖掘、整理、出版仍严重不足；全国性的权威分析数据较少，如贫困等领域统计数据极度匮乏。

（二）研究展望

1. 进一步加强中国妇女理论的本土化建构

第一，高举中国特色社会主义伟大旗帜，进一步研究和总结中国妇女运动的历史经验和新的实践，不断丰富中国特色的妇女理论研究成果，科学阐释中国特色社会主义妇女理论的内涵，推动中国特色妇女理论创新发展。第二，树立自觉而鲜明的"理论本土化"意识，积极研究与合理借鉴国外妇女理论成果，结合中国国情、妇情和文化语境，进行本土化的中国特色妇女理论建构，提高妇女理论对中国妇女问题的解释力，提出本土化的、建设性的、具体可行的对策，拓展本土妇女/性别研究的空间。第三，进一步加强各领域的基础研究，厘清各领域的基本概念、不同理论范式和分析框架，避免概念混乱带来的重复、低效的研究；运用多元研究视角和多学科、跨学科研究方法，结合中国社会发展的进程，对妇女发展的不同方面进行理论思考，在一些重要理论问题和现实问题上发出有理论见地的声音。

2. 加强理论与实践、学术与行动的有机结合，积极推动法律政策的完善

第一，深入开展调查研究，厘清事实、跟踪变化、判断问题及其根源，为妇女/性别研究知识库提供新的内容，为政府决策提供科学依据。要特别关注妇女发展重点难点问题的研究，加强对性别不平等发生机制的探讨，促进社会性别进入各领域决策主流。第二，认真研究与《宪法》《妇女权益保障法》和男女平等基本国策相配套的法律法规及政策措施，推动国家法律政策制定、出台、实施、评估各个环节都能反映妇女群众的需求和愿望，符合男女平等基本国策的要求。第三，关注妇女群体内部的差异性、异质性，特别是多关注弱势妇女群体和不同女性群体在变革中的主体性、能动性，关注男性参与对社会的积极改良作用。第四，进一步促进研究成果的社会转化。通过向各级党和政府的决策部门提交妇女研究成果、为各级人大代表和政协委员的提案议案或意见建议提供咨询、走进各级党校和各类高校的课堂、与新闻媒体和出版界合作等多种途径实现妇女/性别研究成果的社会转化，提高决策者和大众的社会性别意识。

3. 进一步加强学科建设，提高学科地位

第一，进一步加强妇女/性别研究的学科建制，为学科独立和发展提供合法性基础和生长机制。要争取更多组织资源、社会资源，着力培养学科带头人与专业研究团队，出版有代表性的专著和教材，建立学术会议制度，发展更多的妇女/性别研究招生方向，开发培养本科生和研究生的相关课程，鼓励研究生参与研究。同时要关注妇女/性别研究的政策指向和学科指向，一方面尽可能"进入主流"，获得主流的认可和影响主流，另一方面又要保持女性主义学术的主体性和独立性，突出学科特色。第二，进一步建立和加强专业共同体建设。进一步加强各妇女/性别研究与培训基地、研究中心及其他机构的学科发展战略，相互合作，整合资源，提高学术水平和学科认同度；进一步发挥中国妇女研究会及其专业委员会、各主流学科全国性学会下的妇女研究专业学会、中国妇女/社会性别学学科发展网络及其各子网络的作用，增强各领域研究者的社会性别意识；推动更多的主流学科学会下设妇女/性别研究分会，凝聚更多研究力量。第三，进一步提高中国的社会科学管理部门和学术机构对妇女/性别学学科建设重要性和必要性的认识，推动将妇女/性别研究及学科建设纳入社会科学研究的相关规划。促进国家社会科学基金、教育部哲学社会科学研究规划项目和其他社会科学研究计划纳入更多与妇女/性别研究相关的内容，为妇女/性别研究者创造更有利的环境和条件。

4. 加强研究基础建设，提高研究水平

第一，巩固和发展研究网络与研究队伍。充分发挥妇女/性别研究与培训基地在理论创新、人才培养和学科建设中的优势作用，并不断扩大规模，使其成为带动中国妇女研究事业发展的积极力量；注重激发和培养青年学者的使命感和持续的研究热情，更多地鼓励和吸纳主流学科领域的学者，特别是男性学者加入研究队伍，为妇女研究"去边缘化"奠定人文基础。第二，加强研究能力建设。通过不同层次的培训和学术交流研讨，增强研究者的社会性别意识，强化其对学术规范和多元科学研究方法的掌握和运用，能够深入分析丰富的女性经验和多元变量对女性经验的影响。第三，加强学术交流与对话。加强国际学术交流与合作，促进中国妇女研究与国际相关研究接轨；加强与主流学界、政策制定者、非女性主义者、不同性别学者、不同代际妇女/性别研究者、不同学科妇女/性别研究者的对话，等等，在尊重差异的同时寻求共识，提高研究水平及其对政策制定的影响力。第四，有计划地开展全国性调查，获取能反映整体面貌的可靠数据；进一步做好相关信息的数据库建设；拓展成果发表渠道，创新成果发表形式。

妇女/性别研究对于改变人们的思维方式和伦理价值观、促进社会变革和人类社会和谐发展具有重要的意义，我们有理由期待在下一个五年，中国妇女/性别研究在以往知识积累和学术影响、社会影响的基础上，取得更大的发展。

妇女/性别专题研究综述

中国特色社会主义妇女理论研究综述（2006～2010 年）

丁 娟[*]

一 研究概述

中国特色社会主义妇女理论是中国特色社会主义理论体系的有机组成部分，是马克思主义妇女理论中国化的最新理论成果。1999 年，彭珮云同志在中国妇女50 年理论研讨会上明确提出，要创建中国特色社会主义妇女解放理论。10 余年来，关于中国特色社会主义妇女理论的研究不断发展。其中，2006～2010 年关于中国特色社会主义妇女理论的研究主要集中在以下三个方面：一是中国特色社会主义妇女理论体系命题的提出与概念界定；二是党的三代领导集体对中国特色社会主义妇女理论的贡献；三是中国特色社会主义妇女理论研究与发展的原则。

据统计，在中国知网 2006～2010 年全文数据库中，以妇女理论为内容的相关文献将近 4000 篇。其中，笔者以"妇女理论"为主题，检索到 180 篇期刊论文，80 篇博硕论文，8 篇会议论文；以"中国特色社会主义"和"妇女理论"为主题，检索到 384 篇文献，其中 87 篇期刊论文，90 篇硕博论文，14 篇会议论文；以"妇女解放"为主题，检索到 198 篇期刊论文，45 篇硕博论文，11 篇会议论文；以"马克思妇女解放"为主题，检索到 11 篇期刊论文，17 篇硕博论文，11 篇会议论文；以"男女平等"为主题，检索到 116 篇期刊论文，45 篇硕博论文，33 篇会议论文。

另据统计，在中国妇女研究会分别于 2006、2008、2010 年举办的第一、二、三届妇女/性别研究优秀研究成果奖，优秀博士、硕士学位论文评选活动中，多

---

* 作者简介：丁娟，女，全国妇联妇女研究所研究员。

篇研究妇女理论的博士、硕士学位论文获得一、二、三等奖。这五年间，中国特色社会主义妇女理论研究受到日益广泛的关注。在 2008 年举办的中国妇女研究会年会上，关于中国特色社会主义妇女运动和理论的研究成为会议的焦点之一，主旨发言和会议评选的多篇优秀论文涉及中国特色社会主义妇女理论的构建。会议期间，全国人大常委会原副委员长、全国妇联原主席、全国妇联名誉主席彭珮云参加了中国特色社会主义妇女理论专题的讨论，并建议对“中国特色社会主义妇女理论”立项研究。2009 年 3 月，“中国特色社会主义妇女理论纲要研究”作为重点课题在全国妇联妇女研究所立项，并得到全国妇联和妇女研究所领导的大力支持。

二　主要研究内容

（一）关于中国特色社会主义妇女理论体系的提出和内容探讨

中国特色社会主义妇女理论体系概念的提出，是 2006~2010 年关于中国特色社会主义妇女理论研究的一个重要突破，支撑这一突破的基本原因有两个。从外部系统看，中国特色社会主义妇女理论体系是伴随中国特色社会主义理论体系的提出与发展而不断发展的。2007 年中国共产党第十七次全国代表大会提出了中国特色社会主义理论体系的科学命题，在新的时代条件下系统回答了什么是社会主义、怎样建设社会主义，建设什么样的党、怎样建设党，实现什么样的发展、怎样发展等重大理论与实践问题，为提出中国特色社会主义妇女理论体系命题提供了新的思想指导，奠定了新的理论基础。从内部系统看，改革开放后，马克思主义妇女理论、中国妇女运动、妇女解放道路和中国特色妇女理论等命题的研究不断深化，为中国特色社会主义妇女理论体系的提出积蓄了力量，培养了队伍，开阔了视野。中国特色社会主义妇女理论体系命题的提出，为中国特色社会主义妇女理论的系统性研究，奠定了新的认识论基础，也开辟了新的研究领域。

中国特色社会主义妇女理论体系的概念，是全国妇联在 2008 年召开的“中国妇女第十次全国代表大会”上最早提出的。该会议报告指出，中国妇女运动和妇女工作要着手建立有利于妇女事业发展的四个体系，即妇女理论研究体系、妇女教育培训体系、妇女工作社会化体系、妇女事业发展支持体系。其中，妇女理论研究体系是首要的领域和重要的方面（黄晴宜，2008）。顾秀莲（2010）指出，这个体系是妇联在总结多年工作经验的基础上逐步形成的一个新构想，要在实施马克思主义理论研究和建设的工程中，努力构建中国特色社会主义妇女理论体系，推动将妇女理论研究纳入国家哲学社会科学的总体规划，加强对男女平等基本国策的理论与实践研究，加强对国际妇女运动现状和发展趋势的研究，加强妇女研究机构和妇女研究团体的建设，认真梳理百年来中国妇女运动发展的历史轨迹，为妇女运动理论建设提供宝贵经验。

研究者们普遍认为，中国妇女运动理论是中国特色社会主义理论的有机组成部分，是马克思主义妇女理论与当代中国妇女运动实践相结合的产物。胡锦涛（2010）在"纪念'三八'国际劳动妇女节100周年大会"上的讲话中指出，中国特色社会主义理论体系作为马克思主义中国化的最新成果，为中国妇女运动发展提供了强大的思想武器。只有始终不渝高举中国特色社会主义伟大旗帜，坚定不移走中国特色社会主义道路，坚持以邓小平理论和"三个代表"重要思想为指导，深入贯彻落实科学发展观，牢固树立马克思主义妇女观，中国妇女运动才能沿着正确的政治方向不断前进，中国妇女运动的道路才能越走越宽广。

学者们还从思想渊源、历史地位和方法论指导等方面系统论述了马克思主义妇女理论对中国现阶段妇女运动的指导作用。首先，中国特色社会主义妇女理论的渊源是马克思主义妇女理论。有学者提出，中国特色社会主义妇女理论有两大思想来源：一是马克思主义妇女理论，二是中国朴素的男女平等思想。其次，中国妇女理论研究坚持以马列主义为指导是中国妇女运动的历史选择。历史的经验反复证明，只有坚持用马克思主义基本原理，用马克思主义中国化的最新成果，用不断发展着的马克思主义妇女观，来分析、研究和解决妇女问题，中国妇女运动才能始终沿着正确的方向前进，这是中国妇女运动的一条基本经验，也是中国妇女发展道路的一个重要特色。再次，坚持以马克思主义妇女理论为指导，是由这一理论的世界观和方法论的进步性与科学性决定的。马克思主义的历史唯物主义与辩证唯物主义以及在这个基础上创立的科学社会主义，是研究社会和人类发展的科学世界观和方法论，也是研究妇女问题的科学世界观和方法论（徐伟新，2008；赵津芳、岳素兰，2008）。最后，坚持以马列主义为指导也是由这一理论的实践基础决定的。中国特色社会主义妇女理论的实践基础是中国现阶段的妇女运动和妇女发展，中国妇女运动实践呼唤中国特色的妇女理论体系，这是各国妇女运动反复证明了的一个普遍原则（丁娟，2009）。

还有学者对中国特色社会主义妇女理论的内涵提出了自己的看法，认为中国特色社会主义妇女理论，不是对某些具体问题的研究，其重点是回答社会主义初级阶段中国妇女解放与发展的目标、任务、条件、道路等一系列基本问题，为开创妇女发展的新局面提供理论指导。另有学者认为，中国特色社会主义妇女理论体系，主要是指中国特色社会主义妇女理论的指导思想、主要内容、基本方法等理论建构的要素及其相互关系（韩贺南，2007）。

（二）党的三代领导集体对中国特色社会主义妇女理论体系的贡献

重视妇女理论研究与构建，推动妇女理论的创新与发展，是马克思主义政党区别于其他政党的一个重要特征。在中国，党的三代领导集体都十分重视妇女理论研究和妇女解放事业，并集中形成了毛泽东妇女思想和当代中国特色社会主义妇女理论体系。

1. 毛泽东妇女思想对中国特色社会主义妇女理论的贡献

中国特色妇女解放思想是伴随着马克思主义妇女观在中国的传播逐步发展起来的。党的早期领导人李大钊、陈独秀等都十分重视劳动妇女的解放与中国妇女运动的发展，这些探索是毛泽东妇女解放思想的重要组成部分。有学者认为，毛泽东对马克思主义最伟大的贡献就是将马克思主义理论与中国的具体实践相结合，开创了马克思主义中国化的道路。在妇女解放的问题上，毛泽东密切结合中国国情，将中国妇女所受压迫概括为政权、族权、神权、夫权四大枷锁，阐明了中国妇女受压迫根源的多重性，并十分重视占人口一半的妇女在中国革命中所起的作用，认为不仅妇女解放要靠无产阶级革命的胜利，无产阶级革命的胜利同时也要充分依靠妇女的力量。毛泽东大力提倡妇女参加社会生产，认为实现经济独立是妇女解放的根本条件，同时也是中国社会主义革命和建设的必然要求。毛泽东还特别强调妇女组织建设，关注妇女干部的培养（刘丽群，2010；单孝虹，2007）。中华人民共和国成立后，毛泽东就妇女就业、妇女参政、妇女解放与现代化建设以及社会主义立法、政策与妇女发展的关系发表了大量的讲话和著述，推动了新中国妇女理论与实践的发展。但是，也有学者指出，新中国前30年妇女理论的研究在很大程度上具有滞后性。一是沿袭了战争时期妇女运动的思路，片面强调妇女发展的阶级属性，对妇女运动相对独立性的研究不够；二是对社会主义时期妇女运动特别是新中国妇女运动缺乏规律性的研究，对历史经验的依赖过强，而对现实妇女问题的前瞻性研究不足；三是新中国前期妇女运动虽然蓬勃发展，但却未能产生理论的飞跃，形成独立的妇女研究专业或提出相应的学科建设；四是前期妇女研究大致集中在妇女组织内部，未形成有效的社会化和专业化的妇女研究机制（丁娟，2009）。

2. 邓小平理论对中国特色社会主义妇女理论的推动与发展

改革开放后，邓小平提出了中国社会主义制度还处于初级阶段的重要理论，为新时期妇女研究奠定了新的认识论基础。

有学者指出，邓小平理论中的社会主义本质论、社会主义初级阶段论、社会主义发展动力论、三步走的社会主义发展战略论、社会主义市场经济论、和平与发展的时代主题论等已成为指导现阶段中国妇女运动的理论旗帜，并丰富了马克思主义和社会主义妇女理论。邓小平理论的精髓还在理论上开拓了马克思主义妇女观的新思维，在实践上开拓了社会主义时期妇女运动的新境界，从理论与实践两个方向推动了中国新时期的妇女解放事业的发展，使新时期的妇女运动理论、妇女运动组织、妇女运动方法、妇女运动内容一改计划经济时期的模式，形成了具有中国特色的新时期妇女运动理论体系、工作体系和新的妇女发展道路（杨方，2006）。

但是，也有学者认为，邓小平并没有关于妇女运动的系统论述，但他关于实事求是的论述以及一切从国情出发、从社会主义初级阶段这个实际出发的思想路线，指引着妇女研究做出了中国妇女运动处于社会主义初级阶段的正确评价，也将妇女运动的目标定位在中国社会主义初级阶段这个现实基础上。邓小平初级阶段理论启发妇女研究对妇女解放与阶级解放的关系、生产力发展水平与妇女地位的关系、妇女解放与社会发展的阶段性、妇女就业与社会保障等基本问题进行了深入思考，不仅抓住了妇女解放与发展的理论脉络，也为现实妇女运动奠定了认识论基础。还有学者对改革开放后妇女运动领域提出的"先经济发展后维护权利"以及"经济发展了妇女自然而然就会提高"的观点进行了分析，指出这些认识不仅违背了马克思主义的基本原理，违背了邓小平理论强调的物质文明与精神文明共同发展的思路，也经不住中国妇女运动的实践检验，需要改变思维，切实将妇女发展融入经济、社会发展进程（丁娟，2009；刘霞，2009）。

3. "三个代表"重要思想对中国特色社会主义妇女理论的贡献

党的第三代中央领导集体承传马克思主义妇女理论的精髓，紧扣时代脉搏，紧密结合国际、国内发展趋势，在妇女发展特别是男女平等和妇女权益保护等方面进行了一系列探索和实践，丰富和发展了马克思主义妇女理论，使这一理论更具有鲜明的时代特征。

有研究指出，江泽民在1990年发表的《全党全社会都要树立马克思主义妇女观》，标志着第三代中央领导集体对马克思主义妇女理论的认识取得了重大突破。江泽民还对马克思主义妇女观的基本内容进行了概括，提出其主要内容包括：妇女被压迫是人类历史发展的一定阶段上的社会现象，它必将被新的历史条件下的男女平等所代替；妇女解放必须伴随全体被剥削、被压迫人民的社会解放而得到实现；参加社会劳动是妇女解放的一个重要先决条件；妇女解放是一个长期的历史过程等。还有学者指出，江泽民的阐述指明了马克思主义妇女观的理论基础及妇女受压迫的根源、妇女解放的条件和途径，精辟论述了马克思主义妇女观的内涵，对人们系统、完整地掌握马克思主义妇女理论、坚定社会主义和共产主义信念具有重要的指导意义，为马克思主义妇女观的传播和发展做出了贡献。对在全社会树立尊重和保护妇女的进步观念产生了深刻影响，对新时期坚持马克思主义妇女观的导向作用、树立文明进步的妇女观、构建先进的妇女文化理念奠定了理论基础（谢凤华等，2006）。

1995 年，在联合国第四次世界妇女大会上，江泽民重申了中国宪法关于男女平等的重要原则，指出"男女平等是促进中国社会发展的一项基本国策"。2005年，男女平等这一基本国策首次写入《中华人民共和国妇女权益保障法》，推动了妇女政策的体系化、立法化进程和先进性别文化的建构。男女平等国策的确立和实施，是马克思主义妇女解放史上的大事，是中国共产党第三代中央领导集体对马克思主义妇女理论的丰富和发展，是马克思主义男女平等思想现代化的产物。把男女平等提到基本国策的高度，把妇女发展放在与社会协调发展、实现中华民族伟大复兴的高度，并作为社会发展战略来实施，这既是对马克思主义男女平等观念的提升，也是中国共产党在妇女问题认识论上的一次升华。"男女平等"是马克思主义妇女解放理论的核心，是妇女解放运动的基本内容和重要目标。把男女平等作为促进中国社会发展的一项基本国策，是党中央立足于国际社会发展潮流和国家长远发展的战略举措（谢凤华等，2006；王霞，2009）。

4. 在科学发展观指导下推动中国特色社会主义妇女理论体系建设

科学发展观的第一要义是发展，核心是以人为本，基本要求是全面协调可持续发展。关于科学发展观对构建妇女理论和推动妇女运动的作用，有学者认为，胡锦涛有一段很精辟的论述，"我们将坚持落实科学发展观，在推动经济社会发展的进程中促进妇女事业发展。妇女问题，从本质上说是发展问题，也必须通过发展才能得到解决"（徐伟新等，2008）。

还有研究指出，科学发展观的实质是以人为本，这就要求社会发展应尊重占人口半数的妇女的发展权与发展需求。真正使女性的社会地位与其在人类再生产过程中承担的重要责任和发挥的不可替代的作用相当。如果一个发展规划或发展过程没有反映女性群体的需求，或女性无法分享其成果，或女性的利益在发展过程中受到损害，那么，这种发展就是不科学的和不可持续的。因此，要坚持和贯彻以人为本的发展理念，重视妇女的全面发展，克服传统的性别偏见和影响妇女发展的障碍，把妇女发展放在经济社会发展的全局中去思考、去谋划、去推进，用科学发展的思维研究妇女面临的新情况，用科学发展的举措解决妇女发展遇到的新问题，努力促进妇女与经济社会和谐发展、男女两性协调发展、妇女自身全面发展。还有研究指出，要加大推进男女平等的力度，引领妇女共建共享社会主义和谐社会，特别要关注那些在社会分工和资源占有等方面处于相对弱势的妇女，以及未能完全享有法律规定的男女平等权利的妇女群体。同时，还要充分发挥妇女组织的重要作用，充分调动妇女内在的积极性、主动性和创造性，切实增强妇女参与发展的综合能力（徐伟新等，2008；顾秀莲，2010）。

（三）中国特色社会主义妇女理论体系的构建原则

1. 构建中国特色社会主义妇女理论体系应始终坚持以马克思主义为指导

首先要坚持中国特色社会主义立场和马克思主义理论的基本理念。在是否存在马克思主义妇女理论的问题上，有两种态度四种观点。两种态度一种是肯定马克思主义妇女理论的存在，另一种是否定马克思主义妇女理论的存在。

肯定马克思主义妇女理论的观点有两种：一种观点认为在马克思主义妇女理论在与时代妇女运动相结合过程中，形成了独特的妇女理论，这些理论虽然没有独立的专著，但是在关于国家、阶级、家庭问题的专著中有着集中的论述，如《1844 年经济学哲学手稿》《神圣家族》《共产党宣言》《家庭、私有制和国家的起源》《哥达纲领批判》《英国工人阶级状况》等著作，这些理论的主要贡献有两方面，一是明确妇女受压迫的根源是私有制和阶级压迫，二是指明了妇女解放的道路是走与阶级解放和民族解放相结合的道路。还有学者指出，马克思在妇女问题上还有一个长期被忽略了的巨大贡献，就是开启了从社会属性（社会性别）分析性别问题和性别关系的先河，从而为妇女理论奠定了科学的世界观和方法论。第二种观点认为，马克思主义妇女理论是一个开放的体系，是由马克思、恩格斯共同创立，经由马克思、恩格斯以后的马克思主义者共同研究、探讨、发展的结果，它是在实践中发展起来的关于妇女解放的条件、途径、道路等理论的学说，并贯穿于马克思主义发展的始终，而且不仅仅指马克思、恩格斯的妇女理论，还包括同时代马克思主义者关于妇女解放的理论，在马克思的同时代，德国工人运动的著名活动家、德国社会民主工党和第二国际的领袖和创始人之一倍倍尔就著有《妇女与社会主义》，提出为了根本改变无产阶级妇女的现状，必须根本地改造现有的国家制度及社会组织。同时，马克思主义妇女理论还是一个跨时代的命题，包括了近现代马克思主义者特别是当代马克思主义者对这一理论的发展（丁娟，2010；王霞，2009）。

否定马克思主义妇女理论的观点也有两种，一种认为不存在马克思主义妇女理论，另一种认为马克思主义妇女理论局限于阶级斗争，在很大程度上将妇女当作阶级斗争的工具，而不是作为平等的权利主体。

还有学者谈到，20世纪90年代以来，特别是第四次世界妇女大会以来，随着女性主义理论翻译、介绍的增多，女性主义的性别分析大有成为女性研究主流的趋势。但由于西方女性主义理论是以白人中产阶级妇女为基础的，代表了白人中产阶级妇女的利益，其实质是资产阶级自由主义和改良主义思潮，其主要缺陷是局限于反对性别歧视的斗争中而未对妇女特别是底层妇女的权益和发展给予充分的关注，存在批判有余而建构不足的问题（刘霞，2009）。

2. 马克思主义妇女理论中国化的关键是与当代妇女运动实践相结合

与当代妇女运动实践相结合是马克思主义妇女理论中国化的基本原则。中国特色社会主义妇女理论作为马克思主义中国化的最新成果，要创新发展，并在指导现实妇女运动中发挥作用，首要的条件是遵循与当代妇女运动相结合的原则。实践的呼唤与推动，正是这一理论不断创新发展的动力与源泉。

有研究指出，中国特色社会主义妇女理论有两个品格：阶级性与实践性。阶级性品格要求社会主义妇女解放运动应首先关注劳动妇女特别是弱势妇女群体的解放与发展问题；实践性品格要求中国特色社会主义妇女理论要立足国情，与新时期妇女运动实践相结合。如果说中国特色社会主义妇女理论的思想来源是马克思主义妇女观与中国男女平等思想，那么它的现实基础就是不断发展的中国妇女运动的新实践，妇女运动的鲜活实践和新经验既是检验现实理论的试金石，也是中国特色社会主义妇女理论与时俱进、不断发展的新源泉（王霞，2009）。马克思主义妇女理论必须实现与时俱进，紧密结合当今中国社会的特征和中国妇女社会生活的现实，在实践的基础上，丰富自身、发展自身，进而形成具有鲜明特色的、中国化的马克思主义妇女理论体系。

还有研究指出，与实践相结合，不仅是理论创新的基础，也是理论保持进步性与活力的内在要求。马克思主义实践第一的观点告诉我们，坚持实践第一，就是一切从实际出发，实事求是，反对主观主义、形式主义。实践第一的原则，在妇女理论研究领域的基本要求是从国情和妇女的基本状况出发。中国特色社会主义妇女理论的基本属性就是由社会主义的基本原则和中国的基本国情与妇女的基本状况决定的。还有学者认为，当前中国已从总体达到小康水平进入全面建设小康社会的新阶段，妇女发展在新的历史阶段也面临着更多的挑战。这就要求首先从理论上进行深入研究，拓展妇女理论研究的深度和广度，用以指导实践，为解决当前妇女发展所面临的各方面矛盾和问题提供强大的理论支撑（徐伟新等，2008）。

3. 合理借鉴西方妇女运动研究的优秀成果

改革开放新时期，不仅是中国特色社会主义妇女理论构建与发展的新阶段，也是国际妇女运动与妇女理论迅猛发展的新时期。在这个过程中，妇女理论研究和各国妇女运动的繁荣与发展为联合国妇女发展战略的形成提供了基础，同时又推动了各国妇女研究的学术交流与本土化进程。从这个角度说，对外开放是发展中国特色社会主义，实现中华民族伟大复兴的必经之路，也是推动中国特色社会主义妇女理论的文化基础。

有研究指出，改革开放使得中国的马克思主义妇女理论工作者重新意识到世界领域性别文化的重要性，对新涌进的西方新女性主义由20世纪80年代的新鲜接受，到20世纪90年代东欧剧变造成的对马克思主义妇女理论的怀疑和对西方女性主义的批判，再到当今经济全球化背景下的综合理性吸收，中国马克思主义妇女理论在对待西方女性主义的态度上渐进地趋向于合理化。学者们还指出，中西方妇女研究的交流要坚持以我为主、为我所用的原则（易丽华、徐政发，2009）。

另有研究指出，借鉴西方女性主义，要警惕教条主义和机械照搬的倾向，甚至认为西方女性主义曾经就像一面会说谎的魔镜所反映出来的美丽假象，这一假象着实让中国妇女理论研究者深深地陶醉了一把，但事实上，作为"他者"存在的镜像是要提醒我们差异，而不是要说明本质的等同，最终还是由于中西方价值体系的不一致，而把发展的方向重新走回到学理性的研究上，这也意味着中国马克思主义妇女理论在对西方女性主义的吸收上，已开始由一种单向地接受升华为双向的汲取，不仅仅只是移植，更多的是整合（董丽敏，2006）。有专家提出，完成这种整合，首要的是坚持马克思主义妇女理论的基本原则和方法论，只有对马克思主义妇女理论的内涵有更深入的了解，才能发展本国的马克思主义妇女理论（康沛竹，2006）。

三　研究的不足与展望

从总体上看，2006～2010 年，关于中国特色社会主义妇女理论及其体系的研究，沿袭了上个五年的特点，即紧扣时代脉搏和密切联系中国妇女运动的实际，同时，还进一步突出了与时俱进的时代特征，即科学发展与妇女发展的关系，明确提出科学发展观是中国特色社会主义事业的强大思想理论武器，是开展妇女工作必须坚持和贯彻的重要指导方针。

但这五年的研究依然存在一些薄弱环节和不足之处：一是中国特色社会主义妇女理论体系命题的提出，主要是中国特色社会主义理论体系研究的外力刺激，与之相比，关于中国特色社会主义妇女理论体系的研究，不仅在中国特色社会主义理论体系和文化研究领域处于相对薄弱的地位，而且自身研究体系化也显不足。二是关于体系的结构、研究对象、内在逻辑的研究都处于起步阶段，缺乏重大项目的启动，还远不能满足中国特色社会主义妇女理论创新化、中国化、大众化的需求。三是在一定程度上存在用他国术语硬套中国文化的现象，需要进一步整合资源，深化研究，同时，还要在研究中形成中国化的概念与话语系统，特别要警惕出现削中国特色之足、适国外之履的机械化思维定式，力求以中国化的文化和思维打造中国的学术，形成中国的方法，这将是中国特色社会主义理论及妇女理论繁荣发展的认识论基础。

为了更好地推进中国特色社会主义妇女理论及其体系的研究，2010 年，全国妇联成立了由彭珮云任组长，全国妇联副主席、书记处书记甄砚任副组长的课题组，并邀请全国妇联的老领导、老专家作为课题组的特邀专家，还整合了中国社会科学院、中央党校、北京大学、中华女子学院的专家学者，共同参与中国特色社会主义妇女理论的研究，大家集思广益，合力编写了《中国特色社会主义妇女理论与实践》一书，力求深化研究并为构建中国特色社会主义妇女理论体系奠定更加深厚的基础。

　　课题启动的效应是十分明显的。据中国期刊全文数据库检测，中国特色社会主义妇女理论的研究著述在2010年有了较大提高，与2006年相比，增幅达80%以上，但也在一定程度上反映了当前中国特色妇女理论研究边缘化的倾向，需要高举中国特色社会主义理论的旗帜，进一步确立马克思主义的指导地位，动员社会力量，形成合力，推动中国特色社会主义妇女理论不断创新与发展。

公共政策与公共管理中的社会性别研究综述（2006～2010年）

张再生*

通过对现有公共政策的性别视角分析，我们可以清楚地看到公共政策中"性别不平等"的根源，即现有市场经济体制下的资源分配、再分配和行为规范性政策在不同程度上包含着基于男性经验的社会性别预设，造成看似平等公正的公共政策，却在不自觉地复制和强化着原有的社会性别关系。为了探究这一矛盾问题，人们在性别研究过程中开始自觉地回归到社会现实中来，从理论研究转到实践层面。特别是从2006年以来，从社会性别的视角关注公共政策，研究在公共政策的制定、执行过程中如何贯彻社会性别的观点成为越来越多的学者关注的重要方向，各方面的研究也呈现出良好的发展态势。研究的领域更为多元，学者们的关注更为多向位，新兴研究领域有了较大的发展，学术影响不断扩大，学科认同度不断提升。研究者对社会性别问题的关注逐步进入帮助女性改善生存与发展状况、提高社会参与能力等方面，其研究模式和研究思路逐步拓宽和多元化，研究更多地从中国现实出发，服务于全面建设社会主义和谐社会。

一 研究概述

在中国期刊网（CNKI）核心期刊数据库以"公共政策与社会性别"为主题搜索，2006～2010年相关文献共有55篇，主要来源于《中国妇女报》《妇女研究论丛》《兰州学刊》《中国人口报》《中央财经大学学报》，年鉴主要来自于《北京社会科学年鉴》《中国妇女研究年鉴》《中国民族研究年鉴》《上海社联年鉴》，硕博论文则主要来自于山东大学、华中师范大学、吉林大学和复旦大学。以"公共管理与社会性别"为主题搜索，共有文献47篇，主要来自于《中国妇女报》

---

* 作者简介：张再生，男，天津大学管理学院教授，中国社会性别与公共管理研究中心主任。

《中国行政管理》《妇女研究论丛》《人口研究》，硕博论文主要来自于吉林大学、复旦大学、福建师范大学、河海大学、南开大学和同济大学。尽管总数只有102篇，却远远多于2001～2005年的24篇。另外，《法制日报》《中国妇女报》《中山日报》《中国人口报》《中国民族报》《中国社会科学院院报》等多家报纸开始关注公共管理与公共政策中的社会性别问题。这反映了社会性别视角下的公共政策和公共管理研究呈现出健康发展的态势。研究成果相对数量上的大幅增加体现了学术界对公共管理中的社会性别议题越来越关注，其重要性也可见一斑。但不可否认的是，社会性别与公共管理学科的建设仍处于边缘状态，研究条件尚不成熟，学术成果的绝对数量仍显不足。但是值得欣慰的是，越来越多的青年学者对该领域的研究保持着非常高的热情。在此期间，中国妇女研究会2010年举办的第二届妇女研究优秀成果奖、优秀组织奖评选和中国妇女研究会第三届妇女/性别研究优秀硕博论文评选活动涉及公共管理领域中社会性别问题的论文有多篇获奖。丁娟、尹旦萍、陈琼、刘筱红、鲍静、王冬梅、张炳贵、刘术泉等获奖学者以新的视角分析性别不平等现状，寻找性别不平等的深层次原因，探讨解决两性平等和谐发展问题。在此阶段，天津大学公共管理学院自2006年起成功举办了三届"社会性别与公共管理论坛"和两届"社会性别与公共管理师资培训"，并于2008年成立了中国社会性别与公共管理研究中心（CCGPA），有效推动了性别意识在公共管理中的普及和推广，活动集结形成的文集《社会性别与公共管理》收录了公共管理中社会性别研究的最新成果，推动了社会性别的观念、框架和方法与公共管理实践的融合。

二　主要研究内容和成果

按照公共政策的一般分类方法，这五年国内对于社会性别与公共政策和公共管理的研究成果可归类为以下三个方面：一是元政策中的社会性别研究；二是具体公共政策和公共管理中的社会性别研究；三是完善社会性别视角下的公共政策和公共管理的研究思路。

（一）元政策中的社会性别研究

元政策也称总政策，是用于指导和规范政府政策行为的一套理论和方法的总称，是政策体系中统率或具有统摄性的政策，对其他各项政策起指导和规范的作用，是其他各项政策的出发点和基本依据。

1. 性别意识纳入公共政策和公共管理的重要性

中国目前的经济和社会转型来势迅猛，对早已形成的主流意识形态和价值观的冲击很大。梁洨洁、张再生（2008）指出，当前社会出现了"社会性别意识逆转倾向"。面对这样转型剧烈的社会，需要我们从社会性别的视角去进行政策分析，更重要的是将社会性别意识引入政策决策过程，从而真正地从政策和制度上推动两性平等。为此，需要分析当前的公共政策是否支持了不平等的性别关系，是否保护了妇女权益以及现存的性别不平等如何决定和影响了公共政策，我们又该如何从规则和立法方面推动公共政策的社会性别意识，等等。在中国，公共管理理论界和实践界对社会性别理论这一重要的社会观念和分析工具还了解不多，因此，将社会性别理论纳入中国公共管理的视野势在必行。鲍静（2006）分析了在公共管理中引入社会性别理论的必要性，并探讨了将社会性别理论纳入中国公共管理所面临的本土化和主流化问题。

2. 社会性别与和谐社会的构建

中国共产党第十七次全国代表大会以促进社会和谐为主题，再一次提出了构建社会主义和谐社会的宏伟目标。然而，受经济和社会发展水平等因素的制约，男女两性发展不平衡现象还未完全消除，这种状况的形成有着复杂的原因，而公共政策选择中社会性别意识的缺乏是其中极为重要的原因，促进公共政策的社会性别意识主流化是构建和谐社会非常重要的一环。梁华林（2008）提出，公共政策的形成和实施应当充分考虑社会性别因素，将社会性别意识纳入公共决策主流，最大限度地减小性别差异，确保社会主义和谐社会目标的顺利实现。葛彬（2008）提出，应关注性别平等，解决性别不平等给建设小康社会带来的问题，形成男女携手共同前进、共同享有改革开放成果的局面。何苗（2009）指出，这些不平等的主要外在表现为妇女参政比例偏低、社会待遇不公正、性别平等政策在具体实施过程中乏力、就业机会不均等，何苗认为两性关系越平等、越协调，就越有利于经济的发展和社会的和谐，越有利于人的全面自由发展。

（二）具体公共政策和公共管理中的社会性别研究

1. 农村中的社会性别问题

公共政策对不同群体的不同影响主要表现在利益的分化上，对外迁的农村移民妇女也不例外。虽然国家库区移民政策为移民脱贫做了很大的努力，但这一系列政策缺乏社会性别敏感，移民对农村妇女会产生什么影响以及如何应对这些影响，没有进入政策关注和论证的领域。刘筱红、陈琼（2008）以湖北宜昌三峡库区农村外迁移民为研究对象，分析了移民政策对农村妇女产生的影响，认为决策部门关于库区移民政策的制定应考虑其对妇女的影响；政策执行过程中应密切关注政策是否有利于移民妇女的发展，并及时进行相应的调整；政策评估应加入妇女发展的指标，以反映政策的公平、和谐的价值导向；应发挥公共政策的作用，支持农村移民妇女通过移民走上脱贫和发展的道路。

土地承包权是农村妇女权益中另一个最易遭受侵害的部分，构成了妇女权益保护的重要内容。原光、任德成（2008）从社会性别视角出发，分析了中国妇女承包权保护的现状与引入社会性别视角的重要意义，论述了从社会性别视角出发建立完善土地承包权保护机制的重要意义，从法制建设和组织建设两大方面阐述了建立农村妇女土地承包权保护机制的途径与方法。

在农村女性劳动参与率的研究上，罗芳、鲍宏礼（2010）认为公共政策的社会性别意识对农村女性劳动参与有显著的影响。

2009年3月10~15日，中央党校妇女研究中心性别平等政策倡导课题组在河南登封市周山村与村组干部一起推动村规民约的修订，新的村规民约草案在村民代表大会获得通过，在中国产生了第一部具有性别平等意识的村规民约。这种修订将对治理出生性别比失调、社会主义新农村建设、农村公共治理与社会的协调发展产生重要的深远的影响。李慧英、杜芳琴、梁军（2011）对修订村规民约的动议、难点、启动、表决、公示等进行归纳、描述与分析，呈现出性别平等与民主管理紧密结合、性别专家与村民合力推动制度建设的动态过程。

2. 社会性别与立法

中国社会性别领域中的立法仍然存在不少问题。女性法律弱势是女性在法律层面，即在国家立法、个人用法与护法、司法机关司法以及社会评法等方面所表现出来的弱势。它是一个容易因法律探讨公平正义而被人们忽视的课题，也是一个深层次制约和谐性别社会构建的问题，面对这样的问题，何耀明（2007）提出有必要引入社会性别视角作为审视女性法律弱势的有力工具。谢淑玲等（2010）、莫洪宪（2007）探讨了社会性别意识在中国当前立法中的体现以及存在的问题，并提出了必要措施。李斌、韩廉、王红燕（2007）从"性别意识觉醒：市场经济催生妇女就业立法新理念""社会性别法律化：中国妇女就业立法新选择""超越社会性别：妇女就业立法新旨归"三方面论述了使社会性别内化成为每个社会成员自觉行为的重要性和必然趋势。

3. 出生性别比失衡中的社会性别问题

晏月平（2008）探讨了中国西南地区出生人口性别比失衡的成因，进而提出了关爱女孩与综合治理西南地区性别比失衡的对策建议：关爱女孩行动逐渐规范化，从根本上解决出生人口性别比失衡问题；加快现代生育文化建设，转变群众的生育意愿；完善法律法规，保障女性的合法权利；适时适度调整中国人口政策；加快民族地区经济发展，加快人口合理流动。杨菊华（2009）从社会性别和社会政策视角分析了"一孩半"生育政策出台的背景、目的、带来的问题和解决问题的途径。在传统的性别观念依旧强烈的广大农村地区，在人们尚不能平等对待男性和女性胎儿的情况下，在社会政策之间的协调性并不充分的前提下，推行"一孩半"生育政策姑息、纵容甚至在一定程度上强化了人们的性别偏好。杨雪燕、李树苗、李艳、石艳群（2009）采用政策系统协调性分析框架，对中国县区级出生性别比治理的社会政策系统协调性进行分析，揭示了目前县区级出生性别比治理相关社会政策系统中存在的不协调问题。其中，系统内部不协调主要包括政策主体内部的不协调、政策客体内部的不协调以及主体和客体之间的不协调；系统外部不协调主要包括本社会政策系统与其他政策系统之间的不协调，以及本政策系统与环境之间的不协调。朱艳军、牟宇峰（2008）把性别选择和生育政策作为影响出生性别比的两个主要因素，通过定量方法分析了性别选择和生育政策各自对出生性别比偏高的影响。研究表明，第二胎成功性别选择率越高，出生性别比就越偏高，两种生育政策下的出生性别比绝对差值就越大，相对差值较稳定。当性别选择率一定时，出生性别比本身值越高，两种生育政策下的出生性别比绝对差值就越大，相对差值也较稳定。谭琳、周垚（2008）从赋权的理念出发，阐述了赋权性别政策的概念及其特点，通过对中韩推动性别平等、治理出生性别比偏高的公共政策进行赋权性分析以及对国家层面执行机制的比较后指出，增强政策的赋权性是值得中国重视的政策创新点，应基于中国国情深刻理解赋权妇女的理念，并将其融入法律政策及实施过程之中，探索适合中国国情的赋权途径。

4. 社会性别与妇女参政议政

虽然新中国成立以来中国的主流意识形态倡扬"男女平等"，并在正式制度中对女性参政采取保护性政策，但传统社会性别制度排斥女性参政的惯性作用力在当今中国社会仍牵制着人们的思想观念和行为。因此，以强制性的制度安排保证女性一定的参政比例，仍不失为实现性别平等参政的一种效力抉择。李晓广 (2009) 回顾了中国性别参政比例制的历史沿革，论述了有关性别参政比例的理论，联系当代中国政治领域两性平等参政缺失的现实，提出了比例制这一强制性制度安排的必要性。鲍静 (2010) 提出，女性参政受制于社会性别意识和性别制度，这种意识和制度渗透在公共政策过程中，进而导致所产生的公共政策大多处于社会性别盲视的状况，使女性参政机会难以得到有效保障，女性权益无法得到真正维护。师凤莲 (2010) 探讨了改革开放以来中国女性政治参与取得的一系列巨大成就，指出成就的背后仍然存在不少问题。陈琼、刘筱红 (2008) 以湖北广水 H 村 "性别两票制" 选举实验为研究对象，考察了保护性政策实验中村庄社会的不同反应，结果发现自上而下的保护性政策在输入村庄社会的过程中，会遭到不同程度的抵制，它并没有改变男性主导村庄权力结构的局势，还加深了两性隔离，这意味着保护性政策没有改变农村妇女公共参与 "推而不动" 的状态与政策运行的村庄社会基础有很大的关联性。任杰 (2007) 对从政女村官的基本情况，女村官对法律、规章和政策等政治资源的认知与理解，对自己参政原因的认识，参政中的性别优势、关注的问题、职责、特点以及面临的困难及需求等内容进行了调查，从社会性别的视角对所发现的问题进行了分析。裴亚岚、刘筱红 (2010) 利用湖北省 Y 市 20 位女县长的访谈资料，从新制度经济学的视角，研究了女性在参与公共事务管理过程中面临的非正式制度、正式制度约束以及和实施机制不到位的现实困境，从构建先进性别文化、将性别平等意识纳入决策主流、协同合作强化实施机制三方面提出了破解困境之道。

5. 社会性别与社会保障

近年来，中国社会保障的发展卓有成效，给女性带来了不少福利，但因社会保障政策更多考虑其经济、社会功能，较少注意到政策的性别影响，致使社会保障政策中隐藏着性别不平等问题。黄桂霞 (2010) 认为必须将性别平等理念纳入社会保障制度建设，发挥社会保障制度公正、平等地保障所有人权益的作用，推进男女协调发展与社会公平正义建设。

在女职工的劳动保护研究方面，《妇女研究论丛》编辑部 (2009) 举办了《女职工劳动保护规定》（修订草案）专题讨论会。参与讨论的学者认为，《女职工劳动保护规定》应当尽快研究制订和完善女职工劳动保护法律法规，优化维护女职工权益的法制环境，着重从该规定的使用范围、如何保障女职工生育保险待遇落实、关于女职工解雇保护的平衡问题等方面入手修订完善。刘伯红（2009）参照全球化和对自由主义经济批判的框架，从国际劳工标准、社会性别平等和政府责任等角度，对上述现象进行了分析，探讨了《女职工劳动保护规定》修改中的基本原则和导向，并提出相关政策建议。

（三）完善社会性别视角下的公共政策和公共管理的研究思路

1. 继续推进将性别意识纳入决策主流

徐思思、周哲（2007）通过分析当前中国女性参与决策的现状指出，必须将性别意识纳入决策主流，并提出了将社会性别意识纳入决策主流的主要途径。李沂靖（2007）认为，转型期中国社会性别关系的重构要重视以下方面：国家体制对性别关系的影响、性别意识对政策制定的影响、推进社会性别主流化的实践。熊婵娟（2008）分析了中国公共政策中社会性别视角缺位的问题，提出了使社会性别意识在政策中主流化的必要途径。尹旦萍（2008）通过对湖北省 DC 乡的新农村建设公共政策进行社会性别分析，提出推进社会性别主流化进程的措施。

2. 纠正公共政策执行过程中的偏差

在公共政策执行过程中不可避免地存在着象征式、附加式、残缺式、替代式、照搬式、抵制式、观望式及扩张式等执行偏差现象，导致这些偏差的原因有政策本身不科学、政策执行主体的缺陷、政策目标群体的制约、政策资源的局限、政策执行环境的影响等。在分析这些偏差及原因的基础上，刘雪明、吕学新（2008）提出了纠正偏差的可操作性对策。

为了分析中国出生性别比偏高问题治理的公共政策失效的原因，杨雪燕、李树茁（2008）通过国家官方网站和中国期刊网检索了出生性别比偏高问题治理的56 项政策文本和 43 篇政策分析类文献，并基于社会性别公平理念和公共政策系统协调性分析框架，采用内容分析方法对上述政策文本和文献进行了深入分析，结果显示，公共政策系统的不协调是出生性别比偏高问题未能得到有效治理的主要原因。

杨清（2010）在阐明就业性别歧视概念和归纳就业性别歧视表现的基础上，归结出就业性别歧视产生的原因是公共政策的缺失和不到位，并提出了政府干预就业公共政策、实现性别公正的路径选择。刘庆贤、靳锦（2006）从教育政策、就业政策、资源分配政策、参政政策四个方面探讨了其中存在的社会性别问题，提出了将性别意识纳入政策制定过程的建议。

3. 借鉴国外社会性别与公共政策的做法

国外在将社会性别视角引入公共管理领域、对公共政策或法律制度进行社会性别分析方面，为我们提供了丰富的方法和范例。毛艳云、苏多杰（2006）通过分析加拿大和中国公共政策中的性别意识，指出要落实男女平等基本国策，必须将性别意识纳入公共政策和决策主流，使性别平等成为公共政策制定者的基本价值目标；加强社会性别理论的研究，为性别平等政策的完善提供依据；加强性别统计，建立与完善妇女发展状况社会监测评估机制。曲宏歌（2009）探讨了欧盟制度对于女性决策参与发展的影响，对欧洲一体化过程中欧盟制度在纠正决策中的性别不平等方面发挥的作用也做了较为深入的分析，对我们未来的发展提供了很好的借鉴。和建花（2008）介绍了法国家庭政策的概念、目的及其在帮助父母缓和工作与家庭冲突中所起的作用，展示了法国家庭政策的制定和执行机制及其历史演变过程，探讨了法国家庭政策对中国的启示。林卡、唐琳（2006）通过介绍北欧的经验，说明要推进妇女解放程度，必须重建男女的性别角色和规范、形成新的性别合同。国家在推进妇女平等方面可以发挥很大的作用，这不仅反映在国家通过劳动立法来保护女性劳动者的权利，也体现在通过制定家庭政策和服务政策保护妇女权利上。

4. 妇联组织充分发挥作用

在2007年中国妇女研究会年会暨"两性平等与和谐社会建构"研讨会上，时任全国人大常委会副委员长、全国妇联主席、中国妇女研究会会长顾秀莲同志指出：在社会利益关系调整中维护妇女权益，保障男女两性平等地参与发展，尤其需要各级党委、政府和立法机关通过制定法律、政策进行调控，同时需要妇女组织进行积极的宣传倡导和源头参与。作为人民团体之一的妇联组织，必须按照十七大的要求，加强对社会管理、公共政策及公共服务中的性别平等的研究，深入研究妇联组织参与社会管理和公共服务的途径与方式。刘莉（2008）提出，在新的社会管理架构下，妇联组织更突出了其非政府组织的性质，获得了新的历史定位、任务和新的发展空间。在这一新的定位下，妇联组织的工作需要贯穿"同情""尊重""信任""关心"等价值理念，遵循层次性、民主性、赋权、平等合作的工作原则。妇联组织的具体工作可以分解为三个层面：在公共政策决策层面，推动社会性别意识的决策主流化；在社会管理层面，推动妇女参与基层民主自治和民主管理；在服务层面，创造性地打造个性化的公共服务产品。李亚平（2008）认为必须与依照法律和妇联章程开展工作、维护群众合法权益的要求联系在一起，正确处理好与政府、其他团体及妇女群众的关系；必须与扩大人民民主、保证人民当家做主的要求联系在一起，抓住决策、执行和评估三个环节来实施参与；必须与着力保障和改善民生、推进社会体制改革、促进社会公平正义、推动建设和谐社会的要求联系在一起，找准工作定位。张再生（2009）认为，天津市妇联通过在社区建设"半边天家园"来加快基层妇女组织建设，对促进妇联工作的转变和加强社会管理创新进行了有益尝试，其经验与做法值得关注。

三 研究的不足与展望

2006～2010年公共政策与公共管理中的社会性别研究较之2001～2005年在研究视角、本土化研究以及研究者多元化方面取得了长足发展，但仍然存在一些不足。

该领域现有的研究思路正逐步趋向于拓宽和多元化阶段，但对现实生活中影响妇女发展和性别平等的重点难点问题进行深入调查和科学研究仍然不够；现有的研究深入实际、深入妇女生活不够，因此无法真正了解妇女生存发展的需求和面临的问题；现有的研究对相关公共政策的分析和探讨还不够深入，学术视角还不够广，对于在公共政策的制定、执行、评估等相关环节中如何有针对性地贯彻社会性别意识尚缺乏可操作性的建议。

研究方法仍然比较局限。从现有研究成果来看，大部分学者对该领域的研究还仅仅局限在定性分析上，但是，在很多情况下只有利用量化指标和数据，才能客观反映中国性别平等与妇女发展的进步与差距。与2006年之前的状况相类似，该领域学者的学科背景仍然以社会学、历史学、教育学等文史类学科为主，对于管理学、经济学国际前沿的研究方法掌握不够。这使得该领域的研究受到一定的局限。

现有研究成果的推广成效不够。妇女和性别研究源于促进妇女发展、推动性别平等的实践，目的也在于推动进一步的实践。妇女和性别研究的成果只有为各级党政部门和社会公众所了解，才能在社会上产生影响，起到促进妇女发展、推动性别平等的作用。但是现有的研究成果很多都仅仅局限于学术界，并没有广泛的推广，其应用价值尚未得到充分体现。

　　因此，促进不同学科的交叉合作和不同实践经验的碰撞交流，是未来公共管理领域中社会性别研究健康可持续发展的立足点；激发和培养一批年轻学者的使命感和研究热情是为该领域"去边缘化"和奠定人文基础的根本。这也是未来五年我们需要认真思考和付诸行动的两件大事。

妇女组织和妇女工作研究综述
（2006～2010 年）

马　焱*

一　研究概述

近年来，中国政府职能进一步转变，公民社会逐步发育，社会管理模式也发生了深刻变革，党委领导、政府负责、社会协同、公众参与的社会管理格局逐步建立。其间，中国妇女组织获得了长足发展：组织数量进一步增长、组织目标更为多元、组织的行动策略更为灵活、组织活动和发展路径也更为多样。

与 2001～2005 年相比，2006～2010 年有关妇女组织与妇女工作的研究又有了许多新的突破和进展。仅从中国知网"中国期刊全文数据库"中，以"妇女组织""妇女工作"为题名检索统计的学术论文数量，这五年共有 530 篇，比前五年的 380 篇增加了 150 篇。妇联系统加强了对自身组织建设的研究，妇联干部在《妇女研究论丛》上发表了六篇研究论文。在课题研究方面，三个青年项目获得国家社会科学基金立项支持；全国妇联妇女研究所资助了"关于加强妇联组织能力建设"等课题的研究，并组织出版了《中国妇女组织发展的理论与实践》一书。全国数十部相关著作相继出版。此外，学术研讨逐步深化。2007 年、2010 年在北京分别召开了"中国妇女 NGO 能力建设经验交流会""国际妇女研究和中国妇女组织：回顾过去，展望未来"国际研讨会。全国各级妇联组织也不断加强妇联组织能力建设的交流和研讨。

这一时期，妇女组织和妇女工作的研究主要呈现以下几个特点。

第一，研究议题进一步扩展。妇联组织的性质和角色、职能作用、能力建设、发展模式、发展对策等依然是研究的重点；民间妇女组织的研究日益丰富；少数民族妇女组织、高校女大学生社团成为研究者涉猎的主题；国际妇女组织的

---

* 作者简介：马焱，女，全国妇联妇女研究所副研究员。

发展状况、妇女组织的历史研究开始得到重视。

第二，研究方法更为多样化。这五年中，尽管有些论文仍然是对当前妇女组织和妇女工作具体实践的描述性分析，但越来越多的文章采用定性与定量相结合的方法，注重实证调查，使研究方法更趋科学严谨。还有一些文章采用个案分析的方法；比较研究也有所发展。

第三，研究队伍进一步壮大。以往的研究者多为妇联干部、妇女组织的女性领导者和少数对此领域感兴趣的学者。这五年中，越来越多具有社会学、管理学、组织学、社会保障学、政治学、历史学等学科背景的研究者开始关注这一领域。一些在校的博士、硕士研究生也将妇女组织议题作为他们的研究方向和博士、硕士论文选题。在中国知网"中国博士学位论文全文数据库"和"中国优秀硕士学位论文全文数据库"中，以"妇联组织""妇女组织"为题名检索，2006～2010 年共有 18 篇，而前五年这一数据是零。多学科背景的学者以及年轻学者的加盟，使妇女组织和妇女工作研究逐渐深入。

二 主要研究内容

（一）对妇联组织和妇联工作的研究

妇联组织仍然是这五年妇女组织和妇女工作研究的重点。研究者主要进行了以下几方面探讨：妇联组织的性质、职能与角色定位，妇联组织与党和政府的关系、与其他非政府妇女组织的关系，妇联组织的未来发展模式，妇联工作实践层面的研究。

1. 妇联组织的性质和职能定位

关于妇联组织的性质，学术界普遍认为妇联组织具有半官半民的性质。但是，不同的研究视角对妇联性质的看法又略有不同。一种观点认为妇联组织属于非政府组织，在辨析妇联非政府组织（NGO）的归属上，部分学者肯定了妇联组织与国际 NGO 类似的基本特征（徐莹，2006）。另一种观点认为妇联组织属于准政府组织，即政府组织的非政府组织。准政府组织与政府组织最大的区别在于它没有强制的公共权力，没有执法权（周波，2008）。有学者直接指出妇女儿童工作委员会办事机构设在妇联标志着妇联组织既有非政府组织的功能，也兼有政府组织的部分职能。而最能体现妇联政府性质的还在于因中国没有处理妇女性别事务的政府机构，妇联实际上被看作全国性的妇女政策机构（丁娟，2006；孔静珣，2009）。还有一种观点认为 NGO 和准政府组织并不足以阐明妇联的本质。考察妇联的兴衰历史和每一届章程的演变轨迹可以看到妇联的性质、重大决策都受到执政党的影响，妇联具有有别于其他民间团体的特征（陆鸣，2006；马焱，2009）。

妇联组织的职能定位，仍然是近年来妇联组织研究的一个重要方面。随着形势的发展变化，妇联组织不断调整自身的职能定位，逐渐由改革开放前的政治功能压倒一切，向"代表和维护妇女权益，促进男女平等"的利益代表角色转变（陆鸣，2006；李苏华、凌慧，2009；马焱，2009；王文，2010）。马焱通过对历届妇联组织章程和全国妇女代表大会工作报告的分析，探寻了妇联组织职能定位的演变轨迹，她认为，改革开放以前，妇联发挥的功能主要偏重于行政性功能，改革开放后，妇联逐渐调整角色，工作的主要基调逐步由"动员组织"向"动员组织和权益维护"转变，组织的行政性功能逐渐向群众性功能转变。

2. 妇联组织与党和政府的关系

党和政府与妇联组织的关系以及在妇联组织的建设和发展过程中的作用问题，一直是学术界讨论的焦点。学者们普遍认为，妇联组织与西方非政府妇女组织不同，具有强烈的中国特色，是在党和政府的扶持下产生并且接受执政党领导的妇女群众组织，党与妇联的关系是领导与被领导的关系。有学者指出，中国的妇联组织是在长期的革命战争中形成的。全国妇联的前身——全国民主妇联产生的组织渊源是中国共产党内的妇女工作委员会，尽管后来成立了独立性组织，但与党的关系没有发生重大变化，仍然保留着被党直接领导的传统（马焱，2009）。有学者从现代国家建构的角度，对农村妇女组织渗透乡村社会的过程进行了剖析，重点研究了政权政党体系中妇女组织的成长与现代国家建构间的内在逻辑。认为中国的妇女组织是伴随着"政权下乡"和"政党下乡"的过程而萌生的，其成长的路径、特点和形式均体现出浓厚的国家建构色彩（杨翠萍，2009）。有学者论述了妇联等群众性组织是围绕党组织为完成不断增多的政府任务而建立的，它们贯彻党和国家的意志，并将分散的广大农民团结在党和国家的周围并置于其领导之下，进入国家共同体，并建构起他们的政治认同（徐勇，2007）。

党和政府与妇联组织的领导与被领导的关系，决定了妇联组织具有双重角色。党和政府希望妇联在社会转型中更好地发挥社会体系的整合、维护功能，而妇女群体则希望妇联能够真正代表自身的利益（陆鸣，2006；徐勇，2007；孔静珣，2009；赵明，2009；付佳，2010）。有学者认为，一旦妇联工作和当地政府利益相冲突时就会有倾向性的偏差，妇联工作还是遵循先满足政府再满足群众的利益排它原则，越接近基层，妇联承受的"顾全大局"的压力越大（陆鸣，2006；孔静珣，2009）。黄粹认为妇联与党和政府的特殊关系，造成了政府的责任淡化和实际运作效率低下的问题。在政府和妇女群众之间，妇联往往把自己看作政府或政府的代言人，导致妇联脱离基层妇女群众（黄粹，2008）。有学者的一些实证调查数据支持了上述观点（丁娟，2008；付佳，2010）。

妇联组织的双重角色是否必然导致妇联的官僚化倾向？是否必定使妇联失去自主独立品质？这五年中，学术界对这一问题的研究进一步深化。龚咏梅通过对"社会中的国家"的理论分析，从方法论上走出了基于国家与社会二元分立的传统分析框架下的争议分歧，肯定了政治资源在妇联组织中的合理存在，指出妇联组织自主独立的品质与发挥政治资源优势并不矛盾，简单地追求妇联的自主独立品质而忽视丰富的政治资源优势，是一种资源浪费（龚咏梅，2006）。有学者反对将妇联组织的双重角色截然对立，指出双重角色和双重职能如果运用得当，即是一种稀缺的社会资源、组织资源，有利于妇联获得更大的发展空间（龚咏梅，2006；李静之，2007；赵明，2009；马焱，2009）。

关于如何处理双重角色冲突的问题，有些学者提出，代表和维护妇女权益不仅是妇联的天职也是党和政府的责任，妇女群体利益与国家利益在短期内出现不协调现象时，妇联必须以充分履行自身基本职能为出发点和落脚点，及时、充分、准确地反映妇女群众的意愿，在法律和政策的框架内有效地协调国家与妇女的利益（陆鸣，2006；李静之，2007；肖扬，2007；赵明，2009；马焱，2009；孔静珣，2009；付佳，2010）。

有学者还探讨了政府在妇联组织发展中应该发挥的作用：政府需要完善官办社团活动的规制，保证市场、政府和公民社会在法律框架内运行，对于乐于向妇联、工会等提供资金支持的企业，应给予税收上的优惠；应支持科学的社团理论体系的建构；对社团的领导和指令关系应向指导和服务关系发展；政府和上级社团应努力为基层组织创造发展的更大空间，增强其获取体制外资源的能力，逐步走向成熟和独立（黄粹，2008）。

3. 妇联组织与其他非政府妇女组织的关系

学术界普遍认为，妇联与其他妇女组织，尽管在组织设置、运作模式等方面有所不同，但组织的宗旨和目标是一致的，都是服务妇女、促进男女平等。妇联应积极构建与民间妇女组织的新型的平等合作伙伴关系，建立全国统一的妇女组织网络，整合服务妇女的组织资源（杨倩之，2006；金一虹，2007；黄粹，2008；马焱，2010）。针对妇联和其他妇女组织在全国统一的妇女组织网络中各处于何种地位，学者们持有不同意见。一种观点认为，未来妇女组织将出现网络化趋势，妇联将成为这一网络上最主要的核心纽结（金一虹，2007；黄粹，2008；刘莉，2008）。也有学者对把妇联视为未来妇女组织网络的"核心纽结"地位表示异议。徐宇珊（2007）以漯河市妇联与河南社会教育研究中心合作并产生新的民间组织——反家庭暴力协会的个案为例，阐释了将妇联置于网络中的"纽结"地位，只是比较理想化和一厢情愿的想法，徐宇珊指出这种看法依然没有摆脱妇联以老大自居的想法，实际把妇联和其他妇女组织置于不平等的地位上。它们的关系应该是多种多样的，因地、因事、因组织而定，没有统一的模式。

学者们较一致地认为，妇联与其他妇女组织各有特色，应注重发挥各类妇女组织的特色，优势互补。妇联组织应该充分发挥其政治优势，积极影响立法决策，为各类妇女组织的发展争取更为宽松的政策和资源环境。民间妇女组织应着力于为妇女提供某一领域更为具体的服务，在服务的个性化方面下功夫（徐宇珊，2007；黄粹，2008；孔静珣，2009；马焱，2010）。还有学者指出，妇联与作为其团体会员的妇女社团的关系除指导性关系之外，更多是一种平等的合作与对话、相互学习关系（杨倩之，2006）。

4. 妇联组织的发展模式

关于妇联组织的未来发展模式，学术界的认识大致可分为改良派和革新派两种观点。改良派观点认为，鉴于妇联的特殊历史背景和中国的特殊国情，目前妇联不可能完全脱离政府，建立一套完全有别于以往的工作体系。妇联组织改革发展的当务之急是在现有体制框架内提高自身的能力建设（徐宇珊，2007；赵明，2009；马焱，2010）。由于受历史和现实因素的影响，妇联基本的层级式结构有可能长期存在，妇联向真正的第三部门转变还需要漫长的过程（孔静珣，2009）。革新派对妇联组织机构和功能做了大胆的重新设计，提出妇联体制改革应以理顺妇联的政治职能、政府职能和社会职能三者之间的关系为突破，将妇联拆分成三个不同层面的妇女工作机构——党的妇女工作机构、政府性别平等机构和民间妇女组织联盟，分别履行政党组织、政府组织和社会组织的职能，形成妇女工作整体机制。革新派的学者认为，现行妇联核心制度设计具有政党性、政府性和社会性高度合一的特征，三者互相牵制，使妇联在履行妇女利益表达、妇女公共事务管理和执政社会支柱三种功能上都处于低效产出的状态，因此要对妇联的核心制度进行改革（陆鸣，2006；陈琼，2009）。学术界普遍认同妇联和国家之间的关系应由传统的依存关系转向新型的独立与合作关系，形成相对独立、各负其责、合作运转的新格局（杨倩之，2006；丁娟、马焱，2006；肖扬，2007；李静之，2007；金一虹，2007）。

5. 妇联工作实践层面的研究

党的十七大报告提出"支持工会、共青团、妇联等人民团体依照法律和各自章程开展工作，参与社会管理和公共服务，维护群众合法权益"。此后，关于妇联组织在新形势下如何更好地代表妇女参与社会管理和公共服务，成为研究妇联工作的一个重点，引起了众多学者和妇联干部的关注。

（1）关于妇联组织参与社会管理和公共服务的研究

这五年中，国内学者和妇联工作者对妇联组织参与社会管理面临的机遇与挑战，以及妇联组织在社会管理中的角色定位、参与原则、参与环节、参与途径等方面进行了研究和探索。学者们一致认为，妇联在社会管理和社会服务中能够发挥更多的作用，妇联对于承接政府转移出的部分公共管理和公共服务职能具有优势，同时也存在行政化倾向的阻力。关于参与的角色和功能，肖百灵（2007）认为，妇联需要扮演调研员、咨询员、倡导员、协调员、监督员的角色。关于妇联组织参与社会管理的原则，有学者认为应遵循层次性、民主性、赋权、平等合作的工作原则，量力而行，有限、有序、有针对性地参与（刘莉，2008；刘瑛，2009；张晋叶、刘斌，2009）。关于参与的环节，李亚平认为，必须抓住决策、执行和评估三个环节来实施参与（李亚平，2008）。关于参与的途径，刘莉认为应分为三个层面：一是在公共政策层面，推动社会性别意识决策主流化；二是在社会管理层面，推动妇女参与基层民主管理；三是打造个性化的公共产品，为妇女直接提供服务。关于参与的对策，有学者认为，妇联要对促进妇女参与社会管理有明确的承诺和发展战略；改变观念，工作中要站在与妇女儿童切身利益相关的民生问题的战略高度，在满足妇女的战略性社会性别利益的框架下，解决妇女的现实需求（肖百灵，2007）。还有学者认为，要理顺与各政府部门的关系，充分发挥组织资源、人才资源、政策资源和群众资源的优势，努力提升参与层面，拓展参与渠道，创新参与方式，增强妇女对决策过程和政策制定的影响力（刘莉，2008）。还有学者指出，妇联在参与社会管理的角色定位、参与原则、范围等方面存在认识上的不足，参与范围不够广泛，参与的长效机制还不健全，妇联组织和妇联干部参与社会管理的能力和水平还有待提高（孔静珣，2009），参与还是以协助政府管理为主、自主参与为辅，真正进入决策参与的层面力度有限（孙小华，2008）。

（2）关于妇联工作中存在的问题

对于妇联工作中存在的问题，既有对局部地区的调查，也有对全国形势的分析。学者们通过研究得出的结论大体可归纳为内部和外部两个方面。从妇联本身存在的问题来看，在机构设置方面，目前妇联内部结构普遍呈现上宽下窄、头重脚轻的形式，基层组织建设有待加强和完善。服务方式陈旧、内容单一，已远远不能满足现行社会妇女发展阶层化和妇女需求多样化的态势。在妇联干部队伍素质及其对妇联组织的认识方面，一部分妇联干部对组织的基本职能认知度偏低；对组织的群众性功能认识不足；对妇女在妇女运动中的主体性地位重视不够，缺乏赋权妇女的工作理念，时常有意无意地将妇女视为需要被"教育、团结、带领"的落后工作对象；时常将妇女发展当作社会进步的某种成果，而不是动因；承认妇女在革命和建设中的作用，却忽视妇女在自身解放与发展中的自觉意识和自主能力（丁娟、马焱，2006；付佳，2010）。还有学者对基层妇联工作进行实地调查后发现，基层妇联在为农村妇女开展服务时，没有充分考虑不同民族、收入状况、文化程度的农村妇女在参与妇联组织的活动、向妇联寻求帮助方面存在的差异性；基层村妇代会主任工作角色错位，计生工作成为妇代会主任的主业（矫杨等，2010）。杨翠萍（2008）以河南宇县为个案，考察了计划生育政策的推行与农村妇代会异化间的关系，认为在各种政治压力、利益导向和信息传递的作用下，国家、村庄、妇女干部三个层面的治理和行为都倾斜于计划生育工作。还有学者考察了妇联组织的志愿者队伍，指出志愿者们在协助妇联完成工作任务的同时，也存在着流失率高、专业性差、积极性不高等问题（徐宏卓，2010）。

从外部环境来看，一是政府的错位，在实践开展过程中缺少政府有的放矢的政策支持，一些地方政府机构在具体操作中，对妇联组织具体事务和实际运行干预较多，在资金和工作走向上控制较严，导致妇联工作行政化倾向严重。二是管理体制的不畅，在实际工作中，妇联承担了一部分政府责任，使其能行"政府之职"，却无"政府之权"（黄粹，2008）。三是立法滞后，没有从法律层面系统地界定妇联的职权、规范妇联与政府和司法界的关系、明确可操作的细则和程序，使其在开展活动、筹措资金等方面面临不小的困难（陆鸣，2006）。

（3）关于促进妇联工作的发展对策

关于促进妇联工作的发展对策研究，主要集中在四个方面：更新工作理念、履行基本职能；完善组织结构模式；创新工作方式方法；加强能力建设。关于工作理念，有学者指出要坚持"以人为本"，妇女工作需要"眼睛向下"，尊重人、理解人是教育人、帮助人的基础（陈慧平，2006）。还有学者指出，妇联应正确理解"党政所需，妇女所急，妇联所能"的工作定位。围绕党的中心工作，不是直接包揽中心工作，而是要从妇女群众角度配合有关单位解决妇女问题。妇联在围绕党的中心工作开展工作时，应强化群众工作视角，将妇女群众反映最迫切、最强烈的问题作为开展工作的优先领域，而不是从政治甚至政绩的需求出发（马焱，2010）。关于组织结构模式，学者们普遍赞同将妇联传统的直线职能型组织结构向扁平化的横向联合的组织结构发展，逐渐扩大其横向的网络结构，而不是完全放弃层级结构中的内在关系（黄晴宜等，2007；金一虹，2007；肖扬，2007；黄粹，2008）。关于工作方式方法，学者们普遍认为传统妇女工作模式"偏重政治建构、淡化社工服务"，当前应把社会工作与传统妇女工作有机结合；要改变工作方法，实现从经验型向科学型转变，学会运用社会性别分析方法，学会用科学的统计数据说明问题（龚咏梅，2006；丁娟、马焱，2006；蒋美华，2007；曹振飞、毛飞飞，2008；张晋叶、张斌，2009）。关于能力建设，学者们普遍认为，妇联干部的能力建设与妇联组织的能力建设相辅相成，一支专业化工作队伍的形成对于妇联组织开展深入妇女各阶层的相关活动起着决定性作用；妇联组织和妇联干部的能力建设应包括组织文化建构能力、组织协调能力、战略决策能力、调查研究能力、宣传与倡导先进性别文化的能力及妇女工作的专业技术能力，应该通过开展社会工作方法、技能、理念等的教育和培训，提升妇联干部的专业化水平（黄晴宜等，2007；矫杨等，2010）。

（二）其他妇女非政府组织（NGO）的研究

这五年中，关于中国其他妇女非政府组织的研究大致可以分为两种类型。一类是从宏观上研究和介绍中国妇女非政府组织的发展状况。有学者对民间妇女组织兴起的背景进行了探讨，认为市场经济快速发展、社会结构日益多元化、政府职能转变以及妇女结社需求趋强促进了民间妇女组织的繁荣发展（张钟汝、李汉琳，2007；马焱，2010）。有学者对妇女非政府组织所存在的问题进行了分析，认为由于妇女非政府组织引入中国的发展历程较短，在社会认可程度、社会机制保障、资金筹措和使用、人力资源、倡导力和影响力、组织治理、机构网络合作等方面都存在亟待解决的问题（丁娟，2006；张钟汝、李汉琳，2007；邓国胜，

2009；叶苗，2010）。有学者对新的妇女 NGO 进行了评估，认为新的妇女 NGO "出生率"降低且发展势头和影响力远不如其他领域的 NGO，认为这与国外资助方将资源集中分配给在业界已颇有口碑的 NGO 有很大关系，新的妇女 NGO 很难分得一杯羹（徐辉，2009）。还有学者指出，中国 NGO 的志愿者在人数、规模、层次及影响上和国外相比仍有一定差距，志愿组织的管理亟待健全，志愿者协会等社会公益组织发育仍不充分（丁宁，2009）。还有学者梳理了 1995 年以来中国妇女非政府组织发展与妇女解放实践之间的联系、1898～1919 年前后妇女民间社团与妇女解放实践之间的联系，并对这两个时期妇女组织与妇女解放实践之间的关系进行比较分析（于振勇，2008）。也有学者对中国妇女非政府组织的多种分类标准进行了探讨，指出中国妇女非政府组织呈现多元化、专业化的趋势，有效补充了官方妇女组织资源，有利于促进妇女运动和妇女福利（张钟汝、李汉琳，2007；狄金华、刘瑞清，2008；叶苗，2010）。还有学者对妇女 NGO 为提高农村妇女参与意识开展的行动进行了经验总结（徐宇珊，2006）。也有学者对妇女组织在环境管理与决策、环境宣传与教育、生态建设、城市综合整治、清洁生产等领域的作用进行了探讨（江西省妇联课题组，2006；孙晓梅，2008）。

另一类研究是以个案的形式对妇女非政府组织产生和运行的状况、发挥的功能等进行阐述。牛天秀（2007）以南京市小市街道妇幼庇护所社会支持体系为例，揭示了基层妇女 NGO 的生存与发展仍处于弱势地位。丁宁（2009）以北京红枫妇女心理咨询热线为例，对影响 NGO 志愿者工作投入程度、志愿者流失原因进行了分析。张翠娥、付敏（2010）以一个服务于流动妇女的草根妇女非政府组织为个案，从需求的视角出发，对草根妇女非政府组织在日常实践中如何回应服务对象的需求、发挥组织功能进行了探讨。李莉、李玲（2010）通过对湖北省有关妇女 NGO 的调查，探讨了妇女 NGO 在反家庭暴力中的社会救助机制与行动策略，指出政府和社会要给妇女 NGO 增权，扩大组织的各方面资源支持，形成一个现代社会以政府组织为标志的第一部门、以经济组织为标志的第二部门和以社会组织为标志的第三部门"三足鼎立"的治理结构。

此外，少数民族妇女组织、高校女大学生社团也成为研究者涉猎的主题。水镜君（2010）对中原穆斯林妇女组织进行了研究，反映了在全球化情境下，穆斯林妇女在面临文化误解以及传统文化偏见的双重压力下，如何通过组织化做出积极的应对。普永贵、岳早念（2009）通过对德宏州两个景颇族女子护村队的考察发现，农村民间妇女组织在乡村社会管理中是可以发挥重要作用的。还有学者通过实证研究，对当代高校女子社团的发展状况进行了考察。研究发现，多数高校的传统妇联组织将工作对象界定为女教职工，对于是否将女大学生纳入工作范围很模糊；当前高校女子社团类型多元化，但缺乏必要的指导和支持，和其他青年、妇女组织的关系有待于进一步理顺（朱峰、成斌，2009）。

对于20世纪90年代以来妇女运动表现出的组织模式多样性和目标的多元化特征，有学者指出这与组织资源的多样性有关。王凤仙、米晓琳（2007）在对中国妇女民间组织、地方政府和国外基金会三者之间的关系进行分析后，提出了妇女组织在谋求国际合作时的身份意义问题。她们指出，在不同妇女组织和资源提供者之间，是各种力量的合作与博弈，中国妇女组织研究特别要关注独立身份的缺乏问题。

（三）妇女组织的历史研究和国际研究

这五年中，有关妇女组织的历史研究、国际妇女组织研究等主题被不断纳入研究者的视野。

不少学者对民国时期、抗日救亡时期、"文化大革命"时期的妇女组织发展状况进行了考察。王丽（2008）通过民国时期中华基督教女青年会中西干事的合作交流这个缩影的研究，指出了近代中国尤其是一直被忽略的女性怎样面对外来文化和文化差异。刘宁元（2007）研究了救亡时期北平女界组织，对这一时期不同类型的妇女组织进行了归类，并详细介绍了不同类型妇女开展的各项活动。夏蓉（2010）对抗战时期妇女指导委员会的性质进行了探析。耿化敏（2007）探讨了"文化大革命"时期妇联组织从受冲击到重建的组织演变轨迹，并对组织危机中折射出的问题进行了分析，她指出，"文化大革命"给新时期中共执政能力建设和群团组织建设留下了宝贵的历史遗产：执政党要充分尊重群团组织的自主性，群团组织必须在坚持党领导的前提下，积极拓展独立活动的社会空间，为执政党与群众之间的良性沟通架设一条制度化的组织通道。

还有不少学者介绍了国外妇女组织的发展状况与经验。郭又新（2007）考察了印尼妇女运动的发展过程，以及在此过程中印尼妇女非政府组织与妇女的社会动员所扮演的角色、起到的作用以及面临的各种问题。王虎（2007）回顾了马来西亚非政府组织的发展历程，介绍了独立后的马来西亚主要的妇女非政府组织及其活动，评估和分析了马来西亚妇女非政府组织与马来西亚政府的关系。研究指出，马来西亚妇女非政府组织多隶属于政党和其他社团组织，从某种程度上损害了它们的独立性，增加了其依附性。蒲瑶（2007）介绍了国际妇女 NGO 在阿富汗的作用以及面临的挑战。她指出，国际妇女 NGO 活跃于阿富汗的医疗卫生、教育、社会保障、两性平等等领域，在为阿富汗女性争取权益和福利以及争取更平等的生活空间等方面做出了重要贡献。同时，国际妇女 NGO 也面临着如何妥善处理捐助国与受援政府的关系、保障自身安全等问题。曲宏歌（2009）以欧洲妇女游说团为例，探讨了欧盟女性团体的政治参与实践，发现欧盟制度框架提供的政治机会、性别不平等的普遍性以及欧盟女性团体政治参与目标所具有的女性主义进步色彩，是促进其政治参与不断发展的主要有利因素。刑桂敏（2008）对埃及妇女非政府组织的发展状况进行了介绍。这些研究为中国妇女组织研究提供了一个更为宏大广阔的背景和视角。

三　研究的不足与展望

纵观这五年的研究成果，有几个显著特点：一是对县级以上妇联组织的关注多，对基层妇联组织如农村妇代会关注较少；二是对妇联组织研究涉猎的范围较宽、内容较多，而对其他妇女非政府组织研究的领域较窄、内容也较为空泛；三是对现实问题的实证调查明显增多，而对组织的历史变迁性研究较少，史料分析也较为不足，尤其缺乏历史比较分析的视角，对现有史料也缺乏一定的学理分析；四是对各类妇女组织的实践经验介绍较多，而对妇女组织的理论抽象不足。

然而，当今的妇女组织发展实践是突飞猛进的。随着社会主义市场经济的快速发展、社会结构的日益多元化、政府职能的进一步转变，民间妇女组织不断涌现，并将获得更大的发展空间；随着妇联组织和妇联干部能力建设的推进，妇联组织的角色定位、工作理念、机构设置、工作方式方法都在发生快速变化。当前鲜活的、丰富的妇女组织发展实践为理论升华奠定了坚实的基础；而妇女组织在实践中的快速发展又不可避免地出现许多新的问题，亟须妇女组织理论的创新和指导。党的十八大报告提出，"要围绕构建中国特色社会主义管理体系，加快形成党委领导、政府负责、社会协同、公众参与、法治保障的社会管理体制，加快形成政社分开、权责明确、依法自治的现代社会组织体制；强化企事业单位、人民团体在社会管理和服务中的职责，引导社会组织健康有序发展，充分发挥群众参与社会管理的基础作用；发挥基层各类组织协同作用，实现政府管理和基层民主有机结合"。这些都为妇女组织的发展和妇女工作的推进，提供了难得的发展机遇和条件，但同时也对各类妇女组织的发展提出了严峻的挑战。今后，各类妇女组织在新形势下如何更好地参与社会管理和提供公共服务，健全基层公共服务和社会管理网络，加快推进科学有效的社会管理体制的完善，提高社会管理科学化水平，应该成为研究妇女组织和妇女工作的重点。此外，今后的研究还应加强对妇女组织的运作机制、妇女组织与妇联的关系、妇女组织与国家的关系以及妇女组织发展的历史进程等方面的探讨，以进一步推动妇女组织研究的理论化进程。

妇女与就业研究综述（2006～2010年）

蒋永萍　杨　慧*

妇女就业虽然既包括城镇妇女就业，又包括农村妇女和流动妇女就业，但由于本年鉴单独设立了农村妇女、贫困妇女、流动妇女和少数民族妇女研究专题，因此，本文仅对2006～2010年来城镇妇女就业方面的研究内容进行综述，具体包括妇女在经济中的作用、城镇妇女进入和退出劳动领域、非正规就业与职业行业隔离、职业安全与劳动保护、就业性别歧视和劳动收入等方面的现状、影响因素与对策建议。

一　研究概述

与2001～2005年相比，这五年妇女与就业方面的研究主要有以下两个特点。

首先，研究成果丰富，研究质量较高。2006～2010年学界有关妇女与就业的研究取得了丰硕成果，以"妇女/女性就业"为主题在中国期刊全文数据库搜索，相关文献共有2547篇，其中，在核心期刊刊发的论文351篇，有34篇在《妇女研究论丛》刊发，另有10篇在《中国社会科学》和《社会学研究》杂志刊发；在中国博士学位论文全文数据库和中国优秀硕士学位论文全文数据库搜索，相关文献分别有89篇和534篇；在中国重要会议论文全文数据库搜索，相关文献45篇；另有数十部相关著作得以出版。在研究资助与获奖方面，有4个一般项目和1个青年项目获得国家社会科学基金立项支持；在2006年、2008年和2010年全国妇联、中国妇女研究会举办的第一届至第三届妇女研究优秀成果奖评选活动中，有5部女性就业研究专著、16篇论文和1项调查报告获奖。

其次，研究领域不断拓宽、研究内容不断深入、研究方法不断创新。这五年中，学界对妇女就业现状、理论、对策的研究几乎遍布各个社会学科，引起了社

---

* 作者简介：蒋永萍，女，全国妇联妇女研究所研究员；杨慧，女，全国妇联妇女研究所助理研究员。

会各界的高度关注（郭志仪、金文俊，2010）。除人口学、社会学、经济学、法学等学科外，地理学等相关学科也增加了对妇女就业研究的关注程度，妇女就业研究的学科交叉性和广泛性进一步得以体现。无论是对女性整体就业、大学生和研究生就业状况的研究，还是对国有部门、非国有部门工资性别差异的分析，已有越来越多的研究建立在全国性或地方性实证调查基础之上，既有截面数据研究，又有纵向追踪数据研究，对于探究妇女就业的变化趋势、分析其影响因素具有重要的参考价值。在传统的研究方法基础上，新型定量研究方法不断被引入妇女就业研究领域，比如在大学生就业研究中，有学者引入了胜任力模型和成本－收益模型；在工资性别差异方面，引入了性别工资差异分解法、固定效应模型、分位数回归模型和双重样本选择模型；在退休年龄问题研究中，引入了定价模型。研究方法的创新不但提高了研究水平和研究深度，还提高了研究成果的应用价值。

二 主要研究内容

（一）妇女在经济中的作用与影响因素

妇女平等就业权作为人权的重要组成部分，直接关系到妇女的独立生存与发展状况，因此，应从人权的高度认识并尊重妇女就业权（管磊，2007）。妇女就业是获得经济独立、赢得性别平等的重要渠道（刘爽，2007），只有妇女参加社会生产劳动，才能实现妇女解放和两性平等。妇女平等就业与社会经济效益成正比，而就业性别歧视必将阻碍生产力发展、抑制经济繁荣、影响社会稳定（徐桂兰、蒋先福，2007）。研究并构建妇女经济发展指标，有助于科学评价妇女就业状况与经济地位，蒋永萍（2006）运用经济资源、职业结构、收入保障和贫困的相关指标，研究构建了评估经济领域性别平等与妇女发展的指标框架和重点指标，对1995~2004年全国和各地区经济性别平等状况评估发现，各指标中改善最为明显的是妇女职业结构指数，而男女两性经济收益不平衡、地区差距较大并有扩大趋势。

改革开放、城市化进程和受教育水平的提高，为改善妇女就业状况提供了良好机遇（唐建华，2006；毕红艳，2006）。在经济发展促进妇女就业方面，中国非公企业的迅速发展，给女性劳动者提供了各种形式的就业机会，女性在非公企业就业数量的增长幅度高于国有及集体企业（王琳，2007）；中小企业作为现代经济组织中最具活力的微观经济体，对于促进社会经济发展、吸纳更多女性就业发挥了不可替代的作用（郭砚莉，2010）；社区就业在增强妇女信心、重建自我价值、扩展人际关系和增加社会声望方面，为失业妇女实现了一定程度的"增权"（张银等，2006）。女性在社区家居服务和公益服务中占绝对主体（李丹丹，2007），尤其在家政服务员中女性所占比例高达96%以上（张伟，2010）。

随着女性受教育程度和整体素质不断提高，大批知识女性聚集在科教文卫、经济和IT行业等重要领域（刘仙梅，2007）。对白领青年女性就业的研究发现，虽然白领青年男女的求职难度、初始职业获得方式、选择工作时看重因素及跳槽情况没有显著的性别差异，但是白领青年女性比男性更多地就职于个体私营和三资企业等"体制外"单位，工作3～5年内成为管理者的比例远远低于白领青年男性。虽然社会保障不足加重了生育对女性就业和职业发展的负面影响（谭琳、蒋永萍，2006），但对于白领青年女性流动较多的企业来说，需要初始单位承担女性生育成本的可能性较小。因此，人们应该改变女性生育会增加企业成本的传统观念，应该客观地看待女性就业与生育问题，减少对女性生育带来的不平等对待（唐美玲，2007）。

教育是女性拥有就业机会、争取良好职业的基础（刘爽，2007）。然而，纵向研究表明教育对女性就业的影响不断下降，婚姻和家庭经济状况对女性就业的影响不断增大，家庭收入高的已婚女性不工作的可能性更大（吴愈晓，2010）。政府未能充分认识平衡工作家庭的政策作用、未在解决工作家庭冲突中承担应有的责任，制约了女性职业发展，降低了女性收入和社会保障（刘伯红等，2010）。蒋永萍（2007）分析了托幼管理体制改革对妇女就业的影响。

对妇女劳动保护的研究发现，中国就业妇女依然存在劳动负担重、卫生保健状况差的问题（赵颖坤，2007）。虽然北京市各类企业女职工的"四期保护"基本得以落实，但由企业独自承担的女职工劳动保护费用影响了女性就业（潘锦棠，2006），此外，"劳动禁忌"和"四期保护"已诱发了职业性别隔离（郭慧敏、王慧芳，2009）。职场性骚扰加大了职业女性的就业压力和职业风险（李薇薇、Lisa Stearns，2007），对此，薛宁兰（2007）提出了防治性骚扰的模式与对策，姜战军（2010）介绍了发达国家和地区在采取专门立法、强调雇主责任和确定特殊证据方面可供借鉴的相关经验。

（二）非正规就业与职业行业性别隔离

金一虹（2006）认为女性非正规化就业取向明显。女性在国有部门和非国有部门就业的比例分别为45.33%和54.67%，男女在国有部门工作的性别差异呈U形变动趋势（郭凤鸣、张世伟，2010）。在非正规就业领域，女性数量和比例远远高于女性在城镇单位就业人员中的比例（王红芳，2006），其中，出生于1966~1980年的女性有53.3%从事非正规就业（吴要武，2009）。受劳动力结构性矛盾突出的影响，城市下岗失业女性再就业呈现边缘化和非正规化趋势（任远，2007；赵频、马向平，2007），尤其是中老年下岗女工只能从事非正规就业，随着失业率的提高和流动人口的不断增加，她们需要同时面临来自男性及农村女性的竞争压力（刘婕玉，2009）。

女性人力资本积累不足与提升成本较高、劳动力市场格局和家庭角色定位等因素，共同促使女性选择非正规就业（沈茂英、李雪梅，2010）。非正规就业有利于妇女平衡工作与生儿育女的关系，对完善劳动力市场、改善就业压力、缓解贫困状况、加快经济结构调整具有重要意义（罗燕，2007）。当然，非正规就业也会在扩大两性收入差距、加剧两性职业技能和职业层次分化、降低女性职业安全和社会保障方面带来不利影响（谢妍翰、薛德升，2009），此外，中国非正规就业者面临社会保障制度障碍、相关法律缺陷、就业市场道德观念缺位等多重障碍（燕晓飞，2009）。

有关妇女创业研究发现，经商兴趣、市场机会是拉动妇女积极创业的激励因素，而离婚、失业则是推动妇女被动创业的激励因素，在实际创业中拉力、推力将会共同发挥作用。虽然中国属于女性创业活跃的国家（居凌云，2006），但女性创业意愿和创业比例均低于男性。江苏女大学生自主创业意向比男生低3个百分点（张环境、王天营，2010）；在中西部10省大学生调查中，有自主创业意向的女生占36.9%，比男生低26.2个百分点（朱生玉、付丽娟，2010）。学历和性别对创业有负面影响，在其他条件不变的情况下，女性大学生自主创业的可能性更小（彭小孟、孙克，2010）。

20世纪90年代后期中国城市存在较为严重的职业性别隔离（李实、马欣欣，2006），部分政策法规文件用语不当加剧了职业性别隔离（谭琳、蒋永萍2006），女性整体就业层次低、各类负责人性别差异悬殊、女性在高端行业和高层次职业上依旧处于弱势地位（刘爽，2007）。在上市公司高层管理者中，女性仅占

13.52%，依旧未改变副职多、正职少的传统状况（康宛竹，2007）。女性在职业发展中的劣势地位，主要源于中国传统文化对两性的角色定位（黄海艳等，2010）。此外，劳动力市场分割和职业代际传承也在一定程度上加剧了职业性别隔离。

女性职业发展的边缘化特征以显性、隐性等形式表现出来，形成了阻碍女性发展的"玻璃天花板"效应（杨凤、田阡，2006）。对北京市党政系统女性领导人才的研究发现，女性绝大部分集中在边缘化部门，且70%是副职，在经济管理、城建、政法等主流部门任职的比例仅占女性领导的8.9%。部分领导因担心女下属失败受牵连，便对中层女性实施过度保护，致使中层女性很难获得职场历练机会（陈许亚、张丽华，2010）；女性领导自动边缘化及"习副怕正"等负面心理是"玻璃天花板"的心理屏障（李珊，2010）。绝大部分研究认为性别歧视是"玻璃天花板"的主要原因（张春霞，2006），国有单位官僚体制占据主导地位和论资排辈等陈旧观念，低估了女性管理者的人力资本（翟雪梅，2007）。科学研究领域的高度分层社会建制和男性占据主导地位，使年轻女性科学家的成就被低估，成为科学领域女科学家缺位的重要原因（徐飞、杨丽，2009）。

（三）就业性别歧视研究

就业性别歧视作为阻碍女性就业、影响妇女经济地位提高的重要因素，已越来越受到学界的重视。鉴于本部分内容较多，将分别从就业性别歧视的现状与原因分析、女大学生的就业性别歧视和就业性别歧视的理论研究三个层面进行综述。

1. 就业性别歧视的现状与原因分析

在就业形势严峻和劳动力供大于求的情况下，就业性别歧视已成为当前最普遍、影响最大的就业歧视（蒋阳飞，2010），造成了女性经济参与机会不平等、职业地位下沉、劳动权益问题突出、失业率较高、再就业困难（张抗私，2010），其中，国有企业中49.7%的下岗女工再就业时受到性别歧视（蒋阳飞，2010）。就业性别歧视的表现形式包括就业机会歧视、薪酬歧视、怀孕歧视、晋升歧视、性别隔离和退休年龄及退休金待遇不平等（刘璞，2010）。2009年《中国职场性别歧视状况研究报告》显示，招聘中约1/4的女性因性别而不被录用，职业性别隔离和男女同工不同酬问题依然突出，男女升迁差异明显。武汉市调查发现，虽然大部分单位并不存在招聘时的性别歧视倾向，但仍有部分用人单位不愿招募女性员工、通过设置隐性障碍与较高门槛，对女性员工产生了实质性的不平等（红岩等，2010）。即使在所聘女性过半的现代旅游服务业，女职工仍然遭遇了职位和待遇等性别歧视（牛翠珍、王国梁，2010）。对就业性别歧视的原因分析发现，用人单位成本最小化（张红杰，2010）、劳动力市场不完善（郭砚莉，2010）、法律保障缺乏操作性、政府对劳动力市场特别是对中小企业和非正规就业领域监管不到位、针对女性就业的社会保障机制不健全（刘璞，2010）、决策层缺失社会性别意识以及政策执行不力（刘薇，2007）、司法救济和保障监察制度不完善（江彩军等，2010）、缺乏维护妇女平等就业权的专门机构（石莹，2010；徐桂兰，2007），共同导致了就业性别歧视问题的长期存在。

2. 女大学生的就业性别歧视

女大学生就业难是对中国女性整体就业问题的折射，反映了女性就业、参与发展、两性和谐以及社会公平等深层次的社会问题（刘爽，2007）。谭琳（2007）认为对于女大学生的就业歧视，从根本上讲是对女大学生基本人权的侵犯和剥夺、对和谐社会公平公正原则的践踏和对人力资源与教育"红利"的浪费。近年来，女大学生就业难问题日益凸显，已成为社会大众和学术界关注的热点问题，吸引了社会学家、经济学家、公共管理和女性研究者等诸多领域专家学者的关注，并从各个方面讨论和分析女大学生就业难的现状、原因与对策措施。近年来女大学生（含硕士生、博士生）普遍遭遇了就业性别歧视（蔡定剑，2007），2009年高校女毕业生就业落实率、工作满意度、进入国有企业和国家机关的比例明显低于男性（岳昌君，2010）；2010年女大学生整体呈现出高就业期待、高就业成本、低就业质量和低就业率的特点（杨飏，2010）。比本科生相比，女研究生就业面狭窄、就业过程持久。2009年有19.2%的女硕士和女博士因性别被拒绝录用，即使成绩明显优于男性仍被拒绝录用的占16%，被迫签订"禁婚""禁孕"等条款的分别占4.1%和3.4%（莫税英，2010）。所学专业与从事的职业是否匹配，既对人力资本产生影响，又会对员工的工作效率和薪酬水平产生影响。34.7%的女大学生毕业半年后从事的工作与专业不匹配，比男生高5.8个百分点，在控制其他条件下，女性比男性找到与专业匹配工作的可能性低23个百分点（刘扬，2010）。有关16省大学生的调查显示，理工类女大学生毕业后从事专业技术工作的比例小于男生，从事技术辅助工作的比例却略高于男生（郭丛斌等，2007）。同工不同酬是女大学生遭遇的另一种歧视，高校男女毕业生月薪的最大差距已由200元增加到800元（刘扬，2010；申晓梅等，2010），2009年部分高校男大学毕业生工资水平均比女生高 12 个百分点（秦永，2010），即便女性占优势的专业，也同样存在同工不同酬的薪资歧视（莫税英，2010）。女大学生就业难的原因来自社会、学校、单位和个人，社会原因包括传统性别观念、就业性别歧视、行业性别隔离、法律法规不完善及公共政策失灵（黄娟，2006），学校原因包括教育理论化和就业指导不足，单位原因包括设性别关卡和利益最大化，个人原因包括女性生理特征、工作期望值高、就业观念不成熟、缺乏权利意识。此外，学历层次、学校类型和父亲职业等因素对就业机会及起薪均具有显著影响（徐莉，2010；万仁孝、陆建民，2006；杜桂英、岳昌君，2010；郭砚莉、汤吉军，2010）。

3. 就业性别歧视的理论研究

在对就业性别歧视的深入研究中，已有很多学者运用相关理论分析解释妇女就业性别歧视问题。人力资本理论认为，由于人力资本投入的性别差异，雇主更愿意选择人力资本更高的男性，而男女薪酬的不平等主要源于人力资本差异（亓寿伟、刘智强，2009）。互动理论认为，人们普遍认为男性优于女性、更能胜任工作，因此，雇主会在面试时自动把性别作为互动交往的前提条件（智建丽，2007；向丹，2007）。"禀赋"理论和比较优势理论认为，就业性别歧视的原因在于女性在家务劳动方面的先天优势（盖蕾，2009）。内生制度变迁理论认为，传统文化习俗是劳动力市场性别歧视的重要原因（石莹，2010）。社会习俗论进一步认为，劳动力性别歧视的深层原因是"男主外，女主内"的传统分工模式，进而导致劳动力市场不愿接纳女性（刘薇，2007）。劳动力市场分割理论认为，劳动力市场按工作内容和职业境遇分为核心部门和边缘部门，女性由于性别原因较多滞留在边缘部门，进而产生了性别歧视和行业隔离（张静敏，2006）。综合理论认为，造成并维持性别不平等的主要原因在于体制，减少不平等的唯一出路是改变组织体制（谢妍翰、薛德升，2009）。虽然上述理论的出发点各不相同，但均在不同程度上对就业性别歧视进行了较好解释。

（四）收入性别差距与退休年龄问题研究

收入是反映妇女经济地位的最主要的指标之一，从性别工资的部门差异看，公共部门和非公共部门的工资性别差异分别为 10.91% 和 33.06%，非国有部门的性别工资差异明显高于国有部门（亓寿伟、刘智强，2009）。纵向研究发现，在过去的 20 年中，性别收入差距显著扩大（李春玲、李实，2008），1997～2006 年非正规就业中的收入性别差异由35%扩大到56%（袁霓，2010）。对性别工资差异的原因分析发现，在改革之初的10年内，市场机制是导致性别收入差距扩大的主要原因，但之后性别歧视已成为更为重要的因素（李春玲、李实，2008）。1991～2006年，性别工资歧视一直呈不断上升的趋势（张世伟、郭凤鸣，2010）。在1996年和2005年的收入阶层分析中，性别歧视对性别工资差距影响较大（陈建宝、段景辉，2009）；国有部门中工资性别歧视主要源于部门内的同工不同酬，非国有部门主要源于劳动参与和部门选择带来的就业歧视（郭凤鸣、张世伟，2010）。叶环宝（2010）对性别工资差异研究发现，两性工资差异中近77%源于性别歧视，而且绝大部分源于职业纵向隔离。王美艳（2006）认为，男女行业内工资差距的93.35%是由歧视等因素引起的。

退休是劳动者按照退休政策规定退出劳动领域、获得社会养老金的重要转折。退休年龄政策中男高女低区别对待及由此给女性带来的经济损失，致使女性尤其是机关事业单位高层女性人才对退休政策反应强烈。相关学者对退休政策的公平性进行了深入讨论。很多学者认为，男女不同龄退休与宪法精神不符、与科教兴国战略相悖，阻碍了养老保险制度的完善和性别平等的进程（孙佑样，2007；李相敏，2008；葛之蕤，2009；王越，2010）。女性比男性早退休不但致使女性晋升机会减少、自我价值实现程度降低、人力资本浪费严重，而且还导致计入女性个人账户的资金相对较少，与工龄挂钩的公积金等福利待遇也受到影响，在客观上加重了就业年龄歧视，影响了女性心理健康。此外，男女不同龄退休政策还表现为对男性的过度"重视"，容易使男性产生身心健康问题（李薇薇、Lisa Stearns，2007；李相敏，2008；吴亚平，2009；杜承铭、戴激涛，2009）。

对于能否实行男女同龄退休政策，支持者与反对者展开了激烈争论。由于女干部、女工及以男性为主体的决策部门所代表的不同利益，导致了各个群体对男女同龄退休政策产生了不同凡响（刘秀红，2010）。反对者认为，当前国家面临棘手的城市就业、下岗职工再就业和农村剩余劳动力问题，推迟女性退休年龄将使就业问题雪上加霜。对于大多数经济独立的企业而言，推迟女性退休年龄将失去用年轻职工替换年老职工的最佳时机、会增加工资成本和养老保险费用的支出（杨金彩等，2008）。支持者认为，中国女性的法定权利应当包括享有同男子平等的权利和享有特殊保护的权利，在男女退休年龄问题上，应当给予最少受惠者最大的补偿利益，但现行退休年龄政策已对女性构成了"保护性歧视"，女性不仅未能得到合理补偿，而且还使女性在经济利益和政治参与等方面受到不平等对待，甚至出现了学历越高、参加工作时间越短、退休金越少的现象。世界上大多数国家均已采取男女同龄退休政策，中国至今尚未改变退休年龄的性别差异，更多是来自就业方面的压力。但从法理学来看不能以牺牲女性权益为代价缓解压力（葛之蓂，2009）。

对于实施男女同龄退休的必要性研究方面，2009 年全国妇联妇女研究所男女平等退休研讨会分别从人权、财政、劳动社会保障、社会性别和公共政策、人口老龄化及经济发展等不同视角，讨论了实行男女同龄退休的必要性（和建花、李亚妮，2009）。实行男女同龄退休政策，不但可以增加对女性养老金筹集，减缓了养老金支付压力，而且还有利于女性提高工资级别、增加晋升提干机会，增加工资收入、工资外福利补贴和退休金收入（孙佑样，2007）。

（五）改善妇女就业状况的对策建议

妇女的发展程度以及社会对妇女的保护程度，既是检验一个社会制度好坏的重要标准，也是检验一个国家文明程度的重要标准（刘璞，2010）。在经济体制改革不断深入、市场经济制度不断完善、和谐社会建设不断推动的过程中，为了改善妇女就业状况，学者们针对妇女在就业中存在的不同问题，分别从消除就业性别歧视、解决女大学生就业问题、加强非正规就业管理、缩小收入差别和推行男女同龄退休政策方面，提出了各自的见解。

就业性别平等是实现经济平等的重要途径（许晓茵等，2010），消除就业性别歧视是实现妇女基本权利的前提条件（房文舒，2007）。解决劳动力市场的性别不平等，需要政府纠正市场失灵、建立妇女就业干预机制、强化相关政策的关联性、完善社会支持体系（蒋永萍，2007）。具体而言，首先需要在法律层面，将性别平等理念纳入立法和公共政策的制定与执行过程，明确性别歧视标准，完善禁止就业性别歧视的相关法律（钟云萍，2010）。其次，设立反对就业性别歧视的专门机构，建立公益性诉讼机制，扩大法院受案范围，确立举证责任倒置原则，为被歧视者提供司法救济（姜战军，2010；张焕娥，2009）；再次，制定劳动就业的配套政策（陈全明、袁妙彧，2008），为女性提供方便有效的公共服务（董亚伟，2007）；最后，在文化观念层面，构建先进性别文化，树立平等就业观，提高对妇女是社会推动力的认识（张红杰，2010）。

针对女大学生就业难及就业性别歧视问题，学者们在上述对策建议的基础上，进一步提出了推进社会性别主流化，确立生育的社会价值，实现生育成本社会化（莫税英，2010），加强歧视监管力度，完善就业公共政策监测评估机制，采取举证责任倒置原则（杨清，2010；慈兆雪、刘昊，2010）；大力发展生产力，营造公平的劳动力市场环境，为女性的职业获得及其发展创造更多的机会（蒋美华，2009）；高校适时终止扩招政策，增加就业信息和创业教育，挖掘女生内在潜力，通过开展有针对性的就业指导，提高就业指导和服务水平；此外，女大学生应进一步强化自身的人力资本和社会资本，更新就业理念、调整就业心态、增强维权意识、积极进行自主创业（边勃、杨宇，2009；蒋美华，2009；宋晓燕、刘建厅，2010；申晓梅等，2010；柯锦泉，2010）。

有关完善女性非正规就业的政策研究集中在以下几个方面：建立并完善按性别、年龄进行非正规就业者统计的制度（裘雨明，2006），完善相关政策法规和社会保障体系（燕晓飞，2009；张伟，2010），将非正规就业纳入国家发展战略（吕茵，2006），将正规就业和非正规就业统一纳入劳动关系调整框架（石美遐、王宝庆，2007；郭正涛、赵元笃，2007），为女性非正规就业者提供"正规化待遇"（谢妍翰、薛德升，2009）；发挥社区管理功能，提高对非正规就业人员的保护力度（杨素青，2007）。

收入性别差距扩大并非市场竞争的必然结果，强化公平竞争原则，减少收入分配领域的性别歧视（李春玲、李实，2008），进一步完善城镇劳动力市场，消除导致市场分割的各种制度和法规，特别是打破行业垄断，消除市场上对女性劳动力的歧视（李实、宋锦，2010），将有利于缩小收入性别差距。政府应在继续提升女性人力资本和鼓励女性转变就业观念的同时，设计和实施公平的就业制度和工资分配制度，扭转性别歧视不断上升的趋势，通过不断缩小性别工资差异，达到缩小收入差距的政策目标（张世伟、郭凤鸣，2010）；同时，政府需要有效发挥市场对女性不公平的监控作用，加强对女性劳动力的法律保护，为女性创造更多的社会参与和公平竞争的机会（陈建宝、段景辉，2009），通过消除企业内职业分配上性别歧视（李实、马欣欣，2006），缩小收入差距。

广泛宣传性别平等的退休年龄，将有助于提高决策者及公众的性别意识、推动出台同龄退休政策（和建花、李亚妮，2009）。完善现行违宪审查制度，对国发［1978］104号文件进行合宪性审查，是保障女性平等工作权的前提（杜承铭，2009）；继续完善法律法规，实行有弹性的女性退休年龄是切实保障妇女权益的必要举措（李相敏，2008）。加快国家层面的事业单位养老制度建设步伐，取消干部、工人身份差别，统一女性职工退休年龄，试点推行弹性退休制度，赋予女职工退休年龄的选择权（段文美、李建涛，2010）。基于退休年龄政策的复杂性和涉及人群的广泛性，政策制定者应在出台政策前考虑公众的意见，平衡各方面的利益（刘秀红，2010），优先解决男女公务员和科教文卫工作者男女同龄退休问题，根据国情逐步推进，最终实行男女同龄退休政策（杨金彩等，2008）。

三　研究的不足与展望

随着研究方法不断改进和调查数据的不断增多，大部分研究质量较高，理论意义和现实意义较好，在制定相关政策、解决妇女就业问题方面发挥了很好的数据支持和参考借鉴作用。然而，与前三卷《中国妇女研究年鉴》相比，在2005年以前从事妇女与就业研究的学者，绝大部分并未在近年来连续从事相关问题的研究；目前的学者绝大部分属于步入该研究领域的新兵。虽然他们研究热情较高，但由于受研究条件和个人研究积累的限制，部分学者由于缺乏一手调研数据、缺乏对生动鲜活案例的直观感受，难以做到对所研究问题的精准把握，难以提出有针对性和可操作性的对策建议，以至于低水平重复研究现象在一定程度上存在，部分研究不够深入。

提高妇女经济地位是提高妇女社会地位的基础所在，妇女就业是实现妇女解放的重要途径。在全球化、城市化和托幼服务市场化过程中，随着女性受教育程度的不断提高，女性内部的差异性、异质性不断增强，女性婚育状况和家庭经济条件对就业影响的不断加大，女性变换工作的可能性不断增大。应增强对妇女就业问题的研究深度，加强对不同年龄阶段、不同受教育程度、不同就业方式、不同职业女性的就业问题研究，尤其是加强对不同妇女群体在新时期面临的新问题的深入研究，将成为未来的研究方向。此外，应加强对研究对象的调查研究，深入分析妇女就业问题的原因，切实了解研究对象的真实需求，在对妇女就业问题及其深层次原因分析的基础上，提出卓有见地、具有针对性、可操作性的对策建议。

培养相关学者对妇女就业的研究兴趣，在扩大妇女就业研究团队的基础上，着重加强对妇女就业问题进行持续研究的兴趣培养；加强对妇女就业研究的支持力度，维持妇女就业研究团队的稳定性和连续性，在增加相关学者学术积累的基础上，取得更多水平更高、质量更好的研究成果。

妇女与社会保障研究综述
（2006～2010 年）

黄桂霞[*]

　　妇女与社会保障的研究是近年来一个比较新兴的领域，无论是性别研究专家还是社会保障研究的学者，都关注到国家的社会保障制度及政策在城乡二元分割上存在明显的性别分化。本研究将 2006 年至 2010 年有关妇女与社会保障的研究内容加以归类、提炼，总结经验，发现问题，尽量客观全面地呈现五年来妇女与社会保障的研究状况。

一　研究概述

　　本研究主要以中国期刊全文数据库 2006～2010 年的文献数据为基础。在收集文献时，以"生育保险"为主题检索到相关文献 464 篇，硕博论文 12 篇，会议论文 4 篇；以"女职工劳动保护"为主题检索到相关文献 604 篇，硕博论文 5 篇，会议论文 2 篇；以"女"和"养老"为主题检索到相关文献 178 篇；以"妇女养老"为主题检索到硕博论文 20 篇，会议论文 9 篇；以"女"和"社会保障"为主题检索到相关文献 103 篇，硕博论文 15 篇，会议论文 7 篇；以"女"和"医疗保险"为主题检索到相关文献 50 篇；以"女"和"新农合"为主题检索到相关文献 8 篇。从搜索到的资料来看，这一时期的研究大部分集中于生育保障、女职工劳动保护和养老保障等与妇女保障权益密切相关的问题。对于生育保险，研究逐步从城镇职工扩大到城镇居民和广大农村妇女，提出全民生育保障的概念。对于养老保障，大部分研究集中于养老保险与工作年限的关系，从而关注到妇女养老待遇低的问题，但也有研究跳出保护妇女权益视角的局限，从维护妇女就业权的新角度来进行探讨。还有部分研究涉及社会保障政策性别视角的分析，认为社

　　* 作者简介：黄桂霞，女，全国妇联妇女研究所助理研究员。

会保障政策要从公正的角度考虑性别差异。也有研究开始关注到弱势妇女群体，如失地农村妇女、女农民工、贫困老年妇女以及社会救助中的妇女保障问题。

在分析文献资料时发现，妇女社会保障问题的研究者以高校性别研究专家、妇联系统的研究者和工作者为主，部分社会保障研究者也关注到此问题。令人欣喜的是，近年来很多硕士生和博士生开始关注社会保障的性别研究，撰写了相当数量的、与女性社会保障相关的硕士和博士论文。这批新兴的妇女社会保障研究者，具备较强的专业知识和研究能力，或将成为今后妇女保障研究的中坚力量。

二　主要研究内容

（一）从公正角度分析现行社会保障制度、政策存在的性别不平等问题

对于社会保障政策的性别公正性，有研究提出，社会保障政策的制定必须在权利、机会、责任等方面体现性别公平，确保男女公平享有社会保障权益。在制定政策时要考虑两性因获取的社会财富差异而引起社会保障资源分配的性别不公，从而给予区别对待，以体现生理因素的性别差异。而且，在市场经济条件下，还要考虑到女性在社会生活中的边缘性，向女性适当倾斜，保障两性的基本生活需求得到相同程度的满足（苏映宇，2010）。当然，也要防止过度保护给女性发展造成的障碍。同时，要考虑到不同性别群体的内部差异，将性别与阶层等影响因素相结合，体现不同人群相同权利的责任设计和待遇享受。

在妇女权益维护中，女职工利益一直是大家比较关注的。女职工权益保障制度缺失，一方面是因为两性收入和社会保障差距扩大，另一方面是由于女职工群体利益表达制度缺乏，其合理诉求无法实现。国家作为制度供给者，在强弱群体利益结构失衡的状态下，并没有向弱势群体倾斜，这种有失公平的制度安排也是目前女职工利益保障制度缺失的重要原因。而建立和完善无性别歧视的社会保障制度是维护女职工群体利益的制度性保证。因此，要逐步提高社会保障的统筹程度和覆盖面，增加妇女就业机会，完善促进女性公平就业的生育保障制度，给妇女以公正的就业环境（徐海燕，2007）。

（二）生育保障研究

这五年中对生育保险的研究，主要集中于城镇生育保险、农村计划生育的相

关保障、生育保险的法制建设以及全面推行全民生育保险的可能性与必要性。

研究者普遍认同，生育保险不仅是保障妇女权益和地位的需要，也是保障和提高人口素质、保障企业公平竞争、体现女性生育社会价值的有效制度。女职工劳动保护规定、妇女权益保障法的出台，劳动法对女职工生育保险的原则规定，企业职工生育保险试行办法对生育保险操作程序及实施细则的规定，尤其是社会保险法将生育保险单列一章，将未就业配偶重新纳入生育保险享受范围，使得中国的生育保障制度得到进一步完善。

在全面建设小康社会进程中，中国的生育保险发展依然面临诸多挑战。一是生育保险覆盖面较窄，统筹层次低。一方面生育保险参保只限本市城镇职工，户籍限制了很多劳动者的生育保障权；另一方面中国生育保险的覆盖范围不包括占人口80%的农村人口中的妇女。二是生育保险待遇偏低的同时存在基金大量结余的问题。一方面生育补助金和医疗费用给付水平低、给付落实不到位，有些地区社会保险经办机构违反《城镇职工生育保险试行办法》的规定，采取定额支付的办法，支付水平偏低，不能满足生育妇女的实际需要；另一方面企业缴费水平高，覆盖面窄，造成基金收大于支，基金结余过高。三是生育保险费用的筹资渠道单一，只由企业缴纳，没有很好地平衡企业利益、职工利益和国家利益的均衡，导致企业负担过重。四是生育保险的法制建设落后，立法层次低，相关法规不一致等不足逐渐凸显（胡芳肖，2005；杨连专，2010）。相较于养老保险、医疗保险、失业保险以及工伤保险来说，中国生育保险的政策制定与法制建设最为滞后，法律效力低，各地在具体执行中差异性也较大（蔡泽昊，2010；张彦丽，2010）。对此，专家学者建议：一是要加快生育保险立法，建立全国统一的生育保险制度，并强化执法与监督；二是要尽快扩大生育保险覆盖面，现有生育保险仅覆盖城镇企业及其已婚女职工，远不能满足社会需求；三是降低企业缴费率，在减轻企业负担的同时，减少企业招工中的性别歧视，也减少基金结余；四是合理确定生育保险待遇支付范围，适度提高支付标准。生育保险待遇水平要与国家的财力、物力相适应，比如将生育合并症及并发症的医疗护理费用等纳入生育保险基金支付范围（张彦丽，2010；杨连专，2010；孙丽平，2007）。

妇女是生育的承担者，但男性也应在生育行为中承担责任。在实践中，中国的生育保险制度基本上以女性为保险对象，男性在家庭生育中的角色经常被忽视。虽然目前中国部分省市的男性可以享受父亲育儿假，但大部分省市生育保险的津贴都是支付给女性，未能充分保障男性的生育权。同时，以女性为对象的生育保险政策，也强化了传统的社会性别分工，以致相关产假政策不仅不能保护女性，反而限制了女性的平等就业权（刘文明、段兰英，2006；田芳芳，2006；谭宁等，2009）。因此，在生育中要增加男性的责任意识，同时赋予男性在生育中的权利，比如享受育儿假。

生育保障惠及人群及保障水平是生育保障的重要内容，也是民众比较关注的问题。针对现有制度覆盖范围窄、覆盖率低的问题，有专家提出将未就业配偶纳入生育保险，惠及没有工资收入的"全职太太"。一是可以使下岗失业女工和"全职太太"也能享受生育保险，保障她们的基本生活并减少贫困；二是保障企业能按市场经济规则用工，提高各类企业生育保险缴费的积极性；三是有助于女农民工融入城市。在此基础上，应进一步完善配偶生育保险，将怀孕期间离婚的女性、丈夫失业或者死亡的怀孕女性以及失业女工纳入生育保险，以更好地保护配偶的保险权利（潘锦棠，2009）。未就业配偶纳入生育保险，在 2010 年的社会保险法中已有明确规定，这可以说是中国生育保险制度的一大进步。但是生育保险政策对农村妇女关注太少，尤其是对农民工生育保险的规定近乎空白，女农民工被排斥在政策保护之外，其生育状况令人担忧（张莹，2007；尚方，2009）。

对于生育保险的发展方向，有两种选择：一是作为保险类。把生育险作为单独的险种，这样做的国家比较少。多数国家将其放在医疗保险里面，只要参加了医疗保险，不管有没有就业，都可以享受生育保险的待遇。二是作为津贴类。这其实是一种福利，与是否就业没有关系，甚至不需要缴费，世界上有很多国家已经将生育保险上升为生育津贴。中国也在研究，到底选择将生育保险纳入医疗保险，还是制定专门的生育津贴制度。但无论哪种选择，目标都是使生育保险覆盖所有劳动者（郑功成，2008）。

（三）女职工劳动保护研究

中国政府一直重视女职工特殊保护，在法律层面，已经建立起内容比较全面、标准比较高、体系比较完善的女职工特殊权益保护体系，对妇女的"四期"保护有着比较具体的规定。但是，法定的权利并不等于实际享有的权利，在实践中，中国社会主义市场经济体制的逐步确立以及全球化的挑战，给新时期女职工的劳动保护带来新的挑战，女职工特殊权益保护依然存在有法不依、执法不严、监察不力、内容滞后、女职工维权成本高等现象，新出现的特殊权益维护问题存在着无法可依的现象（邵芬，2006；马冬玲等，2009）。

　　在原有《女职工劳动保护规定》确立的原则和适用性受到挑战情况下，2008年国务院提出要对原有规定进行修订，专家学者们在研究基础上提出了很多修订意见和建议，认为《女职工劳动保护规定》修改要体现立法的前瞻性与现实性的结合、国际形势及国际理念与中国国情的结合。女职工劳动保护除了特殊保护，包括经期保护、孕期哺乳期保护、卫生设施的提供以及母婴保护设施的提供等，还包括一般的劳动保护，保护女职工免遭工伤和职业病的侵害。因此，为了防范和制止女职工因为性别原因而受到歧视或区别对待的现象，政府要平衡好特殊劳动保护与一般劳动保护之间的关系，既保护女职工的特殊生理需求，也保护女职工的平等劳动权利。也就是说，对女职工的劳动保护要适度，在对女职工"禁忌劳动"规定中，不能以保障女性特殊权益为由限制女性的就业权（蒋月娥，2009；潘锦棠，2009；李莹，2009）。

（四）养老保障的性别公正研究

　　养老保障制度的初衷是通过对社会成员之间收入的正向再分配，即从高收入者向低收入者的再分配，来改善养老金参加者年老时的生活状况。在人口老龄化进程加速的大背景下，为避免财政危机，各国养老金制度的融资模式纷纷由单一的现收现付制向以基金制为主的多支柱模式转轨（许晓茵，2006）。养老金筹资模式的转变，削弱甚至逆转了社会保障本应有的收入正向分配，导致养老金性别利益的变化，中国从现收现付制到基金制的转变，就存在一个从"性别中立"到"性别歧视"的改变（陈婷、丁建定，2009），而且计发办法的改革也拉大了"新人"养老金的性别差异（郭秀利，2007）。

　　就养老金制度安排看，退休年龄、退休金与工龄、缴费年限、养老金确定方式、筹集方式和支付方式、遗嘱保险设计等都会对性别利益产生影响（阎玲，2009）。在中国，虽然职业妇女中享有养老金的人数与日俱增，但男女两性在退休年龄、待遇水平乃至权利享有等多方面都存在非生理性性别可以解释的差异。关键是退休年龄的性别差异导致了养老金待遇上的性别歧视，加剧了男女职工退休前收入差距在退休后的扩大。退休前与男性收入相同的女性退休后的收入有可能仅为男性的40%左右。中国在特定历史发展阶段，基于保护妇女身心健康的考虑，给予女性提前退休的保护，但市场经济时期，工业现代化快速发展，女性不再需要这样的特殊保护，而且女性提前退休是对女性就业权的一种剥夺。因此，从保护妇女过渡到赋予男女两性平等的机会与权利，调整男女法定退休年龄是全球养老金改革的共同倾向（张互桂，2008；郑春荣、杨欣然2009）。

在养老保障研究领域，还有一部分学者比较关注遗属保障。研究指出，中国现行的遗属救济/补助缺乏法律法规的约束，存在覆盖面窄、保障不充分、稳定性差等问题。尤其是新兴企业的职工难以纳入企业遗属补助制度中，导致大部分遗属补助有名无实、流于形式。将遗属补助纳入社会保障制度，建立遗属保障制度，或者将遗属保险纳入企业年金，对体现社会公平与公正、确保性别平等、保障家庭稳定乃至构建和谐社会都有重要意义（王莉莉，2007；徐勤，2006；王杰，2009）。中国已有部分地区对此进行了探索，如建立公务员年金制，将抚恤制度归并到遗属年金下，工伤受益条件与基本社会养老保障制度挂钩等（许晓茵，2006）。

养老保险和遗属补助基本属于城镇职工，中国农村尚未建立社会养老体制，家庭养老是农村的基本养老模式。但是中国人口和计划生育政策改变了中国传统的家庭模式，造成传统家庭养老制度的坍塌，农村计划生育夫妇的养老问题成为大家关注的重点。作为农村养老保障新探索的计划生育养老保险，在给农村妇女一定保障的同时，同样面临覆盖面较窄、水平也较低的困境。究其原因有几方面：一是各地政府没有开展计划生育养老，甚至连普通的计划生育优惠政策都没有落实；二是政府和地方财政支持力度不够，国家没有承担最后的责任；三是该保险兼有生育保险和养老保险以及计划生育工作的特点，缺少政府各部门的统一组织领导；四是家庭贫困导致参保率低（潘锦棠，2008）。

（五）医疗保障中的性别差异研究

妇女的医疗保障包括妇女如何获得医疗保健服务，如何享用医疗权利，如何得到社会保障。中国的医疗卫生体制改革是按城乡、单位所有制等分别进行的，而妇女大部分集中于保障水平较低的农村并在体制外就业，她们在这一改革中更多地受到了不公平的对待，获得医疗保障的机会较男性少（王金玲，2006）。

中国现有的城镇职工基本医疗保险制度缺乏性别视角，忽略了男女两性在生理、就业机会、收入及退休年龄等方面的差异，导致男女受益的不平等。起付线没有性别差异，但是男女之间收入差距较大，中立的缴费与支付比例导致男性受益较多，女性负担较重（王菊芬，2007；黄桂霞，2010）。

学界对于新型农村合作医疗制度的研究大多以家庭户为单位，对于性别差异的研究较少。新农合的建立，提高了农村女性医疗保障享有率，缩小了男女两性的医疗保障差距，对于保障农村妇女健康有正面影响。但是由于制度本身缺乏性别视角，实施过程又没有性别意识，同时又受落后性别文化的制约，农村妇女对新农合政策知晓率低、知晓的内容有限、决策参与率低，在医疗服务利用中处于劣势地位，无法在新农合中平等受益。所以，虽然农村妇女参加新农合的比例较高，但在医疗卫生服务利用方面却不如男性，获得保障的比例也偏低，无论是受益人数还是报销金额均偏低。贫困是影响农村妇女充分享有合作医疗福祉的重要因素，社会文化习俗等的性别因素，也是导致性别不公结果的因素之一（黎楚湘等，2006；郭景平、谭琳等，2005；王淑婕，2007）。增强妇女的权利意识，从妇女自身的需求出发调整医疗保健服务的取向，将农村妇女住院分娩、慢性病纳入合作医疗报销范围，是新农合在新时期发展的一个趋势（肖扬，2006）。

（六）社会救助中的性别视角缺失

社会救助本身是平等的、不带性别歧视的政策，但由于社会救助政策的执行缺乏对这部分弱势群体现实状况的考虑，政策执行缺乏灵活性，不顾女性群体的合法权益和现实需求，实行一刀切（黄锦文等，2009），削弱了相关政策改善社会成员生存困境的力度。

在城市，在社会对弱势妇女的就业援助中，只重视对女性生理特征的保护，轻视对其社会特征的保护，社会性别保护的风险援助和生活救助政策体系尚未形成（姚佶华，2006）。在农村，最低生活保障政策未充分考虑到农村弱势女性生产资料相对较少或失去男劳动力的农村女性低保户困难家庭的特殊性，较低水平的社会救助对于有较多子女的农户的保障力度有限，失去男劳动力的农村女低保户家庭面临的生存压力无法得到大的改变（刘春湘等，2009）。而且低保户的界定较为困难，以户为单位的统计数据容易掩盖居民内部不同性别的差异，无法揭示不同群体内部人们享有救助机会的不同，一些离婚或丧偶、外嫁本村的农村女性应保未保（吴宏洛、范佐来，2007；黄锦文等，2009）。其他救助政策普遍缺乏性别敏感性，对丧偶、无子女、单身等弱势群体没有形成倾向性的救助设计，比如，残疾老年女性在婚姻、经济、社会保障等方面均处于不利地位，生存和发展面临挑战，救助政策的效果不佳（冯朝柱，2008）。

（七）社会保障视角下就业领域的性别歧视

妇女在职业发展中的每一个环节都有可能遭遇性别歧视，从就业时的性别歧视（包括就业市场、劳动力市场的性别歧视），到用工中、用工后的性别歧视（包括同工不同酬、职业升迁不同标准、女性就业层次低等），以及不同龄退休的就业终止点的性别歧视。与妇女就业密切相关的失业保险政策也因不同程度的性别盲视而对女性更为不利。其中关于将"非因本人意愿中断就业作为失业者享受失业保险待遇的必备条件之一"的规定，实质上是以男性为标准的，因为没有真正考虑到怀孕女性的工作环境问题，增加了女性在生育期间的经济风险（刘明辉，2006）。针对女性在就业领域因生理差异而造成的劣势，中国制定的《女职工劳动保护》特别规定在制定初期曾经较好地保障了妇女的就业权益，但在市场经济政策逐渐深化的现阶段，由于女性生育劳动和养育劳动不被市场认同，又进一步导致对妇女在劳动力市场中的性别歧视。

劳动力市场之所以存在一系列性别歧视，主要是相关劳动法律对女性劳动权利保障存在不足，立法滞后，空白较多，缺乏性别意识；对女性职业培训缺乏相应立法或规定，对女性人身权保护不到位（余春艳，2007）。消除劳动力市场的性别歧视，促进女性就业，加强立法全面保护妇女平等就业权是妇女就业发展的必然趋势，政府也需要采取统筹安排女工的劳动保护费用，变企业生育保险为社会生育保险，在"党政机关、社会团体"岗位上增加女性就业的比例等措施，为妇女创造平等的就业环境（潘锦棠，2009）。同时，要在保持政策连贯性的基础上从多角度消除隐性歧视。

（八）弱势妇女群体的保障问题

妇女不是铁板一块的同质性群体，不同层次、不同群体的妇女对保障的需求也不同，近年来，研究者进一步关注到弱势妇女群体的保障需求。

失地农村妇女缺乏必要的保障。土地使用权是农村妇女社会保障的主要依靠，由于她们失去了赖以生存的土地，又没有稳定的职业、收入，她们所谓的养老、医疗、失业等保障也就无从谈起，处于"种田无地、就业无岗、社保无份"的状况（汤月华，2007）。

女农民工的保障严重不足。农民工的社会保障大致分为两类：一类是参加城镇社会保险的城保模式，一类是单独的农民工综合保险模式。在这两种模式中，都没有包括生育保险，也就是说，女农民工的生育没有任何保障。女农民工在传统的城乡二元体制中受到户籍歧视，在离开城镇退保时将社会统筹部分贡献给了城镇职工养老保险，而且在劳动力分工体系里又深受性别歧视，使得她们的生存与发展更加艰难，权益更不易得到保护（刘季红，2009）。

流动人口的社会保障存在明显性别差异。尽管性别对于流动人口参与养老、享有失业保险没有显著影响，但男性医疗保险和工伤保险的参与率明显高于女性（沈奕斐，2008；林李月，2009）。

三 总结与建议

2006~2010年的五年间，关于妇女的社会保障研究明显比前一个五年增多，研究者更多地从社会公正角度来研究社会保障中的性别问题，在促进妇女研究的同时，也为中国社会保障研究拓宽了研究视野。但是，研究较多地集中于城镇妇女的社会保障研究，对于农村妇女和部分弱势妇女群体的研究略显不足，需要增强。

（一）研究立场的转变

1. 将性别视角纳入中立的社会保障制度，为社会保障的公正提供了理论基础

许多人认为，社会保障像法律一样是性别中立的。社会保障制度、政策的出发点是保护所有人的权益，一般不涉及性别。实际上，貌似中立的社会保障制度会在一定程度上忽视社会上存在的男女不平等现象，导致作为调节收入分配和再分配的社会保障不但延续了男女不平等现象甚至还加剧了这种不平等。关于女性社会保障的研究则打破了这一禁锢，从性别差异角度来分析现有的法律法规和政策是否符合男女平等原则，是否合乎社会公正理念，弥补由于政策、制度尤其是传统文化造成的男女不能平等享有社会保障的缺陷，真正发挥社会保障制度公正、平等地保障所有人权益的功能。

2. 研究从实践中的妇女权益维护转向源头参与

研究者不仅关注如何在实践中维护妇女的合法权益，而且研究分析现有社会保障制度中存在的性别中立甚至性别歧视导致女性合法权益受到损害的现象，积极关注并参与相关法律法规、制度政策的出台，推动将性别视角纳入相关法规体系。

3. 从保护妇女利益到维护妇女权益

研究不再把妇女仅仅看作生理上的弱势群体并给予保护，而是从将男女平等与妇女特殊生理特点相结合的角度，维护妇女的合法权益。如关于现有生育保险造成女性就业歧视，研究者不再仅从妇女的特殊权益保护角度出发，而是注重社会保障的公正角度及生育社会价值角度，在保障妇女生育社会价值的同时，保障妇女的平等就业权。对同龄退休问题的研究亦是如此，研究者不再仅仅从妇女养老收益受损的角度出发建议男女同龄退休，而是从妇女不同龄退休是对妇女就业权的侵害出发，提出要维护妇女就业权，就要实行男女同龄退休。

（二）研究的不足与建议

1. 加大对全民生育保障的研究

生育不是家庭的事务，更不是个人的私事，而是全社会的责任。生育不仅关乎一个家庭的幸福，更是事关人类自身繁衍、社会进步发展的大事。所以，要尊重每一位生育妇女的权益，使她们能平等享有生育保障，这与是否就业无关，与户籍也无关，应该是一种公共福利。因此，建立全民生育保障是大势所趋。对此，有个别研究进行了设想，但尚没有相应的调查支持，也没有提出可行性建议，在以后的研究中，可以从中国生育保障的现状及未来发展着手，论证生育保障全民覆盖的可行性，也可将国外相关实践经验结合中国的基本国情，进行本土化推行。

2. 从提高妇女能力和促进妇女发展角度出发，加大对妇女共享社会发展成果的研究

现有研究在一定程度上还是过多地关注了性别差异造成的社会保障领域的妇女权益缺损，在未来研究中，要更多地从妇女发展角度来进行，提升职业妇女的就业从业能力，为妇女创造公正的劳动环境，为她们的平等发展提供机会。这不仅是维护妇女的社会保障权益，更多的是给予妇女平等的发展权和发展空间，使妇女在发展的基础上与男性共享发展成果。

3. 更多地关注农村妇女和弱势妇女群体的保障研究

现有研究大多集中于城镇职工的社会保障研究，对于城镇职工的养老保障、生育保险和医疗保险研究占到70%以上，而对于新农合中的性别差异研究甚少，对于农村妇女的养老问题很少涉及，对于农村妇女的生育保障研究仅仅停留于计划生育的相关保障，对失地农村妇女保障、流动妇女的社会保障也开始有研究者关注，但与城镇妇女的社会保障研究相比远远不足，需要进一步加大研究力度。

农村妇女土地权益研究综述
（2006~2010 年）

商春荣*

一 研究概述

男女平等是中国的基本国策之一，《宪法》《婚姻法》《继承法》都明确规定妇女在政治、经济、文化、社会和家庭生活等各方面享有与男性同等的权利。《农村土地承包法》《妇女权益保障法》均规定妇女与男性在土地承包、宅基地划分和集体经济收益分配方面享有同等权利。一方面，家庭承包责任制的实行及 30 年不变政策的落实，使越来越多的农村妇女失去了土地承包权及集体收益分配权，尤以出嫁妇女权益受侵害最为严重。另一方面，随着农业女性化趋势的发展，农村女性逐渐成为农业生产的主力，女性在农业生产上的地位与其在土地获得、占有和控制上呈现出较大的不对称，引起人们关注。由于妇女承担着生产、养育子女、照料家庭等多重责任，妇女土地权利流失的消极影响是多重的，直接后果是他们的家庭容易陷入贫困（朱玲，2000），导致妇女经济社会地位进一步倒退，影响农村社会的性别取向。农村妇女土地权事关"三农"发展大局，自 20 世纪 90 年代起成为学者关注的热点。

自 1997 年许平首先发现妇女地权与婚姻流动相关后，这类文献不断增加。本文以"妇女土地权益"为检索词，对中国期刊全文数据库、中国博士/硕士论文数据库、中国重要会议论文和中国重要报纸全文数据库进行检索，共检索出相关文章 63 篇，硕士论文 10 篇，专著 1 部。

二 主要研究内容

（一）妇女土地权益问题的普遍性

1. 研究数据的来源

妇女土地权益问题缺乏全国性的统计，反映妇女土地权益的状况主要通过调

---

* 作者简介：商春荣，女，华南农业大学经济管理学院副教授。

查数据以及司法、妇联等部门上访案件的数据，这两类数据一定程度上反映了该问题的普遍性和严重性。

2000～2005 年，已经开展过的关于妇女土地权益的调查包括全国妇联 2000 年在全国的调查，农业部妇女土地权益课题组 2004 年在山西、湖南的调查，林志斌 2001 年在全国 17 个省的调查，刘克春、林坚 2005 年在江西的调查、2000 年在广东的调查（广东省妇女联合会等，2004），王景新 2003 年对西部 12 个省的调查，张林秀 2005 年对全国 5 省市的调查等。

商春荣（2010）对广东省的调查显示，欠发达地区 11. 36％的妇女无地，发达地区无股份妇女占 10. 66％，无地或无股份的妇女所占比例在 11％左右。张润清（2008）在河北农村的调查显示，无地农民占农村人口总数的 10. 02％，其中，妇女占 66％，男性占 34％。林苇（2009）在贵州、湖北两省 15 个县的调查显示，妇女出嫁后能够获得承包地的比例较小。

董江爱（2006）收集了关于农村妇女土地纠纷的 91 个案例。李东红（2010）指出，2007 年至今，河南省各级法院审理了 4138 起涉及农村妇女土地承包以及集体经济收益纠纷的案件。邓新建（2007）发现，上海、江苏、浙江、广东等沿海发达省区"外嫁女"群体数量攀升引发的矛盾愈来愈尖锐，广东、珠三角地区近 30 万的外嫁女及其子女中有 70％的人土地权益问题未得到解决。新华社（2010）报道，从 2005 年到 2009 年，各级农业部门受理的妇女土地承包权益纠纷 1. 1 万件，占农村土地承包纠纷比重的 4. 6％，妇女土地承包权益受侵害问题没有得到根本解决。

2. 农村妇女土地权益的法律与事实之间的差距

《宪法》《婚姻法》《继承法》《民法》等法律保障妇女有获得平等财产的权利，《妇女权益保障法》是第一部对农村妇女土地权利做出规定的专门法律。《农村土地承包法》中有三个条款对妇女的土地权利给予了优先照顾，并从法律上将剥夺、侵害妇女依法享有的土地承包经营权的行为定为侵权行为。《农村土地承包法》第三十条规定，在承包期内，妇女出嫁后，其原承包地的收回以其在新居住地取得承包地为条件，出嫁妇女在新居住地没有承包地，原居住地的承包地应当保留，保证妇女有一份承包地。事实上，不同群体妇女面临的土地权益不同，与法律规定存在巨大的差异。

（1）不同婚姻状况妇女的土地权益

1997 年，许平首先发现妇女因婚姻流动而失去土地权后，把婚姻与妇女土地权联系在一起成为研究妇女土地权的一种常见视角。学者们根据妇女的婚姻状况，把妇女分为出嫁妇女、离婚妇女、丧偶妇女、未婚妇女、招婿妇女等，讨论不同群体妇女的土地权益问题（刘保平、万兰茹，2007；郭建梅、李莹，2007；卢红岩、秦明周，2008）。

已婚妇女在新居住地的土地权益。高飞（2009）、陈小君（2010）对江苏、山东等10个省进行的调查显示，66.7%的受访农户表示已婚妇女不会在新居住地得到土地，而且省际差异很大。林苇（2009）的调查显示，70.71%农户表示其所在村未解决新增人口的承包地问题。

妇女出嫁后在原居住地的土地权益。高飞（2009）的调查显示，除河南、江苏外，其他省有58.48%的受访者表示出嫁妇女原承包地由女孩的家人继续承包，发包方一般不将承包地收回。林苇（2009）的研究显示，70.16%的受访农民表示所在村妇女出嫁后其原享有的承包地不退，通常由其家人享有。董江爱（2006）收集分析了1995年以来的91个案例后发现，近85%的妇女土地损害案例是由婚姻或婚变造成的，其中，出嫁女案例占55%，入赘丈夫案例占12.1%，离婚女案例占13.2%，丧偶女案例占4.4%。商春荣（2010）在广东调查发现，妇女本人无承包地或无股份，通常其子女也处于无承包地或无股份状况。欠发达地区，妇女无地的占11.36%，子女无地的占18.87%，合计达到30.23%；发达地区，无股份妇女占10.66%，子女无股份的比例为22.43%，合计达到33.09%。

离婚妇女的土地权益。离婚妇女在前夫家时承包的土地往往被村集体强行收回或被前夫家视为自家承包地，有80%的农村离婚妇女土地权益流失（熊小红、刘斌，2006）。高飞（2009）的调查结果显示，52.7%的受访农户表示离婚妇女的承包地由其前夫继续承包，63.32%的受访农户回答离婚妇女的承包地遭受侵害，只有15.56%的受访农户表示由该妇女继续承包。

丧偶妇女对配偶承包地的继承权。82.55%的农户表示配偶死亡后的土地由该妇女继续承包，但河南、山东、四川则分别有38.76%、29.21%和21.59%的农户表示丧偶妇女之配偶的承包地将由村（组）收回（高飞，2009）。丧偶妇女土地继承权的保护较为充分，但在少数省份也不无隐忧。

未婚妇女的土地权益。男女两性所拥有的耕地随年龄增加而逐渐拉开差距，24岁以上的未婚女性被完全剥夺了土地权益，她们只能通过婚姻去获取土地权益（苏建强，2007；施国庆、吴小芳，2008）。

招婿妇女丈夫的土地权益。上门夫婿不被视作对男性的歧视，反而被看作对女性歧视的扩展。许多村规定，有女无儿户，只允许一个女儿招婚，否则招来的女婿不予落户分田。

（2）不同途径获得的土地权缺乏保障

妇女获得土地有三种途径：集体分配、家庭内部继承和市场流转。三种途径中妇女土地权都缺乏保障（商春荣，2009）。在家庭内部个人权利模糊的情况下，离婚、丧偶妇女的土地权利个人化面临着极大困难。在农村集体土地分配这一最重要的途径上，已婚妇女在新居住地、外嫁女在原居住地的土地权益都易于流失。土地流转中妇女的决策权可能流失①，多数家庭仍是传统的"男权"格局，妇女单独做出土地流转决策的农户只占 28%（刘飞，2006），男性农民的土地流出意愿要强于女性（乐章，2010），土地流转中妇女权益存在流失可能，但缺乏实证分析。大部分家庭土地流转出去的结果是妇女从自主的决策者成为季节性的农业雇佣劳动者（李浩，2010）。

综合来看，妇女土地权利问题表现为两类：一是传统农区已婚妇女的土地承包权，二是发达地区外嫁女土地收益分配权。前者属于"要地"生存之争，要地是为了最基本的生活保障，后者属于"要股"和"要钱"的利益之争，主要发生在城市郊区和其他经济发达地区，发生的环节在集体土地和收益的分配上，其次发生在妇女婚姻或家庭变故中。

3. 农村妇女土地权益纠纷的特征

妇女土地权益纠纷具有以下特征：①妇女土地权益流失通常发生在婚姻关系变化的过程中。出嫁或者离婚、丧偶后即被收回承包地；出嫁后在发包时少分承包地给妇女；土地被征后少给或者不给妇女土地补偿费和安置补偿费。②通常表现为个体与家庭、少数人与多数人之间的利益之争（刘保平、万兰茹，2007）。妇女土地权纠纷或为家庭内部纠纷，或是与村集体的纠纷。外嫁女权益纠纷通常表现为：一方为外嫁女，另一方为村委会或村民小组（张开泽，2007）。③妇女土地权益纠纷耗时长，矛盾激烈，因此审理难度大。妇女主张土地权益通常是迫于生存压力或存在巨大的利益，她们不仅势单力薄，而且缺乏社会支持，很可能意味着"赢了官司、失了亲人、没了退路"，相同处境的妇女容易团结起来，集体上访。妇女土地权益纠纷存在五多现象：旁听群众多，聚众上访多，领导过问

---

①　钟涨宝、狄金华 2005 年的研究认为，在男性支配家庭土地的情况下，妇女的决策权、获益权在土地流转过程中存在不同程度的缺失。

多，新闻媒体关注多，越级上访、缠诉多，因此，审理难度大，案件判决率不高（张伟莉、蔡文凤，2008）。④妇女权益纠纷执行难度大（廖洪乐，2007）。这主要有三个原因：一是集体收益特别是征地款往往是一次分配到位，判决生效后钱已经分完了。二是法院判决"村规民约"不合法，村民小组败诉后，一般都不服，并上诉到上级法院，甚至认为法院判决侵犯了其自治权。三是村民小组不配合，执行判决不连续，使得主张权利的妇女因同一个案由进行多次诉讼。

（二）妇女土地权益受到侵害的原因

分析农村土地承包及集体经济收益分配中的性别问题，必须考察三个因素，即传统的"男娶进，女嫁出"习俗，农村土地承包制度以及城乡分离的社会保障制度（廖洪乐，2007）。上述三个因素并不会自然产生性别不平等，关于妇女土地权益受侵害的根源，主要有以下认识。

1. 法律缺陷与乡村行政管理乏力

《妇女权益保障法》《村民委员会组织法》《土地管理法》《农村土地承包法》等相关法律规定的不完备，是影响妇女土地承包权一个重要因素（罗虹、钟宏武，2006）。

（1）法律之间、法律与政策之间存在冲突

保护妇女土地权益的法律、法规过于原则甚至相互抵触。如《农村土地承包法》《妇女权益保障法》《村民委员会组织法》，前者主张的男女平等与后者的少数服从多数（妇女作为少数被排除在外）相抵触（廖洪乐，2007）。应由法律解决的问题被当作村民自治组织内部的事务交给了村民自治组织，后者用与法律相抵触的习惯法来解决（董江爱、陈晓燕，2006），导致农村妇女土地权受损。

下位法与上位法或宪法相冲突。如《广东省实施〈中华人民共和国妇女权益保障法〉规定》第十二条①将户口和居住地作为妇女与男子享有平等权利的前置条件，违背了《妇女权益保障法》和《宪法》中关于男女平等的规定（中国农村妇女维权研究项目课题组，2007）。鲁英（2006）认为不仅是村规民约违法，而

---

① 《广东省实施〈中华人民共和国妇女权益保障法〉规定》第十二条规定："结婚后户口和居住地仍在原村的农村妇女及其按计划生育的子女，责任田和宅基地划分、股权分配等方面与当地其他村民享有同等权利。"

且地方法规、实施办法、红头文件与国家性别平等法律也存在着冲突，为村集体迫使外嫁女迁出户口的"排他化"提供了合法依据。

法律、政策的相关规定互相矛盾（陈小君，2010）。"增人不增地，减人不减地"的土地政策在《土地管理法》《农村土地承包法》《物权法》中予以明确规定，1997 年《关于进一步稳定和完善农村土地承包关系的通知》中，却允许"大稳定、小调整"，法律与政策存在着矛盾。

（2）立法、司法解释对农村问题的规定滞后或存在空白

《村民委员会组织法》中没有规定对村规民约的审查、监督机制，立法缺陷造成"外嫁女"权益救济手段的缺乏，是外嫁女土地权益问题难以得到解决的最主要的体制原因（陈小君，2010；郭建梅、李莹，2007）。法律明文禁止无条件收回妇女在原居住地的土地，但并没有明文要求新住地的村集体给结婚或离婚妇女无条件分配土地（李平，2007）。《农村土地承包法》《物权法》对农村土地承包经营权的主体和集体经济组织成员的内涵与外延没有界定，在法律上是空白的（刘保平、万兰茹，2007；张庆东、陈向波，2006）。

（3）妇女土地权益保护的规定较为原则，缺乏可操作性

保护妇女土地权益的规定主要分两类：一类是平等权利规定，一类是一般化禁止剥夺性规定。30 年不变政策的落实使许多地方没有可供调整的机动地，在妇女婚姻关系发生变化时，这些原则性规定很难操作（陈小君，2010），出嫁女"必须有一份承包土地"难以兑现。

（4）现有法律规定缺少社会性别视角或存在性别歧视

《村民委员会组织法》《农村土地承包法》规定涉及村民利益的事项或土地承包方案提请村民会议讨论，须有本村 2/3 以上成员参加并获 2/3 以上村民代表的同意。法律没有充分考虑到现实的社会性别利益关系，将土地的分配和再分配权授予了村社，实际上是给了男性，从而给妇女带来了不利的影响（韩志才，2006）。《村民委员会组织法》立法上的漏洞，法院对妇女权益案件的回避态度，立法和司法中存在的性别歧视（王竹青，2007），是妇女土地权益受侵害的重要原因。

（5）法律缺乏有效的制度外支持

从宪法到一般法再到具体的特殊法，土地承包领域农村妇女平等权的法制保护较为完备。侵害妇女土地权益的现象发生，男女平等的规定常因为村民资格认定、乡间民俗影响等制度外的原因难以切实地实行（唐凌，2010）。

2. 农村土地承包制度论

张林秀（2005）指出，土地承包制存在的性别盲点不利于保障农村妇女的土地权益。李凤章（2005）认为土地的集体所有权是女性土地权益受侵害的体制根源。对土地制度如何侵害妇女土地权益的讨论，存在三种观点。

（1）农村土地制度不存在针对性别的制度歧视

田传浩、周佳（2008）认为中国农村土地制度建立在以家庭为单位的基础之上，并不存在针对性别的制度歧视，土地制度中的性别歧视被夸大了。

（2）婚姻半径内村组不同的土地制度安排引起婚姻流动妇女地权无保障

廖洪乐（2007）通过研究农民的通婚方式指出，统一实行"大稳定、小调整"对保护妇女的土地承包权最为有利，不同村实行不同制度对妇女最为不利，或者造成已婚妇女两边都没有承包地，或者两边分别获得了一份承包地。在农地集体所有家庭承包经营条件下，妇女土地承包权受侵害的根源在于婚姻半径内村组实行不同的土地承包办法。

（3）土地制度存在性别歧视

关于集体土地所有制中土地承包权的身份特性，高飞（2009）认为，集体土地所有权益体现在土地承包经营权中，土地承包经营权的获得以集体的成员身份为前提，妇女土地权益受到侵害与集体土地所有权主体制度不完善有关。王瑞雪（2006）指出，成员权是一种以土地权利为核心的身份权，通过出生和婚嫁获取。周应江（2010）认为，身份制约构成了土地承包经营权的鲜明特征，对土地承包经营权的取得、行使等产生了极为重要的影响，很大程度上消解了其作为用益物权所应具有的特性和功能，土地承包经营权的身份性与财产性之间的冲突，婚姻流动妇女的土地承包权益难以得到保障。身份的确认直接决定着"外嫁女"是否可以参加本村土地权益的分配（杨兢、徐锋，2006），成为村集体或村民与外嫁女们之间争论的焦点。关于土地承包经营权的主体，匡敦校（2006）认为农村土地承包合同中，作为合同主体的承包方不是劳动者个人而是整个家庭，村民个体并不是权利义务的享有者和承担者，个人无法直接主张土地权利。妇女的个人权利界定不够清晰，容易被埋没在婚姻关系中（施国庆、吴小芳，2008）。《土地管理法》《农村土地承包法》等涉及农户及成员个体土地产权的法律都未强调土地承包经营权证书上要登记夫妻双方的名字，因而农村妇女以户籍为根据获取土地权利其实并没有法律上的凭证（董江爱，2006）。土地承包制身份属性及土地承包权主体的非个人化，损害了妇女的个人土地权。

3. 习俗或民间法的作用

一些学者指出，中国的法律和政策显示了妇女权利的优先地位，妇女土地权利受到侵犯的根源不是法律、政策，是农村社会中仍然在发挥作用的、以男权为中心的民间法（陆福兴、方向新，2004；郭正林，2003；陈端洪，2004；孙海龙等，2004）。这五年中，一些学者继续研究民间法的作用。胡兰（2007）认为陈旧的性别观念、宗族房土观念、传统婚嫁文化等非正式制度制约了妇女土地承包权的实现。传统的伦理道德、风俗习惯等非正式约束在农村土地制度安排上产生的效力有时甚至大大超过政策、法律等正式约束，很多妇女往往没有意识到自己的权利受到了损害或只能抱着"无奈"的心态，她们无论是向家庭、村集体或以法律申张自己的权利都不被社会认可和支持（施国庆、吴小芳，2008）。李东红（2006）认为，农村家族势力、宗族势力影响普遍较大，一些地方的家族、宗族势力在农村事务处理决定中甚至起着关键性、决定性作用。

4. 缺乏土地市场化流转渠道

马彦丽等（2006）通过对石家庄地区妇女回娘家索要承包地的分析表明，土地承包权流转市场不发达，阻碍已婚妇女维护自己的土地权利。虽然婚嫁可能导致一部分妇女丧失土地承包权，但随着土地市场的发育，这些家庭可以通过市场获得土地使用权（田传浩、周佳，2008）。

妇女土地承包权涉及一些深层的问题：第一，对土地集体所有制的认识。将"集体"定义为"全体村民的总和"，还是定义为高于村民之上的抽象组织？若为前者，则由村民大会通过的土地补偿费等分配方案是村民之间的关系，属民事行为的范畴，人民法院应予受理；若为后者，则集体和村民之间不是平等的法律关系，外嫁女土地权益纠纷不属于民事案件，人民法院不予受理。第二，户口、村民和集体经济组织成员三者的关系。这对解决"农嫁女"纠纷至关重要。法律对集体经济组织成员资格没有明确的规定，这给实践带来了很大的随意性。在国家立法未明确村集体成员资格界定标准的情况下，一些地方在地方性立法中开始了明确规定集体经济组织成员资格界定的尝试①。第三，个人是否为土地承包权的

---

① 实践中的做法主要有三种：一是采取单一标准，以户口作为判断依据；二是采取复合标准，户口之外辅之以在本集体经济组织的长期生产、生活来判断；三是根据权利义务关系是否形成事实上的权利义务关系和管理与被管理的关系进行判断。

主体。对土地承包权的主体是农户还是个人，学术界有两种意见：一种认为，根据《农村土地承包法》第五条规定，土地承包权的主体是集体经济组织成员，是个人；另一种认为，根据《农村土地承包法》第十五条规定，承包农村土地的主体是农户。前者主张对妇女等个体权利的保护，后者旨在稳定土地承包关系，却不利于对个体权利的保护。

（三）如何保护妇女土地权益

社会性别主流化主张在立法和司法中纳入社会性别意识，对保障妇女土地权利是至关重要的。如何完善法律保障妇女的土地权利，学者们的观点截然相反。

1. 弥补立法漏洞，消除法律中的性别盲点，为妇女土地权益保护提供制度保障

修正《村民委员会组织法》，增强对村民自治章程和村规民约的审查和制约，以迁徙作为确定土地承包权变化的判断标准来拟定法条（陈小君，2010），更容易保护妇女的权益。承包给家庭的土地是家庭成员共同共有、可以分割的共有财产（韩志才，2006）。李平（2007）提出应将离婚、结婚视为分割家庭共有财产的重大理由，为保护离婚妇女土地权提供充分的法律依据。土地承包合同实行"夫妻双名制"，土地转让、出租或其他形式的流转合同必须经双方同意并书面签名，否则应视为无效合同（卢红岩、秦明周，2008）。

2. 应当逐渐缩小"大稳定、小调整"的适用范围

2006年前，关于土地制度对妇女地权的影响存在着争论：禁止土地调整使得嫁过来的媳妇不能分到土地（朱玲，2000），可以保证外嫁女的土地不被收回（钱文荣、毛迎春，2005），"大稳定、小调整"对嫁过来的媳妇是有利的（农业部课题组，2004）。尽管田传浩、周佳（2008）认为从土地制度入手并不能解决妇女的土地承包权保障问题，但是一些学者仍认为土地制度安排对妇女权益有一定的影响，只是上述争论变成了这样的主张："增人不增地，减人不减地"符合物权性质，反映该政策的法律应当保留，"大稳定、小调整"的政策往往是侵害妇女土地承包权的手段，虽然其对缓解农村人地矛盾有积极作用，应当逐渐缩小其适用范围（陈小君，2010）。

3. 土地权利的个体化或去身份化

李凤章（2005）指出，保障妇女土地权的一个重要途径是土地权利的个体化或去身份化。本阶段的研究继续在这一思路上进行扩展。周应江（2010）认为应割断成员身份与土地承包经营权的关联，为土地承包权的长久稳定奠定基础。农民享有的成员权应以股份化形式予以明晰和固定，以股份交易替代结婚、离婚妇女在原住地的无偿退出和新居住地的无偿获得，让农民享有集体土地法律上的所有权（高飞，2009）。土地承包的长期稳定客观上要求将土地承包权物化为个人权益而非家庭权益，通过家庭成员间的有偿转让或合作，使土地承包权随着出嫁妇女的迁移而流动（施国庆、吴小芳，2008）。

4. 实行统一的土地承包办法

在农村土地集体所有家庭承包经营条件下，保护妇女土地权益的最好办法是婚姻半径内的村组实行统一的土地承包办法，以县为单位较为可行（廖洪乐，2007）。

5. 加强农村妇女救助保障体系的建立

建立农村妇女救助保障体系，对家庭关系结束、陷入贫困的妇女给予物质救助和法律援助，这一兜底措施可最大限度地避免农村妇女陷入贫困中（刘保平、万兰茹，2007）。

三　研究的不足与展望

2001～2005年，以"妇女土地权益"为检索词，对中国期刊全文数据库、中国博士/硕士论文数据库、中国重要会议论文和中国重要报纸全文数据库进行检索，共检索出相关文献40多篇。2006～2010年约有文献70余篇，数量上有所增加。相比于上阶段朱玲、张林秀、刘克春等的研究，本阶段在方法规范和研究深度上略逊于上一阶段。

从研究内容看，2001～2005年，学者们从婚姻流动、30年不变的土地政策缺陷、法律缺陷与习俗作用等方面，论证妇女土地权益缺乏保障的根源①。2006～2010年，妇女土地权缺乏保障的根源，可归结为四类观点：一是法律漏洞或缺

---

① 2006年以前形成五类观点：第一，婚嫁流动造成了妇女土地权利的不安全（许平，1997；朱玲，2000；林志斌，2001；王景新，2002）。第二，张林秀（2005）认为30年不变的土地政策缺乏性别视角，越来越多的妇女失去承包土地。第三，李凤章（2005）认为，土地的集体所有权制度乃是女性土地权受侵害的体制根源，从夫居的传统文化使女性而非男性陷入了退出的困境。第四，立法缺陷。广州市妇女联合会（2002）以及广州市中级人民法院课题组（2003）指出，《村民委员会组织法》没有规定对村规民约的审查、监督机制，立法缺陷导致政府对村民自治的控制手段与力度不够。第五，妇女土地权利受侵犯的根源不是法律、政策而是民间法（方向新，2004；郭正林，2003；陈端洪，2004）。

陷；二是土地制度歧视论；三是以财产分配为代表的非成文制度对妇女的歧视；四是市场发育不充分等。2006～2010年的研究延续并一定程度上深化了前一阶段研究。

现有研究的理论基础以法学和社会学居多，从法理和制度的层面研究较多，经济学层面的研究不足。社会学擅长于经验研究，但它基本上是描述性的，难以得出更具有普遍解释力的结论。法律视角研究将研究方向指向完善法律规定、实施的制约因素。不同学科之间的解释，学理基础差异较大。

多学科的多种解释还没有形成一个完整的分析框架。其中，非成文制度论不能解释为什么是部分妇女而不是全部妇女的土地权利流失。政策漏洞论对欠发达地区青壮年妇女在新居住地无地有一定的解释力，对发达地区外嫁女问题缺乏针对性。土地承包权身份特征较好地从经济学上解释了发达地区外嫁女问题，但对欠发达地区青壮年妇女无地问题难以解释。这说明目前还没有形成一个分析妇女土地权益问题的分析框架，对不同地区不同妇女群体的土地权给予一致的解释。

现有文献对法律、政策的缺陷分析较多，对集体所有制、家庭承包制、发达地区股份合作制等土地产权制度对妇女土地权利的影响研究还不够深入。对农村妇女土地权利的保障机制及保障效果缺乏深入研究。随着中国农地使用权市场的发育，市场机制已经成为土地资源配置的重要力量。现有研究更多关注的是土地承包权，忽视了土地流转市场运行对妇女土地权的影响，土地流转中妇女权益的实证研究比较缺乏，这可能与土地使用权的市场发育不完善有关。

从研究方法看，归纳演绎方法居多，规范的经济学方法较少。长期以来，无论是妇女研究还是性别分析较少进入中国经济学家的视野。对中国农村土地制度的研究，多是在假设农村社会均质、无性别差异的前提下进行的研究，对妇女土地权利没有足够重视，政策主张对保护妇女土地权利不具有针对性。在中国这样一个正处于社会经济转型期的发展中国家，妇女发展特别是农村妇女发展，不仅面临着其他发展中国家妇女所共有的一些难题，而且必须应对转型所带来的新的挑战。在土地承包权长期化、市场化的土地制度和政策变革方向下，研究土地承包权长期化、土地流转及非农就业扩大对农村妇女土地权的作用机制，以及现有的保障妇女及新增人口的制度安排对土地制度变革和政策落实的影响，都是应予以重视的课题。

妇女与贫困研究综述（2006～2010年）

金一虹*

一 研究概述

2006～2010年是有关妇女与贫困研究的一个活跃时期，也是一个丰产的时期。以"妇女与贫困""妇女""性别""反贫困"为关键词，通过中国知网和万方期刊网搜索2006～2010年发表的相关论文，去除人物报道以及重复部分，共检索到期刊论文257篇（其中发表于核心期刊的论文94篇，会议论文20篇），学位论文38篇。此外，从北京大学图书馆馆藏及互联网版图书中，检索出2006～2010年间妇女与贫困研究相关专著三部（高梦滔等，2010；马凤芝，2010；高梦滔，2007），收入论文集的专题报告两篇（赵群、薛金玲，2006；尹旦萍、崔榕，2007），录有"妇女""贫困"词条的百科全书一部（谢丽斯·克拉玛雷、戴尔·斯彭德主编，2007）。从数量上看，2006～2010年的相关研究成果比上一个五年明显增加。[①] 这五年中，还有较具规模的有关贫困的性别研究项目两个：①中国农业大学人文与发展学院李小云教授主持完成的"中国性别不平等与贫困关系研究"，该项目自2004年立项，对四川等4个省的4个县区进行了定性研究。在这五年中，不断有阶段性成果发表。②"社会性别与发展在中国"（GAD网络）项目："社会性别与妇女反贫困"。该项目在2010年启动，从贫困概念和社会性别敏感的贫困监测、妇女和城市贫困、社会性别与农村贫困、灾害与妇女贫困、受艾滋病影响的妇女、少数民族妇女与贫困、老年妇女与贫困、城市单亲家庭女性户主与贫困、国际国内NGO组织与反贫困实践10个方面对社会性别与中国妇女反贫困进行研究。该项目部分成果在北京大学社会学系组织的"分人群与

---

* 作者简介：金一虹，女，南京大学社会学院访问教授、南京师范大学金陵女子学院教授。

① 笔者通过中国知网检索到2001～2005年间涉及"贫困与妇女"的论文15篇，涉及"贫困妇女"的论文65篇，涉及"女性贫困"的论文11篇（其中多有重复）。《中国妇女研究年鉴（2001～2005）》（社会科学文献出版社，2007年）在妇女与反贫困专题下分析了30余篇论文（第109页），反贫困专题收录部分论文索引25篇。

减贫"研讨会（2010年8月12～13日）和中国妇女研究会年会暨"北京+15"论坛（2010年11月29～30日）上，以"贫困与性别"专题论坛的形式发布。

（一）研究主题分布

从研究主题分布来看：首先以研究贫困妇女的健康、公共卫生服务的比例最高，其次是农村贫困妇女研究；再次是贫困与妇女教育研究（见表1）。另外，青年学子的研究旨趣也可从另一角度显示出妇女与贫困研究的关注点。笔者检索到的38篇学位论文选题分布如下：以贫困地区公共卫生、妇女健康为选题的仍然占第一位，有八篇；贫困妇女／女童教育、能力建设与反贫困研究各七篇；小额信贷研究六篇；少数民族妇女、离异单亲家庭妇女、老年妇女等不同贫困妇女群体研究四篇，国外贫困妇女研究两篇，妇女贫困研究两篇，农村妇女贫困和城市妇女贫困研究各一篇。如果把小额信贷研究并入反贫困行动研究之中，那么我们可以看到有关减贫行动的研究处于首位，贫困地区妇女健康的公共政策研究则处于第二位。

表1　妇女与贫困研究主题分类统计（2006～2010年）

单位：篇

研究主题	总篇数	发表于核心期刊篇数	会议论文篇数
贫困地区妇女健康、公共卫生	59	39	—
农村妇女贫困研究	39	16	7
城市妇女贫困研究	11	3	1
移民与贫困妇女	4	—	—
少数民族贫困妇女研究	16	5	—
老年贫困妇女研究	10	3	3
贫困女童／女生研究	5	2	1
离异丧偶单亲与贫困	6	2	—
女性贫困化及贫困机制研究	16	3	3
贫困妇女和女童的教育、培训与能力提升	33	2	—
反贫困政策、NGO组织、行动研究	26	7	5
国外妇女贫困研究	17	10	—
新视角、新领域与争鸣	11	1	—
综述类	4	1	—
总计	257	94	20

（二）研究特点

1. 研究领域得到拓展，分析视角多元

妇女与贫困研究领域在这五年中得到较大拓展，一些以前未曾或较少关注的领域在这一期间都有研究者涉足，如移民搬迁与贫困（刘筱红、陈琼，2008；向常春，2007）；气候灾害带来的新型贫困和性别差异化影响（胡玉坤，2010；冯媛、刘大庆，2010）；新的边缘状态的贫困妇女人群得到关注，如贫困与受艾滋病影响的妇女研究为妇女健康与妇女反贫困研究打开了一个新的视域（郭瑞香，2010）；而以社会性别视角探讨全球金融危机如何强化弱势群体的易受损害性也第一次进入女性研究的视域（刘伯红，2009；王凤华、秦阿玲，2010）。研究主题也变得更丰富，研究切入点更富新意。如女性贫困的代际传递（王爱君，2009；黄健，2010；朱玲，2008）、贫困妇女的精神文化贫困（金梅，2006；杨静如，2009；崔学华，2007）、时间贫困等（畅红琴，2010）。而分析视角也呈多元样态，如制度与权利的视角（吴玲，2006；温辉，2010）、资源的视角（李敏，2010；李小云、董强，2006；卢倩云，2007）、社会排斥和易受损害性的视角（王云仙、赵群，2010）、社会转型和新贫困的视角（金一虹，2010）等。马凤芝（2010）还提出"日常生活的视角"，使用叙述分析方法对城市下岗失业贫困妇女求助和受助问题进行的经验研究。这些多视角分析大大增加了贫困与性别研究的维度。

2. 多学科参与和多学科综合研究

多学科参与和多学科综合研究也是这一时期的妇女与贫困研究的特点之一。除了社会学、人口学、经济学、管理学、公共卫生、教育学等这些贫困研究的传统主力学科之外，也有人类学、历史文化学和心理学等学科加入。此外，多学科综合分析的研究特点也很鲜明。例如有从家庭经济学与公共选择理论综合分析贫困的形成机理（郑美琴，2006），也有以风险社会学和家庭社会学理论综合分析离婚妇女贫困化的机制（祝平燕、王芳，2010），等等。

3. 对反贫困战略的社会性别分析

这一时期有多篇研究报告以社会性别的视角对非政府组织（NGO）以及国家反贫困战略和行动进行评估和批评（赵群、薛金玲，2006）。一些研究报告对国内外非政府组织的行动路线进行了系统的梳理（王云仙、冯媛，2010；刘春湘、陈克云，2008）。一些报告对政府的反贫困战略、政策的演变进行了分析，在充

分肯定国家主导的反贫困成就的基础上提出批评：政府制定反贫困政策对贫困概念的理解偏于狭窄，存在性别盲点，缺乏解构不平等性别关系的策略，扶贫资源的分配没有充分体现反贫困战略应体现的公平原则，现有政策未能保障农村妇女在土地和宅基地分配上的平等权利（宫君，2009；杜鹃，2007）等。

现行《婚姻法》《劳动法》《妇女权益保障法》等法律在保护女性权益的制度设计上存在着诸多不足，女性平等就业法律法规的执行力度不够、单亲母亲家庭救助制度缺位导致离异妇女和单亲母亲贫困化（陈薇，2009；蔡淑燕、张庆华，2006；董琳，2007）。概言之，社会性别尚未进入国家反贫困的决策主流。研究报告提出了进行具有社会性别敏感性的反贫困干预的建议：倾听贫困妇女的声音，完善分性别的贫困状况检测指标，建立具有性别敏感的反贫困效果评估机制等（赵群、薛金玲，2006）。

李小云（2006）在报告中认为有效促进性别平等的政策干预不仅有助于改善性别平等的状况，还将会极大地缓解贫困，因此应该成为中国政府进行扶贫开发工作的核心指导原则。他建议在国家扶贫系统进行性别主流化和性别预算等方面的能力建设，实施由全国妇联和国务院扶贫办共同组织的、以推动性别平等为目标的扶贫计划。

二 主要研究内容

1. 对狭义贫困概念的批判和贫困内涵的拓展

贫困概念研究一直是该领域的核心内容。贫困的定义不仅涉及贫困状况的判断和对贫困人口生存处境的分析，而且为各反贫困主体提供认识论基础以及应对贫困策略的选择。

什么是贫困？与贫困是"收入的不足和生活必需品的匮乏"这样狭义的贫困概念相对应的是拓展的贫困定义。蒋永萍等（2007）概括了阿玛蒂亚·森、联合国开发计划署、胡鞍钢等四种国际国内的拓展贫困定义；而女性主义则从资产、易受损害性、社会关系建构以及贫困人口自己演绎的贫困道理四个方面界定贫困的定义（王佐芳、赵群，2003）。

女性主义对贫困研究的贡献首先在于对狭义贫困定义的批判，女性主义的译介著作批判以往绝对贫困的衡量方法使用"一般的"男性生物学标准；其次，无论绝对贫困还是相对贫困的定义都是用家庭户而不是个人作为计算贫困线的基础，这掩盖了非贫困户妇女所遭受的贫困，也掩盖了贫困家庭中许多妇女比男人更贫困的事实；再次，狭义贫困忽视了与贫困风险相关的重要问题，即女性在其整个生命周期和在经济倒退时面临更大的贫困风险；最后，衡量贫困的方法都是按照"阶级"来概念化，把社会性别排除在外，忽视了同样的因素如何造就了男女之间的差异（谢丽斯·克拉玛雷、戴尔·斯彭德主编，2007）。

女性主义贫困理论提出两个与女性贫困相关的概念："易受损害性"[①]（vulnerability）（也有译为"脆弱性"）和社会排斥。所谓贫困人群易受损害性，是指个人和家庭面临某些风险的可能，以及由于遭遇风险而导致财富损失或生活质量下降到某一社会公认的水平之下的可能性。社会排斥则与"能力剥夺"相关，造成这种状况的一个重要原因是由于被隔离于某种社会关系之外，因此限制了获得资源和社会公共服务的机会（谢丽斯·克拉玛雷、戴尔·斯彭德，2007）。

王云仙、赵群等（2010）指出，易受损害性和社会排斥两个概念对拓展传统的贫困概念非常重要。因为前者前瞻性地预测了在应对各类风险时因缺失资本与能力导致的贫困；后者则从原因和结果中双向寻找与贫困相关联的各类因素。将社会性别、易受损害性和社会排斥结合起来进行分析，可以清晰地发现在现有社会结构中哪些因素导致了整体上妇女比男性更为脆弱，同时又有哪些因素使妇女比男性更易遭受社会排斥。

贫困概念的拓展丰富了贫困的内涵，形成了在广义贫困基础上揭示贫困和贫困风险的性别差异的理论自觉。在中国，反贫困最初是从减少农村绝对贫困人口开始的，相应地，妇女与贫困的研究重点也是从研究农村贫困妇女的经济贫困开始，但 2006～2010 年的相关研究，已从单纯的妇女收入贫困研究拓展到政治、经济、社会及健康领域。除了继续关注贫困地区农村妇女因恶劣的环境以及非农就业机会少、报酬低，在劳动力市场边缘化等造成的经济贫困外，因接受教育和培训机会的不足造成的能力贫困（赵群、薛金玲，2006）、教育贫困（董琳，2007；孙伊，2006；吴宏洛、范佐来，2007；叶普万、贾慧咏，2010）、福利和保障不足造成的福祉贫困（李丽，2009；胡晓红、王晶，2006）、妇女公共参与机会匮乏

[①] 易受损害性最早由世界银行提出并定义，转引自章元、万广华《贫困脆弱性的预测及未来贫困与社会资本的实证研究》，http://www.crpe.cn/06crpe/index/clinic/2007qnlt/070.pdf，2007。

造成的政治权利贫困、社会资本贫困和文化的贫困（李小云等，2006）等都进入研究视域，改变了人们对妇女贫困的狭窄理解，极大地丰富了妇女贫困的内涵，构成一个多维贫困的研究路径和一个整合性的妇女贫困的图式。

2. 对性别不平等与贫困关系的探讨

贫困女性化和贫困的性别差异都是相对的概念。检视五年间的研究，相当一部分研究分别或交替使用了这两个分析范畴。

（1）贫困女性化

多数国家并没有按性别区分的收入贫困衡量指标，故无法从全球范围评估贫困的女性化程度。因为"至今没有人能够提供这个论断的经验主义论据"，因此全球贫困的女性化只能被称为全球性的"猜测性评估"（李小云，2005），而这一"猜测性评估"数据被广泛重复论证。因此，在中国，贫困的女性化还是一个有待通过研究加以证实的问题，而不是一个立论的起点。为了回答中国是否存在贫困女性化趋势这一问题，女性贫困研究的学者在缺少贫困分性别统计数据的不利条件下，采取了社区小样本抽样（吴玲，2006）、利用有限的分性别统计数据进行敏感指标分析（如利用《中国农村贫困状况监测公报》中分性别的贫困发生率）（赵群、薛金玲，2006；李芝兰，2007）、贫困妇女的分群观察等研究策略。

联合国妇女发展基金的专家提供了女性贫困化的研究路径——需要衡量按性别分列的贫困并加以检验三个基本假设：资源在家庭内是不公平分配的；妇女为户主的家庭比男子为户主的家庭更容易遭受贫困的损害；在贫困家庭中妇女的人数比男性多。一些国际研究证实了其中两个假设，但也有很多研究并没有证实女户主的家庭贫困率比男性为户主的家庭更高的结论。因此，一些专家指出，把男户主家庭与女户主家庭相比较，并不是衡量贫困女性化程度的正确方法。因此，国内相当一部分研究致力于揭示贫困的性别差异。

（2）揭示贫困的性别差异

"贫困的性别差异"仅指两性间贫困率（贫困风险）、男女两性在"平均剥夺"与"相对剥夺"方面的差别。这一概念强调了男性和女性因为社会性别不同而拥有不同的贫困经历。赵群（2010）、冯媛（2010）等人的报告都揭示了女性通常比男性有更大的致贫风险、更具易受损害性；在同样贫困的条件下，男女两性对贫困后果有着不同的承担和体验。如贫困家庭的女性大多压缩个人基本消费以满足家庭其他成员需求、有病扛着不看等（吴玲，2006；王振军、牛书文，2008）。这些本土的实证研究都揭示了贫困具有社会性别差异的客观性，挑战了

"家庭内贫困分布均等"的性别盲点。贫困是否具有社会性别差异，不是一个纯粹的理论问题，对这一问题的回答直接影响到反贫困战略的设计以及扶贫工作的效果和质量。

3. 妇女贫困机制研究

妇女贫困成因是这五年中理论探讨的一个重点。对导致妇女贫困机制的研究有两个侧重面：一是揭示公共资源供给的匮乏和获得的不平等，是造成女性土地等生产资源、人力资本、社会资本贫困的制度性根源（李敏，2010；李小云等，2006；卢倩云，2007；王云仙、赵群，2010）。社会转型和结构调整如何影响妇女贫困化和贫困的深化也被研究论及。在社会转型过程中，结构调整往往对女性更为不利，暴露出公共政策、市场和社会性别规范三者如何互动和造成妇女权益的缺损（金昱彤，2010）。另一分析取向偏重于家庭结构层面。研究指出，家庭内两性间资源（包括生产、教育和健康资源）分配的不平等是导致女性贫困的重要原因。这些研究也指出，由于资产获得与分配在中国一直是以家庭为单元进行，因此家庭内资源分配的性别不平等具有特殊的隐蔽性（李小云等，2006）。

由于社会文化对男女两性的不同评价和期待，传统性别规范、性别角色分工模式限制了女性对非农经济活动的参与机会。如王姮和董晓媛（2010）分析指出，传统的男尊女卑观念和家庭角色的分工是女性贫困的根源。性别不平等的就业模式又影响了妇女的健康、教育以及对社区事务的参与，弱化了妇女的经济地位，导致了妇女的贫困（李小云等，2006）。

贫困与家庭结构之间的关系一直是国外贫困研究的一个重要方面，在瓦伦丁·M. 莫格哈登对全球性的"贫困女性化"进行探讨时，就将女性单亲家庭的增长作为贫困女性化的原因之一。中国单亲家庭同样有不断增长的趋势，尽管对贫困和女性户主家庭是否具有普遍关联还有不同的意见，但是已有对低保户家庭结构的分析和单亲母亲家庭的研究，提供了女性户主和单亲母亲家庭有较高致贫率的依据（李玲，2008；祝平燕、王芳，2010；陈薇，2009；董琳，2007；卓惠萍，2006）。社会和家庭内两性在资源分配和能力培养方面的不平等，以及不同的角色分工，致使资产占有处于弱势的女性具有明显的脆弱性。李小云等（2006）将妇女贫困发生的机制综合为教育资源、公共卫生资源、自然资源、经济资源和社会网络等资产占有和使用权被剥夺的"资产贫困"，而且妇女贫困并非是一个静态过程，在妇女生命周期中劣势是在不断积累的（裴晓梅，2006）。这些研究最终都强调了社会性别机制本身是导致妇女贫困的基础性和根本性原因。

4. 建立分析框架的理论探索

在这五年中，妇女与贫困研究已不再停留于对妇女贫困现状的描述上，许多研究者在建构一个更为复杂、更有解释力的理论分析框架方面做出了有益的探索。

贫困的形成本身是一个复杂的社会过程，也是各种不平等社会机制交互作用的产物，单一的解释因子难以描述和分析贫困发生的机制。有研究对社会排斥、脆弱性和可持续生计这三种贫困分析框架进行比较后指出：社会排斥分析框架考察多层次的不利条件如何使社会的边缘群体陷入缺乏维持最低标准生活的能力从而被排斥出主流社会。脆弱性分析框架有助于深刻分析贫困的历史成因、今后的发展变化趋势以及动态地考察贫困问题，做出前瞻性的政策建议。可持续性生计分析框架是理解多种原因引起的贫困并给予多种解决方案的集成分析框架，是设计以人为中心的缓解贫困方案的建设性工具。将这三个分析框架整合成"可持续生计－脆弱性－社会排斥"三维的贫困分析框架可以更有效和系统地对贫困问题进行分析（唐丽霞等，2010）。

一些研究在实践中运用了多重交叉的视角，用以揭示社会性别机制与贫困之间隐蔽但又密不可分的关联。如胡玉坤（2010）试图建立一个"健康－社会公平和性别公正－反贫困"的三种维度分析框架，而郭瑞香（2010）在对艾滋病与性别的报告中使用了多重交叉的分析方法，指出在不平等的社会结构中，艾滋病是一种由贫困、失业以及穷人被迫采用的谋生手段带来的疾病。但不平等的性别机制使得女性在性暴力、性剥削和不安全的性行为下难以抗拒艾滋病的肆虐，无论作为照顾者还是艾滋病病毒感染者都要比男性付出更大的代价。冯媛和刘大庆（2010）的研究亦揭示了男女两性在灾害面前的易受损害性是不同的。妇女不仅要面对大灾带来的物质贫困、失去儿女的厄运，且因父权制所规定的生育角色，使她们还必须面临因生育带来的巨大身心压力和因此而面临的婚姻关系破裂的风险。金一虹（2010）在对城市贫困与性别的分析中，将社会性别视角导入新贫困理论，运用社会排斥和脆弱性交叉的分析框架，采取分群分析的研究策略，将城市贫困人口分为失去稳定工作和福利的下岗失业人群、工作中的穷人（临时和非正规就业者）、边缘化生存的流动人群、新市民中的脆弱者（失地农民以及单亲女性家庭）四类群体，分析显示在中国当今城市新贫困群体的每一个小群体中，女性都是更脆弱、更易受损的群体。

5. 建立性别与贫困监测系统的探索

性别与贫困的监测是制定一个具有社会性别视角的反贫困战略的必要前提。蒋永萍等（2007）指出，性别与贫困的测量必须在一个具有多层变量的复杂分析框架中进行，应以拓展的贫困定义为基础，建立以性别与贫困为主题的贫困分析理论框架，选择性别敏感的、适合中国国情的调查指标体系，并设计覆盖所有女性贫困的代表性抽样方案。对于性别与贫困的监测调查，社会资本的分析框架、生命周期的分析框架、经济易受损害性分析框架以及伊娃的妇女贫困三大因素的理论框架可资借鉴。唐丽霞等（2010）从政治权力、就业、教育、健康、财产的获得和劳动分工的不平等方面，提出对性别与贫困关系的混合分析框架。蒋永萍（2007）建议对城乡15岁以上的男女两性人口的有关经济资源的获得与分配、就业与收入、教育和培训、健康和保健、家庭劳动分工和时间分配、社区参与和社会交往、贫困救助、社会态度八个相互关联的方面收集调查数据。

三　研究的不足与展望

（一）研究的不足

尽管在2006～2010年间妇女与贫困研究取得了很多成绩，但是也存在不足之处。

首先，目前仍有一些领域还是空白，比如贫困残疾妇女，虽有报告涉及残疾妇女（郑晓瑛，2008；葛红颖，2009），但尚无专题研究报告。有些研究还局限于对贫困现状的描述。另外，无论从研究规模还是研究力度上仍显单薄，比如对因非自愿迁移、失地致贫的妇女等研究力度不够。

其次，虽然有多篇研究都涉及贫困与性别之间的关系以及导致妇女贫困的机制，但在分析的系统化和解释力度方面还有待提高。在当下有关分性别的贫困统计数据匮缺的不利情况下，女性贫困群体致贫的各种不利因素是如何叠加发生交互作用，有待新的力作出现。

最后，缺少与主流学界的理论对话和交锋的意识。当下主流学界对贫困现象和贫困机制的研究很活跃，但是大多对基于性别视角的研究关注不够（朱晓阳、谭颖，2010）。批评反贫困的"妇女/社会性别"框架过于纠缠于两性间的"异"而将"二元对立"推到了极致，忽视了实际生活中男女往往并非以独立"个体"

存在而是以"家庭"为单位共同生活的事实，这样直接的挑战却未见坚持女性主义贫困理论的一方做出任何理论回应。

（二）研究展望

未来中国贫困发生走向必然与中国社会经济文化特点相关。一个是城市化和农村人口大规模流动将带来贫困现象从农村向城市转移；另一个是人口老龄化过程中高龄人口女性化、同居、离异和单亲家庭、空巢家庭逐渐增多，环境灾难增加带来"环境难民"等都将产生贫困风险。因此，城市贫困、住房、教育、健康、老年妇女及老年护理、环境等因素和性别因素叠加引发贫困相关的问题将成为未来妇女与贫困研究新的关注点。

经过贫困现状描述和研究领域扩展化的发展阶段，未来有关贫困与妇女/性别的研究将向更具深度和偏重贫困发生与性别不平等的机制性探讨方向发展。此外，通过对学位论文选题的分布分析可以预计，与妇女贫困相关的公共政策（包括家庭支持政策）分析以及如何使社会性别进入反贫困的主流决策，也将是一个可待收获的领域。

妇女参政研究综述 （2006～2010 年）

张永英[*]

一 研究概述

妇女参政研究一直是妇女/性别研究领域的重要组成部分。2006～2010 年，妇女参政研究领域出现了一大批研究成果，使妇女参政研究更为深化和拓展。在中国知网期刊数据库中以"妇女参政"为主题进行检索，得到文献 343 篇，其中国家社科基金立项的成果有 3 项；在博硕士论文库中以"妇女参政"为主题进行检索，得到文献 91 篇，其中博士论文 9 篇，硕士论文 82 篇；在中国重要会议论文数据库中以"妇女参政"为主题检索到文献 8 篇，还有一些论文散见于各种论文集和著作中。此外，在国家图书馆检索到 10 部专著。

这一阶段的研究总体上呈现出如下特点。

一是研究更为深入，方法更为多元。妇女参政研究领域一些学者开始运用各种理论和框架来深入思考和分析相关问题，研究视角和观点具有一定的创新性。从研究方法上来看，除了理论推演、文献研究、定量和定性调查之外，一些研究者还运用构建模型等工具来分析妇女参政领域的问题。

二是作者队伍年龄、性别结构更趋平衡，学科背景更为多样。从事妇女参政研究的年轻学者日益增多，尤其是许多硕士和博士生将妇女参政领域的研究议题作为论文选题，产生了一批博士、硕士学位论文和学术文章，大大丰富了本领域的研究；越来越多的男性学者加入了妇女参政研究，壮大了妇女参政研究队伍；研究者的学科背景涵盖了妇女学、社会学、政治学、法学、管理学、哲学、史学等，使得研究更为立体和深入。

三是研究关注的人群更为细分，研究议题更加拓展。这五年的研究成果涵盖的研究对象除了传统妇女参政研究所关注的重点人群，如人大女代表、女领导干部、女村官等群体外，还涉及不同地域、民族、年龄和阶层的妇女群体。从研究

＊ 作者简介：张永英，女，全国妇联妇女研究所副研究员。

议题来看，既包括对妇女参政内涵的界定，也包括对妇女参政意义的探讨；既有对妇女参政状况的调查和描述，也有对阻碍妇女参政的原因的分析和总结；既有对妇女参政法律政策的分析和评估，也有对促进妇女参政的行动梳理和总结。

四是研究和实践的结合更为紧密。妇女参政既是妇女/性别研究的一个重要组成部分，同时更是一个为研究者和实际工作者所共同关注的现实问题，因此妇女参政领域研究和实践的结合尤为紧密。许多研究议题都是从实践需要中产生的，许多项目和工作都是研究者和实际工作者合作开展的。研究成果既推动了实际工作的开展，同时又在实践中得到总结和提升。

二 主要研究内容

（一）有关妇女参政概念和意义的探讨

1. 妇女参政概念与内涵

对于妇女参政概念的界定和探讨是一个常新的话题。这五年间在妇女参政概念界定和含义探讨方面又有了新的发展。有研究者认为妇女参政是一个"内隐性"和"外显性"相互结合的整体，"内隐性"即增强妇女参政的主体意识；"外显性"表现为政治参与的行为以及通过行为所取得的效能（陈红，2006）。还有研究者将妇女参政界定为"妇女在影响或参与国家机关制定人与自然、人与社会、人与人之间及人与自身关系的重大决策过程中的地位、作用和发展状况，包括妇女的参政意识、参政制度、参政组织和参政行为"（王瑞芹，2006；吴玫，2009）。

除此之外，还有研究者将国际上关于妇女参政的最新定义引入国内，作为妇女参政问题的分析框架，这一定义即是2005年在亚的斯亚贝巴召开的"妇女和男子平等参与决策过程特别关注政治参与和领导"专家组会议上所做的定义，强调应该区分三个相互联系的概念：政治参与、政治代表和领导力（刘伯红，2006）。

2. 妇女参政的意义

不少研究者都对这一问题展开了论述，涉及妇女参政与政治文明、妇女参政与民主政治建设、妇女参政与和谐社会的关系等，但这些论述与前五年相比无太大新意。

这方面有价值的探讨包括：李娇（2010）在分析基层女村官参政时指出，妇女参政的意义是多层的，让她们的利益可以纳入以男性意识为中心的政治运作，把弱势群体、女性群体纳入政治的决策中、社区的治理中；她们也是若干不同利益群体的代表之一；她们的社会性别经验，可能具有"良性治理"的元素；她们的政治参与也是打破所有两性不平等关系的开始。尹旦萍（2010）论述了妇女参政具有三方面的内在价值，是国际社会瞭望中国的一扇窗口，是中国重塑正面国际形象的一种策略；是度量政治文明的一把尺子，政治文明的民主化追求、平等化诉求和合理化取向都离不开妇女参政；是关照男女平等的一面镜子，既是政治领域男女平等的要求，也是制度和政策体现性别公正的保证。

（二）妇女参政状况评估

由于 2006～2010 年经历了《中国妇女发展纲要（2001～2010 年）》的中期评估和终期评估、《中国妇女发展纲要（2011～2020 年）》的起草、北京 + 15 的回顾与评估、《消除对妇女一切形式歧视公约》国家报告审议的筹备等，这些过程中都会对妇女参政状况进行总体评估。如丁娟等（2010）梳理了 2005 年以来妇女参政方面的主要进展和问题：国家出台了多项促进妇女参政的法规政策，并采取积极行动，推动全国人大女代表、各级女干部、村委会女委员和女村主任的参政比例有了不同程度的提高；但是，中国妇女在政治参与领域的实践仍面临一些不容忽视的问题，比如推动妇女参政的法规政策缺乏系统性和可操作性，女干部正职少、比例低，女干部尤其基层妇女骨干的培训工作尚显薄弱，民间妇女组织发展面临诸多阻力，对培养选拔女干部的重要性认识不足等。

除了对妇女参政总体状况的评估之外，研究者还通过大量的定量和定性调查，对不同妇女群体的参政状况进行梳理和分析。

1. 妇女民主参与的意识与行为

因为年龄、地域、受教育程度、职业等差异，妇女群体内部的民主参与状况也是多元的。许多研究者关注到了这种差异性和复杂性，选择不同妇女群体作为研究对象，深入了解她们的民主参与状况。这些研究涉及农村妇女、都市职业女性、女大学生等。

农村妇女在民主参与意识与行为方面都弱于男性。研究者通过对村委会选举过程中农村妇女与男性的不同表现进行量化分析，发现农村妇女与男性在村委会选举中的政治参与存在着很大差异，而且在分别加入文化程度、政治面貌、年龄、是否是村组干部等控制变量之后，男女之间政治参与仍然存在很大差异（胡荣，2006）。农村妇女与男性在政治参与方面的差距，原因之一是由于政治体制的不完善，现行的农村政治参与渠道不能满足她们的政治参与愿望，所以她们只能通过正式渠道以外的非制度渠道来进行，比如参与宗教活动（顾协国，2007），而日常生活中的政治传播，也成了农村妇女参与村民自治的有效形式（陈朋，2007）。还有学者考察了现代国家建构过程中农村妇女政治参与的变迁过程，认为改革开放以后，国家加大了民主国家建构的力度，以民主化手段来建构妇女的身份和行为，所以，妇女参与的规模虽然缩小，但自主性增强（杨翠萍，2009）。

农村妇女并不是一个整体，农村妇女中不同群体的民主参与状况也可能存在差异。有学者考察了农村青年女性的政治参与态度，发现农村青年女性（18～28岁）参与意识淡薄，主动参与性差，参政能力不强，组织化程度偏低（雷才丽、操文峰，2006）。对留守妇女与非留守妇女参与意识进行比较分析发现，男性劳动力大量外出对农村妇女的政治态度和政治认知没有显著性影响，但对农村妇女参与选举的行为有一定的负面影响，主要表现在丈夫外出以后，在家的妇女投票时受"其他人"影响会更大一些（许传新，2009）。还有学者认识到农村精英妇女和大众妇女在政治参与方面的差异，认为要对这一问题予以重视，否则精英妇女的相对活跃可能引发大众妇女利益的边缘化（张海燕，2010）。

另外，都市职业女性群体、女大学生群体的政治参与状况也得到了关注。周云（2007）通过实证研究发现，都市职业女性政治参与行为的广度不如都市职业男性，但都市职业女性的政治参与意识却高于男性。对于女大学生群体的政治参与状况，调查结果显示，社会转型引起人们价值观念转变、学校思想政治教育存在弊端、参与制度和自身特点的制约、女大学生自身政治主体意识不强等因素，造成女大学生政治认知不足、政治价值观不明确、政治参与程度与水平不高（刘继英，2007）。

2. 妇女权力参与状况

多数研究者认为，从总体上来说，妇女参与各级决策的比例低、结构不合理、职务性别化的状况依然没有改变。

除了总体描述之外，许多研究针对不同妇女群体的权力参与状况进行深入描述和分析，内容涉及妇女进入权力结构的过程、妇女参政议政特点、参政议政中面临的问题、参政妇女的社会性别意识等。

有的研究将关注点放在了人大女代表、政协女委员的参政状况上，浙江省、市人大女代表、政协女委员参政议政现状研究课题组（2007）调查发现，人大女代表、政协女委员的参政议政特点是：综合素质较高、履职意识和能力与男性代表和委员没有差距，比男性代表和委员更关心妇女儿童问题；存在的问题是比例偏低、结构不合理，以公务员、知识分子居多，而工人、农民等一线基层代表比例极低。

陈丽琴（2010）对女县长群体的参政议政情况进行了实证研究，发现新中国成立以来，女县长的身份认同经历了几个变化，即从性别的异化到性别的回归；从无性别意识到高扬性别意识；政治权利意识的唤醒；从不自信到对自己能力的充分认可；对自己多重角色的认可等。

农村妇女的权力参与状况是妇女参政研究领域中受到关注最多、研究成果最为丰富、研究最为深入的一个议题。这方面的研究涉及女村官等当选过程、执政情况、面临的问题和困难、社会性别意识等。关于农村妇女的权力参与状况，大量的研究所调查的地域和层级不同，覆盖了全国、省、市县、乡镇和村等地域范围，也涉及少数民族地区、西部欠发达地区等，但其结论均是一致的，即农村妇女在基层治理中的参与比例较低，包括村委会、村党支部、村民代表会议及村庄中的其他公共组织（过军，2008）。

关于女村官群体的研究，首先关注女村官当选的过程，认为她们的当选受政策强制、熟人引荐、个人能力和家族背景四个因素的影响（蒋爱群等，2010；王力斌等，2007）。女村官的执政特点包括敬业勤业，富于牺牲精神，自信自强，有胆有识，豁达乐观等，与男性并没有太多差异（胡芳，2009）。也有学者认为女村官执政有一些独特的优势，比如心思细腻，善于为他人着想，更容易做到以人为本，善于处理人际关系和各种纠纷，敢于迎接挑战、比较廉洁、注重民主决策等（王力斌等，2007）。女村官在参政中遇到的困难包括：传统性别歧视、家人和村民不支持、男性村委对工作的不配合、家务和田间劳动负担重、选举程序不规范等（陈聪，2008）。实证研究表明，村庄权力系统中对女性的排斥，村庄政策中对女性群体的忽略及村广播中性别意识的宣传，彰显女村官执政后其政治事务的运作并没凸显性别意识，传统的思维图式和性别规范仍起着决定性的作用（李娇，2010；王冬梅，2010）。

农村基层妇女权力参与中还有一个特殊的群体是女大学生村官。有研究通过构建女大学生村官胜任力模型，分析发现男女大学生在村官的胜任力方面并无显著区别，但在实际工作、生活中，女大学生村官面临的困难较男大学生村官要多，在镇、村两级的关注度也小于男大学生村官。这其中有女大学生自身的原因，但主要还是由社会文化、乡村政治、政府相关政策缺失等原因造成的（王郁芳，2010）。

有研究还关注到女企业家群体的参政状况。调查显示，温州市女企业家参政比例相对来说比较高，但其政治参与意识仍较薄弱，参政动机也主要停留在追求个人与企业利益的较低层次上，而且女企业家参政的渠道不足（郭夏娟、董以红，2006）。

妇女的权力参与，除了妇女个体参与决策之外，妇女组织参与管理和决策也是非常重要的方面。有学者分析了妇女非政府组织对妇女权益立法的积极参与，说明非政府组织参与公共决策并没有对公权力的行使构成威胁，恰恰相反，这些组织的行动为公共政策的制定提供了第一手材料，为立法提供了重要依据，发挥了重要作用（沈国琴，2009）。

（三）妇女参政的影响因素分析

1. 国家政策制度的因素

随着研究的深入，这五年间出现了一些从更加理论化的视角研究政策制度环境对妇女参政的影响的论文。有学者认为，使农村妇女在参与基层治理中处于劣势地位的，就是一种"无效率"的制度安排，是一种"政策失败"（韩玲梅、黄祖辉，2006）。有研究者认为政策主导力量、政策目标设定、政策工具选择等三方面的路径依赖制约了农村妇女政治参与（刘晓旭，2009）。还有学者用理性选择的理论来分析政策文本与政策执行结果产生巨大反差的原因，认为基层政府、非政府组织、农村治理精英、男村民、农村妇女等政策执行主体和目标群体从自己的利益和现实状况出发，做出自己的理性选择，最终导致农村妇女在基层治理中处于弱势地位（鲁彦平、卓惠萍，2009）。还有研究者从农村治理形式的角度探讨影响农村妇女在乡村治理中地位的因素，认为农村以能力、权力和暴力为特征的"力治"形式以及由此产生的性别偏好和性别排斥，极大地制约了农村妇女参与乡村治理的进程，而随着农业税的取消、社会主义新农村建设的进行，农村的治理形式将由"以力治理"转变为民主的、参与的、以人为本的治理形式，而这将给农村妇女的民主参与带来重大的机遇和挑战（刘筱红，2006；张宝玺，2010）。

2. 社会文化因素

研究者大多认为公众的社会性别意识缺乏，对于妇女参政的意义认识不足，对妇女参政能力不认可，对女干部的双重评价标准等，是制约妇女参政的重要原因。2006~2010 年间对于制约妇女参政的社会文化因素分析的论文，比较有价值的还是集中于对农村妇女参政的深入分析上，有研究认为从夫居的婚居模式导致的婚姻迁徙使农村妇女的政治积累中断或延迟。根据学者对某镇妇女干部资料的调查，在该镇 64 个行政村中，有 42 个村的妇女主任的婚嫁都是在本村完成的。资料还显示，娘家在本村的妇女担任职务的平均年龄是 30.2 岁，而从外边嫁入本村的妇女的平均任职年龄是 36.8 岁，后者比前者整整晚了 6.6 年的时间，这就意味着农村妇女因为婚姻迁徙需要花费 6.6 年的时间才能得到嫁入地村民对自己的认同（唐华容，2008）。

关于影响农村妇女参与基层治理的社区环境，有研究者认为，因为村级党支部在农村基层决策中的核心地位和在村委会选举中所起的关键作用，所以农村村级党组织的社会性别意识对农村妇女参与基层治理状况产生重要影响（刘筱红、吴治平，2006）。由于妇联缺乏有力的领导和组织，农村妇女在村民自治的过程中实际上是以个体的名义参与各项活动，在参与的过程中难以取得明显的效果（师凤莲，2009）。农村妇女自发组织资源的匮乏也是影响农村妇女参与基层治理程度的重要因素，在村委会选举中，也很难看到除妇联之外的其他妇女自发组织的活跃迹象（师凤莲，2009；刘筱红、吴治平，2008）。

3. 家庭因素

家庭的支持对于妇女参政来说非常重要，许多研究和案例从正面和反面都证明了这一点。比如对女村官的调查发现，有一部分女村官的丈夫不能忍受自己的妻子被别人认为比自己的能力强，这样他们会觉得在外面没有面子，所以就反对妻子从政；而子女和老人考虑得更多的则是母亲和媳妇能不能好好地照顾他们，女村官有没有尽到为人妻、为人母的职责（蒋爱群等，2010），而那些比较成功的女干部则反映，家人对于她们的工作很支持（陈聪，2008）。

祝平燕（2010）将社会关系和社会资本理论应用于妇女参政研究，认为在中国的背景下，亲属关系等强社会关系对于妇女获得社会资本非常重要，因此妇女参政不仅需要正式支持系统的支持，也要非正式支持系统的支持，二者缺一不可。因此，必须建立妇女参政的社会关系网络。

4. 个人因素

研究者多从受教育程度、心理素质、多重角色负担等方面来分析妇女素质对其参政的制约。比如有研究者认为，教育水平低既影响了妇女的自信，也使公众对其参政能力产生怀疑；性别歧视和传统偏见造成了一些女性的自卑依赖心理，压抑了她们对自身潜能和创造力的开发，不少女性低估自己的能力，害怕自我表现，缺乏竞争意识；多重角色冲突使妇女参政力不从心（浙江省、市人大女代表、政协女委员参政议政现状研究课题组，2007）。在分析造成妇女自身素质偏低的原因时，多数研究者都能够从社会性别的视角出发，认为妇女表现出的对政治的冷漠以及能力上的缺憾并非天生的，而是整个社会文化传统、体制、资源以及村落的具体背景造就的，是一种交叉作用的结果（唐华容，2009）。

（四）妇女参政的政策分析与行动评估

国家法律和政策在推动妇女参政中发挥了极为重要的作用，不论是人大代表选举还是培养选拔女干部以及农村基层自治方面，国家和政府相关部门都出台了积极的法律和政策措施，推进妇女参政。这些政策本身以及政策执行中的问题和效果，一直是妇女参政研究关注的重点。另外，尤其是在村民自治领域，相关政府部门、妇联组织和妇女非政府组织积极采取各种行动，推动农村妇女入选村两委，取得了积极的效果，对于这些干预行动的研究和评估，也成为妇女参政研究的一项重要内容。

1. 妇女参政政策分析

2006~2010 年间有关妇女参政政策分析的研究成果既涉及促进妇女参政积极措施尤其是配额制的分析，也包括人大代表选举、培养选拔女干部和推动农村妇女参政的具体政策措施。

有关妇女参政积极措施的分析。研究认为，中国有关妇女参政积极措施的规定存在不够系统全面、比例规定缺乏刚性、缺乏实现比例的配套措施、一些规定缺乏社会性别敏感等问题（张永英，2006）。具体到《中华人民共和国妇女权益保障法》的省级实施办法中是否规定人大代表候选人女性比例的争论，反对的理由是：规定女代表的最低比例违反上位法；有违选举人意志；硬性规定女代表的最低比例后，一旦选举结果达不到规定的比例，就将导致选举结果因"违法"而无效，那么应由谁来承担相应的"违法"责任？硬性规定女代表比例不利于女性自强不息、依靠自身努力来提高素质（缪珍南，2008）。

有关人大代表选举制度的分析。选荐制度不完善，一些地方在选拔推荐中要求被推选的妇女多重身份集于一身，还有的地方基本上只是为了完成指标份额的要求，考虑推选一定数量的工人、农民等基层代表进行象征性的设置，导致找不到合适的妇女被推选为女代表或女委员，或者一些被推选上的女代表、女委员成为陪衬和点缀，"在其位"却不能"参其政"，还有女代表、女委员中基层代表偏少、结构不合理等问题。此外，人大代表产生制度中的官本位、党员本位和解放军女性代表比例过低，代表身份构成的制度安排，按居住状况和生产单位划分选区等制度，也直接影响到人大女代表总体数量的增加（邓飞，2008）。

女干部培养选拔制度的分析。有学者从选拔、提职、任职、培训、轮岗、考评、退休七方面对培养选拔女干部的相关政策进行具体分析，认为虽然许多地方在选拔干部时对女干部实行了倾斜政策，但总体来说，这些政策大都是性别中立的，没有考虑女干部的生理特点、成长规律和特殊需求，甚至还有女干部比男干部早退休的歧视性政策，导致了实际上对女干部培养和选拔的不利结果（钟曼丽，2006）。

农村妇女参政政策分析。刘筱红（2010）认为，推动农村妇女参政的政策在执行中没有达到效果的原因在于：一是基层政府在确定政策的优先顺序时，对经济、效率、效能的追求以非常明显的优势抑制了对民主价值的追求，而具有价值理性的农村妇女民主参与的倡导性政策，与现实主义的绩效政策有着明显的差异，因此基层政府执行这一政策的积极性不够。二是政府空心化问题抑制了政策执行的效果：其一，国家政策执行难到位，政府对此缺乏控制能力；其二，政府将性别平等这项公共服务职能外包给妇联，政府相应的管理控制能力弱化，也存在着空心化的问题。

2. 促进妇女参政的行动评估

由于近年来促进妇女参政的行动大多以在村民自治中推进妇女进两委为目标，所以2006～2010年间的研究成果也多是以此为主题。

有研究者从非政府组织的角度，对促进农村妇女参政的项目和行动进行了综述，这些行动包括以下几个方面：提高政策制定者促进农村妇女参政的意愿，在政策制定过程中积极参与并推进性别平等的政策的出台，在政策执行中监督政策目标的落实，加强对农村妇女的能力建设，创造多样化的社会动员方式（马冬玲，2006）。

大量的研究对这些项目和行动进行总结、分析与评估。河北迁西经验的主要创新之处在于把妇代会换届由组织任命改为直接选举，既提高了妇女的参政意识、锻炼和展示了妇女的参政能力，也增加了村民对妇女能力的了解和认可，为妇女参与村委会竞选打下了坚实的基础（张永英，2008），但这种模式也降低了非妇代会成员参加两委选举竞争的可能性（艾新异，2010）。民政部天津塘沽项目提高了项目点的妇女当选比例，使项目点干部群众的性别平等意识有所提高，对改进村民自治工作发挥了作用（范瑜，2008），其局限性在于无法解决妇女当选职务的性别化、边缘化问题（杨翠萍，2006）。湖北广水的性别两票制是将社会性别意识纳入村民自治制度中的具体措施，但这项政策并没有改变农村妇女公共参与"推而不动"的状态，这种结果与政策运行的村庄社会基础有很大的关联性（陈琼、刘筱红，2008；刘术泉，2008）。湖南以妇联为主导的推动农村妇女参政模式，拓展了妇联组织在保障妇女参政方面的法律空间，创新了妇女培训模式，项目的政策创新为妇女参政直接提供法制保障（肖百灵，2006；肖北庚，2007）。陕西合阳项目的特点在于政策的目标锁定在提高女村委会主任的比例，在现有的法律框架下运作，避免了对量化比例的法律政策规定可能引起的争议，通过试点带动、点面推进的做法，大大扩展了项目的规模和影响（高小贤，2008）。

三 研究的不足与展望

（一）研究的不足

第一，研究成果存在平面化、低水平重复的现象，深入的实证研究和理论探讨较少，研究成果的质量有待于进一步提升。从收集到的论文和著作来看，大量的研究成果要么是主观论断，缺乏实证数据的支持，要么是对某一地域的妇女参政状况的调查，有关现状的数据和原因分析相似性很高，缺乏有价值的数据和原创性的观点。从研究视角和方法来看，也存在着套用西方理论框架来解释中国问题的现象。另外，虽然社会性别视角在许多研究中得到体现，但还是有些论文将妇女参政的弱势地位归于妇女素质问题，甚至坚持生理决定论（焦玉莲、王晓嵘，2006；刘雯雯，2008）。

第二，作者队伍层次参差不齐，影响了研究成果的质量。妇联系统和政府部门工作人员由于不是专业研究人员，其文章多为对工作中看到的问题的感性认识所引发的思考，或者对工作经验的介绍和总结，一些实证研究的方法不够科学，学术规范性不足。高校研究者中学生所占比例极大，但一些学生的论文是为了发表而发表，或者说是为了拿到学位而发表，因而出现了一些模仿、抄袭和重复发表的现象，进而影响了研究的整体水平；有些博士、硕士生的导师本身没有妇女参政研究的经历，指导学生写作博士、硕士论文也有一定难度。

第三，研究理论框架的发展和方法的科学与规范方面存在不足。虽然也有一些具有一定理论深度的文章，但整体来说，研究论文缺乏理论的支撑，尤其是本土理论框架仍非常欠缺。

（二）研究展望

这五年间，妇女参政研究领域受到越来越多的关注，但未来还有很大的发展空间。

一是研究的议题需要进一步丰富和细化。中国正处于经济社会的转轨时期，有关政策和制度环境正在不断地调整和完善，妇女参政状况和面临的问题也会随之改变。从目前来看，还有一些议题需要深入研究和探讨，比如出台量化的妇女参政比例的法律政策的阻力究竟在何处等。

二是需要努力探索和发展本土的理论和分析框架，提升妇女参政研究的学术水平。从本土的问题出发，在本土社会文化传统的框架下发展出来的理论和分析工具，无疑其解释力更强。这种研究成果数量的增多不仅对于提升妇女参政研究的水平，而且对于提升妇女研究的整体水平甚至整个中国学术研究的水平都具有重要意义。

三是推进研究队伍的巩固发展和研究水平的提升。因为目前作者队伍中占较大比例的在校学生多是因为完成学业的需要而从事这一问题的研究，当他们走上工作岗位之后是否还会从事研究工作，继续将妇女参政作为自己的研究领域，都是未定之数。所以，如何巩固现有作者队伍也是一个问题。另外，建议加强对妇联系统和政府部门工作人员有关调查研究方法、研究报告撰写等方面能力的培训，提升他们的研究水平。

四是推动促进妇女参政的实践与研究的进一步结合。行动者和研究者应建立更为紧密的联系，研究者应该更深地介入相关的项目和行动，为其提供咨询和指导，并在参与的过程中深化自己对问题的理解和思考，提高研究成果对现实问题的解释力。有关项目和行动的实施者应该关注最新的研究成果，并将这些研究成果运用到项目和行动方案的设计和执行之中。

妇女健康研究综述（2006～2010年）

姜秀花*

2006～2010年中国妇女健康研究成果相比2001～2005年更加丰硕，这一方面是得益于中国政府把发展妇幼卫生事业作为改善民生的重要内容，把健康问题作为妇女发展优先领域在法律政策方面提供强力保障，在行动领域积极推进，这些努力取得的重大历史进展和经验积累，及其在市场化、全球化背景下面临的阻力，为研究者提供了广泛的讨论议题。另一方面也得益于社会性别主流化进程在各领域的不断推进所带来的观念与行动、理论与实践等方面的积极变化，为多学科多角度研究妇女健康问题提供了有力的分析工具和开阔的研究视野。

一 研究概述

妇女健康问题是一个跨学科特征极为明显的研究领域。妇幼保健作为传统的学科领域和卫生事业的发展重点，该领域的研究成果极为浩繁。为了更集中讨论新的健康理念向传统生物医学以外的社会科学领域不断拓展的理论和实践，本综述主要对中国哲学与人文和社会科学、经济与管理学界对妇女健康问题的研究成果进行综述。

以"妇女""性别""女性""少女/女童""女大学生/女研究生""女教师/高知女性/女知识分子"等分别与"健康""疾病""医疗""人流/人工流产""妇科病/妇女病""阴道炎/生殖道感染""艾滋病/HIV/性病"等词语进行组合，对中国知网"中国学术期刊网络出版总库"中的"哲学与人文科学""社会科学Ⅰ辑""社会科学Ⅱ辑""经济与管理科学"4个子库的研究题目进行搜索发现，2006～2010年发表的期刊相关论文大约435篇，会议论文42篇/册，博硕论文77篇（其中博士论文两篇）。从图书出版来看，通过对国家图书馆、北京大学图书馆、全国妇联妇女研究所信息中心馆藏图书以及当当网、亚马逊网等网上图书进

---

* 作者简介：姜秀花，女，全国妇联妇女研究所研究员。

行检索，共找到非医学类妇女健康研究图书约 19 部。这一期间，还有 3 个妇女健康项目获得国家社会科学基金立项，其中西部项目、一般项目和青年项目各 1 项。

尽管很难完整收集这一时期妇女健康研究的相关数据，但从现有结果看，与 2001～2005 年相比，2006～2010 年妇女健康研究发展迅猛，仅以"妇女＋健康""性别＋健康""女性＋健康"三组词语组合进行检索的结果为例，2006～2010 年检索的期刊文章是 217 篇，而 2001～2005 年是 103 篇；2006～2010 年检索的博硕论文是 27 篇，而 2001～2005 年仅为五篇。

综合来看，这五年中国妇女健康研究主要表现出以下特点。

第一，社会性别视角与多元差异视角得到灵活运用。社会性别视角与经济、文化、阶级、阶层、民族等多元差异的交互影响得到更多关注，妇女健康问题的公共卫生性质和社会问题性质得到进一步强调，提高妇女地位与赋权妇女成为妇女健康领域重要的价值追求。除社会性别视角外，全球化视角（胡玉坤，2009）、民族多样性视角（王金玲 2009；杨国才，2009；等等）、公共管理视角（顾宝昌等，2007）、角色视角（张桂华，2009）、公共健康伦理视角（肖巍，2006）、文化观察视角（李飞、庄孔韶，2010）等都得到不同程度的关注和运用。

第二，学科分布更加广泛，研究方法更为多样化。妇女健康研究的学科领域涉及人口学、社会学、心理学、历史学、文学、教育学、管理学、民族学、社会医学、法学、宪政学、统计学、政治学、宗教学等十几个学科领域。与学科领域的广泛分布相对应，研究方法更加多样化，除了惯用的定量、定性、文献研究法外，专家评议法、计量学方法、实验法、心理测试法、田野调查法等都得到运用。一些细腻的个案分析法，如郑丹丹（2007）和黄嘉文（2010）对日常生活中个案的分析，揭示身体、疾病与国家和社会的关系，对相关研究方法很有启发性。

第三，本土化的妇女健康促进实践成为重要研究方向。2006～2010 年，以改革开放 30 年和北京世妇会召开 15 周年为重要的历史节点，中国妇女健康促进和研究走过的独特历程，成为这一时期妇女健康研究重要的知识来源，许多研究者对这两个历史时期的中国妇女健康权的实践和健康研究进行考察，呈现了中国妇女健康领域的进展、特点和规律以及不足。这方面成果比较集中地呈现在张开宁主编的《中国性与生殖健康 30 年》（2008）和王金玲主编的《中国妇女发展报告 NO.3：妇女与健康》（妇女发展蓝皮书）（2010）中。

第四，研究议题广泛，妇女心理健康问题成为关注重点，特别是女大学生／研究生和女教师等高知女性的心理健康问题研究成果颇丰。如在检索到的文章中，以女大学生心理健康为选题的就达 140 篇，以女教师心理健康为选题的有 18 篇。

第五，研究队伍进一步壮大，更多不同学科的研究者加入妇女健康研究队伍，特别是博硕士生的加入，使妇女健康研究队伍更加年轻化。

二 主要研究内容

妇女健康研究内容庞杂，以下仅对这几年成果比较集中或视角比较新颖的一些研究内容进行概述。

1. 妇女健康状况综合评价

姜秀花、王志理（2006）运用第二期中国妇女社会地位调查数据，系统分析了中国妇女健康水平和卫生资源与服务利用的性别差异，并对妇女健康的影响因素进行分析，认为只有从根本上提高妇女的社会地位，才能保证妇女在健康方面的平等。王金玲（2010）通过对法律建设、政府行动和工作机构、网络建设、妇女保健及经费、妇女健康宣传教育及科研、人居环境、妇女总体健康水平、妇女的性与生育健康水平、妇女职业健康水平等指标的评估，总结了 1995 年北京世妇会以来中国妇女健康的基本特征，认为中国已基本建成有利于妇女健康的大环境。姜秀花（2006）通过对生命健康领域的生命安全、保健服务和疾病威胁等方面的重点指标进行性别分析，建构测量生命健康领域性别平等与妇女发展的指标体系框架，并选取其中一些可操作的指标对生命健康领域性别平等与妇女发展状况进行评估。"中国居民营养与健康状况调查"课题组分析了中国育龄妇女、孕妇和乳母的膳食与营养、常见疾病与健康保健等方面的状况，提出将改善育龄妇女营养与健康工作纳入国民经济发展规划等建议。

2. 妇女心理健康研究

妇女心理健康问题成为女性/性别心理学领域的重要研究方向。研究者对职业女性（吴继霞、李世娟，2008；代静亚等，2010）特别是知识女性（卢勤，2010；李建伟、于璐、林怡，2009；田敏岚，2009；闻明晶，2006）、受流动影响女性（刘越、林朝政、黄惠娟，2010；胡小沛，2010）、老年女性（李彩凤，2006；林冬岩，2006）、育龄期女性（金亚静，2010）等不同群体的心理健康状况进行了研究。如刘越、林朝政、黄惠娟等（2010）等采用症状自评量表对流动

妇女心理健康进行研究，发现其心理健康水平低于成年正常女性。许传新
（2009）、周厚生（2009）等将研究聚焦于农村留守妇女的精神健康状况。张河川
（2006）从社会性别视角对男女大学生进行了性别意识、性知识来源、性知识/态
度/行为与心理健康方面的实证研究。王海英（2008）对女性失地农民心理健康
教育问题进行研究，提出要多渠道、大力度健全女性心理健康机制。王赠霖、张
青（2009）关注了中年知识女性的心理健康问题，提出制度保障、专门服务、家
务劳动社会化等方面的建议。金亚静（2006）对上海市妊娠妇女心理健康状况及
团体心理辅导进行研究，认为团体心理辅导作为缓解孕妇焦虑的重要手段，可在
社区医院和妇幼保健院适当推广。

中国女性特别是农村自杀率偏高问题依然得到关注。肖巍（2006）认为，从
性别视角和公共健康伦理价值观的视角看妇女自杀问题，应从妇女群体层面、从
社会关系网络中和从社会公正与社会平等层面认识问题和解决问题。孔媛媛
（2010）比较研究了农村青年男女自杀高危人群特征、自杀行为特征、危险因素
及其性别差异，为今后自杀预防工作中开展有针对性的干预措施提供了参考。

研究者从不同角度对妇女心理健康的影响因素进行了分析。姜秀花和王志理
（2006）从人口学特征、社会经济特征、健康自评、资源获得等方面探讨了消极
自评完好、积极自评完好的性别差异。鲁小周（2010）考察了不健康生活方式与
心理健康的关系。周厚生（2009）、胡小沛（2010）等探讨了社会支持与妇女精
神健康状况的关系。叶文振（2010）认为，导致女性心理健康水平下降的影响因
素除生理与年龄等自然因素、婚育家庭等生活因素、学业职业等发展因素以及突
发事件等偶然因素外，社会性别文化制度对女性心理健康也产生重要影响。闻明
晶（2006）等论证了性别角色类型与心理健康的关系。郭爱妹（2006）认为女性
主义心理治疗关注社会情境对女性心理健康的影响，主张建立平等的治疗关系，
提出生物的、心理的、社会的、文化的以及结构的治疗模式，为心理治疗的发展
指明了方向。

3. 妇女健康权益保障研究

李明舜（2008）回顾了改革开放以来中国对妇女健康权的立法保护，指出在
国内法体系中，既有宪法的原则规定，也有相关法律法规的具体体现；既有关于
健康问题的专门性法律法规，也有其他法律法规的专门条款；既有关于确认健康
权的规定，也有对侵害健康权的救济；既有消极的事后救济，也有积极的支持性
保障；既有对受害者的补偿，也有对施害者的惩罚。但中国保护妇女健康权的法

律具有局限性，表现为不能完全适应妇女不断变化的健康需求，以及与国际法的不完全衔接。王金玲主编的《中国妇女发展报告 NO.3（2010）：妇女与健康》从理论和行动两个方面对北京世妇会以来中国妇女健康权的实践进行考察，呈现了中国妇女健康领域的进展、特点、规律以及不足。李燕（2009）对中美堕胎法进行比较研究，指出以妇女为中心，保障妇女的堕胎自主决定权与生殖健康是女性主义对人工流产的法律进路。王艺潼（2010）结合《经济、社会和文化权利国际公约》，对妇女健康权立法渊源、权利属性进行研究，分析健康权在中国的发展现状及存在的问题。

4. 妇女健康政策研究

肖扬（2010）回顾了北京世妇会以来中国政府在健康促进理念、政策和行动上的变化，评估了妇幼保健的进展和存在的体制性、结构性、政策性等问题，对中国妇女健康发展态势进行预测并提出建议。王淑婕（2007、2009）对新型农村合作医疗制度中的社会性别盲点及其影响进行分析，认为新型农村合作医疗制度在性别方面存在不公平现象，存在医疗保障权利的家庭化和补偿模式的"男性化倾向"，实施中的性别盲点对农村妇女健康权益产生不利影响，提出农村合作医疗制度要增强性别敏感。张开宁、张桔（2007）认为，应在健康促进的框架下，大力推进公共健康事业中的社会性别主流化，注重发挥政府、市场及非政府组织和非营利组织三大主体的作用。宋新明、郑晓瑛等（2007）回顾了 20 世纪 30 年代以来中国育龄人群男女相对死亡风险的变化，分析了生殖健康政策在其中的影响，指出新中国成立后开展的妇幼卫生工作在育龄女性死亡风险从高于育龄男性向低于育龄男性转变中起着重要作用。郑真真（2008、2009）回顾了生殖健康领域中的妇女赋权在中国的实践过程、效果及挑战，提出应进一步将妇女赋权纳入生殖健康项目的设计和决策中，继续在生殖健康领域倡导社会性别主流化，将研究成果和试点经验转化为制度化和规范化的可持续实践，积极推动男性参与。

非政府组织在健康政策促进中的作用也得到关注。谢雨锋、杨晖、张春华（2010）对世妇会以来非政府组织在妇女健康促进中的研究与行动进行梳理，指出其在社会性别视角、赋权、参与、网络化、公益性和能力建设方面的积极探索，及其在全球化和市场化中面临的挑战及应对策略。顾宝昌、郑真真、刘鸿雁、刘爽等（2007）探讨了公民社会组织在推动落实开罗会议和北京会议生育健康战略中的作用，特别是在对社区实施健康项目、进行生育健康研究、提供生育健康服务、反映社区意见、影响政府决策等方面的作用。肖扬（2007）认为，人

口计生与卫生项目管理者性别意识的不足容易造成公共政策与项目管理中的性别
缺失，因此应提升项目管理者的社会性别分析能力，建立性别平等咨询机制和监
督机制，以促进人口与生殖健康领域的社会性别主流化。

5. 健康社会性别公平研究

西安交通大学人口与发展研究所于 2003～2007 年开展了"社会性别引入生殖
健康的实验和推广"项目，开发了适用于中国农村生殖健康领域的社会性别意识
和行为量表体系，推出系列研究成果。如杨雪燕、李树茁（2008）系统描述了社
会性别量表体系，提出国家级和县区级生殖健康优质服务社会性别公平促进框
架。张莹、李树茁（2009）运用社会性别量表，考察项目县农村生殖健康领域社
会性别公平性状况及影响农村居民生殖健康行为社会性别公平的因素，构建农村
居民生殖健康行为社会性别公平影响机制概念模型。杨雪燕、李树茁（2009）利
用社会性别量表以及相关数据，对社会心理学中的"态度→行为"模型进行了验
证。结果表明，无论是服务对象还是服务提供层人员，要改善其在生殖健康领域
中的社会性别行为，不仅要提高他们在生殖健康领域中的社会性别意识，也要提
高其在一般领域中的社会性别意识。杨雪燕、张莹、张群林（2010）将其开发的
生殖健康领域社会性别公平性评价体系应用于中国中部某县区，揭示了此县区生
殖健康领域的社会性别公平状况，并验证该评价体系的有效性和可靠性。李亮、
杨雪燕、张群（2008）以社会性别公平促进工具箱为基础，设计并初步实现了适
用于中国县区级生殖健康/计划生育优质服务领域的社会性别公平促进决策支持
系统，为政府开展社会性别公平促进提供可供选择的决策咨询。除西安交通大学
的相关成果之外，姜秀花（2006）、毛燕凌（2010）从健康水平与卫生保健服务
利用方面探讨了中国健康公平性的性别特征，发现中国妇女还不能公平享有卫生
保健和实现健康水平的公平性，提出提高妇女地位、赋权妇女、强化政府职能、
促进健康决策社会性别主流化等建议。刘茂伟（2007）分析了性别化的行为准则
对贫困和少数民族地区农村女性健康的影响，建议重视卫生资源分配的性别公平
性，提高卫生机构的服务效率，加强对女性及社区的赋权。崔斌、李卫平
（2009）从社会性别的角度分析了中国不同性别之间的健康需求、预算配置和服
务受益情况，提出要将社会性别纳入健康政策主流，使健康政策和政府卫生预算
增加社会性别公平。

6. 妇女与艾滋病问题研究

社会性别依然是认识妇女艾滋病问题的重要视角。龙秋霞（2006）、杨颂平、

祝平燕（2006）、陕西省委党校妇女/性别研究与培训基地课题组（2009）等认为社会性别不平等因素与女性感染艾滋病存在内在关系，提出在艾滋病防治与研究中实行社会性别主流化，提高领导干部的社会性别意识，强调男性在艾滋病流行和防治中的责任等。莫国芳、包广静（2007）指出，构建先进性别文化，加强对女性的关爱，提高妇女应对艾滋病的能力等是艾滋病防治工作的重要突破点。钱鑫（2006）认为，有关艾滋病政策未能充分正视和承认妇女权利，解决问题的核心是妇女的赋权维权问题。张翠娥（2008）通过对一位女性艾滋病患者生命历程的社会性别分析，认为传统的社会性别制度恶化了女性艾滋病患者的社会处境，尤其是从夫居和父系继嗣制度不仅使女性在患病后难以获得家庭和社区的支持，而且容易面临来自家庭和社区的双重压力。在艾滋病的防治中，应更关注女性的权益保护。夏国美、杨秀石（2006）认为，流动和性别不平等的相互作用导致女性流动人口高度集中于临时或商业性行为暴露较多的行业，因此针对女性流动人口的艾滋病干预，要特别强调性关系中的权利和工作场所的社会支持，激发干预对象的自尊和自我保护意识，并通过赋予她们在社会及两性关系中的应有权利来实现。向德平、张翠娥（2008）研究指出，农村艾滋病患者的夫妻冲突存在着明显的性别差异，在艾滋病的防治过程中必须高度重视社会性别角色分工和社会性别机制对人们观念与行为的影响和作用。张敏（2010）分析了藏族女性性别角色从属性地位对艾滋病知识传播造成的影响。

组织、文化、民族等视角在妇女与艾滋病研究中也得到应用。李飞、庄孔韶（2010）通过对比不同地区性服务场所性服务者群体性行为与组织方式的差异，并结合性服务妇女艾滋病/性病干预项目研究成果，提出干预工作要充分理解和贯彻基于文化差异的措施。富晓星（2006）把女性商业性性服务者作为文化组织进行研究，提出艾滋病防治本土的组织性应对策略。向德平、吴丹（2010）对中国有偿供血人群、同性恋人群与女性性工作者中艾滋病患者的社会支持与生存质量差异进行比较研究，指出应根据其各自特点进行相应的社会支持与救助。景军、郇建立（2010）认为，在艾滋病流行过程中，民族和性别问题中存在的社会不平等起着至关重要的作用。李建华、李晓亮（2008）在对中国生殖道感染/性病/艾滋病防治30年进行回顾时，强调社会文化和社会性别的影响，提出不平等的性别角色增加了妇女的感染风险。

一些学者关注了妇女与艾滋病研究的发展。如刘慧君、闫绍华（2009）从个体、人际关系和文化层次，总结了20世纪90年代以来西方学者在艾滋病性风险行为研究中引入的社会性别因素及其在不同文化背景下的应用情况，展望了未来艾滋病性风险行为在社会性别途径的研究方向。潘绥铭、黄盈盈（2008）回顾了改革开放 30 年来"性"和"社会性别"概念在生殖健康、性健康与艾滋病防治、性教育等领域的渗透和影响，指出在性与艾滋病防治领域，社会性别的普及还面临着文化、观念和制度上的障碍。杨洁（2008）对国际上关于女性艾滋病人人权的保护问题进行了研究，提出中国应参照国际经验，完善防治艾滋病的法律法规，切实保护女性艾滋病人的人权。

7. 少数民族妇女健康研究

李玉子（2006）关注了西部农村少数民族地区的少数民族女性健康权保障。徐黎丽、孙金菊、玛丽亚·雅绍克等（2009）对穆斯林妇女疾病和健康进行了人类学考察，分析影响回族妇女健康的因素并提出建议。孙金菊（2009）从医学人类学、医学社会学及女性主义人类学的交叉视角出发，分析回族妇女患病的影响因素，发现伊斯兰文化的影响，认为重视和认可患病行为中的文化信仰，有利于回族妇女认识到治疗过程中存在的问题，帮助回族妇女恢复健康。朱玲（2010）对藏族农牧妇女面临的传染病、妇科疾病和孕产期照料不足等问题进行研究，针对发现的问题提出加强公共卫生服务投入、加强健康教育、提高妇幼卫生服务能力、改变服务模式、强化贫困妇女医疗救助、加强孕产保健目标管理等建议。

2009 年，在昆明召开的国际人类学与民族学联合会第十六届世界大会设"社会性别视角下的少数民族妇女的健康与生态环境"专题，数十位国内外学者对少数民族妇女身心健康问题进行了讨论。王金玲（2009）从理论上论证了妇女健康的民族特质与性别特质，认为少数民族妇女健康作为一个学术范畴和理论概念，不仅仅是简单地在原有的、以男子为中心的学术框架中添加少数民族妇女，或只是研究少数民族妇女的健康议题，而是将少数民族妇女自己的知识/经验/经历作为出发点，站在少数民族妇女的立场上，以少数民族妇女的视角，对整个健康领域以及相关的议题进行研究。与会代表对少数民族的生活方式、传统体育、生态环境、宗教信仰、风俗习惯等对妇女身心健康的影响给予了充分关注，跨国企业不同族群女性、国际迁移劳动力中少数民族女性、少数民族女性旅游从业人员的健康也成为讨论话题。与会者认为，民族旅游业的开发一方面带来经济效益，另一方面女性商品化、色情化等现象在旅游地的广泛存在严重影响了当地女性的身心健康；自然生态环境的恶化和人文生态环境的变化，也给少数民族妇女的心理健康带来消极影响。

8. 农村妇女健康研究

高梦滔（2007）从健康经济学的角度对中国贫困农村地区妇女生殖健康风险以及生殖健康服务需求的影响因素进行分析，揭示贫困与生殖健康风险之间的传导途径，提出增加财政投入，确保以社区为基础的生殖健康公共服务和减贫项目的开展，建立贫困地区母婴健康保险制度等建议。胡玉坤（2008）考察了全球化背景下中国农村妇女的主要疾病负担和未来政策选择，认为农村妇女面临着多重严峻的生理、心理和社会健康危机，只有消除区域、城乡、不同社会群体及农村两性之间的各种不平等，方有可能打破贫困、不公正和不健康的恶性循环。李涛、汪和平、崔颖等（2007）和王献蜜、矫杨、王宏亮（2009）等对农村妇女健康的知识和行为进行调查研究，探寻有效的健康教育策略。李慧硕（2006）对甘肃省农村地区健康与社会经济的性别差异进行研究，苏丽丽（2008）对四川、安徽、山东农村妇女的健康相关生命质量进行测量，探讨影响因素，提出改进策略和措施。李江红（2007）、罗小峰（2007）对农村地区育龄妇女健康状况及卫生服务公平性进行研究，探讨影响妇女健康、卫生服务需求和利用以及卫生服务公平性的主要因素。方为民（2008）探讨了社会性别平等意识对农村妇幼保健工作的影响，从社会性别角度提出改善农村妇幼保健服务利用的策略。张洁、王德文、翁金珠等（2007）对流动妇女健康影响因素进行实证分析，提出应努力营造一个关心和尊重流动妇女的社会环境。乔林、张河川（2009）对已婚流动妇女公共卫生服务的公平性和可及性进行研究，提出改善已婚流动女性的公共卫生服务水平不仅需要政策指导、卫生服务，也需要流动女性的参与。卜永生、纪如平、赵文学（2008）对农村留守妇女健康教育需求进行调查，提出应采取有效的、灵活多样的、有针对性的健康传播方式满足其健康知识需求。

9. 婚姻家庭与妇女健康研究

关于家庭暴力对妇女健康的影响，王天夫（2006）研究发现，与无暴力冲突的情况相比，女性在遭受暴力侵害的情况下有超过 5 倍的概率会情绪沮丧。与此相似，在其他健康问题上，遭受暴力侵害也会给女性带来更多的负面影响。关于婚姻家庭关系对妇女健康的影响，刘筱红、陈雪玲（2006）认为婚姻家庭对妇女身心健康的影响是权力的网络"穿越了健康和身体"的表现。婚姻家庭影响夫妻双方的身心健康，但对女性身心健康的影响更为明显。叶齐华（2010）通过实证调查夫妻间精神暴力中的社会性别不平等问题发现，精神暴力对妇女家庭生活和身心健康的影响更明显。

10. 生殖健康服务的社会性别分析

李亮、杨雪燕（2009）研究发现，服务提供层的生殖健康社会性别意识与服务对象的生殖健康社会性别意识存在显著的正向关系。提高服务提供者的生殖健康社会性别意识，能够促使服务提供者关注不同性别、不同年龄段、不同婚姻状况的不同服务对象群体在生殖健康/计划生育领域的共同参与，把优质服务过程变为有利于争取男女平等的过程，消除生殖健康计划生育领域隐性的不平等，以服务对象为中心满足不同群体的生殖健康需求，真正实现计划生育工作的"两个转变"，促进人口与社会的健康和谐发展。刘澄（2010）对生殖健康服务进行社会性别分析后提出，生殖健康服务如果没有社会性别视角，既不可能准确地认识两性的生殖健康需求，也不可能提供完整的生殖健康服务，还有可能因为对两性责任分配上的不对称，进一步扩大两性生殖健康权利的差距。从社会性别的视角理解生殖健康服务，不仅要关爱农村妇女，更要赋权，还要改变管理者和服务者的态度，倾听她们的愿望和需求，以妇女的生殖健康需求为目的，提供满足妇女实用性别利益和战略性别利益的生殖健康服务。在张开宁主编的《中国性与生殖健康 30 年》（2008）中，一些专家梳理了 1994 年国际人口与发展大会以来中国在人口与计划生育、性与生殖健康领域的妇女赋权和生殖健康服务的进展和障碍，提出许多建设性的发展对策。

11. 其他相关研究

青少年和老年女性健康研究。李彩凤（2006）对城市老年妇女健康进行了研究，揭示物质条件、婚姻状况、受教育程度以及社会保障制度等因素对其身心健康的影响。韦艳、贾亚娟（2010）研究发现，社会交往对农村老年女性的健康自评有着积极的影响。车晓怡（2009）分析了中国未婚少女怀孕、人流现象不断增多的原因和危害，以及国内外在青少年性教育和少女人流问题上的政策变迁、中国的主要干预方法和效果，提出社会共同参与的"同伴教育"干预方法。

身体与医疗研究。郑丹丹（2007）通过个案分析，揭示并理解社会历史背景、文化框架对个体的日常生活及其身体与疾病的形塑过程，指出这种形塑验证、强化、再生产了社会中的性别等级制度。黄嘉文（2010）基于日常饮食生活的个案反思白领女性"健康自主"行为的生成和实践，指出所谓的"健康自主"仅是一种"身体物化"的过程，因此，健康的获得不能仅靠个体，国家和社会的支持更为重要。李蓉（2007）从性别的角度考察现代文学中的疾病描写，发现男性对女性疾病存在符号化、象征化的书写特征。

妇女健康事业发展研究。李从娜（2007）对20世纪50年代湖北省的妇女健康事业发展进行分析，指出其高度的国家政治性，既是该事业取得成就的原因，也为该事业进一步发展埋下了隐患，同时也影响了妇女的主体意识。张晓艳（2006）通过对民国时期保德县妇女生育状况与育龄妇女的健康问题进行分析，揭示了传统社会的政治、经济与文化对生育动机和生育行为的深远影响。

体育行为与妇女健康研究。吴嘉玲（2006）对女性健康体育观的形成和发展对促进女性健康的作用进行研究，许雪梅（2010）对延边州城市女性健康意识与体育行为进行研究，指出目前存在的问题及其原因。徐先霞（2010）以从事有氧健身操锻炼的中老年女性为对象，对中老年女性健康体能状况进行比较研究，探讨其健身机理。

妇女健康指标建构。由国家统计局、国务院妇女儿童工作委员会、全国妇联妇女研究所合作的全面小康社会妇女发展与性别平等核心指标研究、国务院妇女儿童工作委员会办公室和全国妇联妇女研究所合作的2001～2010年中国妇女儿童发展纲要目标、指标调整研究以及《中国妇女发展纲要（2011～2020年）》指标研究，都在建构具有性别敏感的健康领域的性别平等与妇女发展指标方面进行了有益尝试，并在妇女健康评估、妇女健康统计和妇女发展纲要的健康目标和策略中得到应用。（姜秀花，2007，2008，2009）

此外，关于女性健康杂志的健康信息和消费信息传播（曲元，2007）、环境与健康（李红彦，2008）、职业健康（刘秋玲，2007；龚咏梅，2010）、健康人力资本对工资的影响（王鹏、刘国恩，2010）、妇女健康研究回顾（王金玲、姜佳将、曹好，2010）、农村留守妇女心理研究回顾（周厚生，2010）等，也都有一些成果发表。

三　研究的不足与展望

（一）研究的不足

综观2006～2010年中国大陆妇女健康研究，多元化的研究视角和方法使妇女健康研究成果更加丰厚，但也存在一定不足，主要表现如下。

第一，妇女健康理论创建不足，特别是从不同学科视角对妇女健康的本土化的理论探讨相对薄弱，大多数实证研究因为缺乏深入的理论思考而陷于简单的现状描述或低水平的重复状态。

第二，跨学科研究有待加强。妇女健康研究需要多学科的知识贡献，但近五年来，在人文社会科学领域的妇女健康研究中，除心理学、社会学、人口学等领域参与较多外，经济学、教育学、法学、文化人类学、伦理学等其他学科领域参与者较少，妇女健康还有很大的研究空间。

第三，研究议题有待拓展。这几年尽管在心理健康、健康公平等方面的研究成果明显增加，但有关妇女健康议题仍没得到足够关注，如对环境健康、职业健康等与妇女切身利益相关的健康议题涉猎不多；对新医改政策下妇女健康政策的社会性别分析相对缺乏；对妇女组织和民间组织在健康促进中的作用重视不够；等等。

第四，国际视野有待进一步拓展。这五年妇女健康领域的译著和研究文章不多，对国外关于妇女健康的理论进展和学科发展情况信息较少，相关的国际性学术研讨和交流活动不够活跃，人文社科领域妇女健康研究的前沿性受到一定制约。

第五，研究队伍整体建设欠缺。目前妇女健康研究集聚与分散共存，个别单位和个别学者在妇女健康研究方面进行持续的努力，但大部分研究者并没有把妇女健康研究作为长期的学术追求，影响妇女健康研究系统而深入的发展。同时，研究方法和学术能力不足也影响了妇女健康研究成果的质量。

（二）研究展望

第一，加强妇女健康理论创新。既要注意借鉴国际妇女健康研究的最新理论进展，又要充分吸收本土妇女健康促进和干预行动的实践经验，进一步建构本土的妇女健康理论，并提高理论研究的系统性、前沿性。

第二，加强学科合作。建立稳定的妇女健康学术交流与合作平台，吸引更多不同学科领域的学者加入妇女健康研究队伍，为妇女健康知识的生产贡献智慧。

第三，拓展研究议题。要从妇女生命周期的视角、全球化和市场化的视角、可持续发展的视角以及多元文化等视角，关注妇女不同角色的健康问题、健康需求及其满足，并探讨社会性别在其中的独特作用。

第四，加强研究队伍建设。一方面要在高校推进相关课程设置，鼓励各学科领域的研究生将妇女健康作为研究选题，培养其研究兴趣和未来研究方向；另一方面要争取更多学术带头人关注妇女健康问题，引领学者把妇女健康作为新的研究志趣。同时，要在国内外的各种合作与交流、研讨和培训中提高学术能力，掌握最新妇女健康知识增长点。

妇女与教育研究综述 (2006~2010 年)

史凯亮*

一 研究概述

2006~2010 年，妇女与教育领域的研究取得了丰硕的成果，无论研究成果数量、研究广度和深度、研究方法以及研究队伍上都有了新的进展。

第一，研究专著和论文数量达到了新的高度。以"女""性别"与"教育""学校""课程""教学"共同作为检索词检索主题，并以"女校""女学""女子高校""女子院校"等为检索词在中国知网"哲学与人文科学""社会科学Ⅰ辑""社会科学Ⅱ辑""经济与管理科学"四个数据库检索，剔除非研究性文献，共有 448 篇文献，其中硕博士学位论文 142 篇，期刊和会议论文共 306 篇。以同样的检索词在国家图书馆和北大图书馆馆藏目录检索，共检索到大陆出版妇女与教育领域的研究专著 51 部。无论是论文还是专著数量，都较上一个五年有了显著增长，尤以学位论文表现最为突出。以中国知网检索数据为例，2001~2005 年妇女与教育领域共检索到 52 篇硕博士论文，而 2006~2010 年检索到 142 篇，增长势头迅猛。正是这些越来越多的研究成果的出现推动着妇女与教育领域的研究不断前行。

第二，研究广度和深度较之以往有进一步的拓展。这些拓展既表现为教育学科和妇女学科的交叉、融合，也突出表现为其他学科对妇女与教育问题和领域的渗透。当越来越多的经济学、社会学、心理学、民族学等学科的学者从性别视角对妇女与教育问题进行观照的时候，这一领域的研究必然在广度上呈现新的面貌。而随着多学科的介入，研究视野不断开阔，研究方法更加多元，研究纵深推进明显。

第三，研究方法的综合化倾向逐渐显现。将多学科、跨学科的研究视角贯彻到研究当中，综合运用历史研究、比较研究、定量研究与定性研究等社会科学研

* 作者简介：史凯亮，男，全国妇联妇女研究所《妇女研究论丛》编辑部编辑。

究方法的研究成果越来越多，展示出对妇女与教育问题复杂性的认识和尊重。

第四，研究群体开始出现年轻化趋势。从这五年的研究文献分布来看，硕博士论文数量增长明显，许多新出版的专著都是在博士论文基础上形成的，从学术论文的作者简介也可以看出，青年学者占的比例非常大。这说明新生代学者正在成为妇女与教育研究领域的主力军，而其中一些高产的青年学者则以其不断扩大的学术影响力逐渐成长为该领域研究队伍中的中坚力量。

二　主要研究内容

（一）妇女与教育的理论研究

肖巍（2007）通过讨论女性主义及其教育思潮、女性主义教育观的自我观及认识论基础，对从女性主义哲学视角讨论女性主义教育观的理论和实践进行了全面审视，还以哈佛大学为例探讨了美国高校的性别课程及其对中国高校性别课程建设的启示。杜二敏（2010）则运用女性主义理论探讨了人的成长、发展及完善，关注生命的和谐共生，在此基础上实现和谐共生教育实践的建构，即实现学生、教师、教材、生态、教学之间的和谐共生。学者们认为，女性主义以独特的性别视角，对主流教育进行了全面的审视与批判，并在此基础上建构起女性主义的教育思想体系（吴晓兰等，2006；于康平，2010）。女性主义批判理论认为教育既是复制父权制社会的主要场所，也是提高女性自我意识的重要途径（刘晶、谷峪，2009；吕静，2010）。从女性主义视角对道德教育理论和实践进行审视，可以发现，中国道德教育领域中缺乏性别意识，道德教育中缺乏女性更为注重的情境、情感和对话等因素，这是导致中国道德教育实效性不够的一个重要原因（陈方，2007；田美丽，2009）。而借助于女性主义独特的分析视角，也可以发现高等教育内部隐含的不平等问题，如专业划分的不平等、知识体系内的不平等、学科建制过程中的不平等（程静，2010）。运用女性主义理论对教育机会均等（敬少丽，2006；孙雨霞，2007；周小李，2009）和教育政策（曹迪，2010）问题的分析也有新的启示。

教育与妇女发展无疑是教育理论研究和妇女理论研究中的基本议题之一。学界目前对教育之于妇女发展所起的作用以及在教育中贯彻性别平等已经取得共识，认为确保妇女平等的受教育权利，对于妇女发展意义重大（莫文秀，2006；

张李玺，2006；唐娅辉，2007；邹晓红，2008）。而大量的经验研究也证实，女性受教育水平的提高对增加收入有重要影响（高梦滔、和云，2006；徐薇薇，2007；王广慧、张世伟，2010），对农村妇女家庭权力结构和妇女家庭地位满意度有直接影响（龚继红等，2009）。更多的研究从教育收益率的角度对妇女教育与妇女发展的关系进行了探讨，一般认为女性教育收益率高于男性（娄世艳，2009；刘泽云，2008；高梦滔、张颖，2007）。针对农村女性教育收益率的研究则有不同的结论，有的学者认为农村女性的教育收益率低于男性（王美艳，2009），有的研究则相反（国务院发展研究中心，2007）。而女性的受教育程度也受到家庭背景（李春玲，2009）和就业模式（李旻、谭洪波，2006；赵连阁、李旻，2008）等妇女发展因素的影响。

这五年中，国际与比较教育视野下的女性教育理论研究取得了长足的进步。其中既有综合性研究，又有专题性研究。金香花（2007）运用性别视角对中韩两国的女性教育理念、制度和实践进行了比较研究后认为，两国传统文化所共有的儒家男尊女卑思想观念的负面影响是两国女性教育表现出类似性别偏见和歧视的重要原因，而两国政治制度和经济体制的本质区别又是造成中国女性教育中的性别平等程度高于韩国的重要原因。而在专题性研究方面，法国教育家卢梭的女子教育思想得到关注较多（靳友玲、张蓉，2008；孙康军，2007；赖昀，2009）。有学者将卢梭与柏拉图的女子教育思想进行了比较，认为柏拉图主张男女两性接受相同的教育，而卢梭则主张接受不同的教育，但两种女性教育观都使女性在教育中处于劣势（刘艳舞、刘剑虹，2006）。还有学者将卢梭与梁启超的女性教育思想进行了比较，认为两人在教育原则、教育方法和教育内容上存在差异，而在女子教育目的观上存在相似之处。但梁启超提出"贤妻良母"的培养目标是在国家和民族视野下提出的，比卢梭所要求培养的"贤妻良母"更具进步性（李琳琳，2006）。研究者通过解读美国著名教育家杜威的女子教育思想认为，杜威主张女子教育是政治、经济发展的必然要求，更是普及教育的关键；男女合校教育是发展女子教育的最佳途径。杜威的女子教育思想对美国和中国的女子教育都有较大影响（郑旭，2009）。此外，诺丁斯的关怀理论（王一华，2009）和吉尔曼的女子教育思想（周小李，2010）也日益引起国内妇女学者和教育学者的关注。

（二）女性教育的现状研究

莫文秀主编的《中国妇女教育发展报告 No.1：改革开放 30 年》（2008）对改

革开放 30 年来的义务教育、高中教育、高等教育、职业教育、扫盲教育、成人教育、学前教育等各级各类教育进行了全面总结和梳理，对我们认识改革开放以来女性教育的发展有重要价值。

1. 女童教育

女童受教育机会问题一直是近年来学界关注的重点。大多数研究认为，改革开放以来，女童入学率上升，女童小学教育五年巩固率升高，男女性别比例差异有所减小，城乡性别差异缩小，但总体来看，女童受教育数量仍少于男童数量（谭琳、宋月萍，2006；贾云竹，2006；万明钢、王舟，2006；李慧敏，2008；李桂燕，2008；郭江红，2009）。也有学者认为，女童在义务教育入学机会上与男童没有显著差异，但在高中阶段有一定差异（宋月萍，2008；雷丽珍，2010）。

随着研究的深入，女童教育研究中的区域性特点十分突出，其中，中西部农村地区的女童教育，特别是贫困农村女童教育得到越来越多的关注。为提高农村女童受教育机会，要从增加教育投入、转变落后观念、提高教师素质等方面入手（马建福、陶瑞，2007；李桂燕，2008；郭江红，2009）。

近年来少数民族女童教育的研究取得了丰硕的成果。滕星主编的《多元文化社会的女童教育：中国少数民族女童教育导论》（2009）从学校教育、社区教育、教师性别意识、家庭教育、职业教育、扫盲教育等多角度来阐述中国少数民族女童教育理论。而刘继萍（2008）则对基于"广西 5 所学校少数民族女童职业教育"项目对女童教育研究实践进行了个案分析。广西龙胜各族自治县因其在红瑶女童教育方面的探索和实践得到了学界较多关注（杨军，2008；韦小丽，2008；吕春辉、唐颖，2007）。此外，学者们运用田野调查、民族志等方法对回族（马忠才，2006；江晓红，2008；马燕，2008）、东乡族（沈蕙，2006；何惠丽，2007、马玉梅，2008）、瑶族（邓桦，2010）、维族（强海燕、李闻戈等，2009）、撒拉族（陶瑞，2007）、傣族（欧群慧、潘翔，2009）、景颇族（陈江洪、杨南丽，2007）、藏族（肖跃，2007）、苗族（赵乃麟，2010）、拉祜族（韦理，2008；杨红，2010）、毛南族（兰震，2007）、羌族（方涛，2008；方涛、顾玲等，2009）、彝族（李乐玉，2009）、保安族（郭太友，2009）、苗族（张红玲，2010）等少数民族的女童教育问题进行了研究。在少数民族女童教育研究中，学者们不仅对失辍学等传统问题进行了分析，还在多元文化视野下探讨了学校潜在课程中的性别理念形成机制、表现及发展模式（吕晓娟，2009），学校通过时间、空间、学生日常行为规范等对学生的性别规训（韦理，2008）以及旅游开发对女童教育的影响（陈巧妹，2008）等问题。

中小学女教师研究近年来也日渐引起学者们关注。中小学女教师的职业压力、职业倦怠以及职业认同是研究的主要方面。对中学女教师身份认同的研究发现，女教师的职业身份认同感高，有比男教师更强的学习进修意识、教育教学改革意识（闫广芬、杨洋，2006），但其对工作的总体满意度明显低于男教师（沈慧，2006；曾瑜，2007），而且中学女教师承受的压力普遍较大，心理健康状况不容乐观，睡眠质量较差（王晓宁，2010；樊桂玲，2010）。女教师是职业倦怠的高发人群（李雪营，2009；孟勇，2008）。此外，还有学者对中小学教师性别失衡问题做了探讨，在城市地区，中小学女教师数量已经超过男教师（王莺莺、唐福华，2006），而在广大农村地区，女教师却处于缺乏状态（李艳红，2006；玉丽，2006；张永华，2006；李建雄等，2006），这两种性别失衡都对女教师自身发展等产生了不利影响，而文化境遇和传统观念对农村和少数民族地区中小学女教师的职业生涯具有巨大影响（李艳红，2007；徐莉，2007，2009，2010）。因此，促进中小学女教师的流动也有着重要意义（宋旭，2010）。

运用社会性别理论对中小学课程进行分析成为近年来最受硕博士候选人欢迎的选题。这五年中，共有30篇硕士论文选择从社会性别视角对课程进行分析。在课程研究中，小学语文教材、初中语文教材和高中语文教材中性别刻板印象与偏差问题被研究得最多，英语教材中性别文化和歧视现象也引起了学者们的广泛注意，而历史教科书（胡彩娟，2007；陈恒瑜，2008；冯怡，2008）、思想品德教科书（宋冬冬，2010；王芳，2010）、体育教科书（郑琳，2009）以及理科教科书（张勋，2008）中的性别刻板印象和性别偏见也逐渐走入研究者视野。除此之外，许多教育学者对新课改前后的中小学教材进行比较分析。认为新教材中的女性数量有了一定的提升，形象也更丰富。存在于各种教材中的性别偏见是中国当前性别中立教育的一个表征，而当前的性别中立教育本质上是男性中心主义的（周小李，2008），受传统文化、政治原因等影响（田波琼，2009；陈应心，2009），女性主义课程观能为纠正课程中的性别偏差提供视角（欧阳林舟，2008；周颖莹，2008；梁远伦、覃晓蔚，2009）。

这五年中，国内研究者对国外女童教育的研究不多，主要集中在对发展中国家女童教育的研究。如有学者通过对中国、印度、巴西三个国家基础教育的比较，认为巴西女性中等教育入学率和性别比最高，值得中国借鉴（赵叶珠，2008）。也有研究者对中国和印度女童教育的历史、现状和未来做了全面比较，提出了对中国女童教育的建议（黄庆丽，2006）。还有学者从尼泊尔的政治、经济制度、文化体制、宗教传统以及自然条件等多方面情况来研究造成尼泊尔女童教育落后的原因，分析女童教育在尼泊尔发展中起到的作用以及女童教育对整个社会的意义（赛苗，2009）。

2. 女性高等教育

这五年中，女性高等教育在基本理论问题、女性高等教育的现状及发展、女子高等院校、女大学生、高等院校女教师等研究领域都取得了丰厚的成果，涌现出一大批研究专著，如王珺的《阅读高等教育：基于女性主义认识论的视角》（2007），董云川、张建新的《高等教育机会与社会阶层》（2008），李文胜的《中国高等教育入学机会的公平性研究》（2008），罗婷的《女子高校发展战略研究》（2008），杜祥培的《特色与创新——女子大学发展的探索》（2008），吴宏岳等的《我国女校存在与发展价值研究》（2008），朱宪玲的《女校人文素质教育的目标与实现》（2008），禹旭才的《烛照之思：当代中国高校女教师发展研究》（2009）。

女性高等教育的基本理论研究主要集中于现行女性高等教育的定位以及女性学进入高等教育中的理论探讨上。研究认为，和谐社会的构建为女性高等教育发展提供了契机（王蕾蕾，2007；罗婷、谢鹏，2009），也为高等教育政策的公平定位提供了社会基础（唐娅辉，2008）。而在女性学进入高等教育主流的理论探讨方面，王珺（2007）认为女性学在对中国高等教育在社会性别制度建构和再生产过程的反思中扮演着重要角色，杜芳琴（2007）强调应实现妇女学在高等教育中学术的、行政的和社会的合法性，陈方（2007）、罗萍（2007）等则在学科视野下考察了女性学进入高等教育主流的进程。对女性高等教育的现状及发展的研究显示，改革开放以来，女性在高等教育包括研究生教育入学机会上大幅增加，某些省份女性在接受高教机会上甚至占优（董云川、张建新，2008），但总体来看，高层次教育中女性比例偏低，不同专业间存在性别比例失衡的问题（荀振芳，2008；赵莹、杨冰，2008；郭冬生，2008）。而且总体来看，教育机制、教学内容、教育政策、教学环境、校园文化、学术评定标准方面也隐含着不平等，男女师生性别意识和性别平等能力亟须提高（刘伯红，2008）。各地区、各民族之间女子高等教育也存在着不平衡（洪彩真，2007；龙江英，2007）。因此，将性别视角纳入高等教育改革和高校学术研究的主流（刘伯红，2008），在高等学校中加强性别教育（包晓玲，2008），鼓励女性更多地进入大学非传统学科学习

（丁娟，2008），加大投入，改革教育立法，改革教育内容、课程教学形式（荀振芳，2008；赵莹、杨冰，2008）成为女性高等教育进一步发展的方向。

在女子高校的研究中，有研究者立足于整体对女子高校的历史、现状、未来、办学定位、培养目标、模式、专业课程、校园文化等方面进行了全方位解析，认为女子高校办学模式和办学层次呈现类型多样等特点，但也存在女性传统角色固定化，偏重人文社会科学等，理工科和基础学科开设较少等问题（刘永吉，2008；罗婷，2007；杜祥培，2008）。也有学者从价值层面对女子高校的社会价值、学术价值、对女生的教育补偿价值进行论证（吴宏岳，2008、2010），而女子高校的办学特色（罗婷，2008；吴宏岳、王世豪，2009；胡英娣，2010）、校园文化（成荷萍，2006；姚钦英、何树莲，2010）、课程文化（谢再莲，2006；邓再辉，2007）也是学界研究重点。

这五年中关于女大学生的研究较多，既有对女大学生群体的综合研究（杨霞、李忠安，2007；单艺斌，2008；刘春香，2010），也有对女大学生各个方面的专门研究，主要包括就业、婚恋和健康等。学者们从各个角度对女大学生就业难的问题进行了原因探析：从经济学上看，女性生理特征造成的高劳动成本是原因之一（叶文振，2006；刘丽丽，2006；李文胜，2008）；而从社会性别视角看，社会观念、法律制度、社会保障中存在的性别歧视和排斥是更重要的原因（余素梅，2006；周华珍，2006；闫俊平，2006；李亚妮，2007）；从教育学和心理学角度看，高校专业设置和女大学生自身也存在不足（石正义、刘合军，2007；闵君，2009）。因此，大多数学者都认为，政府完善就业市场，健全法律法规，健全生育保险制度；高校改革专业设置，加强择业、创业教育和就业指导工作；女大学生自身转变求职观念、进行职业规划是解决女大学生就业难的根本途径。对女大学生婚恋研究主要集中在对女大学生婚恋观、性观念、性行为及其影响因素方面（杜林、风笑天，2006；田蕾，2006；陈玉皎，2006），认为当前女大学生恋爱目的复杂多样，择偶标准多元但趋于功利，性观念逐渐开放，性行为发生率较高（左丹等，2007；张慧卿，2008；范小西，2009），相比之下，女研究生的婚恋观更为理性和务实（刘庆，2006；谭命知、李桂平，2008）。

高校女教师研究是近年来女性高等教育研究的一个热点，也是硕博士论文较为集中的选题之一。这五年间共有七篇硕士论文和一篇博士论文对高校女教师这一群体进行了关注。有学者从社会性别视角出发，认为高校女教师存在边缘化危机和性别迷思的问题（禹旭才，2009）。高校女教师的边缘化表现在职称结构、学位结构和年龄结构等职业生涯发展的各个方面（张积家，2006；赵叶珠，2007；高耀明、黄思平等，2008），其面临的问题主要包括工作与家庭的冲突、职场中的偏见与歧视、学术文化的限制以及补充性政策的缺失等问题（罗青，2006；张莉莉，2008；康婷，2007；李明勇，2009；王益兰，2009）。有大量的研究从社会学和心理学角度对高校女教师的角色冲突（周素华，2006；万琼华，2008；曹爱华，2008）、职业倦怠（苟亚春，2008；刘梅，2008）、心理健康（赵艳丽，2006；陈迪辉，2008）等问题进行了研究，认为高校女教师承受着比男教师更大的心理压力，而传统观念的束缚、自我价值定位的双向性取向、追求完美的个性心理特征是其原因（陈华莲，2008）。还有许多学者对高校女教师的工作满意度做了实证研究，但得出了不同的结论，有学者认为女教师比男教师的工作满意度高（杨继平、张雪莲，2006；邱秀芳，2007），有学者则认为相反（魏文选，2006；于辉，2007；石秀霞，2008）。而通过研究高校女教师的学术生涯，学者们认为高校女教师在学术成就、学术地位、学术权利、从事学术研究的时间和机遇等方面处于不利地位，看似中立的学术中存在着隐性性别歧视（王俊，2010）。

这五年中，国内学者在国际和比较视野下对国外高等教育的研究成果丰硕，尤其以对美国、英国、日本等国的研究表现最为突出。如关于美国、日本和中国三个国家的女子高等教育不同特点和共同趋势的研究（赵叶珠，2007；2008）。除了进行横向比较之外，还有学者对此三国的女子高等教育进行了纵向比较（章艳晶、孙家明，2009），冀俊平（2006）则重点对成型期的中美两国女子高等教育进行了比较，认为中国女性高等教育在今后的发展中应当关注女性自身的主体意识问题，关注女性制度的落实等问题。郑桂珠（2006）在对中印两国女子高等教育的规模、途径等方面进行比较后，总结出了中印两国发展女子高等教育的一些经验或建议。

除比较研究之外，对国外女子高等教育的研究也非常深入，其中以美国女子高等教育史的研究表现最为突出。高惠蓉（2007、2009、2010）分别从美国女子高等教育的历史发展、男女同校制教育、大学自由教育现代化、黑人女子高等教育以及女性主义思潮与美国女子高等教育进行了研究。吴甜（2007、2008）总结了战后美国女子高等教育发展的三个趋势，即男女合校成为高等教育的主导形式；女子接受高等教育的人数经历了由降至升的反弹；女性的学位层次呈现上升势头。其他学者对美国女子高等教育的研究多有所侧重，如张海燕（2007）侧重对美国女子学院的研究，从独立女子学院、男女合校大学和附属女子学院三种形式对美国女子高等教育进行考察。林红（2006）则力图从美国女大学生的教育和职业状况两个方面来分析美国高等教育中的男女平等问题。牛莲（2009）、王秀华（2008）则分别对美国女性高等教育的早期发展和殖民地时期的发展进行了研究。李建萍（2008）重点考察了19世纪美国黑人女性高等教育的产生、发展及影响。胡桂香（2010）从女权主义运动的角度对美国女性高等教育进行了分析。丁坤（2008、2010）、林伟（2009）等学者则从学科史的角度对美国女子高等教育史学的发展进行了梳理。此外，国内学者也对英国、法国、俄罗斯等欧洲国家以及对日本、菲律宾、肯尼亚等亚洲、非洲国家女子高等教育的历史与现状及其对中国的启示进行了探讨。

3. 成人教育

总体来看，目前的中国妇女成人教育正朝着妇女教育权利法制化、妇女教育培训正规化及妇女教育可持续发展和终身化的方向前进，已经建立起多规格、多层次、多形式的妇女终身教育体系（唐娅辉，2008；满玲玲，2010）。但成人教育中女性的边缘化现象严重，面临着法律法规不健全，教育内容缺乏针对性，方法与途径不多，妇女成人教育组织机构单一、任务协调性较差、管理滞后等问题（唐娅辉，2008；贾春艳，2009）。为此，应该加大中国特色社会主义妇女理论建设的力度，克服教育领域的性别歧视，加强教育资源向弱势妇女群体的倾斜力度，建立健全法律法规，完善妇女成人教育组织和管理，改变成人教育课程中的性别偏见等（孟庆梅，2007；丁娟、黄桂霞，2008；贾春艳，2009；邢思萍，2009）。

随着经济社会的进步，中国基本扫除了青壮年文盲，但农村及少数民族地区的文盲中女性仍占较大比例。在建设社会主义新农村的背景之下，加强农村妇女成人教育尤其是职业教育，对经济、政治和社会的各个方面都具有重要意义（龚继红、钟涨宝，2007；郑曦，2007；贾巧云、姬睿铭，2007；董振娟、赵娜，2007；卢慧玲，2009）。而当前农村妇女成人教育存在着女性自身教育意识缺失、受教育程度偏低、整体素质不高、政策保障不到位等问题（孟庆梅，2006；朱淑芳，2006；刘凤存，2007；袁连红，2009；马艳艳，2010），因此应注重系统性，构建农村妇女教育和培训创新体系（朱淑芳，2006；陈慧平，2007；郑礼平、陈延，2009），尤其应加强农村妇女职业培训（李书萍、王海静，2008；李英华，2008），以项目带动农村妇女教育培训工作（刘丽鸽，2007），在政策立法方面加强对女性的职业技术教育的支持（冯丽、杨挺，2010），利用远程教育手段提高农村妇女培训效果（郭青春、黄传慧，2008；唐皓，2009）。

通过对国外女子成人教育的研究，学者们认为英国的妇女讲习会、城镇妇女基尔特会和全国妇女俱乐部协会是其成人教育中的重要组成部分，对我们的启示是：应大办妇女成人学校，在妇女扫盲教育任务基本完成的情况下应调整教育任务，增强妇女成人教育内容的针对性和时效性，在城镇开办妇女成人教育机构，加大对进城女农民工、城市下岗女工以及农转非女性的教育培训，以增强其社会适应性（吴吉惠，2007）。而国内学者对印度妇女成人教育在反贫困中所起的作用（樊星、高志敏，2007）以及美国妇女成人教育研究中的特点如研究方法多样、关注弱势群体等的研究（康红芹，2010）也具有重要价值。

（三）女性教育的历史研究

这五年中，国内妇女史和教育史学界在妇女与教育的历史研究方面进展突出。全面系统研究中国女子教育史的专著开始出现，如熊贤君的《中国女子教育史》（2006）勾勒出从先秦到 20 世纪中叶女子教育的产生、发展、嬗变的历史进程，分析阐述了各个历史时期女子教育的方针政策以及影响女子教育的历史文化，但更多的是断代史研究以及以小见大的历史案例分析。根据史学研究最基本的划分，本文从古代和近现代两个历史时期对这五年中的研究成果进行综述。

1. 古代女子教育

古代女子教育史的研究几乎涉及各个历史朝代，从先秦时期到明清时期的妇女教育都得到不同程度的关注，但总体来看，唐宋时期的妇女教育研究仍占大多数。

王倩（2009）对先秦时期的女子教育进行了探讨，认为先秦女子教育不是现代意义上的教育，只是一种逐渐性别化又脱离学校的家庭教育，这是性别分工、社会观念、历史环境等共同作用的结果。在对先秦时期妇女教育的研究中，基本上以对周代的研究为主，学者们倾向于从周代父权宗法制度对女子教育的规范角度进行解读（王晓丹，2009；盖青，2010）。对汉代妇女教育的研究中，王蓉（2007）认为汉代文化传播方式对汉代女子教育既有促进也有限制作用。南北朝时期的妇女教育包括《颜氏家训》的女性教育思想也逐渐得到关注（强国伟，2009；董红玲，2008；王连儒、许静，2007）。

唐宋时期的女子教育研究成果较多，研究视角也比较广泛。有学者指出，唐宋时期的女子教育表现出多元化面貌，反映了唐宋时期社会文化的多元化（邓文博，2010）。高世瑜（2010）认为，唐代尚未形成对于妇女的公共教育形式，妇女教育主要以家庭教育方式实施；教育内容以道德礼法为首，还包括女红家务、典籍文化、音律丝竹等；妇女道德观仍以传统纲常礼教为基本准则，尤以贞、孝为要。孙红（2008）将唐代妇女按不同群体分类，详细论述各自的教育方式及其内容，指出唐代妇女教育与唐代开放的社会风气、唐代妇女的地位是相互作用的。严春华（2006）则聚焦于中唐女子教育，认为其在承继以往的同时开始了新变，教育面上的相对普及，教育内容上的"德""才"并行，教育方式以家庭熏陶式为主。随着宋代的儒学复兴，有学者指出，传统的儒家人文主义教育思想成为宋代上层妇女教育发展的指导思想，这一思想一方面鼓励妇女受教育，培养其主体意识，另一方面有贵族教育的特色，让妇女用自己的文化知识为家族发展做出贡献（汪莉、张敏，2008）。

2. 近代的妇女与教育

研究者们十分注重研究方法和视角的选取，自觉地运用社会性别视角对近代女子教育的各个方面进行观照，呈现出教育史、社会史和妇女史相互交叉共同繁荣的局面，如万琼华的《近代女子教育思潮与女性主体身份建构》、谷忠玉的《中国近代女性观的演变与女子学校教育》、周一川的《近代中国女性日本留学史》、吴民祥的《浙江近代女子教育史》、何玲华的《新教育·新女性：北京女高师研究》和张素玲的《文化、性别与教育：1900～1930年代的中国女大学生》等一系列代表性著作。硕博士论文中也有23篇对近代妇女与教育进行了探讨。

（1）女子学校教育

许多学者对近代女子教育尤其是学校教育的产生和发展的社会背景进行了考察，认为教会女学的兴办首开近代中国女子教育的先河，科举制的废除打破了男子垄断教育的局面，戊戌维新运动促成国人自办女学，近代报刊如《申报》《女学报》对各种女权运动的宣传使女权思想深入人心，留学教育进一步推动了女子学校教育的发展，近代中国女子教育的产生和发展是近代社会变迁的产物（张慧玲，2007；薛文彦，2007；吉冬梅，2008；叶海燕，2009）。其中，戊戌"兴女学"运动是中国近代争取教育性别公平的开端，不仅为争取教育性别公平打破了精神桎梏并奠定了理论基础，还提出并部分实践了教育起点、教育过程和教育结果方面的性别公平（韩廉，2010）。赵叶珠（2006）还从中日教育交流的角度入手，考察了这种交流对中国女子教育近代化过程所产生的促进作用，认为中日教育交流对中国女子教育思想的确立、学制体系的建立、女子教育模式的形成产生了深远影响。此外，也有学者运用社会性别视角对社会性别制度在近代女子教育中的表现做了系统分析，指出男性性别强势对近代女子教育观念、教育目的、教学实践的扭曲、异化与干扰作用（徐玲、杜学元，2010）。

国内学者对近代女子学校教育的研究主要集中在对清末民初的女学研究上。学者们分析了近代女学经历的曲折发展过程及女子学校教育的特点及社会影响（杨剑利，2006；许秀娟，2006；李瑞广、夏联委，2007；刘慧娟，2008；梁妍，2010），认为中国近代女学不是传统女学的自然延伸，而是西方女学传入的结果（阎广芬，2009）。除了在整个时代变革的大潮流中对近代女子教育进行考察之外，许多学者立足于各个地区，在区域社会背景下对各地的近代女子教育发展进行了梳理。如吴民祥（2010）对浙江地区清末至南京国民政府后期的教会女子教育、女子普通教育、女子职业教育、妇女民众教育、女子留学与高等教育等情况进行了系统研究，刘宏（2006）对清末民初天津妇女解放运动与女子教育的互动关系进行了分析，秦奋（2010）对清朝晚期至民国中期福州女子教育的发展面貌、特点及影响进行了探讨。曾湘衡（2007）、刘晓芬（2010）对湖南，徐爱新（2010）对河北，杨媛（2007）对厦门等地的女子教育的历史进行了不同角度、不同层次的研究。同时，湖南的湖湘女校（屈振辉，2009）、四川女学（胡静，2010）、广州女学（张玉杰，2006）、苏州女学（陈赞绵，2006）、常州女学（陈雅娟，2008）都为当地的女子学校教育的开展奠定了基础。而对太平天国的女子教育的研究（陈玉玲、李涛，2009）也是近代女子教育研究的重要组成部分。

（2）教会女子教育

近代以来，西方教会势力在中国兴办的教会女学，虽然其本身是半殖民地半封建社会的产物，带有"文化侵略"的性质，客观上却促进了近代中国女子教育的产生和发展（尹平宝、薛政超，2008；陈欣，2009），也带来了文化、社会风俗、女子就业甚至社会救助等方面的变化（马霞，2007），但教会兴女学的最终目的并不是兴学育才本身，而是为了广兴基督教于中国（孙邦华，2010）。有学者立足广西、浙江、江苏等地背景对教会女学对当地的影响进行了分析（王震，2008；谷雪梅，2008），还有学者基于广州的真光书院、南京的金陵女子大学等教会女学的个案研究，来阐述教会女学角色、意义和影响（孟育东，2006；杨兰英，2009），如通过金陵女子大学的研究展示出教会女子大学角色的变动性：从外来的文化输出者角色到身兼外来文化输出者和本土文化服务者角色，从"传教士"角色到兼具和凸显"教育家"的角色，其角色的变动决定了其影响的复杂性

（杨兰英，2009）。

（3）女子高等教育

金一虹（2006）以金陵女子大学为个案，分析了民国时期女子大学的培养目标、课程设置中体现的性别角色之争、独身问题以及对贤妻良母主义的回应，对女性独立决策管理权的坚持等议题。何玲华（2007）以北京女子高等师范学校为个案，揭示了五四新文化运动背景下女子教育的发展与新一代知识女性的成长。而张素玲（2007）采用历史文献分析与叙事研究相结合的方法，以社会性别的视角对20世纪初至30年代的女大学生进行了研究，主要着眼于回答现代性与女性、女大学生的身份认同，民族主义与女大学生之间的关系三个问题，展示了文化、环境、社会的复杂图景。蔡锋（2006）则对近代女性高等教育在其权益保障方面的缺陷及不足进行了分析。

（4）女子社会教育

李宁宁（2008）探讨了民国时期女子社会教育发展历程，认为民国时期女子社会教育具有侧重农村、以识字为主、各教育流派和社会团体支持踊跃等特点。而中国共产党在苏区、抗日根据地和解放区将妇女社会教育与当时的革命斗争结合起来，把妇女教育的发展提高到一个新高度，成为近年来学者重点关注的研究议题。抗战时期的妇女教育不仅包括农村女性教育、新知识女性教育，还包括女性干部教育，不仅包括苏区、抗日根据地和解放区的妇女教育，也包括中共在国统区的女性教育（周锦涛，2010）。根据地妇女社会教育具有鲜明的革命性、平民性、实用性和多样性特征，开创了一条全新而成功的发展妇女教育的道路，对中国革命战争的胜利起了极大的推动作用（何黎萍，2006）。中央苏区时期的妇女教育，以普遍的识字教育、职业技能教育与干部培养为主要内容，革命化与职业技能化为主要特征，多层次、多样性为基本表现形式（张玉龙，2007），充分调动了苏区妇女参加革命的积极性，并使处于农村社会最底层的农村妇女获得了前所未有的翻身和解放（程凤森，2008）。

（5）女子留学教育

清末女子留学教育发展相对缓慢，这与清政府长期对其持消极态度有直接关系（潘崇、张兰英，2009），但她们回国后积极创办或任职于各类女校，推动了中国近代妇女教育和妇女解放运动的发展（秦海岚，2007；张丹，2008；吴民祥，2010）。近年来，学者们对女子留学的研究主要以留日留美学生为主，其中尤以对留日学生的研究最为突出。大部分学者主要是从清末留日女学生与中国女子教育的发展、留日女生与国内妇女解放运动及留日女生与中国革命这三个方面加以阐述（周萍萍，2008；谢忠强，2010；吕建强，2010）。但也有学者突破了以清末为主的日本留学研究，对清末、民国初期、民国中后期三个时期的女性留学日本史进行了考察（周一川，2007）。对近代中国女子留学欧美的研究也逐渐起步，茆诗珍（2008）对近代中国女子留美史进行了初步探讨，而王晓庆（2010）则聚焦于近代欧美留学生女子教育观及实践。

（6）近代女子教育思想

关于近代女子教育思想的研究，学者们主要关注近代女子教育思想的理论来源和社会条件（吉冬梅，2008）、发展的历史进程（张素玲，2008）以及女子教育思潮演进过程中，女性本身以及知识女性发挥的主动作用等（万琼华，2007；张磊，2009）。而女子学校教育与近代的女性观的互动作用也引起学者的关注（谷忠玉，2006；谷忠玉，2008）。在近代女子教育思想的研究中，康有为（朱玉萍，2008）、梁启超（谈儒强，2006；史莉琴，2007；覃婷婷，2010）、郑观应（王丹，2008）、张之洞（赵蕾，2008）、蔡元培（钟宏景，2007；张超，2007）、陈衡哲（巢小妹，2010）、李大钊（路来庆、路聪，2010）、毛泽东（卢国琪，2009）、晏阳初（徐利颖，2010）等人的女子教育思想研究都得到不同程度的关注。其中，以梁启超为代表的维新派的女子教育思想最为引人关注，而社会各界对贤妻良母、超贤妻良母主义、母性主义、妇女回家问题的讨论则反映了不同政治派别对国权与女权谁之优先问题的考量，也说明了国权与女权之间存在着难以调和的内在张力（万琼华，2010）。

三　研究的不足与展望

这五年中，妇女与教育领域研究取得了较大的进展，研究内容和研究方法都有不少突破，大部分的研究论文和著作都不再局限于对国外女性主义理论的介绍，而是聚焦于理论上或现实中的问题，运用科学的研究方法，进行扎实规范的研究。如女性教育收益率、少数民族女童教育、女大学生就业、国外女子高等教育、近代教会女学以及女子留学教育等方面的研究在研究深度和方法上都有了新的突破。

但不可否认的是，妇女与教育领域的研究依然存在许多不足。主要表现在：

首先，不少研究在选题上缺乏理论勇气和创新精神，盲目追求热点问题，习惯因循研究相对成熟的议题，在对教育学和女性学的基本问题、重点问题和难点问题的探索上，没有重要建树。其次，许多研究的研究视角和方法缺乏突破，容易陷入简单重复。如对教材的性别分析，虽然有个别对历史教材、理科教材等的分析，但绝大多数的研究都是对语文教材和英语教材的分析，采用的研究方法都是文本分析，研究结论也大同小异。而简单的现象描述研究也占有相当的比例，没有严谨科学的研究方法和态度，问题、原因、对策的三段式研究结构使其沦为新的八股文，失去了学术论文应有的原创性和严谨性。最后，在研究队伍方面，虽然青年研究者队伍逐渐成长壮大，但我们也看到，高产的研究者并不多，绝大多数作者这五年间发表的成果都是一两篇，说明有相当一部分学者是偶尔涉足这一研究领域，并没有成为稳定的作者群。

因此，在今后的研究中，应该重视进一步拓展研究主题，在一些重要理论问题和现实问题上发出声音。如教育法、教育政策、教育管理的研究都是专门的研究领域，而妇女与教育研究中针对这些重要领域的专门研究仍然较少，今后的研究中可以吸收法学、政策学、管理学的学科理论，综合运用多学科跨学科研究方法对这些领域展开分析。此外，很多议题的理论分析在方法上比较单一，除了质性研究、文本分析等方法之外，教育哲学尤其是分析教育哲学中常用的话语分析方法应用并不广泛。在今后的研究中有意识地加强话语分析的应用，有利于辨析概念，理清思路，避免概念混乱带来的重复、低效的问题。最后但更重要的是，逐步培养稳定的研究群体，吸收更多的作者成为研究的中坚力量，这是促进妇女与教育领域研究的不竭动力。

妇女与科技研究综述（2006～2010年）

章梅芳　刘　兵*

一　研究概述

在中国学术期刊网和中国人民大学复印报刊资料中，以"妇女""科技""女性主义""性别""人才""生态""医疗"等关键词组合检索到的论文及文章共计301篇，硕士学位论文33篇，博士学位论文6篇。有关妇女与科技的学术著作和课题成果10部。发表在有关妇女研究及其他相关著作和论文集中的论文12篇。其中，关于妇女与科技的哲学研究，有相关论文50篇，硕士学位论文13篇，博士学位论文两篇，著作两部。关于女性主义科学观、认识论及客观性问题的讨论文章共计32篇。可见，关于女性主义科学观、客观性思想及认识论方面的文献依然占据多数。此外，个别女性主义科技哲学家的思想逐渐成为研究重点。同时，女性主义技术理论方面的研究开始起步。关于妇女与科技的历史研究，相关学术论文共计143篇，博士学位论文一篇，著作两部。从总体上看，编史学理论层面的系统总结和探讨有了突破性进展，两部优秀的西方女性主义科技史原著先后被翻译介绍给国内学界；关于妇女与科技的社会学研究，相关论文共计45篇，硕士学位论文6篇，博士学位论文3篇，著作4部。

二　主要研究内容

（一）关于妇女与科技的哲学研究

1. 女性主义科学观及科学客观性思想

随着相关理论在大陆学界的普及和发展，女性主义在科学观和科学客观性问

---

* 作者简介：章梅芳，女，北京科技大学科学技术与文明研究中心副教授；刘兵，男，清华大学科技与社会研究所教授。

题上的观点逐渐被接受，激烈争论减少。其间，大部分文献着重于对女性主义科学观和科学客观性思想的进一步评述。

董美珍（2010）探讨了女性主义科学观产生的社会文化背景、科学实践背景及学术理论渊源，并阐述了女性主义科学观的意义及其困境。王芳（2009）探讨了女性主义科学观的合理性。崔雅琴（2009）对后现代女性主义科学观做了分析和评论。李鹭（2006）对自由主义女性主义、激进主义女性主义以及后现代女性主义科学观进行了分析。朱静（2010）评述了后现代女性主义的建构论范式、科学批判实质等。管文婷（2010）探讨了女性主义客观性主张遭遇的内部和外部批判。李叔君（2007）探讨了女性主义和后现代主义在科学客观性批判上的相同点。

2. 女性主义科学认识论

女性主义科学认识论的研究文献数量有所减少，总体进展不大，但仍不乏一些有深度的探讨。首先，关于女性主义认识论的整体性研究。王宏维（2009）系统探讨了女性主义认识论中"女性是否是平等的认知主体""是否存在优势认知主体""妇女的特殊经验对于知识构建有怎样的意义"三大基本问题，认为女性认知主体性具有合法性，边缘化的"他者"位置使其能成为一种颠覆性的批判力量；对统一的本质主义女性主体的解构将推进女性主义民主政治目标的实现。文洁华（2008）探讨了女性主义在"知识与表述""知识与理性的中立性""男权的影响和客观性的概念"几个方面对西方传统认识论的批评，期待女性主义者能提出更现实和更有效果的认识论。魏开琼等（2010）探讨了女性主义知识论中的认知主体问题。王珺（2008）探讨了女性主义从认知主体等维度对传统西方认识论所做的重新审读。其次，在具体的女性主义经验论与立场论研究方面，魏开琼等（2009）分析了女性主义经验论的理论渊源、内容、性质、意义、困境和出路。戴雪红（2010）论述了女性主义立场论的内涵、渊源、特征及其政治策略。麻友世（2010）从马克思主义的观点出发审视了女性主义立场论。

3. 女性主义学者的科学哲学思想

这五年学界对具体女性主义科学哲学家的思想研究更加重视，涌现了一批学位论文。杨颖（2006）梳理了哈丁的后殖民主义科学论的缘起、原则与内容，评述了哈丁的女性主义立场认识论，并探讨了其科学哲学思想的不足与影响。刘晨婷（2010）对哈丁认识论思想的理论背景、基本主张进行了梳理，分析了其"强客观性"思想及其遭遇的误解。王安轶（2008）梳理了哈拉维科学哲学思想形成的背景及发展过程，评述了其对科学客观性、二元性别结构的解构及对技术的批判。刘介民（2009）也认为哈拉维的赛博格思想陷入了反实在论和二元论的传统模式。杨艳（2009）认为，哈拉维的研究是建构主义和女性主义结合的卓越成果，此外，她还述评了哈拉维赛博格科学观。王玉林等（2006）梳理了朗基诺的生平、著作及其文化背景和理论渊源，并对其情境经验论、科学客观性思想和科学社会知识论思想做了评述。王娜（2007）对朗基诺语境经验论思想进行了较为细致的述评。姜慧智等（2007）梳理了凯勒的科学哲学思想，认为其客观性思想仍未走出传统的二元论，忽视了客观实在和科学实践的作用。章梅芳（2008）分析了凯勒对传统科学客观性思想批判的历史维度和心理学维度，探讨了其"动态客观性"观念的基本内涵及特点。

4. 女性主义技术思想

这五年中，女性主义技术思想逐渐受到更多的关注。具体可分为两个方面：首先，总体性的述评与分析。陈慧泽（2010）梳理了女性主义技术观兴起的背景及其基本概念，探讨了女性主义技术研究的常用方法，简要梳理了不同流派女性主义技术观及其在不同技术领域的体现。程秋君（2008）分析了技术与性别的内在关联，认为"性别"/性是技术哲学不可或缺的维度；性别问题同样有赖于对技术的深入考察。其次，对特定技术领域女性主义研究的述评与案例分析。王哲等（2008）评析了 ICT（计算机与信息技术）领域的女性主义研究，强调 ICT 与性别之间的互相建构，以及女性主义和建构主义之间互惠互利的关系。王玲莉（2006）述评了哈拉维关于技术本质、技术价值负荷问题的看法，探讨了其赛博格思想的技术和政治内涵。都岚岚（2008）分析了赛博空间及电子人隐喻。沈亦斐（2009）探讨了赛博空间中的主体技术和性/性别政治问题。陈雯（2008）分析了家庭场域中技术与性别的关系。

（二）关于妇女与科技的历史研究

1. 女性主义科技史理论研究

刘兵和章梅芳（2006）对西方女性主义科技史的理论问题进行了系统的梳理和分析。他们探讨了西方女性主义科技史兴起和发展的历史、文化和社会背景，梳理了西方女性主义科技史研究的基本脉络并对其进行了阶段划分；认为坚持性别的社会建构和科学的社会建构是女性主义科学史研究的两大理论前提（章梅芳，2009）；20 世纪 90 年代之后，对女性身份差异性与科学文化多元性的认知与强调，进一步为女性主义科技史研究提供了新的理论基础和编史方向（章梅芳，2010）；指出隐喻分析方法在女性主义科学史研究中的重要地位（章梅芳，2007），分析了女性主义科学史在方法论层面的基本特征（章梅芳，2007）；探讨了后殖民主义理论和女性主义之间的理论共通点及二者对中国科学史研究的借鉴意义（章梅芳，2006）；辨析了女性主义和人类学在科学编史理论与方法上的同异（章梅芳，2008）；并阐明了女性主义科学史对传统科学史形成的深刻挑战及其特点（章梅芳，2008）。

宋琳（2008）对女性主义科学史的本土化问题进行了探讨，认为要实践本土化探索应着重考虑社会性别理论的本土化建设。陈玉林（2007）对技术史研究领域的女性主义进路进行了分析，认为其特点在于强调女性作为技术使用者的权力及其意义。覃明兴、刘锦春（2006）也对女性主义视野中的科学史研究进行了探讨和评论。

综观之，在理论层面上，这五年国内研究的重点放在对女性主义科技史的编史基础、编史原则、编史方法、史学观念等问题的探讨上，这些研究相比于之前的研究在广度和深度上都有很大的拓展和提高。

2. 妇女/女性主义科技史案例研究

在具体案例层面，相关研究大致可分为两类：一类主要以个别女科学家或者女科学家群体为研究对象，其研究重点在于突出女性对科技所做的贡献，不具有明显的女性主义理论色彩和社会性别视角；另一类在研究对象上突破了单纯的科技女性主体，将目光投向了科技领域性别政治的各个方面，具有较强的社会性别视角和学术批判性。

（1）女科学家研究

以国内科技史研究的重点期刊《中国科技史杂志》《自然科学史研究》《自然辩证法通讯》和《自然辩证法研究》为考察对象，发现这五年总共只刊登了一篇女科学家玛丽娅·阿涅西的人物评传。有学者对她的生平、卓越的数学成就及突出的社会贡献给予了述评（郭轶男、王青建，2008）。只有个别学位论文以历史上知名女科学家为研究对象，考察其科研方法、科研道德、科学成就及其所受的社会文化影响等。例如赵秀娥关于居里夫人的研究（赵秀娥，2006）。以非科技史学术期刊为考察对象，笔者发现关于当代女科学家的成就介绍及访谈实录之类的文章占据了主流，这里将其视为妇女与科技的当代史或口述史研究来看待。这类文献可分为两类：一类是关于"世界杰出女科学家成就奖""中国青年女科学

家奖"等奖项的获得者以及在国际科学界享有一定地位的中国女科学家的访谈与
介绍文献，多达 70 余篇。其中，代表性的文章如对获得"联合国教科文组织世
界杰出女科学家成就奖"的李方华院士的访谈（余玮，2008）；关于当选美国国
家科学院外籍院士的中国女科学家李爱珍的访谈（曹玲娟，2007）等。第二类是
关于历史上国外知名女科学家的科研历程及其成就的文献，共计六篇。例如，对
诺贝尔奖获得者麦克林托克、居里夫人、富兰克林等女科学家在家庭与事业、科
研动力等内容的考察（贾宝余、饶毅，2009）等。总体来看，上述研究目的均在
于展示杰出女科学家的成长经历、心路历程、科研方法及其在科技领域所做的
贡献。

（2）女性主义科技史案例介绍

2006～2007 年，国内学术界相继翻译出版了美国女性主义科技史家白馥兰的
《技术与性别：晚期帝制中国的权力经纬》和历史学家费侠莉的《繁盛之阴：中
国医学史中的性（960～1665）》。白馥兰（2006）从建筑空间、纺织生产和生育
保健三个方面入手，探讨了中国古代社会技术与性别之间相互建构的方式，并尤
为强调中国古代女性在技术史中的地位与贡献。费侠莉（2007）则从社会性别视
角出发，对公元 960 年到公元 1665 年的中国医学史进行了深入分析，揭示了医
学、性别、身体及社会文化之间复杂的建构关系。国内有学者先后对这两部著作
的研究主旨、思路和内容等给予了学术述评（章梅芳，2007；陈瑶，2007；陈静
梅，2007）。这两部著作可视为目前国际范围内关于中国女性主义科技史案例研
究的范例，它们的翻译出版对推动中国本土化的相关研究具有重要的学术意义。

（三）关于妇女与科技的社会学研究

1. 科技领域性别差异研究

这一议题主要关注性别比例结构、专业分工、职称、薪酬及所获科研资助、
科学素养水平等几个方面。有研究表明，科技高层人才中女性却依然匮乏，中国
科技界仍然存在女性"高位缺席"现象，所有高端数据比例都在 5% 左右。以湖
北省为例，在国家"863"计划专家组中，没有女性成员；在"973"计划选聘的
首席科学家中，女性仅占 4.17%；在国家科技奖励（三大奖）中，女性仅占
4.93%（王汇、施远涛，2010）。

此外，专业上的性别分工差异也很突出。女性在生物学和生命科学的参与度
在提高，但她们在"更艰难"的科学领域如物理学等学科的表现水平却普遍偏低

（联合国教育、科学及文化组织编写，2008）。中国湖北省教育领域女性科技人才主要分布在医药科学等领域，从事农业科学的人数所占比重仅为1.8%（王汇、施远涛，2010）。在职称方面，女性的成就经常被低估，为了得到晋升，她们通常需要取得比男性更多的成就（联合国教科文组织，2008）。在科研资助方面，2005～2009年间女性申请科研项目的人数比例甚至只有男性比例的30%～40%。女性科学家在申请竞争性科研项目上的积极性低于男性；并且越是大型项目，女性的申请量越少，获得资助的人数也越少（龚旭，2010）。

这五年中对女性科技素养的关注是个新方向。其中，明杏芬（2007）的调查研究表明，中国城市女性整体科学素养水平比男性低。其他学者根据不同年度的公众科学素养调查数据，分析认为男性科学知识水平略高于女性公民（张超、何薇，2008），女性科学素养普遍偏低（郭虹、沃文芝，2008），女性公众在科学知识的理解和掌握、辨别科学与迷信的能力等方面均与男性有较大差距（陈晓慧、潇明，2008）。聂馥玲、任玉凤（2010）倡导科学素养调查本身应引入性别视角。

2. 原因分析

总体来看，现有研究主要关注了造成科技领域性别差异的三类因素。

其一，传统性别文化因素。首先，学者们认为，"男主外，女主内"等传统观念给科技女性造成了客观障碍（覃明兴，2006；杨书卷，2009）。多数女科技人员表示在科研工作、家务劳动、子女教育等时间的分配上长期处于紧张和难以协调的状态（张丽珂，2010）。其次，大众媒介关于女科学家人物形象的宣传强化了关于男女气质和角色分工的固有观念（李娜，2007）。最后，科技领域内的性别氛围及相关劳动制度规定，直接影响了女科技人员的生存状态和发展前景（张丽珂，2010）。

其二，教育因素。获得教育机会是女性参与科技活动的基本前提。调查表明，世界各国的女孩和妇女仍然面临接受教育的阻碍，尤其是与科技教育有关的各层次教育（联合国教科文组织，2008）。在高等教育中，两性在专业选择、课程选择等方面存在性别差异（张丽俐等，2010）。调查表明，课程的教学大纲和教科书阻碍了更多女性进入物理学领域（聂馥玲，2006）。对中小学教科书内容的分析亦表明，女性及与女性有关的议题被忽略、排斥甚至歪曲和贬抑；关于男女角色的刻板形象亦在课本上得到复制和强化（敬少丽，2006）。

其三，政策因素。首先，女性的需求、关注的问题及其贡献没能在相关政策制定中得以体现，科技政策和决策部门往往没有或者很少体现女性的作用，科学研究也忽略了她们的处境、兴趣和忧虑（联合国教科文组织，2008）。其次，在具体科研制度的制定与同行评议层面上，女科学家的参与度偏低。有学者认为在多数欧洲国家，女性在决策层、哪怕只是辅助决策层的代表性都远远不够（龚旭，2010）。

3. 对策研究

针对上述原因分析，学界给出的政策建议也主要归纳为以下三个方面。

其一，改变传统社会性别文化观念，优化科技女性成长的社会环境。学者们认为，政府政策和媒体应通过各种渠道和形式逐步消除"男主外，女主内"的传统观念，改变社会关于两性气质及其劳动分工的刻板印象（林桂安，2007）；促进女性树立正确的性别意识，克服和纠正传统性别角色观念对她们的不利影响，激发其科研的兴趣和动力（张丽俐等，2010）。在科技传播中树立公允的科学和科学家形象，建立一种具有性别视角的、对两性都公平的传播形式（宋琳，2010）。

其二，推进科技教育性别主流化，为科技领域提供更多的女性科技储备人才。宏观上，制定、健全两性平等教育的法律法规，建立并完善性别统计数据库，将教育性别统计纳入国家统计制度（敬少丽，2006）。中观上，构建支持网络，建立女性高等教育机构，设置不受时空限制的、面向女性的开放性高等教育体系。微观上，树立主体性原则、因材施教和因性施教相结合的原则（孟楼君，2009）；关注女性在课程知识的话语权力，批判课程领域中的性别歧视，引进国外新女性主义技术教育观念（廖为海，2007）。

其三，推进科技政策性别主流化，优化女性科技人才成长的职业环境。宏观上，将性别意识纳入科学决策之中（陈慧，2009），建立科学与性别问题的数据信息系统（联合国教科文组织，2008）。微观上，出台具体的特殊政策和保护性措施。例如，考虑启动具体的行动措施来帮助女科学家解决事业发展中的特殊困难，促进项目评议专家队伍和评审委员会中的性别均衡（龚旭，2010）。面向优秀女性科技工作者设立专门基金；对科技领域的女性实行弹性退休制度（李祖超等，2010）。

（四）生态女性主义研究

1. 综合性述评

学者们介绍并探讨了生态女性主义的学术渊源、核心思想、流派划分、现实意义与启示问题，认为它是环境运动与女权运动结合而成的一种时代思潮，反对在父权制世界观和二元式思维方式统治下的对女性与自然界的压迫，倡导建立一种人与人、人与自然之间的新型关系（王立娟、梁华，2006）；把反对压迫、女性解放和解决生态危机一并当作自己的奋斗目标（王词、李庆霞，2010）；其核心思想在于强调对自然的压迫和对于女性的压迫之间存在必然的联系，认为要解决生态危机、解放女性，人们就应该打破二元对立的思维方式（李平，2009）。同时，它还强调把妇女和自然所遭受的剥削与具体的社会结构、政治制度、经济体系等因素联系起来，强调经济正义、政治参与和社会公正（张帅、张英花，2010）。

有学者对生态女性主义的流派进行了划分。有的将其划分为三大流派（欧阳逸璇，2006；葛丽丽，2008），有的将其分为四大流派（赵媛媛、李建珊，2006；安娜，2009），甚至是五大流派（彭慧洁，2009）。还有学者将上述划分杂糅在一起（王素娟，2010）。其他学者比较了欧美生态女性主义与亚洲生态女性主义的异同（赵媛媛、李建珊，2007）；对第三世界生态女性主义的产生及理论内涵进行了分析（束佳，2008）。这些研究表明国内对生态女性主义的认识远未达成共识。

尽管如此，学界对于生态女性主义的学术和现实意义却一致给予了重视。认为它在关注环境正义、保障妇女权益、倡导和平理念方面具有重大的现实意义；对中国妇女解放和环境保护的理论和实践具有重要的启示意义（刘飞，2007）。它以一种崭新的生态伦理思想为环境哲学以及环境伦理学做出了理论贡献（聂惠，2009）。

2. 自然观和科学观

薇尔·普鲁姆德的《女性主义与对自然的主宰》（2007）和苏珊·格里芬的《女人与自然：她内在的呼喊》（2007）被译成中文出版。陈雪婧（2007）分析了生态女性主义早期文本中的女性和自然观。束佳（2007）对生态女性主义自然观的哲学基础、形成过程、主要内容与当代意义进行了探讨。郑湘萍（2009）梳理分析了女性主义在构建女性与自然关系的四种理论进路。张妮妮（2010）认为生态女性主义关于自然－女性关系看法的特点在于揭示西方文化在贬低女性和贬低自然之间存在象征性关系。龙娟（2007）认为生态女性主义主张构建女性与自然隐喻关系的新范式，为新价值体系和社会结构的建立奠定了基础。

在生态女性主义视野中，科学技术是人类对妇女、自然进行压制的重要手段。李鹭等（2008）追溯了生态女性主义科学观的历史渊源，以及它对于世界不良发展模式的批判。刘魁等（2006）对女性主义关于培根自然观与科学观的批判给予了述评。杜二敏（2010）探讨了科技在导致人们生态意识及能力缺乏方面的影响。

3. 与相关理论及问题的关系

学者们主要探讨了生态女性主义与环境、发展问题的关系。其中，张士英（2007）介绍了生态女性主义与当代生态环境建设的关系及其在环境保护实践中的贡献。刘准（2006）从环境运动和环境伦理学的发展背景中，探讨了生态女性主义的内涵与主张。幸小勤（2009）从生态文明研究的角度探讨了生态女性主义在自然和发展问题上的相关思想及其特点。赵媛媛等（2006）分析比较了生态女性主义与"环境正义"的异同。史少博（2009）探讨了生态女性主义的"自然灵性"思想及其在环境伦理学中应用的缺陷和价值。陈伟华（2008）分析了生态女性主义环境哲学的困境与实践性。高桂贤（2008）探讨了生态女性主义视野中的生态正义问题。杨玉静（2010）提出建构本土化的妇女/性别与环境互动理论和发展模式。

此外，郑湘萍（2008）比较了生态女性主义与生态马克思主义的自然观。张云飞等（2008）梳理了马克思主义生态文明理论中关于性别－自然或性别－生态关系的观点。罗诗钿等（2008）比较了生态女性主义与存在女性主义的异同点。还有学者比较了生态女性主义与老庄生态女性观之间的共通性和区别（何煦，2007）。

4. 批评理论及案例研究

邓晓洁（2006）介绍了生态女权理论的产生和发展及其主要的代表人物，并对斯迈利的小说所蕴含的生态女性主义思想进行了个案分析。卢凤平（2006）、秦同国（2007）分析了生态女性主义文学批评的哲学基础、兴起原因及其策略和特征，对劳伦斯等的作品进行了个案研究。谢鹏等（2006）探讨了生态女性主义文学批评的基本概念、形成条件、文本特点和批评特色。姜涛等（2007）简要述及生态女性主义文学的特点及其文学批评涉及的方面。付玉群等（2009）分析了生态女性主义文学批评的缘起和发展等，并对国内相关研究给予了评述。刘兵等（2010）从科学传播的角度分析了《风之谷》中的女性形象等，探讨了这部作品与日本20世纪70年代以来的科学观之间的关系。

三　研究的不足与展望

2006~2010 年间，中国政府、妇女组织和科技团体为推进妇女参与科技做出了更多努力，大众媒介对女科学家的宣传和报道大幅度增多，为中国女科技工作者的成长与发展提供了良好的社会环境。相应地，妇女与科技的相关学术研究在哲学、历史、社会学等层面取得了较大进展，成果数量有所增长，研究广度和深度也有所拓展。同时也存在诸多不足，有很大的发展空间。

从总体上看，大多数文献在研究内容的广度和深度上鲜有突破，写作思路和内容观点也基本相似。值得肯定的是，关于女性主义科技哲学学者思想的研究成果增长较快，女性主义技术哲学相关探讨也开始增多，这体现了近年来相关研究的深化。此方向今后的发展趋势，应该是进一步加强对女性主义技术理论的分析和研究，并在译介述评的基础上，试图结合本土情境，提出具有特色的女性主义科技哲学思想。

本土化的案例研究相对滞后，相关文献基本停留在理论探讨和国外著作的译介层面上。比较而言，台湾地区在此方面要先行一步，但其案例主要集中在性别医疗史领域。为此，此方向今后发展的趋势应该更加注重案例研究。将西方女性主义性别－科技理论应用到本土化的具体情境之中，在反思和补充女性主义理论的同时，拓展本土科技史与妇女史研究的空间。

科技实践领域的性别差异依然是研究的重点，在具体内容方面拓展不大，研究思路也没有大的变化，部分文献还出现内容重复的情况；略有进展的地方表现在对两性科学素养水平差异的关注。此外，倡导科技政策和科技教育性别主流化的文献有所增多，并开始注重借鉴国际相关制度与办法。笔者认为，此方向今后的发展趋势，应该是进一步做好相关信息的调查和数据库建设，加强理论研究与行动的结合，切实推进科技政策的社会性别主流化。

妇女与环境研究综述（2006～2010年）

周伟文　郑　萍*

一　研究概述

2006～2010年，中国学者日益关注妇女与环境的研究，产生了大量的研究成果。我们以中国知网为平台，以"妇女""环境"为组合检索词，对2006～2010年相关文献进行检索，检索结果为期刊论文14篇，硕博士论文三篇；以"妇女""生态"为组合检索词，检索结果为期刊论文七篇，硕博士论文一篇；以"女性""环境"为组合检索词，检索结果为期刊论文五篇，硕博士论文一篇；以"性别""环境"为组合检索词，检索结果为期刊论文九篇，硕博士论文一篇；以"性别""生态"为组合检索词，检索结果为期刊论文五篇。通过对这些检索结果的分析，我们发现2006～2010年间关于妇女与环境的研究呈现出以下几方面的特点。

1. 研究领域拓宽

2006～2010年是中国的"十一五"时期，政府更加重视人口、资源、环境的协调可持续发展，更加重视环境友好型、资源节约型社会的建设，这些都成为妇女与环境领域发展的重要背景因素。在这一时期，也是中国灾难高发时期，全国人民在党和政府的领导下，齐心协力，重建家园，这些社会现象，都为妇女与环境研究领域的拓宽提供了更大的实践空间。在社会管理领域，在社会管理创新的背景下，妇女民间环境保护组织得以更快发展，为妇女环境保护组织的研究提供了更加丰富的研究内容。此外，伴随着物质的极大丰富、妇女地位的提高、家庭收入的增加，妇女的消费角色得到强化，妇女在家庭消费中的作用更加明显，对妇女与绿色消费的相关问题研究，也成为研究者们开始重点关注的领域。"妇女与减灾研究""妇女与消费""妇女与民间环保组织"等领域的研究成为这一时期妇女与环境研究领域新的内容。

---

* 作者简介：周伟文，女，河北省社会科学院社会发展研究所主任、研究员；郑萍，女，河北省社会科学院社会发展研究所助理研究员。

2. 研究视角创新

研究视角与研究领域的拓宽有着密切的关联。这一时期研究视角的创新主要表现在：传统研究领域增加了新的研究视角，例如，对生态女性主义的研究、对女性与环境关系的研究，除了以往的研究视角外，新增加了社会学、人口学、文化学和政治学的视角。在一些新的研究领域，如妇女与减灾、妇女与消费、妇女与社会组织领域的研究，则增加了经济学、灾害学和公共管理学等研究视角。研究视角的创新，对于丰富妇女与环境领域的视野、实现妇女与环境研究与多学科的沟通具有重要价值，同时，妇女与环境研究视角的创新，也为妇女研究从边缘走向主流做出了积极的探索和贡献。

3. 研究方法多样

我们发现，这一时期的妇女环境研究，在研究方法上逐步走向多元化，在调查方法上，更多的研究采用了实证研究方法，采用社会学、人口学、人类学、统计学等学科的调查方法，对某一领域、某一地区、某一单位进行实际调查，在调查基础上采用科学分析方法。同时还采用比较研究的方法，如国际的比较、地区间和城乡之间的比较研究，使得妇女与环境问题的研究具有更深厚的社会基础。

二　主要研究内容

1. 生态女性主义研究

如果说 21 世纪的最初五年是中国生态女性主义研究的兴起阶段，那么 2006～2010 年则是中国生态女性主义研究的深入拓展阶段。赵媛媛、李建珊（2006）在《人类与自然关系的多角度解说——生态女性主义思潮评析》中对生态女性主义进行了深入阐释，认为生态女性主义最重要的特征是从不同角度阐述和分析对女性的统治与自然的统治之间的内在联系，关于导致这两种统治的原因、基础以及消除这两种统治的途径等问题不同流派的生态女性主义又有不同的侧重解释。根据其思考问题的角度不同，生态女性主义大体来说可分为：文化生态女性主义（cultural ecofeminism）、精神生态女性主义（spiritual ecofeminism）、社会生态女性主义（social ecofeminism）和社会主义生态女性主义（socialist ecofeminism）。尽管生态女性主义各个流派的分析角度不同，但它们都关注改善人类与自然的关系，关注生态平衡和环境危机等问题。

　　产生于西方的生态女性主义研究对中国实际进行阐述应用的过程同时也是生态女性主义理论中国本土化的过程。杨玉静（2010）在《生态女性主义视角下的中国妇女与环境关系评析》中认为，中国妇女与环境的互动与中国经济社会转型的历史条件以及中国文化的特质不可分割，因此，着眼于中国本土实践经验，将妇女与环境的关系放在经济和社会过程的具体条件下，建构本土化的妇女与环境互动关系对妇女发展与性别平等具有重要的理论与实践意义。她在谈到中国的妇女环境保护运动时，认为中国的妇女环境保护运动与生态女性主义在环境保护中所追求的妇女发展、性别平等的政治实践相比，更注重妇女环保意识的提高，注重妇女参与环境保护的实践，而对妇女自身的发展关注不够，忽视妇女的内在需求，有把妇女工具化的倾向，妇女只是被加入到环境与发展进程中，在某种情况下参加环保成了妇女的额外负担。李建珊、赵媛媛（2008）在《生态女性主义与中国传统文化》中将西方生态女性主义与中国传统文化进行比较研究，认为产生于西方的生态女性主义理论在批判西方传统的"主客二分"的人与人的伦理的过程中，有必要借鉴吸收中国传统文化的有机整体观、"天人合一"思想和仁爱观念，这是生态女性主义深化发展的重要环节。生态女性主义是建立在对传统主客二分和机械自然观的反思和批判之上的，希望用一种整体性结合的观念来替代西方父权制主张的二元论。中国传统思想与生态女性主义在很多方面有惊人的相似之处，主要体现在三个方面：生态女性主义对二元式思维方式的批判与中国传统文化的有机整体观；生态女性主义倡导的女性与自然的天然联系与中国古代强调人与自然的"天人合一"；生态女性主义提倡的关爱、关怀、养育、同情等观念与中国古代仁爱观。

　　方钢、罗蔚（2009）主编的《社会性别与生态研究》一书是这一时期生态女性主义研究最为显著的成果。该书全面介绍了生态女性主义理论的兴起与发展过程，并展示了生态女性主义理论在各个领域的渗入与作用。生态女性主义富有特点鲜明的批判性，它对人与自然以及男性与女性关系中的统治支配模式进行挑战，同时生态女性主义还富有较强的建构性，它促进新的生态伦理理念和环境道德的建立。因此，介绍与传播生态女性主义理论，不仅有助于增进人们对世界范围内生态危机的理解，增进环保意识，调整人与自然的关系，凸显和传播珍惜环境及可持续发展的基本理论，而且有助于人们增进对女性主义运动与理论的了解，认识生态女性主义在生态、环保方面做出的特殊贡献，体现女性主义在当代世界重大问题上举足轻重的作用。

2. 妇女与环境保护的关系及相关理论研究

2001～2005年对妇女与环境关系的理论阐述更多是以西方社会化理论和社会结构理论为基础的，而这五年的研究则有着明显的本土化倾向，开始根据中国妇女的调查数据，对妇女与环境的关系进行更符合中国实际的理论探讨。洪大用、肖晨阳（2007）根据2003年中国综合社会调查数据，分析了公众环境关心的性别差异，引入环境知识这一中介变量，对环境关心之性别差异的社会化假设和社会结构假设进行了检验，并深入探讨了环境关心性别差异的具体生成机制。龚文娟、雷俊（2007）通过分析2003年中国综合社会调查GSS（城市部分）所得有关环境方面的资料，对中国城市居民的环境关心和环境友好行为的社会性别差异进行了检验，结果发现：中国城市居民的环境关心水平普遍偏低，其中抽象环境关心水平男性高于女性，但实际的环境友好行为比例男性却低于女性；在私人领域内的环境友好行为比例女性高于男性；相较私人环境友好行为而言，男女的公共环境友好行为比例都很低。杨玉静（2006）从生活环境、社会安全环境、资金支持环境和环境参与四个方面，评估外部环境对男女两性的不同影响以及男女两性对环境资源的占有、控制和管理等方面的差异。杨百红在硕士论文《社会性别视角下的中国妇女与环境问题研究》（2007）中，从社会性别视角对中国妇女、环境保护与可持续发展的关系进行了初步探讨，梳理了环境对妇女的影响、妇女对环境的影响以及妇女在环境保护中的地位和作用，尤其结合中国妇女的实际生活从贫困、人口、农业和消费四个方面分析了妇女对自然环境的影响。薛福荣的硕士论文《陕北农村妇女人力资源开发与生态环境建设研究——以陕北G村为例》（2007）从社会学的角度通过文献检索、问卷调查、入户访谈等方式，对陕北农村妇女人力资源开发与生态环境建设问题进行了相关性分析，提出了陕北农村妇女人力资源开发投入生态环境建设的途径与渠道，包括妇女教育、建立和完善生态补偿机制、建立妇女投入生态环境的社会支持网络、建立和完善市场配套设施、加强农村基层组织建设等方面。杨国才（2007）运用女性学和社会性别视角探讨少数民族传统文化与生态环境保护的关系，通过女性的生产生活方式，对自然资源的管理机制及宗教信仰、风俗习惯等事例，阐述了少数民族妇女适应生态环境而形成与生态环境相适应的生态文化观念，从而挑战了男权文化下对少数民族妇女在生态环境保护中的作用与经验的忽视。

这一时期的妇女与环境研究突破了社会化与社会结构理论框架的限制，开始了针对中国妇女与环境关系的理论反思。有学者认为对于女性来说，参与环保的结果有两方面：一是女性自身直接地得到现实性发展，二是间接地实现战略性发展。现实性发展主要指女性在参与环保过程中自身的身心得到发展，社会网络得以扩大，文化水平与能力得到提升；战略性发展主要表现为环保参与过程中，女性家庭角色的社会价值凸显，女性性别优势的发挥和社会价值的提升，女性话语在环保决策中的影响力得以提高（朱逢春等，2008）。宋艳琴（2010）从三个方面探讨了妇女与环境的紧密关系：妇女环境意识的觉醒是其参与环境保护行动的首要基础；妇女选择性消费意识的确立从源头上决定着产品生产对环境的影响程度；妇女对环境问题的关注和参与推动着环境保护的进展。

3. 妇女与减灾研究

2008 年汶川地震救灾实践中女性作用的显现，使得妇女与减灾成为这一时期中国妇女研究的一个重要领域。2009 年 4 月 20 日，中华全国妇女联合会和联合国国际减灾战略秘书处在北京联合主办了"性别与减灾国际会议"，来自 43 个国家、联合国妇女和灾害管理高级官员、国际非政府组织及学术团体等的 260 多名中外代表，讨论并联合通过了《将性别意识纳入减灾全球行动北京倡议》。会议围绕性别视角纳入减灾决策、性别与扶贫、气候变暖以及男女平等参与社区减灾、妇女与救灾及灾后重建等议题进行交流研讨。与会学者和官员认为，在不断增多的灾难面前，占世界贫困人口 70% 的女性受灾难影响更为深重，而在国际和国家层面讨论减灾的过程中，性别问题却仍被边缘化，有关社会性别的考虑尚未作为基本原则纳入减灾和应对气候变化的政策与框架中。《将性别意识纳入减灾全球行动北京倡议》倡导要采取一种创新和综合的方法，将性别作为跨部门议题纳入减灾和气候变化的综合发展政策、规划及实施过程，并全力促进多方（利益攸关者）、多部门、多领域和多层次的合作与协作，互利共赢。这些合作包括支持研究机构对减灾、气候变化和扶贫中有关性别敏感的减灾政策和方案的成本与收益进行研究；收集分性别的灾害影响资料和统计数据，进行性别敏感的脆弱性、风险和能力评估；提高公众和媒体的认识，使其意识到灾害中性别敏感的脆弱性和能力以及减灾和灾害管理中两性不同的需求与关注等九个方面。

这一时期的妇女与减灾研究还处于起步阶段，针对灾难进行的有关社会性别研究还比较匮乏，关于如何在灾难管理中纳入社会性别意识的研究也不多。胡艳红（2010）认为，由于男女两性生理、心理、社会性别的差异，灾难对两性的影响有所不同。在灾难面前，女性面对死亡和创伤受影响的程度更大。社会工作者在灾前准备、灾难援助和灾后重建中都应考虑到社会性别对男女两性的影响，考虑到女性的需求，赋权于女性，在灾难援助中倡导社会性别主流化，推动男女两性和谐关系的重建。论文还分析了灾难来临时，女性更容易成为灾难的受害者的原因：其一，传统性别角色定型对两性的要求不同。如男女着装不同，女性穿着厚重的衣服或者是裹着长裙，为女性在灾难来临时的逃避带来一定麻烦，拖延了女性逃生的时间；还有妇女不会游泳，不会爬树，这些都让她们在一些灾难来临时缺少相应的逃生方法。其二，受传统性别观念的影响，妇女经常守在家里，而男人却在户外活动，或者在外地打工，房屋塌陷时男性会因为远离灾区而幸免于难。其三，灾难发生时妇女往往首先考虑家中老人和孩子的安全，想办法把他们转移到安全的地方，再考虑自己的安危。

4. 妇女与环境管理及政策研究

随着妇女与环境关系研究的深入，中国日益注重在环境管理和决策中妇女的参与程度，社会性别视角越来越多地被纳入到各种生态项目和环境管理实践中。丁娟等（2006）介绍了中澳合作青海林业资源管理项目实施过程中非常注重将社会性别平等纳入林业项目管理，对项目参与者及参与机构进行社会性别与发展培训，提高其社会性别平等觉悟，保障其有效运用社会性别理论和方法及相应分析工具，分析现存社会性别关系，将社会性别平等纳入林业项目管理，并针对所负责的工作制定出促进妇女发展的行动计划，以保证林业资源配置公正、合理、有效。

中国的生态文明建设实践也越来越重视妇女在其中发挥的作用，并尝试为妇女作用的发挥提供空间平台。方刚、王玲玲（2010）认为，将社会性别视角纳入生态文明建设中的生态项目，对项目的成功会起到事半功倍的作用。因此，在项目实施的各个阶段，在项目的机构层、项目规划、实施以及评估中都要有社会性别视角。生态项目的制定者和执行者应该有意识地收集和分析当地男性与女性的角色、责任、现有资源使用情况，揭示与项目涉及领域相关的社会性别问题，找出确保妇女和男子都能在规划过程中以决策者的身份广泛参与的途径，设计专门针对妇女的干预活动和对妇女倾斜的项目活动，把社会性别平等纳入项目预期成果中，在产出、结果和效果中制定社会性别敏感的执行指标。项目活动要确保妇女的广泛参与，定期收集社会性别反馈信息。王忠武、温静（2010）认为，建设生态文明需要构建男女平等和谐的社会关系及其相应的生态和谐治理模式。一个比较理想的模式应当是整合男性和女性的气质与智慧，形成男性与女性之间平等和谐、均衡参与、合理有效的新型生态治理模式，实现由传统的男性主导型生态治理方式向男女和谐型生态治理方式的转变。各级政府机构与各类经济、社会和文化组织中应均衡配置女性领导者与管理者，让女性具有与男性大体均等的话语权、决策权和控制权，这样可以有效地纠正长期以来人类掠夺性地征服开发自然的习惯偏好，有利于加速重建人与自然之间和谐友好、共生共荣和持续进化的良好关系。

5. 妇女组织与环境保护研究

随着妇女环境意识的不断提升，各种妇女组织越来越多地参与到环境保护的运动中，成为中国环境保护的重要力量。孙晓梅（2008）提到越来越多的妇女环境工作者活跃在领导、管理、执法、监测、科研、教育、宣传等各个工作岗位。在中国的环境保护教育、科研和新闻媒介领域中，妇女工作者约占 1/3，许多妇女在环境决策和管理中正发挥着越来越重要的作用。绝大多数省、市的环保局局长中至少有一名是女性，另外还有一大批在各行各业环保岗位上工作的妇女干部和职工，她们通过辛勤工作为减少生产过程中的环境污染做出了重大贡献。此外，许多民间环保机构的创始人或领导人都是女性，如绿家园创始人汪永晨、地球村创始人廖晓义等，这些都是中国环保领域的杰出女性。全球环境研究所（Global Environmental Institute，简称 GEI）是一家中国本土的非政府、非营利性组织，共有全职员工 13 人，全职员工中只有两人为男性，其余均为女性。

江西省妇联课题组在《环境保护中的妇女组织作用探析》（2006）中对妇女参与环境保护的三个案例进行了分析，分别是以塘背河小流域为例进行妇女参与治理水土流失的案例分析，以赣南猪 - 沼 - 果能源生态工程为例进行妇女参与能源生态建设的案例分析，以东江源区为例进行妇女参与保护水资源的案例分析。陈亚亚在 2006 年对中国女性环保运动的现状进行了深入分析，认为目前国内女性环保运动具有政府主导性强、男性参与不足和女性形象刻板等特点，认为中国女性环保运动要加大田野调查力度，扩大参与人群，尤其要促进男性参与。这些研究为中国女性环保运动的进一步发展提供了理论与实践依据。

6. 妇女与绿色消费研究

消费是环境保护的核心，而绿色消费既是一种权益，能保障后代人的生存和当代人的安全与健康，也是一种义务，是体现每个公民对环境保护的责任和良知的重要领域。妇女是消费的主要群体，这是毋庸置疑的。随着中国经济形势的逐步好转，人民收入水平提高，妇女消费日益增加，关注妇女的消费方式、倡导妇女绿色消费，也成为妇女与环境领域的重点关注领域，大致有以下几个方面：一是妇女、绿色消费、环境保护三者之间的关系研究。绿色消费一方面是指要消费对我们的身心没有危害的产品，另一方面也指我们的消费行为对周围环境（包含社会环境、自然环境、人文环境等）无危害。妇女作为一支重要的环保力量，正日益受到社会的关注。在妇女中倡导绿色生活与可持续性消费方式，建立有利于妇女参与环保的可行性操作机制，并提出要充分认识妇女参与环保的特殊优势与不可替代的作用；加强环保宣传教育，以激发妇女参与环保的热情；成立妇女参与环境保护的管理体系，为妇女参与环保创造良好的外部条件。二是妇女在家庭消费决策中的角色与行为研究。家庭决策的重要部分是消费决策，妇女在家庭决策中扮演着重要角色，夫妻双方在家庭购买决策中的角色不仅随着产品类型而变化，而且也随着产品决策过程的不同阶段而变化。研究家庭购买决策夫妻角色模式是现代消费行为学的一个重要内容，也对促进绿色家庭消费具有重要意义。三是引导妇女绿色消费的意义和作用研究。绿色消费已成为 21 世纪学术界关注的热点问题，而妇女与消费有着天然的联系，因此绿色消费的妇女道路构建研究是和谐社会的重要课题。要构建绿色消费的妇女道路，必须帮助妇女树立和加强绿色消费意识，倡导妇女选择绿色消费方式，引导妇女选择绿色产品，充分发挥妇女在绿色社区中的作用。要构建绿色消费的妇女道路逻辑，妇女在绿色消费中扮演重要角色，妇女在消费教育中扮演教育者角色，在处理消费与节约的关系中扮演着协调者角色（陈慧，2008）。四是女性消费心理对消费行为的影响研究。女性作为社会消费的一个特殊群体，有着不同于社会其他消费群体的消费心理和消费行为。一些研究者从社会学的视角，以女性消费行为为切入点，从不同类型女性群体的消费需要、消费观念、消费选择三方面的研究总结了女性消费行为的差异性特点。

三　研究的不足与建议

1. 研究主体的女性化特征依然明显

从这五年妇女与环境研究成果梳理来看，研究者的 90% 以上都为女性，研究主体的女性化特征依然没有根本改变。改变这一状况的建议主要有，相关的研究单位，特别全国妇联的研究机构可以组织每年一度的妇女与环境全国性或国际研讨会，邀请男性研究者参加，并通过学术评奖、主题讲座等方式保证男性参会比例。相关研究机构可以实行妇女与环境方面的课题招标，采取一定的方式鼓励男性参与，课题评审邀请不少于 50% 的男性评委参与。在研究性杂志和报刊栏目中，拟定一些具有价值的研究话题，组织男性和女性研究者就妇女与环境问题进行笔谈、对话和交流，甚至争鸣，促进两性在妇女与环境研究领域的互动性参与。

2. 研究内容的局限性还比较明显

尽管研究领域有所扩展，但妇女与环境研究还是表现出研究内容单一、研究领域偏窄的特点，例如，对妇女在环境保护中的作用研究，更多的内容与妇女的家庭角色和家庭生活中的作用相关，而妇女在社会环境保护中的重点作用，特别是妇女促进国家政府环境决策中的作用研究文章不多。对妇女在宜居环境建设和保护中的作用、妇女与创新环境管理、中国妇女在国际环境保护中的作用、妇女地位与女性环境保护作用等需要研究的内容，目前还未引起足够关注。

3. 研究地位边缘化

研究地位主要是这一研究领域在社会科学研究这个大的领域中所处的位置，主要从发表的刊物层次、发表的数量、文章引起的社会关注等来衡量。很显然，无论是在整个社会科学研究领域，还是在妇女研究领域，妇女与环境都处在一个边缘的地位。

4. 研究力量依然薄弱

研究力量主要从研究人数、研究者学术地位、研究者所具备的学术资源等方面来衡量。对研究队伍的研究表明，妇女与环境研究人员数量少，分布不均，研究者大多为年轻的硕士和博士生，而一些在国内外较有学术地位的研究者则很少或根本未涉足这个研究领域。作为年轻的研究者们，由于他们所能调动的研究资源少，难以完成比较重要的研究课题，影响了妇女与环境领域重要成果的生产。

妇女与婚姻家庭研究综述
（2006～2010年）

杨玉静*

一　研究概述

2006～2010年，随着学术界对新形势下婚姻家庭问题的重新重视，以及社会性别理论与方法逐渐进入主流研究领域，妇女/性别与婚姻家庭研究也取得了一定进展，主要表现在以下几个方面。

第一，研究力量扩大，研究水准有所提高。鉴于专业性学术期刊的缺乏，致力于婚姻家庭研究的研究机构和研究者采取以书代刊的形式，将近年来国内外的相关研究结集出版。如2006～2010年，上海社会科学院家庭研究中心每年编辑出版一卷《中国家庭研究》，其中不少研究都涉及了妇女/性别与婚姻家庭问题；以家庭与性别为研究重点的学术辑刊也开始出现，如中国社会科学院社会学研究所2008年、2009年先后出版了两辑《家庭与性别评论》。国家社科基金所资助的与家庭有关的课题立项数量不断上升，由2006年的11项增加到2010年的46项，其中不乏妇女/性别与婚姻家庭方面的研究。2006～2010年，在以婚姻家庭研究为主题的国际国内会议、社会学年会、妇女/性别社会学论坛上以性别视角研究婚姻家庭问题的成果不断涌现。随着研究经验的积累和理论素养的提升，以及受过专业训练的新人的加入，婚姻家庭方面的研究力量在扩大的同时，研究水准也在不断提高，出现了一些质量精良的研究成果。

第二，研究内容更加丰富。伴随着中国社会的深刻变革，婚姻家庭领域的妇女/性别问题日益突出，相关的研究议题得到扩展。如城市化与现代化对农村家庭性别分工的冲击，农民工家庭夫妻关系的维系模式和机制，儿童照顾政策、居家养老服务等家庭政策与家庭服务社会化，流动家庭、婚姻迁移中的融合问题，

---

* 作者简介：杨玉静，女，全国妇联妇女研究所副研究员。

社会转型中的工作与家庭平衡问题等日益成为研究关注的重点内容。

第三，在理论与方法上，仍多以借鉴国外婚姻家庭研究的相关理论和方法为主，女性主义的研究立场越来越多地渗透到婚姻家庭研究中，具有性别视角的研究更加广泛和深入。另外，跨学科、多学科的研究亦有所发展，除了在社会学、人口学、历史学、人类学等领域产生了大量研究成果外，法学、经济学、管理学、心理学等领域的相关研究也更加丰富。

二　主要研究内容

（一）女性的婚姻家庭观念与婚姻行为

1. 女性的婚恋观和择偶模式

随着社会的日益开放以及价值观的日益多元化，女性的婚姻家庭观念和婚姻行为也呈现出多样性的特点，不同女性群体的婚恋观和择偶模式具有较大的差异。

高学历女性的择偶标准更注重精神性因素和人品、性格、能力等特质（黄文慧，2008；施丽萍，2010；朱峰利，2010），但随着高学历女性的传统婚配空间受到挤压，大龄高学历女性逐渐降低择偶标准，或是降低择偶意愿（施丽萍，2010）。大部分女研究生追求在家庭中与丈夫的角色平衡，但也有一部分人喜欢"男主女辅"的婚配方式（杨晓莉，2008）；女研究生希望自己能够兼顾事业和家庭，但当两者发生矛盾时，大部分人倾向于选择家庭（朱峰利，2010）。在性观念和性行为方面，虽然女研究生的性观念更加宽容和开放，但涉及性行为时，大部分人仍然比较保守（杨晓莉，2008；朱峰利，2010）。

农村80后流动女性择偶主要看重人品、个人能力等，结婚的目的主要是满足情感需求；她们对于生育的性别和数量没有特别偏好，对婚前性行为、离婚、婚外恋等表现出理解和包容；在家庭观方面，夫妻关系以爱情和子女为主要纽带，家庭权力和地位比上一代女性显著提升，甚至有的女性的家庭决策权高于男性（陈瑶，2010）。新中国成立以来农村女性的择偶权力呈现逐渐扩大的趋势，父权日渐缩小（孔海娥，2010）。

对壮族、蒙古族、维吾尔族等少数民族女性的婚姻研究发现，女性择偶标准中的经济因素减少，感情因素日益上升；择偶方式基本自主；择偶范围不断扩

大，由亲缘、地缘向业缘关系扩展，同时也存在民族内部通婚率高的现象（李
溱，2006；玉荣，2008；玛丽艳木·艾尔肯，2009）。蒋星梅和杨甫旺（2008）
的研究发现，Z村彝族女性的择偶标准实现了从"同类匹配"到"资源交换"的
转变，在很大程度上造成了大龄未婚男性的出现和激增。杨玉凤（2010）运用女
性主义视角对回族女性婚俗进行研究发现，民俗控制在女性婚姻中发挥着重要功
能，民俗也造就了女性婚姻的稳定性。

叶文振等（2006）对外来打工妹择偶意愿进行的研究表明，流入城市对外来
打工妹的择偶观和择偶模式起到一定的再社会化作用，她们的婚恋变迁交织着爱
情与功利、自我与从众的综合变化。由于婚姻市场中存在"婚姻挤压"，女性农
民工比男性农民工更加愿意与市民联姻（许传新，2006），她们更有可能利用自
身性别这一"相对稀缺资源"去换取城市男性的城市户口，以及附加在这一户口
上的其他资源（刘淑华，2008）；但女性农民工与城市人缔结婚姻仍存在障碍，
文化水平低是主要原因（魏晓娟，2007），而男性农民工择偶的主要制约因素在
于城市生活方式、高强度和高密度的工作方式（风笑天，2006）、经济收入水平
低（胡双喜、易婷婷，2008）等。

在择偶模式上，年龄上男大女小、学历上男高女低的择偶梯度仍比较明显，
大龄职业女性在择偶市场上的竞争处于越来越不利的地位（易松国，2008）；周
建芳（2009）对南京婚介中心征婚资料进行分析后发现，当代征婚者更注重对方
的物质基础，而对"个性""人品"等精神条件的关注度有所减小；大多数征婚
者的择偶标准符合"梯度理论""同类匹配理论"等择偶理论。

2. 女性与婚姻挤压

在婚姻市场上，如果婚龄男女人数相差较大、比例失调，将导致一部分人口
难以按照现行的标准选择配偶，从而出现婚姻挤压的现象。婚姻挤压分男性婚姻
挤压和女性婚姻挤压。李树苗等人（2006）预测，未来中国婚姻市场每年有
10%~15%的男性过剩人口，正是强烈的男孩偏好和对女性的歧视导致了婚姻市
场上严重的男性婚姻挤压，女性短缺本身所反映的是女性的出生权和生命权这些
最基本的权利被剥夺。在男性婚姻挤压较为严重的情况下，仍然存在着女性婚姻
挤压的矛盾。就年龄而言，由于受到出生人口性别分布的特点、死亡率的性别年
龄差异和"男大女小"的习惯婚配观念的影响，在中青年组人口中容易出现男性
婚姻积压现象，而老年组人口中则易产生女性婚姻挤压问题（陈正伟，2010）。
女性婚姻挤压一般发生在大规模的战争之后，由于婚龄男性人口的大量阵亡导致

女性婚龄人口的婚配困难；在男性死亡率较高的渔村和矿区，有时候由于大量的女性人口涌入容易引发移民性的女性婚姻挤压（潘金洪，2007）。另外，传统性别秩序下"男高女低"的模式使一部分进入职业领域上端的女性在职业上的优势反而成为她们进入婚姻家庭的障碍，从而在婚姻市场上受到挤压（方英，2008）。

随着女性受教育水平的不断提高，在现行的择偶标准下，高学历、高收入女性的婚配问题逐渐成为许多研究者关注的主题。研究表明，在城镇青年人口以及高学历的未婚人口中，女性的婚姻挤压现象比较严重（董金秋，2010），"城市中受过高等教育的大龄未婚（通常为30～44岁）女性"被称为"剩女"，"城市、未婚和高学历、高收入、高智商"是剩女的主要特征（宁鸿，2008；唐利平，2010）。剩女产生的原因在于男孩偏好导致的出生性别比偏高，打破社会性别角色分工的期待，择偶的梯度模式（宁鸿，2008；龙晓添，2009；唐美玲，2010；唐利平，2010；曹雪梅，2010），以及婚姻需求程度的降低，择偶标准的超值预期和行动策略上的消极被动（沈晖，2010）。在深层次上，剩女现象则是转型社会中生存竞争所带来的时空异化而导致的情感异化，以及经济压力所造成的价值失序和功利取向在婚姻市场上的反映（沈晖，2010）。用建构主义范式剖析这一现象则是由于社会对女性的建构落后于女性自身的建构，当剩女已经开始寻求新的婚姻家庭模式甚至突破家庭模式的时候，社会建构还在男权社会的传统上原地踏步（左雪松、夏道玉，2008）。除了提高女性地位、改变传统的"男强女弱"观念外，采取相亲行动也是解决剩女问题的一种方法（吴宏姣、陆卫群，2010）；重视择偶问题，投入更多的时间和精力，同时根据自身条件和社会环境的变化适当地调整择偶条件有利于解决女性的婚姻挤压问题（易松国，2008）。

当"剩女"在某种程度上作为一种社会现象或者社会问题受到公众以及学术界诸多关注时，王小璐（2010）则指出"剩女"的概念界定缺乏科学性和严谨性，它是否已经成为一个实质性的社会问题也有待进一步论证。运用婚姻角色过渡理论分析剩女现象，可以更好地区分婚姻角色过渡中人口总体的普遍性和亚群体的异质性，也能更好地理解婚姻角色过渡中的个人困境和社会危机。

3. 女性的婚姻行为及其后果

初婚年龄影响着一个国家或地区的人口与经济发展。研究发现，初婚配年龄呈现男高女低的现象，男性的早婚比例高于女性，在20世纪20至70年代出生的人口中，男性晚婚比例变化不是很大，女性晚婚的比例则翻了两番（刘娟、赵国昌，2009）。社会网络对不同性别农民工理想初婚年龄和初婚行为风险的影响有所不同，婚姻讨论网络的规模对女性的理想婚龄和初婚风险均没有显著影响，但网络规模越大，男性理想婚龄越大，初婚风险越小（靳小怡、任锋、任义科、悦中山，2009）。风笑天（2006）对城市在职青年的婚姻期望与婚姻实践的研究表明，未婚男青年的实际恋爱年龄比未婚女青年还要早，男大于女始终是主流的婚姻期望与实践，女青年比男青年更看重这一点；在居住方式上，未婚女青年的考虑更加面向小家庭的现实，既希望小家单独居住，又希望与一方父母在同一城市，以获得父辈的日常帮助。

甘品元（2008）的研究发现，虽然毛南族的婚姻行为在婚姻中介、招婿入赘、通婚圈、分家形式等方面有了诸多变化，但女性传统的角色扮演没有发生根本改变。运用社会排斥理论，卓惠萍和鲁彦平（2009）分析了农村离异和丧偶女性所面临的政治排斥、经济排斥、心理排斥和社会网络排斥等多重社会排斥。关于离婚对女性的影响，有学者认为，离婚对女性有负面影响，制度设计上的不足和社会保障制度的不完善进一步加剧了离婚妇女的贫困状况（徐静莉，2009），父权制对离婚女性的空间挤压造成其住房权受损（郭慧敏，2010）；但是也有研究认为，离婚对女性有正面影响，女性离婚后的生活满意度与离婚前相比有了少量的提高（易松国，2006），离婚未必是优势男性的福音、弱势女性的悲哀，单亲女性的生活状态未必逊于男性，离异女性再婚难并非中国的现实（徐安琪，2007）。尽管如此，无论在离婚过程中还是在离婚后的单亲、单身生活和子女抚养过程中，女性权益受到侵犯或未获得维护的情形依然屡见不鲜，离婚女性贫困化已成为一个社会问题，这就需要立法、司法、政策和社会援助中相关方面的进一步完善和落实（徐安琪，2007；徐静莉，2009）。

在不同的时代和地域都曾存在独身或单身女性群体。五四时期的知识女性高倡独身论，反映了当时的知识女性面临着把握自身命运的机遇，以及因时代局限而产生的困境（张国义，2008）。随着生活方式的日益多元化和社会宽容度的提高，单身已经成为现代女性多元情感需求和对个人生活方式的一种选择，单身女性现象的出现是现代性和传统性别秩序相遇的必然结果（方英，2008）；经济地位的提高是女性选择单身的经济原因，婚恋价值观多元化、个体独立性和自主性增强则是单身女性现象出现的伦理原因（田耘，2008）。对于外出打工的农村女青年来说，建立家庭、结婚生育常常意味着有可能失去在城市中的工作，甚至失去外出打工的机会（风笑天，2006）；有研究者认为，第三次"单身潮"已经来临，城市打工女青年也加入了"单身大军"，她们的择偶、恋爱婚姻危机越来突出，引发了一系列较为明显的社会问题（陈桂菊、梁盼，2007）。

4. 女性的婚姻迁移

第一，婚姻迁移的模式和特征。女性的婚姻迁移具有迁入地的高度选择性，一般是从落后地区向富裕地区迁移。婚姻迁移的实质是一种"资源交换"，迁移女性以其性别和年龄资源换取迁入地良好的生活条件，包括优越的居住环境（林明鲜、申顺芬，2006）。沈文捷（2007）探讨了在城乡联姻中处于"低位"的城市外来农村媳妇如何达成婚姻交换，以及在该交换达成之后怎样适应新的生活方式和获得城市对自己新身份的认同并最终产生分化的过程。对大城市婚姻迁移者的研究发现，婚姻迁移并非农村女性进入该类大城市的跳板，来自城镇的婚姻迁移者在教育程度、收入等方面具有明显的优势（倪晓锋，2007）。婚姻迁移女性自身的条件往往好于丈夫，但随着打工经济的发展而产生的跨省、跨地区婚姻中，流动女性与其婚配对象的条件一般没有太大差异（谭雪洁，2008）。

第二，婚姻迁移的动因和机制。研究者们主要从婚姻迁移的经济动因、地域性因素、个人因素等方面进行分析。研究发现，经济因素在婚迁地域选择中的作用日益突出，农村生产经营方式变革、国家社会政策、经济利益诉求、空间距离阻力、婚介手段变化等是女性婚姻迁移的内在机制（艾大宾等，2010）；个人因素、户籍、经济、就业和城市适应五大因素影响婚姻迁移，其中个人因素对婚姻迁移的贡献最大（陆淑珍，2010）；也有研究认为，女性思维方式的转变、"从夫居"的传统婚嫁文化以及婚姻迁入地的经济引力是造成婚姻迁移的主要原因（吴文，2010）；对涉台婚姻的研究显示，目前大陆女性选择嫁去台湾的动因已发生变化，人们不再盲目地将婚姻作为利益获取的手段，理性选择和感情导向是大陆女性婚姻迁移的主要趋势（祖群英，2009）。

第三，婚姻迁移的后果及影响。一是对婚姻市场的影响。一方面，婚姻迁移在一定程度上会加重经济落后地区弱势群体的婚姻困难，造成迁出地的性别比失衡和男性婚姻挤压（石人炳，2006；张晓琼，2006；姜全保、李树苗，2009；杨筑慧，2009；艾大宾、周丽，2010；吴文 2010）；另一方面，农村未婚女性外出打工中形成的婚姻迁移改变了传统婚姻的地域走向，突破了农村传统的婚姻模式（仰和芝，2007），也有利于人口遗传素质的提高和女性自身的发展（吴文，2010）。二是对女性婚后生活的影响。女性婚姻移民在迁入地面临的问题主要有社会适应问题，包括身份认同、文化冲突的适应（赵丽丽，2008；宛敏华，2009；吴宏洛，2008；祖群英，2009），就业、社会保障等方面的困难（魏晓娟，2008；

祖群英，2009），社区融入度较低（谭雪洁，2008）、娘家支持的缺失（谭雪洁，2008；刘芝艳，2009；宛敏华，2009）和正式社会支持的不足（赵丽丽，2008）。但对壮族婚姻的研究却发现，第三产业的发展、多方面信息的流通、基层政府的完善和介入使婚姻迁移中的女性获得了更多的发展支持（李滋，2006；黄润柏，2010）。某些跨省婚姻研究发现，外地媳妇的幸福感一般不高（仰和芝，2006；宛敏华，2009），婚姻质量不高，离婚的风险较大（刘芝艳，2009）；但也有研究发现，外地媳妇的婚姻自主程度高、婚姻满意度也较高（谭雪洁，2008）。

5. 女性婚居模式的变迁及其原因

李树茁等人（2006）对中国农村招赘婚姻的研究发现，招赘婚姻的流行带来了两性相对平等的家庭体系和婚育文化，有利于降低男孩偏好和出生性别比，改善女孩和女性的生存环境。金一虹（2006）指出，虽然从夫居与父权制之间存在着某种勾连，但是从夫居的改变是否一定能改变传统的父权制，却是值得探讨的。

不同的婚居模式对家庭关系和生育行为的影响也不同。冯雪红（2010）探讨了在不同居住模式下，维吾尔族妇女婚后主要的家庭关系（夫妻关系、亲子关系和婆媳关系）。杨菊华和 Susan E. Short（2007）认为，从妻居对生育行为的影响不同于从夫居；家庭结构与生育行为的关系反映了不同居住制度下妇女在家庭、家族中的地位和家庭权力结构关系。

对婚居模式影响因素的研究发现，文化传承和经济因素共同制约妇女对婚后居住地的选择，社会经济的发展赋予妇女更大的自主性和选择权，使她们可能突破传统的从夫居习俗，增加与父母同住的机会（杨菊华，2008）。从妻居在某些地域的流行既可能与特定的文化、习俗等制度性因素有关，也可能是特定家庭为了应对人口和经济现状而做出的策略性反应（巫锡炜、郭志刚，2010）。城镇化催生了新户型从妻居的婚居模式，但新型婚居模式的双方当事人面临着现实困惑，他们不能获得村民身份，并融入所在社区（于光君，2010）。

（二）家庭权力与家庭关系

在对中国社会亲属关系的考察中，李霞（2010）认为，妇女在日常生活中的各种亲属关系经营活动，构建出了不同于正式父系谱系关系的实践性亲属关系网络，她们在父系体制内创造出了自己的生活空间和后台权力。

1. 女性的家庭权力变化及其影响因素

关于女性家庭权力的变化，李银河（2009）认为当代农村家庭性别权力关系仍然是不平等的，但这种不平等正随着社会的进步而逐渐缩小。尹旦萍（2009；2010）的研究发现，土家族地区社会性别关系的变化引起了夫妻权力的变化，婚姻市场上的性别比失衡导致了夫妻权力向女性倾斜；而沈奕斐（2009）对当代中国城市家庭的研究却表明，父亲的权力衰弱了，男性的权力并没有衰弱；媳妇的权力上升了，整体女性的权力没有上升；年轻女性获得的权力来自年老女性的权力让渡而并非男性；王冬梅（2010）也认为无论性别因素如何变化，婚姻关系、婆媳关系和妯娌关系赖以存在的根基，即"父系、父权、夫居"的性别权力结构始终未变。

对家庭权力影响因素的研究显示，日常生活中的家庭决策对家庭权力的影响最大（郑丹丹，2006）；教育背景对农村妇女家庭权力结构有直接影响（龚继红、钟涨宝、孙剑，2009）；中国城市家庭中夫妻权力关系的主观感受不受性别先赋因素的影响，更多受到收入、教育程度和职业等后致因素的影响（马春华等，2010）。

家庭权力是衡量妇女家庭地位的重要维度，婚姻家庭权力意识的缺乏是导致农村妇女地位较低的主要原因（王彩芳，2007）；家庭权力也会影响女性的婚姻满意度，妇女家庭分工权力普遍直接影响妇女家庭地位的满意度，生育权直接影响妇女受尊重的满意度（龚继红、钟涨宝、孙剑，2009）；权力运行过程则是影响婚姻满意度最重要的环节（陈婷婷，2010）。

张丽梅（2010）在对西方夫妻权力研究进行梳理的基础上，就夫妻权力的研究方法提出夫妻权力研究的困境在于物化的权力观和对权力结构的静态研究，突破的可能则在于将权力过程本身作为研究对象。

2. 夫妻关系的变迁

对"城乡家庭变迁"的研究发现，夫妻关系基本上已经实现了从父系夫权家庭制度下的"夫主妻从"到"夫妻平权"的转变（沈崇麟等，2009；黄了，2006）。对流动家庭的研究表明，在社会生活空间变化与传统因素相适应的过程中，夫妻间形成了一种稳定的"亲密伙伴"关系（孙慧芳、时立荣，2007）。深圳流动人口家庭中夫妻关系大致平等；女性对夫妻关系的判定更积极一些；共同生活在一起的夫妻感情深厚程度明显高于分居两地的夫妻（迟书君，2008）。

流动在一定程度上引起了夫妻关系和家庭权力的变化。金一虹（2009；2010）的研究发现，流动使得农村家庭出现"离散化"现象，女性在维系离散家庭相对完整的过程中付出了痛苦的代价；流动虽然部分改变了家庭权力关系以及性别规范，但家庭父权制在流动变化中仍得以延续和重建。

对留守妇女的研究发现，合理的家庭分工以及留守妇女夫妻之间维系沟通与互动的策略保证了其婚姻关系的稳定，并在一定程度上改善了妇女的家庭地位（叶敬忠、吴惠芳，2009）。但是仍有很多研究者提出，"丈夫外出，妻子留守"这一新的分工模式并没有从根上改善农村妇女的家庭地位，只是再现了性别不平等关系（孙琼如，2006；王晓丽，2008）。此外，留守妇女还面临着劳动负担和心理负担同时加重的困境；夫妻长期的空间分离也挑战着婚姻的稳定性（叶敬忠、吴惠芳，2008；卿秋艳，2010）。由于农村婚姻解体的社会成本过大，使得留守妇女的婚姻仍处于高稳定状态（李喜荣，2008）；同时由于对婚姻的期望低以及经济满足感的补偿作用，留守妇女的婚姻满意度与非留守妇女没有太大差异（许传新，2009），但婚姻质量差，遭到性侵害的风险高（李泽影等，2009）。研究发现，夫妻分居的空间距离、丈夫打工后收入增减情况、住房质量、子女教育负担、老人健康负担以及夫妻交流互动情况影响了留守妇女的婚姻幸福感（王嘉顺，2008；郭喜亮，2010）。

3. 代际关系的变化

在对农村养老问题进行研究时，许多研究都发现，已婚女儿越来越多地承担了赡养父母的义务。阎云翔（2006）认为这与农村夫权和族权的削弱有关；唐灿等人（2009）则认为，女儿赡养的风俗实际是在家庭养老资源匮乏的情况下，农村家庭进行适应性调整、开发新资源的一种家庭策略行为；她们进一步指出，无论是在农村家族的赡养规则中，还是在实践性的赡养关系中，都不存在女儿赡养的伦理公平。熊凤水（2009）对安徽南村婚姻支付实践的研究发现，婚姻支付流向新婚夫妇家庭，呈现出子辈权利意识兴起与父权衰落的农村家庭代际关系，以及女性在个体本位家庭中的主体性地位。

在诸多家庭关系中，婆媳关系是影响婚姻幸福和家庭和睦的重要因素（毛新青，2008）。台湾学者将大陆华人的婆媳关系分为三种：淡然无味型、敬畏揣测型和拒斥隐忍型（许诗淇、黄囇莉，2006）。婆媳关系不仅仅受双方的经济文化、生活习惯、教育程度上差异的影响，外部的影响因素也对婆媳关系产生压力（左志香，2009）。针对婆媳关系存在的问题，研究者提出要充分发挥家庭中介力量的作用：儿子是两个三角的连接点、孙辈的抚育是弹性稳定的平衡杆、公公的在场是影响平衡的附加砝码（崔应令，2007）；同时，不良的婆媳关系也可以通过保持距离、减少接触来达到相安无事的状态（许诗淇，2006）。

4. 姻亲关系的变化

对农村亲属关系的研究发现，农村家庭分家之后，姻亲的重要性有所增加，甚至许多人将姻亲看得比宗亲还重要（阎云翔，2006）；出嫁女与娘家的联系有越来越密切的趋势（李银河，2009）；改革开放后的经济政治环境的变化以及计划生育政策的执行都导致了北方农村已婚妇女与娘家关系日益密切（张卫国，2010）。农村姻亲关系强化的主要表现为娘家陪送增多、婚姻支付趋同化，媳妇权威崛起，子女姓氏选择二元化等。刁统菊（2009）认为，联姻家族之间由于女人的流动存在着一种阶序性关系，这种关系划定了不同的权利和义务关系，确保了姻亲关系对生活的支持功能。对城市家庭变迁的研究显示，夫妻双方与双方父母和兄弟姐妹之间的关系已经实现了从重血亲轻姻亲的夫系偏重，到无血亲和姻亲偏重的双系并重，这可能与女性地位提高有关（沈崇麟等，2006；马春华等，2010）。夏支平、张波（2009）认为，姻亲关系的强化与妇女地位的提高互为因果、相互促进。

人类学家将婚姻支付视为婆家和娘家采用的一种策略。阎云翔（2006）将婚姻支付的不断上涨归因为个体性和夫妻关系的上升、父权制的衰弱与家庭内部平衡的重新界定。吉国秀（2007）认为婆家婚姻支付的意义在于缓解婆媳冲突和家庭矛盾，而娘家婚姻支付则对女性在婆家的位置具有重要作用，女性地位的提高与娘家的支持以及娘家地位的上升密切相关。

（三）生育

1. 女性的生育观念与生育行为

国云丹（2009）认为，"生育"使高职女性的职业自主权和职业成就动机大大降低，她们普遍面临职业角色与家庭角色的冲突问题，生育后重返职场受到不公正待遇，建议改变不平等的社会性别文化，从法律和政策上保障女性应有的发展机会，同时倡导两性共同分担抚育孩子的责任，给予女性职业发展应有的时间和精力。周俊山等（2008）的研究表明，拉萨市妇女的地位与孩子价值的关系正处于过渡期，一方面收入高于家庭平均收入的妇女减少了对孩子的需求，另一方面传统观念使妇女增加了对孩子工具性价值和精神性价值的需求。城镇蒙古族女性更加重视生育的质量而不是很在乎数量，少生、优生、优生优育的观念得到了普遍的认同（玉荣，2008）。农村 80 后流动女性的生育观念更强调生育对于女人的"完整性"的意义，生育几乎是女人必须经过的制度安排，而非可有可无的个人选择（陈瑶，2010）。

2. 对生育政策的性别分析

杨菊华（2009）对"一孩半"生育政策的分析表明，由于政策与生俱来的性别"短视"，以及该政策与其他相关社会政策的不协调、政策执行过程中的偏误以及配套措施的不完善等缘故，"一孩半"生育政策姑息、纵容甚至在一定程度上强化了人们的性别偏好，在某种程度上直接和间接地与出生性别比的失衡相关。解决这一问题应该从梳理、协调、配套相关政策出发，通过对生育政策的改革以及社会性别的宣传教育，进一步完善政策，从而真正达到推行生育政策增进性别平等的初衷。范红霞（2010）对妇女生育价值社会补偿政策的历史研究表明，对这一政策的探索为中国妇女生育保险制度的建立与完善提供了宝贵经验，也有利于促进妇女就业和男女平等的进一步实现。

（四）工作/就业与家庭责任

1. 女性的家庭角色与家务劳动分工

张李玺（2006）对中国现代城市双职工家庭的婚姻冲突现象进行分析后发现，以男性为中心的家族文化对两性关系有深刻影响，中国政府推行的男女平等政策对传统女性角色带来了冲击和变化，夫妻之间"重新建构"了性别关系和家庭性别分工模式。研究发现，"料理家务"至今仍是中国部分女性的生存和生活方式，而且有越来越多的高学历女性加入到"家庭妇女"这一行列中来（刘爽、马妍，2009）。中国城市的性别秩序处于一个分化时期，"全职太太"的出现反映了家庭中的性别秩序由市场转型前"国家父权制"的接管状态向市场转型后的"女性价值回归"转变（方英，2008；2009）。

黄河清与张建国（2007）对上海夫妻家务公平观的调查发现，妻子不再像过去那样看重别人对自己做家务的看法，也并不明确赞成女性比男性更适合做家务；夫妻双方都把对方在家务劳动上的投入看作一种义务而非爱意的表达。甄美荣（2009）也认为情感投入并不可以划入家务劳动的范畴。对于性别角色态度的刻板化态势，徐安琪（2010）认为这与经济、社会转型期妇女就业难度增加、工作压力增大有关，也与大众传媒对性别角色定型化模式的复制和传播有关。

家务劳动时间的差异不仅作为阶层差异的表征，体现女性群体内部的差异（李芬，2008），而且更反映了男女之间的性别差异。研究发现，已婚女性的家务劳动时间远远超过男性，家务劳动分工在很大程度上依赖于男性和女性各自的性别角色观念、时间可及性、结构性资源和家庭环境（杨菊华，2006）；另外，夫妻相对收入对家务分工也有较大影响，缩小男性和女性在劳动力市场的收入差距或许是降低家务劳动分工不平等的有效途径（刘红英，2010）。李亮和杨雪燕（2009）的研究发现，女性本人的收入和教育程度对家务分工期望有显著影响，外出妇女比未外出妇女对丈夫分担家务的期望更高。

2. 平衡工作与家庭

左际平和蒋永萍（2009）透过社会转型期中国城镇已婚妇女工作和家庭的变化，分析了国家、市场和家庭对家庭性别建构的影响，探讨了国家与家庭关系的变化。在角色冲突的"双重挤压"下，职业女性陷入了家庭与工作的双重矛盾中，而目前的社会公共服务对解决或减轻女性压力的作用有限（包蕾萍、徐安琪，2007）。关于工作与家庭冲突的原因，刘伯红等人（2010）指出，人口、家庭的发展与变化趋势总体上加剧了家庭照顾的复杂性和难度，宏观经济政策的改变、公共服务供给不足对有家庭责任的劳动者带来了负面影响，现有的企业政策和文化也不利于劳动者减轻工作与家庭的矛盾。

工作和家庭冲突对女性产生了诸多不利影响，包括影响女性就业的机会和职业发展、影响女性的收入和社会保障。工作与家庭矛盾迫使女性不得不选择阶段性就业或永久性自愿失业，家庭效用最大化成为已婚女性劳动力市场供给行为的主要决策依据之一。针对这些问题，研究者建议政府将性别平等意识纳入决策主流，尽快将保育事业、养老事业和家庭服务事业纳入政府的公共服务范畴，大力发展多种形式的家庭照顾服务，建立和完善与市场经济体制相适应的"关爱家庭""以人为本"的家庭政策；建议企业和单位为员工提供工作和照顾家庭的便利；建议倡导"关爱家庭""男女共同承担社会责任和家庭责任"的社会风尚等（杜学元、陈金华，2010；刘伯红等，2010）。

3. 对家庭政策的初步探讨

鉴于目前中国家庭政策方面的欠缺，已有研究主要集中于对国外家庭政策的介绍。林卡和唐琳（2006）考察了北欧国家的社会政策发展及其如何将妇女从家庭中解放出来，使她们成为社会公民，为在中国实现男女平等的现实道路提供了可借鉴的经验。和建花（2008）介绍了法国家庭政策的概念、目的及其在帮助父母缓和工作与家庭冲突中所起的作用，指出家庭政策是引导或促进就业的社会政策，通过为父母提供既适合其收入来源又适宜于儿童发展的儿童照看机构，以及支持父母在工作和看管孩子之间做出自己的选择，以推动就业中男女两性间的平等，并使家庭生活和职业生活的冲突得到一定程度的调和。吕亚军（2008）以父母假指令为例，分析了欧盟家庭友好政策。他认为，政策本身的目的在于提供劳动力保护，帮助父母协调家庭与工作的矛盾，但是由于其潜在目标是促进劳动力市场的公平竞争而非实现性别平等，所以欧盟家庭友好政策仍然存在着种种缺陷。

（五）女性与家庭财产

李小云、董强等人（2006）的研究指出，由于资产的获得与分配在中国一直是以家庭为单元而表现的，这在很大程度上掩盖了不同性别在获得资产的具体方面的性别不平等状态。家庭内部资产占有的性别差异在家庭内部隐含了不平等的要素，同时，资产占有上的性别不平等与农户贫困产生了交互影响。段塔丽（2008）认为，西部农村女性在家庭资源分配中被"边缘化"问题的出现，反映了在当代中国社会转型期西部农村家庭资源配置过程中性别利益的不平等、女性权益被忽视这一事实。西部农村父权制家庭结构、传统的性别劳动分工模式、不平等的性别关系，以及社会资源分配中性别公平性缺失等诸多因素在其中起着重要的制约作用。虽然在立法上妇女应享有与男子平等的住房权，但由于传统意识形态的影响，妇女的独立住房需求在现实中常被忽视，尤其是妇女中的边缘弱势群体。单亲妇女的住房需求目前少有政策和法律的关注，郭慧敏（2010）对妇女小组的研究揭示了父权制对妇女的空间挤压，以期推动政策和法律的改善。

（六）对妇女婚姻家庭地位的认识与评价

郑丹丹（2006）运用第二期中国妇女社会地位调查数据，从家庭权利、家庭责任和家庭权力等方面分析了妇女的婚姻家庭地位变迁，并对家庭权力、家庭地位满意度的影响因素进行了深入分析。以女性生命周期为线索，田鸿燕（2008）对一个土家族村落的女性家庭地位进行了实证研究；孙玉娜（2008）研究了妇女的非农就业经历对其家庭地位提高的意义以及性别分工模式的变化；魏丹（2009）对非农化背景下的福建龙岩地区农村已婚女性家庭地位进行了研究；周艳（2009）分析了回族农村妇女的社会资本对其家庭地位的影响；郑玲（2009）对城市女性家庭地位提升进行了制度分析。

吴帆（2006）运用家庭领域性别平等与妇女发展指标体系和2004年数据，对中国家庭领域中的性别平等和妇女发展状况进行量化分析，发现两性婚姻平等关系已经处于比较好的发展阶段；女性仍然是家庭责任的主要承担者，地区之间的家庭责任分担差异与经济发展水平之间存在着明确的相关关系；在家庭资源分配方面，女性的学习时间、闲暇时间以及其他自由支配时间均少于男性。运用2005 年和 2006 年的数据，和建花（2008）评价中国的家庭性别平等处于中等发展程度，在婚姻关系上大致实现了性别平等，但男女在家庭资源分配和家庭责任分担上则相对不平等，妇女承担着更多的家庭责任而资源获得却较少。

三　研究的不足与展望

20 世纪 90 年代末，在中国各种社会问题突发的时代背景下，家庭研究有边缘化的趋向，虽然近几年来，诸多专家学者试图扭转这一状况，妇女/性别研究者也开始更多地介入这一领域，但妇女/性别与婚姻家庭研究仍与国内剧烈变动的婚姻家庭现实不相适应，仍存在一些问题和不足。

一是研究机制不够完善。各类规划课题的数目少，无法满足现实需要；研究者更多地关注城市化、人口老龄化、社会保障等突出问题，对婚姻家庭领域的性别问题关注不够；国内学术性刊物缺位，目前没有一份婚姻家庭方面的专业性学术杂志；跨学科的研究还有待进一步拓展。

二是对国外理论与方法的系统引进和介绍不够。近年来，国际婚姻家庭研究领域理论层出不穷，研究内容和方法也日益精致，但国内研究领域相对比较封闭，对此还缺乏系统的引进和介绍。

三是本土化的经验研究还有待进一步的理论提升。这五年中，国内对婚姻家庭的研究基本还停留在经验研究的层面，现有的研究要么运用中国经验印证国外相关理论，要么用国外的理论解释中国的现实，始终没有理论层面的创新。

四是妇女/性别研究与婚姻家庭研究的结合有待进一步深入。近年来，妇女/性别研究吸引了越来越多研究者的关注和参与，性别视角为婚姻家庭研究注入了新鲜的活力，带来了理论和方法上的突破，但妇女/性别研究总体上仍处于学术边缘，要将性别研究的理论和方法运用到婚姻家庭领域，还需要结合中国的国情做出更多的努力。

随着全球化和中国社会转型背景下的婚姻家庭问题越来越突出，随着研究者自觉意识的不断提升，以及妇女/性别研究的日益深化，我们期待着妇女/性别与婚姻家庭研究领域出现更多、更有价值的成果。

女性与媒介研究综述（2006~2010年）

王 琴[*]

一 研究概述

作为传播研究和女性研究的交叉领域，女性与媒介研究以性别的视角研究传播现象与传播结构，关注其中的性别问题；以批判的视角检讨大众媒介所维护与再生产的种种社会性别不平等现象及其原因，并深入探索媒介机构和媒介产品中体现的社会性别权力关系。作为交叉学科互相交融的产物，女性与媒介研究体现了丰富的研究范式和多样化的研究样态。从传播学的视角切入女性与媒介研究是目前学界较为普遍的研究范式。在这个意义上，女性与媒介研究是一种女性主义的媒介研究，可以视为传播学研究的重要分支。

在中国，女性与媒介研究基本上是在20世纪90年代中期才发展起来，且主要受到1995年北京第四次世界妇女大会的推动和影响。20世纪90年代末，文化研究的兴起也促进了一些学者对女性与媒介关系的深入探讨。2006~2010年，媒介与性别研究在中国有了较大的发展。根据国家图书馆数据库和超星读秀数据库的搜索数据，这五年出版的关于媒介与性别研究的著作共有24本。而在1995~2005年的10年间，只出版了两本著作。研究数量的增加可以清晰地看到这一研究的快速发展。这些研究也使得女性与媒介研究的广度和深度都有了较大的提升。

在专著之外，研究论文也有了明显的增长。从中国学术期刊网（CNKI）数据库的检索可以发现，以"媒介""传播""性别""女性"为关键词进行主题检索，共有博士论文80篇，硕士论文288篇；以同样的关键词进行主题检索，中文核心期刊中共有192篇期刊文章；重要会议论文共有23篇文章。

---

* 作者简介：王琴，女，中国传媒大学媒介与女性研究中心副研究员。

二　主要研究内容

（一）女性与媒介研究的理论探讨

女性与媒介研究作为一个新兴的研究领域，研究理论的发展、研究方法的总结以及对研究整体的梳理和分析都是学界迫切需要厘清的。由于这一研究较早在欧美国家发展起来，所以，对于国外学术作品的引进也是推进研究的重要努力。这一时期，一些国外女性与媒介研究的重要著作被翻译出版。祖伦（Liesbet van Zoonen）的《女性主义媒介研究》是第一部体系化的女性主义媒介研究专著，2007 年中国学界翻译了这部作品，积极推动了中国的女性与媒介研究的发展。该书展示了对社会性别、权力和大众媒介之间的关系的文化理解，分析了媒介的生产机制、媒介收讯和媒介受众的性别话语，并以传播学中经典的"编码、解码"理论来解释媒介意义的社会性别话语协商。此外，《批判的传播理论：权力、媒介、社会性别和科技》（苏·卡利·詹森，2007）也在同年被引进，该著以性别研究视角剖析了当代社会传播情境的种种迷思，从传播批判的角度分析了权力、媒介、科技和性别之间的互动关系。

在引进国外研究的同时，学者们还通过女性与媒介发展理论探讨和实例分析来推动研究理论在中国的本土实践。学者们指出，女性与媒介的研究理论和研究范式可以有多样化的样态，包括传播政治经济学、传播社会学、符号学、文化研究、女性主义媒介批评等研究理路都可以为这一研究的发展增加活力。

曹晋（2008）从传播的政治经济学的角度，揭示了媒介组织与权力体制的运作体制，分析了传播现象与传播结构中被遮蔽的性别问题。张敬婕（2009）从文化研究的视角，对在传播学研究中如何使用性别方法进行了阐述，考察了日常生活、电影电视、社会生活模式、消费文化等领域的性别与传播。张艳红（2009）从女性主义视野下媒介批评的角度，分析了女性主义媒介批评的历史流变，研究理路以及女性主义的受众批判、传者批判、方法论批判等内容。张恋恋（2007）借助符号学理论对电视新闻专题进行了女性意识的探讨。李琦（2008）从传播社会学的角度，考察了媒介机构、文本、受众这一传播链条不同领域中的性别问题，指出专业化女性媒体面临国家话语、政治话语和商业话语的三重制约。陈阳（2006）从后现代的权力话语出发，考察了 20 世纪 90 年代以来中国媒体里的国家市场和女性主义协商与博弈的互构关系。

（二）媒介内容中的女性形象研究

女性的媒介形象呈现直观地影响了人们对女性的认知。女性被呈现的频率、再现方式和象征意义等都是研究者们的关注重点。

特定女性群体的媒介形象体现出社会认知中的刻板印象。大众媒体依循传统的性别观念，往往在议程设置中体现出较多的偏向。主流报纸对"女性农民工"群体形象的媒介再现采用了高度类型化的叙事方式，使得"女性农民工"被频繁再现的是"受难形象"和"负面行为者"形象（贺博，2009）。同样的情况也出现在女大学生群体的媒体再现中。研究者分析了《新京报》《南方都市报》《成都商报》对女大学生群体的相关报道，指出女大学生的新闻报道大多集中在犯罪、死亡、暴力、性等负面新闻方面，女大学生群体形象正在被异化（严梅，2006）。此外，媒介议题中对高学历女性的形象建构是不断变化的，媒体关注重点主要包括婚嫁问题、就业问题、精神道德价值方面的追问。由此可见，媒体在男性话语下对高学历女性形象的建构，实际上体现了以男性价值观为核心的价值体系的失落，以及在新旧观念的冲突和价值重建中女性自我定位的迷茫（葛丽丹，2006）。

新闻、广告、电视剧中的女性形象也反映出社会环境中的女性困境。陈欧阳（2006）梳理了《女友》《家庭》《读者》1995～2004年广告中所表现的女性形象，指出随着社会的发展，女性刻板印象虽有较大的改观，但是依然存在。近年来杂志广告塑造了年轻都市女性极度消费和追求时尚的刻板印象，同时对于缺乏消费能力的女性群体极度忽视。李珊（2010）认为，当前大陆家族剧的女性形象建构存在着诸多的问题，她们往往被塑造成消极和屈从男性权威的形象，女性符号被有意识地贬低。作为女性身份认同的重要场所，电视剧创作要公正地再现积极、平等、多样化的女性世界。

要改变大众传媒所表现的社会性别刻板印象，可以从政府规制的完善入手，推动相关的政策发展，构建健康和谐的性别文化，构建完善的政策法规体系，建立行之有效的媒介市场监管体系，建立具有性别意识的传媒监测网络（戴亚芳，2007）。

（三）女性媒介从业者的现状研究

在中国的大众媒体中，女性媒介从业者的数量已经占据了半壁江山，但是新闻业中女性角色冲突十分明显，一是职业女性家庭角色和职业角色的外显性冲突，二是女性新闻从业者自我认识的内隐性冲突（胡蕾，2006）。刘平（2006）调研指出，女性主持人在电视媒体中占有数量上的优势，但在硬新闻领域，其话语权存在明显的弱化现象。

对于中国女性体育新闻从业者的研究也指出，虽然女性从业者在体育新闻媒体中占据了"半边天"，但是，体育媒体在两性报道比例上仍然失衡。女性在体育新闻传播领域中属于"被禁声群体"，女性话语权力"缺席"，女性新闻从业者的话语、意见在很多情况下被忽视。体育媒体中男性对女性的同行相斥现象也使得男性优势文化和地位进一步加强（顾晓莉，2009）。中国体育新闻报道中女性形象的缺失，也使得体育新闻对女性受众的吸引力相对较小。要改善体育新闻内容领域的性别状况，可以通过丰富报道内容、拓展报道形式、增加互动渠道的策略来推进（董任春，2010）。

整体来看，女性新闻从业者心理困境主要表现在三个方面：新闻生产领域中性别刻板印象给女性从业者带来的困扰，女性新闻工作者在新闻传播中的"失语"，以及女性新闻工作者自身的双重角色困境。之所以遭遇这些困境，与根深蒂固的父权制文化传统有重要关系（刘睿，2010）。

一些女性媒介从业者的性别意识依然缺乏。陈郦（2009）分析了1949年以来女导演的电影作品中女性形象在银幕上的呈现，指出大部分女导演的作品无论在影片的选材、故事、人物还是在叙事方式、镜头语言结构上，都缺乏性别意识。很多女导演拒绝凸显自己的性别身份，反而彰显男性视角，以和男性一样为荣。

（四）媒介对于受众的影响和赋权

大众传媒对都市职业女性的政治参与有着双重的影响，一方面，新闻类内容对女性政治参与意识有正向影响；另一方面，电视剧、广告、网络聊天等娱乐类信息接触又对女性的政治参与产生负向影响。大众传媒是都市职业女性政治表达的主要渠道，但男性仍掌握着大众传媒空间的话语权（周云，2006）。除了政治参与，都市白领群体的休闲方式也很依赖大众媒介。对广州深圳青年白领群体的实证研究表明，看电视是青年白领主要的休闲活动方式。男性更多选择一些竞争性休闲活动，如足球、篮球、网球等各种球类活动，特别是网络游戏；而女性白领更多选择看书、学习等自我提高式的休闲方式（夏志梅，2006）。

大学生群体受媒介影响的程度也十分显著。对首都10所高校大学生的调研指出，在大众传媒的影响下，当代大学生性别问题意识越来越敏感，对传统性别观念和刻板印象表达出质疑与反抗的态度。但大学生对大众媒介中依然存在的性别盲点甚至性别歧视的内容与形式，普遍缺乏辨析能力（张敬婕，2008）。大众媒介对女性身体意象的影响也不容忽视。对上海交通大学 165 名女大学生的调研表明，女大学生负面体形认知、体形不满以及瘦身意向的重要原因，是大众媒介所引导的"理想瘦"女性体形标准以及由此带来的社会文化压力（唐丽燕，2009）。

总体来看，在促进妇女在媒体和传播领域的参与和决策以及促进媒体表现平衡的和超越陈规定型的两性形象方面，中国的媒介有了长足的进展。然而，传媒中某些根深蒂固的性别盲点与性别歧视仍需要重视。特别是在商业化浪潮冲击下，对性别关系与性别角色的消费更为隐蔽和普遍（刘利群、张敬婕，2009）。女性作为媒介消费的主要受众群，难以逃脱媒体强大的影响和作用，陷入了被消费和消费自我的双重诱导之中（蒋晓丽、刘路，2008）。

（五）女性的媒介接触和使用

对不同女性群体媒介接触状况的考察可以看出媒介传播效果的实际情况。王慧敏（2007）分析了电视文化对青少年社会性别认知的不同影响，指出女生较之男生更追求电视带来的娱乐效果和轻松感，亦更容易被电视文化内容影响。程芸娟（2006）考察了武汉大学和华中科技大学研究生媒介接触和使用的性别差异，发现女性将获得有关个人生活的信息作为接触媒介的首要目的，而男生则将了解国内外新闻事件放在首要位置，女性的媒介接触主要根据实际的需要来选择，不会拘囿于性别刻板印象对自身的要求。张婧和欧勤扬（2009）调查发现，女农民工对媒介及信息内容的选择趋向单一化的娱乐消遣，她们能接受到最多的媒介就是电视。虽然大众媒体具有普适性的特点，但除了电视对弱势群体具有相对强势的覆盖之外，纸媒、网络等其他媒体的情况不容乐观。总体而言，女性农民工群体的媒介接触行为处于低层次、低频度的状态。

（六）女性与媒介研究的国际经验

刘利群《国际视野中的女性与媒介》（2007）、蔡帼芬《镜像与她者：加拿大女性与媒介》（2009）从国际传播的角度出发，分析了其他国家中女性与媒介发展的经验和研究视角，为中国女性与媒介本土研究的发展提供了国际经验和范例。王艳丹（2008）以创刊于 1914 年的《女工》杂志为例，分析了俄罗斯社会转型期的女性期刊发展，展现了俄罗斯不同历史时期媒介中呈现的女性话语。吴越民（2010）分析了《人民日报》《新民晚报》《纽约时报》新闻报道中的女性，从跨文化研究的角度分析了中美报纸新闻中女性形象塑造的差异。张弦（2008）通过对 2006 年在日本播出的 140 支电视广告的内容分析，总结了日本电视广告中三个主要的典型女性形象：变化中的家庭主妇形象、受欢迎的女明星形象以及时尚独立的单身女性形象。没有一则广告将女性塑造成"职业母亲"的形象，也看不到两人同时忙碌在职场的夫妻；这些单身的职场女性折射出日本国内最现实的女性问题——"要么结婚不工作，要么工作不结婚"，晚婚、少子等社会问题也皆因此而起。卡罗琳·凯奇的《杂志封面女郎》（2006）梳理了 20 世纪早期美国杂志封面女郎中关于妇女形象的历史发展，以检验媒介中女性再现的刻板印象问题。《追寻男性杂志的意义》（彼得·杰克逊等，2007）则提供了国外男性杂志发展的典型个案分析。

（七）对女性与媒介研究的概述和总结

《中国女性与媒介研究报告（2005～2006）》（刘利群，2007）以年度报告的形式全面分析总结了中国女性与媒介的研究与实践。分析的主题关涉女性传媒从业者的职业发展、媒介传播中社会性别观念的表达、传播媒介对女性的影响以及当代女性媒介的经营等，体现了社会变迁的时代背景下女性与媒介相互建构的复杂关系。《中国妇女发展报告：妇女与传媒》（王金玲，2007）以妇女发展蓝皮书的形式探讨和总结了中国妇女传播行动的经验和教训、妇女为改变媒介议程发起传播行动的历史、媒介干预的具体行动及其策略，就中国媒介社会性别表达的现状、变化和问题进行监测和评估，并提出了政策建议。

（八）女性与媒介发展的历史研究

从历史角度梳理女性与媒介在近代中国的发展也是研究关注的重点。宋素红（2006）考察了中国近代妇女报刊的兴起发展和近代杰出女报人的典型个案。李晓红（2008）分析了民国时期上海知识女性与大众传媒的关系，以此凸显近代女性生活的变迁与女性主体的成长。白蔚（2010）梳理了 20 世纪百年中国传媒发展，从社会性别视角揭示现代性的男性文化特征，透视女性与现代性的内在关联。胡晶晶（2007）通过分析 20 世纪 30 年代《申报·自由谈》，探索了当时主流媒体如何对女性意识进行传播。王燕（2008）考察了 1978～2005 年《中国妇女》杂志基于国家民族的叙事背景及自身市场化的发展要求，塑造了从"三八红旗手"、"美丽女性肖像"到"时代影响力"的中国女性图景，并揭示杂志以"国家民族代言人"的身份内涵完成其意识形态的形象表达。

（九）女性媒介研究

大量"伪女性媒介"的存在，是目前女性媒介最大的问题所在。这些"伪女性媒介"以女性作为商业卖点，名为女性服务，而行商业之实。它们一方面误导女性形象，把女性描绘为"性对象""贤妻良母""男人婆"，另一方面以消费主义取代女性意识，灌输消费＝女性解放、消费＝女性自由、消费＝女性发展的观念（单晓红，2006）。

刘芳（2010）以《世界时装之苑——ELLE》为个案，指出时尚杂志建构了一种虚幻中产阶级女性形象，但这种身份建构并不能真正促进女性读者的自我认同。对女性电视节目《天下女人》的研究也发现，节目所聚焦的是一群现代中产阶层女性的形象，忽视了其他女性群体。节目中展示的作为现代女性所遇到的角色困惑容易加深人们心中固有的传统性别观念和刻板印象（苏杉，2006）。

以网站为代表的新媒体的繁荣进一步促进了媒介的融合发展。有人认为新媒体是女性发展的新机遇。陈月华（2009）对女性博客给予了积极肯定。在对比分析了新浪、搜狐的400个男性和女性博客后，认为女性博客更具创新性，也具有更高的写作水准。女性博客的发展是媒介和女性的双赢。但是对瑞丽女性网站和腾讯女性频道的研究也表明，作为新媒体的女性网站没有摆脱传统媒介对女性的定位。网站女性频道中的女性形象依然存在着被视觉化处理的现实，女人"第二性"的现实在网络中再次得到复制。

女性电视频道／栏目借助电视的广泛收视覆盖，具有较好的社会影响力，但是女性电视节目的发展不容乐观。中央电视台的《半边天》创办于1995年，曾是中国最具影响力的女性节目，始终遵循女性电视节目作为社会公器的宗旨，不仅关注城市女性独立价值观的塑造，还挖掘农村女性所需要的现代文明的熏陶和推进（陈文君，2010）。但是这样一档积极彰显女性意识的节目却因为收视率等原因，在2010年7月停播。《半边天》的发展历程，也代表了中国一批女性节目的发展命运。

女性电视频道的发展也面临种种问题。调研长沙女性频道的现实发展表明，女性专业频道在发展中面临收视覆盖面窄、人力资源匮乏等现实困境（张锐宣，

2007）。对四川妇女儿童频道的分析发现，女性频道和栏目内容及定位从原来宣扬女性独立价值观、凸显女性主体地位和性别平等意识向娱乐化转变（刘芮希，2010）。

在对不同女性媒介类型的系统分析方面，也有很多研究做出了重要的推进。刘胜枝（2007）分析了当代政治宣传类、婚姻家庭类、时尚消费类等不同女性杂志的现状与发展。张兵娟（2009）考察了历史剧、言情剧、家庭情节剧等不同类型电视剧中的女性叙事。党芳莉（2010）从广告人的性别意识、广告中的女性形象、广告与女性关系的历史发展等方面，对女性广告的发展进行了全面分析。张晨阳（2010）从报刊、影视、网络等不同的媒介类型出发，分析了 20 世纪 90 年代以来中国社会转型和媒介市场化背景下大众传媒的性别话语表达状况。

从宏观社会语境来看，中国女性媒介组织要获得长足发展与良性循环，必须拥有两大社会资源：一是要具备明确的女性主义立场，二是要获取广泛的社会支持渠道。要设立女性传媒监测网络，建构多元化的监督女性媒介的社会控制体系；建立妇联组织与媒体机构的联系制度，促进女性传媒与妇联工作的良性互动；促进妇女公民社会组织介入与干预女性媒体，为后者培育生存发展的社会土壤（刘沁、李琦，2008）。

三　科研项目、学术会议和学科建设概况

（一）女性与媒介研究的重要科研项目

女性与媒介研究在国内起步较晚，在重要的科研项目研究中得到的关注并不多。以最受关注的国家社会科学基金项目和教育部人文社会科学研究项目两大重要科研立项项目为例，2006~2010 年女性与媒介研究领域设立的国家社科基金项目仅有一项西部项目立项，即西南大学韩敏的"十七年时期女性媒介形象研究"（2008 年）。教育部人文社科项目共有五项立项，包括：教育部人文社会科学重点研究基地重大项目一项，即中国传媒大学刘利群的"女性的媒介呈现与中国国家形象建构"（2010 年）；教育部人文社会科学研究规划基金项目一项，即中国传媒大学刘利群的"社会性别视野下的媒介研究"（2007 年）；教育部人文社会科学研究青年基金项目三项：中国海洋大学薛海燕的"民初（1912~1919）小说界女性作者群体的生成研究——以报刊业文化生态为视野"（2010 年）；南京财经大学

蒋建梅的"图像时代的女性镜像研究"（2010年）；中南大学凌菁的"媒介素养与性别意识重建"（2010年）。

从国家社科基金和教育部项目的立项情况来看，所有的立项项目都是新闻传播学科领域的科研项目，显示了女性与媒介的研究与学科发展目前还是主要依托新闻与传播。但是五年间仅六项立项项目，说明在新闻传播研究领域女性与媒介研究依然是非常边缘的研究，尚没有进入学科发展的主流。

（二）女性与媒介研究的重要学术会议

2006～2010年，女性与媒介研究领域在不同层次上以不同的主题召开了一些学术研讨会。

在妇女研究学界，一些重要的学术会议将大众女性与媒介发展作为主要的讨论主题，推动了学界的研讨和交流。中国妇女研究会每年举行的年会都会有相关的会议论文关注女性与媒介研究，如2008年11月中国妇女研究会年会"改革开放30年中国妇女/性别研究"设置了"大众传媒领域中妇女和性别问题与政策"分论坛；2010年11月中国妇女研究会年会暨"北京＋15"论坛，将"妇女与健康、环境和文化传播"设为8个分论坛之一。

此外，在传播学和历史学的研究论坛上，也关注了性别与传媒的主题。2007年10月由中国传播学会、国际传播学会主办的"2007中国传播学论坛"也设置了"女性与媒介"专场分论坛。2009年6月，由复旦－密西根大学社会性别研究所主办的"社会性别研究国际学术会议"将"社会性别与近代中国传媒"作为分论坛主题之一。

中国传媒大学女性与媒介研究中心2005年获批成为联合国教科文组织女性与媒介教席。"联合国教科文组织女性与媒介教席论坛"作为品牌化学术会议，聚集了国内和国际的重要学者，讨论女性与媒介的研究发展。如2006年1月，"联合国教科文组织－中国传媒大学女性与媒介教席北京国际论坛"召开，来自6个国家及国内12个省（市）自治区的60多位与会专家围绕性别主流化与传媒影响力、女性与媒介实践等内容进行了深入探讨。2008年12月，"性别传播的国际对话与合作研讨会"召开，来自7个国家的60余名专家学者围绕性别传播的媒体实践、跨文化传播中的性别问题等性别传播领域相关重要议题开展了深入研讨。2009年9月，全球化背景下多元文化的共存与发展南京国际论坛召开，来自13个国家和地区的32位代表围绕"文化多元与教席合作""传媒嬗变与女性发展"

展开讨论。

（三）女性与媒介研究的学科建设概况

2006~2010 年，女性与媒介研究的学科建设有了长足发展。依托新闻传播学的学科发展，性别研究成为传播学的一个专门的研究方向。

中国传媒大学女性与媒介研究中心于 2006 年 9 月开始招收传播学专业"女性与媒介"方向的硕士研究生。女性与媒介研究中心承担了女性与媒介方向研究生的教学和培养工作。开设的课程包括"女性与媒介研究概论""女性与媒介研究发展史""女性理论专题""中国古典文学与性别文化"等课程。授课老师的研究领域涉及历史学、新闻学、文学、政治学等不同的学科领域，从女性与媒介研究的历史、理论、方法等不同的角度为这一研究领域奠定了坚实基础，推动了中国媒介与性别研究的学科化发展。

此外，国内其他高校也开设了女性与媒介研究的相关课程，如复旦大学新闻学院曹晋教授 2004 年首次开设"媒介与社会性别"研究生课程，2006 年扩展为"大众传播与当代社会"研究生课程，2007 年开设给本科生。这一课程也被评为复旦大学本科精品课程。

女性与媒介研究的课程建设和研究生专业方向的设置使得这一领域的学科建设有了切实的发展。各类课程设置致力于贯通传播学与女性学学科，致力于发展出中国媒介与性别研究的本土路径。

四　研究评价与展望

（一）研究特点

1. 研究体现出多领域、跨学科的特点

女性与媒介研究是基于传播学和社会学的交叉学科，同时也吸纳了不同学科研究的资源。在这一时期的研究中，研究者从历史学、文学、教育学、艺术学、政治学、管理学等学科背景出发，关注了女性与媒介相关的研究问题，这使得研究视角和研究内容更加丰富多元，有助于促进学科间的交叉繁荣，形成创新研究成果。

2. 关注社会热点，研究主题与女性现实和媒介实践密切结合

女性与媒介研究关注媒介实践，关注社会热点，相关研究涵盖了不同女性群体的媒介接触和使用、女性媒介发展的特点与困境、女性媒介从业发展者的现实状况、女性相关问题的媒介传播等与女性有关的很多重要领域，呈现多元化发展趋势。

3. 借鉴国外研究经验，推进本土化研究发展

女性与媒介研究发轫于欧美国家，20 世纪 70 年代以来已经有了长足的发展。中国的女性与媒介研究在 1995 年世界妇女大会后才受到较多的关注，作为后发展的研究，需要更多地借鉴国外已有的成熟研究。这五年，通过翻译引入了一些国外重要研究成果，同时在吸纳国外研究的基础上，积极进行本土化发展。在理论研究和社会实践等领域都努力贴近中国现实，提出更切合实际的研究方向。

（二）存在的问题

1. 女性与媒介研究在传播学研究中依然处于边缘状态

女性与媒介研究在中国的发展历程还比较短，目前女性与媒介研究的主流范式是以传播学为主体，加入性别研究的内容和视角，由此发展出一个新的研究方向和研究领域。女性与媒介研究虽然以一种性别研究的视角进入传统的传播学研究领域，但在主流的传播学话语中，依然经常被忽视，从传播学主流学术会议的主题、重要研究项目的数量等方面可以很清晰地看到这一点。

2. 研究内容同质化，研究创新不足

在这五年的研究中，研究主题多集中于媒介内容中的性别问题，对媒介传播主体和媒介受众的研究不多。从媒介传播的链条来看，作为传播主体的媒介把关人是媒介议程设置的重要环节，而受众的媒介接触和利用也是媒介效果研究的重要内容。但目前大部分研究都聚焦于更容易考察和把握的媒介内容分析，这使得研究具有同质化倾向。同时，研究的创新性不够。对于刻板印象的描述和女性弱势地位的分析，都有很强的预设性。很多研究关注到了媒介传播中的女性，但是对女性与媒介的研究缺乏敏锐的性别意识。研究的同质化和创新不足使得中国女性与媒介研究暴露出很多视野的局限，也使得学术探索与媒介现实不断出现错位。

（三）研究展望

1. 加强国际交流合作

在学术研究越来国际化发展的今天，学术的发展必须要和国际进行广泛交流。国内的女性与媒介研究起步较晚，更需要与国际的研究学界保持沟通和对话，以更好地推进本土研究的发展。整体来看，国际研究的重要成果和著作还需要进一步向国内学界推介，翻译和引进的工作需要进一步加强。同时，中国本土的研究也可通过国际学术会议、学术交流合作等渠道更充分地向国外学界传播。

2. 需要批评，更需要建设

女性与媒介研究具有学术批判的特点，针对现实的大众传媒中被遮蔽的性别平等问题提出批判。但同时，如何构建一种更好的传媒实践，需要提出更切实可行的建议，提出好的研究范例和媒介实践的正面案例作为推动实践发展的路径。

3. 推进学科建设的发展

目前，女性与媒介研究还只是依托于传播学的一个研究方向，但是未来的发展是要建设成为独立的学科"性别传播学"。系统的课程设置和人才培养的机制建设，将是女性与媒介发展具备学科建设的重要基础。基于学科建设的发展，相关的研究也要逐步推进，要进一步厘清女性与媒介研究的理论方法、研究内容、学科边界等，使学科建设趋向系统与规范。

女性主义艺术研究综述 （2006～2010 年）

罗　丽[*]

一　研究概述

女性主义艺术创作与研究，作为视觉传导形式和直观宣传媒介，实际上一直伴随着女权主义、女性主义的发生、成长、发展，并以无限多样的艺术语言形式，见证了后现代主义思潮及其女性主义理论的社会化形成与推广，为全球性的广泛传播做出了积极的贡献。

女性主义介入中国女性艺术创作与研究领域已有 30 年的发展历史。2006～2010 年，在美术、影视、戏剧、音乐、舞蹈等不同门类的艺术实践与艺术学科里，女性主义艺术相关研究大量涌现，在考察艺术创作、诠释或解读过程中，从视听艺术的符号性、多元性、发散性的思维与创作特点出发，一些艺术家、学者超越艺术语言的界限，从社会性别研究出发，将创作和研究推进到普通大众的生活界面，在社会结构、衍化本体中进行探索、研究与预测，丰富、推动了世界女性主义艺术实践和理论的发展。

20 世纪 90 年代，当代艺术中的女性意识在中国掀起了一个高潮。当代女性主义的发展使得女性艺术家们更加自觉地寻找女性表现方式，诞生了大量的女性主义艺术作品和一批女性主义艺术家。中国的女性艺术由于受世界女权运动风潮、世界女性主义艺术和中国当代文化艺术三重因素的影响而呈现出独特的风貌（屈琰，2006；李华，2006；童永生、王池，2007；孙欣，2007；赵红燕，2009）。与西方女性主义艺术反叛、挑战的姿态和豪放、率直的特性相比，中国女性主义艺术显得较为内敛、含蓄，一般不以生猛、怪癖、激越为追求目标，这反映出不同民族女性之间不同的审美情趣和思维方式（张平，2006；傅军，2008；臧婕，2008；贾林芳，2008；邢梅鹤，2008；孙蕾，2009）。

女性主义艺术在当今艺术界、娱乐业、大众传播业是一个非常值得探究的话

*　作者简介：罗丽，女，中国艺术研究院研究员。

题，是当代文化不可或缺的有机组成部分。对于结构性的男权话语来说，女性主义艺术不仅打破了传统意识对女性艺术的规范，同时也造就了当代艺术的多元化趋势。其批评话语的体征在中国当代艺术环境中日益彰显其独特性，并针对男性中心话语模式和既有学科规范的偏见和弊端，进行了颇为有力的批判和解构。女性主义艺术正从文化的"边缘"自觉地走向文化"主体"。

本年鉴开创了女性主义艺术研究综述的撰写工作，从此将中国女性艺术创作和研究活动纳入中国妇女研究的主体框架，意义重大而深远。

二 主要研究内容

女性主义艺术的主要表现形式是以性别意识为特征，对传统艺术史及当代艺术行为中的性别形象进行视听鉴析、品评。这五年间，女性主义艺术研究的论述反映在中国女性艺术创作、诠释或解读中，突出了几个关键词，如身体、情色、窥视等，表达了女性主义艺术创作完全不同于男性艺术家喜欢宏大叙事、喜欢"向外看"的整体扩张性，女性主义艺术创作坚持自己的观看方式，倾向于探索自身、个体的感受，在"细枝末节"中深入挖掘，在这份执着中叙述女性主义存在的价值和主张，绘制了女性主义艺术的独特图景，由此延展并将女性主义艺术理论带入更加广阔的、多维的、深入的研究空间。

（一）女性主义艺术研究的关键词

1. 身体

20世纪90年代以来，对身体的表现以及艺术中女性形象的表现问题一直是中国女性主义艺术研究讨论的焦点。女性艺术家的创作实践显示，她们试图掌握对性与身体的自主权，表达女性对性与身体的各种感觉与体验，艺术家们多采用感官效果强烈的表现形式，展演对自己身体的觉察，传达女性的独特经验，将"身体"与自然、社会、文化同构。如以直接的"身体描述"来打破女性被描述的局面，打破男性创设的艺术等级的神话，创造了新的艺术形式。利用传统资源的女艺术家们，在其精神情感来源上，也从"我的身体"中汲取能量和灵感，寻找符合她们感觉的传达方式（章旭清，2006；游晓燕，2009；耿文萃，2009）。

佟玉洁2006年发表了《艺术有性别吗?》《女性艺术是个悖论》等文章，同年，她作为《美术文献》杂志的特邀主编、学术总召集人，编辑了"身体"专辑（2007 年第 2 期）。她指出，在男权话语下形成的视奸论的女性身体，成为欲望象征的他杀，已经纵贯几千年的中外美术史。同时，女性的身体成为欲望象征的自杀，是以无数个受宠于市场流行文化的身体的复制再复制的诡谲与暴力为代价的。如作为市场经济的隆胸整容等身体工业的泛滥；作为眼球经济的世界选美小姐活动的频频发生；作为贿赂经济以公开性爱视频为要挟的政治目的事件的屡屡出现。中国女艺术家将男权话语下作为视奸论的欲望载体的女性身体看成是时尚恐怖主义，并以其装置艺术的犀利，质疑了作为历史图像的女性气质的女性身体、作为现实流行文化时尚的身体和作为商品等价交换的色情的身体。

孙孟晋（2006）介绍女性主义音乐与身体的关联时描述道：从 20 世纪 70 年代开始的女性主义思潮带出了强大的性别意识，或者令人瞠目结舌地暴露女性身体，或者阴阳同体地抹杀历史的歧视。20 世纪 70 年代的女性艺术就这样影响了 70 年代女性音乐的勃起，它到今天都长盛不衰。南希·弗雷德（Nancy Fried）的雕塑作品《暴露的天使》更直接地传达了信息时代的可怕：半身裸女长得奇形怪状，只有一只乳房的她扒开胸口，原来她的头在里面绝望地狂叫。

岛子在《身体复兴》（2007）一文中，对艺术中身体的理解是：女性行为艺术家支配自己的裸体，一般是反凝视、反消费、反宰制、反媚俗的，因此与大量商业化的"女性人体写真"构成了对反性的批评立场。行为艺术中裸体的合理性运用，能够为艺术本身开辟新的领域，并增强新的阐释体系。

2. 情色

在公共资讯发达的现代社会中，"情色"一词与时尚沆瀣一气，构成了当代的文化身体，成为官方消费文化与大众消费文化的一种表述方式。

刘倩在《男权社会的"污点"证人——中国当代女性艺术家的"情色"现象》（2008）中指出，中国当代女艺术家对女性性别符号的凸显，充分反映在"情色"这一特征方面，即对性的表现，认为这种自述经验的艺术特征，实际上是女性主体意识的自我否定。

2009 年 9 月 30 日，由申子辰策划，四川美术学院女性艺术研究中心、女性权利联盟、雨枫书馆主办，北京师范大学、中国青年政治学院、首都师范大学、中国人民大学、中国艺术研究院等单位承办的"女性艺术及女性问题系列讲座——身体与情色"沙龙专场在北京举行，在主题演讲中，北京师范大学教师杨玲的《身体写作》、中国青年政治学院教师于闽梅的《去色情化的影像》、女性艺术研究中心协调人申子辰的《从女性艺术原型看中国当代艺术的色情化》、北京吉利大学教师李心沫的《作为反抗男权话语的女性身体》、自由音乐人芬妮的《被揉碎的情感之花》均对女性艺术之身体与情色进行了相关阐释。

李心沫认为，女性艺术的初衷是要抵制男性的审美趣味，而描绘自己的身体并未改变女人作为被观看者的身份，她们的努力恰恰是在加固和拓展这种趣味。李心沫还注意到，与男性艺术家相比，女性艺术家对自身的展示更加全面，"女性丑的、私密的和她们认为'真实'的方方面面都表现了出来"。

改革开放以来，西方色情影片开始流入内地。近年来随着盗版光盘的流行和互联网的发展，色情电影开始泛滥。裴玮艳（2010）分析认为，中国主流电影市场已经走入无色不欢的彻底男权话语时代，男性形象、男性话语在电影中已经处于统治地位。她从中国社会观念和人类心理元欲望的角度分析了这种现象的根源，同时反思了中国女性主义电影的发展现状，呼吁女性导演要对女性主义电影予以重视，并期待女性主义电影突破性题材的出现。

3. 窥视

艺术史中的女性常常是被窥视和欲望的对象，通过暴露女性的身体，女性身体从私密性走向公共性，从生物的、个体的身体走向社会的身体。女性主义艺术与批评则使女性的身体艺术带有批判男权中心主义社会的色彩。

电影是看与被看的载体，它纯粹通过视觉来体验事件、性格、感情、情绪、思想。中国电影百年，女性一直是银幕上一道斑斓绚丽的风景。何静、胡辛（2008）从女性主义理论和电影叙事的实际出发，探讨了电影在多大程度上还原了女性真实的生存状况。她们指出，自母系制被颠覆以来，女性在男性社会里一直处于从属地位，女性的生存没有历史，女性何以能在银幕上统领风骚？几千年来的男性中心社会早已剥夺毁灭了女性"看"的本能，女性习惯于"被看"。在光电的聚焦下，这种被看的地位被无情地凸显出来，女性的被看更是无处逃遁。通过对 1915~1949 年中国电影中的女性形象内涵以及男性导演视角中的女性形象进行女性主义的解读，她们发现，在 1949 年前的中国电影中，女性只不过是作为"被看"的对象、作为客体满足着男性窥视的欲望。作为银幕上被表达与被凝视的对象，她们仍然是无言、无奈的。

秦晓红（2006）谈到，当代电影的女性意识在其发展的初期，以抹杀差异性来寻求平等，"花木兰"式的女人成为当时主流意识形态中女性最为重要的镜像。新时期电影中女性形象的复归，却未能跳出传统妇女观念的藩篱。在商业经济的大潮下，男性电影文本中的女性形象则成为被窥视的对象和欲望的代码。透过近60年来多姿多彩的中国镜像，人们可以清晰地看到妇女的生存境遇，女性在社会中所遭遇的话语霸权和男权中心状况以及谋求自己独立的生存和发展空间的艰巨性（金梅，2007；魏莹，2008；周晓露，2009）。

在行为艺术家何成瑶的作品《开放的长城》（2007）中，裸露女性夹杂在一行衣冠楚楚的男性中缓缓前行，作品以反讽的手法叙述了被封闭在艺术长城（美术史）中的裸露女性的尴尬地位。中国女性主义艺术家还制作了大型书架装置，里面置放大量的指代妓女的鸡，批判锋芒直指由男权话语下的视奸论建立起来的中外美术史。在身体艺术的表现中，中国的女性主义艺术仍然带有强烈的过渡性特点，并没有完全脱离父权制传统的巢穴，有时甚至落入了商业化的陷阱。例如，有的女性艺术家创作的身体艺术并没有强烈的性别平等意识，相反，却迎合了明显的男性凝视的眼光，成为新的春宫图，这是我们要警惕的问题（李建群，2010）。

（二）女性主义艺术研究内容

1. 西方女性主义理论引入中国女性艺术研究

西方女性主义理论开始进入中国是在20世纪80年代初，首先是在文学领域出现。女性主义艺术理论规模性地进入中国是在20世纪90年代。台湾远流出版社翻译出版了一批女性主义理论著作，如：《女性，艺术与权力》（琳达·诺克林著，游惠贞译，1995）、《女性主义与艺术史》（诺玛·布罗德、玛丽·戈拉德编，陈香君译，1998）、《视线与差异》（葛雷思达·波洛克著，陈香君译，2000）、《女性笑声的革命性力量》（乔·安娜·伊萨克著，陈淑珍译，2000），这些西方女性主义艺术理论经典著作的出版对于中国大陆的知识分子接受女性主义艺术理论产生了重要的、决定性的影响，一批高校学者以及艺术家、艺术批评家很快就通过这些著作和英文世界的出版物了解了女性主义思潮和观点。此后，西方女性主义艺术实践与理论研究成为中国艺术批评理论的研究热点之一，开启了中国女性主义艺术的创作实践和理论研究。例如：郭培筠的《西方女性主义电影理论述评》（2003）、陈振华的《西方女性主义戏剧理论》（2005）、倪井如的《西方女性主义艺术与中国现代女性艺术》（2006）、王正胜的《从女权主义到后女性主义：百年美国女性戏剧》（2009）、王莉函的《浅析西方女性主义艺术的发展》（2009）、李镇的《女人的晚宴——朱迪·芝加哥及其女性主义艺术》（2010），等等。

朱云（2010）推荐了《阴性终止》这本书，麦克拉瑞的研究路数无疑成为新音乐学研究方法论的一种具有代表性的研究视角，即从女性主义及文化研究视角来解读音乐作品中的社会性别和性欲特征的构建。在麦克拉瑞女性主义批评的视角中，西方经典音乐从音乐理论（如和声的构造、大小调体系）到音乐叙述语汇（如奏鸣曲式等），整体上都成为白种男性权威的代言人，刻上了深深的歧视女性的烙印，背负了沉重的罪名。该书的最大价值在于，其陈述的音乐诠释模式成为以后学者研究其他议题时不可或缺的工具。

邓晨霞在《女权主义思想对近现代舞蹈的影响》（2009）中介绍道：女性主义舞蹈是舞者用女性视点看舞蹈及其所表现的意义，以女性的心理及思维去表现舞蹈，并进行有意识的创作。最早由玛莎·格雷姆创作的《悲歌》就是一个从女性心理和视角表现女性的经典作品。作为一种对女性悲哀的描绘，格雷姆的舞蹈表现是隐喻性的，她突出了性别特征和女性的情感倾向，使观众了解到"紧身衣壳"带给女性的束缚，反抗并控诉了男权思想及其文化体系。

李建群自 2002 年主修西方女性艺术研究，发表了《失落与寻回：为什么没有伟大的女艺术家》（琳达·诺克林等著，李建群等译，2004）、《西方女性艺术研究》（2006）、《艺术史的历史》（温尼·海德·米奈著，李建群等译，2007）、《女性主义怎样介入艺术史——葛里塞尔达·波罗克艺术理论初探》（2007）等译作、专著和文章，深入介绍和研究了西方女性主义艺术理论。作者阐述了西方女性主义艺术发展的背景、西方女性主义艺术史的产生与 20 世纪六七十年代在美国蓬勃发展的女权主义运动的密切联系。艺术史领域中女性主义研究的兴起，可追溯到 1971 年琳达·诺克林发表的.《为什么没有伟大的女艺术家?》，这篇文献拉开了女性主义学者对艺术史上被忽略的"伟大女性"进行挖掘和价值重估的序幕。

2. 女性主义艺术史研究

女性主义艺术史的首要任务，就是对艺术史本身的批判。西方女性主义艺术史始于 20 世纪 70 年代初，它是后现代主义艺术的一个重要组成部分，反映了一些女性艺术史论家要求改变以往艺术领域中存在的以男性为主导的性别不平等现象，要求重新认识女性艺术家和艺术史。西方女性主义艺术史冲击了传统的艺术史，为新艺术史的研究和发展提供了新的视点和方向。至 80 年代中期，一大批关于女艺术家的传记性质的研究成果面世。此外，一批关于女艺术家的调查研究性质的书籍也致力于恢复和展示女艺术家的成就及其重要性，试图证明妇女在艺术史上的贡献即使不如男性那么"伟大"，也是相当重要的，他们的目的就是对标准的艺术史调查研究进行补充，在传统的历史框架内重新定位女艺术家的地位。这类研究实际上反映了20世纪70年代女性主义学术进入各学科领域的基本路径，体现了第一代女性主义历史研究的基本特征，即在承认既有历史框架和叙事逻辑的前提下，纳入被忽视的"伟大女性"，以期恢复女性的地位和弥补历史的不完善性。

一部中国美术史，几乎没有女性艺术家的位置。中国有文字记载的最早的画家是一位女性——帝舜之妹嫘手，她甚至被推崇为中国绘画的"创始人"，被史书称为"画祖"，《世木·作篇》《画史汇要》《书尘》《汉书·古今人表》等历史文献中均有关于嫘手的记载。然而，由一位女性艺术家所开创的中国绘画，在其数千年的历史中，女性艺术家却处在一种"缺席"的状态，即使偶然被提及，就其艺术成就而言也无足轻重。由清代一位女史家专修的《玉台画史》，记载了历代女画家215人，但从其分类（宫掖、名媛、姬侍、名妓）不难看出，她们大多处在男权社会的附属地位，没有独立的人格尊严，在艺术上也多是重复男性艺术家所创造的程式，缺少自己独立的创造和建树（陶咏白、李湜，2000）。

进入20世纪，在巨大社会变革的推动下，中国妇女的历史境遇也作为一个时代的课题被提了出来，随着知识女性的觉醒、思想的自由和个性的解放，她们开始走出闺阁，在艺术上表现出一种前所未有的活跃局面。

随后的研究者很快发现，这种艺术史的进路最终只能以失败告终，因为它将妇女纳入既有的结构之中，而没能质疑这些结构本身，没能质疑关于"伟大"和"艺术成就"的男权主义界定的权威性或合法性。事实上，在寻找艺术"天才"的道路上，妇女为何被压制，又应该如何去改变既有的环境、制度和意识形态等问题被系统地忽略了。在一些学者看来，反复讨论那些被多次提到的女艺术家，这样的女性主义艺术史易于丧失开放性，这种规范几乎和男性艺术史一样具有排他性（邹颖，2007；季莹，2008；齐鹏，2009）。

3. 女性主义艺术批评

20世纪90年代初，女性主义艺术批评在中国的艺术批评界悄然兴起。徐虹在《江苏画刊》上发表了《走出深渊，给女艺术家和女批评家的一封公开信》（1994），这篇宣言性质的文章对广州双年展中的评选制度提出了公开的质疑。她带有明显的女权主义思想，呼吁女艺术家要积极参与当代艺术运动，改变这种状况，为让另一性别的人读和读懂自己的语言，听和听清楚自己的声音而自强不息。廖雯（1999）从女性主义立场出发，研究了从古代到现代的中国女性艺术如何从闺阁自娱到男性化的创作、从自我发现到自我解放的历史。此后，涌现了一批明显带有女性主义倾向和表达方式的批评家及其文章和著作（郝青松，2009；靳卫红，2009；邱家和，2009；喻红，2009）。

女性艺术创作和展览是中国当代艺术最活跃和积极的组成部分，是女性主义艺术的批评方式之一。蔡锦、阎平、喻红、姜杰、申玲、罗莹、何成瑶、林天苗、靳卫红、奉家丽、李虹、崔岫闻、袁耀敏、刘虹、徐晓燕、向京、陈秋林、陶艾民、陈可等女性主义艺术家，以其视觉的张力、多样的艺术手法、丰富的思想内涵，建立起当代女性艺术的学术版块，同时推动并带动了女性艺术市场机制的发展，女艺术家学术水平的提升首先来自于她们艺术的独立人格以及良好的艺术心态。

受到女性主义思潮的影响，20 世纪 90 年代以来，各类女性艺术展以不同的方式和名目竞相登场，尤其是 1995 年第四次世界妇女大会，使中国从真正意义上敲响了女性主义的钟声，推进了女性自觉自省的步伐。被公认为最具有里程碑性质的女性艺术展览是由贾方舟、陶咏白（藏品展："理想与现实"；特展："延续与演进"）、徐虹（文献展："历史与回顾"）、罗丽（外围展："自身与环境"）主持，1998 年 3 月在中国美术馆举行的"世纪·女性"艺术展。这个具有历史意义的大型展览，由官方美术机构中国艺术研究院比较艺术研究中心主办，60 多位女艺术家的 200 余件作品参展。该展览显示了中国女性艺术家不再是一个"失声的群体"，"中国女性不再仅仅处于一种被说、被写、被画、被赏的客体地位，她们反客为主，从自身经验出发去说、去画、去写、去做……用她们的内心资源去建构一种属于自己也属于全人类的女性艺术与女性文化"（《世纪·女性艺术展》，1998）。

电影作为意识形态的主要载体，自然成为女性主义艺术批评的重要战场。影评界的一些学者通过对各个阶段男女导演创作的比较分析，探寻出隐藏在电影文本表层结构之下的深层性别结构，揭示男女导演各自真实的性别文化立场，从而客观地认识、了解新时期以来大陆女性电影中存在的性别文化，如：刘琴的《移植后的生长——新时期以来女性主义电影批评管窥》（2006）、刘海玲的《中国女性电影的女性主义批评近观》（2007）、董宁宁的《中国电影对女性主义电影的探索》（2008），游晓燕的《女性主义电影批评关键词》（2009）、詹才女的《电影与何去何从的女性主义》（2009）。

张晓红（2009）谈到，随着中国电视产业的发展与女性意识的觉醒，女性电视谈话节目开始在电视荧屏上崭露头角。她肯定了《半边天》《天下女人》等女性电视谈话节目对女性角色和女性生活的关注，但也强调了各自的发展瓶颈，并提纲挈领地指出，女性电视谈话节目要想获得长足的发展，就必须在协调各种力量的基础上跳出男权文化的桎梏，以真正的性别平等为基础，制作精品化、品牌化的女性电视节目。

沈婉蓉（2010）认为，女性意识在当代戏剧文学作品中呈现频繁。从戏剧角度呈现在大众文化背景下的女性意识，从性别角度来审视戏剧创作对当代女性主义戏剧发展具有的促进意义，重在揭示当代戏剧中女性生存与发展面临的种种问题，揭示当代戏剧中表现出来的女性意识的发展轨迹及特点。戏剧创作应当摒弃传统的性别文化和社会偏见，应当抛弃陈旧的性别角色定位和传统的性别观念，建构女性意识健康发展的文化环境。

4. 建立女性主义艺术理论

女性主义理论进入中国当代艺术批评，从来就是一个充满争议的过程。许多批评家认为，女性主义是西方女权主义运动的产物，它不适合中国的文化环境，因而在中国当代艺术批评中没有实际意义。对于这种观点，女性主义批评家做出了积极的回应。

戴锦华（2010）在谈电影与女性地位时认为，女性主义理论进入中国，一是因为20世纪80年代是个看到西方理论就觉得应当引进的年代，二是新中国成立后中国妇女拥有很高的法律地位，"社会地位空前高，性别意识空前低"。而做了几千年的"第二性"后，女性突然被放在这样的地位上，是需要调适、学习的，这也是她们当时将feminism翻译成女性主义而不是女权主义的原因，因为要侧重意识，而非权利。

罗丽（2005；2010）在《女性主义艺术批评》的博士论文和专著中，试图以开创性的学术建设为女性主义艺术理论研究做出贡献，她在系统分析女性主义及其人文拓展后明确指出：女权主义运动是人类社会衍化的一个分水岭，它标志着人类的生命活动从性别"原始依偎阶段"向个体"情趣选择阶段"的迈进。女权主义、女性主义必将成为未来个体生命某些生活情趣影像的片段回应。人类走上了一条不归路，那个方向就是人类每个个体携带着基因中积淀的自律，去展开丰富多彩的情趣生活，差异性的生活状态在艺术上的表现势必精彩无限，传统性别文化元素在个体情趣的艺术化实践中将被拆解、吸收、转换甚或排泄。她认为，艺术即生活、即创造，是无限差异文化的总和。应把性别文化的差异作为一个前提，力主不同的女性文化艺术加入到全球性的人类文化交互流动中。每个生命都是世间的有机组成部分，每一位女性的人力与智能资源的有效开采是人类的福分，女性主义艺术创作和女性主义艺术批评是女性主义艺术从业者、研究者对这种福分的热忱的累积，她们是人类个体情趣选择演进的前卫。

三　总结与展望

综上所述，女性主义在中国当代艺术批评中的影响已经成为中国当代艺术中不可忽视的一部分。"女性主义艺术"就是使用具有美学意义的美术、影视、戏剧、舞蹈、音乐等形式，原创性地表达女性对生活在父权制社会中的任何事物的感受和批评，并由此传达对未来人类进步的期盼。

追求多样性和差异与追求整体性和同一的协调，是全球人文学者的最大挑战，是女性主义的最大困境，也即是这五年中女性主义艺术实践与研究的生态语境。女性主义艺术创作与女性艺术家的生活紧密相连，在批判男权社会的行动中，女性身体成为她们最为便捷的题材表现，造就了她们对自身愈加敏感和勇敢的直面，爆发出她们关于身体的多维、丰富的艺术创作，显示出她们另一番空前真实而生动的艺术观察和现代女性的创作景观。这体现了女性主义艺术创作的阶段性成果，也显现了女性主义艺术研究的局限。

中国女性艺术家们不应囿于"自我表现"的个人经验，要不断开拓女性题材的文化意义，延展女性对自身的文化空间的触觉，以开放的心态和女性的感知，跨越性别的界限，更为宏观地思考社会、历史、人类的发展，这样必将开掘出个体生命宝藏之精彩。然而，东西方有着完全不同的文化语境，如何将女性主义与中国当代艺术实践有机地结合起来，在中国这样一个有着古老文化传统和父权制观念根深蒂固的环境中，女性艺术从业者如何克服重重障碍、取得自己的合理性和可持续发展，这都是女性主义艺术研究要思考的问题。

妇女与宗教研究综述
（2006～2010年）

范若兰[*]

一 研究概述

妇女与宗教的关系对于宗教演进和妇女权利都具有重要意义，因而日益受到学界重视，中国学界对这一课题的研究也呈增长之势，从20世纪八九十年代的30余篇论文，两本专著（范若兰，1999），到2001～2005年的60多篇论文，五部专著。对佛教妇女观、道教妇女观、中国清真女寺的研究有所突破（刘文明，2007）。2006～2010年间，中国大陆学界有关妇女与宗教的相关研究继续发展，笔者在中国期刊全文数据库以"妇女""宗教""伊斯兰教""佛教""基督教"等为关键词进行搜索，相关主题公开发表的论文约有60余篇，博士论文三篇，硕士论文20余篇，在中国国家图书馆进行书目检索，相关专著和论文集四部。此外，妇女与宗教相关的课题有五个项目获得国家社会科学基金宗教学立项支持，其中两个西部项目，一个青年项目，两个一般项目。

这五年间中国大陆学界对妇女与宗教研究的视角有所扩大，相关研究的分析有所深入，表现在：一是从女性主义视角和社会性别视角对宗教经典和宗教妇女观进行解读的论文较前增多，尤其是对伊斯兰教、基督教和佛教经典的重新解读；二是对中国妇女与基督教关系的研究有所深入和突破。对中国妇女与基督教关系的研究出现一批高质量的学术论文，尤其是对基督教女青年会的研究有所突破，研究涉及该组织近百年的变迁，鉴于基督教女青年会在中国妇女史和基督教史上的地位，对该组织的深入研究是可喜现象；三是对中世纪西欧犹太教和基督教妇女的研究有长足进展，出现相关专著、博士论文和硕士论文；四是运用社会学和人类学方法进行妇女与宗教关系的田野调查的论文较前增多，尤其关注农村

---

* 作者简介：范若兰，女，中山大学亚太研究院教授，性别教育与研究中心主任。

妇女宗教生活的田野调查最多；五是主流宗教研究杂志刊登妇女与宗教研究论文有所增多，《世界宗教研究》和《宗教学研究》是中国大陆宗教研究领域两本重要的学术杂志，极少刊登妇女与宗教的论文，但2010年《世界宗教研究》从季刊改为双月刊后，刊登与妇女相关的论文有所增多，几乎每期都有一篇，这对于推动妇女与宗教研究有所助益。此外，对少数民族妇女与宗教关系的研究较前增多且深入。

二　主要研究内容

中国大陆学界对妇女与宗教研究可概括为五个方面：对宗教妇女观的女性主义/社会性别解读；中国妇女史与宗教史研究；外国妇女与宗教研究；妇女与宗教的田野调查；少数民族妇女与宗教研究。其中少数民族妇女与宗教研究或有另文论述，在此不多赘述。

（一）从女性主义/社会性别视角重新解读宗教经典和教义

有多篇论文从女性主义/社会性别视角对佛教、基督教和伊斯兰教的经典和教义重新解读，挖掘其中性别平等的说教，指出是父权制实践掩盖了各大宗教早期的性别平等思想。

1. 佛教

彭树新（2006）指出，整个《大藏经》的经部，共有893处"善男子、善女人"并称，465处"比丘、比丘尼"并举。这种话语现象说明佛经已经初步有了男女平等的观念，而不是唯男人独尊。作者认为佛经初步出现了正确的女性意识、女性观念，如佛经开始重视女性，公开宣称男女平等，女性也能成佛。但是，佛经并没有完全贯彻男女平等的观念，在一定程度上存在女性歧视和男性霸权现象。其根源是释迦牟尼以前的婆罗门时代妇女地位极其低下，《摩奴法典》的产生使古代印度教妇女低下的地位以法律形式固定下来，无论在"妇女法"还是"夫妇法"里，妇女都没有自由主张的权利，妇女不得参加公共活动，被剥夺受教育的权利，完全成了男人的附庸。作者指出早期佛经重视女性，主张男女平等，女性也能成佛的思想，有力地挑战了印度传统的男权观念，为妇女解放迈出了可喜的一步。但曾慧（2009）有不同看法，作者列举佛经中贬低女性的经文，认为"早期佛教对妇女是相当歧视的"。同时该文指出佛教早期所处的社会文化对两性关系问题相当开放，印度教经典《摩奴法典》还给女性在许多方面与男子同等的社会地位。这一观点与学界一向认为《摩奴法典》歧视女性的看法并不一致。

2. 伊斯兰教

这五年大陆学界从女性主义/性别视角重新解读伊斯兰经典和教义的论文最多。董锦霞（2008）认为伊斯兰教妇女观在主体方面体现了"男女相生""性别和谐"的观念，凸显了妇女作为"人"的社会属性。但是，建立在封建父系私有制基础之上的伊斯兰教的妇女观也摆脱不了时代的局限性。在实际生活中，男尊女卑、男权至上的意识仍占伊斯兰教妇女观的主导地位。作者认为，用社会性别理论对伊斯兰教的妇女观进行分析，对研究伊斯兰教以及改善穆斯林妇女的境遇，提高妇女在家庭和社会中的地位有着重要意义。范若兰（2010）探讨了伊斯兰女性主义如何将妇女的经验和声音加入到《古兰经》经文的重新解读中，指出《古兰经》的女性主义解读对于维护穆斯林妇女权利具有重要意义，"伊斯兰姐妹对《古兰经》的解释厘清了一般人按照字面意思对妇女权利的理解，为人们重新解释和理解《古兰经》有关性别关系的规定打开了思路，为女性反抗以伊斯兰名义压迫妇女提供了武器，同时也为伊斯兰去除了歧视妇女的指责"。周琼（2007）和顾世群（2009）从《古兰经》经文分析伊斯兰重视妇女的权利。顾世群提出："首先，要全面客观地解读原典，否则，偏见与误解带来的冲突不可避免；其次，应尊重宗教教义产生时的历史文化背景，承认其历史必然性和进步性，少犯以今推古的非历史性错误；再次，以发展的眼光评判传统，既承认其历史合理性，也要看到其现实局限性；最后，多角度审视传统的价值，以宽容的心态对待不同宗教文化，以平和的心态面对异己的批评，共同推进人类的文化进步。"

3. 基督教

中国学界过去对基督教女性主义已有较多探讨，这五年有关这一议题的探讨更加深入。段琦在《当代西方社会与教会》（2007）一书中有一半篇幅探讨基督教女性主义和婚姻家庭，作者在该书第三章《女性主义》中分析了基督教女性神学发展的三个阶段——解构阶段、发掘阶段和重构阶段，探讨了基督教女权运动的基本思想，指出其重新解读《圣经》，重建对妇女有利的诠释：①重新发掘上帝的形象，强调上帝是超验的，无性别的；②重新发现《福音书》中耶稣对妇女的平等态度；③重新发现圣经中的女先知、女圣人、女祖先的经验；④尽可能发掘圣经中某些对妇女有意义的章节。该书还探讨了基督教女性主义流派，女权运动对教会的影响等诸多问题，该书是作者长期研究基督教女性主义的成果，大大提高了目前中国学界对这一问题的研究水平。李瑞虹的《绿色神学：女性主义神学家鲁塞尔的生态思想探究》（2010）分析了鲁塞尔的生态女性主义神学思想植根于基督教传统神学和女性主义思潮，还深受民权运动、解放神学等社会运动的影响。此文是在作者的博士论文《萝斯玛丽·雷德福·鲁塞尔的生态女性主义神学思想研究》（中国社会科学院，2008）的基础上修改而成。林庆华和张秋梅（2006）的《略论当代西方天主教的女性主义伦理学》指出天主教女性主义伦理学是在女性主义运动影响下形成的一个重要的基督教伦理学学派，批判了传统道德神学中的男性中心主义和贬低妇女的倾向，主张要从女性的经验出发来建构一种强调女性与男性应有平等关系的平等主义模式的伦理学。刘海红（2010）、李胡晓（2008）认为《旧约圣经》中所包含的女性观，是基督教女性观的主要思想渊源之一。《圣经》对于西方女性观的形成起了决定性的作用，西方妇女的解放应首先破除《圣经》思想的束缚。梁工（2010）介绍了西方女性主义学者对《圣经》的批判性解读，认为"近现代以来，女性主义文论和《圣经》批评相互影响，彼此声援，共同推动了妇女解放运动的发展和女性主义理论的完善。一批女性学者注重将性别批评和文学批评相结合，运用多种手段和方法富有创意地解析《圣经》，有效地丰富和充实了女性主义文论的宝库"。马英红（2009）介绍了当代西方女性主义神学的发展、流派和主要观点。

4. 比较宗教

王晓云（2007；2009）比较了《圣经》和《古兰经》的妇女观，认为基督教和伊斯兰教这两部经典既尊重妇女的平等地位，又对妇女存在傲慢与偏见，这直接影响了基督徒与穆斯林妇女价值观的形成。张淑清（2008）认为犹太教的月经禁忌起源于《圣经》时代，基督教的"安产感恩礼拜"仪式源于犹太教，但是中世纪的教会反复地宣称，举行这种仪式不是为了洁净，而是对主的感恩和对玛利亚的追随。这种认识上的不同，体现了两种宗教对待身体、性和婚姻的不同态度。作者指出这是分析犹太妇女和基督教妇女地位异同的一个独特视角。

（二）中国妇女史与宗教史研究

中国妇女史与宗教史的关系，以清代为界，可分为古代和近当代时期，两个时期有鲜明的特色，前者集中于妇女与佛教、道教和民间信仰关系的探讨，而后者则集中于妇女与基督教的关系。

1. 古代妇女与佛道及民间信仰

这五年间学界对魏晋南北朝、唐宋和明清时期妇女与宗教关系进行探讨，集中于佛教、道教和民间信仰。

张承宗（2006）认为魏晋南北朝时期王朝频繁更替，世道混乱，百姓生死无常，这就为人们从宗教中寻求精神寄托提供了丰富的土壤。魏晋南北朝妇女的宗教信仰呈现多样化的特点。佛教信仰、道教信仰与其他民间信仰并存，互相影响。妇女或因战争而失去丈夫、子女，或因逃避战乱而失去家园生计，或因婚姻失意而遁入空门，或因被废、被迫、被俘而孤单无助，等等。在这个尘世失意而寻求归宿的漫长过程中，妇女的宗教信仰亦汜滥四溢，多姿多彩。周玉茹（2010）从政教关系的角度分析了六朝时期建康比丘尼僧团参与政治活动的不同表现及其影响因素，认为女尼参政是魏晋南北朝政教关系史的重要组成部分，建康比丘尼在自觉和不自觉中卷入政治斗争，不仅影响了政教关系的格局，对隋唐时期比丘尼的活动和戒律制度也产生了重要影响。作者指出比丘尼参与政治活动是佛教史、妇女史上既特殊又重要的历史现象，它表现了这一时期妇女的解放和自主精神，同时也是佛教深入中国社会的标志。张勇（2008）认为大乘佛教赋予每个人成佛的权利，这为女性追求自由与平等提供了深层理论前提，佛经中一些有关男女平等、女子作"转轮王"、男女性爱等内容，被如实地传译到中土。受此影响，魏晋南北朝女性积极追求与男性的平等，具有较强的参与社会政治事务的意识和相对淡薄的贞节观念。邱少平、张艳霞（2009）指出当时比丘尼出家的原因不外乎两个方面：一方面是社会普遍崇佛的大环境影响所致，另一方面则是个人原因，如生活贫困、婚姻不幸、疾病缠身、痴迷佛法等等。

这一时期学界对唐宋妇女与宗教研究较少，林梅（2006）以大足石刻造像内容为例，对古代妇女崇信佛道思想的起源、宗教信仰理念、社会地位、家庭状况等进行初步的探讨。通过收录、整理、归类大足造像中与妇女有关的洞窟题材，展现了原始宗教、外来宗教、本土宗教对妇女生活所产生的巨大而深远的影响。此外还有两篇硕士论文涉及唐宋妇女与宗教，如赵娟宁的硕士论文《唐代妇女与道教》（陕西师范大学，2006）、秦玉琴的《宋代女性的佛教"空门生活"探微》（华中师范大学，2007）。

有关明清妇女与宗教研究较多。李媛（2006）以丰富的史料梳理了明清妇女参与宗教活动的多种形式和实用取向，指出女性宗教活动的活跃表明这一时期中国下层女性社会活动空间极大拓展，这既在某种程度上构成了对宋明理学对女性实行禁锢的冲击，也反映出女性的自我角色认同和社会定位处于调整之中。王传满（2010）认为明清徽州社会对佛教和道教是比较排斥的，但佛教教义对妇女却特别有吸引力。明清徽州大量的节烈妇女过着一种极为幽闭的生活，必然要寻求一种精神的寄托。她们信仰的宗教主要是佛教，其形式以在家吃斋、诵经、奉佛为多，也有入寺烧香及出家为尼的。她们信仰宗教的动机包括消弭痛苦、抵抗逼嫁、祈福禳灾及寄托来世等。她们正是通过对宗教的信仰来抚慰失去亲人的创伤，祈求未来的平安，从而达到自我心灵的安慰。陈宝良（2009）认为明代妇女之所以"好鬼神"、"崇佛"甚或"佞佛"，除了"天性"之外，主要与外部社会环境有关。宗教既是妇女的精神寄托，又是她们打发闲暇的主要方式。作者指出从明代妇女社会生活史的历程来看，从"妇无外行"到"妇有外行"是一大转向，而在这一转向中，妇女的佛道信仰是引发转向的关键。陈宝良（2009）还从探讨明代尼姑出家原因入手，认为明代尼姑尽管在整个尼姑群体中仍不乏恪守佛门清规之人，但许多尼姑的恋世情结日深，宗教情感日淡，进而出现了超脱佛门樊篱的"淫尼"。作者指出这不仅是明代宗教史上的新动向，而且与明代佛教的世俗化倾向有关。

2. 近代和当代妇女与宗教史

中国近代妇女与宗教关系的研究多集中在基督教。陶飞亚编的论文集《性别与历史：近代中国妇女与基督教》（2006），收入上海大学于2005年召开的"性别与历史：近代妇女与基督教学术研讨会"的16篇论文。论文集内容主要涉及以下方面：一是文献和资料解读。有戴懿华的《从近年英文学术著作看妇女与基督教在近代中国的研究现状》，马长林、杨红的《宗教、家庭、社会——面向女性基督徒的宣教——以〈女铎〉、〈女星〉、〈妇女〉为中心》，张先清的《从中西史料看清代前期的女性天主教徒》。二是社会组织和社会运动。有三篇论文是有关基督教女青年会的，主要探讨基督教女青年会参与中国劳工问题和公益活动，赵晓阳的论文《基督教与劳工问题——以上海基督教女青年会女工夜校为中心》在细致考查了基督教女青年会的女工夜校后，认为"中华基督教女青年会在推动妇女的社会和政治觉醒、甚至女性自我意识觉醒上，扮演了重要角色"。钮圣妮的《另一种妇女运动——以中华基督教女青年会的农工事业为例（1904～1933）》以翔实史料探讨了20世纪上半叶基督教女青年会参与的农工事业，并分析了它与中国其他女权运动的异同。李向平、黄海波在《从公益团体到宗教团体——20世纪50～60年代的上海基督教女青年会》一文中，运用大量档案资料，探讨了新中国环境下女青年会的转型。基督教女青年会在中国近代妇女史上占有重要地位，但以往学界对其研究尚不多见，这三篇论文资料翔实，分析深入，对推动基督教女青年会的研究大有助益。三是女子教育。有徐以骅的《1949年前中国基督教女子神学教育初探》、朱峰的《性别认同与家国传统：从教会女子大学看近代基督教妇女群体的融合与冲突》。四是女传教士和女基督徒。有曲宁宁的《移植与重构：19世纪美国基督教新教在华女传教士再研究并以慕拉蒂为例》，陶飞亚的《一个女传教士与中国的两个时代：解读白华特医生〈在中国的生活〉》，康志杰的《被模塑成功的女性角色——明末以后天主教贞女研究》，徐炳三的《女信徒在近代中国基督教会中的地位——以福州基督教女信徒为研究中心（1857～1949）》，吴梓明的《从吴贻芳个案看个人成长与宗教信仰》，等等。该论文集是一本高水平的学术论著，翔实的资料和扎实的研究是其特色，大大推动了近代中国妇女与基督教关系的研究的发展。编者还指出研究的不足，即对女传教士和女信徒的个人研究不足；女基督徒的信仰特色研究不足。

这些不足似乎引起学界的关注，之后几年有多篇论文对女传教士和女信徒进行研究，如徐炳三（2007）认为基督教自近代大规模传入福州以来，使得教内女信徒的地位有所改善和提高，但由于基督教教义天然的保守性和近代中国社会改良的滞后性，女信徒的教会地位又有一定的局限。对此研究更多的是硕士论文，有容碧宇的《自我牺牲抑或自我价值的实现：19世纪中到20世纪初在华美国女传教士探略》（华南师范大学，2007）、杨秀丽的《典范与模仿：清末民初女传教士与本地女信徒的对比研究（1877～1922）》（山东大学，2008）、杨芳的《清末民初新教女医学传教士在华活动研究》（湖南师范大学，2009）、杨欣的《基督教在华妇女医疗事业研究（1840～1949）》（江西师范大学，2008）。

讨论近代中国妇女与佛教关系的只有一篇论文，即李明的《近代佛教女众教育思想》（2010），作者从近代女众教育思想和实践两个方面展示了民国佛教女众教育之大观，认为太虚大师和张圣慧居士的优婆夷教育思想是民国时期女众教育思想的代表，反映了近代以来女众教育思想中蕴含的新的发展因素。

此外，还有作者对当代基督教女青年会进行研究，左芙蓉的《中国基督教女青年会与当代公益事业》（2008）和《非政府组织与社会服务——以中国基督教女青年会为例（20世纪80年代至今）》（2006），主要探讨改革开放以来中国基督教女青年会重新从宗教组织转变为公益组织，以"服务社会，造福人群"的宗旨，密切关注社会需求，适时提供多种社会服务，妇女儿童和其他弱势群体成为它的帮助对象，在社会主义建设和构建社会主义和谐社会中，中国基督教女青年会发挥着重要作用。

（三）外国妇女与宗教关系研究

中国学界对外国的妇女与宗教关系研究涉及犹太教、基督教、伊斯兰教、印度教，地域集中在欧洲、美洲和亚洲。

这一时期中国学界对中世纪欧洲犹太教妇女的研究有较大突破，主要体现在张淑清的专著《中世纪西欧的犹太妇女》（2009），此书在其博士论文《中世纪欧洲犹太妇女地位研究》（南京大学，2007）基础上修改而成。该书探讨了犹太妇女在传统律法中的地位、在中世纪欧洲的教育地位、婚姻家庭中的地位、经济地位等，被认为"是一部资料翔实、颇具功力的学术著作"。同期作者还发表了多篇相关论文，如《论中世纪西欧犹太妇女在犹太会堂中的地位和作用——以法、德为个案》（2007）、《论古代犹太妇女的宗教地位——从〈圣经〉到〈塔木德〉的文本分析》（2007）。这些专著和系列论文的发表，大大推动了中国学界对犹太教妇女观和中世纪犹太妇女的研究。

中世纪欧洲妇女与基督教也是研究热点，有李建军的博士论文《从贵妇到修女：西欧中世纪贵族妇女修道原因初探》（首都师范大学，2007），主要探讨中世纪西欧贵族妇女修道的原因。论文从个案分析入手，从宗教氛围、世俗需要、家庭因素等方面探讨贵族妇女修道的原因。此外还有几篇硕士论文探讨这一问题，如毕海红的《中世纪早期西欧贵族妇女与基督教的传播》（东北师范大学，2009）、郭丽琴的《西欧中世纪盛期修女院的组织管理与修女越轨现象研究》（首都师范大学，2010）。

印度教与印度妇女的研究主要有陶笑虹的《从"萨克提"观念看印度教的女性观》（2007），作者探讨了印度教经典中关于萨克提的观念，认为其在印度教徒的信仰中反映为对女神的普遍崇拜，尤其反映在印度教的性力派和密教信徒的信仰中，指出从印度教的"萨克提"观念考察，印度教的女性观具有双重性。奉定勇（2009）阐述了"萨提"习俗的历史演变及其同印度教及种姓制度的历史关联，并探寻其延续至今的历史和现实原因，指出其对印度社会风尚和现代文明建设的负面影响。

范若兰的《伊斯兰原教旨主义与马来西亚穆斯林妇女》（2009）是为数甚少的研究东南亚妇女与伊斯兰教的论文之一，作者从分析伊斯兰原教旨主义妇女观入手，探讨马来西亚政府、政党、宗教部门和非政府组织如何从法律、法特瓦（fatwa，伊斯兰文告）、政策、宣传来规范妇女的行为，并分析联邦政府与州政府、执政党与反对党、乌来玛（Ulama，伊斯兰学者）与非政府组织围绕妇女权利的争论和斗争。作者认为"马来西亚妇女在国家发展中的作用，使得妇女组织和精英妇女能挑战政府和宗教权威的控制，积极参与有关伊斯兰与妇女权利的讨论。而马来西亚的经济发展、政治民主和社会安定也为妇女争取和维护自己的权利提供了更大的空间和更多的保证，伊斯兰原教旨主义尽管对马来西亚穆斯林妇女权利产生消极影响，但这种影响十分有限"。

（四）妇女宗教信仰和宗教生活的田野研究

目前中国妇女信仰宗教者日众，她们为什么信仰宗教？宗教对她们有何影响？这些都是学者关注的问题，这五年间有多篇以人类学、社会学等方法对这一议题进行的调查和研究。

田野调查和研究主要集中于农村妇女的宗教信仰。吴惠芳等（2010）以河南省农村宗教信仰现象为背景，讨论了农村留守妇女的宗教信仰行为动因以及这种行为对她们的影响。作者认为，病痛、丈夫外出务工带来的安全感缺乏、心理压力大等影响是留守妇女信仰宗教的直接原因，家庭背景、社区宗教团体发展情况和农村精神文化生活贫乏等因素是促成其信仰宗教的社会原因。宗教信仰为留守妇女带来了心理调适、物质帮助和行动约束等积极因素，但也存在一些消极因素，导致宗教信仰容易陷入新的迷信误区。刘中一（2008）指出，民俗宗教活动在华北村落社会生活中占据重要地位，妇女的参与在民俗宗教活动，尤其是仪式和相关知识的传承和发展过程中的作用十分突出。作者认为从社会性别视角看，民俗宗教仪式活动过程中的角色分工重现了现实生活中的性别角色的不平等。除公开发表的论文外，有多篇硕士论文以农村妇女宗教信仰为选题，如龚蕾的《农村公共生活的缺失与中老年妇女信教群体的兴起：对 M 镇中老年女性基督教信徒信教生活的调查》（华中师范大学，2006）、王首燕的硕士论文《信仰、性别与社会支持：C 县 F 村农村妇女信教问题研究》（华中师范大学，2007）、江红珍的硕士论文《村民皈依基督之路及其宗教生活：以宿州市"黄山教会"为例》（南京师范大学，2008）、李宇涵的《"心灵的驱使"还是"上帝的召唤"：油坊庄妇女基督教"信仰"之研究》（安徽大学，2010）、蒋海燕的《乡村妇女的"天堂之路"：新河传教点妇女信徒研究》（安徽大学，2010）、王娜的《农村妇女基督教信仰的社会学分析：基于皖北 S 村的田野调查》（华东理工大学，2010）、王丹婷的《太谷妇女佛教信仰群体民俗生活研究》（山西大学，2010），这些硕士论文多以人类学或社会学方法，对农村妇女的宗教生活进行田野调查，大大丰富了这一领域的研究。

对城市妇女宗教生活的调查研究较少，只有周玉茹的《西安城市佛教女性信仰调查》（2008），该文作者基于访谈和调查，认为近年来佛教信仰者人数激增，其中妇女信仰者的构成出现了很大的变化，表现在高知识水平的中青年妇女信众增多。作者指出佛教信仰丰富了女性信众的生活和内心，有助于社会的稳定和和谐。

三　总结

2006~2010 年中国学界有关女性与宗教的研究取得长足进展，尤其表现在从女性主义视角和社会性别视角对宗教经典和宗教妇女观进行解读的论文较前增多，中国妇女与基督教关系的研究有所深入和突破，对中世纪西欧犹太教和基督教妇女的研究有长足进展，运用社会学和人类学方法进行妇女与宗教关系的田野调查的论文较前增多。

但与妇女和宗教的密切互动关系相比，妇女与宗教研究仍处于学术研究领域的边缘，既处于宗教学研究的边缘，也处于女性学研究的边缘。这表现在：一是研究队伍薄弱，学科建设几乎无从谈起，专门从事妇女与宗教研究的学者极少；二是成果数量较少，五年间研究成果不足百篇；三是学术研究质量有待进一步提高，从目前发表的妇女与宗教论文来看，高质量学术论文不多，在高级别学术期刊发表的论文不多。如对宗教妇女观和中国古代妇女与宗教的研究，多数论文重梳理、少分析，不注重学术史，没有对前人观点的争议，因而论文内容和观点较多重复，较少新意；四是研究空白较多，还有许多重要问题没有研究或研究较少，需要在未来的研究中加以注意。如对宗教经典的女性主义/社会性别解读，目前国内学界对基督教女性主义神学研究较为深入，但对佛教和伊斯兰教的重新解读刚刚起步。在国外，伊斯兰女性主义异军突起，但国内学界对这一思潮的研究极少，对佛教女性主义也没有什么研究。此外，伊斯兰原教旨主义妇女观对穆斯林妇女影响巨大，但国内还没有系统研究伊斯兰原教旨主义妇女观的论著问世。这些研究空白需要在未来的研究中加以填补。

社会性别视角下的性与身体研究综述
（2006～2010年）

王小平[*]

一 研究概述

随着改革开放的进一步深入以及社会结构的急剧变迁，中国人的性观念、性实践和性关系经历了一场性革命。在这种背景下，针对中国的性与社会性别的研究工作也开始兴起。少数研究者开始从事性医学、性教育、性的历史文化、性社会学方面的研究，打破了多年来对性研究的回避和沉默（潘绥铭，2008）。2006～2010年，无论是从论文的数量还是从学术会议的召开来看，中国大陆性与身体研究都取得了长足的进步。

一是从学术刊物刊载的研究论文来看，以"社会性别""同性恋""虐恋""性产业""身体"等为关键词，在中国知网检索2006年1月至2010年12月在期刊上发表的学术论文，共有1358篇，其中以同性恋为主题的占总数的83%（相比2001～2005年以同性恋为关键词的论文数量661篇，增长将近1倍），社会性别理论研究的论文数量为189篇，性与身体研究的论文数量为20篇，虐恋的为26篇，性产业的只有1篇。

二是在国际项目的资助下，性研究的学术会议逐渐增多，性的研究逐渐趋向多样化，性权利、性认同（主要是同性恋）方面的声音也在不断加强。中国人民大学性社会学研究所在2007年6月和2009年6月举办的第11届和第12届国际性社会学学术研讨会、复旦大学于2009年6月举办的首届社会性别研究国际研讨会、浙江省社科院社会学所在武汉和太原等地举办的社会性别学术会议等为国内研究者提供了学术交流的机会与平台，尤其是同性恋者等少数群体参与会议并发言，极大地促进了性与身体学术研究的进一步发展。

---

* 作者简介：王小平，男，山西师范大学学报编辑部副教授。

三是中国社会性化时代的到来以及社会性别的多元化为开展性研究提供了丰富的素材，也吸引了越来越多的人开始关注中国的性文化和性现象。越来越多的历史学、社会学、法学、教育学、文学等领域的专家从各自的角度分析探讨性文化和性现象。

二　主要研究内容

（一）对国外性别与性及身体理论的介绍

傅美蓉、屈雅君等（2010）在探讨社会性别、再现与女性的他者地位时，特别提到了特里莎·德·劳里提斯从米歇尔·福柯的性理论出发，把社会性别看成一种再现与自我再现，并指出这种再现"不仅仅是在每个词、每个符号都指代一种物体、一件事情或是一个有生命力的机体这种意义上的再现，也是对一种关系、一种隶属于某个阶级、团体、类别的关系的再现"，并认为，"特里莎·德·劳里提斯对社会性别的研究不仅没有停滞在符号学意义的指称功能上，而且创造性地将社会性别与意识形态连接起来。在此，社会性别不仅是经验与现实的再现，而且是意识形态的再现"。

柯倩婷（2010）介绍了波伏娃和巴特勒的身体与性别研究，认为"波伏娃的女性主义理论侧重从社会性别的角度理解女性的屈从地位，而把超越身体看作是解放的重要途径"，"巴特勒从女性主义的立场出发，从内部反省'妇女'、'社会性别'等范畴所暗含的统一主体与先在身份所造成的问题。她批评了生理性别与社会性别的区分，强调社会性别其实就是生理性别，性别与身体本身就是社会文化建构的结果。她着重分析了强制异性恋的管控实践如何造就了性别的二元分立，使得那些不符合这一规范的身体无法成为主体"。而都岚岚（2010）介绍了巴特勒在对种种批评的回应中不断修正和丰富的理论。

李叔君（2008）认为，只有将西方的社会性别理论（包括新进化论中的社会性别理论、性别不平等与性别分层理论、以齐美尔为代表的文化决定论及新马克思主义理论）与中国的实际背景条件相结合，并将之应用于中国的本土实践，才能挖掘出存在于社会权力结构和体制中导致两性不和谐的深层因素，促进传统性别观念的深刻变革，建构多元的、理想的社会性别规范，使男女两性在社会发展中最终实现平等、和谐的共同发展。

（二）关于身体的研究

1. 身体概述

从古至今，从东方到西方，"身体作为当代文化理论的关键词，在分析人的社会身份方面发挥了重大作用。身体已不仅仅指生理上的肉体组合或感情载体，还充满了浓厚的意识味道"（许勤超，2006）。人们对身体的能指没有改变，而对身体的所指却有着时代性和地域性。在中国，"古时期人们已经充分认识到了'自我'与'身体'的等同关系，从而找到了'自我'的根源"（李林婷，2010）。到五四时期更有作家喊出"我是我自己"的口号，正如李林婷所说，"'我自己'这个词语的运用，是人类思维逐渐变为成熟的体现，是思想上的质变，它包含了'人性论'的观点"。至今，在西方现代资本主义社会中，在福柯"以身体为中心，崇拜身体；利用身体赚取利润"的思想下，"身体还是我们消费的对象和自我崇拜的对象"（李林婷，2010）。正如刘海（2011）所述，"'物性化'的女人，就是以她'物性的形象'获得价值"，那么就可以得出这样的等式"身体＝欲望＋商品"。

2. 身体性理论

杨庆峰（2007）首先梳理了伊德的"三个身体"理论：物质身体（肉体建构的身体）、文化身体（文化建构的身体）、技术身体（技术建构的身体）。其次他指出了"三个身体"理论的局限性：随着人们对身体生理特征和社会特征的深入了解，"改变身体成为理解身体之后自然而然的问题"（杨庆峰、张国滨，2009）。这种以现代技术为佐引的不同身体形式对于理解社会性别与解构社会性别至关重要，当性别问题成为思考技术不可或缺的重要维度时，人们不难发现，"根源于身体性的技术与性别是内在关联的。不同的性别意识产生不同的技术实践和技术后果。无性的或无性感体验的哲学思维将导致危及人类生存生活的技术。基于男女两性相济相生的交流对话的性别意识，易导向谋求维持和改善人的生存生活的技术。通过将技术发生的源头追溯到男女原始的生命对话，在由其发生的观照族类生命整体经验的视域，阐述了一种基于性别/性本质语境的技术实践，为应对现代技术引发的诸多问题提供了具有启发性的思考"（程秋君，2008）。

3. 身体与写作

实际上，意识形态层面的身体直接反映在文学作品中表现为"以身体（实践者）为主体的美学体系"（汝信、曾繁仁，2010）。正如李蓉（2008）所说：中国早期的革命文学，是以"'革命＋恋爱'这一模式深刻地反映了政治与审美的合谋关系，而装载着个人情感和欲望的身体充当着它们之间的桥梁"，但"'身体'只是徒具获得民众情感认同的条件和形式，却并未透过个人的身体表达特殊而复杂的人生体验和人性内容"。郑春凤（2010）以《我在霞村的时候》《色·戒》《棉花垛》为例探讨了"女性·身体·革命"的关系；谭洪刚（2007）以《檀香刑》为例探讨了身体本位写作的必要性和重要性。当然，如王小波、卫慧等作家创作的作品都是身体写作的典范。宓瑞新（2010）在探讨"身体写作女性化"之后，又对"身体写作"在中国的"旅行"进行了反思："从文化社会学的视角来看，个人化/身体写作不是一个孤立的文化现象，其在中国社会、文学语境中的喧喧嚷嚷，与身体和身体问题在中国社会文化中的凸显是不可分割的，在某种程度上可以说，个人化/身体写作是中国社会身体、身体问题浮出地表的症候。"尽管"当前身体写作的热度已经过去，面对中国女性文学批评和女性主义理论的未来，身体写作在中国旅行中的教训依然值得我们反思"。

4. 身体与政治

邓如冰（2010）认为："人的身体是权力的试验场，尤其是在性别权力关系中，身体永远处于核心的位置。在某种程度上甚至可以这样说，男性如何对待女性的身体，女性身体的自由程度，或女性身体在社会性别关系中被置于怎样的位置，是衡量女性解放程度的一个标准。"与此同时，她还认为："身体与权力的一个集中交锋点是性。与'身体'的概念一样，'性'也远远超出了肉体的快感的范畴，它强烈地显现着这样的关系：权力如何对待身体（包括社会文化如何对待个体的身体，男性如何对待女性的身体）。不过，由于性与身体密切相关，女性在性别权力关系中所受到的剥削和压抑常常表现在性上。"

伊格尔顿强调批评家主体的政治性，也就是强调批评家身体的政治性。当一个批评家进行批评时，其在特定语境下的身体就凸显出明显的意识形态性。这与传统的人本主义思想有很大不同。身体实际上是在政治中存在，与政治互为决定、互为实现。在伊格尔顿那里，政治的介入就是对自由的追求，是对身体的解放；政治的介入就是哈贝马斯所说的"公共领域"里与专横跋扈的、压抑人性的政治相抗衡。伊格尔顿的身体政治批评旨在解放人性和对人的存在进行思考（许勤超，2006）。

福柯最早把身体、性等与权力机制结合在一起，他从身体、性之中看到了权力运作：权力渗透到身体、性等私密领域，渐渐地通过各种渠道散布、接近人的身体、姿态和所有日常行动，以至于身体变成了权力的焦点。吉登斯认为，在后传统社会，身体的力量已渗透到了社会生活的各个领域，当身体成为反抗的力量时，传统解放政治的暴力革命就显得苍白乏力。在后传统社会，身体政治、性政治等脱颖而出，成为吉登斯生活政治的亮点（胡颖峰，2009）。

孟庆涛（2010）以福柯的刑罚哲学为例，分析了身体在后现代的遭遇：身体成为被规训的对象，并指出"身体的后现代性实质是身体成为权力和知识的对象"，"身体的后现代两难是身体自由与身体被规训的双重性"。

（三）关于性工作者的研究

1. 性工作者定义

何显兵（2007）指出，"性工作者"这个词源自20世纪70年代西方女权主义组织的一个提法。他们认为，性工作者本身从事的也是一种工作，应该有他们自己的工作权利。"性工作者"这个词语本身具有如下特点：道德中性、性别中性。"就性工作者的性别当然包括'男''女'二者，而不是中国民间传统把性工作者直接与女性对等起来"（姚慧清，2008）。"'性工作者'的范围比'娼妓'更大一些，包括色情舞者、脱衣舞者、淫秽制品模特、通过电话与顾客交谈的裸体女人、接待人员、门卫和招揽顾客的人等多种职业，还有男妓和'男性模特'"（李晓莉，2006）。

2. 女性性工作者

李晓莉（2006）指出，对于女性性工作者而言，她们的卖淫行为是女性商品化的形式之一。长期以来，贫困一直是性工作者从事该行业的根源。然而，有调查表明，妇女沦为卖淫女的原因，已由新中国成立前的家境贫寒变成了追求物质生活享受。追根求源就会发现，这是市场化带来的后果。"妇女被物化——成为商品——进入交易市场——获得暴利——暴利的引诱和买方市场的大量需求——刺激了妇女再次成为商品——重新进入性商品的流通市场，这已成为市场经济环境下卖淫嫖娼现象存在的基本机制"。

3. 男性性工作者

提到性工作者，人们自然想到女性而忽视长期存在的男性性工作者。童戈和纪安德在2007年组织完成了《中国男男性交易状况调查》，该报告立足于500个生动的个案和访谈等第一手资料，对参与男男性交易活动的主体的生活经历、体会和感受、自我认同、性实践、语言和文化都做了详细的介绍与表达；同时还分析了相关的社会文化和制度环境，为社会展现了这些人群多元的生存状态与喜怒哀乐。

4. 性工作者的人权保障

国内多个研究学者和非政府组织的调查都得出一个结论：中国女性性工作者的生命安全正在遭受暴力威胁。缺乏人权保障的原因主要是制度方面。何显兵从司法理论和司法实践两方面进行分析，认为中国传统的观念性刑法文化忽视对人权的尊重和保护，在遵循公序良俗的基础上，过分强调社会文化与社会道德对刑事法律事件的司法规制之决定性影响。而事实上，中国刑事立法对于人权保护的规定已经接近于世界先进水平，中国的制度性刑法文化是很先进的（姚慧清，2008）。在刑法文化的冲突依然严重存在、公力救济尚不能保障其基本人权的情况下，底层性工作者应该改变自己"认倒霉"的思想，积极维护自己的合法权益，实现自己的基本人权。何显兵认为具体可以采取如下措施：加强人权保障宣传，使民众建立人权平等的观念；公安司法机关人员坚持司法独立，排除社会舆论对司法工作的过分干预；底层性工作者学习自卫、自救的知识技能，增强"反暴"能力（何显兵，2007）。

（四）性产业

1. 对性产业的认识

中国对于性产业的研究还处于初始阶段，特别是对性产业的调查研究还是凤毛麟角，除了实地调查，有的学者还运用文献法对前人关于性产业的资料进行了分析。余建华（2009）以潘绥铭教授所著《生存与体验——对一个地下"红灯区"的追踪考察》为例，指出该书从传统社会网络的角度，考察了进入地下"性产业"中的女性。结果发现：对于进入地下"性产业"中的女性而言，先离开家乡从事其他行业，再进入地下"性产业"是通常的模式；领路人都是熟人；为避免原有社会网络对其形成的压力，女性会尽量不让"自家人"知道自己在从事地下"性产业"。正是在这种特定背景下，传统社会网络的束缚作用才较明显地显露出来。

陈晓兰（2006）对美国学者贺萧的《危险的愉悦——20世纪上海的娼妓问题与现代性》一书进行分析，指出书中描写的是19世纪晚期至20世纪末期女性身体与政治的关系，并认为妓女史是妇女史、社会史的组成部分，对妓女的描述是一种想象性重构——妓女的被讲述史。

2. 性产业的社会问题

地下性产业给社会带来的危害是显而易见的：第一是性病传播；第二是损害家庭；第三社会性犯罪大量增加。因此，将性产业纳入政府的公共管理势在必行（周瑞金，2006）。有学者通过分析菲律宾的性产业与公共治理，指出菲律宾的思路不失为一种借鉴：保护妇女权益（施雪琴，2010）。

3. 性旅游

"性旅游"是指男性游客以和当地妇女发生性关系为主要目的的旅游。钟洁（2010）在《中国民族旅游与少数民族女性问题研究进展》中总结了国外关于性旅游的研究，而国内对性旅游的研究却少之又少。

（五）同性恋

1. 同性恋的定义

在中国，"同性恋"这个词语直到改革开放后才逐渐为人们所熟悉。罗曼（2007）在梳理了国内外学者对同性恋定义的研究后认为，"中国学者把同性恋定义为：这种关系可存在于内隐的心理上或外显的行为之中。如果一个人终生或一生中的大部分时间和同性别的人建立心理或行为上的这种关系，就可以称为同性恋者"。

张剑源（2008）对性倾向、性别认同、同性恋三个概念进行了辨析：一个人性倾向的产生及选择是有着复杂原因的。因此，它可能会表现为绝对的同性恋，也可能会表现为绝对的异性恋，还有可能会表现为双性恋。进而，性倾向对恋爱双方的性别构成具有十分重要的决定作用。其次，性别认同与前述两个概念有一定的不同之处。它主要表现为一个人对性别所形成的主观感受，即对同性的认同感以及对异性的认同感，一般不会发展到恋爱和性的程度。

2. 同性恋成因

李阳（2007）探讨了同性恋形成的生理机制说和社会心理机制说，并倾向于社会心理机制说。他尝试从同性恋的社会心理机制上把同性恋分为两个形成亚型——"先出现同性恋心理后出现同性恋行为"型和"先出现同性恋行为后出现同性恋心理"型，并说明了每个亚型形成的具体过程。

李玉玲（2006）的研究发现："同性恋发生的真正原因原来在于性情绪的作用。性情绪不仅是男性同性恋发生的原因，而且也是女性同性恋发生的原因，同时也是异性恋发生的原因。"

张小金（2009）教授认为：绝对同性恋和绝对的异性恋更多地源自天生，这一点坚持本质主义立场；其他群体的性倾向更多地受社会文化的影响，包括宗教、意识形态、社会道德和法律等引起的压力（即负面评价）的结果，这一点坚持建构主义的立场。比如有些人，早年有过同性行为，后来逐渐地性倾向于异性，更大程度上是社会道德不允许的结果。

3. 同性恋的其他相关研究

田丽玲（2007）的研究指出，在中国古代和古希腊的文献资料中都有大量的关于同性恋的记录，两个不同地区的人们对于同性恋的态度是不约而同的宽容和理解。

魏伟（2007）根据在成都市进行的田野调查，从建构主义的视角，考察了本地语境下三种男同性恋身份——"飘飘""同志""gay"的形成和变迁。尽管今天成都的男同性恋者在日常生活中交替使用上述三个身份称谓，但是三个称谓隐含了不同的文化参照和政治内涵。魏伟认为"飘飘"身份在本地的同性恋历史传统和现代同性恋身份之间起到了一个承上启下的作用，而"同志"身份则极大地推动了中国当代同性恋者的表现形式从行为向身份的转变，促进了同性恋社区的形成和壮大。

杨乾（2007）认为："同性恋与社会意识存在着冲突和矛盾，同性恋首先与个体意识存在冲突，其次同性恋在集体意识中与法律和道德发生了关系，同性恋的命运与社会意识的环境休戚相关。"

许学华、张夔（2006）认为同性恋群体所受到的不公正待遇、所承受的社会压力以及心理健康状况，已是一个不容忽视的问题。他们通过分析国内外的同性恋歧视现象及其心理健康问题，提出了一些相关的建议：应加强对儿童、青少年的性教育，充分利用传媒优势在全社会形成一种健康的性文化，社会应给同性恋者提供一个宽容的社会环境。

陆树程等（2006）学者提出，解决同性恋问题所应坚持的原则是对待同性恋者的伦理公正原则。通过践行伦理公正，使其获得应有的权利，从而使同性恋者获得合理的地位，实现其做人的价值。

陈少君等（2008）在武汉地区的调查中，首先从公众对同性恋的态度表现、对同性恋的认知、对同性恋的接纳程度和个体性取向等四个方面描述了目前社会公众对同性恋的态度，强调了从初次知道同性恋到目前为止，公众对同性恋的态度发生过变化，但其自身对这种变化并没有明显的自我觉知。其次分析了公众对同性恋态度变化的影响因素，并在此基础上勾勒出环境因素作用于个体态度的模式。最后，论述了公众对同性恋接受的条件，表现为空间距离、感情距离、心理地位差异、性别差异和性取向差异。

（六）虐恋

虐恋对应的英文是 sadomasochism，常常被简写为 SM 或 S/M。它是一种通过肉体痛苦或精神屈辱来获得快感的性游戏，游戏由施虐者和受虐者双方来完成。施虐者通过实施虐待来获得性快感，而受虐者则通过被虐待来获得性满足。虐恋最常见的形式是捆绑和鞭打，最经常借用的道具包括鞭子、绳索、手铐、锁链、皮革制服、皮靴等。虐恋在早期的观念里被认为是一种性变态，后来则被当作一种有重大意义的文化现象来理解。在福柯看来，"虐恋"现象蕴含着人类尚未被规训的潜能（胡少卿，2008）。也有学者认为这一概念可以不局限于性活动，即与性无关的受虐倾向常常被称为社会受虐倾向或道德受虐倾向（范撼骊，2008）。而在李银河（1998）看来，"虐恋是一种文化现象，是生活的艺术，性的艺术，是人类性活动及生活方式的一个新的创造，具有为非理性赋予正面价值的意义"。基于此，她对中国前辈社会学家潘光旦在翻译霭理士《性心理学》时为"虐恋"正名，表示"击节赞赏"。事实上，虐恋更隐藏着权力、角色关系。

在国内，可能是与人们的隐私以及虐恋作为一种传统意义上的非正常态有关，学界对虐恋的调查凤毛麟角，但是对性虐待的调查却可见一二：孙言平等（2006）对1307名成年学生在儿童期性虐待发生情况及其症状进行了自评量表测试。王福湘、陶丽霞（2008）提出虐恋和性虐待是不同的概念，"它们的本质区别不在施与受，而在是否双方自愿"。

三　总结与展望

性、性活动属于私密领域的问题，但它关涉社会生活的广泛领域，反映着复杂的社会关系。从人们性观念、性认同、性态度、性期待和性价值取向等的改变上可以看到社会生活的深刻变化。然而，反思中国的性研究，可以说，在整体上仍然处于起步阶段，能够很好地基于本土又能对话于国际学术的研究还相当少。此外，性与社会性别这些概念大部分还是局限在学术圈子里和某些项目之中，距离在社会上的普及还有很长一段路要走，也存在观念、文化制度所带来的困难和局限。不管怎样，从发展前景来看，中国的性研究前途无量，主要是出于以下几个理由：一是中国不存在禁欲主义的宗教传统，而且 21 世纪中国的性化已经非常明显，阻碍性研究发展的诸多困难正在日益削弱；二是中国的人文社会科学对于性的研究虽然缺乏西方那样的深厚基础，但是在后现代思潮的影响下，却拥有更多的机会从本土出发为世界学术做出贡献；三是新一代的中国性研究者正在与国际学术界加强交流的过程中茁壮成长。因此，中国学者对于性包括同性恋在内的社会性别研究在国际上占据应有的位置指日可待（潘绥铭，2008）。

男性气质研究综述 （2006～2010 年）

方　刚[*]

　　所谓男性气质研究（masculinities study），常被简称为男性研究，是关于男性社会性别角色实践的研究，属于社会性别研究的范畴。对于男性气质（masculinity）的研究很早就有，但学界一般认为，直到"支配性男性气质"（hegemonic masculinity）这一概念被提出之后，真正的具有社会性别意识的男性气质研究才开始出现。支配性男性气质的概念是在 1982 年发表的一篇对澳大利亚高中的田野调查报告中首次提出的。Kessler 等人在这项研究中揭示，影响男性气质的因素可分为许多层次，包括性别、阶级、种族等等，它们共同参与了男性气质的建构。因此，男性气质是多元的，而不是单一的。此前所定义的单一的男性气质，实际上是一种"支配性男性气质"。而除"支配性男性气质"之外，还有各种各样的男性气质（Kessler，S. J. etc.，1982）。从此，我们才开始在社会建构的意义上来讨论男性气质，讨论男人的社会性别角色实践。也就是说，即使在西方，具有社会性别意识的男性研究，也才只有 30 多年的历史。而在中国，这样的男性研究开始得更晚。

　　社会性别研究理应包括男性研究和女性研究这两个部分，但至少在目前中国的学术界，仍然一定程度上存在以女性研究代替社会性别研究的现象。这既不利于女性研究的发展，也在一定程度上阻碍着更快地推进两性平等与和谐社会的建设。

一　研究概述

1. 2006 年之前的研究状况

　　因为男性气质研究是新兴领域，而且是第一次被收入《中国妇女研究年鉴》，

---

　　* 作者简介：方刚，男，北京林业大学人文社会科学学院副教授，北京林业大学性与性别研究所所长。

所以我们有必要将 2006 年之前的情况做一简要概述。

在 2006 年之前，具有社会性别意识的男性气质研究在中国（大陆）几乎还是一片空白。有学者对 2006 年之前中国大陆与港台的男性气质研究做过梳理，在台湾已经有许多关于男性气质研究的成果，而在中国大陆，虽然有一些文章和书籍从中国传统文化角度对男性气质进行分析，但或者社会性别意识不清，或者没有与西方的男性气质理论接轨，显得缺乏理论根基，脱离学术脉络在自说自话。这样的研究，主要来自哲学界和文学界（方刚，2008）。

值得欣慰的是，2006 年之前中国已经翻译出版了少数几本西方男性研究的专著，其中影响最大的是西方男性气质研究最重要的理论家之一康奈尔的专著《男性气质》。这本译著于 2003 年由社会科学文献出版社出版，成为此后几年中国学者研究男性气质的论文中最常引用的文献。另一本值得一提的著作是北京大学出版社于 2005 年出版的英文影印本 *Men's Lives*，这本由迈克尔·基梅尔、迈克尔·梅斯纳主编的文集，同样被认为是男性研究的重要参考资料。可以说，2005 年，男性研究在中国大陆出现了即将开始的迹象。一个标志是男性解放学术沙龙的成立，这个沙龙声称致力于推动男性研究与男性运动（方刚，2008）。

《河南社会科学》在 2005 年第 6 期开设了一个"男性问题研究"的专题，发表了大陆学者方刚、胡晓红以及台湾学者杨明磊的三篇论文，是国内学术期刊最早以"专栏"形式发表男性研究成果的代表。此外，胡晓红于 2005 年在吉林人民出版社出版的《走向自由和谐的两性关系》一书中，对于男性气质多有论述，其中明确地反思了"支配型男性气质"，并提出以女性主义为基础重构男性社会性别角色的特点。

2. 2006～2010 年的研究概述

2006～2010 年是中国男性研究从无到有的五年。这五年中，翻译的男性研究著作数量和质量都有所提高，比较重要的三部是《男士交谈：建构男性气质的话语》（詹尼弗·柯茨著，刘伊俐译，2006）、《从骑士精神到恐怖主义：战争和男性气质的变迁》（里奥·布劳迪著，杨述伊、韩小华、马丹译，2007）、《男性气概》（哈维·C. 曼斯菲尔德著，刘玮译，2009）。

五年间出版的中国本土学者的男性研究专著及论文集只有四部，分别是方刚、胡晓红主编的《男性要解放：中国男性运动的萌芽》（2006）、方刚著的《第三性男人：男人处境及其解放》（2006）和《男性研究与男性运动》（2009），以及荣维毅主编的《促进性别平等：男性参与的研究与行动》（2009）。相对来说，

《男性研究与男性运动》最为成熟，被引用率也最高。

从中国知网上，我们以关键词"男性气质"进行检索，发现230多篇论文。但对这些论文仔细阅读，真正具有社会性别分析视角的男性气质研究的论文不足100篇，其中针对媒体、广告、文学的研究占到70%以上，并且约有一半是博士和硕士研究生的学位论文。硕士和博士研究生的男性气质研究论文占据多数，这同台湾和香港男性气质研究起步阶段的情况是一样的。这一方面是因为男性气质研究是一个新的领域，研究生更容易在此领域内有所创新；另一方面也是因为，在这样一个新领域中，成熟的、以此为专业方向的学者比较少，相比而言，研究生的学位论文就更凸显出来了。虽然这些论文并不一定很成熟，但是，这是一个研究领域起步阶段的必然现象。相比于其他成熟的研究领域，硕士论文占的比例更高是本领域研究成果的一个重要特点。

总体而言，男性气质研究开始受到学术界的重视。由荒林主编、广西人民出版社出版的连续出版物《中国女性主义》在这五年均设有"男性研究"专栏。《中华女子学院山东分院学报》在2010年第4期开设了"男性气质研究专题"，发表了分别从父亲类型与男性参与、男性气质神话、男性气质与公共政策角度论述的三篇论文。

一些重要的论文选集也收入了男性研究的论文。由谭琳、姜秀花主编的《妇女/性别理论与实践：〈妇女研究论丛〉（2005～2009）集萃》一书（2009），便收有方刚的《从男性气概的改造到促进男性参与》一文。同一篇论文，还被收入《社会性别与公共管理》（张再生，2008）中。

在性别研究的学术会议中也开始出现"男性研究"的文章，甚至以专题的形式出现。新疆大学2007年召开的"性别平等与少数民族女性发展"研讨会便设了"男性研究"专题，后来出版的会议论文集中，则以"男性话题"为专栏，收入了四篇论文，其中两篇为男性气质的理论研究，两篇为影视中男性气质呈现的分析（杨霞、刘云，2009）。2009年全国妇联和联合国人口基金会在北京联合举办了"反对针对妇女的暴力和男性参与"全国研讨会，并在论文集中收录了三篇男性参与反对针对妇女的暴力的专题文章。

特别值得注意的是，这五年间，还召开了两次专门的男性研究会议。第一次是2006年由京津社会性别与发展协作者小组和北京林业大学男性解放学术沙龙等五个机构主办的、在北京召开的"男性与性别平等：多元对话与研讨会"，前面提到的荣维毅主编的《促进性别平等：男性参与的研究与行动》便是这次研讨会的论文集。第二次是 2009 年 11 月由四川省婚姻家庭及妇女理论研究室和四川康美社区发展与市场策划服务中心主办的，在成都召开的"男性在推动社会性别平等中的参与研讨会"。前一次会议由香港乐施会资助，后一次会议由美国福特基金会资助，显示出具有西方背景的机构更清楚地意识到了男性研究对于推动社会性别平等的重要性。这两次会议中，虽然真正与西方男性气质理论相接轨的高质量男性研究论文并不是很多，但毕竟是一个开始，男性研究在社会性别研究领域开始发声了。

在科研课题方面，这五年间，无论是国内的各级纵向课题，还是国内国际的横向课题，均没有检索到有直接针对男性气质研究的课题。

二　主要研究内容

男性气质研究作为一个社会性别的分析视角，可以被应用于任何学科、领域的研究中，具有广泛的研究潜力。但是，作为一个初始阶段的研究领域，男性气质研究目前在国内只有少数一两个学者将其作为研究的重点，不仅没有形成稳定的研究群体，而且在专业上也主要集中在文学、影视、传媒等领域的研究中，远远没有展现出它的重要学术价值。

（一）对西方研究的综述与男性气质总论

因为男性研究在中国刚刚起步，所以，西方同类研究的介绍对男性研究的发展起了非常重要的推动作用。在这些介绍中，包括对西方男性气质研究的总述。西方的男性气质研究受女性主义的影响，反思男性社会性别角色的建构与实践。在 20 世纪 80 年代之后，"男性气质是建构成的，而非天生注定的"这一论述开始被普遍接受。与此同时，学者们认为男人会因为年龄、教育程度、宗教、种族、性倾向等差异，而体现出不同的男性气质（方刚，2006）。

西方男性气质研究著名学者如康奈尔的思想也被介绍进来。康奈尔提出一个相互影响的社会层面构成了一个社会的性别秩序，即遍布全社会的男性气质与女性气质之间的权力关系模式。康奈尔将实践中建构起来的男性气质，分为四种类型：支配性、从属性、共谋性、边缘性。这些均是男性气质的不同表达方式，而这些方式间存在着等级，它们共同建构着现代西方性别秩序中的主流男性气质模式的种种实践和关系（方刚，2008）。作为教育部推荐教材的《当代国外社会学理论》一书，也收入了介绍西方男性气质研究专家康奈尔的专节，这标志着主流学界开始意识到男性气质研究的存在和意义（刘少杰，2009）。在文献缺乏的情况下，一些对西方男性研究文献的汇总介绍，甚至对想从事这方面研究的学者也是具有重要意义的。广西师范大学出版社2007年出版的《中国女性主义》第9卷，便收录有方刚整理、汇编的《男性研究参考文献》。

此外，还有一些文章在对西方一些重要的性别研究刊物进行评介的过程中，涉及其中男性研究部分，如宓瑞新对《性别与教育》和《社会性别与历史》这两本影响非常大的英文刊物的介绍中，都强调了西方性别研究界对男性气质研究兴趣的"不断地增长"（宓瑞新，2008；2010）。

也有学者进行了一些更深入的专题类介绍，比如对某一族群的男性气质研究的介绍。其中，在西方的华裔男性的男性气质是一个受关注的角度，因为其面对着两种文化的交织。王建会（2009）对美国亚裔男性气质理论进行了反思，姜智芹（2007）则讨论了华裔男性的男性气质在美国大众文化中的建构。

在汲取西方研究成果的基础上，中国学者也开始提出自己的男性气质理论。方刚将西方的男性气质理论与中国本土男性气质的柔化特点进行了对比与综合，提出男性气质实践的十字轴以及男性气质实践的三维图，他认为男性气质是一个实践中不断变化的过程，而不是一个稳定的状态，因此将男性气质区分为多种变化中的"趋势"进行分析。比如他提出刚性/支配趋势男性气质、柔性/从属趋势男性气质、刚柔相济/关系均衡趋势男性气质等16种男性气质，并一再强调这只是"描述"，不是"分类"。他认为，康奈尔对支配性与从属性的提法为我们提供了一种男性气质的理想类型，它们分别处于男性气质的两端。但是，与其将支配与从属视作男性气质的两种类型，不如将其视作男性气质的两种趋势。趋势不同于类型之处在于，它提供的是一种可能的发展方向，是一个动态的过程，并不是一种可以归于其中的静态的分类。某一男性气质的实践可能在某一时刻受到某种趋势的影响较多，比如我们可以说某人在实践中表现出了较多的男性气质的支配趋势，却不可以说它是支配性的男性气质。这一论点对于男性气质的改造具有重要意义。因为只有男性气质是受多种因素影响并处于变动中的，男性气质的改造才有可能（方刚，2007）。

姜吉林（2010）则认识到，男性气质神话的维系依赖于权力话语的运作和现实中超常规的实践操作，因此对于权力话语的反抗与追求性别平等也必须通过话语祛魅的抵制性阅读和现实实践的批判性介入。

（二）文学与影视作品的男性气质研究

学界针对文学与影视作品中的男性气质的分析是最为多见的。其中，又以对外国文学的分析为主。

邱枫（2007）对伊恩·麦克尤恩的短篇小说《家庭制造》进行分析，指出这个短篇小说通过暴露主人公的言行，对传统的霸权性男性气质和逻各斯中心主义进行挑战和颠覆，揭示了其对非主流男性及女性的压制，并在小说结尾促使读者反思这一理想化的男性气质的本质，期望建构新的男性气质体系。刘胡敏（2009）讨论了帕特·巴克在《越界》中刻画的一个因"性无能"而面临"男子气概"缺失的心理医生汤姆的形象，揭示了现代英国社会高度发达的物质文明对男性阳刚之气的威胁和解构。吕鹏（2009）通过对韩国偶像剧的分析，提出电视偶像剧对男性气质的表征是在时尚炫目的符号包装之下古老的、性属陈规的消费社会再生产。这样的男性气质既是理想男性气质的代表，同时也是消费社会男性气质的典型，也有学者指出，韩剧虽然提供了对现代生活反思的可能，但因其对家庭的单一关注和刻意维护，使这些反思消弭于理想化的家庭伦理和迷人的男性气质的图景之中（吴靖、云国强，2007）。

康奈尔等学者的男性气质理论成为学者分析时的主要理论依据。陈琳（2009）用康奈尔的理论对霍桑的短篇小说《我的亲戚，莫里纳上校》进行新的解读，论述了不同文化所颂扬的男性气质，以及霍桑对不同男性气质的寓言式再现，着重分析主人公罗宾通过反身实践、知识更新和话语实践实现的"男性气质"形构；还有青年学生用康奈尔的理论将施蛰存小说中的男性人物的男性气质分为支配型男性气质与共谋型男性气质两种类型（程骥，2006）；彭珍珠（2009）则用方刚的男性解放的观点，分析了《尤利西斯》中主人公布卢姆的男性形象，认为作者乔伊斯颠覆了传统定义的男性气质、性别角色，塑造了一个"解放的男性"。

东西方文化交织时的男性气质表现也成为学者分析的目标。尹锐（2010）应用康奈尔的男性气质理论考察加拿大华裔作家的英文小说《玉牡丹》中男性气质描述；一位研究生则分析了美国华裔戏剧中的男性气质建构（张成文，2009）

战争与男性气质的关系一向引人注目，战争被认为是建构支配性男性气质的途径，所以也就不缺少针对战争题材的作品中的男性气质分析。吕鹏提出，军旅题材电视剧一向被认为是霸权男性气质的生产场域，他通过三个不同性属、性向的电视观众对《士兵突击》的不同解码的个案研究，试图说明男性气质的电视生产会因解码者性属、性向的不同而获得不同的意义（吕鹏，2010）。庞菲（2010）则对美国的长篇小说《红色英勇勋章》中的描写进行了男性气质视角的分析。刘洪与刘阳（2007）分析了中国的电视连续剧《亮剑》，提出当下一些电视剧仍然包含着陈旧的性别观念，《亮剑》对雄性力量的凸显和张扬以及男性价值立场的展示的两大方面，表现着不和谐的性别文化观念。

张伯存（2006）在博士论文中研究了当代文学和大众文化中的男性气质，讨论不同时期社会规范对主导的男性气质的形塑，分析了不同时期男性气质的文化符号表象及其背后一套规范、话语、权力运作。在另一篇发表的论文中，张伯存（2009）则主要论述了"男子汉"文学的表征机制以及时代的生活经验、"情感结构"的支撑和运作。

有人注意到，女性作家的文学作品同样参与到了主流男性气质的现代建构中（王军，2007）；也有学者提出当代女画家在艺术中向我们展现了男性不为人知的另一面，在艺术中质疑了由来已久、声名在外的伟岸的男性（顾春花，2008）。曹琼（2007）则以几部主流大片为例，论述了当代中国电影中的男性气质建构。

（三）传媒中的男性气质研究

男性时尚杂志近年来变得火爆，它参与到了男性气质的建构中，而且通常在塑造着传统的、支配性男性气质，因此成为学界分析的对象。

曹晋、赵潇爽（2010）提出，时尚杂志是西方支配性男性气质在中国进行扩张的一种途径，他们运用传播民族志方法将中国与美国顶级时尚杂志 *Esquire* 进行版权合作的男性时尚杂志《时尚先生》，作为研究市场经济全球化语境中本土媒介的经典个案，结合批判取向的传播政治经济学的相关理论，洞察中国男性时尚杂志的商品化运作过程及其蕴藏的依附经济模式，探索后殖民国家的男性时尚媒介在版权贸易和品牌广告的掌控下，如何重构中国的男性气质、阶级与商品的图貌，从而改变传统的社会性别秩序，维护西方资本主义的全球扩张。

对男性时尚杂志中男性气质进行研究，仍然主要是硕士论文。张妹（2006）对男性时尚杂志进行了文本分析，从而完成对其中男性气质的解读。有研究生对男性时尚杂志的封面进行了男性气质视角的分析（张卓琳，2009）；有研究生从消费主义的角度探讨了男性时尚杂志对男性气质的建构（徐宇，2009）。正如一位研究生指出的：男性时尚杂志主要以中产阶层作为目标消费者，通过建构一系列的精英、成功人士等形象引导男性受众的生活方式、价值观念，并通过建构出的男性气质类型来引导受众成为杂志所推崇的男人（刘元媛，2010）。

除了对男性时尚杂志的分析外，还有学者从其他角度探讨了传媒中的男性气质的建构。郑磊、刘波（2010）选取中国具有代表性的纸质媒体——《中国新闻周刊》2004年、2006年和2007年对姚明的新闻报道，分析全球语境下，姚明、国家形象和男性气质三者之间的关系。互联网作为一种新兴媒体的影响力正在加大。有研究生通过对新浪网"男性频道"的内容分析来观察主流男性气质的变迁（李永玖，2008）。

2010年，"伪娘"现象成为社会热门话题，激发了关于男性气质的普遍讨论。有学者从传媒的角度分析了这一现象背后的社会性别意义（浦兰，2010）。还有人通过对媒体上发表的时装摄影照片的分析，考察男性气质的时代变迁在摄影中的呈现（傅文斯荔，2007）。媒体上的广告同样是进行性别分析的重要视域。有学者注意到，男性的形象悄然侵入女性消费品领域，许多纯女性的产品也启用了男性明星作为代言人，在女性用品广告中男性的形象开始代替恒久不变的女性形象，认为这是一种关于男性气质的新观念的宣扬，阴柔与秀美逐渐成为可以被接受的男性气质。在阴性特质的消费文化当中，男性气质呈现多样性（王笑妍，2009）。化妆品开始进入男性的消费领域，这是否意味着传统男性气质的消解？有学者指出，无论广告主角代表的气质类型看起来有多大的差异，其本质都是传统支配性气质在消费社会中的不同表现形式（李敏，2010）。一位青年学生的硕士论文也从一个侧面说明了这一点（周灵慧，2007）。但也有研究者注意到，广告中的男性形象还是有新意的（庄宇，2010）。

（四）男性气质研究与女性主义的关系

在西方，具有社会性别意识的男性气质研究出现之后，曾引起女性主义阵营的激烈反弹。有人支持男性研究，认为是推动社会性别平等的重要环节；也有人表示了担心和反对，比如担心男性研究抢夺研究资源、为男性在性别不平等体制中的霸权地位开脱等等。这一争论也出现在中国男性研究开始之初。

方刚（2006）针对男性研究与运动受到的质疑逐一做出回应。他强调男性研究与运动的思想来源于女性主义，和女性主义反父权的努力是一致的。

在这一争论过程中，港台男性研究与男性运动的经验被作为重要的借鉴。在

"男性与性别平等：多元对话与研讨会"上，多位香港和台湾学者发言。王雅各（2009）谈到了男性研究必须在女性主义社会性别平等的视野下进行，同时又要发展出属于自己的性别政治；毕恒达（2009）强调了女性主义思想领导男性研究的重要性；梁丽清（2009）、梁展庆（2009）则对香港男性运动多有批评。

大陆学者也前往香港和台湾进行考察，希望可以汲取经验，认为男性研究与男性运动的领导者要站稳社会性别平等的立场，不要把男性气质研究和男性运动变成男人的"诉苦运动"，不要夸大男性受父权体制压迫的程度；同时男性研究者要与女性主义阵营多多沟通，消除误解（方刚，2008）。日本的性别研究刊物，也介绍了中国起步期的男性研究的种种困扰（方刚，2006）。

正是在争论与思考的基础上，男性研究的重要性、定位以及策略都日益清晰。方刚指出，男性研究立足于社会性别平等立场是非常重要的，男性研究的重要目标在于促进男性参与。男性参与不仅是"造福女人"，更是"造福男人"，男性将在参与的过程中获得男性气质的全面成长，而不止是刚性/支配趋势男性气质的努力。他主张，要促进男性参与，必须从制度和个人两方面努力。男性气质是多样的，支配性男性气质是可以被改造的，改造支配性男性气质将在个人层面上直接促进男性参与。他还提出并论述了"男性觉悟""男性觉悟二重性"的概念。所谓"男性觉悟"，是男性对于父权体制和文化压迫性的觉悟。所谓"男性觉悟二重性"，是指男性一方面需觉悟父权文化和体制对女性的伤害，进而帮助女性获得自由平等的生存空间，另一方面则需觉悟到父权文化和体制也对男性构成伤害，进而行动起来反抗这些伤害。他认为，如果男性不能认识到自己也是父权文化的受害者，便很难仅以"道德教育"动员他们参与到反父权体制的过程中。在强调个人改造的同时，方刚（2007）也强调，不能忽视体制的改变，二者相辅相成，在过程中互相促进。黄河（2008）也指出，实现性别平等是男女双方共同的责任，她反思男性研究与性别平等教育的内在联系，指出男性研究视角在教育领域的介入有利于推动性别平等教育的深入发展和开拓新的实践可能。

李修建（2009）则注重从中国传统的男性气质入手，讨论男性参与。他将"文士"和"英雄"作为中国传统男性的典型形态，同时指出传统中国的文士型男性气质与英雄型男性气质对于男性参与推动社会性别平等之事业，都有可吸收与可借鉴之处：男性既需要文士型男性气质对待女性的同情之理解、平等之态度，又需要英雄型男性气质的侠义精神，勇于冲破旧传统旧观念的阻挠，敢于为弱势群体伸出援手。在另一篇论文中，李修建（2007）指出，今日所谓"女性化"的男性气质体现了两性平等的观念，有助于促进男女平等。

（五）其他领域的男性气质研究

男性研究对家庭领域中的变革同样具有重要意义。方刚、钟歆（2010）讨论了男性气质如何影响父亲的类型，以及不同类型父亲参与抚养孩子等家庭事务的差异，提出通过改造男性气质、制定相关法律和政策等促进"好父亲"的形成，以推动男性参与目标的实现。方刚（2010）的另一篇论文则从男性气质视角出发，讨论了家庭暴力形成、预防与干预中的问题。他认为，恰恰是阳刚/支配趋势的男性气质支持了家庭暴力，而家庭暴力是这种男性气质建构与实践的一种方式，所以既需要惩罚家庭暴力中罪大恶极的人，但更需要的是教育和改造家暴实施者和有暴力倾向者，而教育与改造的切入点便是消解他们阳刚/支配趋势的男性气质，鼓励柔性/从属趋势的男性气质实践。因为男性气质是具体实践中可变化的过程，只要在社会文化、政策倡导、教育等方面做足功夫，男性气质就可以被改造。吕鹏（2010）则通过对表现家庭生活的电视剧的内容分析，解读了主流社会倡导的丈夫形象与男性气质。

在身体与性的研究中，方刚（2007）的博士论文，通过在深圳一家夜总会的田野调查，考察了卖性给女人的男人的男性气质实践过程。这篇论文中提出了男性气质多元实践的论述，即使是同一个人，在不同的情境和话语中，他的男性气质实践也是不一样的。方刚（2008）的另一篇文章，则讨论了具体性关系中男性气质的建构，指出即使是性生活中充分考虑女性性感受，要让女性先达到性高潮的男人，也不能简单地理解为其关心女性的身体感受。分析显示，其内心仍然可能是以此在建构着刚性/支配趋势男性气质。

裴开瑞、刘宇清（2007）也从身体的角度讨论了男性气质，他们以李小龙为例，认为李小龙将自己的身体作为赢得国家之间和种族之间斗争的武器进行展示，在很大程度上被认为是中国、亚洲或者第三世界受压迫者的胜利；李小龙在由美国现代性所主导的跨区（国）体系和后殖民体系中对华人男性气质的改造，揭示了他作为中国男性气质的典范在获得成功时所付出的特殊代价。

在教育领域，2010年因为一本畅销书引出了社会关于"拯救男孩"的讨论，将男性气质与教育的话题提上日程。《中国青年研究》组织了一组文章讨论青少年男性的男性气质是否"缺失"，以及男孩子是否需要被"拯救"。肖富群（2010）指出，"拯救男孩"提出者是在进行传统社会性别模式的建构；方刚

（2010）也认为，"拯救男孩"的主张体现着传统的支配性男性气质对男性的要求，这种男性气质被认为对男性的全面健康发展造成伤害。"拯救男孩"主张与世界主流的社会性别理念相冲突，同样也与"男性参与"、性别平等的基本国策相违背。

在社会性别主流化的过程中，男性气质无疑同样应该被考虑进来。罗晓娜（2010）提出，公共政策可以是倡导与推动男性气质多元化的一个有效手段，而男性气质的多元化发展有助于促进男性参与。

还有学者将男性气质研究引入生态文明建设的论述中。生态女性主义一直批评男性气质是生态与环境的破坏者，而女性气质是亲近大自然的。有学者在文章中肯定了刚性/支配趋势男性气质对自然环境的破坏，但是，主张通过改造男性气质，促进男性对生态环境保护的重视（方刚，2008）。

服装是进行社会性别塑造的手段和内容，周振东（2006）从男装在20世纪90年代以来呈现中性化的发展趋势，看出了社会中男性气质的变迁。男性气质呈现多样化的趋势，已经不可避免。

在微观的层面上，张若兰（2008）指出，男性在交际中想要做到自己的话语能够体现男性气质，男性气质的建构主要通过语音语调、特定的词汇和语法模式、话题选择、话语方式与策略等方面来实现。在表现男性话语气质的同时，遵循利奇提出的合作原则和格莱斯提出的礼貌原则，能使交际顺利进行。

三　研究的不足与展望

总体而言，中国男性气质研究刚刚起步，基础还非常薄弱。但已经受到学界的重视。从本综述中就可以看出，从事男性气质研究的学者非常少，研究面比较窄，研究成果也难成体系。但是，鉴于男性气质研究的重要性，将其独立列入年鉴中进行介绍，本身就是对男性气质研究的一种认可与推动。

未来五年，推动男性研究可以从这样几个方面着手。

第一，宣导男性研究意义，吸引更多学者和学生关注和参与。可以肯定的是，最有基础和兴趣进行男性气质研究的将是社会性别学者，而女性和男性一样可以进行男性气质研究，所以应该先在社会性别学者内部提高认识，增加了解。许多社会性别的学者并不了解男性研究在研究什么，有什么意义。所以这方面的工作应该补上，将男性气质研究带入不同的学科中。男性气质研究提供了社会性别思维的新视角，男性研究的发展有助于弥补女性研究发展的不足，直接促进两性平等、男性参与。当前中国的男性研究应该致力于进入社会主流视野，对重要社会问题乃至公共政策的制定发挥影响力。

第二，推进男性气质研究的学术发展。加强国际学术交流，特别是在国外从事男性气质研究的学者，鼓励他们参与到国内男性气质研究的建设中；有条件的学者应该努力在高校开设男性研究课程，培养学生；邀请境内外男性气质研究专家进行短期课程培训或讲座；性别研究的会议征文中，有意识地加入男性气质研究的视角；学术刊物定期或不定期地办"男性气质研究专栏"；争取在国家社科项目的"项目指南"中加入男性气质的题目；等等。在学术成果上，未来五年，应该多出专著和教材，这将极大地推进学科发展。

第三，注重男性研究对社会的改良作用。学术研究应该为改造社会服务，男性研究与男性运动不可分割。如果我们认为缺少社会性别意识会使许多领域的工作捉襟见肘、事倍功半，那么，缺少男性气质的分析视角同样会如此。因此，在进行各种社会性别意识培训的时候，应该加入男性气质培训的视角，如对妇女工作者、司法工作者、媒体、性教育工作者、医药卫生工作者、社会工作者、心理咨询工作者的培训中，都应该加入男性气质的培训。在一些重要的社会性别议题上，如反对性别暴力等领域，男性气质研究都可以为社会改良做出贡献。

如果说2006～2010 年是中国男性气质研究从无到有的五年，那么，我们期望下个五年，是男性研究从少到多、建立扎实基础的五年。

反对针对妇女的暴力研究综述
（2006～2010 年）

薛宁兰　胥　丽*

2006～2010 年，学术界有关针对妇女暴力问题的研究与前五年研究相比，在研究范围、研究成果和学者队伍等方面都呈现出新的特点。2005 年修改后的《妇女权益保障法》将"针对妇女的暴力"的许多行为纳入了法律，家庭暴力和性骚扰便是两个非本土的、尚未有明确法律界定的概念（郭慧敏，2006）。这使得对家庭暴力、性骚扰的研究成为本阶段的主要研究议题。此外，在强奸罪、拐卖妇女犯罪方面，也有一些研究成果。

一　研究概述

首先，科研成果在数量上超过前五年①。在中国知网期刊全文数据库中，以"家庭暴力"为主题搜索出相关文献 1653 篇；以"性骚扰"为主题搜索出相关文献 520 篇，其中，《妇女研究论丛》五年间发表的有关"性骚扰"议题的论文约30 篇，2006 年 8 月《妇女研究论丛》出版了"预防和制止对妇女的职场性骚扰"专刊；以"强奸"为主题搜索出相关文献 810 篇；以"拐卖妇女"为主题搜索出相关文献 50 篇。通过对国家图书馆、北京大学图书馆及中国社会科学院研究生院图书馆的搜索，五年间与反对针对妇女的暴力研究相关的著作达 50 余部，相关论文集五部。

其次，研究成果获奖比例较高。在 2010 年全国妇联、中国妇女研究会第二届妇女研究优秀成果奖评选活动中，《家庭暴力防治法基础性建构研究》（陈明侠、

* 作者简介：薛宁兰，女，中国社会科学院法学所研究员；胥丽，女，中国社会科学院法学所法律硕士。

① 《中国妇女研究年鉴（2001～2005）》"反对对妇女的暴力研究综述"（王行娟撰写）提到，2001～2005 年期刊网查拐卖妇女的研究 37 篇、强奸的研究 165 篇、性骚扰的研究 114 篇、家庭暴力的研究 315 篇。

夏吟兰、李明舜、薛宁兰，2005）获专著类一等奖、《跨地域拐卖或拐骗——华东五省流入地个案研究》（王金玲，2007）获专著类二等奖、《妇女法基本问题研究》（林建军，2007）获专著类三等奖、《性骚扰侵害客体的民法分析》（薛宁兰，2006）获论文类三等奖。

再次，学术研讨和学术交流活跃。以性骚扰议题为例，其间召开的专题研讨会主要有：2006年1月，北京大学法学院举办"反工作场所性骚扰国际研讨会"；2006年8月，中华女子学院法律系举办"就业性别歧视及其救济机制国际研讨会"；2007年1月和2008年2月，中国社科院法学所性别与法律研究中心联合中国法学会反家庭暴力网络举办反性骚扰司法解释研讨会；2008年5月，中国社科院法学所性别与法律研究中心举办"性别平等与法律改革"国际研讨会；2009年2月，北京红枫妇女心理咨询服务中心举办"工作场所性骚扰立法调研成果分享与研讨会"；2009年6月，北京大学法学院妇女法律研究与服务中心举办"反职场歧视研讨会"；2010年5月，中华女子学院举办"反对针对妇女的歧视与暴力：跨学科的视角"国际研讨会。这些研讨会增进了中国学者与海外学者、中国学者间的交流，推动了国内学术界对性骚扰问题的研究。

最后，以研究推动对妇女暴力的相关立法与司法改革。2008年3月，最高人民法院中国应用法学研究所发布《涉及家庭暴力婚姻案件审理指南》，设置"人身安全保护措施"一章，并在全国多家基层法院试点。2007年、2008年中国社科院法学所性别与法律研究中心、中国法学会反家庭暴力网络两次联合向全国人大和全国政协会议提交《关于人民法院审理性骚扰案件若干规定》的项目专家建议案。2009年中国法学会反家庭暴力网络向最高人民法院提交《人民法院审理涉及家庭暴力案件适用人身保护裁定若干问题的规定》（专家意见稿）。2010年全国妇联权益部、中国法学会反家庭暴力网络分别向"两会"提交关于制定《中华人民共和国反家庭暴力法》的建议。

二　主要研究内容

（一）家庭暴力问题研究

1. 家庭暴力的法律概念

本阶段，学者研讨家庭暴力概念时，多针对最高人民法院《关于适用〈中华人民共和国婚姻法〉若干问题的解释（一）》（以下简称"解释一"）中关于家庭暴力的界定①。

论文方面，金眉（2006）认为，"解释（一）"关于家庭暴力的定义对主体的范围、行为的类别和程度的表述都有不足，中国法律对家庭暴力的主体范围有待扩大，不应仅限于合法婚姻家庭范围内，而应扩大到事实婚姻家庭，乃至所有的同居家庭。精神暴力应成为独立的一类家庭暴力，但其伤害后果的认定应由法律做出明确规定。李洪祥（2007）认为，"解释（一）"对家庭暴力的界定与国际公约等法律文件相比存在很多不足：关于家庭暴力的行为环境范围，不应以家庭范围为限，应扩展至人们生活的全部领域。家庭暴力与社会暴力的划分是从主体角度划分的，而不是以暴力行为发生的场合或环境划分的；关于家庭暴力的程度范围，在认定家庭暴力上应尊重事实，只要实施了暴力行为或威胁暴力行为都应该被认定构成家庭暴力。

著作方面，陈敏在《呐喊：中国女性反家庭暴力报告》（2007）中认为，这一规定存在两个缺陷：①将家庭暴力严格限定在家庭成员之间，不能涵盖所有的受害人；②以伤害后果来衡量施暴人行为是否构成家庭暴力，不利于保护受害人。她提出，是否构成家庭暴力，应当以加害人的暴力行为是否已成为一种行为模式为认定标准。薛宁兰在《社会性别与妇女权利》（2008）中指出，这一司法解释是对依司法途径惩治的家庭暴力的界定，不可避免地在主体、表现形式、后果等方面缩小了家庭暴力的范围。周安平在《性别与法律：性别平等的法律进路》（2007）中认为，"解释（一）"在界定家庭暴力时，没有将性暴力纳入其中。他还指出，将造成一定的后果作为国家干预家庭暴力的前提，实际上将家庭暴力混同于一般暴力，使家庭暴力的危害被掩盖；应对家庭概念做多元解释，将各种亲密关系的伴侣纳入家庭范畴之中，从而在一切形式的家庭中防治对妇女的暴力。

2. 民事保护令制度

针对中国现有法律法规操作性不强、缺乏执行力的现状，2008 年 3 月，最高人民法院中国应用法学研究所发布的《涉及家庭暴力婚姻案件审理指南》（以下简称《指南》）设置"人身安全保护措施"一章，以裁定的形式对施暴者采取民

---

① "解释（一）"第一条规定："婚姻法中的家庭暴力是指行为人以殴打、捆绑、残暴、强行限制人身自由或其他手段，给其家庭成员的身体、精神等方面造成一定伤害后果的行为。"

事强制措施，并在全国一些基层法院进行试点。"人身保护令"的司法改革体现了中国防止家庭暴力理念的重大转变，开辟了国家公权力防治家庭暴力的新途径。

学者主张借鉴英美国家防治家庭暴力的先进经验，将民事保护令制度引入中国。钱泳宏（2009）认为，《指南》只是法院内部的指导性文件，为法院审理相关案件时提供参考，不具有普遍的适用效力。他主张中国大陆应借鉴英美国家及中国台湾地区民事保护令制度的成功实践，将民事保护令制度通过立法的形式固定下来，并对其内容及程序做出具体完善的规定，并使得民事保护令制度与传统法律规定相互配合。郝佳（2010）指出，由于《指南》在性质上不属于司法解释，没有法律效力，在没有开展试点的地方法院，对于涉及家庭暴力婚姻案件的处理则苦无良策，并针对中国现行家庭暴力防治规范的缺陷，提出构建中国式的保护令制度的设想，即设立以"人身保护、行为矫正"为主要内容，多机构协同合作的家庭暴力防治基础体系。

3. 妇女受虐杀夫原因分析与定罪量刑

对于家庭暴力受害人在长期受虐状态下的"以暴制暴"现象，一些学者通过对服刑女犯的问卷调查和访谈对其产生的原因做出归纳。薛宁兰（2008）认为，原因主要有两个：一是受虐妇女最终杀夫与先前持续性的家庭暴力有深切的关联，长期生活在暴力的婚姻关系中，对妇女认知施暴者未来行为起到了决定性作用；二是社会观念对配偶暴力的认识、对受暴人的社会支持系统不健全和反应迟钝，是导致妇女"以暴制暴"的社会文化机制上的原因。陈敏（2008）将原因归纳为立法不完善、司法保护不力、潜意识里的夫权至上观念、社会和司法部门对家庭暴力特点以及受虐妇女心理特点缺乏了解几点。邢红枚（2010）认为，导致这些女性最终杀害施暴人的原因有：经常遭受被害人的家庭暴力、受虐之后得不到亲人和社会组织的有效支持、对家庭暴力的错误认知和不稳定情绪、法制观念淡漠等。

2003 年发生在河北的"刘栓霞杀夫案"①再次引起学界对源自美国和加拿大

---

① 刘栓霞 1990 年经人介绍认识张军水，嫁到宁晋县东马庄村。从结婚第二年开始的 12 年里，丈夫用尽家里可以使用的工具打她，她一次次地选择忍让和迁就。2003 年 1 月 15 日，刘栓霞再次被丈夫用斧头砍伤，终于忍无可忍，17 日，她在给丈夫做的饭中投入毒鼠强，张军水吃后不久便咽气。2003 年 7 月 9 日，宁晋县法院一审判决刘栓霞有期徒刑 12 年。该案由于众多媒体介入，引起法学界对家庭暴力和"受虐妇女综合征"理论的关注。参见宋燕《一个人和她的战争》，http：//bjyouth.ynet.com/article.jsp? oid = 3040902。

"受虐妇女综合征"理论的关注。陈敏（2008）认为，中国刑法中的正当防卫强调"必须是对正在进行的暴力犯罪"实施防卫，没有充分考虑受虐妇女的长期受虐史和因长期受虐而产生的特殊心理状态。她主张，中国司法应借鉴发达国家的实践经验，将妇女的受虐史或"受虐妇女综合征"作为证明其行为是正当防卫的可采证据，并在量刑时视情节依法减轻或免除她们的刑事责任。钱泳宏（2008）也表达了同样的观点，认为中国刑法对正当防卫必备要件的规定过于苛刻，缺乏性别视角，没有充分考虑妇女的长期受虐史和特殊的心理状态，有必要将"受虐妇女综合征"作为专家证言引入中国正当防卫的可采证据。张娜（2008）则认为，以"受虐妇女综合征"为根据，认定此类行为属于正当防卫不符合中国实际情况。假如国家在立法中将受暴妇女杀夫行为定性为正当防卫，无异于向社会宣告：即便行为时"不法侵害"尚未发生，受虐妇女"有权"预先自救杀人。她认为，审理此类案件采用被害人过错说，符合刑法的基本理念和精神，在量刑时应予以考虑。

（二）性骚扰问题研究

1. 性骚扰的性质与概念

对性骚扰行为定性是构建性骚扰概念和法律规制体系的前提。西方女性主义从权利的角度对性骚扰加以阐释，认为它的本质是男权社会结构中的性别歧视和权利不平等，是男人对女人的权力控制在性关系中的体现。中国学者在这方面也进行着不懈努力，相关社会学调查从20世纪90年代已经展开。本阶段，"工作场所中的性骚扰研究"课题组（2009）通过对20名女性受害人及其部分同事、亲属、律师、法官等访谈的分析，提出仅把性骚扰归为不平等的性别结构所致不够全面和准确，令受害女性同样感受至深的还有在工作中的权力和地位关系的不平等。"权力地位关系在性骚扰事件中的大量渗透和强有力的影响，暴露了在转型时期中国社会分化和社会不平等不断加重的背景下，在一些地方和单位，权力无所不至，优势地位转化为霸权；弱势群体在受到歧视、伤害时，由于难以得到社会援助而更多选择沉默或逃避等种种问题。"

许多论文探讨性骚扰的法律定义时，以联合国相关机构的一般性建议、地区性组织的决议、其他国家或地区的立法对性骚扰的界定作为立论根据。而将社会性别视角与民法侵权行为构成理论相结合又是许多研究的特点。

王雪梅（2006）在对国内外立法、学术研究中的性骚扰定义梳理后认为，各国及地区法律对性骚扰的界定并无统一定义，而是与各国及地区的文化和妇女地位紧密相关；性骚扰本身是与社会性别高度相关的概念，因此，同时从法学角度和社会性别角度对性骚扰的实质进行分析，并不存在矛盾。薛宁兰（2006）从社会性别视角对所谓性骚扰侵犯"贞操权说""名誉权说"进行分析后提出，性自由权是性骚扰侵害的直接客体；职场性骚扰侵害的客体并不限于受害人的民事权利，还侵害到她/他们作为劳动者的工作环境权和就业平等权。骆东平（2009）认为，身体自主权说应该成为性骚扰侵犯的民法客体，主要是因为其充分表达了对人格尊严的维护，更重要的是它表明应当在当下的权力文化脉络下理解性骚扰这一命题的思想。

　　一些论文从民事侵权行为构成角度分析性骚扰的法律特征，并因此对性骚扰做出界定。林建军（2007）认为，可从被骚扰者的主观状态、骚扰者的主观状态、骚扰者的行为、侵犯的客体、表现形式五个方面综合判断，因此"性骚扰是行为人为满足自己的性需求，通过语言、行为和环境设置等方式违背他人意愿故意实施的，侵犯受害人性自由权的不受欢迎的与性有关的行为"。靳文静（2008）认为，对性骚扰概念的界定，要充分考虑中国的现状和文化观念，兼顾劳动者工作机会平等权，可将之定义为："性骚扰是违反他人意愿的、具有性本质内容的、侵犯他人人格尊严的行为。"薛宁兰（2009）指出，性骚扰概念法律化过程中应当具有性别意识。针对简单套用一般侵权行为构成要件界定性骚扰的做法，她提出，在界定性骚扰法律定义时应思考四个问题：第一，行为人的主观意图是不是这一概念的必备要素？第二，行为的内涵是否不限于"性的行为"，还包括基于性别的歧视行为？第三，是否排除性侵害犯罪？第四，是否以侵害后果为要素？她认为性骚扰是："性犯罪以外的，以动作、语言、文字、图片、电子信息等方式实施的，与性有关的违背他人意愿的侵权行为。"王恒涛（2006）倾向于法律只对职场性骚扰做出界定。因为，"性骚扰"一词在其"原生地"的英美等国有特定的法律含义。它是一种"滥用权威"迫人违心就范的表现，而这种"权威"可以来自职位、社会地位及威望、职务等级、名分、金钱等等。中国立法应采用"狭义性骚扰"的法律概念，即仅特指广义职场上利用职务或职权之便实施的一种歧视性行为。

2. 防治性骚扰立法模式

　　关于中国反性骚扰的立法模式，胡波（2006）指出，中国反性骚扰立法的路径选择应该借鉴美国的经验，主要从反性别歧视的角度切入。如果局限于传统民法的视角，将性骚扰理解为一种侵权行为，仅仅依赖侵权的民事责任来救济受害人，惩戒行为人，并希望以此达到预防和规制性骚扰的目的，无疑是杯水车薪，不敷其用。中国现行《宪法》规定了男女平等原则，《妇女权益保障法》则承担了反性别歧视的主要功能。因此，在《妇女权益保障法》中增加规制性骚扰的条文是较为合理的选择。李秀华（2006）认为，《妇女权益保障法》未对性骚扰概念、类别及责任体系做出科学界定，将导致性骚扰法律的适用具有极大局限性。中国应建立多规制或多元机制的立法模式，并最终制定全国统一的预防和制止性骚扰法案。张荣丽（2006）指出，制定专项立法的好处在于，可以将不同场所发生的性骚扰都置于法律的调整之下，并可较为详细地规定预防和制止性骚扰的基本原则和具体措施，为实际部门解决性骚扰问题提供明确具体的依据。薛宁兰（2008）在总结改革开放以来中国妇女权利法律保障体系时指出，中国缺乏对突出的侵害妇女权利现象的专门立法规制，如反就业歧视法、家庭暴力防治法、性骚扰防治法。

3. 用人单位（雇主）责任

由于职场性骚扰造成的损害难以被纳入工伤保险范围，因此，通过追究雇主的侵权责任使职场性骚扰受害人获得救济，成为学界的一致主张。

曹艳春、刘秀芬（2008）认为，解决职场性骚扰共同责任分担，可采取如下方式：当性骚扰行为的直接加害人为单位的管理者或普通雇员时，直接加害人、雇主、其他共同侵权人承担连带责任；当性骚扰行为的直接加害人为非雇员的第三方时，雇主承担补充责任；在对待有过错的、负有性骚扰防治义务的管理者的责任承担上，应由雇主承担替代责任。曹艳春（2008）运用法经济学原理，对两种不同类型职场性骚扰的雇主责任进行分析论证：交换型性骚扰，雇主承担严格替代责任；对于敌意环境型性骚扰的雇主责任要求雇主尽积极的作为义务，否则就要对其不作为的义务承担法律上的责任。

4. 性骚扰案件的证据规则

刘春玲（2006）对性骚扰诉讼案件证明责任的分配、证据的收集和认定等进行了分析：①在性骚扰案件中，仍应实行"谁主张，谁举证"的证明责任分担规则；②在证据的收集方面，正确理解"非法证据排除规则"，确认原告以偷拍、偷录方式获得的证据具有证明力。由于性骚扰案件具有公益性质，当事人除可申请法院调取证据外，法院应主动依职权调取相关证据；③在证据认定方面，提高对原告陈述证明力的认定，同时应降低对原告的证明标准的要求。通过上述措施，可切实保护性骚扰案件的受害人。薛宁兰、何䣿（2009）认为，职场性骚扰案件中的受害人与用人单位相比，在提供证据能力、诉讼能力等方面均处于劣势。为平衡两者在诉讼中的地位，在证据的认定上，应当向受害人做一定程度的倾斜，在用人单位和受害人提供的证据的证明力基本相当时，法院应当做出有利于受害人的判断。

关于品格证据①在性骚扰案件中的证明力，骆东平（2008）指出，性骚扰案件中，严格限制被害人性行为或性倾向的证据具有证据资格，除非有明确的证据表明"其可能存在的证据价值明显大于其对被害人造成伤害或为任何一方当事人带来不公正偏见的危险"，以免给受害人带来二次伤害。薛宁兰、何䣿（2009）指出，法官认定案件事实时不应联系受害人过往的言行，司法解释应当明确规定法院不得将受害人过往的言行作为定案的证据。

对性骚扰案件的举证责任分配，田平安、骆东平（2006）认为，这类案件的举证责任分配不能简单地采用举证责任倒置。首先，应对性骚扰案件进行分类——权力型与非权力型，然后，进行相应的举证责任分配。在权力型性骚扰案件中，受害人面临的主要困难是难以证明加害人是否对其实施了不受欢迎的、与性有关的行为，举证责任应当由加害人与受害人共同承担，先由提起诉讼的受害人举证，再由加害人举证。如果受害人连最基本的举证责任都无法承担和完成，由其承担不利后果是合理的。非权力型性骚扰案件的举证责任分配一般应当完全由受害人承担，对于举证困难问题，应当通过降低证明标准的方式加以缓解。

（三）强奸罪研究

1. 强奸罪立法隐藏的"性别假定"

一些学者关注到中国《刑法》对强奸罪②的定义中的"性别假定"，张祺（2006）认为，中国《刑法》将强奸罪定为"单一性别的犯罪"，似乎是向女性利益的倾斜，却将妇女限定在"被污辱和损害"的被动位置，强化了女性在社会中的从属地位。这种单一性别立法将针对妇女的性暴力议题"妇女化"和边缘化，使得消除强奸、拐卖以及强迫卖淫等行动难以获得全体公民的关注。它有违

---

① 品格证据，是指能够证明某人品格或其某个品格特征的证据。
② 中国《刑法》第二百三十六条规定："以暴力、胁迫或者其他手段强奸妇女的，处三年以上十年以下有期徒刑。""奸淫不满十四周岁的幼女的，以强奸论，从重处罚。"

性别平等的标准，不但很难达到保护妇女权益的目的，也侵犯了男性尤其是男童的合法权益。刘芳（2008）认为，中国《刑法》应当淡化隐藏在强奸罪立法中的"性别假定"，将男性纳入强奸罪的犯罪对象，男女都可以成为强奸罪的犯罪主体和受害人。

岳丽（2010）认为，现行《刑法》中的强奸罪不仅在两性关系中将女性视为弱势，也预定了女性在社会各个领域的受限性。强奸侵犯了人的性自主权，应在立法中将男子也作为强奸罪的犯罪对象。贾健、刘林玲（2008）认为，现行《刑法》将男性性自由权排斥在法律保护之外，违背了平等保护原则，建议对中国《刑法》将"妇女"改为"他人"，将"幼女"改为"幼童"，以彰显《刑法》对男女两性性自由权的平等保护。

2. 强奸罪的预防与救助

针对现实生活中强奸案件低报案率、取证立案定罪困难、缺少对受害人的救助补偿机制等问题，张祺（2006）指出，现行防治强奸的法律体系以刑法为中心，集中于惩治强奸犯罪，对被害人救助和补偿、预防强奸等的规定不完善。由于被害人无法通过合法渠道获得赔偿，才转而寻求"私了"。现行法律中"以刑代赔"的做法也是导致"私了"现象产生的原因之一。她认为，中国对被害人救助补偿和预防强奸的内容不能停留在国家政策（如中国妇女发展纲要、中国儿童发展纲要）的层面，应当体现在国家的法律文本中。

学者还从保护受害人权益角度，讨论了强奸罪可否作为亲告罪。张蓉（2009）认为，中国目前不宜将强奸罪由非亲告罪改为亲告罪，对婚内强奸可采取告诉才处理的方式。强奸罪是一种重罪，将其作为亲告罪无疑将使原本由国家公诉机关承担的举证责任，转嫁到处于弱势地位的被害人身上。王学文（2010）主张，国家应该尊重被害人"不告诉"的权利，公权力在强奸罪这一隐私领域应做出适度让渡。

3. 嫖宿幼女罪存废之争

1997年中国修订后的《刑法》将嫖宿幼女的行为从奸淫幼女罪中抽离，作为独立的犯罪①。2009年媒体曝光的贵州习水、浙江丽水、福建安溪、四川宜宾等一系列嫖宿幼女案件，暴露了设立这一罪名的危害，学界再次展开对它的存废之争。

———————————

① 中国《刑法》第三百六十条第二款规定："嫖宿不满十四周岁的幼女的，处五年以上有期徒刑，并处罚金。"

　　主张废除这一罪名的观点主要如下。①该罪对平等保护女性未成年人的社会公共政策带来冲击。依据被害幼女的身份（卖淫女还是非卖淫女）界定此罪与彼罪，区分定罪量刑，是对卖淫幼女的歧视（叶良芳，2009）。②刑法对与不满 14 周岁幼女发生性关系的行为分设嫖宿幼女罪和奸淫幼女罪，实际上是对同一行为采取了双重标准，一定程度上削弱了刑法对幼女合法权益的保护（林苇、王占洲，2009）。③从犯罪客体看，将嫖宿幼女罪纳入《刑法》第六章第八节“组织、强迫、引诱、容留介绍卖淫罪”之中，不符合立法协调性原则。嫖宿幼女罪侵犯的客体是他人的人身权利，而不是社会管理秩序（肖本山、赵颖，2008）。④在行为方式上，嫖宿幼女罪与奸淫幼女型强奸罪、猥亵儿童罪完全或部分重叠。嫖宿幼男的行为应如何定罪？如果将之定为猥亵儿童罪，由于两罪法定刑相差很大，法律似乎有重女轻男之嫌（尹振国，2009）。⑤从主观方面看，嫖宿幼女罪事实上排除了因嫖宿行为人主观心态转化所导致的犯罪转化（刘世萍，2009）。⑥在刑罚上，它违反了罪刑相适应的刑法原则，易放纵犯罪分子（尹振国，2009）。赞同取消该罪的学者对嫖宿幼女行为的定罪有两种认识：其一，通过《刑法修正案》的形式废止嫖宿幼女罪，将嫖宿幼女的行为收归强奸罪之下（叶良芳，2009）；其二，以奸淫方式嫖宿幼女的，构成奸淫幼女型的强奸罪；对以猥亵方式嫖宿幼女的，应纳入猥亵儿童罪之中（尹振国，2009）。

　　也有一些学者站在立法者一边，认为目前这样的规定是合理的，嫖宿幼女罪不仅罪名要保留，而且位置也不需要变（牛牪、魏东，2009）。刑法学的本体是解释学而不是立法学，在刑法既规定奸淫幼女罪，也规定嫖宿幼女罪的立法例下，刑法学必须对贵州习水案提出妥当的解决方案。根据法院审理查明的事实，贵州习水案中嫖宿幼女的被告人并不具备加重情节，故对其以嫖宿幼女罪论处是合适的（张明楷，2009）。实践中对于嫖宿幼女行为的定性和处罚，应当依据法条竞合的原则加以适用。一般情况下，行为人只要嫖宿幼女，无论其行为是否获得了幼女“同意”，也无论行为人是否使用了迫使行为，都应当依照嫖宿幼女罪定罪处罚。只有在一些需要加重处罚行为人的特殊场合，才应当依照强奸罪对行为人定罪处罚（童德华，2009）。

（四）拐卖妇女问题研究

　　关于拐卖妇女的原因，张晓敏（2010）从经济学角度分析了这种针对弱势群体的犯罪活动，认为拐卖犯罪的产生和发展是人贩子追求效益最大化的结果。我们可以从提高犯罪成本、减少犯罪收益入手，打击、控制拐卖妇女儿童的违法犯罪活动。易军（2008）以云南和四川等拐卖妇女严重的地方为例，通过对拐卖原因的考察，发现拐卖妇女有其社会结构性原因，即性别失衡、区域发展失衡、城乡二元结构发展失衡。这导致妇女被拐卖而非正常性地流动，使法律和政府的控制失效，尤其在这些社会结构状态一直失衡的情况下，打击拐卖行为只能是治标，从根本上解决问题仍需从平衡社会结构开始。

关于被拐妇女"同意"的效力，中国刑法学界通说认为，拐卖行为是否违背被害人意志不影响拐卖妇女罪的成立。张明楷（2007）明确表示被拐卖的妇女是自愿被拐卖的，不构成拐卖妇女罪。李海燕（2010）认为，以出卖为目的的情形下，即使征得了被害妇女同意，也改变不了行为人将妇女作为商品进行买卖的本质，这意味着其人格尊严权受到了侵害，因此即便得到被害妇女的许可，也不能作为免除行为人刑事责任的根据。蔡雅奇、蔡新苗（2010）认为，对于妇女的承诺的效力应分不同的行为进行评价。基于妇女的承诺所发生的拐卖行为，由于不具有社会相当性①，违背了社会公共道德和价值观念，因此承诺无效，拐卖行为具有违法性，但可作为酌定从轻情节，在量刑时予以考虑；但如果被拐卖的妇女被行为人控制后自愿与其发生性关系，确实未侵害妇女的自主决定权，在符合被害人承诺的其他条件下，可以阻却奸淫行为的违法性。

关于收买被拐卖妇女罪，袁荣海、顾德仁（2010）认为，中国《刑法》第二百四十一条收买被拐妇女、儿童罪之第六款"可以不追究刑事责任"的规定存在不科学、不合理之处。该条文违反刑法的基本理念，违背立法期待，容易造成司法实践混乱，并易导致放纵犯罪分子的后果。建议将《刑法》该条第六款修改为："收买被拐卖的妇女、儿童，按照被买妇女的意愿，不阻碍其返回原居住地的，对被卖儿童没有虐待行为，不阻碍对其进行解救的，并且主观恶性较小的，对收买的行为从轻或减轻处罚。"

三　小结

这五年中，中国大陆地区在针对女性暴力问题的研究上取得了一定进展。一

---

① 社会相当性学说认为，在历史地形成的社会伦理秩序的范围内，被这种秩序所允许的行为（社会的相当行为）就是正当的。由于超出了社会的相当性的法益侵害才有违法性，理所当然，社会的相当性是阻却违法性的一般原理。

些实证研究和比较研究对家庭暴力、性骚扰这两个在国际妇女运动和国际人权文
书推动下逐渐为中国主流社会认知的社会现象，从表现形式到本质、危害等做出
了具有中国特色的揭示；对于反家庭暴力、性骚扰立法和司法中的难点（概念、
证据规则、责任承担等），学者们做了比较系统的探讨；对于强奸罪立法的性别
盲点，结合司法判例，进行了社会性别分析；而注重成果转化，以研究推动国家
相关立法和司法改革是本阶段研究的一大特点。未来对此议题的研究应在对妇女
暴力概念的本土化与法律化方面做持续努力；在推动国家制定反对针对妇女暴力
的专门立法，如家庭暴力防治法、性骚扰防治法等方面，也需要细化和深化已有
的研究。

妇女与旅游研究综述（2006～2010 年）

范向丽 *

一　研究概述

　　学界对妇女旅游的关注始于 20 世纪 80 年代，主要体现在美国学者对酒店内商务女性的研究。在中国，妇女旅游研究始于 20 世纪 90 年代台湾学者对女性旅游购物行为的关注。随后，中国大陆学者对旅游目的地选择、旅游活动偏好、体验效果、风险感知等方面的性别差异进行了研究。直到 2000 年以后，大陆才开始出现专门针对女性旅游的研究文献。

　　笔者分别以"女性休闲""女性旅游"等作为关键词在中国知网、万方、维普三个中文期刊数据库中对 2006 到 2010 年间的文献进行检索，共检索到 212 篇学术论文，7 篇硕博学位论文。为统计、分析便利，并确保研究成果的可信度，笔者忽略掉了科普性期刊、技术性期刊、情报性期刊、检索性期刊、工具资料性期刊的文章，着重对检索到的 71 篇规范学术文章进行了分析和研究。目前国内还没有一部女性旅游研究专著。通过整理、分析发现，宏观方面研究成果主要集中于女性旅游史、女性旅游市场等的研究，中微观方面则偏重于女性旅游消费行为、女性旅游消费心理、女性旅游产品等方面的研究。从研究方法上看来，基本都以定性和定量结合为主。

二　主要研究内容

（一）女性旅游史研究

1. 古代女性旅游史

中国女性旅游的起源可以追溯到秦汉时期。游春踏青是当时女性最为普及的

---

　　* 作者简介：范向丽，女，华侨大学旅游学院讲师。

一种旅游形式。张建萍（2003）研究指出，周朝至汉代，女性在每年的三月三日都要到东流水上去洗涤污垢以祛病除邪，于是，三月三日前后便成了古代女性外出春游的节日。此后，女性的游春踏青活动不断发展，并在唐朝发展到鼎盛。唐朝时，每年三月三日盛行女性游春。由此可以看出，古代大多数女性的出游一般集中于上巳节、清明节、元宵节等节日（肖建勇，2006；焦晓云，2008）。

从严格意义上讲，这些只是短距离的生产活动、宗教活动或传统节庆活动，是女性作为"内人"而参加的娱乐活动，不能称为真正意义上的"旅游"。于是，张金岭（2005）、李景初（2008）等学者指出，古代女性真正意义上的旅游仅限于一些特殊阶层的女性依附男性进行的旅游活动，如宫廷的嫔妃贵族、官僚家庭中的夫人、小姐、妓女，尤其是艺妓等特殊群体。

2. 近代女性旅游史

鸦片战争到五四运动期间，中国女性旅游以知识女性外出交游、出国游学为主（崔琇景，2005；董玮，2005；汪年，2010）。这一时期由于"男游女守"观念的影响，出国游学仅限于钦差眷属、教会女生等极少数女性。赵炜（2006）、赵山奎（2009）、董忆南（2009）、黄海燕（2008）、汪年（2010）等学者将单士厘称为中国近代女性旅游第一人，并对其《癸卯旅行记》、《归潜记》等海外女子游记进行了研究。

民国年间（1912～1949），中国女性旅游主要体现为上海、杭州等地城市知识女性的结伴公园游、团体长途游、出国考察游等三种形式。李晓红（2007）、康民强（2008）、邢婧（2010）特别针对民国时期女性的体育娱乐、休闲生活、观光旅行等进行了研究。研究结果表明，这一时期的女性旅游不只局限于国内的逛公园和各种旅行，甚至还跨出国门到异域他邦参观考察。如中华基督教女青年协会工业部干事邓裕志女士赴英美参加会议，并入伦敦经济学院研究经济状况；当时的影后胡蝶于1935年6月奉中央之命偕同明星公司经理周剑云先生赴苏联参加国际影展，并到欧洲各国考察电影。

（二）女性旅游市场研究

女性旅游市场主要是指以女性游客为主要目标消费群，为专门适应女性消费的特点而形成的特定旅游市场（丁雨莲、陆林，2007）。这五年中，很多学者从不同角度对女性旅游市场进行了较为笼统的描述性研究。

1. 女性旅游市场的现状、潜力、前景及影响因素

在客源市场激烈的竞争中，女性市场已逐渐发展为旅游业的新宠，并开始在目标市场中发挥一定的潜力和拉动作用，从而吸引了越来越多行业的关注。总体来讲，中国女性旅游市场表现出基础薄弱（郑向敏、范向丽，2009）、出游率递增趋势明显（丁雨莲、陆林，2006；郑向敏、范向丽，2007，2009）、地域性差异显著（郑向敏、范向丽，2009）、六大要素的不平衡（丁雨莲、陆林，2006）、群体集中性（多以社会中上层女性为主）等特征（郑向敏、范向丽，2007，2009）。

女性旅游市场具有乐观的发展潜力和前景。女性经济的独立、教育水平的提升、婚育观念的转变、"空巢家庭"的增多、家政服务社会化的完善等因素都为女性出游提供了便利，职业女性、知识女性、老年女性、更年期女性、青年未婚及已婚无子女的女性都已成为或即将成为女性市场的亮点（丁雨莲、陆林，2006；郑向敏、范向丽，2007，2009；曲常军，2009）。

女性旅游市场的可持续发展也受着传统社会观念、个人角色、家庭责任、文化因素、心理因素等一系列因素的制约（张玉改，2007；曲常军，2009）。国内很多学者从提升旅游环境（张玉改，2007）、改善产品设计（王娟等，2007）、创新营销策略（郑向敏、范向丽，2007；王奇，2007；张玉改，2007；曲常军，2009；张金层，2009）等角度提出了针对女性旅游市场的开发对策。

2. 女性旅游细分市场、产品设计等

少数国内学者还从中微观角度对女性旅游市场进行了较为深入的研究。如郑向敏、范向丽（2009）针对女性旅游市场的结构特征，从年龄角度将女性旅游市场细分为青年女性旅游市场（19～25 岁）、中青年女性旅游市场（26～35 岁）、中年女性旅游市场（36～45 岁）、中老年女性旅游市场（46～55 岁）和老年女性旅游市场（56 岁以上），并对各细分市场进行了较为深入的分析。

刘祎洋、王立龙（2007），郑向敏、范向丽（2007），邱瑛（2008），张金层（2009），李玥睿、张凡（2009）等分别就日本"单身寄生族"女性、台湾女性、大连女性、长沙女性、重庆女性等旅游市场进行了专门分析和探讨，体现了女性旅游市场的年龄、地域等结构特征；郑向敏、范向丽（2009）从花卉旅游产品的角度出发，探讨了女性花卉旅游产品的设计策略。

（三）女性旅游心理研究

性别与旅游行为的关系研究对于旅游市场营销和产品开发有较强的借鉴、指导意义，一些学者从性别角度出发对女性游客的心理感知、动机、行为、体验等方面进行了探讨。

1. 女性旅游心理感知、动机、行为

总体而言，与男性传统旅游动机（如体育旅游、探险旅游和度假旅游等）相比，女性游客表现出较为强烈的文化动机、独立动机、浪漫动机、购物动机和参与动机（谢晖、保继刚，2006；郑向敏、范向丽，2007；于萍，2008；吴晋峰、李馥利等，2008），社会交往、感情交流、休闲放松也是女性的主要出游动机（夏文桃，2009）。

具体来讲，不同年龄段女性的旅游动机也有一定差异，25岁以下女性精力充沛，喜欢广交朋友，追求个性、时尚、潮流、刺激的心理较强烈；26岁到35岁女性收入较高，休闲、放松、享受、社交是其主要旅游动机；36岁到55岁女性收入较高、且家庭观念较重，体会家庭亲情是其主要心理需求；66岁以上的女性品牌忠诚度高，怀旧和慕名心理较强烈（于萍，2008；郑向敏、范向丽，2009）等。

在游客感知方面，女性的危险感知、风险感知、文化感知、服务感知等比男性强，而空间感知比男性差。因此，女性游客更容易在夜间、公共区域等特定时间、空间环境意识到危险；在旅游过程中，女性比较偏好参与性强的旅游活动；购买旅游产品时，女性往往比男性对风险认知程度更高；女性对服务质量和舒适程度更为挑剔，对无形的、难以用言语或行为表达的服务更容易察觉（郑向敏、范向丽，2007；于萍，2008）；但女性对景点空间结构的感知能力比男性差（谢晖、保继刚，2006；郑向敏、范向丽，2007；樊金燕、刘晓枫等，2009）。

在信息搜集方面，女游客比男游客搜集更多有关旅行费用、食宿状况、线路安排等信息，且更倾向于通过人际交流方式获取旅游信息（谢晖、保继刚，2006）

2. 女性旅游偏好及满意度

在目的地方面，女性比较偏好具备山水风光、田园风光、海滨沙滩和大型娱乐场所等旅游目的地（虞蓉，2009；樊金燕，刘晓枫等，2009；汤博佳、黄震方，2009）；在出游方式上，女性比较偏好家庭出游、伙伴出游（汤博佳、黄震方，2009）；在住宿设施选择方面，女性偏爱安全、卫生、价格适中的饭店（郑向敏、范向丽，2007；樊金燕、刘晓枫等，2009）；在餐饮选择方面，女性比较偏好向当地风味菜馆或大排档等可以展现地方特色的食物（樊金燕、刘晓枫等，2009）；

在活动项目方面，女性多偏爱购物、照相、散步、游览民居等参与性、观赏性、趣味性较强的活动项目（谢晖、保继刚，2006；樊金燕、刘晓枫等，2009；汤傅佳、黄震方，2009）。

（四）女性旅游消费行为研究

1. 女性旅游消费的意愿与动因

生活方式的改变、个人角色的演变与社会群体的形成、女性的广泛就业和经济独立、旅游政策法规的完善与社会治安的稳定等因素促进了女性旅游消费（虞蓉，2009）。

总体看来，女性游客消费意愿实现率较低；最大的旅游意愿支出是用在旅游购物，其次是娱乐；年龄、收入、家庭结构、伴游状况和出游形式等个体特征和出游特征对其消费结构有显著影响。目前旅游企业提供的产品不能真正满足女性游客的需要，这是影响女性游客消费意愿实现率的主要因素（王显成、陈艳，2007）。

2. 女性旅游消费特征与结构

不同年龄的女性具有不同的旅游消费特征，如青年女性追求时尚、刺激、新鲜，住宿、交通要求较低，喜欢购物，但价格敏感性较强；中年女性消费心理较为成熟，消费比较谨慎、理智和富有经验，花费主要为住、行等基本旅游消费；老年女性比较注重卫生、安全，易被旅游营销所打动，具有一定的价格敏感性（郑向敏、范向丽，2007；郑岩，2009；郑向敏、范向丽，2009）。

徐秀平（2008）对中国女大学生旅游消费状况的调查结果表明，其旅游消费水平一般在每次500元左右，72.7%的被访女生平均每年的出游次数为1～2次，绝大多数女生将休闲娱乐作为第一需求，通常会选择春、秋季出游，也有近50%的女生并不刻意考虑外出旅游的时间。

整体而言，与男性相比，女性旅游者消费体现出价格敏感性较强、需求偏好较强、消费安全度要求较高、易受媒体宣传或促销影响等特征（张丽娜，2009）。

3. 女性旅游消费影响因素

一般来说，经济条件、生命财产安全、家庭事务等因素影响着女性的旅游消费（段永康，2006；徐秀平，2008），而女性旅游者的购买行为则与年龄、职业、学历等个人特征以及旅游产品本身的质量、价格、渠道和促销等因素相关（徐正林、程甜，2009）。

在已往的研究中，谭箐（2004）将自我概念分为能力展现因子、情感因子、外在表现因子、情绪因子和传统保留因子，并通过聚类分析将女性旅游者分为情感至上型、内敛顺从型、外强中干型、传统现代结合型、领导气质型五类，从而对女性游客的自我概念以及对其消费行为的影响进行了较为深入的剖析。

（五）女性旅游产品研究

1. 女性饭店

女性饭店是专门为女性顾客提供针对性服务以满足女性顾客需求特点的饭店。目前女性饭店主要有两种形式：一种是在饭店内开设独立的女性楼层，这是国际饭店集团较为普遍的做法（李业、杨媛媛，2008），最具代表性的有美国大瀑布市 JW 万豪酒店的 19 层、孟买喜来登大酒店的 23 层等。另一种是以女性文化为主题的饭店，这类饭店通常为规模较小、风格独特的精品饭店，如 1984 年美国纽约麦迪逊大街的莫根斯（Morgans）女性精品饭店、德国的 Artemisia 饭店、中东的"卢坦"饭店、中国的皇后大酒店等。

安全、洁净、温馨是女性饭店的服务要点和核心（殷炜琳，2007）。在女性楼层出现之前，最早的女性精品饭店是 20 世纪 20 年代的美国纽约曼哈顿的阿莱顿酒店。二战之后，由于越来越多女性进入职场，以保障独身旅行女性安全为目的的女性专用楼层登上饭店舞台，该时期的希尔顿酒店就曾经在其广告宣传中特地强调"希尔顿酒店是女性安全的保障"。20 世纪六七十年代，第二次女权主义运动浪潮使得将女性作为"弱者"形象保护起来的女性楼层受到女权主义者的抨击，饭店开始采取一定的特惠活动取代女性楼层来吸引女客。如 1967 年希尔顿酒店集团与各大航空公司联手推出了大型推广活动"携妻共住希尔顿"。20 世纪 90 年代，女性商务客人开始引起各饭店集团的关注，如温德姆酒店集团专门为女性商务客人推出了"女性之旅"。近年来，沙特阿拉伯纯女性酒店利雅得的路卢丹酒店、美国设有女性楼层的密尔沃基皇冠酒店、纽约首府酒店以及中国西安的皇后大酒店的开业再次引起学、业界人士对女性主题酒店或女性楼层等的关注与探讨。

由此可见，女性饭店是在女性市场增长、女性经济时代的背景下应运而生的（李业、杨媛媛，2008）。女性出游机会的增加、婚恋观念的转变（刘永涓，2007）、旅游动机的增强、闲暇时间和可支配收入的增加（张薇，2008）等因素都使女性成为饭店的目标市场。张薇等（2008）认为女性饭店将会在未来得到较大发展，并指出女性楼层将独立出来，成为女性主题酒店，专门针对女性住客的服务设施将会增加等。但国外有学者曾对女性饭店提出质疑，一方面，女性主题酒店存在"叫好不叫座"的现象，也就是说女性楼层和女性主题饭店只是旅游经营者对女性需求的假象，事实上，女性不一定喜欢住女性饭店；另一方面，国外女性学者认为女性饭店是企业迎合女性需求的一个极端表现的产物，其中含有一定的歧视含义。本研究认为，女性饭店的前景和趋势还不像国内学者描绘得那样乐观，究竟是将更加完善，还是将走向消亡，目前还无法预计。

2. 女性主题景点、线路

夏文桃（2006）、范向丽（2009）、杨佩群（2009）等学者指出，根据青年女性心理需求特点，可针对性地开发一系列旅游产品，如美容美体健身旅游、购物专线游、复古专线游、森林旅游、温泉旅游、新婚蜜月游、母女谈心游、金银婚纪念游等来满足女性游客的需求。如携程旅行网于 2005 年推出的"3 月水样女人"的专题旅游产品，汇聚了"温泉""海岛""海滩"等以"玩水"为特色的海内外自由行产品得到外界出乎意料的热烈反响，一些精品线路推出没两天即爆满等（蔡文，2005）。

三 研究的不足与展望

由于中国传统性别观念影响较深、旅游学科背景单一、旅游学理论不成熟等原因，国内旅游性别研究还相对较弱，其研究深度和广度都有较大的提升空间和机会。与国际旅游性别研究总体状况相比，中国女性旅游性别研究有以下几方面不足。

（一）研究出发点与视角单一

这几年，女性游客和某些特定地域、领域的女性旅游从业人员逐渐引起国内学者的关注。从笔者所检索文献的出版年份可以看出，旅游性别研究的文献逐渐增多，这五年中的研究文献占了全部文献的 80% 以上，可见，女性旅游性别研究已经逐渐引起国内学者的关注，但其研究主题、出发点和视角相对较为单一，女性游客消费、女性旅游市场、女性饭店是国内女性旅游研究较为集中的几个方面，也就是说，目前国内旅游学者主要从管理学、市场学角度对女性旅游者进行了较为宏观的、相对粗浅的研究。没有很好地体现出旅游研究的跨学科与多学科特点，缺乏从社会学、人类学、民族学等角度出发的研究。

（二）研究方法缺乏创新

在研究方法上，国内目前相关文献主要以定性描述为主，有少数的实证研究，但在研究工具、研究方法等方面还较为保守。这也是国内该领域研究落后于国际的一个主要方面。

（三）研究深度有待挖掘

与作者所检索到的英文文献相比，国内相关文献的研究结果较为粗浅，没有经过严格的论证，大都是基于经验的阐述，学术深度还有较大差距。目前有关女性旅游研究的博士论文还没有，硕士论文有七篇，国内还没有关于女性旅游研究的著作，而国外这方面的著述则较为丰富。国内女性旅游研究深度欠缺主要有两方面原因：一方面，目前关注旅游性别问题的学者多为年轻教师和学生，学术功底还有待加强，国内较权威的旅游学者和专家还没有涉入或没有连续性地涉入该领域的研究；另一方面，国内的旅游性别研究刚起步，可以查阅的文献和资料较少，研究具有一定的难度。

通过分析近年研究文献可以发现，相当多学者开始从法学、安全学、管理学、营销学、文学、历史学等角度对女性旅游进行研究。笔者认为，随着女性旅游者群体的逐渐壮大，女性旅游这一研究主题将引起更多专家、学者的关注，研究方向和视角将更为多元。

女性生活方式研究综述
（2006～2010 年）

李亚妮[*]

一　研究概述

20 世纪 80 年代初，生活方式伴随着社会学的重建开始成为一个重要研究范畴。最初的研究大多是将男女作为一个整体来关注人们日常生活的变迁，针对女性生活方式的关注不多。随着改革开放的逐渐深入，国际化、市场化、信息化程度越来越高，女性的消费方式、休闲方式等在市场和社会的地位越来越重要，随之带来的各方面影响也越来越大，这引起了学者对女性生活方式与女性地位和自主意识的思考。

一些相关调查推动了女性生活方式的实证研究。全国妇联和国家统计局分别于 1990 年、2000 年联合开展了第一、二期中国妇女社会地位调查，其中将"生活方式"作为一个综合性指标来衡量妇女的社会地位，调查后的数据开发与研究推动了对女性生活方式的实证研究，形成了一批有价值的研究成果（陶春芳，1993；蒋永萍，2003；王毅平，2005；全国妇联妇女研究所课题组，2006）。此外，还有一些国内的其他学术机构、市场调查机构从不同的视角对生活方式进行了不同规模、群体的调查和分析，部分涉及对女性时间分配、休闲状况等的分析（王雅林，1991；王琪延，2000；丘尤，2003；王雅林，2003；2005），但缺乏对女性生活方式的专门研究。在理论上，翻译引介了国外女性休闲方面的研究成果（刘霓，2001；刘耳等，2002），对国内的女性休闲研究具有重要影响。其他有关女性生活方式的研究和讨论散见于休闲学、消费学领域的相关研究机构、学术组织和学术会议上。

2006～2010 年间，随着社会发展和变革的进一步深化，市场化、国际化、信

---

* 作者简介：李亚妮，女，全国妇联妇女研究所助理研究员。

息化影响着生活方式的多元化，关注新世纪女性生活方式的学者和研究成果越来越多。在以中国学术期刊网全文数据库为主的搜索中，除医疗卫生方面的文章外，2006～2010 年以"生活方式""休闲娱乐""消费""服饰""美容""时间利用"等为主题词的有关女性、性别研究的学术论文约有 109 篇，著作 11 部，博士、硕士学位论文 46 篇，重要的国内学术研讨会 13 次。

这一时期的研究呈现以下几个特点。

第一，研究队伍不断壮大。除参与第二期中国妇女社会地位调查数据开发和其他调查的研究者关注女性生活方式外，一些具有社会学、管理学、历史学、哲学、经济学等背景的博士生、硕士生将女性生活方式作为学位论文的题目，进行深入思考与分析。同时，一些关注社会变迁、把握生活命脉的学者，以女性生活方式为切入点来考量社会文化和生活的图景，成为女性生活方式研究不可或缺的力量。

第二，研究内容更加丰富，研究对象更为细化。学界除研究女性的活动半径、时间利用、休闲和消费外，也关注市场化下女性的美容美发、身体塑造、网络信息利用等，这些都是女性生活方式的重要内容。研究的群体更加细化，不仅仅以城市或农村作为群体分类标准，深入研究不同职业、年龄、社会阶层等女性的生活方式，如城市女性白领、农村留守妇女、迁移流动中的女性、女大学生、老年妇女等。

第三，研究视域广泛，研究方法更加科学。研究者除定量研究外，还运用定性、历史文献、地理定位等多学科、跨学科的研究方法，从社会学、历史学、人类学、经济学、哲学、文化学、体育学、旅游管理学等不同视角来关注女性生活方式。

第四，实证研究与理论探索相结合。一方面，学者们将实证调查与理论分析相结合，运用定性定量的研究方法获取第一手资料，深入探讨女性生活方式的特征、问题及社会意义；另一方面，一些大型的、连续性的社会调查和市场调查重视数据的开发和理论的分析，以数字反映社会变迁。2005 年以来，中国妇女杂志社与华坤女性生活调查中心以及华坤女性消费指导中心，连续五年进行"中国女性消费状况调查"，相关研究成果构成"女性生活蓝皮书"的重要内容。2005 年，国家统计局进行了城乡居民时间利用试点调查，随后于 2008 年在北京、河北、黑龙江等 10 个省市组织实施了第一次全国性的时间利用调查，成为研究女性时间利用的重要资料。

第五，研究的角度从宏观转向微观，从俯视转向平视。学者们从女性自身的角度出发，了解她们在日常生活中的真实状况和需求，关注不同群体的生活方式体验，还原其生活的常态。

二 主要研究内容

（一）女性生活方式与社会变迁

2006～2010年，学者们逐渐将女性生活方式作为一个独立的问题来思考，既有对女性生活方式总体状况的概述，也有就某一女性群体的生活方式考察；既有现状描述，又有历史追述；既有实证考察，又有理论探索。

受"眼光向下"史学观的影响，女性史学家们开始从女性日常生活入手，挖掘历史文献、文学作品、民间纪事等资料中反映的不同历史时期妇女的生活状况，探讨变迁背后的深层社会意义与女性社会地位的变化。广西师范大学刘小林教授指导的两位硕士研究生探讨了女性日常生活与女性意识之间的关系，突破了以前对日常生活状况的单纯描述。邵自玲（2006）考察了民国女性社交生活的变化，认为女性社交生活的变化，绝不仅仅是一种社会行为、生活方式的变化，更是一种深层次的心理意识上的文化嬗变。康民强（2008）则以民国女性的日常生活为切入点，分析她们在衣食居行、婚姻家庭、休闲娱乐等方面所折射出的女性意识，认为这一时期，女性开始认识到自己在社会中的地位与作用，自我意识的觉醒反过来也推动了日常生活的现代化转轨。

除了纵向的历史研究外，学者们也横向深入分析生活方式对女性社会地位、社会分层的影响。张磊（2009）通过描述清代贵州女性的政治经济生活、服饰与饮食、节日与精神信仰、婚恋家庭生活，指出了贵州各族女性生活的共性与差异性，并从性别、民族、文化的角度阐述差异性，证明了一个女人的社会身份不仅仅是女性，同时她还隶属于某个民族、某个阶层，并有自己独特的生活经验和社会地位。程伟（2010）通过江南吴歌中反映的江南村妇的日常生活，阐述了近代江南村妇在日常的生产劳动、节日活动以及休闲活动中，以主动积极的姿态融入其中，突破了传统礼教所规定的女性交往空间，努力追求独立和平等，体现着一种自我意识的萌动，不同于社会上层女性的生活特点。

反映市场化、信息化、流动化对女性生活方式的影响，也是这一时期女性生活方式研究的重要内容。何楠（2010）借助《玲珑》杂志来反映20世纪30年代都市女性的日常生活状态与理想的生活方式，认为一方面杂志兜售的时尚、流行的生活方式，使女性不仅成了消费者，也成为"被"消费者，另一方面女性从男性的"私有物"变得更加社会化，同时也具有了选择权和自我意识。网络技术对女性生活方式也产生了很大影响，孔晴（2007）分析了男女两性网络接触行为的差异，认为这种差异主要是由刻板的性别成见造成的，网络接触行为给女性的社会化过程带来了深远的影响。社会流动对不同女性群体生活方式的影响是不同的。成翠萍（2008）认为，由于家庭结构的变化，青年白领女性面临着社会支持利用程度较低、过度依赖非正式支持、正式支持不足、外地来苏州白领未形成良好的社会支持系统等问题，她们需要多渠道的不同社会支持。胡晓艳（2010）以云南省纳古镇为例探讨了外来务工女性面临的不同的生活状况、社会网络和需求。

对外国女性生活方式的研究在这一时期更加深入。王晓焰（2006）再现了18～19世纪英国向工业社会转型期妇女的工作与生活状况，认为英国工业化进程对妇女附属社会地位产生了重要影响，在工业化多样性特征下，不同阶层的妇女在日常生活和参与社会活动中并非提高了自己的地位，而是更多地承袭传统的社会角色定位，处于附属和边缘化的地位。正是在这一过程中，催生了女性主体意识的觉醒。朱亚丽（2010）展示了维多利亚时期贵族女性的生活，认为贵族女性虽然比中、下层女性有优势，但在男尊女卑的社会里，贵族女性不可能取得和贵族男性同等的权力，贵族妇女的生活方式直接或间接地影响了其他阶层的认识，在社会上具有一定影响。

（二）女性休闲与社会性别

女性休闲研究在中国起步较晚，但这五年进展迅速，重点探讨男女两性的休闲差异、女性群体内部的休闲差异、影响女性休闲的因素及相应的对策建议。从方法论上突破了单一的女性主义视角，多学科交叉的方法得到拓展。

1. 男女两性的休闲差异

这一时期，女性休闲的发展引起了学者对两性关系和性别秩序的重新考量。一些实证研究发现，随着社会的发展，女性拥有了一定的休闲权，休闲方式趋向多元化，休闲空间随之扩大（袁继芳，2006；周丹，2007）；女性休闲对公共空间的参与程度已经超过男性，她们与城市中心区、城市商业空间、城市公共交通之间的联系日渐紧密（黄春晓、何流，2007）。方英（2007）认为，当代城市女性休闲场所在原来的单一的家庭之外增加了大量的公共空间；休闲体验从客体的状态向主体的状态转变；休闲伙伴由家人的一元局面转为家人、同事、朋友并存的多元局面，这种变化的出现表明在性别空间秩序方面女性由私人领域走向公共领域，在性别秩序的强弱方面改变了女性绝对的弱势地位，在性别秩序的主从方面女性不再处于绝对的从属地位。

但同时，研究者也看到，不论城乡，男女两性在休闲时间、休闲内容、休闲质量上仍存在明显差异。在休闲时间上男多女少；休闲质量上男高女低，女性在休闲过程中普遍无法像男性一样获得完全的休闲感觉，休闲和工作在很多时候是同时进行的（张信娟，2008）；休闲方式上男性更加多元化和知识化，而女性则倾向于消费性、娱乐性（安静静，2007；张信娟，2008）。同时，女性因传统思想和社会性别歧视造成的"休闲差距"十分严重，女性从事某些传统的典型的男性休闲运动仍会受到社会的非难（袁继芳，2006；周丹，2007）；女性活动半径小于男性，休闲场所多是在家庭内部（张信娟，2008）；男性注重休闲设施而女性更注重休闲服务（安静静，2007）。也有研究指出，男性休闲中群体性社交活动的特征更为明显，而女性则带有显著的自我娱乐的特点，仍然具有典型的私密性，对于提高自身文化素质、改善社会地位的作用并不大（黄春晓、何流，2007）。

2. 女性群体内部的休闲差异

除性别差异外，女性群体内部的休闲差异研究更为细化。研究者认为，不同地区、不同职业、不同年龄、不同民族、不同受教育程度、不同经济收入的女性群体之间在休闲时间、休闲方式、休闲行为、休闲消费等方面存在着差异（李文言，2006；马天芳等，2007；郑春霞等，2007；韩琳琳，2008；贾晶，2010）。

（1）城乡差异。总体上来说，城镇女性在休闲生活的各个方面都优于农村女性（张信娟，2008）。农村妇女的休闲活动比较单调，以消遣型为主，发展型极少；闲暇生活圈狭窄、空间"地缘性"强；参与的群众性文化娱乐活动少，公共性缺失；闲暇意识表现为"生产第一，闲暇第二"，甚至出现休闲异化等问题（李文言，2006；易佳，2008；万江红、高东梅，2009；高冬梅，2010）。但城市职业女性的整体休闲生活状况也不容乐观，她们对高层次休闲活动的参与率不高，休闲时间不足，休闲生活评价模糊（孙林叶，2009）。

（2）职业差异。在业者的休闲消费要高于不在业者的休闲消费；不同职业的女性在休闲目的、休闲时间、休闲消费、休闲交通方式、休闲场所及影响休闲地选择因素等方面都存在差异，甚至在休闲同伴的选择上也有不同（周恺等，2008）。

（3）年龄差异。不同年龄段的女性，因处于生命周期的不同阶段，家庭角色不同，承担的家务劳动不同，个人和家庭需求也不同，所以其休闲的内容、方式、休闲消费等不同（周恺等，2008）。

（4）收入差异。收入与以放松的休闲目的选择比率有一定的正相关关系，与闲暇时间的拥有量也具有一定的正相关关系，收入的增多可使她们用钱买闲，利用家庭电器减轻家务劳动负担，从而获得较多休闲时间（孙林叶，2009）。

3. 女性休闲的制约和影响因素

这一时期，在国外女性休闲限制研究理论基础上，学者们进一步深入分析了女性休闲的具体限制因素，认为女性休闲也受到经济因素、受教育程度、不同生命周期、社会角色与社会性别规范、时间分配、消费观念、消费方式以及女性在家庭中的地位等的影响（袁继芳，2006；李文言，2006；孙林叶，2008）。周丹（2007）将个体的健康状况、身体形态、个性类型、参加休闲运动的经历、工作压力、人际关系等因素也纳入影响女性休闲运动的分析模型体系中。有研究者探讨了电视对城市女性休闲的影响，认为电视作为一种被动的休闲活动，一方面为女性提供了休闲信息，但另一方面又影响了女性的其他发展类休闲，而且由于媒体自身的性别意识不强，强化或复制了男性世界的休闲意识（阳辉，2009）。

除了具体因素外，学者们还从整体上寻找女性休闲限制的主导因素。黄丹（2008）对已婚职业女性的休闲生活进行研究后认为，制约女性休闲的因素实际上是以文化制约为主导的，同时文化又完全渗透于自身制约、人际间制约、结构性制约三大制约因素之中。易佳（2008）认为农村妇女休闲质量低的主要原因是，农村妇女积累的文化资本在量和质上都处于劣势。

这一时期对国外女性休闲研究的理论介绍得不多，寥见几篇综述性的国外女性休闲研究内容、进展的文章（韩琳琳等，2006；胡宇娜，2008；宋立中等，2009）。

（三）女性消费

随着消费在社会中的地位越来越显著，消费社会的特征日益臻显，女性消费问题逐步进入社会研究领域。学者们重点关注的是女性消费的特征及心理、女性消费的主体性、女性消费地位的变迁。

1. 女性消费行为及心理特征

随着消费品种的日益丰富，研究者也将女性消费的研究从传统的服饰消费、美容消费、体育消费（叶涛，2007；钟宇静等，2009），延伸到新时代背景下的电子商务消费（史科蕾、王鲁，2007）、汽车消费（覃群，2007）、香烟消费（林晓珊，2009）等。研究者认为，女性在消费行为和心理上有些相似的特征，追求时尚与美感，消费趋向多样化、个性化；以理性消费为主，注重实惠、便利与创造性；注重健康、倡导发展性消费；品牌忠诚度高，购物喜欢从众与炫耀、注重心理享受等特点，网络消费渐成时尚；发展类消费日益攀升；时尚、品质、品位消费成为亮点，有消费时尚的全球化趋势（张慧玲，2006；曹文婕，2009），但代理性消费现象依然存在（陈晓敏，2008）。

不同年龄、受教育程度、城乡、婚姻状况、职业和收入的女性在消费动机、消费观念、消费选择、消费方式方面都有明显的差异（李薇辉，2007；段文星，2007）。城市中的青年女性既保留了传统节俭的消费理念，同时又受到现代消费观的影响，重视品牌；在消费心理方面，以理性的消费心理为主流；在消费结构方面，呈现出多元化发展态势（陈欣欣，2009）。影响其消费差异性的因素既有经济收入的基础性因素，也有社会文化、大众传媒等环境因素（谢萍萍，2007；曹文婕，2009），还与女性在家庭中的地位有关，同时，女性的同事、朋友以及周边的人群是影响其消费行为的重要因素（段文星，2007；陈欣欣，2009）；女性消费观念、购买行为的变化与女性社会角色的变化有关（叶蔚萍，2010）。

女性消费促进了市场消费的发展，反过来市场消费也为女性提高身份地位提供了途径。女性的汽车消费研究认为，女性消费推动了汽车消费市场的扩大、多样化需求的满足、汽车造型装饰文化的发展，同时，汽车消费也成了现代成功女性身份与地位的象征（覃群，2007）。

2. 女性消费的社会文化意义

这一阶段，研究者们在对妇女与消费文化、消费社会的关系展开批判的同时，深入探讨了女性消费中所隐含的深刻的社会文化背景，将女性消费与女性发展、女性解放联系在一起，反思女性在消费文化的新体系下，在消费社会的新时代里是否获得了与男性相同的社会地位，是否得到了同样的发展机会。曹文婕（2009）的研究认为，当代女性消费在消费社会背景下已超越了消费本身的原有内涵，越来越凸显了商品的符号象征价值。女性消费者通过消费获得个体认同与社会认同，尤其是自我形象上的认同。林晓珊（2009）以巴特勒的"性别表演"理论为分析工具，从女性香烟消费所面临的"污名化"情境及所采取的"去污名化"的实践策略中阐明了性别消费与性别认同的形成机制，揭示了男性主义文化霸权和消费主义意识形态在女性性别表演背后所发挥的规训机制。

女性的消费生活与社会发展之间的关系也是探讨的议题之一。许艳丽（2008）认为，女性的消费生活方式是一种社会建构，具有性别化特征。基于发展经济的女性消费模式建构对女性发展和生态环境产生了消极作用，降低了女性在自然和生态保护中的积极作用，必须建构有利于生态文明的女性消费模式。

3. 消费女性的研究

消费女性的问题同女性消费一样，在这一阶段引起了学者的极大关注和思考。研究一致认为，女性在消费市场的同时，也在被市场消费着。改革开放以后，中国女性的身体被国家意识形态与现代商业资本、消费文化共同建构为消费身体。现代性既带来新的社会变革，解放了曾作为传统价值符码的女性身体，消费文化乘虚而入，使女性身体被格式化、被对象化、被商品化和被资本化（白蔚，2010），身体消费被异化（吉志鹏，2009）。陈莉好等（2009）的研究发现，消费社会的来临，表面看来是女性"自由的选择"和女性身体的"解放"，其实质上是深受"美丽暴政"的凌辱，女性的身体内涵发生嬗变，受强制程度比以往更加强烈，女性的自主意识和主体性仍然只是在缝隙中滋生（杨柳，2009）。

研究者更多侧重从大众媒体、新媒体来批判消费女性的市场机制与社会环境。宋素红（2007）分析了女性网站的消费主义表现及其原因，认为女性网站的装扮类信息直接诱导女性进行炫耀性消费，情感类信息片面反映女性情感危机和情感困惑，将其作为吸引网民注意力的精神消费品，其原因是商业化对女性网站社会责任的侵蚀，女性网站对当代女性精神需求的忽视以及女性网站内容制作者社会性别意识的缺失。张国辉（2008）强调女性时尚杂志在提高女性生活品位，增强女性审美能力，提倡消费自主的同时，出现了理性消费之余的奢靡倾向，性解放中的失度问题，高雅休闲中掺杂的低俗化以及女性解放中的自我禁锢现象等。

4. 对女性消费主体的探讨

在女性参与消费领域的同时，女性消费的主体性也在被讨论。研究普遍认为，女性在消费领域中，是"客体"和"主体"的双重合一。一方面，女性在消费实践中具备一定的主体性，而且也在追求主体性（李薇辉，2007），她们能认识到自身的经济实力，在消费上具有一定的判断力，借助消费来实现自我、全面提升自己（张慧玲，2006；曹文婕，2009）。另一方面，女性在自主选择的同时，仍然受到来自传统性别文化的束缚以及市场力量的左右，其主体性并不是完全的，而是被限制的，在主体与客体的矛盾中追求对自我的认同（张慧玲，2006；曹文婕，2009），女性在社会生活中的"被看者"和"客体"的地位还没有得到彻底的改变（李薇辉，2007）。

消费社会自身的特质对女性消费主体性的销蚀是学者们探讨女性主体性无法避免的问题。郭春林（2008）指出，女性消费在基本摆脱了传统由政治文化直接规训女性身体的重轭后，又一头钻进了消费社会文化的审美圈套，女性身体消费役物的主体性堕变为物役的被动性，对物质的消遣变为被物质消遣，女性自我也在这种畸形的消费中再度走入迷途，导致主体和客体的双重陷落。研究者从传媒的角度认为，女性置身于现代媒介环境之中，形成了现代与传统交织的自我认知，一方面女性利用时尚杂志提升自我气质，另一方面仍然将男性期待持续内化，在根深蒂固的父权制性别成见下来确定自身的女性气质（尚香钰，2007；熊建华，2009）。

（四）女性时间利用研究

女性时间利用研究往往伴随着一些大型的时间利用调查。全国妇联和国家统计局联合开展的第一、第二期中国妇女社会地位调查中涉及时间利用的调查；2008年，国家统计局采用国际通行的标准和方法，组织实施了第一次全国性的时间利用调查。

1. 时间利用的性别差异

这一阶段的时间利用性别差异研究走出了以往的单一比较，研究更为深入细致。石红梅（2006）利用第二期中国妇女社会地位调查福建省样本数据对已婚女性的时间配置状况进行分析，发现已婚女性的工作时间数量、种类和质量与男性存在差异，相较妻子而言，丈夫的家务劳动时间相对量不断减少，传统的家庭分工依然维持，已婚女性闲暇活动内容较为单调，生活品质有待提高。王琪延（2007）对1986年和2006年北京市居民生活时间的分配调查资料进行比较后发现，20年来，女性的休闲时间比男性增加得多，男女劳动分工日趋明显，是"男主外，女主内"生活模式的回归。他还从北京和东京居民生活的基本活动、有职业者和无职业者、年龄差别、学历差别等视角，分析了北京和东京居民生活时间分配的性别差异（王琪延，2006）。李琴等（2010）基于中国健康和营养数据（CHNS）对农村男女老年人的劳动时间进行分析，发现总体上男性老年人比女性老年人承担更多的种植业劳动，但女性老年人不仅承担着较繁重的种植业劳动，而且承担着较多的家庭副业劳动，女性老年人的全年农业劳动时间超过男性老年人。但老年人农业劳动时间的性别差异也呈现出地区性的不同。张利利（2008）利用第二期中国妇女社会地位调查的数据，探讨男女两性家务劳动时间差异与家务分工满意度之间的关系。研究发现，男女两性做家务时间显著不公平，而男女的满意度却差异不大的原因是男女不同的性别意识。

2. 女性内部时间利用的差异

在关注男女两性时间利用差异的同时，一些学者分析了不同阶层、不同群体女性在时间利用方面的差异。研究发现，不同经济状况、人力资本情况与婚姻家庭状况的女性在家务劳动上所支出的时间存在着差异（李芬，2008）。已婚女性时间配置从趋势上表现为市场工作时间和休闲时间总量的增加和家务时间的急剧减少。已婚女性的时间配置受到社会、家庭和个人的人口特征和经济状况的综合影响。女性基于对婚姻利益的考虑，越来越重视自己的人力资本投资，越来越意识到把自己的时间配置到市场中去的收益（石红梅，2006）。另一份研究表明，技术进步并没有增加女性的市场劳动时间，第三产业比重的上升增加了女性市场劳动时间，离婚率的上升和男女工资收入差距的拉大有利于女性市场劳动时间的增加（石红梅，2006）。

3. 对工作与家庭平衡政策的研讨

工作与家庭之间的冲突，常常是女性时间利用研究的一个重点，也是政策建议的重点。2008年5月，国际劳工组织和全国妇联联合举办了"工作和家庭的平衡：中国状况分析及政策"研讨会，意味着平衡工作与家庭的关系已作为一个公共政策议题引起关注。刘伯红等（2008）的研究报告指出，在中国社会转型和经济转轨时期，在协调工作和家庭责任方面，以市场为导向的多种经济制度改革，一方面提供了生活的便利，另一方面也导致工作与家庭之间的冲突加剧。刘梅君（2010）对台湾女性"部分工时"工作状态的研究发现，部分工时形态无法有效缓和劳工所面临的家庭与工作的困境，而且部分工时工作撼动不了传统性别规范，致使女性仍承担主要的家庭照顾责任，且经济依赖的处境仍持续存在，女性的从属地位亦无翻转的可能。

（五）女性服饰、美容美发

1. 服饰变革与社会变迁

服饰的变革最能迅速与直观地反映社会时尚，研究者们往往从服饰的变革来反映社会的变迁（马永利，2010）。初艳萍（2010）通过描绘 20 世纪 20～40 年代改良旗袍的变化，反映上海妇女的职业道路、消费心态和家庭婚姻生活的变化，认为政府通过对旗袍式样的控制实现对妇女身体的规训和控制，上海妇女则通过对旗袍的改良实现与社会的互动。周梦（2010）对苗侗少数民族女性服饰的考察发现，生活方式的变化改变了少数民族妇女的服装款式、着装状态、着装观念、穿衣心理等，苗侗女性服饰出现了审美方面的趋同性。

2. 服饰变化与女性意识

学者们对服饰变化的另一个关注点是女性意识的觉醒和女性解放道路的足迹。吴昊（2008）将女性服饰的变革看作妇女革命的开始，认为女性把"服饰变作一种自卫机能"，在社会变革中用"充满弹性的适应能力"改变着自己的生活。龙玉珠（2010）则从服饰的变化审视女性形象的重塑。有研究通过对缠足与废缠足的关注讨论女性服饰改革在晚清女性解放运动中的作用，以及女性身体在其中遭遇的命运（邓如冰，2006；李伟博，2010）。有学者对服饰变化的因素进行分析，认为社会制度的变迁、审美观念的变化、时装表演与选美活动的开展、大众传媒的推波助澜、近代服装服饰产业的产生与发展都影响着民国时期女性服饰的演变（郑永福等，2007；鄢宜，2010），同时，女权运动、战争等也都成为女性服饰变迁的影响因素（陈玉，2008）。方征（2009）运用福柯的性别话语权力逻辑框架，探索社会性别话语对服饰和身体呈现的影响，认为性别与着装是社会性别制度建构的结果。同时，也随着社会的发展而不断被建构。

3. 女性美容美发

女性的美容美发，特别是整形美容一直是女性主义学者关注和争论的焦点。争论的一个核心问题是：通过选择整形美容手术，女性究竟是被资本市场和父权制的合谋所压迫的"文化冤大头"，还是通过整形这种个人的身体政治的操作对自我进行赋权的"行动者"？文华（2010）通过反思女性主义在这一问题上的不同立场，结合民族志田野调查的素材，以女性整形为切入点，探索女性身体在中国剧烈的社会变迁中的顺从和抗争、焦虑和欲望，揭示身体与自我以及身体与社会之间复杂而又矛盾的关系。

美容美发消费的原因及影响因素也是研究者探讨的重要问题。马钦海（2008）研究个人因素、环境因素、宣传因素、市场因素对城市女性消费者在美容美发消费上的影响。郑碧强（2009）对福州女性白领的整容时尚消费情况的实证研究发现，城市白领女性出于追求时尚、改变原有形象、受朋友或美容师劝说、表达个性和自我认同、一时冲动、社会认同、获得好的平台或找到更好的工作等动机而选择整容；在整容过程中，朋友的意见对决定的产生起比较重要的作用；此外会受经济、安全、家人反对等因素的困扰。赵海霞（2007）认为社会对女性审美重心从内心向外表的转移是影响中国美容整形消费的重要社会因素。

三　研究的不足与展望

就本文综述的研究成果来看，虽然女性生活方式的不同领域取得了一些进展，但总体研究仍处于起步阶段，存在一些不足和问题。

首先，理论研究比较薄弱，大多引介国外理论，深入探讨的较少，相关理论阐述还比较松散，没有一个相对完整、系统的体系；其次，研究内容以现状描述为主，解释性研究少，仅停留在较粗的层面上，成果多零散分布于相关著作或作为补充说明性部分，专门研究的著作极少，对男女间的生活方式差异有所关注，但未对女性群体内部因社会属性不同而表现出的差异性做详细研究；再次，研究对象以女性为研究客体的多，从社会性别视角研究的少，且研究对象比较单一，群体的差异性、阶层性关注不够；最后，在研究方法上，定性、定量分析都有涉及，但对资料的分析不够深入。

随着社会的发展，女性生活方式的方方面面受到极大关注，其研究也将蓬勃发展。今后的研究将加强理论的阐述与体系的构建，运用社会性别视角，结合中国社会发展的进程，对女性生活方式的不同内容进行理论思考；运用定性定量相结合的方法，多学科、跨学科的研究视角，对不同群体、不同社会属性、不同社会环境下的女性生活方式进行深入研究分析；在市场化、流动化、国际化、信息化等的社会背景和国际环境中去关注女性生活方式的变迁，思考其深层蕴意。

女性与体育研究综述（2006～2010年）

董进霞　杨　靖[*]

一　研究概述

以"女性体育""职业女性"为检索词，在中国学术期刊网络出版总库查找2006～2010年间的文献，找到与女性体育（运动项目的技术教学和分析类文章除外）有关的记录230条。另外，在中国博士学位论文全文数据库和中国硕士学位优秀论文全文数据库用"女性体育"作关键词查找，分别查到3条和45条记录。这样，在2006～2010年期间，中国的女性体育研究成果至少有278篇，比2001～2005年（175篇）增加了100多篇。五年间，女性体育研究也逐步得到更为广泛的认可和支持。获得国家社科基金、国家体育总局、教育部等省部级课题立项的研究也时有出现（尽管数量仍很少）。

2006～2010年中国女性体育研究文章内容丰富，涵盖面广泛，内容涉及奥运会、竞技体育、休闲体育、健身锻炼、不同人口和地区以及不同历史时期的女性体育、女性体育消费、媒体报道和对女性参与体育的社会文化分析等多方面。中国女性体育研究的对象范围广泛，涉及女运动员、女教师、女学生、城市职业女性、农村女性以及女性体育新闻从业者等多个社会群体；研究方法多采取文献研究、问卷调查及逻辑分析等方法，专家访谈和个案调查偶有出现。

二　主要研究内容

（一）女性与精英体育

在2006～2010年期间，共有31篇期刊及学位论文对女性精英体育进行研究，其中19篇论及与女性参与奥运会相关的问题，12篇对女性竞技体育发展状况进

* 作者简介：董进霞，女，北京大学妇女体育研究中心主任、教授；杨靖，女，国家图书馆馆员。

行了探讨。

　　作为体育世界中的顶级盛会，奥林匹克运动会的举办形式、组织结构以及文化价值体系对整个世界具有深刻影响。中国女性从 1984 年起在奥运会历史上屡创佳绩，唤起了人们对女性在奥林匹克运动中的地位、作用、贡献等问题的兴趣。而北京 2008 年奥运会更是将这一关注推向了高潮。朱小丽（2006）指出："随着时代的变迁和社会的进步，妇女在奥运会中发挥的作用和重要地位越来越受到全世界的关注。妇女在奥林匹克运动取得了举世瞩目的巨大成就，呈现出良好的性别平等化趋势，为奥林匹克运动的发展注入了勃勃生机。"奥运会中所体现出来的性别平等化趋势主要表现在五个方面：女性参赛人数、参赛项目、运动成绩、媒体报道和女性进入领导管理层。近几年来，也有一些学者对国际奥委会有关女性体育政策予以关注，他们追溯了国际奥林匹克运动中女性体育政策的历史沿革，并提出了实践中存在的一些问题，如：政策系统中资金及机会分配的地域分布不公；妇女在管理机构中居于边缘地位；政策在执行过程中受到"标签化"处理；处理宗教和传统习俗问题上的失灵；协调与约束大众传媒对女性体育报道的政策缺位（阳煜华等，2009）。也有学者从国际视角探究世界女性在奥运会发展历程中的参与情况，提出现今在赛场上和管理机构中存在的问题，并给出相关的建议（宋玉芳等，2008）。与 21 世纪前五年相比，2006～2010 年有关女性参与奥运会的研究文章数量有所减少。

　　新中国成立以来，尤其是 1979 年重返国际奥运大家庭后，中国女子竞技体育发展迅速。改革开放以后中国女子竞技体育的发展可以分为两个阶段：1978 年至 1987 年为中国女子竞技体育的初步发展阶段；1988 年至今为中国女子竞技体育的腾飞阶段（刘芳，2006）。研究发现，中国女性在竞技体育的参与中获得的巨大成绩，令世人瞩目。在取得成绩的同时，女性竞技体育也积累了一些宝贵的实践经验，主要表现在党和国家对女性竞技体育的重视、男性的支持与合作是中国女性竞技体育发展的重要保障，这些经验对进一步指导中国女性竞技体育的发展具有十分积极的意义（卢玲，2010）。从 1988 年奥运会起，中国女子竞技体育成绩在国际上始终好于男子，出现了"阴盛阳衰""阴阳失调"等现象，引起中国学者的关注和探讨。孙玉军、孟凡强（2006）认为，中国竞技体育"阴盛阳衰"现象是在社会环境因素和体育事业内部诸因素的共同作用下形成的。这一特殊现象伴随着中国竞技体育的发展而产生，在一定时期内必将继续存在。所以，我们必须充分认识到中国女运动员在世界上具有较强竞争力的社会原因和体育事业内部因素，同时采取有效措施，保证这些环境因素继续有利于女运动员成绩的取得，并使之对男子运动员的成才发挥示范作用。通过对欧美国家妇女体育和中国妇女体育进行对比研究，学者李慧琳（2009）认为中国竞技体育"阴盛阳衰"现象是国内外环境多种因素的综合产物，这些因素包括意识形态斗争、国际范围内的历史机缘、政治需要、体制优势、文化影响、身体优势以及媒体关注。社会性别关系是探讨中国女子竞技体育不可忽视的一个视角。"在体育领域享有较高地位的女运动员，生活在受传统儒家文化和现代市场价值双重驱使的社会环境中，在运动队和家庭中的社会性别关系上充满了各种冲突、矛盾和困惑，新兴的社会性别关系在重组之中"（董进霞，2009）。

在奥运争光战略的指导下，竞技成绩和奖牌数量成为衡量运动员、教练员以及相关管理人员成功的标尺，直接影响他们的提升和奖励。在这样的背景下，女运动员为取胜要付出巨大的代价，但她们的个人权益难以得到充分的保障。随着社会的剧变，市场经济的日益深化，人们的主体意识和权力意识的逐步觉醒和提高，女运动员的个人权益开始成为学者和管理者关注的问题。周群（2010）对女运动员在健康权、生育权等方面的人权保护现状进行了调查，认为当前女运动员人权保护方面面临一些主要问题和矛盾，并分析了产生这些问题的根源，如体制缺陷和法律空缺等。这样的研究尽管屈指可数，但它预示了中国体育政策和管理将向以人为本、重视运动员利益的方向发展。

（二）女性与大众体育

自1995年全民健身计划出台后，中国的大众体育开始蓬勃发展。与此相应，对大众体育的研究也进入了一个前所未有的兴旺阶段，其数量远远超过了竞技体育和奥运会的总和。在2006～2010年间，共有120篇文章从不同角度对女性大众体育进行研究，其中涉及休闲体育的有15篇、锻炼健身的有23篇、学校师生的有24篇、城乡体育的有41篇、不同人口比较研究的有17篇。

1. 女性健身与休闲体育

随着社会经济的发展，中国女性参与体育活动的观念和意识有所改变，人数逐年上升，参与的体育活动内容丰富多样，但与西方社会特别是欧美国家相比，中国女子大众体育发展相对滞后，而这种情况主要是受到了中国女性体育意识淡薄、女性双重角色、女性经济地位与消费方式、参与体育活动的时间和场地、大众传媒的导向偏失等因素的影响（刘红，2008）。

社会的发展为人们提供了参与休闲体育的相关条件，女性也认识到休闲的重要性，开始积极主动地要求参加休闲体育活动。这些都为女性休闲体育在中国的开展提供了坚实的基础（姜秀芝等，2006）。中国许多女性参加休闲体育活动的主要动机是健身塑形。2007 年对广州市高校女教师的一项调查发现，86% 的人认为参与健身娱乐活动对身体健康很重要，身体健康的考虑是参与健身娱乐的重要原因（姚业戴等，2008）。女性因为经济状况、教育水平、体育情感、文化背景、社会角色的不同，对休闲体育的参与状况也有所不同。但具体特征如何，原因何在，需要结合具体对象及其背景进行深入分析才能探究其本质（杜熙茹等，2008）。

2006～2010 年女性大众体育研究以地区性研究为主，占大众体育研究文章总数的 2/3，占女性体育研究所发表文章总数的 2/5。地区性研究所涉及的地区包括东北地区、西北地区、苏南地区等，省或直辖市包含江苏省、浙江省、吉林省、湖南省、陕西省、福建省、北京市以及上海市等，市、县级包括广州、南京、石家庄、开封、西安等。研究对象多为城市女性，以农村女性为研究对象的只有三篇文章（福建、辽宁及内蒙古）。这些研究揭示出中国女性参与大众体育因地域的不同而有所差异。研究表明，即使在同一个省市，不同地区的发展也不均衡，女性参加休闲体育的情况也是如此。在广东，经济欠发达地区女性缺乏场地设施、指导、家人支持、经济的支撑等比例高过经济发达地区女性；经济欠发达地区女性体育人口以及去收费体育场所的比例都低于经济发达地区（杜熙茹等，2008）。在经济较为发达的珠江三角洲地区，职业女性具备了进行休闲娱乐行为的经济基础、闲暇时间、自主意识、公共服务的基本条件，体育得到女性群体的认同，体育生活方式已经成为她们生活方式的一部分（杜熙茹，2010）。

不同地区的案例研究在一定程度上反映了女性体育在不同地区开展的现状，为后续研究提供了相关数据和资料，但是在研究对象的选取上、调查内容和分析视角上、指标选取和评定上因作者的不同而有所差异，缺乏全国性的统一指标体系和操作规范。这样，不同地区和省市之间的研究成果难以进行比较和分析。另外，多数研究停留在调查数据的收集和罗列上，对更深层的原因未进行深入的分析和理论探讨。

在 2006～2010 年间发表的女性体育方面的文章中，对城市女性体育参与的研究达 36 篇之多，而郊区和农村的文章则分别只有 1 篇和 4 篇。无论从研究上还是从实际参与上，乡镇女性体育落后于城市女性体育是不争的事实。农村女性体育锻炼参与程度较低，她们体育锻炼的群体化、社会化、组织化程度较低，缺乏体育锻炼的专业指导人士（杨露等，2009）。鉴于中国目前城乡之间仍存在巨大差别，女性休闲体育的发展应对城乡进行区别对待，给农村以更多的设备投入和技术支持，并加强对农村女性参与体育的政策导向、经费支持和组织管理进行可行性研究和试验性探索。

这五年中，不少学者十分关注职业女性的体育参与及相关问题。在所统计的278篇文章中，对职业女性的研究有40多篇（包括女教师在内）。研究的问题涉及职业女性体育健身现状、体育锻炼行为和生活方式、体育消费情况、女性体育教师职业发展等。卢三妹等（2006）从生理基础、心理基础和社会基础三个视角探讨体育锻炼缓解职业女性心理压力的机制，进而提出"参加适当的体育活动可以缓解职业女性的过高心理压力，是压力管理策略的良好行动策略"。面对职业女性中抑郁心理疾患人数急剧上升的现实，不少人在思考如何运用体育手段来进行干预。马秀梅（2009）在对上海等六城市的调查中指出："对职业女性而言，干预抑郁最有效的锻炼方法是有氧运动＋放松训练；最适合干预抑郁的是中小强度运动，每周锻炼3~4次为宜。"

不同职业或不同阶层的女性在参与体育锻炼上可能会存在一定的差异。朱波涛（2007）对南京进行的调查表明，女性工人阶层的体育消费项目比较集中于健身操、舞蹈、呼啦圈、游泳等。同样是南京，宋红莲（2006）的调查发现，该市的中年职业女性多选择以形体美为主的健身方式；50岁以上的职业女性在体育活动的频度和时间分布上明显要好于50岁以下的职业女性；40岁以下的职业女性参与体育健身活动的场所以健身中心或俱乐部为主，随着年龄的增长，职业女性的健身场所越来越倾向于公园、市民广场等公共绿地。影响职业女性参与体育活动的内因有时间缺乏，娱乐、学习和美容等活动占先，没同伴，无兴趣等；外部原因有场馆资源缺乏有效管理和充分利用、场馆的形式和布局不合理等。

2. 老年女性与体育

在2006~2010年的五年间，有关中老年女性体育参与的学术文章有15篇。

佛山市妇联2010年发布《佛山老年妇女体育锻炼现状及影响因素分析》调研报告指出，55%的受访者经常参加体育锻炼。佛山老年女性体育锻炼前五项的选择次序为：健身操、快走、木兰扇、跳舞、气功；她们的锻炼动机主要以强身健体、社交、娱乐乃至审美为目的。有37.2%的老年妇女能保持每天锻炼一次的好习惯，还有22%的老年妇女能坚持每周三次体育锻炼。79.8%的老年女性参加锻炼的时段在早晨。锻炼形式以自由组合的团体为主，和朋友一起、受朋友影响比例最大，占42.9%；参加社区活动的占6.7%；指导站或俱乐部比例最小，为2.8%（李琳，2010）。老年人从事休闲体育的场所多为公园、公路或街道、小区；最喜爱的运动项目依次为球类、舞蹈、气功和太极类、体操类（蓝涛等，2007）。

3. 女性体育与学校

高校女体育教师是一个特殊的女性职业群体。对这一群体发展现状的研究成为女性体育研究中一个重要问题。秦玲莉等（2007）的调查表明：经济收入、体型发胖及体能下降、贤妻良母的价值观和体育教师相对较低的社会地位是制约高校女性体育教师职业发展的主要原因。高校女体育教师的学历、职称结构和科研能力的开发与培养，是今后中国高校体育科研发展亟待解决的重要课题（杨英，2006）。

与对职业女性参与体育的研究增加形成鲜明对照的是，对中小学女生参与体育的研究十分稀少。在统计的278篇文章中，仅有梁妍的硕士论文《对女生参与学校体育边缘化现象的社会学分析》这一篇。该文指出，女生参与学校体育的边缘化反映了中国以高考为主要目标的应试教育在对学生的"规训"过程中不重视体育，而且这种"规训"对女生的影响程度更深。女生参与学校体育的边缘化是其主动选择和被动接受的结果，和那些能够意识到的阻碍因素相比，使女生养成不运动习惯的社会文化观念对她们的行为产生的影响更加难以消除。此外，传统女性气质与体育运动存在着一定的矛盾，在学校开展的运动项目中，女生很少能够找到适合自己的活动（梁妍，2010）。中小学女生体育参与的许多相关问题有待研究和解决。

最近几年对高校女生体育参与的关注度在增加，发表的文章达到12篇。但对于特殊阶段如育龄和妊娠女性的体育参与研究极为少见，关于幼女的体育参与研究更是空缺。这一现状应引起女性体育研究者的注意。

（三）女性体育与社会文化

女性体育研究属于社会学的研究范畴，研究角度广泛、内容丰富。纵观2006～2010年有关女性体育的文献中，共出现了125篇综合性及交叉学科的研究，研究内容涵盖了女性体育历史、女性体育社会文化、中外女性体育比较等。

女性参与体育的历史研究在2006～2010年有21篇文章。在汉代，妇女不仅参与骑射、行军、角力等与军事相关的体育活动，也参与秋千、蹴鞠等以娱乐为主的休闲体育活动。汉代女子体育的发展与她们当时的经济地位有密切关系。经济地位的独立是女性体育与男性体育并存，甚至两性共享绝大多数体育项目的主要原因。汉代政治对女子体育也有很大的影响。汉代外戚专权现象严重，皇后地位很高。女性掌权使女子在社会上获得一定的政治地位，在汉代，女性拥有与男性相近的权利和责任，为女性体育的发展奠定了良好的基础。然而，到了汉代后期，男性逐步在生产因素中占据主要地位，儒家体系日益完善，为了迎合男性的审美需要，女性逐步走入以柔弱为美的畸形怪圈。女性体育出现了转折，她们的活动场所逐渐被局限于深宫大院之内，很多项目如秋千等由男女共享逐渐成为女性的专宠，军事体育中的骑马、娱乐体育中的蹴鞠等项目也走出女性体育，只有在边陲少数民族或后世专职娱乐的场所（如宋之瓦舍）才能见到女性的参与（樊六东，2010）。

唐代女性体育研究是近几年中国女子体育史研究的一个重点。唐代是中国的繁荣鼎盛时期，女性体育也出现了蓬勃发展的盛况，具有鲜明的娱乐色彩和节令特征。盛唐时期女子体育繁荣发展的原因有：安定的政治局面、繁荣的封建经济、社会风气开放、封建礼教束缚少、统治者的身体力行、少数民族的尚武之风与健康的审美观（程秋娟，2008）。唐代之后，由于政治格局的不稳定，“男尊女卑”的传统观念影响以及森严的等级制度的约束，女性体育逐渐衰落。直至近代，中国女子体育伴随着女性解放浪潮逐渐兴起。学者罗时铭、王妍认为，近代中国女子体育的兴起经历了三个阶段：1898~1903年，主要表现为男人社会对女学教育和女子体育的关照；1904~1907年，主要表现为一批新知识女性群体对体育的自我觉悟，其中尤以秋瑾为代表；1907年后，主要表现为晚清政府颁布了两个有关女学教育的重要章程，为近代中国女子体育的兴起提供了法律基础，使中国女性体育开始走向繁荣（罗时铭等，2006）。

这五年中，从社会、文化视角探究中国女性体育相关问题的文章数量可观，共计55篇。中国妇女体育文化的研究成为当代社会体育发展理论与实践的热点，考察妇女体育文化对于认识并推动妇女体育文化建设有着重要的作用和深远的意义（徐艳，2008）。了解中国妇女体育文化发展的历史与现状，分析、探究影响中国妇女体育文化发展的因素，可以为中国妇女体育参与、体育文化素养的提高以及中国妇女体育事业的健康发展提供参考。到目前为止，虽然妇女体育文化还没有一个确切的定义，但是学者徐艳（2008）认为，妇女体育文化是妇女体育的上位概念，是妇女体育的升华，它是指世世代代妇女共同创造的物质和精神财富，是妇女赖以生存和发展的物质和精神基础；它是妇女的体育文化水平、思想观念以及在漫长的体育文化实践中形成并积淀下来的，它所表达的是妇女的心灵世界、人格特征以及文明开化程度。

虽然女性参与体育运动的机会比20年前增多了，但是女性仍然处于体育参与的边缘，体育仍然是社会生活中对于性别定义以及性别划分过程中出现诸多问题的领域（徐奕宏，2008）。只有秉持正确的认识态度和意识观念，女性体育文化才能得到长远发展。值得一提的是，在女性体育文化的研究文章中，有几篇探讨了女性身体观与体育参与的关系。徐长红等（2009）在对不同历史时期的女性身体观与体育参与的互动关系进行分析后指出："女性身体观对女性体育起着导向、规范和动力的作用……女性身体观的发展受认知水平、社会变革和文化变迁等因素的影响。随着历史的发展，主导的女性身体观呈现逐渐由生物身体观向社会身体观，进而向审美身体观过渡的趋势。"但该文只是笼统地阐述了女性身体观。

体育运动中的身体文化是一个引人思考的问题。叶毅（2007）指出，它"不同于政治化、消费化、文学境界下身体文化的复杂，更没有人造美女的虚假。女性身体文化是在反思了自由主义、女权主义、激进女性主义理论的基础上，在文化女性主义理论的支撑下逐渐形成了一种体现自身独特的文化气质，甚至还指向了运动服装、体育传媒与体育产业的发展趋势"。

由于中国与西方国家的经济发展模式、社会人文环境等不同，中外女性体育起源方式和发展状况也存在着一定的差异。有关中外女性体育的比较研究为数不多，共有四篇。新中国成立以来，中国女性体育发展迅速，这是中国当时的政治、外交和社会文化等多方面因素共同作用的结果。有学者认为：国际范围内妇女竞技体育发展的极度不平衡给中国女性体育的发展提供了机遇；为满足政治需要、打破外交封锁而推动了中国妇女体育的发展；中国竞技体育的举国体制，保障了女性体育的快速发展；西方传统文化对妇女竞技体育的抵制和中国妇女解放的政治推进形成强烈反差；中国男女运动员的社会地位平等和西方国家对男女竞技体育的偏见形成鲜明对比；和世界优秀运动员相比，中国女运动员相对男运动员来说，具有身体形态方面的优势；中国新闻与传播媒体对男女运动员平等关注，而欧美国家的媒体则存在明显的性别歧视（李慧林，2009）。虽然中国女性竞技体育发展迅猛，成绩卓越，但是在亚洲，尤其是受儒家文化影响较大的东北亚和受伊斯兰文化影响较大的西亚，在妇女体育研究上起步较晚。但近年来，尽管相关研究仍处于边缘状态，中国（包括台湾地区在内）、日本、韩国、伊朗等国学者参加国际妇女体育会议的人数逐年增多，日趋活跃（董进霞，2010）。

（四）女性与体育消费

这五年中，女性体育消费研究共有 29 篇，较前五年（10 篇）有所增加。随着女性在政治、经济、文化和社会发展等各个领域参与程度的提高，越来越多的女性成为体育用品消费的主要力量。但是，由于受经济因素、消费者个人因素、市场因素、社会因素等的影响，使得妇女体育消费呈现出消费结构单一、消费水平低的特点（程秋娟、赵延军，2007）。女性消费者作为一个特殊的消费群体，具有特殊的体育消费需求和消费心理。罗翠玉等（2010）从营销和市场的角度，分析了促进女性体育用品消费增长的营销手段和策略，如：在健身市场制定"女性消费为本"的市场定位；在健身俱乐部不断创立新的营销手段；健身卡推销员体贴入微的情感引入使消费者产生共鸣；创造温馨和谐的环境。

（五）女性体育与媒体报道

2006～2010 年间关于女性与体育媒体的学术文章有 16 篇，研究主要涉及媒体报道中的性别问题和女性体育新闻从业者。近几年来，中国女性新闻从业者的数量显著增加，在体育新闻从业者中撑起了"半边天"。罗璇（2010）对上海的 14 家媒体调查后发现，年轻、未婚、专业化程度较高、工龄不长、职称也不太高是多数受访者的特点，他们选择在体育新闻部门工作的理由，排在前三位的分别是："热爱体育、关注体育""从事体育新闻报道与传播是自己的专业或特长，不想放弃""热爱新闻传播"。她们经常感到身体疲惫，很少锻炼，多处于亚健康状态；体育媒体内部歧视女性现象犹存，对女性培养力度不够。顾晓莉（2009）认为，女性从业者们在就业、升迁、与同事的权力关系、地位等方面存在着不容忽视的问题，社会及行业内的性别意识还有待提高。

三 研究的不足与展望

从上述分析中我们可以看出，中国女性体育研究在 2006～2010 年的五年间从数量和质量上都比上一个五年有明显提高。这五年中，女性体育的研究内容更为丰富，研究视角更加多元，并呈现出以下特点：第一，女性精英体育与大众体育研究并行，后者占主导。女性体育研究领域已拓展到女性休闲体育、锻炼健身、城乡体育、不同人口等大众体育理论研究和现实问题中来。研究内容广泛，其中关于城市女性、职业女性、高校师生和中老年女性的体育参与已经成为近年的研究热点。相比之下，对乡镇和郊区女性体育参与、中小学女生和育龄及妊娠女性体育参与的研究数量却十分有限。第二，地区案例性研究较多，但全国性的、涵盖多数地区的调查数据和分析缺乏。通过分析2006～2010年的女性体育研究成果可以发现，大众体育研究中以地区性研究为主，其中一般性调查和描述介绍性研究较多，基本反映出了中国不同地区、不同省份女性体育开展的现状，但全国女子大众体育的整体状况还未勾勒出来。除此之外，实证性的研究数量较大，具有较高理论价值和逻辑思辨性的研究较少。第三，具有影响和高质量的学术专著短缺。在2006～2010年间，只有两部与女性体育有关的学术著作问世，分别是《女性·文化·体育研究动态》和《奥运历史上的女性书写》。第四，同类别的研究中，内容重复率较高。

今后中国女性体育研究应抓两头：一是全国性的、有计划的、标准统一的调查研究，获得能展现中国女性体育整体面貌的可靠数据，为中国女性体育发展的政策制定和管理措施的出台提供切实可靠的依据，以便更加合理地进行体育资源配置；二是加强对女运动员群体、弱势群体和特殊阶段女性参与体育的研究，如农村女性体育、少女体育参与、妊娠期女性的体育、流动女性人口的体育参与、老年社区体育等。

性别与空间研究综述（2006～2010年）

*宓瑞新**

一　研究概述

2006～2010年，性别与空间研究产出了一批较有影响的学术成果，在研究数量、研究广度和深度、研究方法和研究队伍方面有了很大的进展。本综述在收集数据上，首先，在中国知网中国期刊全文数据库以"空间""性别空间""女性空间""性别与空间"等为检索词进行了一次检索，同时在每篇论文下的"相似文献"中收集查找；对已经收集到的论文，以"作者名""篇名"以及性别与空间研究的主要议题为检索词进行了二次收集，并阅读每篇论文后的"参考文献"来搜集补充研究信息；对《人文地理》等杂志2006～2010年发表的文章进行检索。其次，以"空间""性别空间""女性空间""性别与空间"等为检索词在国家图书馆网站进行了检索。据不完全统计，共收集到性别与空间研究的学术期刊论文200多篇，硕士论文36篇，博士论文6篇，专著8部。这一时期性别与空间研究的主要特点有以下方面。

（1）性别与空间研究视角已深入建筑、规划、设计、社会学、文学、教育学、法学、历史学、媒介与传播学等众多学科和领域，空间作为一个研究维度正被越来越多的研究者自觉使用，产生了一批富有学术深度和研究质量的学术成果，这些研究不仅批判和挑战了既有学科的性别与空间盲视，还参与了新的学科基础重建的进程。

（2）研究方法更为科学。随着西方空间研究成果的引进，国内学界对国外人文地理学的社会学转向和人文转向有了更为深入的了解，对女性主义地理学发展脉络、主要议题的认知逐步加深，运用多学科的研究理论进行跨学科研究，或进行空间、性别、年龄、阶层等交叉视角的研究，正成为这五年性别与空间研究的新特点。

---

*　作者简介：宓瑞新，女，全国妇联妇女研究所副研究员。

（3）性别与空间研究的议题有很大的拓展。例如，女性就业与城市空间结构之间的关系、就业空间的性别化、女性就业者的行为空间差异以及女性内部就业空间的分化是女性就业活动空间研究方面的主要拓展；教育学领域的性别与空间研究，在延续 2006 年前关注学生空间思维与能力的性别差异、性别差异与校园空间环境的关系的基础上，还对学校空间与不平等性别关系的再生产、校园空间所蕴含的性别意识形态及其对性别的规训等深层权力关系进行了探讨。在文学领域，城市的开放和全球化的推进带动了人们的迁移，同时也改变了人们对故乡/城市空间的感受，性别与空间迁移的经验成为当代文学研究中的一个新亮点。

（4）中青年的研究队伍不断扩大。与之前相比，2006～2010 年性别与空间研究的硕博论文数量有了很大的增长。一些优秀的博士论文已经出版并在学术界产生了较大的影响，如黄春晓的《城市女性社会空间研究》、肖庆华的《都市空间与文学空间——多丽丝·莱辛小说研究》、姚霏的《空间、角色与权力：女性与上海城市空间研究（1843～1911）》、李霞的《娘家与婆家：华北农村妇女的生活空间和后台权力》，硕博论文数量的增长、质量的提高显示了未来性别与空间研究的潜力。

（5）学科之间的渗透、学科专业内部议题的传承对性别与空间研究产生较大的影响。通过对检索到的 200 多篇研究论文、40 余篇硕博学位论文作者所在学校、专业的分析，我们可以看出，在拥有建筑、规划、设计、地理旅游等学科的大学或在综合性大学，学科之间的渗透、学者之间的交流、学科专业内部议题的传承对性别与空间研究产生较大的影响，也更容易产生学术辐射作用。

二　主要研究内容

（一）建筑、规划、设计学领域的性别与空间研究

1. 建筑规划设计领域的女性从业人员

2006 年之前，针对女性建筑师的研究涉及女性建筑师的执业状况、面临的问题以及女性建筑师应如何扮演这一独特的社会角色。2006～2010 年，此类研究开始增多，主要集中在三个方面。①女性建筑师面临的问题。建筑界女性面临着如何在高等教育中争取平等待遇；职业和个人生活的平衡问题；在职业实践中，女建筑师已出现在很多跨专业的公司中，但独立女建筑师事务所的比例很低，多数

女性都是通过团队，在项目从概念到实现的过程中做出了重要工作（维雷娜·辛德勒，2007）。一些研究分析了建筑设计中女性思维没有发挥出来的原因，一是男性在建筑行业占有主导地位，他们的经验与思想渗透到建筑教育当中，形成一种男性化、"理性"的思维模式。建筑界无论男女，都是在这种模式下培养出来的，他们要想在这个行业站稳脚跟，必须尊崇这种思维模式。二是建筑界所接触的客户群仍是男性占有主导地位的社会群体，他们的思维模式和审美趣味对建筑设计有影响（赵茜，2009）。②建筑规划领域女性从业人员比例的变化。成元一（2009）以同济大学建筑与城市规划学院城市规划系10年间（1997～2006）本科生、硕士研究生、博士研究生入学人数以及男、女生比例的数据调查研究为例，探讨了城市规划专业中女性人数比例变化的趋势，以及该趋势对于城市规划专业未来发展的影响。③建筑规划领域女性从业人员的特色和贡献。韩佳纹（2010）的硕士学位论文总结了以林雅子、富田玲子等优秀人物为代表的日本女性建筑师群体的发展轨迹及共性特征，研究了日本女性建筑师对日本建筑发展的推动、女性建筑师自身的角色变换、女性主义建筑语言的发展演变。

2. 女性主义视角下的建筑、规划、设计

2006年前，一些研究对西方女性主义空间视角这种新的建筑规划理念予以介绍，探讨将性别观点引入建筑规划设计研究的必要性，反思中国建筑、规划、设计领域存在的性别盲点，提出在建筑规划领域要关注到性别差异（黄春晓、顾朝林，2003；黄昭雄、王雅娟，2004；刘丹，2005；刘丹、华晨，2005），并探讨了利用女性主义建构新的建筑学基础的可能性（汪原，2004）。2006～2010年，这方面的研究进一步深入，领域也明显扩大。

（1）女性主义建筑学议题的介绍与研究。滕静茹（2010）的博士论文对西方女性主义建筑学的若干议题——女建筑师、女性主义建筑设计、女性主义建筑教育、女性与居住建筑、女性与公共建筑和女性与城市安全进行了研究、论述。女建筑师这个议题，主要围绕女建筑师历史的重建、专业贡献的认可和生存状态的批判进行探讨。在建筑设计方面，提出了通过女性象征、女性原理建构一种女性主义建筑形式，并尝试建立女性主义的建筑设计路径，包括：使用者的深度参与、适应使用者的方案表达、与业主和建造者的平等关系。在建筑教育上，明确指出男性主导的思维模式导致了传统建筑教育存在的危机，并创造性地提出了新的女性主义建筑教育模式：服务学习、权威分享、合作依靠和强调伦理。在公共建筑使用上，指出已有公共建筑对女性的感受和需求考虑不足，强调了女性创造的、服务于女性的公共建筑对女性的价值。关于女性与城市安全，分析了女性对城市公共空间的恐惧与强奸之间的密切关系，指出城市的色情化街道景观在塑造强奸文化中发挥的影响，并提出具体的物质环境设计措施，以预防针对女性的犯罪；针对家庭女性的安全环境，提出建立服务于受暴女性的家庭暴力庇护所的措施。最后作者总结了其对中国建筑学研究的启示。

（2）对建筑规划设计中无差异性方式的批判。一些研究指出，男性标准与男性原则在城市空间规划与设计中普遍存在，城市规划政策不注重社会性别分析，公共场所的安全设计忽略了女性的特殊需求与环境体验，城市建设缺乏细节方面的性别敏感，提出应挑战现代城市空间追求功能主义与匀质空间模式的无差异性设计方式，建构城市规划政策的性别分析框架，将性别意识纳入城市规划决策的主流，在城市规划公众参与层面上注重吸收女性对城市规划的想法和建议，保证女性获得平等的城市规划参与权（姚晓彦等，2007；李文潇，2009；秦红岭，2010）。

（3）基于女性视角的城市公共空间规划设计。研究涉及开放空间中女性使用者的情绪行为体验（杨雯，2008）、两性对城市广场设计要素的关注差异（刘合林、沈清，2008）、银川城市生活需求的性别差异（郑泽爽、甄峰，2010）、都市女性空间建设的层次与原则（陈丽菲，2008），并提出将性别差异、女性主义视角引入开放空间的规划设计，寻求更能体现不同性别使用者多样性需求的规划设计，并提出了一些具有性别视角的对策和建议（何浩，2007；覃丹，2009）。

（4）基于女性视角的居住空间规划设计。一是对古代建筑伦理文化的审视。张献梅（2007）指出，宋代理学给女性套上了更为沉重的精神枷锁。在建筑方面，主要表现在居住空间上对女性的禁锢、在祠堂建筑上对女性的限制和统治者积极倡导兴建贞节牌坊对女性精神的控制。二是对民居空间使用方式的性别审视。关注女性和古民居空间的互动关系，探析女性使用空间的方式以及等级制的空间结构是如何规训女性行为的（何水，2007），同时，也注意到传统民居在尊重礼法的前提下，对女性活动空间进行的变通（朱静，2010）。有学者对安义古村落中官、商、民三种地位和性质的女性使用空间进行了具体分析，归纳了古建筑中女性使用空间的一些特点，探讨了这类设计对优化现代建筑女性使用空间的作用（罗雅等，2007；许阳峰、章力，2008）。三是对当代居住空间的性别思考（陈璐，2007；邱丽丹等，2007）。另外，新疆少数民族居住建筑中的性别意识及变迁也受到关注（王菁菁，2009）。

（5）对女性教众宗教场所的研究。主要表现在对佛教女众道场、清真女寺的研究。研究涉及：岭南传统佛教女众道场的建筑特点、与男众道场建筑形制的差异、岭南现代佛教女众道场建筑的城乡差异、岭南佛教女众道场的发展趋势（姜艳华，2007）；20世纪上半叶（1958年以前）北京清真女寺的发展情况包括数量变迁、空间分布、空间特性和发展缘由（滕静茹、朱文一，2007）。

（二）社会学领域的性别与空间研究

1. 女性就业活动空间

2006年前从空间角度对女性就业问题进行的探讨很少，这五年，对女性就业与城市空间结构之间的关系、就业空间的性别化、女性就业者的行为空间差异以及女性内部就业空间的分化研究有了一些进展。何流、黄春晓（2008）利用2000年第五次全国人口普查的数据对南京市女性就业的空间差异进行研究，分析了女性就业，包括制造业、服务业和行政管理业的女性就业在城区和郊区的空间分布和分异状况，总结了女性就业的空间分布特征：宏观空间层面上的中心化与微观空间层面上的边缘化、行业间的极化趋势。林耿（2010）也采用第五次人口普查的数据，以市辖区（县、市）为基本地理单元，对广东省21个地级市的133个样本进行性别与就业空间的实证研究后发现：广东省不同性别的就业整体同构与一定程度的性别隔离并存；在经济全球化和世界制造业转移的大背景下，不同性别的就业空间形成了中心-边缘结构；不同性别的就业空间具有权力特征，具有生产性；在地域文化的深刻影响下，除粤东部分传统地区之外，广东不同性别的就业差异并未构成整体的就业空间性别化。谢妍翰等（2010）研究了不同行业女性非正规就业者的行为空间差异性及其产生的不同影响。研究发现，餐饮业和茶艺表演业女性非正规就业者具有总体上相类似的行为空间结构，但由于其所从事的工作性质和经济收入不同，该结构在尺度构成、出行活动的距离分布和出行频率等方面存在明显差异。这种差异性进一步对上述两类女性非正规就业者的职业发展分别产生了限制和促进的不同作用。何明洁（2009）对"和记"女性农民工的劳动过程展开分析，探讨了同一家酒楼中女工的空间分化。

2. 女性休闲空间

（1）女性休闲空间的拓展。杨朕宇（2009）以《新闻报》广告为视角，透析了20世纪30年代上海女性休闲空间的移换与拓展。方英（2007）则以广州市为个案，考察广州市女性休闲场所的变化和拓展，分析了休闲消费与性别秩序的变化。

（2）女性公共休闲空间的分布、选择、需求、影响因素及措施。黄春晓
（2008）以南京市湖南路商业街的实地调查数据为基础，考察了女性休闲空间的
分布、空间选择和空间需求，探讨了女性休闲空间的形成及其影响因素。李华
（2009）通过研究得出：城市女性公共休闲空间的日常选择主要为社区公共空间、
城市步行街道，周末的选择主要为城市步行街道、城市公园，节假日主要为观光
度假类场所、城市公园；城市女性对现有公共休闲空间的可选择性及质量的满意
程度不高，并且期望度与其受教育程度及居住地点存在显著的关系；影响城市女
性公共空间选择重要性高而实际表现较低的因素包括公共休闲空间基础设施的完
善性、活动项目的吸引力、休闲氛围、收费的合理性，这应是城市公共休闲空间
建构着重改善的方面；影响城市女性公共空间选择重要性低而实际表现也低的因
素包括政府对公共休闲空间的建设力度、城市女性所受的休闲教育、舆论的引
导。李华指出，出于长远考虑，这三方面同样需要关注，并从城市女性休闲行为
的引导、城市公共休闲空间的规划与建设、城市公共休闲空间的管理等方面提出
了对策。

（3）女性内部不同群体休闲空间的分异性。王晋等（2009）对长沙市各类职
业女性参与休闲场所的职业差异进行了研究。陶伟、郑春霞（2007；2008）剖析
了广州6所高校女性教职工日常休闲行为的户内与户外的时间与空间结构特征，
同时通过属性相关性分析，进一步了解了女性休闲活动空间和女性属性的相关
性，以期通过对女性休闲生活状况与质量的研究来指导相应的休闲空间与要素的
规划和布局。胡宇娜、曹艳英（2010）以青岛市女性居民为具体研究对象，分析
该市居民在休闲时间和休闲空间选择上的性别差异以及由于年龄、职业、文化程
度、婚姻状况等因素导致的城市女性群体内部的差异性，揭示了多元化社会中女
性这一独特社会群体的日常休闲时空特征。

（4）虚拟休闲空间的性别行为差异。曾雪凤（2007）以福州市为例，就在线
城市白领网络空间行为进行了性别差异研究。

3. 女性生活活动空间

黄春晓、顾朝林（2009）从中国性别制度和城市结构的历史变迁出发，分析
了不同的性别结构与城市空间结构之间的关系以及在不同的性别制度下女性社会
生活在城市空间中的具体体现，并指出，随着消费文化的发展，女性将对中国城
市化进程和空间结构演化产生越来越重要的影响，中国的城市空间也在由男权制

结构向多元性别特征的方向发展。杨菊华（2006）使用第二期中国妇女社会地位调查数据探讨了在婚女性和男性家务分工的决定因素。其结果表明，具有性别特征的宏观经济环境对私人空间行为具有潜在作用。郭慧敏（2010）通过对一个单亲家政女工小组的个案分析，显示出这个群体遭遇多重挤压的空间欲望，揭示了父权制对妇女的空间挤压。李霞（2010）运用"娘家－婆家"这一分析框架，细致考察了以山东济宁为调查对象的华北农村妇女的生活空间，并指出，妇女在日常生活中的各种亲属关系经营活动，构建出了不同于正式父系谱系关系的实践性亲属关系网络，并使妇女在父系体制内创造出自己的生活空间和后台权力。许圣伦等（2006）选择厨房空间为论述范畴，把研究对象集中于炉灶，借此分析男性如何将厨房定义为女性空间，但又将主权保留于男性手中，将权力下放于女性，女性又如何为了权力而斗争。他们认为，从炉灶中，能由小见大，发现背后牵动着整体家户的空间与权力。

4. 其他

杨晖、江波（2008）通过陕西妇女研究会秦阳妇女健康发展项目的实践，说明社会性别知识并非外来的"文化殖民"，而是在社区空间内建构的具有本土价值的知识。徐黎丽、纪婷婷（2010）从中国甘肃临夏穆斯林与非穆斯林妇女活动中心、新疆喀什维吾尔族妇女各种民间劳动与互助组织、甘肃兰州多民族妇女锅庄舞队等三个个案入手，分析女性公共安全空间在边远地区妇女自我发展过程中的重要功能与影响。另外，茅倬彦（2006）研究了20世纪90年代以来中国出生性别比时间和空间变化的情况，分析了2000年全国各区县出生性别比的空间分布特征，探索影响中国出生性别比的直接和间接因素。杨菊华（2010）通过整合时间、空间、情境三维因素，构建具有中国特色的、多维度、多层次的两性平等的理论分析框架，系统解读了维系性别不平等的显性和潜在的文化、社会及制度机制，深入发掘了不利于两性平等发展的多层次且错综复杂的内在原因。

（三）文学、传媒与文化领域的性别与空间研究

1. 文学领域的性别与空间研究

近现代文学主要涉及跨国书写研究，对上海女性都市文学、海派女作家的研究，以及对沦陷区、租界、殖民地等区域中女性文学的研究。

（1）跨国书写研究。朱骅（2010）以赛珍珠和何巴特的跨国写作为蓝本，力图揭示身处中美两种文化交汇的边疆地带上的这一特殊群体所具有的"边疆意

识"。研究显示，来华新教女传教士的"边疆"既是地理实体，也是心理隐喻，她们的"边疆意识"产生于性别身份和强势的国家身份、宗教文化身份、种族身份间不断协调的过程，每一个女传教士都在性别与其他三种身份形成的张力场中为自己定位，努力在成就感与异化感之间寻求平衡。

（2）对上海女性都市文学、海派女作家的研究。一是对张爱玲作品的研究。研究涉及张爱玲小说时空结合的叙事方式（张彩霞，2006）、张爱玲小说的空间形式（董洪国，2006）、张爱玲编剧的影片《太太万岁》的时空转译及其文化政治（周云龙，2010）。二是对苏青作品的研究。主要研究了其作品中的空间意象、区域文化风俗对小说文本风格的影响以及都市女性生存体验的真实表达（邱佩莹，2006；倪丽，2008；张哲，2009）。三是对张爱玲、王安忆等的比较研究（皮进，2006；陈丹丹，2009）。

（3）对沦陷区、租界、殖民地等区域中女性文学的研究。或探析战争背景下的城市文化与女性写作，认为 20 世纪 40 年代沦陷区的女性书写对于市民阶层生活的精准把握颠覆了传统审视城市的眼光和角度，构成了战争时期女性文学的重要一翼（朱念，2009）；或关注梅娘、苏青的小说对沦陷区青年知识女性生存状态的多样展示（陈洪英，2009）；或对殖民地时空下的女性文学景观——1931～1945 年伪满文坛女作家群落进行考述（王劲松，2009）。其中一个重点是对萧红作品的研究，主要涉及萧红作品的空间形式（程振兴，2007）、空间文化意蕴（郑萍萍、崔云伟，2008）、空间意象（宋剑华、曹亚明，2009）、时空构形（林霖，2009）。

当代文学研究部分包括以下部分。

（1）城市 / 上海女性写作中的性别与空间解析。这是当代文学性别与空间研究的一个重点。一些研究涉及城市与女性关系在当代文本中的演进（刘贺娟，2009）、女性形象与城市空间的变迁（张屏瑾，2009）；王安忆小说中的弄堂意象（滕朝军、母华敏，2008）、上海镜像与王安忆的空间政治（马春花，2008）、王安忆小说中的性爱描述与个人化空间的建构（朴马利阿，2008）。其中，最引人注目的是陈慧芬的研究。她认为，近年来，随着社会转型的深入，全球化在中国/上海的开展，加剧和凸显了城市的空间生产及其背后的权力关系，促使女性写作者对性别空间与地域性知识的再思和书写，当代中国的女性写作经历了一个"地理学"的转向；而随着城市化进程的加快，更多的人被裹入城乡的流动中来，从而扩大了女作家的"地理学"写作。她指出，20 世纪

90年代的上海热中，借由着对城市的书写，女性写作者们释放了关于自我性别与城市空间的想象，以个体经验"重构"了城市的历史和地理。例如，《长恨歌》在上海城市的书写史上第一次将女性的日常生活空间作为城市的主体，王安忆的另一部作品《我爱比尔》则将目光投向了某些具有"飞地"性质的城市空间，以一个年轻女性的身体遭际喻说了"全球化"与"本土性"的争夺。陈丹燕的《上海女子的相生相克之地》"钩沉"出了上海淮海路上女性的"现代性经验"，新生代作家丁丽英的《时钟里的女人》则提供了另一种女性的街头经验（陈惠芬，2006）。

（2）性别与空间迁移的经验。这是当代文学性别与空间研究非常新颖的一个点。陈慧芬（2006）认为，城市开放和全球化的推进带来了人们行走的自由，同时亦改变了人们（包括"原住民"在内）对故乡/城市空间的感受。孙惠芬的《歇马山庄的两个女人》提供了行走于"城乡之间"的性别与空间迁移的经验，林白的《妇女闲聊录》呈现了进城打工的农村妇女对自我生活中变化了的空间的感受。

（3）其他。王宇（2009）在研究中指出，性别符码一直在参与有关时间、空间的表述。时间、空间与性别的深度关联实际上是"五四"以来近百年中国文学所表达的一种非常"另类"的现代性经验。另外，一个引人注目的现象是当代女性文学批评对空间维度的自觉纳入和阐释（乔以钢、洪武奇，2008）。

在对国外文学作品性别与空间的分析方面，侧重于对女性作家作品的空间解读。美国华裔女作家任碧莲的小说《典型的美国佬》书写了全球化时代背景下华裔移民文化认同的变迁。胡碧媛（2009）将空间生产理论"挪用"于文本的解读实践，探究了女性人物海伦的女性空间意识。她认为，海伦在文化空间、生活空间和社会空间中的追寻和探索，是她在后现代时空下重塑自我的有益尝试，也是对跨地域文化价值观的重建。吴兰香（2010）对伊迪斯·华顿游记中的人称指代进行了分析，展示了美国女性作家在游记书写中的尴尬境遇以及在公共空间中的性别焦虑：一方面，她们的旅行经历和游记创作使她们进入了公共空间，挑战了社会对女性设置的种种性属边界；另一方面，多年来内化于心灵深处的性别意识又让她们身不由己地遵守社会"性别分工"，力求在作品中保持自己的淑女身份。一些研究者还对多丽丝·莱辛（赵晶辉，2010；肖庆华，2008a，2008b，2008c，2008d）、佐拉·尼尔·赫斯顿（徐颖，2008；毛凌滢、熊敏，2010）、格温德琳·布鲁克斯（申昌英，2006）、伍尔夫（郭小英，2007）、薇拉·凯瑟（周铭，

2008）、托妮·莫里森（吴蕾，2010）的作品进行了空间解读。另外，刘武（2010）分析了20世纪70年代以"女性咖啡馆"为代表的女性空间的建构和女性研究中白人妇女的主导地位，揭示了有色人种妇女在美国女性空间建构中的身份缺失。在研究方法上，很多研究运用交叉视角进行分析，显示了在研究方法上的进展。

2. 媒介传播领域的性别与空间研究

在媒介传播领域，性别与空间的主要研究集中于以下三个方面。

（1）城市景观／空间、视觉媒介与女性形象。刘宏球（2008）指出，作为一种现代都市的景观，女明星、电影和都市形成了一种同构关系，观众对明星的崇拜和追捧在于明星的"奇观"效应和满足其潜意识中的某些欲望。张彩虹（2008）认为，女明星们是上海这座物化都市的女性象征和欲望投射物，电影女明星的银幕形象、个人遭际与上海都市文化的现代性生成之间存在着交融反塑的复杂关系。路文彬（2006）从城市空间、视觉媒介与女性形象的视角，对中国当代影视女星青春形象的历史渐变进行了探讨。

（2）男性凝视空间下的女性性别角色建构。温泉（2007）以电影《再见爱丽斯》为个案进行分析，并指出在男性"凝视"目光下，男权社会的权力制度与规约体制内化为女性的自我道德约束，男权进而被遵守和服从，女性希冀在男权社会操控下追寻女性性别主体是虚妄的。

（3）电影的空间建构与话语演变。张黎呐（2010）认为，中国女性电影在建构视觉空间时经历了一次转型：前期行动在开放场所的女性被遮蔽了性别，后期退守至封闭空间的女性虽焕发了本体意识，却对自我加以精神囚禁。他同时指出，在不同时期，女性在影像中被剥夺的内涵有着质的区别。女性影像话语始终内植于男性中心的景观建构，因而注定遭受深度剥削。万萍（2010）认为，镜头、色彩、音响等等都会参与表述，共同构成一个立体的表意空间、分析空间以及建构空间，其镜头语言可以发现侯麦电影潜在的更丰富的表意内容。她通过对侯麦电影中两类典型空间"居室与街道"的分析，在空间结构和性别关系问题上对侯麦电影中呈现的现代人对内道德的自我规训、对外部世界进行身体感知的特性进行了阐述。另外，段炼、王鲁（2006）从艺术家与城市空间之关系的社会角度，考察了西方当代摄影艺术家怎样通过展示女性身体而探索城市公共空间的隐秘之处，探索其中女性性从业者的身份问题，从而在当代批评理论的语境中，揭示观念艺术中身体图像和身份问题的社会意义。

3. 文化领域的性别与空间研究

该领域的性别与空间研究多利用交叉视角进行，不仅涉及文学、电影，也将关注焦点渗入到艺术与民歌文化当中。张英进（2007）主要研究了晚清、民国时期中国文学与电影如何想象城市、对城市进行"构形"，对城市爱恨交织的态度以及城市/乡村对立的本质。其文本对象主要是小说，兼及电影、话剧和诗歌，但重点是从城市的角度重新解读经典作家（如鲁迅和茅盾），并挖掘在以往的主流文学史中因意识形态或精英立场而被长期忽略或埋没的作家。其理论以社会学中的城市心态与都市体验为框架，力图描述小镇、古城、现代大都市等文学模式和典型人物的构形，通过京派、海派的文化差别的表述，探索现代文学创作中城乡、中西文化的冲突、妥协与交融。刘岩（2010）认为，张英进把城市——建筑、习俗、传统——陌生化，在一定距离之外观察城市空间以及空间对人类生存状况的影响，这一研究视角及研究发现对21世纪初浸淫在文化全球化中的中国人如何审视和保持自己的城市文化传统提供了借鉴意义。郑胜利（2007）研究了艺术史中语言空间、性别与叙事方式的关系。邓伟龙（2008a、2008b、2008c）分析了空间维度在解析刘三姐山歌文化中的意义和作用。另外，他还从空间的建构与认同，从身份、空间与认同的角度探讨了刘三姐山歌文化的深层底蕴。

（四）教育学领域的性别与空间研究

2006年前，教育学领域研究议题主要集中在学生空间思维与能力的性别差异、性别差异与校园空间环境的关系两个方面。2006～2010年，基本延续了此前的脉络。前一方面，主要探讨了高中生化学视觉空间能力的性别差异（段戴平，2006）、初中生地理空间能力的性别差异（王启军，2006）、赣州市两所中学103名八年级学生空间认知能力的性别差异（谢志勇等，2010）。这些研究，在学科领域上较之以往有了拓展。后一方面，罗长海、杜思赞（2010）以浙江大学玉泉校区户外活动场为对象，就女生的户外活动现状及需求、户外活动场所个案使用现状进行了研究，并提出校园规划建设应考虑到女生使用空间的权利，从女性使用者的角度规划环境，以满足各种异质性需求。不仅如此，一些研究还对学校空间与不平等性别关系的再生产、校园空间所蕴含的性别意识形态及其对性别的规训等深层权力关系进行了探讨。石艳（2007）认为，学校空间不仅仅是客观的物理空间，同时也是一个社会关系的承载体和社会规范的建构物。社会互动的空间维度和社会再生产趋向在学校空间中被不断建构。在学校空间中，男教师和男学生使用男权制的规则和资源来控制女性，并从此获得更多的教育资源和教育机会，由此，作为不平等性别关系再生产的资源的学校空间成为建构性别差异的场所。王俊（2010）指出，男性气质的空间文化与性别阶层化现象在以工科为主导的 Z 大学中非常明晰，在社会性别作为大学场域中一种制度性基础并未受到普遍关注的情况下，如何让大学空间生成友善性别的文化，而非复制甚至强化原有的社会性别关系，仍然任重而道远。

（五）历史学领域的性别与空间研究

2006～2010 年历史学领域的研究特点。

（1）城市继续作为性别与空间的一个研究主题。张天洁、李泽（2007）以 20 世纪初期的城市公园为切入点，透过社会空间的视角，解读近代中国女性再定义的背景下新女性意识与公园空间的相互作用。研究发现，新兴的城市公园挑战了传统父权社会对女性的界定，拓展了女性的活动空间，为其身份和角色从家庭伸展到社会提供了契机，也相应带来了她们形象、观念和社会生活的转变；而审视公园为女性提供的设施及活动机会，从锻炼身体、男女社交到照顾孩童，基本上围绕着体格健康的母亲和妻子的角色展开。他们认为，从本质上讲，20 世纪初的城市公园是民族国家框架下"新贤妻良母"意识的空间物化，是当时上层权力机构安抚、规训、强化中国国民努力的一个重要组成部分。

（2）运用新视角对传统家庭场域的女性生活进行研究。陈雯（2008）从技术视界考察了家庭场域下的古代女眷生活。

（3）社会史尤其是区域社会史中性别与空间的研究取得明显进展。徐昕（2009）选择民国时期上海妓女的法庭故事作为研究对象，以妓女的身体为经度，以法庭空间为纬度，讨论法庭空间中的妓女身体、妓女以身体应对法律的技巧、法律对妓女身体和精神的规训，进而通过妓女与法律的互动来揭示正义是如何生产出来的、法庭上的妓女形象是如何塑造出来的。姚霏的《空间、角色与权力：女性与上海城市空间研究（1843～1911）》（2010）是"江南社会历史研究丛书"之一，该书从晚清上海"女性空间"拓展的机制，多重史料内外的"女性空间"，女性社会角色与空间内外的权利，女学、女权与国族主义的聚合四个方面对女性与上海城市空间之间的关系做了探讨和研究。

三　研究的不足与展望

这五年中，性别与空间研究不断拓宽，研究方法也日趋多元和交叉，但从总体来看，性别与空间研究在中国仍处于起步阶段，还存在很多不足，主要表现为以下方面。

（1）近年来，西方的空间理论已经得到比较充分的介绍，空间维度和空间理论的运用在主流学科中产生了一批比较深入的研究成果，但是空间视角和理论如何与性别视角相结合，并产生出有质量和影响的学术成果，未来在这方面还有待加强。

（2）西方人文地理学包括女性主义地理学的发展和主要议题在性别研究领域介绍不足，现有的关于国外性别与空间研究的评介大多比较粗糙、简略，在一定程度上限制了人们对于性别与空间的认识、理解和娴熟的运用。

（3）学科之间发展不均衡。一些学科如建筑、规划、设计虽然对性别与空间视角的引入比较早，但是研究进展比较缓慢，研究视角比较单一，研究成果重复，很多研究对性别的理解存在本质主义的倾向，也存在将西方的视角、理论简单化运用的现象。文学领域性别与空间研究数量比较多，研究视角也日益多元和交叉，研究领域也有了新的扩展，如关注性别与空间迁移的经验等，但过多地集中于城市研究如上海写作与海派女作家，也存在研究重复和低质的现象。

（4）一些研究囿于狭窄的学科之内，也在一定程度上影响了其活力。20世纪70年代以来，西方地理学包括女性主义地理学经历了社会学转向和人文转向，进行跨学科和交叉视角的研究已成为比较普遍的现象，这有助于打破学科间的壁垒，促使人文地理学焕发更大的生机与活力。在国内，对于性别与空间进行跨学科和交叉视角的深入研究还略显不足，而这将是国内相关学科应该关注和努力的一个方向。

（5）性别与空间研究虽涉及建筑、规划、设计、社会学、文学、教育学、法学、历史学、媒介与传播学等众多学科和领域，但其存在的主要不足是：对于城市的研究居多，对于农村、小城镇的研究不足，对于包括妇女在内的弱势群体以及妇女内部不同群体的研究不足，未来有待于在这些方面进一步拓展。

（6）当前中国大规模的城市化、城市拆迁和城乡人员流动，以及全球化推进所带来的资本聚集、跨国公司的区域流动为性别和空间研究提供了大量的素材，目前这方面的研究还处于起步阶段，未来也有待于进一步的关注和研究。

少数民族妇女研究综述
（2006～2010 年）

丁 宏 龚 方*

中国少数民族妇女研究自 20 世纪 90 年代形成以来，已经取得了长足的发展，并且有越来越多的学者加入其中，涌现出了一大批专家学者和优秀成果。本文选择 2006～2010 年出版的学术期刊、专著、学位论文、报纸和国家社科基金、教育部哲学社会科学研究重大攻关项目、哲学社会科学"十五"规划等研究课题中有关少数民族妇女研究的内容，对其进行了比较系统的梳理。

一 研究概述

自 20 世纪 90 年代以来，在全国范围内先后有一批少数民族妇女研究机构成立，在这些机构里有一大批专家学者长期致力于这一方面的研究。比如中央民族大学中国少数民族妇女研究中心、云南民族大学少数民族女性与社会性别研究中心、西北师范大学少数民族妇女研究中心、新疆大学妇女研究中心、内蒙古大学妇女研究中心、延边大学女性研究中心……这些广布于民族地区的研究中心，为少数民族妇女研究提供了重要资源，并且一些少数民族女性专家为研究本民族的女性发展提供了与传统研究不一样的视角。

2006 年 10 月 16～17 日，由中央民族大学中国少数民族妇女研究中心组织召开的第三届妇女发展与进步国际学术研讨会，对近年来少数民族妇女发展问题进行了比较深入的探讨，会后结集出版了论文集。2009 年 7 月 27～31 日在昆明召开的国际人类学与民族学联合会第十六届大会，会后出版的文集中有题为《社会性别视野下少数民族妇女的健康与生态环境保护》的论文。在对西北少数民族妇女的研究中，《西北少数民族女性/性别研究》一书以西北少数民族女性尤其是甘肃

---

* 作者简介：丁宏，女，中央民族大学民族学与社会学学院院长、教授；龚方，女，中央民族大学民族学与社会学学院博士研究生。

省两个特有民族——东乡族和保安族女性发展为例，集中探讨了少数民族女性的经济、政治、法律、宗教、生育健康等问题。

在基金项目支持方面，2006～2010 年，国家社科基金和教育部哲学社会科学研究重大攻关项目支持的有关少数民族妇女研究的项目有："云桂妇女流动与边境地区的长治久安研究""西北农村回族妇女家庭暴力问题研究""改革开放以来少数民族妇女参与政治与决策的实证研究"等。国外基金项目支持的有："中国穆斯林妇女发展研究""西北少数民族妇女生存状况与发展对策研究"。其他项目还有："中国少数民族妇女权益法律保护现状调研""新疆少数民族妇女民俗文化研究""旅游业对少数民族妇女的社会文化影响研究""杂散居地区回族妇女权益保障问题研究""中国农村少数民族妇女权益法律保障研究"。

二　主要研究内容

据不完全统计，这五年间国内期刊刊发有关少数民族妇女研究的论文 50 余篇，出版学术专著和会议论文集十余部，并且有大量的硕博论文和项目课题选题立项，在一些新闻报道中也对少数民族妇女有颇多关注，这些都凸显了这一研究主题受到社会各界的广泛关注，研究成果主要涉及民族学、社会学、政治学、历史学等学科。其中，对少数民族妇女经济参与、政治参与、婚姻家庭、生殖健康研究和传统文化研究尤为突出。

（一）少数民族妇女社会参与状况与权益保障研究

1. 少数民族妇女经济参与

近几年来少数民族聚居地区旅游业发展迅猛，如云南、贵州、广西、西藏等省区。依托旅游业的发展，相关民族手工艺品和纪念品制作行业也有发展。在这些行业中，女性具有得天独厚的就业优势，因此少数民族妇女发挥自己的性别优势在服务行业中大显身手。在贵州的肇兴侗寨，民族旅游发展对少数民族妇女产生了巨大的影响，增加了少数民族妇女的经济收入，提高了她们在家庭内部的经济地位（张瑾，2008）。民族旅游业的发展对贵州省黔西南州贞丰县布依族妇女生活方式也产生了一定的影响（高翔，2010）。在少数民族妇女积极参与地方经济发展的同时，地方政府也积极建立组织保护妇女在旅游业经济发展中的优势地位。云南省石林县阿着底村民族刺绣产品开发技术协会、新疆喀什地区疏勒县迪丽凯西民族刺绣协会等这些农民合作经济组织的建立和发展，对促进当地少数民族妇女发展，加强她们的职业技能培养，维护她们的经济权益起到了重要作用。

但是，受传统观念以及女性受教育程度较男性低等客观因素的限制，少数民族妇女就业普遍存在着就业人数少、就业率低、就业收入不高、就业人员素质普遍偏低的状况（张交程，2009）。在实际生活中，女性较男性更易陷于贫困，少数民族妇女通常是贫困群体中的最贫困者。在实现以人为本的可持续和谐发展，推动少数民族妇女反贫困的过程中，政府有其自身的局限性，因而需要非营利组织利用其特有的优势发挥作用（刘春湘，2009）。同时，可从转变地方经济模式、深度挖掘地方特色经济、利用农村本土实业，以及从妇女自身条件出发，寻找适合其条件的就业领域（黄少花，2009）。

2001年国家开始实施西部大开发战略，中央提出今后十年是深入推进西部大开发承前启后的关键时期，国家在继承既往经济发展目标的同时，开始重视西部人文生态的发展，西部地区的少数民族妇女也越来越受到学者的关注。在国家推进西部大开发的进程中，西部地区少数民族妇女的职业发展取得了显著的进步，但是仍然存在一些阻碍其发展的不利因素：西部地区少数民族妇女的职业收入比较低；职业之间有性别隔离和民族差异；在职业进入时面临性别歧视和民族歧视；教育投入与教育回报有待于进一步提高（黄晓波，2008）。只有综合政府、社会、企业和个人等各方面的力量，才能逐步消除西部地区少数民族妇女在职业流动中的不利因素，在各地区、各民族和各性别之间创建和谐的就业和劳动关系（黄晓波，2010）。

2. 少数民族妇女政治参与

中国少数民族妇女参政研究与中国女性学学科的发展关系紧密。中国女性学研究推动了少数民族妇女参政状况研究，主要表现在参政领域不断拓展，参政形式多样化；参与管理国家事务的比例不断上升；少数民族妇女干部大量涌现。此外，少数民族妇女学者发表研究少数民族妇女参政的文章不断增多（张翠，2010）。以往对政治参与的研究，多是从制度主义或者行为主义的视角出发，不分性别地研究某个社会全体成员的政治参与状况，但是新近的研究融入了少数民族的政治文化以及社会性别意识，并针对改革开放以来少数民族妇女政治参与的影响因素，提出了新制度主义的分析框架（谭三桃，2010）。

新中国成立以来，通过正规培训、实践锻炼、突出重点、建章立制，少数民族妇女干部已经成为民族地区经济社会发展的一支重要力量（兰芳，2009）。但是我们也不得不面临这样一个问题，中国的农业人口比例很大，广大生活在农村地区的少数民族妇女的参政权利也应得到重视。在这一方面，有学者开始关注由于历史、文化和社会等现实因素的影响，欠发达地区农村基层少数民族妇女参政程度极低的问题。切实提高这一部分人群的参政比例，对落实妇女权益具有全局性意义（樊慧，2010）。在少数民族妇女研究中，参政研究的成果一直很多，但是这几年对这一领域的研究关注程度有所下降，目前学术界对少数民族妇女参政的研究还是比较薄弱。

3. 少数民族妇女权益维护

少数民族妇女处于边缘弱势地位，与男性相比，其在经济、政治和文化上并不占优势，自身的维权意识也并不强烈。对于促进农村少数民族发展，有学者提出坚持经济发展是关键、精神发展是根本、政治发展是保障的根本理念；同时应遵循物质发展与精神发展、政府扶持与自立发展、关注共性与立足个性、短期效益与长期发展相结合的基本要求（段威，2007）。

对于居住相对集中的少数民族聚居区的妇女权益保护，有学者提出，因为少数民族妇女就业比较困难、受教育程度较低、参政比例较低、权益容易受到侵害，政府必须完善保障少数民族妇女权益的法律制度，重视和加强对少数民族妇女自身素质的教育，提高其维护自身合法权益的意识（袁琳君，2007）。以回族为例，杂散居地区的回族妇女存在早婚、家庭暴力、辍学等影响妇女发展的不利因素，应当从正确对待婚姻形式、提倡晚婚晚育、提高妇女素质、关注社会性别构建等方面来积极探索保障妇女权益、促进妇女发展的途径和措施。

从整个国家的发展来看，民族地区的少数民族妇女权益法律保护状况如何，直接关系到广大妇女参与社会建设的积极性和主动性，也关系到民族地区和谐社会的建立。民族地区少数民族妇女在身体健康权、土地承包权、继承权、教育权、劳动就业权等方面，仍存在各种侵权行为。中国立法、执法部门以及各级政府都应重视和切实关怀少数民族妇女的权益保障，在立法、执法和政策方面给予倾斜（雷明光，2009）。

4. 少数民族妇女教育问题

一些学者指出，因为历史及居住环境等因素，在漫长的历史长河中逐渐形成的本民族文化的封闭性、保守性，在少数民族妇女身上体现得十分突出，极大地影响了她们自身素质的提高，延缓了现代化进程。要改变目前这种状况，必须通过外界的新文化、新思想来消除少数民族妇女自身障碍，这是促使她们能够自觉改变旧有观念、提高自身素质的关键；是促使其个体健康发展继而融入人力资源优势整体的关键；也是建立新型农村、塑造新型农民，让弱势群体共享社会成果，构建和谐社会、向现代化积极迈进的关键（李玫，2007）。由于受教育水平所限，中国西部妇女民间工艺创作者多存在创作视野狭隘、创作成果市场化困难、人生境况艰难等问题。这说明要根本改变西部女性的创作与生活水平，教育一定要先行，创作者本人应该加强自我教育，积极开拓人生（王成英，2008）。

少数民族妇女的教育不仅关系到一个民族的人口素质，更对民族地区的经济繁荣与社会道德有着不可忽视的作用。少数民族妇女教育旨在提高少数民族妇女的思想道德水平、文化素质及社会生产技术能力，从而促进少数民族地区整体人力资源水平的提高（陈红梅，2008）。一些学者提议从法律方面着手保护妇女合法接受教育的权利（涂卫，2007）。

（二）少数民族妇女人口流动研究

由于女性自身的结构性特征，少数民族妇女的流动形式、迁移过程及产生的后果都体现出了不同于男性和汉族女性的特征。因此，将少数民族女性作为一个独立的研究主体，特别是以一个地区的民族为例，对其流动的形式及特征等进行综合分析，进一步考察现实中少数民族女性流动人口的特征和原因以及可能产生的后果，不仅有利于少数民族女性在流动中的权益保护，同时也有助于促进少数民族妇女的有序流动（万志琼，2007）。有学者以凉山地区彝族妇女为例，指出少数民族妇女外流对流出地社会和少数民族本身的生存与发展带来的全方位影响，并将这一中观层面的社会问题嵌入彝族农村的宏观社会结构之中，说明妇女外流对彝族社会的政治结构、经济结构、婚姻家庭结构、文化结构等造成了一定的压力（郝亚明，2008）。

边疆地区少数民族妇女流动的结构，呈现出不同于内地妇女流动的特征，表现在年龄、受教育程度、职业分类、婚姻状况等方面。此外，少数民族妇女流动不仅有水平流动，也有垂直流动，即向上和向下的流动，这关键是受到教育因素的影响，因此提高少数民族妇女的受教育水平，可以从根本上提高少数民族妇女的地位（杨国才，2008）。

（三）少数民族妇女生殖健康研究

对于少数民族妇女生殖健康的研究正逐渐受到学界的重视，从近几年发表的相关学术著作和项目报告的统计中可以看到，这一方面研究的比重在逐渐加大。在研究少数民族妇女生殖健康时，学者会关注文化、宗教、生态和地域等特殊性领域对其健康的影响，以寻找新的研究切入点。

有研究者认为，已婚育龄妇女的生殖健康水平影响家庭经济和后代素质，并且在这方面存在着民族差异。民族、文化水平、经济状况、社会生殖保健服务体系等都影响妇女生殖健康。在生活方式、禁忌习俗与社会风尚等方面，兴利除弊、因势利导和促进男女平等是改善各民族生殖健康状况的重要环节（朱江，2009）。

学者们的研究多关注少数民族聚居地区的妇女生殖健康问题，比如西藏、贵州、云南和西北等省区。调查结果显示，西藏自治区妇幼保健工作面临的困境依旧，其中包括体系不完善、妇幼保健机构不健全、妇幼保健专业技术人员数量不足、人员素质低、妇产科服务和急救能力薄弱、妇幼保健经费严重缺乏等（王健鹏，2006）。2006年，西藏实施国家卫生部与联合国儿童基金会"2006～2010年周期妇幼卫生合作项目"以加强妇幼保健的服务质量，关注贫困和流动的孕产妇及儿童，促进农牧区母子保健服务的可及性、可获得性、公平性和可持续性为宗旨，计划到2010年项目县的孕产妇和0～5岁儿童及其家长能够接受母子系统的保健服务，从而改善儿童的健康状况，降低疾病的发生率。这些努力有助于改善藏区妇女生殖健康状况。对云南少数民族妇女儿童等问题研究最具代表性的是由云南大学、云南民族大学、昆明医学院共同开展的福特基金项目"女性与社会性别研究"，云南民族大学少数民族女性与社会性别研究中心开展的福特基金项目"高校女性学学科建设与农村少数民族妇女能力提升"等（沈海梅，2007）。

（四）少数民族妇女与传统文化研究

在机器化大工业浪潮的冲击下，一些少数民族特有的传统手工技艺正面临着消失的危险，一些民族地区的少数民族妇女们却依然在传承这些技艺，保留着一个民族特有的文化记忆。这个努力虽然艰难，但是它对一个民族的传统保持起到了巨大的作用。只有将这些传统手工艺与人们的日常生计联系在一起，发挥本土文化的价值，注重培养少数民族妇女传统手工艺的传承人，这些少数民族传统手工艺才能焕发勃勃生机（薛洁，2009）。

少数民族妇女因其在家庭中的特殊作用、地位，其对少数民族特有的精神文化传统传承发挥着巨大的作用（刘世风，2007）。历史上，华南少数民族的社会生产劳动显示出与汉族农业社会不同的社会劳动分工特点，妇女在农耕纺织、采集渔猎等社会生产活动中发挥了巨大的作用。究其原因，这与华南地区生态自然环境、社会历史条件、宗教等因素有关（陈伟明、李广超，2008）。此外可以运用女性学和社会性别视角探讨少数民族传统文化与生态环境保护的关系，指明男权文化下少数民族妇女在生态环境保护中的作用与经验被忽视的状况，肯定少数民族妇女在构建、传承民族文化中发挥的积极作用，特别是总结少数民族妇女在生态环境保护中所积累的符合社会发展的知识与经验（杨国才，2007）。

三　总结与展望

总结2006～2010年学界对少数民族妇女的研究成果，我们可以清晰地看到，与前一阶段相比，这一阶段相关研究成果大量涌现，并且研究的领域在不断拓展，研究的深度在不断加强，具体体现在以下几个方面。

1. 关注少数民族地区当地妇女的声音

与传统的文献收集和理论研究不同，在新近的研究成果中，有相当一部分是实地调查报告，这些报告涉及西北、西南少数民族聚居地区妇女的现实生活。一些调查者来自当地，他们从主位的观察视角出发，深入到当地人之中，深刻地剖析了少数民族妇女在地方情境中所做的价值判断和理性选择，为读者提供了来自这些少数民族地区妇女最真实的声音。

2. 研究主题切实关心少数民族妇女的实际利益

近几年，学者研究的主题和国家项目基金支持的课题，对实际问题的关注在不断上升，比如民族旅游业对少数民族妇女发展的影响，以及少数民族妇女受教育权的落实和法律保障的实现。这些问题都关系到生活在少数民族地区，尤其是农村地区少数民族妇女的切身利益。这一人群是相对弱势的群体，她们在主流社会中很难发出自己的声音，学者的关心可以使她们的权利实现得到越来越多的关注和重视。

3. 培养了大批少数民族妇女研究专家

研究成果的很大一部分来自于少数民族地区的女性专家学者，她们中有很多人本身就是少数民族，她们研究的最大优势是能深入少数民族妇女的生活之中，了解她们亟须解决的问题。

　　在总结成果的同时，我们也不能忽视研究中仍然存在的问题：首先，研究的深度仍有待加强。有深度和创见的研究成果很有限，所以在重视实地调查的同时，应当加强理论研究，借鉴国外最新的理论成果，结合中国的国情，提出有创见的新理论。其次，研究的视域仍有待开拓。在这些研究中，一些研究有重叠，需要进一步打开研究的思路，关注少数民族妇女当前面临的、迫切需要解决的问题，为她们提供一些指导和帮助。最后，应进一步加强学科体系的建设。利用已经搭建的学科平台，多交流与沟通，整合已有的资源，使今后的研究更为系统化和科学化，更能切合当前的现实问题。

女性高层人才研究综述
（2006～2010年）

佟　新　马冬玲*

一　研究概述

精英研究虽然是社会学中的一个传统领域，但在中国的精英/高层人才研究中，性别却并非关注要点，突出表现为：2006～2010年，中国知网题名含有"高层人才"的74篇文献中，同时含有"女"的只有两篇，且其中一篇是介绍"女性高层人才政策推动项目启动"的新闻报道，同时含有"性别"的为零篇。

尽管缺乏直接针对"女性高层人才"的研究成果，但如果将高层女性人才定义为那些受过较高教育、具有较高职业地位和权力的女性，我们可以发现，对具体领域（如政治领域的党政干部、经济领域的管理人员和创业者、科技文化领域内的专业技术人员等）女性人才的研究仍为我们进一步研究打下了基础。

这些研究从数量上来说有一个明显的增加趋势：2006～2010年，中国知网题名含有"人才"和"女"的文章共有59篇，比1988～2005年合计（共47篇）还多；题名含有"人才"和"性别"的文章，2006～2010年共有12篇，比1996～2005年合计（共6篇）还多。根据中国知网"人文与社科文献总汇"中主题词频的统计，含"女性人才"的文章有132篇；含"女干部"的文章有284篇；含"女性科学家"的文章有10篇；含"女性管理者"的文章有51篇。以题名/关键词中含"女企业家""女性企业家""女性创业"中任意一词，用以下条件进行筛选：①发表时间为2006年1月1日至2010年12月31日的文献；②从中选择被引频次大于等于1的文献；③按发表时间挑选近两年内下载频次排名150名内的文献（第150名为6次下载）；④根据题名和摘要判断是否为学术类文献，剔除非学术类文献。笔者共筛选出90篇文献，可见相关研究文章的数量还是很大的。因篇幅

---

* 作者简介：佟新，女，北京大学社会学系教授；马冬玲，女，全国妇联妇女研究所助理研究员。

有限，本文只对女性行（党）政人才、管理人才和专业技术人才的研究进行评述。

从研究内容来看，这些研究对女性人才结构现状、成长发展规律、障碍、政策需求等给予了关注。从研究方法来看，既有定量研究，也有质性研究（个案访谈、座谈会等）。

二　主要研究内容

（一）女性高层人才研究

1. 基础/现状研究

从性别结构的角度收集资料，分析女性在不同的人才结构中的状况和潜在的问题是第一步工作。这些研究得出一致结论，就是高层人才中性别比严重失衡，造成性别权力不均衡的发展。

2. 对高层女性人才结构性缺失的因素分析

①教育中的性别隔离和歧视。有研究认为，高等教育中存在明显的性别隔离现象，专业训练的过程多由男性主导（刘云杉、王志明，2008；刘伯红，2009）。②媒介宣传上的刻板印象（向晶，2009；马缨，2009）。③确实存在的性别歧视。很多高层次女性人才遭遇过性别歧视（王卉等，2007；全国妇联"新时期女干部成长规律及培养方式研究"课题组，2009；康宛竹，2007；黄庐进、周锡飞，2008）。从社会流动上看，女性较男性面临更明显的社会性别因素限制（王凤仙、丁娟等，2006）。④传统家庭性别分工。受传统性别分工的影响，女性人才更多地承担了子女抚养、家人照顾和日常家务劳动等责任，并形成"劣势累积"（胡菊芹等，2007；王卉等，2007；马缨，2009；张廷君、张再生，2009）。⑤工作场域中男性化特征，如烟文化、酒文化等非正式交往方式影响了女性获得信息和资源的渠道（全国妇联"新时期女干部成长规律及培养方式研究"课题组，2009；马缨，2010）。⑥高层人才结构失衡的再生产作用，即现有决策领域中的女性缺位易导致女性的能力与成就难以得到认可，在资源分配中处于劣势（"女性高层人才成长状况研究与政策推动项目"课题组，2008；全国妇联"新时期女干部成长规律及培养方式研究"课题组，2009；王卉等，2007）。

3. 政策研究

由于女性在高层人才结构中的失衡状况，多数研究力求通过公共政策来改进结构失衡问题。公共政策研究发现：①国家公共福利事业的发展，特别是有关幼儿和养老照料等国家政策会影响女性职业发展（全国妇联"新时期女干部成长规律及培养方式研究"课题组，2009），因此应增加对幼儿和养老照料的公共投入；②不平等的退休政策，特别是在党政干部和高级专业技术人员中，退休政策（141、142号和5号文件）并未得到有效落实，部分县处级女性领导和高级技术人员利益受损，打击了她们的工作积极性，造成了女性人才的浪费（全国妇联"新时期女干部成长规律及培养方式研究"课题组，2009；张廷君、张再生，2009）。

（二）女性党政人才研究

女性党政人才或女性行政人才的研究在近年来得到长足的进展，其关注的核心问题是退休制度和女性在各级领导班子中的配比问题。

1. 基本状况和特点研究

根据统计数据，近些年来，女领导干部队伍不断壮大，在各级公务员中数量和比例均有所提高。同时，各级党政领导班子女干部配备率有所提高。但是，女性党政人才仍具有如下特点：高层参政女性比例偏低；女干部副职多、正职少；更多地集中在教科文卫、群团等传统被认为更适合女性的部门而非经济、金融、政法等领域（刘伯红等，2001；"女性高层人才成长状况研究与政策推动项目"课题组，2008；"北京市党政女性领导人才成长规律研究"课题组，2009）。2010年对20位女县长的深入访谈发现：她们努力通过工作来证明自己的能力，但依然能够感受到传统的性别歧视，她们需要解决职业与传统家庭性别角色的冲突问题（裴亚岚、刘筱红，2010）。

2. 成长规律研究

研究表明，女干部的成长需要更多支持和自身努力。

一是需要国家政策的支持。2009年北京市党政人才调查发现，"女性领导人才成长最依赖于政策的支持力度"，政策的起伏直接影响着女性领导人才成长的数量、速度和质量。女干部要克服各种不利因素，必须借助倾斜政策，用政策扫清女干部成长的阻碍，她们才能脱颖而出。也有研究者认为，女干部配比看似是对女性干部的保护政策，却在执行中演变为职数限制，限制了女性的竞争力（裴亚岚、刘筱红，2010）。

二是需要支持性的家庭环境（"女性高层人才成长状况研究与政策推动项目"课题组，2008；"北京市党政女性领导人才成长规律研究"课题组，2009；阮莉珠，2009）。一方面，家庭对女性领导个体成长的过程、方向、难易程度产生着直接和间接的影响；另一方面，家人理解和支持女性的发展需求，帮其分担子女照顾责任和家务负担，有助于她们的事业发展。

三是在个人层面，女性成功往往需要"做得比男性更好"，这意味着女性要有成就意识和坚持不懈的努力。首先要有更开放平等的性别观念。研究表明，性别观念与女性职业发展水平有着极其密切的联系，性别观念越趋向现代和平等的女性，越可能获取较高的职业成就；越符合传统的性别刻板印象模式的女性，越可能抑制其成就动机和进取行为（李春玲，1996；阮莉珠，2009）。其次在能力方面，女性往往必须具有更多的知识储备和更强的学习能力，重视知识的学习与更新，以保持在激烈竞争中的创造性和优势（"女性高层人才成长状况研究与政策推动项目"课题组，2008）。对女干部自身素质有更高的要求，她们必须具有更强的成就动机、事业心和良好的心理素质，必须在危机面前更加坚定和自信（"女性高层人才成长状况研究与政策推动项目"课题组，2008）。此外，女性要更积极主动地发挥能动性。

3. 成长的制约因素研究

一些研究考察了制度外因素对两性干部职业地位获得的影响。例如，对福建省省级党校808名学员进行的问卷调查发现，女干部拥有与男性差别不大的社会关系网络，但是，她们在工具性的职位升迁过程中比男性更少借助于社会网络这一非制度机制（周玉，2006）。

在人才选拔方面，20世纪80年代初中国在领导干部选拔制度上实现了公开选拔制度和性别配比制度。公开选拔制度遵循"公开、平等、竞争、择优"的原则，但这其中存在性别盲点。有学者以广西壮族自治区公开选拔干部为例指出，女干部公选比例与总体比例有较大的差距，这种现象在基层更为明显。公选领导干部女性比例严重偏低的原因比较复杂，主要是男尊女卑、男主女从的传统性别文化对女性个体的意识和社会舆论导向发挥作用。作者提出要将社会性别纳入公选制度设计中，考虑女干部的特殊性（何龙群、陈媛，2010）。

研究表明，国家制度规定的退休制度对女性人才成长产生了特定的约束。对男女两性行政人员不同的退休年龄制度的研究和分析是这一领域研究的重点，这直接影响到两性在年龄和学历影响下的职业晋升轨迹。从人力资源、权利和政策制定等角度对两性享有不同的退休年龄有诸多讨论，也是学术热点问题。

（三）女性企业管理人才研究

1. 女性企业管理人才的类型和数量

一般将女性企业管理人才分为两大类，一是企业中的女性高级管理人员（以下简称高管），多存在于大型国有企业、跨国公司、上市公司等。二是女性创业者或女企业家，她们一般拥有人力资本、社会资本或文化资本（佟新，2010）。

女性高层企业管理人员比较少。同其他国家相同，越是企业高层，女性所占比例越低。对2004年深沪两市的278家上市公司进行系统抽样调查发现，在这些上市公司中，女性在高层的任职比例为13.52%，在董事会成员中的比例为10.73%。女性在关键职位上的任职比例偏低，且依然没有改变"副职多、正职少"的传统状况。女性高管的平均学历水平与男性高管基本相当，而平均年龄较高层男性偏低（康宛竹，2007）。女性创业者或女企业家的比例也偏低。2008年底，私营企业主中女性的比例接近16%，女性企业家比例（不含个体工商户）约占总体的11%～20%（佟新，2010）。

分析上海高科技企业女企业家和中小私营企业女企业家的生存状况发现，两种企业的女性领导在创业年龄上相似，但高科技企业女企业家的学历高于男性，且企业的生存率明显好于男性；而中小私营企业女企业家的学历低于男性，且创业生存率较差（吴冰、王重鸣，2008）。与男性私营企业家相比，女性私营企业家以中青年为主体，多从事服务业，经营规模和员工规模亦较小，收入水平高于社会平均水平，但与男性有极大差距。不过，她们在职业生涯中表现出积极的能动精神，拥有一定的政治资源和参与政治活动的热情（佟新，2010）。

2. 女性企业管理人才的贡献

一是女性参与高层管理能为企业带来更好的业绩。更高比例的女性担任高级管理职务会带来更好的公司质量和业绩（欧高敦，2008）。对中国123家上市公司高管团队的性别结构和公司绩效的相关性研究发现，随着高管团队中女性数量的增加，企业的短期偿债能力、自身创造现金的能力和对外筹资能力均同步提高，在一定程度上降低了资产负债率（赵慧军，2011）。

二是女性创业者为社会做出了巨大贡献。这些贡献表现为：纳税额高、经营利润高、提供大批女性就业岗位和参与慈善事业等（李薇薇，2005；上海市妇女联合会，2010）。

三是女性企业管理者的增长对企业公民行为有积极作用。对北京和上海两所高校的在职 MBA 学员和北京、浙江、湖北、山西等 14 家企业的员工进行的大样本调研发现，高管团队性别多样化（男女比例均衡化）能够在一定程度上降低员工在职位晋升中的"玻璃天花板"知觉，对男女员工的组织公民行为具有积极作用（赵慧军，2011）。

3. 女性创业动机与影响因素研究

从创业动机来看，生存驱动型而非机会驱动型创业是中国女性创业的主导模式（胡怀敏、肖建忠，2007）。研究表明，女性创业首先是出于自主和对灵活时间安排的需要以取得家庭与工作之间的平衡，其次是出于对生命和生活的更大控制力，包括想突破"玻璃天花板"而实现自我控制的目的，最后是出于实现自我价值而创业（高秀娟，2009）。对女性私营企业家的研究区分了四种类型的女性企业家，一是"心中有梦肯干努力型"女企业家，二是继承式的女性私营企业家，三是转型类女性私营企业家，四是混合型的女性私营企业家（佟新，2010）。

女性创业动机方面的研究还有如下发现：一是女性创业是自身选择和比较的结果。只有当女性自身条件和环境状态都有利于创业时，创业才是女性就业策略、决策博弈的最优解（莫寰、黄小军、杨建锋，2009）。二是有关社会期望的理论认为，女性创业起作用更多的是"拉动因素"①，而男性则是"推动因素"（陶明，2008；罗东霞、关培兰、曾伏娥，2008）。

在影响女性创业的因素方面，一是环境因素影响女性创业。对安徽省 17 个地市进行的问卷调查发现，影响安徽女性创业的有文化与社会规范、有形基础设施和商务环境三个因素（祝延霞等，2009）。二是无形资本对女性经营有重要作用。2007～2009 年通过对上市公司中 15 位女企业家所领导企业的跟踪研究发现，经营性无形资本和社会性无形资本影响女性创业（马传兵，2009）。社会资本的两性差别使女性在诸多创业领域不仅是少数，而且处于一种边缘地位（刘中起、风笑天，2010），另外还可能阻碍企业的进一步发展（罗东霞等，2008）。三是融资

---

① 所谓"推拉理论"是西方学者受到物理学的启发，发现相关事物间的因果关系都有其双向性，即推力与拉力同时存在。这一理论后来被衍生运用到诸多领域，尤其是经济学、人口学、社会学。拉动因素一般是指吸引人们改变现状，从而创造新的形势的动机，如自我实现、有兴趣等因素，而推动因素一般是指与当前不利形势有关的，使得人们不得不改变现状的动机，如被解雇、迫于生计等因素。

成为影响女性创业的核心因素。大部分女性创业者依赖自我积累的融资战略缓慢地发展（罗东霞、关培兰，2008；罗东霞等，2008）。造成女性创业融资难的具体原因有性别的局限性、公司状况、行业因素和社会环境（彭捷，2009）。四是性别歧视和对性别歧视的知觉影响女性创业。女性企业家知觉到的在获取信用、融入社会商业网络、技能训练等方面所遭受不平等待遇的程度会对其创业活动产生重要的影响，主要体现在创业态度、创业压力感受与职业和家庭冲突等方面（李生校、王华锋，2009）。五是成就感和社会期望。一种社会心理学的观点认为，"女性的成就取向较低"或者"女性有成功恐惧"，而成功恐惧在男性中是罕见的（朱运清、侯立华，2009；买月霞，2009）。六是在工作和家庭关系平衡方面，女性企业管理人才呈现出复杂的状况。对上海女性高管的研究表明，家庭理解和支持、转型经济引起的对女性劳动力需求的提高及女企业家较高的个人收入和人力资本投入等因素，部分抵消了工作家庭冲突（沈开艳、徐美芳，2009）。在工作家庭冲突处理策略选择上，与男性相比，女性企业家使用压力减轻策略更加频繁，使用寻求支持策略不如男性频繁；在处理策略的有效性上，与女性相比，男性企业家使用认知重构策略和角色管理策略的效果更好（王华锋，2009）。

4. 女性管理类型研究

在管理风格和领导力方面，研究发现，女性管理者并无统一的管理和领导风格：一类女性管理者期望在经营中保留自己的女性特质，即注重人情味，强调人际关系和谐，可称其为"家庭式管理精神"；另一类女性企业家期望在管理和经营中努力保持竞争、理性和制度化的管理风格，希望做得"比男人更好"，可称其为"去女性化的管理精神"（佟新，2010）。一项女性企业家领导力模式研究认为，中国女性企业家具有人本型、变革型、转换型、和谐型和交易型领导五种模式（胡剑影等，2008）。

（四）女性专业技术人才研究

近年来对女性专业技术人才的研究表明，两性工作上的体力差异和心智差异已经基本消除（冯海波、叶青等，2010；马缨，2010；全国妇联"新时期女干部成长规律及培养方式研究"课题组，2009）。但科学技术领域存在着性别盲点，高端女性专业技术人才严重缺失。

1. 女性专业技术人才的基本状况和特点研究

2006以来，中国启动了一系列科技人才的成长规律研究，并特别着重对女性专业技术人才进行了分析。这些研究包括：中国科学院进行的"中国科学院科技人才成长规律研究"（2006）、科技部的"中国女性高科技人才成长规律及开发与利用研究"（2007）、中国科学技术协会的"2008 年中国科技工作者状况调查"、"上海市科技系统女性高端人才状况调研"等。研究表明，女性专业技术人才的状况呈现以下特点。

第一，在层级上，高端女性专业技术人才比例极低。中国女性科技人员约占全部科技人员总数的 1/3，参与科技活动的数量和比例并不低，但在职业内部存在垂直的性别分层现象（赵兰香、李乐旋，2008）。在中国科学院院士、国家重点工程和计划如"973""863"的专家中，在国家重点人才项目计划如"百人计划"中，女性比例呈现"5% 现象"，即女性比例不超过 5.0%。对高等教育中的性别分化研究表明，高校的正副教授中，女性分别为 10.5% 和 21.0%（覃明兴，2006）。167 个全国性自然科学专业学会常务理事中女性比例为 8.0%。在高校教师中，女性职务层次低，晋升速度慢；女教师在评估中处于弱势（王晓亚，2007）。

第二，不同学科领域有不同性别分布。社会科学和自然科学存在差异，自然科学更被视为"男人的事业"。女性科技人员占科技人员总数的比例偏低，且更多地集中于应用性、操作性比较强的领域，从事自然科学理论研究和技术工程研究的女性寥寥无几（张今杰、张冬烁，2008；徐飞、陶爱民，2009）。从事科学和工程专业的女性更多地集中在高校和公共组织而非企业和产业研究机构中（金瑶、孔寒冰，2008）。

第三，女性人才的科研成果与影响不及男性。从 1997 年到 2001 年，获得国家自然科学奖、国家技术创新奖、国家科技进步奖的女性占获奖总人数的 16%（陈劲、贾丽娜，2006）。女性参与科学研究的程度以及女性科研产出量（包括发表的成果数量）不如男性，引用率和引用频次均低于男性，科研成果得不到重视，形成"劣势积累"（张今杰、张冬烁，2008；刘艳，2010）。

第四，专业技术领域中性别问题在高等教育阶段就已出现。对博士毕业生学术研究兴趣、科研能力、工作抱负的分析表明，女博士对学术研究的兴趣低于男博士，她们的科研能力和工作抱负也低于男博士，这些差距有可能在今后的工作中积累和扩大，从而影响女性的科研地位和成就（马缨，2009）。

第五，女性科技人员大多具有从事科技工作所必需的优秀品质特征，而且与男性相比，她们更加细腻，思维更加严谨，对情感和直觉有着独特的理解，有着很强的洞察力（张利华等，2006）。

2. 影响女性从事专业技术研究的因素分析

第一，女性"高位缺席"、"劣势积累"、结构性障碍或社会网络缺失理论。传统理论认为，一个人从其接受科学教育的知识积累和科学研究方法的训练到最终成为科学研究者是一种"管道效应"，只要人们能够进入管道，加之努力就会得到升迁。女性"高位缺席"现象表明"科学管道模式的失效"（杨书卷，2009）。也有学者称这一现象为"女性的相对不在场"，因为科学研究被视为"男人的事业"（张今杰、张冬烁，2008）。科学的社会制度中存在结构性障碍，导致女性作为一个群体在科学职业中得到较少的机会和机遇，同时社会网络缺失（覃明兴，2006）。

第二，女性成就动机不足。女性职业发展动机弱于男性，女性更倾向于稳定的工作（冯海波等，2010）。与普通女性相比，知识女性的职业效能感较高，但与知识男性相比来自各方面的冲突较多，压力较大（赵娥君、吕军，2008）。

第三，受科学中的男性话语权威及父权制文化制度的影响，女性科学研究工作得不到应有的重视。以高校为例，女教师的工作价值通常被贬低或忽视，在高校管理和决策中的声音过弱，高校管理制度及政策中具有男性化倾向（王晓亚，2007）。

第四，传统性别分工的影响。女性面对自己喜爱的科学事业，往往只有三个选择：一是远离科学的主流，在做好一个家庭主妇的同时保留对科学的兴趣；二是从事科学的辅助工作；三是强行进入科研堡垒（侵占男人的领地），成为一位科学家，即便如此，她们仍时时面临着从事研究与照顾家庭两大任务的纠缠（张今杰、张冬烁，2008）。

第五，现有政策看似是性别平等的，但却忽视了两性差异的现实，按照主流社会的男性标准要求女性，没有给予女性平等的实现发展的机会（章梅芳、刘兵，2006）。

三　研究的不足与展望

总体来说，近年来的高层女性人才研究方兴未艾，但还存在一些不成熟之处，主要表现在：①缺乏对高层人才的统一定义；②研究内容具有一定的同质性和局限性，例如，主要集中于对现状的描述，对成长规律的总结缺乏理论的抽象与概括；③个别研究在方法上还存在不科学不规范的现象。

　　对女性高层人才的研究可以在以下几个方面进一步发展：一是在对高层人才的定义方面取得共识，以便寻找作为女性高层人才的共性。二是研究内容有待进一步扩展。例如，可扩展到对多个领域人才发展的特殊性和共性的研究，可以加强对高层人才在市场化背景下因性别面临的特殊发展机遇与挑战的研究，可以从动态发展、演进的角度增强研究，可以增加群体内部异质性的研究等，对策建议亦应加强针对性和可操作性。三是加强理论研究。目前在解释层面多还停留在单向因果关系上，可从多变量解释。在做两性比较研究时，应进行批判性分析，避免照搬男权标准。四是应进一步加强方法的科学性与规范性。除了问卷调查、深度访谈，还可以运用包括事件史分析、叙事研究、话语分析和民族志在内的可能方法，以全面深入地把握女性高层次人才的成长规律，并提出切合实际的发展对策。

农村妇女发展研究综述
（2006～2010 年）

李　文 *

一　研究概述

中国工业化和城镇化的快速发展，新农村建设的不断推进，为农村妇女提供了良好的发展平台，同时也引发了一些新的问题。农村社区的资源占有、权力配置以及发展成果享有等方面都不同程度地存在性别不平等现象，新形势下农村妇女自身发展也面临一些特殊的困难和挑战。这些问题的不断凸显，引发了学术界对农村妇女的进一步关注。

2006～2010 年，有关农村妇女的研究成果明显增加，研究领域也进一步拓展。以"农村妇女"为关键词，从中国学术期刊网共检索到论文约 3000 篇，其中核心期刊论文 288 篇；从中国博士学位论文全文数据库检索到博士论文 11 篇；从中国优秀硕士学位论文全文数据库检索到硕士论文 143 篇；从中国重要会议论文全文数据库检索到会议论文 50 余篇。以"农村妇女"为主题词，从国家图书馆检索到与农村妇女发展相关的论著 34 部。

这一时期，关于农村妇女发展的研究主要呈现以下特点：①有关农村妇女发展的学术文章数量逐年增多，研究成果呈现不断增加的趋势；②研究进一步细化和深入，研究者对妇女参与农村发展的不同领域和层面开展深入研究，并关注到农村妇女群体内部的分化，尝试对不同妇女群体进行分层研究；③研究视角和方法有所创新。农村妇女问题引起不同学科领域的关注，经济学、政治学、法学等领域的研究者对农村妇女的关注程度不断提升，研究方法和理论工具也不断创新。

农村妇女发展领域的主要研究内容涉及农村妇女与农业发展、农村妇女参

---

* 作者简介：李文，女，全国妇联妇女研究所助理研究员。

政、农村妇女流动、农村妇女人力资源开发、农村妇女权益、农村妇女健康等多个方面。为避免与其他专题的重复，本文重点对农村妇女发展与新农村建设、农村妇女参与基层治理以及农村留守妇女问题的相关研究成果进行总结分析。

二 主要研究内容

（一）农村妇女发展与新农村建设

1. 农村妇女在新农村建设中的角色和作用

随着农村男性劳动力大量转移到城镇务工，妇女逐渐成为新农村建设的一支重要力量。在此背景下，新农村建设为农村妇女发展带来了哪些机会，社会如何评价农村妇女在新农村建设中的作用，农村妇女是否已成为农村发展的主体，研究者从不同角度对以上问题进行了探讨。

有学者提出，虽然从社会性别的视角来审视新农村建设的主要内容，难以看到反映性别敏感的具体思路，但推动新农村建设的许多政策措施能够促进妇女的发展，从生产发展、生活富裕、乡风文明、村容整洁、管理民主等各个方面把握性别机遇，在新农村建设中消除阻碍性别平等因素，才能更好地实现两性和谐发展（李小云，2006）。谢凤华等（2010）研究者充分肯定了农村妇女在农业和农村发展中的重要作用，提出她们是提高农业生产力的重要力量，农村社会和谐、乡风文明建设的关键，保护农村生态环境、实现人与自然和谐发展的重要支柱，也是搞好农村民主政治建设的先决条件。赵宇霞（2006）从马克思主义的视角探讨了妇女在新农村建设中的作用和地位，提出新农村建设的实践丰富了马克思主义妇女观，促进了农村妇女的解放与发展，妇女在新农村建设中发挥的重要作用提升了她们的地位，地位的提升又为她们更好地发挥作用提供了更为广阔的舞台。

但是，妇女在农村发展中创造的价值和贡献往往被贬低，她们是否已在农村社会中获得了主体性地位也值得商榷。金一虹（2009）认为，在农村社会发生结构性变化的20余年中，农村妇女整体上处于被动参与和被动适应的状态，她们对农业、农村的发展，乃至整个中国社会的稳定所做的贡献被大大低估。但是，新农村建设为农村妇女追寻主体提供了新的空间，在政府主导的新农村建设实践中，行政管理和经济发展中都不乏女能人，她们为获得主体性参与做出了积极努力，爆发出热烈的内在力量和创造性，妇女通过主动的、更高层面的参与完全有可能在新农村建设中寻找到自己的主体位置。

2. 农村妇女发展与农业女性化

农业女性化问题是国际社会长期关注的一个议题。在中国工业化进程中，农村女性劳动力转移相对滞后于男性，导致农业女性化的趋势日益明显。农业女性化的背后体现了农村发展中的诸多性别不平等问题，其对农村妇女自身以及农业和农村的发展也具有十分复杂的影响。

大多数研究者认为，农业女性化不利于女性自身的发展及其地位的提高。胡玉坤（2009）从全球化视角探讨了转型期中国的"三农"危机与社会性别问题，并指出中国融入全球体系所引致的结构性变化加剧了"三农"危机，而"三农"困境又强化了社会性别不平等和不公正。同时还强调，"男工女耕"分工模式特别是农业主劳力女性化趋势的形成，是全球化时代传统农业和乡村社会日渐式微的产物，农业的女性化意味着处于劣势地位的妇女在乡村社会经济生活中的进一步边缘化，性别歧视和地位低下致使妇女不能平等地利用全球化带来的经济机遇，也无力平等应付全球化加剧的"三农"危机。金一虹（2010）也提出，中国的农业女性化已是一个不争的事实，它对农村妇女的不利影响主要体现在两点：其一，由于打工收入成为农村家庭收入的主要来源，从事农业劳动的妇女对家庭收入的贡献份额相对降低；其二，农业劳动重要性下降，甚至被纳入家务劳动范畴，导致女性农业劳动的价值被贬低，同时又强化了女性人口再生产的家庭职责。研究同时指出，只要农业还未走上规模经营的现代农业道路，仍处于比较收益的低端，只要未真正动摇农村父权制家庭结构的基础，农业女性化在短期内很难改变。也有研究者认为，尽管农业女性化加重了女性的劳动负担，但同时也使女性为家庭创造的价值显性化，扩大了女性在家庭内部的决策范围，在一定程度上提高了女性的家庭地位（李小云，2006）。

一些研究者基于第一手调查资料，对中国不同地区的农业女性化状况及其影响进行了实证分析。李旻、赵连阁（2009）基于辽宁省的调查研究指出，农业劳动力的"女性化"不利于农业生产发展，中国农业现代化和农村的发展不能长期建立在农业劳动力"女性化"的基础之上，随着城镇化的不断推进，"男女同耕"的现代家庭农场应成为中国农业的主要组织形式。周丕东（2009）在贵州省的调查结果显示，调查地区已出现了农业女性化趋势，这一趋势不仅增加了女性的劳动负担，导致农业劳动力和新技术的投入不足，不利于农业的持续发展，同时也给社区公共事务的建设和管理带来不利影响，致使社区自然资源管理趋于粗放。还有研究者基于安徽、河南、湖南、江西和四川五省的调查提出，农业女性化不一定带来农业生产的退化，女性会采取积极的策略来应对在农业生产中遇到的劳动力不足、没有掌握生产技术、购买生产资料难等问题，但考虑到女性在农业生产中的具体需求，提出应改革农业技术推广的内容和模式，出台新的政策和市场调控措施鼓励妇女的农业生产积极性（吴惠芳、饶静，2009）。

3. 农村妇女发展与先进性别文化建设

在社会主义先进文化建设的背景下，从社会文化视角审视农村妇女发展问题，是这五年中农村妇女研究的一个亮点。农村妇女的发展与先进文化建设密不可分，性别不平等的传统文化对妇女参与经济社会发展产生了强有力的制约，构建平等和谐的先进性别文化无疑会推动农村妇女的全面发展。

李慧英（2009）以村规民约为切入点，提出村规民约中存在的歧视性规定固化了"从夫居"的婚姻制度，保留了封建社会父权制的文化传统，违背了男女平等的法律原则，侵害了女性的家庭财产与集体财产权利，进而倡导在村规民约中消除性别歧视，纳入性别平等原则。还有学者指出，目前中国农村地区的传统性别文化，特别是传统性别劳动分工，制约了农村妇女权利的实现及其资源优势的发挥，应从性别平等教育、法规政策、大众传媒等渠道构建先进性别文化，推动性别平等（袁玲儿，2007）。邱红、许鸣（2009）指出，农村广泛存在的男女不平等的文化习俗以及用工单位对女性的歧视，是阻碍农村妇女向非农产业顺利转移的重要原因，政府在制定法规政策时应纳入性别平等的原则，消除劳动力市场中的性别歧视。骆晓戈（2006）认为，妇女是新农村文化建设中不可忽视的力量，她们能够理解文化对于妇女的价值，懂得农村文化最根本的内涵，因而能够自愿传承也具有传承文化的有效办法，提出农村文化建设应坚持男女平等的原则，强调让妇女真正享有农村文化建设的话语权。

（二）农村妇女参与基层治理

在中国社会转型和政治民主化进程中，农村基层治理领域的政治资源占有和权力配置呈现出显著的性别不平等，突出表现为：村级公共事务的决策和管理基本以男性为主导，妇女群体处于弱势和边缘化的地位。这一问题的不断凸显，引发了研究者日益广泛的关注。对农村妇女参与基层治理状况、影响因素以及解决途径的探讨，成为这一领域的研究重点。

1. 农村妇女参与基层治理的基本状况

大多数学者认为，农村妇女的政治参与和影响力明显不足，难以与男性平等参与社区公共事务的管理和决策。张凤华（2008）认为，农村女性在基层民主参与中面临如下挑战：一是村委会职数减少使农村女性在村务决策中的参与率受到冲击；二是农业女性化使得农村女性民主参与边缘化问题愈加凸显；三是农村女性精英的流出使其民主竞争力下降；四是村集体经济薄弱影响了农村女性参与村务管理和村务监督的积极性。

但是，也有学者提出，从"国家政治"的层面研究农村妇女参与村民自治，会对农村妇女在村民自治中的地位与作用做出不切实际的低估判断。从"村庄政治"的视角研究发现，出于"生存理性"，在关乎家庭或家族利益时，农村妇女总是通过路边聊天等非正式途径积极参与到村民自治之中，对村庄政治事务产生影响，因而日常生活中的政治传播是农村妇女参与村民自治的有效形式（陈朋，2007）。

2. 农村妇女参与基层治理的影响因素

中国农村基层治理中的性别不平等有着深刻的历史和制度根源，影响农村妇女政治参与的因素也是多方面的。

有些研究者探讨了影响农村妇女参与基层治理的综合因素。陈福英（2007）指出，传统性别文化、任职方式和分工模式、经济条件、教育水平及从夫居制度对女村官参政议政具有显著的影响力。其中，从夫居制度是制约女村官政治参与的直接因素，"农村的异地婚姻，往往造成迁徙的一方缺乏村庄内社会关系的积累，直接影响其政治参与"。时树菁（2008）以河南省南阳市为例，对农村女性参政状况及问题进行了实证分析。研究指出，影响当地农村女性参政的因素涉及传统观念、女性在家庭中的经济地位、女性的参政意识、女性的受教育程度以及妇女组织作用的发挥。胡荣（2006）引入比较平均数和多元回归分析的方法，对村级选举中的性别差异进行了深层次分析。研究结果表明，在控制了年龄、文化程度、政治面貌以及是否村干部等因素之后，男女村民在参与村级选举方面仍存在显著差异，党员身份对政治参与具有积极作用，年龄对选举参与的影响呈倒U形，教育程度对选举参与的影响不具有统计显著性。

还有研究者运用不同学科的研究方法和理论框架，对影响妇女参与基层治理的某些因素进行了重点分析。韩玲梅、黄祖辉（2006）采用新制度经济学的分析框架，探讨了农村妇女在村民自治的参与中遭遇"政策失败"的深层原因，即统治者的偏好和有限理性、意识形态刚性以及官僚政治。刘筱红（2006）则从农村治理形式的角度，指出妇女在乡村治理中的地位与农村治理形式密切相关，以"能力、权力和暴力"为特征的力治形式在中国农村大量存在，这种治理形式以及由此产生的性别偏好和性别排斥，极大地制约了农村妇女参与乡村治理的进程。王冬梅（2010）从村落文化的视角剖析了女村官执政的权力来源、权力运作及权力的社会效应，研究发现，女村官执政的权力系统与促进农村妇女参政的法律法规或政策文件相比存在很大变异，而正式制度中文本规则本身的局限性、乡村文化自身的独立性和自主性以及文化变迁过程的复杂性是导致这种变异的主要原因。还有研究者探讨了农村公共空间与妇女参与基层治理的关系。研究指出，公共空间主要指社会内部业已存在的一些具有某种公共性且以特定空间相对固定下来的社会关联形式和人际交往结构形式，是村民自治的重要舞台。农村公共空间的退缩对女性参政产生了不利影响，主要表现在三个方面：一是女性难以凝聚广泛的社会资本和人际脉络，使女性在竞选中处于不利地位；二是女性展示自己的舞台和机会缩小；三是减少了女性的信息来源渠道（陈丽琴，2009）。

3. 农村妇女参与基层治理的政策与制度分析

促进农村妇女参与基层治理，提高妇女参政比例，需要采取多元化的推动措施，敦促国家出台向妇女倾斜的法规政策，鼓励政府结合地方特点探索制度创新。

为改善女性在政治参与中的弱势地位，提高女性参政比例，性别比例制度在国际社会被广为采用。为推动女性进村委会，国家和地方也出台了关于妇女参政比例的政策法规。这一制度的实施状况如何，对农村妇女参政发挥了怎样的作用，研究者对此进行了分析和探讨。杨翠萍（2006）运用"社会性别主流化"的分析框架，以天津塘沽区的"提高农村妇女当选村委会成员比例政策"项目为研究对象，提出比例政策可以修正当选性别比例的不平衡，并减缓传统的政治文化给妇女带来的压力，但无法保证男女当选比例的完全平衡，更不能从根本上解决当选妇女在村庄权力结构中的边缘化问题。

女村委专职专选是由地方政府推动的一项基层民主制度创新。有研究指出，这一制度促进了农村妇女的政治参与，但对于提高农村妇女地位、促进男女平等未能发生实质性的功效，需要进一步完善制度设计，扩大制度实施的社会基础（李莉，2010）。

促进农村妇女参与基层治理，要推动人大、政府出台有利于妇女参政的法规政策，在全社会倡导社会性别主流化理念，推动建立促进农村妇女参政的多部门合作工作机制，开展分层次、分性别的教育培训（肖百灵，2010）。

总体而言，有关农村妇女参与基层治理的研究涌现出很多优秀成果，如研究视角增加，研究范围也进一步拓展。但是，现有研究的理论分析框架大多局限于单一学科，未能综合运用多种学科理论，难以准确把握妇女参与基层治理的全局。大部分实证研究还停留在数据描述和个案分析层面，对制约妇女参与村庄治理的影响因素缺乏系统的考察和度量。另外，理论与实证研究的结合不足，该领域的实证研究中，理论支撑相对薄弱。

（三）农村留守妇女问题

随着城镇化进程的加快，大量农村男性转移到城镇就业，留守妇女作为一个特殊群体逐渐受到社会各界的关注。农村留守妇女面临的问题是多方面的，学者们从不同角度和层面进行了分析研究。

叶敬忠、吴惠芳（2008）利用大量的定量统计数据和丰富翔实的定性资料，全面描述和分析了留守妇女这一社会现象的状况和特点，从家庭经济、家庭生产、家庭关系、社会网络、心理感受、闲暇娱乐和自我发展等多个方面深入地展示了留守妇女的生活世界，注重留守妇女群体多元性特点的分析，揭示留守妇女的能动性、应对策略和社会支持，有针对性地提出了解决留守妇女问题的建议。

关于留守对农村妇女发展及其地位的影响，学者们从不同角度进行了探讨。有学者提出，留守对农村妇女的发展及其地位的提高具有不利影响。胡玉坤（2006）指出，"男主外，女主内"的传统性别分工导致妇女滞留在农业生产领域，加重了妇女的劳动负担和劳动强度，她们不仅承受着一家一户过密型小规模、低报酬的小农经济的弊端，社区共同体趋于衰败的代价，还要承受市场失灵的困境乃至不平等政治经济发展的历史遗留，这些都加剧了妇女较之男性的劣势地位。

孙琼如（2006）认为，"丈夫外出，妻子留守"的模式没有从根本上改变两性在家庭结构中的地位格局，只是再现了性别不平等关系。农村妇女婚后大多留守在农村承担起养育子女、操持家务以及农业生产的重担，而男性则通过外出获取更大的发展空间，这种分工使留守妻子牺牲了个人发展，在经济上也更依赖丈夫，进一步固化了两性间的不平等关系。

也有一些学者认为，在中国城镇化以及农业女性化的社会现实下，应从新的视角更积极地看待农村留守妇女问题。刘文明（2007）以社会资本为分析视角，将留守妻子置于农村社会结构与社会网络之中进行分析。研究指出，丈夫的缺席使留守妻子在自身或家庭需要帮助时积极动员亲属关系、个人关系网络等各类关系，在社会互动中为自身及其家庭创造和积累了更多的社会资本，维持甚至提高了自身及其家庭在乡村社会中的结构位置与网络位置，维护了农村社会的和谐稳定。

夫妻长期分居对留守妇女婚姻关系的影响，引起了研究者的关注。许传新（2009）的研究发现，留守对农村妇女的婚姻关系满意度造成了微弱的负面影响，夫妻感情基础、妇女家庭事务决策权、性生活满意度对留守妇女的婚姻关系满意度有正向影响；夫妻人格特质差异、精神压力对留守妇女的婚姻关系满意度有负向影响。

农村留守妇女问题涉及多个方面，其产生的影响也是深刻而广泛的。目前，该领域的学术成果在数量和质量上都有待进一步提升，不少研究仅限于对留守妇女面临的问题进行描述分析，缺乏系统和深入的研究。同时，对这一问题的分析视角也应更加多元化，以便更加客观和准确地认识中国社会转型期的留守妇女问题。

三　研究的不足与展望

2006～2010 年，农村妇女发展研究领域取得了丰硕的成果，研究视角和领域也明显拓宽，研究内容呈现出多样化发展的趋势。但是，现有研究也存在一些不足。

（1）尽管有些研究对农村妇女给予关注，但一些研究仍缺乏社会性别视角，将农村妇女在发展中面临的问题归因为其素质不高。

（2）高质量的实证研究数量不多，很多研究仅是对现状的描述分析，缺少全面深入的思考和严谨的理论支撑。中国地域广阔，不同地区农村妇女发展面临的机遇和挑战不尽相同，随着改革的不断深化以及工业化和城镇化的推进，各地妇女发展状况也在不断发生变化。因此，利用科学的调查方法掌握第一手资料，对准确客观地研究农村妇女问题更加迫切和重要。

（3）该领域的理论研究有待进一步加强。在描述现象和问题的基础上，运用严谨的理论分析工具进行阐释，有助于深入发掘问题背后的深层次原因，进而为探讨解决问题的途径奠定基础。

今后，将有更多学科领域关注到农村妇女的发展，对农村妇女问题的研究方法和理论框架会趋于多元化，研究成果也将更加丰富和多样化。随着中国经济社会的发展和体制的变革，农村妇女群体内部也会继续分化，她们面临着不同的利益需求和发展需要。相应地，关于这一群体的研究也将进一步细化。今后五年，农村妇女的政治参与、土地权益、健康问题、留守问题仍将是农村妇女发展领域的重点研究内容，农村妇女与先进文化建设、农村妇女与生态环境、农村妇女与合作组织等问题会得到进一步的关注。通过理论创新和实证研究，深入调查农村妇女在发展中遇到的新问题，客观准确地反映她们的利益需求，加强研究成果向政策的转化，推动农村妇女在经济、政治、文化等各方面实现与男性的平等发展，与城镇女性的共同发展，需要研究者付出更多的心血和努力。

受流动影响的妇女研究综述
（2006～2010 年）

郑真真[*]

一 研究概述

长期持续和规模日益增长的人口流动，不仅对中国经济发展做出了贡献，促进了中国的农村劳动力转移和非农就业，也增加了农村居民和家庭的收入。同时，人口流动不仅使流动者的工作生活发生改变，也影响到他们的家庭成员和亲友。随着时间的推移，相关研究也从对人口流动宏观趋势和模式的关注，深入到对流动人口以及不同相关群体的关注，研究范围和研究对象进一步得到拓展。在2006～2010 年间的大量有关流动人口的研究中，既有对现状和变化的描述和比较，也有对存在问题的深入分析，以及对新出现问题的捕捉和探究，其中不少研究关注到性别差异，与劳动力流动相关的妇女研究更为活跃，研究不仅涉及流动中的妇女群体，也有更多聚焦于农村中的"留守"群体，留守妇女群体则是其中之一。此外，有更多研究关注流动人口的健康问题，尤其是女性农民工的生殖健康问题。

本文将回顾 2006～2010 年以受流动影响的妇女为研究对象的研究成果，以研究领域和研究问题为主线，围绕流动对妇女本人及对其家庭影响展开综述，尤其关注妇女地位、个人发展和权益维护等方面的问题。本文收入的研究成果来自中国知网"中国学术期刊网络出版总库"中通过检索 2006～2010 年含有"流动""留守""妇女"主题词和关键词获得的学术论文、《妇女研究论丛》2006～2010年相关论文以及北京大学图书馆藏 2006～2010 年相关书籍。

---

* 作者简介：郑真真，女，中国社会科学院人口与劳动经济研究所研究员。

二 主要研究内容

（一）妇女流动状况

对于妇女流动状况的研究是与流动人口总体研究密切相联系的。段成荣等利用1982年以来的全国人口普查和人口抽样调查数据，回顾了改革开放30年来人口流动状况，总结了流动人口变动的九大趋势为：流动人口的普遍化、流动原因的经济化、流动时间的长期化、流入地分布的沿海集中化、年龄结构的成年化、性别构成的均衡化、女性人口流动的自主化、流动方式的家庭化和学业构成的"知识化"。20世纪80年代以婚迁、随迁和投亲靠友为主的流动人口中妇女占多数，20世纪90年代则转变为以外出务工为主的流动，年轻力壮的男性占了主要比例，而进入21世纪以后，女性外出务工人员迅速增长，2000年的女性流动人口中有48.9%的女性因"务工经商"而迁移流动，该比例仅比男性低12个百分点，此外，以实现家庭团聚的流动日渐增多，男女两性在流动人口中的构成逐渐趋于平衡。流动人口中的女性比例从1990年的44.5%上升到2005年的49.7%，规模达到7000多万人（段成荣、杨舸、张斐和卢雪和，2008）。

对流动妇女总体状况的研究离不开全国性的数据。段成荣等（2009）和郑真真（2008）利用2005年全国1%人口抽样调查数据，比较全面地描述了2000～2005年间女性流动人口的概况，包括年龄结构、受教育程度、流动特征和流动原因、就业特征等。概括而言，中国女性流动人口中的大多数都很年轻，平均受教育程度为初中水平，年轻的女性流动人口更倾向于选择跨省流动到经济发达的长三角、珠三角等地，她们平均流动时间超过4年，成为"不流动的流动人口"，她们流动的主要原因集中在务工经商、随迁家属和婚姻嫁娶等方面。与男性流动人口相比，女性更为年轻，在15～29岁年龄段，女性流动人口的数量远远高于男性，显示了女性比男性外出更早、务工年龄更集中等特点。

随着人口流动的普遍化，迁移流动不仅是中东部地区的现象，也扩散到西部和边疆少数民族地区，近年来对少数民族妇女流动的研究也逐渐增多。2006年立项的国家社会科学基金项目"女性社会学视野中的少数民族妇女流动"对全国各少数民族妇女的迁移流动进行了系统的研究。对普查数据的分析发现，20世纪90年代的少数民族妇女流动以婚姻迁移为主，21世纪以来有更多的少数民族妇女加入了外出务工的行列，还有相当规模的云南和延边等地的少数民族妇女跨境流动。对云南不同地区少数民族妇女外出流动的研究发现，就改变社会经济地位而言，有相当的受教育程度和有一定技能、作为劳务输出的少数民族妇女有更多向上流动的机会，而因婚姻外流的妇女则有水平流动、向下流动和向上流动等多种情况（杨国才，2008）。另一项国家社会科学基金项目"中西部地区农村女性人口流动问题研究"的阶段性成果之一，是对新疆农村女性参加政府组织的劳务输出研究。这种政府组织的劳务输出，主要针对新疆农村特别是南疆地区少数民族妇女受教育程度较低、汉语交流难度较大的问题，组织农村妇女集体到东部城市务工，并配备了带队老师、医生、生活辅导员和厨师等工作人员，使她们能较快适应新环境中的工作与生活。调查发现这种做法既保持了少数民族妇女的生活习俗，又使农村女性在外出务工中得到了锻炼、积累了经验，也增强了少数民族妇女的自信（祝梅、肖安邦，2007）。不过，相对于迁移流动的扩散速度来说，相关研究仍然有限并有待深入。

有越来越多对流动人口的研究关注流动人口的返乡与居留的打算和决策，尤其是2008年金融危机对沿海劳动密集型加工制造业的冲击，影响了该行业农民工的就业，造成一部分人提前返乡，更引起了研究者的关注。但有调查研究发现，受这次金融危机影响的更多是年龄偏大、已有回乡打算的农民工，而金融危机不过是使他们平均提前了三年返乡（贺雪峰等，2010）。湖北的一项实证研究显示，受金融危机影响较大的是在东部沿海地区加工制造业工作的年轻、低技能女工和就业流动较频繁的女工（石智雷、杨云彦，2009）。但该项研究仅是针对女性农民工分析妇女内部不同特征群体的回流状况，还缺乏两性比较的研究，无法回答与男性相比、是否女工更容易受到影响。

Cindy Fan（2006）利用20世纪90年代在四川和安徽的农村实地调查资料，通过数十名曾外出妇女的自述，研究农村女性劳动力外出的经历。作者着重强调了四个方面：①尽管与男性相比，外出妇女的收入较低，但她们同样积极地参与了经济活动，她们用外出打工的收入提高了家庭的生活水平；②农村外出打工妇女构成了从农村到城市的劳动力迁移网络，这些网络具有强烈的性别特征，外出打工妇女依靠迁移网络的帮助缩短了外出和找工作的过程，同时这些网络也更加强化了流动人口在城市中就业的性别分工，同化了打工妇女的城市经历；③在城市中工作的经历增强了农村妇女的能力，使她们成为农村社会变化的潜在载体；④农村女性所面临的社会文化限制仍然阻碍了她们的经济贡献和她们加快社会变化的载体作用，这些限制的主要核心是婚姻和对妇女在家庭中传统角色的期望。

池子华（2010）充分发掘有限的史料，描述了20世纪二三十年代随着近代工业兴起和城市化出现的苏南"打工妹"状况：1930年女工在主要棉纺工业城市中已经占了61.8%，在上海棉纺工业中女工比例最高（72.9%）；她们主要来自当地农村，也有小部分跨省流动；年龄在16～35岁之间，工厂女工中16～20岁组占比例最高；她们多为文盲或半文盲，较低的文化程度决定了她们只能从事技术含量较低的工种；"打工妹"的职业构成主要为在工厂做工或从事家政服务。作者引述陈达和费孝通当时的评论，认为妇女外出打工有助于她们在经济上独立和获得应有的社会地位，其价值和社会意义远远超出增加收入本身。

（二）流动妇女的劳动就业和社会融入

从妇女发展的角度审视农村妇女的劳动力流动，她们在流入地的经济参与和融入当地社会、参与流入地的政治和社会生活状况，是值得关注的重要议题。

流动妇女大多数在流入地从事有收入的工作，不过以往众多研究均认为由于劳动市场的性别分工和职业隔离，她们的收入都要低于男性农民工。段成荣等（2010）对2005年全国1%人口抽样调查数据的分析发现，人口特征、流动特征、职业特征和性别特征均是影响女性流动劳动力收入的重要因素，在控制了其他特征的前提下，女性劳动力收入相对于男性而言降低了21.5%，并认为这部分无法被其他特征所解释的部分在很大程度上源于就业市场对女性的歧视和男女劳资不平等。另一项研究发现，性别职业隔离在流动工人中显而易见，相对于男性而言，女性更多集中在办事人员和非技术工种职业中，性别歧视所导致的性别职业隔离占实际性别职业隔离的76.4%（王震，2008），要消除这种性别职业隔离，除了加强对女性流动劳动力的人力资本投资（如教育与培训）之外，还需要打破整个社会对职业性别定位的僵化模式。

宋月萍（2010）应用国家人口和计划生育委员会2010年的流动人口动态监测调查数据，分析了农村流动人口在流入地劳动力市场找工作方面的性别差异及影响因素。研究发现，女性流动人口在流入地找到工作所花费的时间比男性短，但女性找到高收入工作的可能性低于男性，接受低收入工作的可能性大于男性，从而导致女性更多集中在低收入岗位上。该研究还发现，已婚和携带6岁以下子女随同流动，都对妇女找工作有显著负面影响，但不影响男性就业。

根据2000～2005年在山东某公司外来农民工当中的三次调查结果，有学者分析了男女两性在进城动因、进城障碍、进城途径、进城务工费用和务工收入方面的状况与差距，发现男女农民工既表现出一些共同的趋势或规律，也存在差异，而主要差异在于男性收入高于女性，但调查分析说明这种差距在很大程度上是工种差别引起的（程名望、史清华，2006）。另一项在江苏对流动妇女的调查分析发现，受教育程度、年龄、是否接受培训对收入没有直接影响，流动妇女的收入主要由职业类型决定，而职业类型主要由城市决定。城市选择不同，将会直接影响职业类型，进而影响收入（葛莹玉等，2010）。

由于国家和各城市有关农民工的政策在 21 世纪发生了一系列积极的变化，如果这些社会保护政策能够有效覆盖到农民工群体，应当对缩小性别差距有积极影响。一项对 2006 年五个城市农民工调查结果的分析发现，尽管在农民工的工资中存在明显的性别歧视现象，但性别差异在工资分布的最高端出现了缩小的趋势，研究者认为这主要是因为社会保护政策开始覆盖这部分农民工（如签订劳动合同及四项社会保险的比例相对提高），从而矫正了性别工资差异继续拉大的趋势（王震，2010）。该项研究发现的意义在于，现有的社会保护政策如果能有效覆盖到整个农民工群体，尤其是工资分布低端群体，有可能会大大缩小农民工当中的性别工资差距。

女性流动人口是一个多样化的群体。例如居住在城市边缘的女性流动人口当中，有一些依然务农的"离乡不离土"的流动妇女。她们以中年已婚妇女为主，不少是在丈夫外出打工稳定之后随着外出的。她们以种菜卖菜为主，在淡季会临时做清洁工或钟点工，她们的生产和生活基本局限在亲属同乡的小范围内，极少与流入地居民交往（孙丽、何君，2006）。虽然在女性流动人口中比例不大，但她们是一个不可忽略的特殊群体。有研究特别针对政府组织赴新疆采棉的女性人口，虽然她们的流动只是短期外出打工，但是作者认为这是促进中西部农村女性劳动力转移、在市场经济条件下探索政府服务的新途径与新方式（刘宁、崔健周，2007）。

何明洁（2008）对成都一家酒楼女服务员的日常工作和生活状况进行了长期的深入调查，生动地记述了她们成长和变化的过程，并认为进城打工已经被新生代农民工视为人生的必经阶段和"成年礼"，她们之所以选择女性更为容易加入的服务业打工，是因为把这段经历作为从农村向城市转变的平台，或是通向新市民的阶梯或跳板。作者在对相同调查对象的研究中，以"性别化年龄"为工具深入研究分析了女性农民工群体内部的分化和劳资关系中的权利变化，提出这个群体中劳动者竞争力的差异（何明洁，2007）。在众多有关流动女性的研究中，这类参与式观察的研究方式是非常难能可贵的。

陈月新等（2006）根据六家三资企业流动人口劳动权益保障状况调查结果，分析了上海三资企业流动人口就业和发展领域劳动权益保障性别差异的影响因素和政策机制。研究发现，女性流动人口在就业、择业和发展领域均出现程度不等的差于男性的状况，而女性在就业中的弱势地位影响到妇女维护自己劳动权益的行动。

还有一些研究通过小规模问卷调查，实证考察了青年女性农民工在城市中的融入状况（蒋美华，王国艳，2009；孙朝阳，2009），研究发现虽然农村女性期望在城市中工作和生活，但并没有真正融入城市中，造成这种状况的原因除了制度性和文化性歧视之外，也有她们自身竞争力和主动性不足的问题。

（三）迁移流动对妇女的影响

1. 婚姻家庭

由于妇女在婚姻家庭中的特定角色，在有关迁移流动对妇女影响的研究中，围绕迁移流动与婚姻家庭的研究数量较多。叶文振（2009）回顾了20世纪90年代以来关于流动妇女的婚育研究进展，对这些研究成果进行了分析和评论。他认为，从历史时期的纵向角度看，流动妇女在规模和结构上的变化、流动方式的变化以及改革开放带来的婚姻家庭变革，使流动妇女的婚恋生育问题变得更加复杂，因而对研究内容和研究方式提出了更高的要求。他认为以流动妇女的婚恋和生育观念与行为为主题的专门研究还是相对偏少，不过随着时间的推移，加入这个研究领域的学者和成果数量都在逐步增加，并特别指出，"大部分的现存研究都普遍缺乏性别意识，走传统学科老路，从男性性别角度进行探讨已成为流动妇女婚姻家庭研究的习惯性学术举动，从新兴学科，如女性学的社会性别视角研究流动妇女婚姻家庭问题的还非常少"。针对这些局限，他提出应当在方法论上有所变革，突出社会性别分析的功能与作用。

金一虹（2010）应用实地调查资料和已有研究成果，深入分析了迁移流动所导致的农民家庭变化。由于农村劳动力深深卷入了全球化生产过程，农民不得不采取在城市务工、在家乡养老养小的生产和人口再生产拆分进行的模式，男性家长权力日渐衰微，但是还不足以消解传统作用。例如流动经历并没有改变女性农民多数在婚后从夫居。无论是妻子留守还是举家迁移，她们的生活道路仍受到父权制意识形态的规范和约束。作者认为，迄今为止，流动带来的个体化和居住模式变化、从原有亲属关系的束缚中抽离等，虽然部分改变了家庭权力关系以及性别规范，但就父权制家庭的父系世系核心、男性优势的本质特点而言仍未有根本的改变，家庭父权制在流动变化中得以延续和重建。在另一篇文章中，金一虹（2009）分析了由于农村劳动力的迁移流动使农村家庭出现"离散化"的现象及其带来的家庭功能障碍，但认为多数家庭通过各种策略在顽强地维系着家庭基本功能和家庭的相对完整，儿童、老人和妇女为此付出了痛苦的代价，但还没有实证说明离散化已经导致家庭出现结构性破损。靳小怡等（2009）对深圳农民工的调查研究则发现，传统的"男高女低"的择偶模式和传统的"男主外，女主内"的社会性别分工模式在农民工群体中依然起着重要作用。

21世纪以来，越来越多的研究关注青壮年劳动力外出打工后依然留在农村的其他家庭成员，其中一个主要群体就是丈夫外出流动的农村"留守妇女"，她们当中的一部分虽然本人没有外出打工经历，但却直接受到迁移流动的影响。叶敬忠等（2010）对农村留守群体（主要是儿童、妇女和老人）的状况和存在问题进行了系统的调查研究。众多研究围绕农村留守妇女现状、留守原因、因妇女留守而形成农业女性化的问题、留守妇女的婚姻关系与心理状况、留守妇女的家庭决策与性别关系、留守妇女的社会网络与自身发展等问题展开。

有对流动与留守方面的研究发现，在有成员流动的农村家庭中，总体上并不存在已婚女性流动滞后现象（苑会娜，2009）。通过河南一个村的个案研究发现，丈夫外出务工、妻子留守在家，造成了夫妻间内在吸引力弱化，婚姻替代吸引力有所增加，但由于农村婚姻解体的社会成本过大，使得留守妇女的婚姻仍处于高稳定状态（李喜荣，2008）。对相关研究的回顾发现，虽然丈夫的外出使得传统的家庭分工模式发生了巨大变化，进而可能影响留守妻子的家庭地位，但不同研究得到的结论呈现多样化。有观点认为在中国尚不具备农村家庭整体流向城市的条件下，农村留守妻子保持甚至扩展了半流动家庭的社会网络与社会资本，使半流动家庭作为社会网络中的节点一如既往地发挥作用，从而为农村社会的和谐做出了贡献（刘文明，2007）。也有观点认为，现有以留守妇女为主题的研究仍存在诸多不足和局限，还需要注意留守妇女群体特征的多样性，注重经验数据支持的有深度的系统分析和理论建设，注意到留守妇女生活中的其他密不可分的相关群体（吴惠芳、饶静，2009）。

2. 健康和教育

迁移流动对青壮年劳动力健康的影响，逐渐成为相关研究领域关注的话题，尤其在医疗卫生学术期刊上的相关研究成果数量增多。随着流入地政府保障性政策的出台和流动人口公共服务均等化措施的实施，有更多研究聚焦于流动人口的卫生服务利用和权益保障。对于以育龄妇女为主的流动妇女，大部分研究都集中在生殖健康和孕产保健方面，近年来流动人口的心理健康问题也引起了研究者的关注。

刘鸿雁等（2008）根据 2005 年在五个城市流动育龄妇女中的调查结果，全面地介绍了流动妇女的计划生育/生殖健康状况，分析了存在的主要问题及其原因，并分别在决策层面、管理层面、服务层面和个体层面就改善状况和解决问题提出了政策性建议。姜秀花等（2006）对北京市和厦门市部分地区流动妇女的调查发现，流动妇女计划生育/生殖健康权益在一定程度上得到实现，主要表现为流动妇女对避孕措施的知情选择权和自主性得到加强，男性参与程度有所提高；国家规定的基本免费项目的计划生育/生殖健康检查和服务绝大部分能够实现免费；计生等部门积极组织流动妇女参加孕环检查之外的妇科检查等，但是一些问题依然存在，流动妇女的多元化需求仍没有得到满足。王丰等（2006）通过在上海浦东社区开展的问卷调查和专题座谈会以及收集的医院记录，报告了流动妇女的生殖健康状况以及她们在城市中面临的问题。研究发现，浦东的女性流动人口的整体健康状况较好；她们对性传播疾病的整体认知程度较高，但对具体知识缺乏了解的现象也比较严重，而在上海居住时间较长的妇女具有较高的知识水平；随着在流入地居住的时间增加，她们的婚姻、计划生育、人工流产、分娩以及母婴健康相关需求也相应增加，但是由于制度性的障碍，城市中的服务往往不能满足她们的要求；医院的记录显示，流动妇女缺乏产前保健，导致了相对较高的早产率和死产率。虽然这是一项基于多年前调查结果的研究，但其揭示的问题，尤其是流动人口的卫生医疗服务提供和利用问题依然存在。江苏的一项调查则揭示，该省各主要流入城市在流动妇女的计划生育/生殖健康方面做了大量工作，已婚流动妇女的综合避孕率和妇科检查等生殖健康指标都在较好水平，但是仍存在卫生服务利用不足的问题，例如在查出患有妇科疾病的流动妇女中只有 15.2%进行过治疗（毛京沭等，2010）。

通过流动人口、当地居民和娱乐服务场所流动女性从业者当中开展的调查结果发现，流动和性别不平等的相互作用导致女性流动人口高度集中于增加其临时或商业性行为暴露的工作行业。个人认知和社会影响因素对女性流动人口感染艾滋病风险的构成具有重要的相关关系，其中行为能力是关键因素之一；而工作场所的支持则可以增强女性流动人口在性关系中的权利。作者提出，不仅要研究艾滋病病毒在流动人口中的传播，更要看到其中的社会性别差异。从社会性别的视角来看，妇女所处的不利的文化和社会地位使其更容易陷入艾滋病风险，而艾滋病的难以遏制将制造更为严重的社会性别不平等（夏国美、杨秀石，2006）。

在江苏两市对流动人口心理健康的实地调查发现，流动妇女的心理健康水平低于正常成年女性，且未婚、无小孩、年轻的流动妇女心理健康水平相对较低。从流动经历来看，常回老家者、和家人同在一个城市者、对生活状况满意者的心理健康状况相对较好（刘越等，2010）。作者认为，应当注意加强对流动妇女的社会支持，尤其要关注年轻、未婚、独自在外的女性打工者。

受流动影响的留守妇女群体的健康状况也受到研究关注。在劳动力主要输出地的农村开展的一项调查研究发现，大多数农村留守妇女有较大的生活压力感和孤单感，她们的不良情绪（如烦躁、压抑等）在丈夫外出务工后明显加剧，不安全生活事件、性骚扰以及对丈夫的担心导致她们的安全感很低。作者认为，这种丈夫流动、妻子留守的家庭策略使得农村婚姻和家庭的情感满足功能大大削弱（吴惠芳、叶敬忠，2010）。在四川农村的一项调查显示，与非留守妇女相比，留守妇女的家庭压力感更高，留守妇女承受的精神压力、经济压力和抚养赡养压力都大于非留守妇女（许传新，2010）。

有关流动妇女教育方面的研究十分有限。张妍（2009）根据 2005 年在北京和成都流动妇女中开展的问卷调查和访谈结果，分析了流动妇女的培训现状与培训需求，发现不到 1/3 的流动妇女在外出之前或外出期间接受过各种形式的培训，但是流动妇女的培训需求与接受过的培训内容存在明显的错位现象。该调查还发现流动妇女对法律知识和非农技能培训的需求最为强烈。

三　研究的不足与展望

回顾近年来有关人口流动和妇女的研究成果，既可以看到可喜的发展，也还有局限和遗憾。随着有关流动人口资料的日渐丰富和对相关研究资助力度的加大，研究所涉及的领域明显拓宽，研究成果的数量也在增加，尤其在公共卫生和经济研究领域有更多学者关注流动妇女群体和分性别的研究。有很多研究主题和研究对象虽然不仅是妇女（因而也没有收入到本综述中），但都在不同程度上涉及分性别的分析，说明有更多学者对性别差距感兴趣或对社会性别问题具有敏感性，为从社会性别视角研究受流动影响妇女创造了更好的条件。此外，研究主体和研究方法的多样性也极大地丰富了相关知识内容，使我们在有关迁移流动对妇女影响方面获得了更全面或更细致深入的认识。特别值得指出的是，国家研究资金的流向具有重要的引导意义，如对少数民族妇女和中西部妇女流动的研究资助产生了一系列的相关成果，这是以往研究中关注不够的主题。

不过，与对人口流动和对流动人口的整体研究成果相比，在有关受流动影响的妇女研究方面还存在诸多局限。就研究成果的数量而言，从社会性别视角研究受流动影响妇女的研究成果数量有限，而发表在主要核心期刊的成果更为有限。就研究内容而言，对男女两性之间、流动者与常住居民之间、不同地区之间的比较研究有限，相关的国际比较研究更为罕见；在近年来各地纷纷出台和实施有关流动人口保障政策和公共服务政策的背景下，从社会性别视角评价这些政策及其影响的研究极其有限，事实上当前存在的不少问题都与政策和制度及其覆盖面和执行力度相关，而相当数量的研究结论较为表面化（例如将问题归结为农村妇女受教育程度低、缺乏知识和技能等），无助于解决问题。就研究方法而言，还需要有更多实证研究来厘清事实、跟踪变化、判断问题及其根源。就研究者而言，还需要有各相关学科的更多新生力量加入这个研究队伍，尤其需要吸引更多男性研究者关注这些议题。

我们处在一个快速变化的时代，研究者也需要不断适应新的形势，及时记录变化、评价成果、发现问题，为知识库提供新的内容，为决策提供科学依据，促进流动对妇女的积极影响、消减负面影响，使妇女在迁移流动影响下得到发展。随着调查和研究的不断推进和更多信息的产生，相信下一个五年会有更多更好的研究成果。

女童研究综述（2006～2010年）

和建花*

本综述所涉及的女童是指 18 岁以下的女性。综述内容将基于联合国《儿童权利公约》所规定的儿童四大基本权利，围绕生存与健康、教育与发展、保护及参与展开。此外，综述也将对受流动影响的农村留守、流动女童和少数民族女童群体研究给予特别的关注。本文综述的主要参考文献来源于中国知网上可查询到的 2006～2010 年公开发表的关于女童的学术论文共计 500 余篇，硕、博士论文 18篇；中国妇女研究网（www. wsic. ac. cn）关于女童的政府行动、研究动态等报道共计 30 余篇，同时，网站发布了国家相关法律法规、纲要、统计资料和中国非政府妇女组织报告。

一 研究概述

1. 研究较为活跃，热点问题突出

这五年中，出生性别比、农村和西部及少数民族地区的女童教育、留守女童等问题继续被作为重点、热点问题得到关注。综观这五年来的文献，女童研究涉及的范围较广，涵盖了儿童的生存与健康、教育与发展、保护、参与等领域，但各领域的研究数量和质量参差不齐，有的领域研究相对缺乏性别视角，更多地将儿童视为整体而没有分性别的研究。

2. 研究成果的政策转化程度逐步提高

中国女童研究的特点之一是研究与政府和社会行动及政策的结合。不少与女童相关的国家和地方政府行动都有学者不同程度的参与。因此，在政策制定和修改中，女童研究成果在一定程度上得到了反映和体现，并实现了政策转化。作为与儿童有关的重要法律法规和规划纲要，2006 年修订的《中华人民共和国未成年人保护法》《中国儿童发展纲要（2001～2010 年）》《中国妇女发展纲要（2001～

---

* 作者简介：和建花，女，全国妇联妇女研究所副研究员。

2010 年)》《中国妇女发展纲要（2011～2020 年）在修改、调整和制定过程中，均有性别与女童研究学者的积极参与。此外，作为女童研究的基础和重要数据来源，国家和地方政府相关部门的儿童调查数据的分性别统计，也得到了统计系统和一些性别研究机构包括全国妇联及其性别研究专家的推动和实施。

3. 研究队伍趋于年轻化

女童研究是一个跨学科的领域，研究者的学术背景广泛，主要来自社会学、人口学、教育学、心理学、法学、营养与卫生学等。但遗憾的是这些领域的多数研究者在较长时间内的重点研究领域和兴趣并不在女童，他们对女童研究的关注往往不超过几年，而几位从前较有影响或对女童问题有过深入研究的研究专家在2006 年后也有淡出女童研究领域的迹象。因此，女童研究者队伍的继续壮大和稳定，将是今后女童研究面临的重要问题和挑战。值得欣喜的是，有少量硕士和博士研究生开始涉足女童研究，这些研究主要涉及农村、少数民族、贫困地区女童义务教育及留守女童教育，女童辍学和女童受教育权利及其保障，女童自我意识，女童培训项目等。

二 主要研究内容

1. 女童生存与健康

不论出生前还是出生后，女童首先面临的是营养健康问题。关于这方面的众多研究没有区分性别，因此，专门涉及女童营养与健康的研究并不多见。宋月萍、谭琳（2008）利用1991 年和2000 年中国健康与营养调查数据进行的研究发现，农村儿童健康的性别差异在逐渐缩小，说明农村男孩偏好的社会性别观念正在逐步改变，但在特定情况下，男孩偏好对儿童健康状况的影响依然显著，尤其在实行"一孩半制"生育政策的地区，头胎为女孩的二孩户家庭，男孩偏好依然对二胎的健康差异产生显著影响，女童的健康状况往往因男孩偏好而受损。宋月萍（2008）使用中国健康与营养调查数据考察了农村卫生服务的可及性对儿童患病后就医性别差异的影响，发现当农村卫生资源投入水平较低时，资源数量的增加反而可能进一步扩大儿童获取医疗服务的性别差异，而当投入水平较高时，可及性的提高才有可能缩小儿童获得医疗服务的性别差异。

与女童生存密切相关的出生性别比问题，自20 世纪80 年代中后期以来，引

起了中国学者、公众、政府和国际社会广泛而持久的关注。学术界关于出生性别
比问题的研究日趋活跃，到 2006 年以后，这一领域依然聚集了众多的研究者。在
中国知网上以"出生人口性别比"为主题的论文，在 2006～2010 年有近 4500 篇，
而本综述所关注的涉及性别视角和女童生存的研究文献数量却并不多，仅有 64
篇。慈勤英（2006）也提到 google 学术搜索到的关于中国性别比问题的文章中，
仅有少量文章谈到了性别平等，更多文章关注的则是"男性婚姻困难"而不是
"女性权益"。近年来，一些学者已经认识到，出生人口性别比偏高所反映出来的
女孩生存问题，是男女不平等现象在人类生命初期阶段的集中反映，是关乎女性
地位和权益的问题，本质上是人权和发展问题。尽管人口学界对出生人口性别比
失调问题有诸多争论，但学界一致认为重男轻女的性别偏好是中国出生人口性别
比失调的症结，而这种生育意愿植根于男尊女卑的传统性别文化及传统生育文化
和养老方式中。因此归根结底，出生人口性别比问题的解决也将依赖于性别歧视
文化和男尊女卑的传统如何革新的问题（李树茁、韦艳、姜全保，2006；李树
茁、陈盈晖、杜海峰，2009；慈勤英，2006；穆光宗、李树茁、陈友华、原新，
2008；穆光宗、余利明、杨越忠，2007；周全德，2009；汤兆云，2008）。作为全
国最有影响力的社会性别研究刊物，《妇女研究论丛》持续对这一研究主题进行
了关注，刊载了关于生育政策与出生性别比的关系及其治理（杨菊华，2006、
2009；牛艳军、牟宇峰，2010；杨军昌、王希隆，2008），以及从全国、县区和地
州级或区域视角来分析出生性别比治理对策（谭琳、周垚，2008；杨雪燕、李树
茁等，2010；何银玲、桑敏兰，2009）等相关文章。研究界对"关爱女孩行动"
也给予了关注和跟踪研究。2006～2010 年间中国知网上以"关爱女孩行动"为主
题的文章有 486 篇，其中，李树茁和姜全保（2006），李涌平（2006），魏星河
（2006），魏星河和高莉娟（2007），林梅（2006），闫绍华、李卫东和杨博
（2010）等从性别平等视角对"关爱女孩行动"进行了分析。林梅（2006）认为，
尽管"关爱女孩"行动起了一定的遏制作用，但它并未触动问题的根本，人们的
生育观念并没有真正改变，男孩偏好依然严重。杨雪燕、尚子娟（2010）认为组
织机构建设、资金投入和保障、宣传倡导、合理的治理结构和绩效考核指标及标
本兼治的综合治理手段是确保"关爱女孩行动"顺利实施的重要经验。高莉娟
（2008）发现，不少"关爱女孩行动"的基层执行者对中国的社会性别发展形势、
现实生活中性别不平等的现状以及社会政策及其实施中的性别问题缺乏理解和社
会性别敏感性。卜卫（2008）则从传媒视角出发，通过对高出生性别比媒介报道

的内容分析发现，多数报道从男性的利益出发来提出和解决问题，从而忽略了女童的人权。

除了偏高的出生性别比，儿童死亡率的性别比也反映出女童的生存状况。女婴和女童相对死亡水平偏高说明一些人群中存在对女婴和女童的溺弃、虐待和忽视。中国学者对儿童死亡人口的估计等有不少研究，但从社会性别视角对女童死亡率的研究却较少。李树茁等（2006、2009）和陈卫（2008）的研究指出，20 世纪 80 年代以来，中国女婴相对死亡水平持续偏高，其原因主要是性别选择性流引产、溺弃女婴和对女孩的忽视，根植于中国传统文化中的男孩偏好，现行经济体系和公共政策中的一些因素。

2. 女童教育与发展

从全球范围来看，女童教育一直是发展中国家普及初等教育的瓶颈，也是当今国际社会普遍关注的热点问题。长期以来，有关女童教育的研究成为女童研究的一个热点，研究文章较多，比起其他女童研究领域相对繁荣。同时，2006～2010 年关于女童教育的研究也在过去几十年女童教育研究积累的基础上有所继承和创新，当然，女童教育研究在整体上亟待新突破。

一些研究总结回顾了女童教育的进展。史静寰（2007）在对 '95 世妇会以来妇女教育的回顾研究中，总结了关于女童教育和社会性别公平问题的研究，认为10 年来中国关于女童教育的研究取得了一些新成果，对女童失辍学原因分析除了已熟知的经济和文化传统等原因外，从发展模式上的原因探究发现了外援型模式不可持续性的致命弱点，并从女童自身的主体价值和需要出发，认为激发女童自身对教育的需求以及与女童接触密切的女童的父母、家庭、社区等对女童教育的支持，从而形成内源型教育模式是女童教育可持续发展的关键，并进一步提出建立适应本地区需要的女童教育模式。此外，还对教学过程中的性别歧视等隐性问题、学校教育应该提倡非性别化以追求完全平等还是提倡双性化模式以及学校如何培养未来具有性别公平意识的公民等问题进行了探讨。

周小李（2007）通过回顾2000～2005 年关于教育性别不平等问题，包括对教育机会、结果和过程不平等的一些研究，发现中国对教育的性别不平等问题研究较为缺乏社会性别意识，没有充分关注性别的多元性和复杂性，并提出应充分借鉴社会性别概念对教育性别不平等问题进行更深入的研究，把性别概念与其他范畴包括阶级、地区、年龄等许多社会身份范畴结合起来去解读现实教育问题。

李旺珍（2008）的研究述评认为中国女童研究重点已从机会均等发展到提高

教育质量和办学效益及性别公平层面，研究视角也从整体优化女童教育的外部环境深入到根据女童发展需要改革课程内容方面，但女童教育研究往往带有明显的区域性特点，重点在西部农村及边远少数民族地区。

王舟（2008）回顾了 20 世纪 80 年代以来 20 年间以项目为依托的女童教育研究，发现曾一度轰轰烈烈的女童教育专项研究日趋落寞，但女童教育的深层问题仍然存在，如农村地区基础教育对农村孩子缺乏吸引力、贫困家庭的女童常被作为劳动力的补充而导致辍学等问题仍有待解决。

黄林（2006）从历史视角研究了近现代女童教育变革，使人们对当代社会进步乃至当代女童教育所取得的巨大成就有了更深刻的了解。文章分析了在中国近现代教育史上先后颁布的五大学制中女童受教育权利从无到有的质变，以及从数量增加到追求质量的教育发展过程，尤其是新中国成立后女童教育特别是农村女童教育取得的长足发展，以及中国女童教育从均等教育到有效性教育再到特殊性教育的交叉发展过程。

一些研究试图从女性主义视角和社会性别理论解读中国女童受教育机会和学校教育过程与男童不平等的问题（谭萍，2007；李桂燕，2008；雷丽珍，2010；杨宝忠、石燕君，2009）。遗憾的是不少女性主义视角的文章，没有能够用更深入的定量分析来佐证论点。

此外，研究发现，农村地区特别是西部边远贫困地区和少数民族聚居区的女童教育问题是女童教育中的难点和重点。2006～2010 年女童教育研究的前缀词也一如既往地是"西部""少数民族""农村""留守""贫困"。

2006～2010 年女童教育研究的一个大背景是 2006 年中国开始实施"两免一补"的教育政策。因此，这一阶段的女童教育研究正好是在义务教育免费新政实施后的阶段。尽管《中国妇女儿童状况统计资料（2011）》显示，2006～2010 年，小学学龄儿童入学率均在 99% 以上，男女比例也基本相同，没有明显的性别差异，但不少研究还是发现，在免费义务教育政策及"希望工程""春蕾计划"等项目开展和实施的条件下，中国依然无法摆脱女童特别是贫困、西部边远地区和民族地区女童失学、辍学率高的困境。

孙百才（2008）基于对西部六省的调查发现，"两免一补"新机制的实施降低了农村家庭的义务教育投资成本，对农村儿童入学产生了积极影响，但少数贫困家庭儿童和女童的入学仍然存在困难。在西部农村贫困地区，家庭对不同性别的教育期望存在差异，重男轻女的传统思想导致父母对男孩的教育期望高于女孩，家长往往把读书机会留给男孩而让女孩辍学。

刘泽云（2007）对农村儿童受教育水平决定因素的研究发现，农村女孩入学更依赖于家庭经济条件和社区内的学校供给，有兄弟姐妹、出生在少数民族家庭、母亲文化程度较低及家庭经济条件较差的女童面临更少的受教育机会。王一涛（2006）通过对因贫辍学女童的个案研究揭示，即使免除了部分或全部学费，农村贫困家庭仍然无力负担子女的教育成本并因此造成女童辍学。李曦、任军利（2009）的研究认为，"两免一补"后农村女童辍学在有些地区还有进一步增大的原因，除了家庭贫困外，还有近年来的教育成本上升、教育预期受益下降，以及应试教育背景下统一的教学计划、弹性不足和脱离农村生活实际的教学内容乃至死板的教学方法等因素。

卜卫、李潘（2006）则从传媒的角度总结了1995~2005年媒介在女童报道上的变化，认为女童问题已成为中国主导大众媒介的议题之一，但女童报道也多集中于资助失学而缺少对女童发展的关注。

西部少数民族地区女童教育也是女童教育研究的一个热点。在本综述重点关注近20篇的少数民族女童教育的文章中，主要涉及西北、西南地区，具体包括瑶族、苗族、侗族、保安族、回族、傣族、东乡族等。

王鉴（2008）对中英女童教育研究项目资助的甘肃贫困山区少数民族女童的六年教育效果进行了追踪研究，发现随着年级的增高，女童辍学率逐渐上升，小学三、四年级间进入辍学高峰。文章认为少数民族大龄女童辍学的主要原因除了家庭经济困难、家长传统观念以外，还有复杂的自然环境与寄宿制学校条件差、民族地区照搬内地模式、学校教育缺乏吸引力等因素，为此需要建立女童资助基金并开发多元的文化课程。

高红菊（2008）的个案访谈研究围绕有12岁和8岁两个兄弟的一个10岁女童辍学的事件，剖析了"谁剥夺了马小花上学的权利"这一问题背后的深层次原因。个案访谈揭示出是家长根深蒂固的"女孩子上学无用"的观念剥夺了马小花上学的权利。

杨红（2010）通过对云南省拉祜族女童班的研究，分析了学校教育存在的文化再生产现象及民族女童教育的特殊性和复杂性，并揭示了隐藏在过程中的教育不公平现象。张红玲（2010）研究了黔东南苗族农村大龄女童辍学问题，发现尽管有"两免一补"政策，但由于受传统文化和早婚习俗等影响，加上学校办学条件差、强调升学率、教学内容与当地生活脱节等因素，女童特别是大龄女童辍学严重。赵跟喜等（2007）对民族地区女童辍学的研究也指出学校布局不合理、学校对差生的排斥以及教师的儿童观等也是造成女童辍学的原因。马玉梅（2008）研究了东乡族女童入学率低、辍学率高的现状，建议利用民族文化开发地方和校本课程以吸引女童。吕晓娟（2009）从性别视角出发分析了民族中小学教学课程，认为男女不平等的性别文化在学校中主要以潜在课程的形式存在，并对学生的性别观念、性别行为及性别社会化过程产生影响。欧群慧、潘翔（2009）的研究则揭示了少数民族女童教育积极的一面，傣族女童在学校教育中并没有处于弱势地位，由此也提示人们关注少数民族群体的差异性。

尽管上述女童教育的研究比较丰富，但纵观文献，深入的理论分析和实证研究不多，不少研究在低水平上相互重复。万明钢、王舟（2006）对 1994～2005 年间发表在国内主要学术期刊的女童教育研究文献进行了定量分析，发现女童教育研究主要是围绕西部地区的女童教育，从现状调查、原因分析、对策研究和行动反思的角度进行研究，并总结了中国女童教育研究存在的普遍问题，如研究方法不规范，研究内容重复或类似，对前人的研究成果缺乏继承创新；研究框架雷同且多是表层描述或转述；部分文章尚有少量教育统计数据，更多则都是二手资料等。李乐（2010）也发现 2001～2010 年间女童教育研究内容重复、缺乏创新、对策建议可操作性不强等特点。

3. 女童保护

儿童保护研究的性别视角不十分突出，这五年间的主要研究内容涉及女童权利保护现状、性侵害、虐待和遗弃。黄宇（2006）从宽泛的"权益保护"角度论述了中国女童保护现状，认为从 20 世纪 90 年代至 2006 年，中国儿童的权益保护在卫生保健、教育等问题上取得了较多进展，但中西部基于性别的歧视较严重，而在全国许多地区女童出生权得不到保护，存活女婴比男婴面临更大的疾病或死亡风险等。陆士桢、李玲（2009）对家内性侵害研究进行了综述，发现既往研究表明，性侵害发生于相当一部分儿童，女童受性侵害的风险高于男童，以司法行政部门已知案例为基础的估计值不能涵盖受害的全部范围。王大华等（2009）对儿童虐待的研究指出，男童受躯体虐待的比例明显高于女童，而女童受性虐待的发生率则高于男童。孙言平（2006）的研究表明，对女童遭受的性虐待包括非身体接触性虐待的发生率高于男童。陈晶琦（2006）总结了中国儿童虐待及受害儿童心理健康的研究进展，表明女童在家庭内被责打、受忽视及在家庭外被羞辱、目睹暴力等的发生率比男童少。尚晓援、程建鹏（2006）对中国孤儿状况的研究指出，城市 0~3 岁儿童的遗弃比例较高，其中女童遗弃比例远高于男童。尚晓援、陶传进（2009）对中国农村孤儿保护制度的分析发现，儿童享受亲权保护也基于儿童被期望将来对家庭进行反哺或回馈，女童由于不能对抚养者进行反哺或不能满足家庭的期望而容易受到歧视。郭晓莉（2005）对城市流浪女童的研究发现，家庭、社区和个人的因素导致了女童的流浪，家庭贫困、遭受暴力、无人照管、受到歧视等易于导致女童流浪，而流浪后女童又易于被控制和受到身心伤害。宋林恒（2009）从传媒角度的研究发现，与十年前相比，主要媒体更注重从女童视角出发、从法律和社会性别平等的角度进行女童报道。除了上述研究，尽管国家有一些预防妇女儿童拐卖的行动，但五年中的研究几乎没有涉及女童拐卖和童工的研究。

4. 儿童参与

中国学术界关于儿童参与的研究较少，且仅有部分内容分性别（陈晨、陈卫东，2006；曾凡林、马晓琴、周森，2006；曾凡林、何彩平、陈建军，2006；贺颖清，2006）。陈晨、陈卫东（2006）对中国五城市儿童参与状况的调查发现，儿童的家庭参与比例高于学校和社会参与。儿童在家庭参与中能起主导作用的主要是穿着、娱乐、使用零用钱、家庭活动而不是交友、择校、择业。贺颖清（2006）指出中国儿童参与机会贫乏且不平等，参与能力低。此外，与前几年相比，对西部大龄女童参与的研究式微，仅有几篇介绍文章（赵捷等，2007；章立明，2009；韩豫、牛芳，2008）。

5. 受流动影响女童的生存与发展

（1）农村留守女童

段成荣、杨舸（2008）利用2005年全国1%人口抽样调查数据，估算了全国农村留守女童的规模、分布，并分析了她们的受教育状况等。此文的重要价值在于为人们提供了2005年全国留守女童的基本概貌。文章指出，留守女童规模较大，约一半集中在安徽、河南、广东、湖南和江西，其中单亲外出和双亲外出的留守女童约各占一半。留守女童的小学教育状况良好，进入初中阶段后在校率大幅下降，但相对而言，农村留守女童的教育状况好于农村非留守女童。

宋月萍等（2009）利用2008年第四次国家卫生服务调查数据，分析了农村留守儿童健康及卫生服务利用间的关系，发现与非留守儿童相比，农村留守儿童存在着高患病率、高就诊率的特征，在留守儿童中，仅母亲外出的留守儿童患病风险最高而就诊率最低。

叶庆娜 (2009) 的研究从较独特的视角关注了农村留守女童的劳务负担,发现留守女童比男童承担更重的家务劳动;留守男童不承担或较少承担劳动,采取推卸、逃避或讨价还价的态度;男女儿童均意识到承担劳动上的性别差异,但女童往往对自己多承担家务感到无奈。

其他众多研究发现,与非留守儿童和留守男童相比,农村留守女童在学习、生活、心理、品德养成、安全等方面都会遇到一些问题,她们的教育处境更加不利,面临的失学危险性更大,有更多的亲情渴求和心理健康问题,与父母沟通交流少因而孤独感较重,缺乏自我保护意识和知识(郭少榕,2006;张俊霞,2010;朱婕,2009;李晓凤、王曼,2007;张华贵、刘泽惠,2007;刘超祥,2008;周全德,2008;李晓凤、李晓夏,2009;胡玉彪,2009;曲凯音,2010;刘琼、孙玉文,2010;张俊霞,2010;刘超群,2008)。

除了农村留守女童的生存、教育和发展,留守女童性侵害问题也受到一些学者的关注。一些研究指出,由于留守女童性和生殖健康知识以及防范意识缺乏、父母受教育水平较低、家庭监管不力、农村地理环境等因素的影响,与留守男童相比,留守女童更易受到性侵害,但案件往往难以发现和侦破(杜雪梅,2009;李婷婷,2008;伍慧玲、陆福兴,2006)。王进鑫 (2008) 关于青春期留守儿童性安全问题的研究发现,留守儿童的看"黄"行为、边缘性行为明显多于非留守儿童,获得抚养人性安全教育和自我保护指导明显低于后者,遭受侵害后获得的家庭支持远低于非留守儿童。在全国妇联持续开展的"关爱留守儿童"行动开展过程中,各地妇联开展了一些调查研究,这些调查也普遍揭示了留守女童在心理、教育、性保护等方面存在一些问题。

(2) 流动女童

与留守女童的研究相比,流动女童的研究较少。一些研究指出,流动儿童尤其是流动女童失学现象严重,主要原因是经济困难、心理孤独和学习障碍(李乐,2010;范荔等,2010)。陈丽、屈智勇 (2010) 对留守和流动儿童伤害发生的调查发现,留守儿童的伤害率明显高于流动儿童,且二者均明显高于农村非留守儿童。但迄今为止,学术界尚没有能够全面地对流动女童所面临的种种问题开展研究,包括儿童及其家庭的生存状况和城市融入、义务教育完成情况、心理发展情况等。

三　研究的不足与展望

女童问题正在逐步引起中国更多学者的关注和兴趣，但不可否认，整体而言，女童研究存在的问题也较为严峻。

1. 研究的整体层次较低，研究水平亟待提高

万明刚等指出，关于女童教育的研究存在低层次重复的问题，在2006～2010年女童教育研究乃至女童整体研究中，这一问题依然存在，这说明在这五年中长期以来存在的学术问题也远未得到解决。较多的研究显得雷同和缺乏创新性与突破性。不少研究还在证明女童教育对和谐社会以及新农村建设、人口素质提高和对个人及家庭的良好作用等，而且缺少深层次的理论探讨和定量研究，对前人的研究继承不够。在一些研究领域，特别是女童教育研究几十年来已经有一定的理论和实践积淀，需要在今后迎来较大的突破和进步。

2. 研究问题过分集中，研究领域有待拓展

近年来女童研究的热点多集中于教育领域，部分研究涉及女童保护，但对女童营养健康和女童参与方面的研究很少，女童研究的系统性不够，体系尚未形成。为此，女童研究者需要自觉提高自身的研究能力，拓展研究深度，提高研究水平，并争取在前人研究的基础上有所创新和突破。此外，国家和地方各级政府需要继续加强儿童数据的分性别、分年龄、分城乡、分特殊群体的统计，为女童研究提供数据支持。

老年妇女研究综述 (2006~2010 年)*

贾云竹**

中国的老年人口规模和增长速度举世瞩目。第六次全国人口普查结果显示，2010 年中国大陆 60 岁及以上人口达到 1.78 亿，其中，老年妇女已达 9105 万，占老年人口的 51.2%，且越到高龄，女性所占比例越高。老年人口的"女性化"以及老年群体在诸多社会资本的存量及资源享用上的显著性别差异，在客观上要求所有的老年研究项目和社会政策都应具有社会性别的视角。20 世纪 70 年代，西方一些具有女性主义立场的学者呼吁在老年研究中纳入社会性别的分析研究视角，20 世纪 80 年代提出了以"女性主义老年学"来弥补老年研究中对社会性别议题关注的不足。

中国学者对老年妇女问题的研究始于 1995 年北京第四次世界妇女大会前后。此后的 20 多年间，随着中国老年研究和性别研究的发展，社会性别的分析视角开始逐步被纳入老年研究的各个议题，不少年轻的硕、博士研究生进入老年妇女的研究队伍。2009 年全国老龄工作委员会在"国家应对人口老龄化战略研究"中专门设立了"老年妇女问题研究"，以保证在国家的老年战略中充分纳入社会性别的视角。总的来说，中国老年妇女问题的研究已经有了一定的积累，但仍处于起步和逐渐发展的阶段，是一个极具发展空间的学科领域。

一 研究概述

2006~2010 年，在中国知网"中国学术期刊网络出版总库"的"人文与社会科学文献子库"中共搜索出 264 篇以"老年妇女"为主题的研究文献。在此基础上，经过认真筛选和对一些重点文献的参考文献进行滚雪球式的扩展阅读，并补

---

* 因本文主要限于对老年妇女社会问题的研究综述，故而不包含医学、文学、艺术等领域。同时为了避免重复，一些相关的议题，如老年妇女的体育活动参与纳入了"妇女与体育"专题下，养老金、遗属保险等则归入了"妇女与社会保障"专题，本综述不予涉及。

** 作者简介：贾云竹，女，全国妇联妇女研究所副研究员。

充了部分将性别作为变量纳入模型的老年研究文献，本综述以其中的150多篇具有一定价值的文献为重点，对2006～2010年中国老年妇女问题研究的情况进行评述和展望。

对这些文献进行简单的统计分析发现，这五年间中国老年妇女问题的研究者其学科背景主要集中在人口学（50篇）和社会学（46篇），此外也有经济学、法学、管理学等背景的研究者涉及这一议题。从第一作者的性别来看，女性略多于男性，占总量的56.9%；72篇文献中作者呈现出不同程度的社会性别分析视角，占到50%左右，其余作者往往仅揭示出男女老人的差异，但未进行具有社会性别视野的深入解读。这一领域社会性别分析视角和相关理论观点的普及还亟待推进。从研究方法来看，有53篇使用了logistic、logit模型及cox比例风险模型等高级统计分析方法；44篇使用简单的描述统计方法，其余的则以推理论述或定性分析方法为主。高级统计分析方法在老年妇女研究领域呈现显著增长的态势，这在很大程度上得益于国家统计局、中国老龄科研中心、北京大学等机构在2000年以后所获取的具有较高质量的老年数据资料，同时也是高级统计分析方法在中国社会科学领域日益普及的结果。

从研究的主题来看，第一位是老年妇女的健康和照料问题（26篇）；第二位是对老年妇女基本生存状况的综合概论（25篇）；第三位是经济保障（包括贫困、收入）和代际支持（各有14篇）；婚姻家庭（包括丧偶、再婚、婚姻满意度等）（10篇）也获得了较多的研究关注，此外还涉及劳动参与（6篇）、残疾老年妇女（3篇）以及社会适应、休闲活动、宗教信仰；等等。从研究对象的地域来看，41篇以农村老年妇女为主体，12篇关注城市老年妇女，其余则未明确城乡的区分。值得一提的是，不少硕士研究生选择了自己熟悉的一个农村小社区进行田野调查，为我们展示了不同地域农村老年妇女的现实生存状况，丰富了我们对这一群体的认识（石春霞，2010；王瑞珍，2009；常潇，2007；刘亿，2007；肖志娥，2006）。

在此期间，国内各高校和研究机构也召开了一系列老年妇女专题的学术研讨会。如2006年10月17日清华大学老年学研究中心的"老年保障与性别平等"研讨会；2007年8月31日，全国妇联维权工作领导小组、全国妇联老龄工作委员会和中国妇女研究会在北京共同举办的"保障老年妇女权益，构建平等和谐社会——《老年人权益保障法》修改专家讨论会"；2007年10月22～25日，"第八届亚洲/大洋洲地区国际老年学和老年医学大会"在北京召开；2007年10月23

日中国妇女研究会和全国妇联老龄工作委员会联合举办了"社会性别与老龄化"国际论坛。此外，历年中国妇女研究会年会也都开设老年妇女专题论坛。

此间各省区市及全国老龄委等也纷纷资助老年妇女问题的相关研究项目，如浙江省社会科学院朱旭红主持的该院重点课题"浙江省老龄妇女生存状况研究"（2005～2006 年）；云南财经大学陈青霞主持的"昆明市老年妇女的社会支持系统研究"（2008）；王晶主持的吉林省社科规划项目"吉林省百村老年妇女生存状况研究"（2008）；谭琳主持的全国老龄工作委员会项目"国家应对人口老龄化战略研究（2009～2011 年）"子课题"老年妇女问题研究"等。

此间以老年妇女为主题的专著有林娟芬的《妇女晚年丧偶后的适应——一个以台湾地区为例的叙说分析》（2007）；张恺悌、郭平主编的《中国女性老年人口状况研究》（2009）等。此外，杜鹏主持翻译的国外老年学经典著作《社会老年学：多学科的视角》一书中也有专章谈及国际老年妇女问题研究的情况。

二　主要研究内容

（一）老年妇女基本状况

全国妇联妇女研究所组织编写的两本妇女发展绿皮书中，都设立了老年妇女发展状况专题报告，两篇报告分别采取 2000 年全国老龄科研中心的调查数据和 2005 年全国 1% 抽样调查资料，较为全面地揭示了当前中国老年妇女人口规模、婚姻状况、受教育水平、经济来源、职业以及健康等方面的基本状况（贾云竹，2006；姜向群、杨菊华，2009）。张雨明（2008）的博士论文《中国女性老年人的生活现状与需求研究》也较全面地对中国老年妇女这一群体的生存状况进行了分析。吉林、浙江、江苏、云南等省区的研究者也通过本省区开展的老年妇女专题调查数据资料，揭示了各地区老年妇女在现实生活中的不利境地和弱势地位，丰富了对中国不同地域老年妇女状况的认识（王晶等，2010；郅玉玲，2006；方燕等，2006；陈青霞等，2009）。

2006 年第二期全国残疾人口抽样调查的开展，为认识残疾老年妇女这一老年妇女群体中特别弱势群体的生存状况提供了可能。2006 年，中国残疾老年妇女的规模约为 2327.6 万，占老年妇女的 24.0%，占残疾老人的 52.7%，且越到高龄比重越高。各省区市的数据结果也印证了这一特点（冯朝柱，2008；王大伟，

2009）。相对而言，老年残疾妇女的受教育程度、有偶率、经济独立性和社会参与程度均显著差于老年残疾男性；女性残疾老人在视力残疾和多重残疾方面也明显高于男性，男性老人在听力、言语残疾方面比女性老人高（丁志宏，2007；李红芳等，2009）。秦俊法（2007）利用人口普查的数据资料分析了中国不同地区百岁老人的性别结构及其时代变迁。刘亿（2007）对湖南农村寡居老年妇女的养老状况进行了分析研究。张航空（2008）对上海市空巢女性老年人口的社会支持状况进行了分析研究。

（二）经济状况

1. 劳动参与

实证研究往往支持老年妇女的劳动参与率显著低于同龄男性的观点（张文娟，2010；车翼等，2007）。吴海盛（2008）对江苏农村的调查数据显示，虽然老年男性在各年龄段的劳动参与状况均高于老年女性，但二元 logit 模型回归的结果显示性别对农村老年人是否参与劳动不具有显著的影响。李琴等（2010）利用中国健康和营养数据发现，中国男性老年人虽承担更多的种植业劳动，但女性老年人还承担着较多的家庭副业劳动，女性老年人的全年农业劳动时间超过男性老年人，且西部老年妇女的劳动负担最重。这一研究发现与有关青壮年劳动人口劳动时间的性别差异是一致的。

2. 收入

李晓霞等（2010）利用 2005 年 1% 人口抽样调查的数据资料，通过线性 OLS 模型发现，中国男女老年人的自我供养影响因素存在差异。受教育年限、养老保险的参保率和婚姻状况对男性老年人的自我供养率的显著影响；而女性老年人的自我供养率仅受其养老保险的参保率和婚姻状况的影响。石燕（2009）从社会性别的视角对镇江市老年人的经济收入情况进行了实证分析，印证了老年妇女在经济上的弱势境况。张航空（2008）认为女性老人比男性老人更可能获得子女的经济支持，同时女性老人与子女之间没有任何经济交往的可能也显著高于男性老人。

3. 贫困

老年女性的贫困发生率要显著高于同龄的男性（乔晓春等，2006；杨菊华，2010）。无论城乡，女性老年人的经济收入水平均显著低于男性老人，而在城市地区的性别差异更为突出（伍小兰，2008）。张航空（2007）对上海贫困女性老人的研究揭示出这一群体的特点，即农村、高龄、低文化程度及丧偶者更容易陷入贫困，而子女的经济支持是帮助老年妇女免于陷入贫困的重要原因。王增文（2010）通过对沂蒙山区六县农村老年贫困女性人口状况与意愿跟踪调查数据的 Cox 比例风险模型分析发现，受教育程度低、高龄、丧偶以及医疗完全依靠个人支出的农村老年女性贫困持续时间明显高于对应的组群；但随着子女及孙辈的经济状况的好转及对所赡养老人支持水平的提高，农村女性老年人口陷入贫困的比重及其贫困持续的时间在逐渐下降。张彦丽等（2009）对老年妇女贫困的原因及对策做了相对系统的梳理，认为应通过逐步缩小男女退休年龄差距，建立弹性退休制度，扩大覆盖面，引入遗属保险，调整养老金计发办法以及加强对贫困老年妇女的社会救助等措施来解决老年妇女贫困问题。

张旺芝（2008）对老年人在消费活动中的性别差异进行了实证研究，揭示了城市地区男女老年人在消费行为中存在诸多性别差异，如老年女性比男性更容易受外部环境影响，产生计划外购物行为；城区老年女性比男性更加关注商品的价格，积极地搜集信息，更看重名牌产品的质量，更习惯于讨价还价，对消费行为的情感功能认知更明确；而城区老年男性更看重子辈、孙辈买东西，自主消费意识更强，消费更加理性，更注重消费的社会交往功能。

（三）生活满意度及婚姻家庭

国内有关老年人生活满意度性别差异的实证研究并未获得一致的结论：有学者发现男性老年人的生活满意度高于女性老年人（袁小波，2008；郝彩虹，2009）；另一些研究则发现，在控制了老年人的其他人口及社会经济特征后，男性老年人的生活满意度低于女性老年人（郭志刚等，2007）。

陈华帅（2009）对男女老年人婚姻满意度的影响因素进行的研究发现，在有配偶的老年妇女中，生活自理能力缺失者的婚姻满意度显著高于健全者，但在男性老人中不存在这样的差异。相对而言，丈夫社会地位对老年妇女的婚姻满意度有显著影响，而受自身社会经济地位的影响不显著；而老年男性的婚姻满意度则显著受自身社会经济地位的影响。张义祯（2010）通过对 343 位福建农村地区老年妇女的研究发现，心理孤独、子女不赡养和自身经济困难是影响她们主观幸福感的重要影响因素。

赵瑞芳等（2009）对烟台市区的 245 位老年人的研究表明：传统的"男主外，女主内"的家庭分工模式在城市老年人家庭中基本上没有改变，但家庭决策出现了由"丈夫决定"的控制型权力模式向"夫妻共同协商"的平等型权力模式过渡；家庭事务的分工及决策状况对夫妻关系并没有直接的影响；老年女性比老年男性更易受传统文化的影响而对家庭事务分工持保守的认知，但对男权主义的决策模式已开始质疑；烟台市老年人对家庭事务的分工与决策在观念和行为上存在一致性。

由于丧偶老年人中女性占据了七成左右，因此老年再婚问题成为老年妇女研究中的一个重要议题。在2006~2010年对老年再婚问题的研究在量上没有大的增长，但在研究的深度上较之以前的研究有了一定的发展。孟令志（2008）、郭平等（2007）关注到了老年男性和老年女性在再婚市场中的不同利益诉求，从社会性别的视角探讨了老年同居中老年妇女权益的维护问题；而粟霞（2007）有关老年同居的法律建议更多是从避免再婚导致的财产纠纷角度提出的，忽视了老年同居中男女两性的不同利益诉求，这实质上不利于借助婚姻改善自己困境的弱势老年妇女群体。秦敏（2009）提出用社会工作的方式帮助老年妇女解决再婚面临的诸多问题。卓惠萍（2006）从社会排斥的视角对农村离异和丧偶妇女的弱势地位进行了阐释。丁志宏等（2006）运用1990年和2000年人口普查的数据，对中国丧偶人口进行了分年龄和性别的分析，揭示出了老年男性和女性丧偶群体的一些社会人口特征，对了解中国分性别老年丧偶群体的基本状况具有一定的参考价值。焦开山（2010）对中国老人丧偶与其死亡风险的关系所做的研究发现，丧偶与死亡风险的关系具有显著的性别差异，男性老人比女性老人更多地从婚姻照顾中受益。有配偶会显著降低老年人独居、生病无人照料及精神孤寂的可能性，仅有女儿会显著减少老人独居的可能性（郭志刚、刘鹏，2007）。

（四）健康状况

对老年人健康状况的性别差异研究一直是国内老年研究的热点和重点，得益于北京大学健康长寿追踪调查数据等一系列大型数据资料的开放，国内外以人口学界为主的一大批学者对中国老年人口的健康状况进行了深入的分析研究，提供了大量分性别的研究结果，深化了对老年妇女健康及照料议题的认识，曾毅等的《老年人口家庭、健康与照料需求成本研究》（2010）是这方面的代表作。

躯体健康和精神健康是衡量老年人健康状况的两个主要维度，相对而言，国内对老年人的躯体健康更为关注，相应地测度老年人躯体健康的生活自理能力和自评健康也是研究者最常涉及的两个议题。国内近年来绝大多数的实证研究均支持老年妇女整体的健康状况明显差于老年男性（曾宪新，2010；马林靖等，2009），顾大勇等（2007）使用虚弱指数进行的分性别比较也显示，女性老年人口的虚弱指数明显高于男性老年人口。男性老人比女性老人更倾向于积极的健康自评（谷琳、杜鹏，2007）。

男性老年人的生活自理能力好于女性老年人（杜鹏、武洁，2006；尹德挺，2007；周国伟，2008；宋洁等，2010），且在1992~2002年，男性老人生活自理失能比例比女性老人失能比例下降快（顾大勇、曾毅，2006）；杜鹏和李强（2006）运用1994年和2004年全国人口抽样变动调查的数据资料，对这十年间中国老年人生活自理预期寿命及其变化进行了深入分析，文中提供了大量分性别的老年生活自理预期寿命的第一手数据资料，深化了中国男女老年人生活自理情况的认识。李建新等（2009）的研究发现，在控制各种因素后自评健康上性别的差异基本消失了，而在日常活动能力上仍存在着性别差异，女性老年人要差于男性老年人。顾大勇等（2007）发现，女性老人临终前完全需要他人照料的时间更长，这与女性死亡率较男性低但健康状况较男性差有关。

宋璐等（2006）研究了农村老年人代际交换对其健康状况的影响存在性别差异：男性老人对子女的经济支持和情感交流有利于其健康状况，但子女对其生活照料的增加对其健康状况不利；而女性老人对子女生活照料的增加和情感交流对其健康状况有利，子女对其的经济支持则对其健康状况不利。韦艳、刘旭东（2009）的研究发现，农村老年妇女的心理健康与自理能力之间存在正相关关系。王萍等（2007）的研究显示农村老年妇女的认知功能显著低于男性。韦艳等（2009）对陕西农村老年妇女社会支持与孤独感的研究发现，社会支持对农村老年女性孤独感具有显著的负向影响，社会交往面广、代际情感支持丰富和日常生活照料周到是降低农村老年女性孤独感、促进老年女性身心健康、安度晚年的重要因素。

孙淑娟等（2006）从心理学的专业角度介绍了帮助丧偶老年妇女进行悲伤辅导的工作流程及做法。在医学方面有更多关于老年妇女健康特别是具体某种疾病的治疗和干预方式的研究成果，不在本文中涉及。

（五）代际支持

有关老年人与子女代际支持状况的研究是近些年国内老年人口研究的一个热点。通常而言，代际支持包括经济支持、生活照料及精神慰藉三个方面的内容，并且是老年人与子女之间双向互惠的。本综述将围绕代际支持性别差异的一些研究发现展开，即包括不同性别老年与子女代际支持状况的研究发现，同时也包括不同性别子女与父母代际支持状况的相关研究。在代际支持研究中，农村流动子女对留守父母代际支持以及女儿在老人代际支持中地位和贡献的提高是近些年相关研究的热点。

不同性别老年人与子女代际支持的研究发现：多数研究倾向于认为老年妇女更可能获得子女的代际支持，陈传锋等（2008）发现女性老年人的社会支持水平也显著高于男性。米峙（2007）发现女性老年人比男性更多从女儿方面获得经济及心理方面的支持和慰藉，该研究也显示女儿为父母所提供的精神慰藉要显著多于儿子，城市地区的老年人得到女儿的支持显著高于农村。柴霞（2007）对重庆市城区的研究揭示，女性老年人对子女提供家庭养老的期待显著高于男性老年人。张文娟（2006）的研究发现，女性高龄老人由女儿提供主要照料帮助的可能性高于男性老人。但王东平等（2009）的研究则认为，外出子女对留守父亲和母亲的经济支持情况无显著差异。

唐咏（2010）对老年妇女依赖结构的社会构建进行了质性研究，提出"婆媳和母女冲突"以及"对子女照顾的依赖"并非纯粹人口因素所导致的必然现象，家庭制度、角色分工以及政府资源的提供对于老年妇女的经济依赖扮演着极其重要的角色。国家福利制度的制定者对于文化形态中"照顾家人乃女性的天职"以及"女人总愿意为爱牺牲自我"等话语过分美化，以巩固"家庭主义"来构建老人福利，这在增强了"女性"的传统照顾责任的同时，却没有对女性的承担提供相应的社会保障和支持，最终损伤了女性的社会权益。建立长期照护体系和有效的市场规范，会在一定程度上缓解老年妇女对子女的依赖。

在不同性别子女对老年人代际支持的研究中，女儿在老年人晚年生活照料支持中作用的提升是中国社会的一个新特点，"养儿防老"中的"儿"也由"儿子"扩展到了"子女"，围绕这一新现象许多学者开展了理论和实证方面的分析研究。唐咏（2007）的研究发现，在高龄孱弱老人的日常生活照料中，女儿和媳妇偏重老人日常生活和精神慰藉方面的照顾，而儿子和女婿则偏重于老人经济方面的照顾，并提出"成年子女照顾者日渐女性化的发展趋势"，她从角色理论和性别理论对这一性别差异现象做了简要的解读。张烨霞等（2007）发现，男女打工者在流动后都增加了对父母的经济支持，但女性打工者在流动后更可能增加对配偶父母的经济支持。聂焱（2008）认为在农村青壮年男性劳动力大量外流的情况下，应该鼓励女儿承担父母赡养的义务，以提高农村老年人的生活质量。

唐灿等（2009）通过对浙东农村家庭女儿越来越多承担父母赡养义务现象的深入考察，探讨了儿子和女儿赡养行为的不同伦理基础、女儿赡养的伦理被建构的过程，以及这一风俗所呈现的性别间的社会公平问题。文章指出，女儿的赡养行为折射出农村家庭在社会变迁中，兼容传统和现代两种结构，彼此既有冲突又有混合和互补的现状。杨立雄等（2008）对常州农村地区纯女户与非纯女户家庭的比对调查显示，家庭养老中的男性偏好已呈现明显的弱化趋势，他们认为发生这种变化的根本原因在于男女收入差距的缩小和父辈收入的提高，而这是农村家庭在应对家庭结构变化在养老方式上的自适应反应。范成杰（2009）则对女儿在农村老年人养老中作用的凸显视为"支撑家庭养老中性别差异的价值和伦理基础已经被侵蚀"的后果，提出这或许会孕育出一种新的生育观念。

宋璐、李树茁等（2008）探讨了在目前农村劳动力外流的背景下，老年父母与子女双方代际支持的性别分工。结果发现，农村老年人家庭代际交换仍然符合合作群体模式，由于不同性别在家庭中的角色和性别分工不同，老年父亲从子女外出中直接获益更多，且由于缺乏自身资源，老年母亲更多的是获得补偿性支持，且付出多过回报。儿子仍然在家庭养老中承担主要责任，女儿得到老年父母帮助时提供的补偿性支持较多，劳动力外流提高了女儿在家庭养老中的地位和作用，儿子和女儿对老年父母代际支持的性别差异缩小。

龙书芹、风笑天（2007）对江苏四城市老年人养老意愿的分析显示，女性老年人更趋向于选择与子女分开居住，他们认为这可能是老年妇女为了避免"婆媳问题"所致。赵迎旭等（2007）对福州市老年人对非家庭养老方式的态度及其影响因素的研究发现，女性老年人对非家庭养老方式的赞成率高于男性，他们认为这主要是因为女性老年人中丧偶的比例较高，且有一部分老年人没有经济收入，无法支付生活费用，或因为子女工作繁忙无暇照顾，所以她们不得不求助于公共养老机构。

（六）休闲和精神文化生活

国外许多研究发现，老年人的休闲活动具有显著的性别差异，男女老年人在参与的活动类型、方式以及活动的地理空间上等都存在一定不同程度的差异性。国内有关老年妇女休闲活动的研究还相对集中于城市地区，如张纯等（2007）运用时间地理学方法，通过对北京市三个典型城市社区中老年人 24 小时活动日志的问卷调查，从微观层面探讨老年人的年龄、性别、收入、家庭结构等因素对日常生活活动的影响。男性老年人的社交活动相对丰富，外出活动较多选择自行车作为交通工具，使其移动能力更强；而女性老年人从事家务劳动和购物活动的时间较长，自由时间的利用上受到比男性更大的制约，并降低了女性老年人的出行活动以及与外界交流的机会。因此，男性老年人日出行时间、活动半径都明显高于女性。韦璞（2007）发现，上海市老年妇女更侧重于个人身体锻炼和娱乐活动，且主要是城市、文化程度较高、经济情况较好的老年妇女；而缺乏信息及自理能力缺失是阻碍老年妇女社会参与的最突出原因。但王玮（2007）对南京城市地区老年人休闲参与动机及约束机制的研究发现，男女老年人并不存在显著差异。而陈金华等（2007）的调查则显示，女性休闲时间多于男性，这一调查结果与国内外多数研究的结论不一致，但他们的研究也指出男女老年人在活动的内容、地域空间上存在显著差异。贾云竹（2010）的博士论文对中国老年大学活动中明显的"女多男少"现象进行了深入的调查研究，发现社会性别文化对男女两性具有规范性和约束性。女性在社会生活中更为随和、合群、顺从，男性要独立、主导等是导致老年妇女更为踊跃参与老年大学等集体性活动的重要原因。

相对而言，对农村老年妇女宗教活动的研究是值得关注的一个领域。郭建勋（2010）认为老年妇女参与哑巴会及相似的信仰活动，大多与家庭生活方式变革和亲情的缺失有关。家庭结构中的横向夫妻关系已经取代了纵向的父母、儿子关系而成为家庭关系的主轴，父母与儿子/媳妇之间存在潜在的冲突，逐渐丧失劳动力、失去对家庭资源控制的老年妇女，更容易遭受到家庭代际间冲突的伤害，这在一定程度上推动了她们加入民间的宗教组织以寻求精神上的依托和支持。龚蕾（2006）指出农村社区缺乏人们所需的公共文化生活，而信教满足了处于社会边缘的中老年妇女参与公共生活的需求，中老年妇女信教的主要动机是寻求神的庇护、逃避苦难，她们往往结成一个相对封闭的小群体，这对家庭成员特别是儿童心智的健康发展、价值观的形成会带来一定负面的影响。崔学华（2007）通过田野调查，从社会性别的视角剖析了导致农村老年妇女精神贫困的社会文化根源。

刘金梅（2010）对国内五家老年报刊再现的老年人形象的统计分析发现，尽管老年人口中女性要显著多于男性，但在老年报刊上男性老年人的再现比例是女性的两倍以上。文章从报刊受众以男性为主、性别歧视两个方面对此进行了简要的解读。Jeanne L. shea（邵镜虹）（2009）用自己在北京地区所进行的调查资料，

就中国中老年妇女对于晚年性生活的态度，性生活在这个群体中的普遍性以及她
们的性观念与实际性生活之间的关系做了深入的研究。

三　总结与展望

Toni M. Calasanti 和 Kathleen E. Slevin 在其合著的《社会性别，社会不平等和
老龄化》（*Gender，Social Inequalities，and Aging*）一书中提出，社会性别的三种研
究方式奠定了绝大多数老龄研究学者的工作基础：①加入女性：这是对妇女呼吁
在学术研究中更多地包含女性的最初回应，是在现存的研究模式中加入女性，而
把男性当作暗含或明确的参照群体的策略；②社会性别作为一个人口学的解释变
量来处理：这样的研究可以揭示出许多社会性别差异（例如在收入、健康、满意
度等），并引发在这些方面的讨论；③仅仅涉及女性：把社会性别作为仅仅是和
女性相关的问题，它常常和前两种方式交叠在一起，它暗示只有女性才"有"性
别问题，或者只有女性的生活才受到社会性别的影响。这三种方式反映了近数十
年来研究者对社会性别看法的改变。这些方式不是一种线性的发展，它们之间不
是相互排斥的。在国外现在的研究中，这三种方式都可以找到，在中国情况也大
致如此。

从 2006～2010 年中国有关老年妇女研究的文献来看，第一、第二种研究方式
在定量研究中最突出：多数大样本的定量研究都会将性别作为一个控制变量纳入
模型，但是从社会性别的视角去深入探究男女老年人在各种社会资本及生存状况
显著性别差异的却不多。这使得我们可以从不少文献中摘取出男女老年人在某一
特性上的差异性，但却很难读到对这种差异性的深入解读和剖析。而第三种研究
方式则多见于综合性的、缺乏鲜明主题的研究文献中。

纵观这五年中有关老年妇女研究有如下几个特点。

1. 老年妇女研究日益成为中国老年研究不可缺少的重要组成部分

特别是在 2009 年全国老龄委启动的"国家应对人口老龄化战略研究"，专门
设立了"老年妇女问题研究"子课题，这是在国家老年行动和计划中将性别视角
纳入主流的最好体现。同时不少省区市都开展了老年妇女专题的课题研究，丰富
了我们对不同地区老年妇女状况的了解，同时以老年妇女为主题的硕博士论文也
为深化对老年妇女群体生存状况的了解提供了新鲜的素材和资料。

2. 研究议题有所扩展和深化，研究规范性提升

国内有关老年妇女的研究在数量上无显著增加，但研究的议题有所扩展和深化，研究的规范性也有很大的提升。老年妇女的健康及照料成为本阶段的一个研究热点，但与此同时有关经济方面的劳动参与、收入、贫困以及生活满意度、婚姻关系、代际支持、休闲和精神文化生活等方面的议题都有可喜的研究成果，并且一些基于大型数据的定量分析研究，其统计分析方法也日趋多元化，理论模型的构建也体现出了与国际水平接轨的趋势。

3. 理论研究相对薄弱

定量分析研究的成果相对显著，但理论方面特别是本土的理论研究则近于空白。这与中国老年研究的整体状况是一致的。中国在老年妇女问题上的研究起步较晚、研究积累相对薄弱，而理论的构建是需要基于深厚的对现实问题的分析思考基础之上的，这也是未来的研究亟待加强的一面，应该在对中国老年妇女现实问题深入分析的基础上，提出切合中国实际状况的相关理论。

4. 对国际社会相关研究成果的引介近于空白

欧美、东亚的日韩等国以及中国的台湾、香港地区都出版了不少有关社会性别与老龄化的研究成果，但国内的研究者对这些研究成果的了解很少，没有及时将这些研究发展引介到国内，这也在一定程度上制约了中国老年妇女研究的发展。希望在今后的研究中，相关的机构和人员能够对此领域给予支持和关注，以提高中国老年妇女相关科研的整体水平。

女性主义国际关系研究综述
（2006～2010年）

胡传荣*

一　研究概述

20世纪70年代初，诞生于全球妇女运动大潮中的女性主义学说开始向国际关系领域渗透，并逐渐成为其最具活力的思潮之一。20世纪90年代中后期，以中国融入国际社会和全球化的步伐不断加快为背景，国际关系学界大量引进国外理论，女性主义逐步引起一些学者的兴趣；妇女学界则注意到全球政治、经济、社会、文化进程对妇女特别是中国妇女的影响。得益于二者的共同推动，女性主义国际关系研究在国内脱颖而出，并于21世纪头五年初具规模。

2006～2010年，此项研究在中国稳步推进。国内首家女性主义国际关系研究机构——社会性别与全球问题研究中心于2006年在北京外国语大学宣告成立。数年来，该中心积极推动相关课程进入校园，并致力于推动国内外学者开展各种形式的交流活动。2010年，该中心成功举办了"社会性别与全球生态环境问题"和"国际妇女研究和中国妇女组织：回顾过去·展望未来"研讨会。上海外国语大学也于2006年召开了"社会性别与国际关系"专题研讨会。据不完全统计，这五年间，中国知网收录了与女性主义国际关系研究相关的期刊论文56篇、硕士学位论文七篇、博士学位论文六篇，其中三篇经修改后以专著的形式出版，发行教材一本。共有九个课题分获国家级、省部级和单位社会科学研究基金立项，两个项目获得福特基金会赞助。

二　主要研究内容

女性主义国际关系研究的主要内容包括女性主义国际关系理论研究、国际关

---

* 作者简介：胡传荣，女，上海外国语大学国际关系与外交事务研究院副研究员。

系中的"妇女问题"、对国际关系学核心概念与议题的社会性别分析、对国际体系和国际关系实践的社会性别分析、以女性主义视角研究国际社会中的中国等①。

（一）女性主义国际关系理论研究

近年来，不断有学者指出，女性主义不仅积极致力于男女平等，也为国际关系学研究视角和方法的创新做出了宝贵贡献。它通过批判主流理论的"性别缺失"和对社会性别分析方法的引进，拓展了学科的视野；在对主流观点进行新的阐释的同时，提出构建包含女性经验的更加完整的国际关系学说的思路（冯宪兵，2009）。其方法论兼具批判性和包容性，表现为对体现男权特征的传统方法论原则和实证主义学术的批判，和在性别视角下采用多种方法或根据具体问题决定所使用的方法。总之，女性主义学者以发现国际关系理论与实践中的妇女和社会性别问题的方式介入该学科，揭示性别歧视存在的根源，并从着眼于妇女的利益扩展到关怀所有受到不公正对待的弱势群体，使人们听到闻所未闻的声音，更加全面地了解了国际关系（周绍雪，2010）。

鉴于女性主义迄今仍滞留于国际关系学的边缘，一些研究者既充分肯定其长处，也对之提出种种异议，如其目光主要集中在妇女问题和对传统范式的批判上，研究领域较为狭隘；它代表的主要是西方妇女，非西方国家妇女的缺位使其解释力大打折扣（冯宪兵，2009）；社会性别概念中尚未澄清的一系列困惑降低了它质疑主流学说的成效；不少学者流露出的不分青红皂白地使用性别分析方法、时时处处强调性别利益和立场的思想倾向，使女性主义被指责为一种意识形态，其学术意义遭到弱化（冯江，2008）。

女性主义国际关系理论是一个内含众多分支的整体，对它的研究离不开评说它们各自的是非得失。

就女性主义认识论而言，学者们多认为，女性主义经验论批评国际关系学因无视占人类半数的女性而缺乏客观性，力图通过将她们加入既有的研究框架予以纠正，但它未能揭示该框架本身的男性中心主义内涵；女性主义立场论强调研究者的主观因素在知识形成中的作用，主张以边缘群体的目光观察世界，有利于确

---

① 此处借鉴李英桃的《中国的女性主义国际关系研究》对中国的女性主义国际关系研究的主要内容所做的一些概括。见李英桃：《中国的女性主义国际关系研究》，载王逸舟主编《中国国际关系研究（1995～2005）》，北京大学出版社，2006，第227页。

立妇女在国际关系中的主体地位，但具有把两性对立起来的倾向；后现代女性主义把差异放在重要位置，重视社会性别关系在不同种族、民族、宗教、文化中的具体表现，使女性主义国际关系研究在除其最活跃的阵地——美国外的一些发达国家乃至发展中国家产生出各具特色的成果（周绍雪，2010），但因过于注重话语分析，忽略了对妇女实际状况的关注（胡传荣，2009）。

而对女性主义中最具政治影响力的三大分支的看法是，自由主义女性主义要求改变国际关系领域由男性独占的局面，使之同等程度地对妇女开放（胡传荣，2009），但未从根本上认识到导致她们受歧视的两性间深层次的权力关系和国际关系的权力政治本质，因而难以走出现行社会性别机制的窠臼。激进女性主义把男权制看作人类最基本的压迫形式，主张以妇女的立场改造仅反映男子世界观的国际关系传统理念，与自由主义女性主义相比，其对两性不平等实质的理解更加深刻；然而它固化了性别差异，变男尊女卑为女尊男卑，无疑是从一个极端走向另一个极端，同样落入了社会性别歧视的陷阱。女性主义后现代主义竭力消解"男/女"及各种性别化二元对立内部的等级界限，希望倾听不同的声音，开展建设性的对话和协商，建构一种包容的理论，却因观点与众不同，从形成伊始便遭遇来自女性主义内部和外部的批评。虽然各派别均重视女性主义的整体性和彼此的互补，但其各执一词的状况不能不构成对该学说发展的制约（冯宪兵，2009）。

作为国际关系学的一个年轻学派，女性主义在其 20 余年的发展中，不断同现实主义、自由主义、建构主义等主流理论发生碰撞。有学者分别以冲突、张力和有关合作的期待描述它与上述三者的关系（胡传荣，2006）。

为避免女性主义国际关系理论研究停留在就事论事的层面上，一些学者对之展开学理上的分析，以高屋建瓴地把握其实质，引领它走向前景广阔的未来。

郭树勇（2006）从女性主义与建构主义和国际政治社会学之间深层次互动的角度探寻前者的内在机理。作为研究妇女在国际关系中的地位及其相关解放旨趣的学问，女性主义是广义上的建构主义的一部分——两者都拥有社会实践本体论的基本立场，以实现国际政治的合法性和人类的社会解放为目标。女性主义从多个角度批判长期主导国际关系学的现实主义及其所宣扬的权力政治，解构该学科以男子的视角和他们对妇女的压迫为或明或暗前提的基础概念，为建构主义和更大范围的国际政治社会学的兴起提出了几个有益的命题。而建构主义主动向现实主义靠拢，从而在学界居于重要地位的经验也可给女性主义以一定的启示。和建构主义一起参与研究国际政治与国际社会、国际范围内的政治解放与社会解放的互动关系的国际政治社会学学科建设是女性主义发展的一个重要走向。事实上，它一直在推动这一学科的进步，而后者也无疑会拓宽它的视野，为之提供有益的理论参考。

苏云婷、靳继东（2008）则从主题的转换与演进入手考察女性主义作为国际关系学一种新兴范式的发展。后者被分为具有阶段性特点的两个十年：在第一个阶段，女性主义通过将妇女和妇女问题引入国际关系研究，解析主流范式的性别意蕴，向其以男性为中心的致命缺陷发起重击。进入第二个阶段，它与主流范式就性别与国际关系、女性主义议题和方法论等问题开展对话，实现国际关系从单性化到双性化的转变。目前，女性主义开启了理论体系和方法论建构的进程，这是它向成熟的理论范式发展的必由之路。

（二）国际关系中的"妇女问题"

有关国际关系中的"妇女问题"的讨论涉及宏观和微观两个层面，内容涵盖当代国际关系中的妇女议题、妇女在战争中的特殊遭遇和她们在实现和平中的作用，由"慰安妇"引发的对社会性别、民族、国家间关系的思考，全球化背景下跨国公司的性别政治等。

张璐（2010）以针对妇女的暴力作为全球治理议题的形成和治理的实施为切入点，探讨社会性别意识在全球公共政策领域的主流化进程、路径及面临的问题。20世纪70年代，尽管西方妇女运动已开始关注妇女所遭受的暴力侵害，但尚未形成国际性气候，1979年联合国大会通过的《消除对妇女一切形式歧视公约》对此未曾提及。90年代，由于国际妇女非政府组织通过跨国倡议网络开展的各项活动，针对妇女的暴力被一系列国际政策文献确认为是一个国际人权问题，纳入全球治理的议程；有关国际规范的执行也受到妇女非政府组织的监督。总之，以妇女非政府组织为代表的全球公民社会对社会性别主流化起到了重要的推动作用。如何使社会性别观点由政策话语变为保护妇女权益的政策工具，是当前全球治理中社会性别主流化面临的最大挑战。

（三）对国际关系学核心概念与议题的社会性别分析

1. 国家和国际无政府状态

长期以来，作为整体的主权国家被当作国际社会最重要甚至唯一的行为体，造成了国际关系与性别无涉的假象。女性主义研究显示，这种所谓代表了人类最早的理性思考和社会组织的国家自初现雏形时起，便持有一种把妇女定位于私人场所，严格限制她们参与社会生活，特别是禁止其从事政治活动的公民观，国家的治理和保卫乃男子价值的主要体现，他们同时也是家庭的主人。公共领域对私人领域的统摄与男子对妇女的宰制如影随形。在国际社会缺乏一个可凭借法律手段建立秩序的普遍权威，各国彼此为敌的无政府状态被当作国际关系学理论预设的情形下，国家以牺牲其他层次行为体的方式建构其认同，它以男性为中心的本质被对性别议题的"自然"排斥所掩盖。杨素群、常乡君（2006）提出，女性主义向传统国家观发起的挑战旨在使包括个人和群体在内的所有行为体认识到，他们有权利、有必要也有可能建立自己作为理性主体的认同。而针对有关男女与生俱来地相应具有进攻性与和平倾向，由女人来统治国家在充满冲突与对抗的国际关系中缺乏可行性的说法，苏云婷、靳继东（2008）强调，它颠倒了妇女不应参与国际事务这一结论与其论据——国际无政府状态之间的逻辑关系，该状态的出现是主权国家纷纷建立的结果而非原因，其本身即以公共领域对妇女的排斥为潜在前提；而对无政府逻辑的不断演绎、复制又反过来加剧了她们在国际关系中的边缘化。

2. 权力与安全

权力在国际关系学中占据突出的位置。现实主义视国家间政治为各国围绕以权力定义的利益而展开的争夺，而权力意味着人对人的控制。对此，多名学者指出，女性主义在批评对权力的上述理解时一味崇尚男性特质的同时，提出了注入女性特质的"赋权"概念。后者以倡导各行为体的相互理解和尊重、平等共处、自我完善为核心，更注重增强其自主行动、自我发展的能力（杨素群、常乡君，2006）。与从人性恶的假定出发、遵循零和原则的传统权力观相比，基于多元人性观的赋权所主张的互利共赢对妥善处理国际社会各成员尤其是地位不同的成员间的关系，以及建立公正、合理、稳定的国际秩序具有重要的理论意义（冯江，2008）。

安全堪称国际关系研究的"起点"和"落点"，它在传统上被诠释为保护国家免遭外来颠覆和攻击，使之客观上不受威胁，主观上没有恐惧。在国际无政府状态下，国家主要仰仗对他国的武力威慑确保自身安全，导致各国间的军备竞赛不断加剧。女性主义表示，安全是相互依存的，是包括个人、国家、民族等所有行为体在内的国际社会全体成员的安全（杨素群、张建军，2007）。不止一位学者展示了女性主义安全观以人为本、以全人类利益为核心的特点。它不是对把军事、政治置于首位的传统安全观的简单取代，而是意在破除上述领域与人的生存和发展紧密相关的经济、社会、生态等非传统安全领域间的僵硬界限和等级关系，减少安全研究的单一性和片面性，推动以和平、合作的方式保障安全的可持续发展。在女性主义对安全的综合性、多层次性的发掘中，女性人类安全受到特殊的关注。

郭夏娟（2006）深刻分析了女性主义在环境安全领域的建树：批判传统安全观的局限与不足，拓展已有的"非传统安全观"，从性别角度弥补环境安全观的缺陷，进而拓宽延伸了传统安全的范围。20世纪80年代起，国际关系学界开始关注环境安全，表达对人与自然关系的历史反思与时代感悟的整体生态学视角日益受到重视，使对该问题的理解渐次由片面转向全面。在此背景下介入其中的女性主义以社会性别视角考察传统安全观和既有环境安全理论与实践，发现其所隐含的性别缺失，揭示了深植于西方政治传统中的二元论根源——妇女被等同于自然，被划归私人领域，男子则代表凌驾于上述二者之上的文化和公共领域。近代人类中心主义哲学的兴起更使她们与自然一起，任由象征科学理性、被赋予国家主体身份的男子支配和处置，造成传统安全观对性别的遗忘、环境安全领域无视生态危机给妇女带来的后果及她们在环保事业中的价值与贡献。在揭示环境问题在传统安全观中遭到冷遇与妇女在国际关系中的沉默直接相关的基础上，女性主义通过安全定义的多元化和扩大环境安全的范围，提出了整体主义的环境安全构想及理想的国际环境安全途径，其中男女平等是改造以国家为中心、聚焦于本国而非各国共同利益的国际体系，真正实现全球范围内的生态安全的一个不可或缺的组成部分。

3. 战争与和平

战争与和平是国际关系学的一个中心议题。近一个世纪以来，该学科不同学派的研究均直接或间接地以此为主线展开，女性主义也不遗余力地借助对它的讨论争取跻身主流。

梁文敏（2006）把有关妇女与战争的研究提到事关对世界历史演进的认识和人类和平前景的高度。通过分析西方社会中妇女被排斥在战争之外同她们丧失公民权利，以及人类社会陷入冲突逻辑的不断循环中的内在关联，她指出女性主义研讨上述问题的意义在于深入探究妇女、战争与社会政治结构的关系。以此为基点，她对三种典型的西方女性主义战争观进行梳理和比较，认为它们的缺失均反映了理论与实际的脱节，建议深入研究亲历战争的妇女的大量鲜活经验，超越简单的概念推理和逻辑演绎；依托跨学科的努力，对性别与她们其他身份的互动及其对战争认知的影响做出系统的解释，进而提供关于战争乃至整个世界历史和人类社会进程的全新视野。

李英桃和林静（2009）在对女性主义和平研究的思想渊源、基本内容及其有关人类和平未来的构想和实现途径的深入剖析中，把和平看作一种希望的政治，表示它的实现是一个消除军国主义、男权制、改变不平等的社会结构的过程，妇女地位可望从中得到提高。和平的构建是多方面的，其中最重要的是把爱心、奉献、宽容和理解融入人类的所有文化，在人与人之间、两性之间、国与国之间建立共识，搭建文明的桥梁，并突出强调"思考社会化，行动个人化"对于心灵的重建和社会、政治、经济、文化、教育体系转型的意义。

4. 世界秩序与正义

"建立何种世界秩序""如何建立这一世界秩序"一直是国际关系研究的核心问题。作为西方政治理论的核心价值之一，正义总是与秩序联系在一起，在民族国家间建立正义社会的观念逐渐成为世界秩序研究的固有传统。而对国际关系学主流理论而言，该领域要么无所谓正义，要么只能在民主国家间建立正义的世界秩序。苏云婷、靳继东（2009）在探讨女性主义世界秩序的伦理诉求时指出，在女性主义看来，主流学派的正义观都基于公共领域与私人领域和与之相应的男性和女性的等级制二元划分以及对私人领域和女性的排斥，致使被视为国际关系主要行为体的国家按照男性统治团体的特定视角构建，其本身便包含着强烈的非正义。女性主义视性别正义为世界秩序的规范基础，在力主让女性和女性特质更多地在国际关系中发挥作用的同时，自觉超越单一的性别立场。它引进注重行为体之间相互关联的关怀伦理，形成与追求分离、自主的正义观的互动，以弥补主流理论因忽略正义与关怀问题造成的缺失，为建设和平、正义、和谐的世界奠定价值基础。对于冷战后的世界政治生活而言，女性主义的观点不仅具有批判性，也为未来世界秩序的构建提供了一个重要的方向。

（四）对国际体系和国际关系实践的社会性别分析

国际体系主要指国际关系行为体的相互作用形成的有机整体，它们之间的结构不断变化，力量对比处于此消彼长的态势中。胡雁（2006）从女性主义视角对现代国际体系加以考察，认为它深受社会性别关系的影响。在近现代国际关系史上，西方大国屡屡发动争夺势力范围和世界霸权的战争，其主流社会把弘扬"男子汉气概"与之联系在一起，战场上的敌人则被描绘为女性；同时，在征服非西方民族的过程中，欧美列强把它们女性化为与自己呈鲜明对比、有待接受"阳刚"的"先进文化"改造的软弱无能的"他者"，以此寻找对其实行侵略、扩张的理由。而发展中国家对本国强盛的渴望、对民众投入民族解放运动和争取建立国际政治经济新秩序的动员，也与按照西方白人中产阶级的标准塑造本民族的男子汉形象相关联，广大第三世界妇女因此在现当代国际资本主义体系中受到阶级、种族、性别等多重压迫。随着国际经济旧秩序不断被打破，实现男女平等已成为建立国际新秩序的重要内容。

（五）女性主义视角下的国际社会中的中国

1. 中国高校学生安全观的社会性别透视

2007 年 1～11 月，国际问题女学者沙龙开展了"中国七省市高校学生安全观调查"。它综合了传统安全和非传统安全研究的一些重要问题，并加入了女性主义的相关思考。李英桃（2008）对 1653 份填写了性别的问卷进行了社会性别分析，以了解中国青年学生对与妇女、性别相关的安全问题的真实想法，考察性别因素对其安全观念的影响，从而检验女性主义的基本假设，并尝试为中国的安全研究尤其是女性主义安全研究提供实证方法的支持。分析结果显示，首先，中国高校学生普遍承认安全问题上存在着两性差异，其中 80.7% 的学生认为"就业、升迁中的社会性别歧视"是中国妇女面临的最大安全问题；75.2% 的学生视"升学、升职中的性别歧视"为中国女大学生最大的安全问题。相关数据为了解中国妇女的真实状况和高校学生对性别问题的认识提供了较为可靠的依据，对有关政策的制定具有一定的参考价值。其次，中国高校男女大学生对中国是否应发展航空母舰和环境保护与经济发展之间的关系这一组典型的传统安全与非传统安全问题的看法总体上几乎没有差异，在具体选项上的某些区分也同中西方文化传统中的社会性别刻板印象不相吻合。虽然在男、女两性与战争、和平的关系问题上，接受社会性别观点者的比例（35.73%）略低于赞成传统观念者，但因不同意社会性别刻板印象的人数总和占总人数的 64.27%，所以仍然不意味着此间存在与传统模式相一致的两性差异，而需要对该问题做更为深入的探讨。李英桃据此就女性主义国际关系研究的发展方向做出进一步思考，一方面肯定此类跨学科实证研究对夯实国际关系学科发展基础的作用，指出有必要在更大范围内普及女性主义国际关系和社会性别教育，以扩大研究队伍，推动学科进步；另一方面，结合中国女性主义国际关系研究现状，她建议在进行持久深入的理论探讨、经验研究、加强课程体系建设的同时，增加对其他社会弱势群体的研究，综合考察社会性别与其他社会身份的交互影响，更好地验证女性主义国际关系研究特别是安全研究的已有成果，促使其在国内的进一步发展。

2. 女性主义视域下的中国对外关系

在中国对外关系研究中，女性主义开始成为一个视角。宋效峰、石彩霞（2006）将之用于考察中国的和平崛起，认为从女性主义权力观出发，它标志着"合作性"权力而非传统的"支配性"权力的增长。在国与国之间的相互依赖性日益加强的背景下，这符合中国和世界的长远利益。就国内层面而言，中国的和平崛起在根本上取决于其内部因素，确立建设社会主义和谐社会的战略目标反映了这一要求。它同女性主义把国际关系与国内政治联系起来看待、从社会角度探讨政治议题的主张不谋而合，其中女性的健康发展将与中国的和平崛起相互促进。在国际层面上，中国大力倡导的互信、互利、平等、合作的新安全观与女性主义以宽容、非零和的方式处理国际事务、重视非传统安全的倾向彼此相通。女性主义把人作为国家对外关系的落脚点，将个人安全与国家的自我实现结合起来；中国坚持以人为本，使人的全面发展成为和平崛起的最终目的，因此从理论上说，中国不借助战争崛起并非可望而不可即。总而言之，女性主义从一个侧面诠释了中国和平崛起的正义性、合理性和可能性。

苏云婷（2007）指出了女性主义的世界秩序理念与中国所倡导的"和谐世界"在世界秩序的目标设计、国际关系的基本存在状态、对待边缘者的态度、实现"和谐"世界秩序的途径等方面的一系列相通之处，同时表示双方的相互借鉴与合作还存在进一步深化、拓展的空间——性别要素并没有成为"和谐世界"主张中建构世界新秩序的要素之一及分析当今世界秩序之缺失的重要工具；而女性主义对性别平等的重视一定程度上限制了它从其他层面对未来世界秩序的理解，对国家的批判立场又使它淡化了国家在世界秩序建构中的地位。二者都有必要将对方的关注点纳入自己的视野。

三　总结与展望

2006~2010年，女性主义国际关系研究方兴未艾。相关机构的成立及活动的开展是该研究领域机制化的重要标志（李英桃，2011）；不同学科的学者从各自的角度介入其中，拓宽了它的眼界；一批硕士和博士研究生的加盟为它带来了活力。对女性主义国际关系理论的评价更加实事求是，学理分析的开展提高了有关研究的质量。对国际关系学核心概念和议题的社会性别分析在广度和深度上均得到拓展；国际关系中的"妇女问题"研究进展显著。从社会性别的角度探求国际体系和国际关系实践中的某些问题，使女性主义对传统学说的批判和改造更加具体、深入，也增强了研究的现实意义。

女性主义视角被用于研讨国际社会中的中国，不仅令对中国外交理念的解读更加丰富和全面，也于无形之中提请思考社会性别关系与国家国际地位的潜在关联。社会性别和其他身份的耦合对妇女在国际社会中状况的综合作用进一步引起学者的关注；实证调查的展开意味着研究方法的运用上取得突破性的进展，使之更趋于科学。

然而，各研究方向的发展有失平衡。学者将注意力较多地集中于理论性较强的对女性主义国际关系学派的研究和以社会性别方法分析国际关系学核心概念和议题，作为女性主义国际关系研究安身立命之本的国际关系中的"妇女问题"、紧贴现实的对国际政治经济秩序和国际关系实践的女性主义分析、以社会性别方法研究国际社会中的中国尚未受到足够的重视，这不仅有意无意地导致一些研究的低水平重复，也不利于社会性别主流化在国际关系决策中的推进。

希望在不久的将来，女性主义国际关系研究通过整合各方力量，密切理论与中国和平发展及国际社会日新月异的变化等现实的联系，增加实证方法的运用而得到完善。其潜力的充分发挥需要增强研究的系统性，使之朝着创建有中国特色的女性主义国际关系理论的方向不断迈进。

国外女性/性别研究综述
（2006～2010 年）

戴雪红[*]

一 研究概述

2006～2010 年，伴随着新的议题、新的方法角度的深入，以及学术成果的大量涌现，中国对国外女性/性别研究也进入了一个新的发展阶段。本文将对2006～2010 年国内学者对国外女性/性别研究的总体状况，包括主要议题、研究的特点、研究成果、研究活动的数量规模、新的发展方向等进行梳理、归纳和总结，在此基础上提出已有研究在理论、方法、研究对象和范围等方面存在的不足。

本文主要从中国知网"中国期刊全文数据库"与中国国家图书馆等以"女性主义""妇女""性别""男性"等作为篇名、关键词、摘要进行检索。据不完全统计，2006～2010 年，国内学者有关国外女性/性别的公开发表的论文 3262 篇，正式出版的专著、论文集、译著有 587 本，中国优秀博硕士论文库中共有硕士论文 914 篇、博士论文 75 篇。这五年研究的一大亮点是：和过去相比，国内出版的译介类著作在数量上大为增加，多于国内学者的认识研究类专著。这表明，国内对国外女性/性别的研究和介绍已经走向学术化和学科化，具体体现在：研究成果的数量稳定增长；研究水平不断提高；研究主题呈现多学科分布；研究领域更加多元化等。总之，研究在各个方面都取得了重要进展，从而获得了主流学界更多的认同与肯定。比如，女性主义哲学学科有两个青年项目获得 2008 年国家社会科学基金立项支持。另外，学术研讨和学术交流活跃。2007 年，"性别与哲学对话平台"首届论坛在清华大学召开，拉开了研究西方女性主义哲学的序幕，至2010 年该论坛已经召开了四次研讨会。

从论文发表的年份分布来看，2007 年论文数量比 2006 年有较大突破，并从

---

* 作者简介：戴雪红，女，南京大学政府管理学院副教授。

2008年开始逐渐增加，至2010年达到高峰，增加到了771篇。根据现在的研究数量来看，国内学者对国外女性/性别的研究涵盖的主题范围非常广泛，内容涉及不同的学科领域，并集中表现出以下几个主要特征：2000～2005年关注的部分传统主题仍然受到重视，并且有了更深入的发展，如马克思主义女性主义、女性/性别哲学、女性主义政治学、性别与媒介研究等；同《中国妇女研究年鉴（2001～2005）》相比，一些新兴的研究领域，如生态女性主义、后现代女性主义等领域凸显活力，新的理论、思路及历史语境得以确立；但对女性主义社会学、法学与人类学等多个学科关注较少，仍有较大的发展空间。男性研究、女性主义电影研究、女性主义经济学研究等都有新的突破，应重视和加强对这些研究探讨。

二 主要研究内容

（一）传统研究领域的深化

首先，作为中国学者对西方女性主义研究的传统重点领域，国内理论界是从对马克思主义女性主义进行单纯的经典理论评介开始的。这五年中，国内学者拓宽视野、转换角度，更多地关注理论立场前提、完善理论框架，这就使马克思主义女性主义研究在传统基础上有所深入，学理化程度明显提高。在论文方面，王宏维（2006）明确指出了西方马克思主义与女性主义的理论结合体现了马克思主义在社会性别视域中的演进与拓展。在专著方面，秦美珠的《女性主义的马克思主义》（2008）立足于原著，对女性主义的马克思主义领域中的15部（篇）论著进行了详尽的介绍与评述，梳理了女性主义的马克思主义的理论发展过程。戴雪红的《女性主义对资本主义的批判、立场、观点和方法》（2010）是国内第一部用马克思主义的立场、观点与方法深入分析女性主义对资本主义批判的专著。在学位论文方面，两篇博士论文（虞晖，2008；史巍，2010）、五篇硕士论文（胡波，2007；高苑，2009；张丽娜，2009；刘宝成，2008；崔伟荣，2010）对马克思主义与女性主义之间的关系进行了比较研究，探索了中国妇女解放与发展道路的特征与规律。

其次，女性/性别哲学研究领域和视野不断扩展，不仅关注西方女性主义哲学的热点和难点问题，而且拓宽了研究范畴，增强了研究的学术性，这体现在学者们努力建设和推广女性主义哲学学科、运用性别视角、引入女性主义哲学方法等。戴雪红（2008）认为，后女性主义者从根本上挑战了西方的二元论，身/心二元论成为后女性主义哲学批判的重要对象。肖巍（2010）认为身体是当代女性主义哲学研究中不容忽视的重要视角之一。魏开琼、曹剑波（2010）认为要确立女性主义知识论的合理性，传统知识图景需要做出相应的调整，对认知主体的重新认识表明了女性主义对哲学的影响。王宏维的哲学论文集《谁来讲出关于女人的真理：哲学视域下的性别研究》（2010）包括女性主义的启蒙运动、性/性别与政治、性别与经济、市场、教育与性别平等、"男婴偏好"与性别谋杀、女性的生存与发展、反思传统与现实等，从多个视角认识性别问题。董美珍的《女性主义科学观探究》（2010）一书则梳理和探讨了西方女性主义对科学与性别关系的立场与主张。总体来看，女性主义哲学研究取得了一定的研究成果，但研究的深度和广度还有待进一步拓展。女性/性别哲学研究的博士论文很少，主要有杨艳的《唐娜·哈拉维的女性主义技科学思想研究》（2009）。硕士论文中有六篇集中在科学哲学领域，如对桑德拉·哈丁（杨颖，2006）、海伦·朗基诺（王玉林，2006）、伊夫林·福克斯·凯勒（姜慧智，2007）、唐娜·哈拉维（王安轶，2008）等女性主义科学哲学家的思想研究；有三篇集中在伦理学领域，如女性生命伦理研究（鲁琳，2006）、西方女性主义伦理学研究（李淑平，2006）等；另外，还有两篇研究的是福柯与女性主义之间的关系（范莹莹，2007；张防震，2009）。

再次，女性主义政治学领域的研究主要集中在女性主义国际关系领域，研究论文与专著不断涌现。郭夏娟（2006）指出，女性主义从性别视角审视传统安全观和已有环境安全理论与实践，发现其隐含着的性别缺失，揭示了深植于西方政治思想中的二元论根源。李英桃主编的《女性主义国际关系学》（2006）对西方女性主义国际关系学的要义和精髓进行了"中国式诠释"。胡传荣的《女性主义与国际关系：权力、战争与发展问题的社会性别分析》（2010）一书对女性主义国际关系学派的核心概念、本体论、认识论以及该学派与主流学说的关系进行了梳理。女性主义政治学领域的硕士论文有九篇左右（刘乃源，2007；王凡，2008；周婧婧，2008；杨希，2008；赵丹丹，2009；王珏，2009；牛远，2010；赵娜，2010；杨佳莉，2010），研究内容涉及平等与差异、政治参与、民主、全球化、公共领域、国家安全观、公共政策等方面，呈现多元化的特点。

最后，女性主义社会学是比较贴近现实的研究领域，对女性与社会问题的研究具有重要理论价值。文军（2008）认为"身体"向来是被社会科学尤其是传统主流社会学所忽视的研究对象。"身体"是当代政治和社会文化的一项重要议题。曹锐（2010）指出，布迪厄社会学理论的核心概念以及布迪厄社会学理论的构建方法，即关系论与反思法等对女性主义理论的发展都有很大影响。在专著方面，闵冬潮在《全球化与理论旅行：跨国女性主义的知识生产》（2009）一书中指出，如果只关注"本土化"或"中国化"，是否还能说明问题？如果不能，那么全球化对中国妇女研究又意味着什么？女性主义社会学的博士论文很少，硕士论文的研究议题也比较分散，主要有：社区家政服务、社会学理论发展的价值研究、劳动性别分工的理论研究、女性身体建构、城市女性品牌消费行为研究等（姜夏烨，2007；于守艳，2007；姜辑萱，2008；孔德男，2010；邱爽，2010）。总体上看，目前学界对于女性主义社会学的介绍和评介较少，特别是对女性主义社会学如何进行中国化的研究需要加强。

（二）新研究领域的拓展

第一，生态女性主义是当前女性主义理论中最具活力的流派之一。这五年间，随着国内学者对生态主义女性主义认识的深入，研究视野也在很大程度上得到了拓宽。赵媛媛、李建珊（2006）指出，生态女性主义和"环境正义"都是目前环境伦理学领域较为重要且流行的思想。罗蔚（2010）将女性主义与环境保护主义联系起来，探究父权制社会中男性主宰女性与人类主宰自然之间的关联。张妮妮（2010）阐述了生态女性主义与以往女性主义不同的特点，对全面了解生态女性主义的发展状况具有很重要的参考价值。方刚、罗蔚编著的《社会性别与生态研究》（2009）全面介绍了生态女性主义理论的兴起与发展过程，展示了生态女性主义理论在各个领域的渗入与作用。不过，这五年还没有关于生态女性主义方面的学术专著。博士论文具有代表性的是李瑞虹（2008）的《萝斯玛丽·雷德福·鲁塞尔的生态女性主义神学思想研究》；硕士论文的研究内容主要包括生态女性主义自然观、环境哲学等方面（束佳，2007；张士英，2007；陈雪婧，2007）。

第二，对后现代女性主义的研究也取得了一些进展。曹剑波（2006）认为后现代女性主义作为一种新兴的主流女性主义知识论具有重要的知识论贡献。章立明（2007）指出后现代女权主义超越了传统女权主义的局限性。苏红军、柏棣主编的《西方后学语境中的女权主义》（2006）介绍了20世纪70～90年代"后"学语境中西方女权主义理论的发展和变化，以及西方女权主义在当代全球化加剧氛围中关注的一些主要议题。刘岩的《差异之美：伊里加蕾的女性主义理论研究》（2010）对法国著名后现代女性主义者露丝·伊里加蕾的性别差异理论进行了深入研究。博士论文有王淼的《后现代女性主义理论研究》（2008）；硕士论文主要集中于后现代的科学观、国际关系、社会性别理论等内容的研究（崔雅琴，2009；印大双，2006；高玉珍，2006；张惠；2006）。

第三，性别与媒介研究领域的研究有了长足的进步。张敬婕的《性别与传播研究30年发展轨迹》（2009）一文，较为系统地梳理了性别与传播研究的发展脉络。刘利群等主编的《国际视野中的媒介与女性》（2007）从国际视野的角度，对媒介与女性研究进行了全面的观照和深入的探讨。曹晋的《媒介与社会性别研究：理论与实例》（2008）介绍了西方女性主义批判传播研究的理论，并就本土社会传播情境中存在的社会性别不平等进行了专题研究等。博士论文方面主要有刘芳的《时尚杂志与中产阶级女性身份》（2006）、吴越民的《中美报纸新闻中女性形象塑造的跨文化研究》（2010）。硕士论文方面，刘瑶（2010）从女性主义角度阐释了流行影视剧的传播机制，徐佩玲（2006）对泰国与中国大众传播媒介中的女性形象进行了比较与分析。

第四，男性研究是女性/性别研究中的一个新议题和新视角，主要内容涉及男性的情欲、男性的暴力、父权文化、亲密关系、男人的身体等一系列问题。国内已经有一些研究，但文章数量还是比较少，代表性的论著有方刚的《男性研究与男性运动》（2008）。博士论文中周隽的《第五代与新生代导演作品中的男性形象研究》（2010）具有一定的代表性；硕士论文有张卓琳的《男性气质的再现》（2009）等。

第五，在女性主义电影研究方面，2006～2010年的学术论文有44篇，但大多停留在文学领域，较少对其进行哲学透视。章旭清（2006）认为"他者"与"解构"应作为解读女性主义电影的关键词。秦喜清的《西方女性主义电影：理论、批评、实践》（2008）一书梳理了西方女性主义电影理论发展的线索，辨析了不同的批评策略，涵盖了丰富多样的女性主义电影实践。博士论文较少，硕士论文中的内容涉及了后现代主义电影、法国新浪潮电影、美国电影中的女性主义研究（王星灿，2006；丁蕾，2009；高洁，2010；沈敏，2010；何思源，2010）等。

第六，国内研究者对女性主义经济学也予以了越来越多的关注。崔绍忠、马秀丽（2008）指出妇女作为新古典经济学研究的主体和客体的缺憾问题。许婕（2009）认为主流经济学的男性视角，以及它的经济人的前提假设把客观世界里人与人之间的差异简单化，使妇女被排除出经济人的范畴。博士论文的写作仍是空白；硕士论文中，李倩的《女性主义经济学对现代主流经济学的挑战：一个理论述评》（2008）是比较有代表性的。

（三）对代表人物研究的重视

2006～2010年，以西方女性主义理论家为研究对象并对其加以重新审视，成为研究中的一大热点。

1. 西蒙娜·德·波伏瓦

2008年值波伏瓦百年诞辰之际，国内掀起了解读《第二性》、研究波伏瓦的高潮①。方珏（2008）以波伏瓦存在主义的女性主义哲学的思想渊源为切入点，深入考察自我意识、他者、承认和自由等论题。柯倩婷（2010）分析了波伏瓦和朱迪斯·巴特勒对身体的论述。译著方面有克罗蒂娜·蒙泰伊的《第二性——波伏瓦》（2006）、迈尔森的《波伏娃与第二性》（2008）、克洛德·弗朗西斯等的《波伏娃：激荡的一生》（2009）。这五年中研究波伏瓦的博、硕士论文层出不穷，博士论文中具有代表性的有屈明珍的《波伏瓦女性主义伦理思想研究》（2010）。硕士论文中，有的以"他者"为视角解析波伏瓦思想，如秦党红（2006）、尹星（2008）、宋俊红（2009）等；有的将重点放在了波伏瓦一般理论的介绍与评介上，如李孝英（2006）、项晓敏（2006）、何雪梅（2007）、虞慧洁（2008）、衷立（2008）等。

2. 朱莉娅·克里斯蒂瓦

克里斯蒂瓦是法国女性主义的代表人物，1974年与2009年曾两度来到中国访问。这五年中，国内涌现了大量关于她的学术理论的研究文章，如方汉文的《拉康后精神分析理论与克里斯特瓦的诗学话语》（2007），戴雪红的《异质之女性——克里斯蒂娃的女性主义哲学探究》（2007），周可可、刘怀玉的《从诗学革命到女性政治——西方学界关于克里斯蒂娃思想研究现状综述》（2007），罗婷的

---

① 西苑出版社出版了舒小菲译的《第二性》（2009）；作家出版社出版了达妮埃尔·萨乐娜芙著、黄荭等译的《战斗的海狸：西蒙娜·德·波伏瓦评传》（2009）；中信出版社出版了黑兹尔·罗利著、时娜译的《面对面：让-保罗·萨特与西蒙娜·德·波伏瓦》（2006）；上海译文出版社出版了波伏瓦的两本专著：《女宾》（周以光译）和《名士风流（Ⅰ、Ⅱ）》（许钧译）（2010）等。

《无意识话语与诗性语言——拉康与克里斯特瓦之比较》（2006）等。另外，值得
一提的是，高宣扬主编的《法兰西思想评论》（2008）第4期第一部分选编了克
里斯蒂瓦的三篇论文，第二部分几乎囊括了国内研究克里斯蒂瓦的主要论文，同
时发表了国外著名学者研究克里斯蒂瓦的三篇论文。在译著方面，国内已经出版
了克里斯蒂瓦的4部专著，分别为刘成富等译的《汉娜·阿伦特》（2006）、黄晞
耘译的《反抗的未来》（2007）、林晓译的《反抗的意义与非意义》（2009）、赵
靓译的《中国妇女》（2010）[①] 等。硕士论文研究方面，黄湘芳的《论克里斯蒂
娃的女性诗学》（2006）、王勇的《斯皮瓦克与克里斯特瓦的女性主义批评比较研
究》（2008）等比较有代表性。

3. 朱迪斯·巴特勒

朱迪斯·巴特勒是当今西方首屈一指的女性主义理论学者。国内学者对其的
研究，有的聚焦于巴特勒的性别表演理论研究（钟厚涛，2006；王建香，2008；
方亚中，2009；孙婷婷，2010；何成洲，2010；张青卫、谈永珍，2010），有的着
力于巴特勒的一般理论研究（杨洁，2008；李庆本，2009；都岚岚，2010），有的
分析了巴特勒的身体观（戴雪红，2008；柯倩婷，2010），另外还有三篇针对
《性别麻烦：女性主义与身份的颠覆》与《消解性别》的书评，分别由宋素凤
（2010）、范譞（2010）撰写。硕士论文方面，主要有谈永珍的《朱迪斯·巴特勒
性别操演论的伦理审视》（2010）等。译著方面，巴特勒的几本重要著作已经被
翻译出版：宋素凤译的《性别麻烦：女性主义与身份的颠覆》（2009）[②]、郭劼译
的《消解性别》（2009）、张生译的《权力的精神生活：服从的理论》（2009）。
不过，迄今为止，国内还没有相关的研究巴特勒的专著出版。

---

① 1974年，中国恢复联合国常任理事国席位，1974年5月，朱莉娅·克里斯蒂瓦和罗兰·巴
　特、菲利普·索列尔以及《原样》杂志主编马尔塞林·普雷奈等人对中国做了为期两个多月
　的参观访问。克里斯蒂瓦应法国妇女出版社之约，当年就发表了这本纪实游记。在该书中，
　克里斯蒂瓦对两千年来笼罩在中西方文明之间的神秘面纱做了某种原创性揭晓。她凭借在哲
　学、人类学、精神分析学和符号学等人文学科理论上的广博知识，抓住母性和性别差异的主
　题，以中国家庭为横坐标，以中国历史为纵坐标，从政治、宗教和文学等方面做出以点带面
　的全景式分析。该书的论述立场也曾受到佳亚特里·斯皮瓦克等女性主义作家的质疑，在有
　关殖民主义理论、身份和统一性等问题的讨论史上具有典型意义。同时客观翔实地记录部分
　对于促进中国妇女运动和女性文化的研究也具有重要的史料价值。
② 1990年面世的《性别麻烦》是女性主义理论和性别研究的必读书与重要著作，一经出版即引
　来赞誉和争议无数，并被奉为开创"酷儿理论"的经典文本。

三 译介类成果

2006～2010 年，国内对西方女性/性别研究成果的介绍翻译成果非常丰富，涉及的学科领域十分广泛，促进了女性/性别理论体系的丰富与完善，很多经典作品都具有较高的理论价值。

在女性主义基本理论方面影响较大的译著是：佩吉·麦克拉肯主编、艾晓明等译的《女权主义理论读本》（2007），刘岩等编著的《女性身份研究读本》（2007），马元曦等编著的《西方女性主义文学文化译文集》（2008）等。而在大型工具书的翻译方面，谢丽斯·克拉马雷、戴尔·斯彭德主编的《国际妇女百科全书》（2007）（中译精选本）是有关妇女与社会性别研究和实践的最新的综合性、跨学科的百科全书，有助于人们加深对妇女学和社会性别理论的认识，通过借鉴国际妇女运动的理论和经验，推动中国妇女学和社会性别平等的发展。该中译精选本已经成为中国目前妇女和社会性别研究领域最具权威性和实用性的工具书。

在女性主义专业理论译著方面，具有一定学术水平的有马克思主义女性主义领域的莉丝·沃格尔的经典著作《马克思主义与女性受压迫：趋向统一的理论》（2009）。女性/性别哲学领域有苏珊·鲍尔多的《不能承受之重：女性主义、西方文化与身体》（2009）、苏珊·弗兰克·帕森斯的《性别伦理学》（2009）、米兰拉·弗里克等的《女性主义哲学指南》（2010）等重要著作。女性主义政治学领域的译著相对比较多，主要包括简·弗里德曼的《女权主义》（2007）、凯瑟琳·A. 麦金农的《迈向女性主义的国家理论》（2007）、贝尔·胡克斯的《激情的政治：人人都能读懂的女权主义》（2008）、阿莉森·贾格尔的《女权主义政治与人的本质》（2009）、露丝·里斯特的《公民身份：女性主义的视角》（2010）、卡米拉·斯蒂福斯的《公共行政中的性别形象：合法性与行政国家》（2010）。女性主义社会学领域的译著相对比较少，主要有玛丽琳·J. 波克塞的《当妇女提问时：美国妇女学的创建之路》（2006）、雷娜·多米耶利的《女性主义社会工作：理论与实务》（2007）等。

目前有些领域的译著相对比较少，如生态女性主义领域，仅有薇尔·普鲁姆德的《女性主义与对自然的主宰》（2007）被翻译出版。在媒介与性别研究领域，代表性的有凡·祖伦的《女性主义媒介研究》（2007）与苏·卡利·詹森的《批判的传播理论：权力、媒介、社会性别和科技》（2007）。男性研究领域的著作翻译逐渐被重视，有苏珊·鲍尔多的《男性特质：从公开和隐秘的眼光重新审视男人》（2008）和哈维·C. 曼斯菲尔德的《男性气概》（2008）。女性主义电影领域的一本经典著作是休·索海姆的《激情的疏离：女性主义电影理论导论》（2007）。女性主义经济学领域的经典之作是埃丝特·博斯拉普的《妇女在经济发展中的角色》（2010）。

在有关国外女性/性别研究的译文方面，从成果质量来看，比较有学术水平的除了南希·弗雷泽的《女性主义、资本主义和历史的狡计》（2009）、桑德拉·哈丁的《女性主义、科学和反启蒙思想的批判》（2009）等少数文章被翻译以外，大多集中在生态女性主义领域，如 K. 沃伦的《生态女性主义哲学与深层生态学》（2010）、艾瑞尔·萨勒的《生态女性主义经济学：从生态适量到全球正义》（2010）等。

另外，国内有些期刊设有专栏专门译介国外的性别研究，比如《国际社会科学杂志（中文版）》，2006 年第 2 期共有 13 篇译文，主题是"盘点北京世妇会后十年"，内容涉及北京世妇会之后 10 年里全球范围内妇女的社会、经济、文化和政治状况等；2008 年第 2 期共有六篇译文，主题是"妇女权利：行动、研究与政策"，内容涉及妇女赋权、人权、法律、性别权力等方面的内容。国内还出版了一些与跨学科研究相关的书籍，如何成洲、王玲珍主编的《性别、理论与文化》（2010），收录的几篇重要译文分别从文学、电影、跨国女性主义、社会学和电视等不同角度探索了妇女和性别研究的前沿理论议题。

以上仅是一个概略的梳理。总的来说，国内学界在国外女性/性别领域的译著总体上偏少，限制了其在国内的进一步深入研究。但从中却可看出 2006~2010 年国内学者对国外女性/性别译介的大体情况，这些译作确实起到了沟通中外学术交流的作用，对国内学者的研究和发展产生了不能忽视的影响。

四　运动与实践

笔者以中国期刊网和国家图书馆等提供的电子资源为主要来源，分别以"妇女运动""女权运动""女性主义运动"等为关键词，共搜集到 2006~2010 年国内学者关于国外妇女/女性主义运动与实践的研究论文共 300 篇左右，硕士论文九篇，博士论文两篇，专著相对较少，只有三部。以上研究的内容主要集中于两个方面：一是对国外妇女/女性主义运动的基本问题的研究。刘伯红（2006）认为，妇女参政既是妇女的基本人权，也是推动人类社会可持续发展和社会改革的重要内容。二是对各国妇女运动的研究，包括美国、英国、德国、法国、日本、韩国、土耳其以及埃及等国家。其中，研究美国妇女/女性主义运动的论文较多，有15篇，研究英国妇女/女性主义运动的论文有八篇。硕博士论文也几乎全部集中于研究英美的妇女运动。研究韩国妇女/女性主义运动的论文，主要有崔鲜香的《1970年以后韩国妇女运动的发展与变化》（2010）、河暎爱的《韩中女性参政对两国社会发展的影响》（2010）等。

专著方面，刘伯红、杜洁的《国际妇女运动和妇女组织》（2008）介绍了国际妇女运动的足迹、争取平等的里程碑、国际妇女运动的热点问题、国际妇女组织四方面的知识。周莉萍的《美国妇女与妇女运动（1920~1939）》（2009）指出，妇女要获得真正的解放，自身的努力是关键，其中经济独立是妇女走向平等和解放的基础。王赳的《激进的女权主义——英国妇女社会政治同盟参政运动研究》（2008）呈现了妇女社会政治同盟的完整故事：它的理论渊源、缘起、领导人物、斗争策略与效果。何念的《20世纪60年代美国激进女权主义研究》（2010）运用性别、现代化等理论和方法，解析了美国历史上性别建构及女性的生存状态，分析了激进女权主义的主要理论、组织和实践活动。孟鑫的《西方女权主义研究》（2010）对自由主义女权主义、激进主义女权主义、马克思主义女权主义、社会主义女权主义、心理分析女权主义、后现代女权主义、当代女性的从属根源等进行了研究。

有关妇女运动的译著相对较少：玛尼莎·德赛的《跨国主义：北京世妇会后的女性主义政治面貌》（2006）、穆哈·埃纳吉的《摩洛哥的多元文化、社会性别和政治参与》（2010）。译著方面，较具代表性的有德博拉·G.费尔德的《女人的一个世纪：从选举权到避孕药》（2006）、马格丽特·金著的《文艺复兴时期的妇女》（2008）、玛丽·沃斯通克拉夫特等的《女权辩护》（2009）、鲍晓兰的《顶起大半边天：纽约市的华人服装女工1948~1992》（2010）等。

五　研究的不足与展望

总体而言，2006~2010年国内学者对国外女性/性别研究呈现扩大和向着纵深发展的趋势，在取得一定成绩的同时还存在以下不足之处。首先，研究成果的低质量化。高质量、有建树的研究成果不多，低水平重复研究和对传统议题"炒冷饭"的现象较常见，研究成果在国内一流期刊上登载的数量很少。其次，基本理论研究较为薄弱。第一手外文资料掌握不够，对国外女性/性别研究还缺乏整体性的介绍和认识，缺乏前瞻性；对新理论和新方法的吸纳借鉴也不够；研究视角、范畴、方法还不够多样化；研究领域需要进一步拓展并深入。最后，研究资源匮乏，如课题来源、研究经费和研究队伍处于比较匮乏的境地，各级社会科学基金以及各类研究项目中，有关国外女性/性别研究的课题非常少。这是影响研究成果质量与数量的主要原因。

今后，国内学者在国外女性/性别研究领域需在以下几个方面有所突破。首先，研究领域要拓宽，研究视野要向着更多跨界与交叉研究的方向发展。通过积极与国际接轨，研究最新前沿理论。其次，研究方法要创新。国外女性/性别的研究本身就具有多元性，用任何一种单一的学科都不能完全揭示其丰富的内涵，因此，跨学科、多视角的研究方法对于打破各领域的疆界、更贴近地把握国外女性/性别研究是非常重要的。再次，研究路径要本土化。以对国外女性/性别的研究为基础，与中国国情相结合，避免空泛地解决问题，提出本土化的、建设性的、具体且可行的对策。最后，为改变以上状况，还必须在学科平台、科研体制等方面进一步加强与调整，为国内学者对国外女性/性别的研究提供一个更加厚重的基础和更加广阔的发展空间。

学科建设研究综述

女性学研究综述 (2006～2010 年)

陈 方[*]

2006～2010 年，中国社会的发展进步，国际国内进一步推进性别平等的社会实践，为中国女性学成长开拓了广阔的社会前景。继北京 '95＋10 纪念大会之后，2006 年 8 月，联合国消除对妇女歧视委员会第 36 次会议对中国执行《消除对妇女一切形式歧视公约》（以下简称《消歧公约》）第五、第六次定期报告进行了审议，并提出结论意见，敦促中国切实履行缔约国义务。五年间，中国政府进一步推进男女平等基本国策的落实，国务院和有关部门出台了直接惠及妇女、儿童民生的 30 多项政策措施（黄晴宜，2009），同时加强监测中国妇女和儿童发展纲要各项指标的实现情况，以确保妇女和儿童发展纲要各项目标任务如期实现。在 2008 年召开的第四次全国妇女儿童工作会议上，中共中央政治局常委、国务院总理温家宝出席会议并发表重要讲话。这五年间中国的妇女发展和性别平等的社会实践，一方面为中国女性学的发展提供了良好的社会环境，另一方面也提出许多有待研究的新的妇女/性别问题，吸引更多的研究者致力于妇女/性别研究，客观上拓宽了女性学研究领域，催生出更多的研究成果和专业人才。因而，2006～2010 年，中国女性学学科建设出现了前所未有的新局面，迈上了一个新的台阶。同时，中国女性学学科建设面临的新问题也更加尖锐。本文将重点从女性学共同体建设、女性学课程设置与学位教育两方面评述 2006～2010 年中国女性学学科建设的进程。

一 学术共同体建设

所谓学术共同体，指的是一批志同道合的学者，遵守共同的道德规范，相互

---

* 作者简介：陈方，女，中华女子学院女性学系教授。

尊重、相互联系、相互影响，推动学术的发展，从而形成的集体（韩启德，2009）。也有学者称之为"知识群落"。妇女/性别研究学术共同体不是实体的社会机构，而是学者与其他人相互依赖、探究、交流和协作的一种学术活动方式或平台，在妇女/性别研究领域，学术共同体成员共享男女平等的价值理念，共享先进的性别平等文化，强调分享各自的见解，鼓励探究以达到深层的理解与认同。与人文社会科学领域许多专业相比，妇女/性别研究具有更明显的两大特征：一是跨学科性，二是实践性。由此，妇女/性别研究学术共同体既强调"学"，更突出"联"和跨越"界"。"联"是指汇聚学者智慧，凝聚学术力量，相互作用，相互激发；"界"强调的是跨越学科界限，积极推动跨学科的知识交叉与融合，跨越学界与政府相关部门和社会团体合作，实现跨单位的资源共享与合作（边国英，2007）。2006～2010 年，中国妇女/性别研究学术共同体的核心要素包括专业学会、学术刊物系统和同行评议制度三个方面。

（一）专业学会系统

在组织层面，中国妇女/性别研究学术共同体以中国妇女研究会为主要代表。中国妇女研究会建构了中国大陆最大的妇女/性别研究专业学会系统，是集党校、高校、社会科学研究机构和妇联"四位一体"的研究网络。在 2008 年召开的中国妇女研究会第三届理事会上，选出理事 177 位，以学者为主体，具备高级专业技术职称的学者为 108 人，约占总数的 61%，其中博士生导师 32 人，在学者理事中约占 30%。在 177 位理事中，高校系统理事 72 人，约占 41%；妇联系统理事 65 人，约占 37%；社会科学院系统 15 人，约占 8%；党校系统理事 7 人，约占 4%；其他各类理事 18 人，约占 10%。中国妇女研究会团体会员共有 112 个，遍布全国 30 个省、自治区、直辖市和 3 个计划单列市，其中由全国妇联和各省、自治区、直辖市、计划单列市妇联组织的妇女学会、研究会、研究所和研究中心 42 个；社会科学院系统妇女研究中心 9 个；高等院校妇女研究中心 47 个；党校妇女研究中心两个；其他妇女研究组织 12 个。2006～2010 年，中国妇女/性别研究领域的学术活动、科研成果主要产自 112 个团体会员（中国妇女研究会，2009）。

作为一个专业学会，中国妇女研究会立足于多方面建设妇女/性别研究学术共同体。2006～2010 年，在学术共同体之外，中国妇女研究会在争取政府研究资金特别是国家社会科学基金、承接国家有关妇女研究的科研任务、引导妇女研究广泛深入开展、为政府政策和妇女工作决策提供科学依据、促进妇女研究的中外合作与交流等方面发挥了重要作用。在学术共同体内部，中国妇女研究会进一步协调和组织全国的妇女研究资源和力量，规划妇女研究工作，采用年会制开展学术活动，并在年会中设立"妇女/性别学科建设进展"论坛，集合全国妇女/性别研究的专家学者进行广泛深入的学术交流；常年组织培训，促进科研成果的转化和应用；设立妇女/性别研究优秀博士、硕士学位论文奖，鼓励妇女/性别研究新生力量的成长。为了加强"四位一体"研究网络的合作，推动妇女/性别研究机制创新，2006年，中国妇女研究会牵头，21个大专院校、科研机构与妇联、学会共同建立了第一批妇女/性别研究与培训基地，为妇联系统与党校系统、社科院系统及高校系统进一步合作搭建了新平台，通过资源整合和机制创新，共同推动妇女/性别研究与培训，取得了互利共赢的社会效果。

中国妇女/性别研究专业学会系统具有鲜明的专业特色，充分发挥了集聚专业人才、开展学术交流的"召集人"作用，但是，该系统面临的挑战也较明显。主要挑战之一是中国妇女研究会缺乏足够的资金，难以资助和奖励更多的项目、课题，学术共同体内的妇女/性别研究学者所从事的研究活动，仍然过多地依赖于所在的大学、研究所，难以与中国妇女研究会这一专业学会紧密相连，这在一定程度上削减了中国妇女/性别研究学术共同体的凝聚力。谋求和筹集更多的包括政府资助和民间资助在内的研究经费，进一步为研究者和教学者拓宽资金来源渠道，或许是中国妇女研究会未来的重要任务之一。

妇女/性别研究学术共同体除了专业学会的形式，还有一些以项目/课题为核心形成的学术平台。如已坚持了数年的由北京大学、武汉大学、东北师范大学、中华女子学院和厦门大学等高校牵头建立的高校女性学研究和教学交流会议制；还有在2006年以"发展中国大陆妇女/社会性别学学科"课题为基础，形成的妇女/社会性别学学科发展网络。该网络以师资培训和课程建设为工作目标，在不同领域建立诸多子网络，聚集30多所院校、20多所研究机构和妇联的专家学者，在这五年间不定期地研讨和交流妇女/性别研究和女性学教学的信息和经验，对推动女性学教学发挥了积极作用。五年间，女性学教学科研人员之间初步形成相互支持关系，各类女性学教学科研机构之间或以研究课题和项目为纽结形成跨地区、跨单位的研究网络，或者以课程结成教学网络等，但与女性学学科建设的需要相比，机构之间、专业人员之间的合作和交流仍然较少，例如许多学校都开设女性学导论课程，但在全国和地区范围内，教师们却少有机会聚集在一起讨论教材、课程和教学方法。

（二）学术刊物系统

学术刊物系统是学者进入学术共同体、参与并建立正式学术交流网络的关键平台，因此对学者的学术生涯和学术共同体的运行至关重要。2006～2010 年，妇女/性别研究领域的专业学术刊物已构成一个系统，除了一些不定期和不设专栏的登载妇女/性别研究论文的学术刊物之外，该系统主要包括专业学术期刊和专栏学术期刊两类。

以妇女/性别研究为主要内容的学术期刊共有四种：①《妇女研究论丛》，主要栏目有：理论探索与争鸣、观察与调查、热点问题讨论、史学研究与反思、妇运观察与妇女工作、项目之窗、学科建设、妇女/性别文化研究、国外妇女/性别研究、研究动态与信息、国外妇女/性别研究杂志导读、读书与思考、图书推介等；②《中华女子学院学报》，主要栏目有：马克思主义妇女理论研究、社会主义市场经济与妇女、妇女教育与改革、国外妇女研究、女性与社会、妇女与法律、女性文学研究、妇女史、女性心理、妇联工作研究、学前教育等；③《中华女子学院山东分院学报》（2010 年 10 月更名为《山东女子学院学报》），主要栏目有：性别平等理论研究、女性与社会发展研究、调查与思考、妇女史研究、女性文化研究、女性文学研究等；④《妇女研究》（人大复印报刊资料），常设栏目有：理论探讨、性别研究、妇女就业、妇女发展、妇女史，以及一些不定期的栏目。

开辟妇女/性别研究专栏的学术期刊，如《浙江学刊》的"妇女研究"专栏、《南开学报（哲学社会科学版）》"性别视角下的中国文学与文化"栏目、《山西师大学报（社会科学版）》"妇女与性别研究"栏目、《中共宁波市委党校学报》"妇女与社会"栏目、《徐州工程学院学报（社会科学版）》"女性主义与性别文化研究"栏目，等等。

学术期刊是妇女/性别研究学术共同体成员进行展示学术成果和从事学术交流的基本通道，正是它们引导研究者步入中国妇女/性别研究领域进行学术交流，传播中国妇女/性别研究的知识，促成学术共同体雏形的建立，并推动男女基本国策的实施。然而学术期刊系统也同样面临学术挑战，像中国多数学术期刊一样，妇女/性别研究领域的学术期刊系统尚未真正实施同行评议制度。所谓同行评议制度，是指学术同行在学术成果质量认可中发挥着关键作用、一种"内行人"评价和管理学术的制度（张斌，2012）。较为完善的同行评议制度可以提供公平分配的环境，促进中国妇女/性别研究知识的创新，是学术期刊系统发挥作用的关键所在。而对学者而言，为了职称晋升和其他因素，则更多的是追求在所谓高层次的期刊上而不是在一般的妇女/性别研究专刊或专栏中发表论文。这两种现象可能导致妇女/性别研究学术共同体的同行认可不得不让位于基于计量的评价机构的认可，从而可能妨碍学术知识创新，导致中国妇女/性别研究领域学术思想平庸。中国的妇女/性别研究学术期刊系统在建立更为完善的同行评议制度方面还有较大的空间。

中国妇女/性别研究学术共同体既是开放的，又是封闭的。与其他学术共同体相似，它在某种意义上还是一个自说自话的、以学术活动为中心的、互利互惠的圈子，正因此，一旦学术共同体内部的相关制度建立和实施，便可以推动研究个体的相互作用，从而在学术规范上取得进步；同时，妇女/性别研究的跨学科性和实践性，决定了该学术共同体必须时时与学术共同体之外的学界和社会各子系统进行对话交流，以发现新问题，探索合作研究的新途径，增强学术共同体的活力，从而发展妇女/性别研究知识。

二　女性学课程设置与学位教育

中国女性学成为学术领域新专业的主要标志之一，是高等教育体系对女性学课程设置、教学、女性学学位教育以及专业人才培养规模的认可（陈方，2007）。早在2000年，《中国妇女发展纲要（2001~2010年）》就指出，在高校开设女性学课程是女性事业发展的重要目标，"国家的人才发展战略要体现男女平等原则，将妇女教育的主要目标纳入国家的教育发展规划"，"在课程、教育内容和教育方法改革中，把社会性别意识纳入教师培训课程，在高等教育相关专业中，开设妇女学、马克思主义妇女观、社会性别与发展等课程，增强教育者和受教育者的社会性别意识"。五年间，不同层次、多种多样的女性学课程逐渐普及，到2010年，中国大陆已有100多所高校开设女性学相关课程，这些课程面向专科、本科、硕士和博士各个层次的学生，涵盖了公共选修和必修、专业选修和必修以及素质教育、博雅课程、通识教育等各类课程。据不完全的统计，2006~2010年间，中国大陆共出版女性学学科建设方面教材19部，其中，女性学导论/概论类九部，社会性别概论三部，女性学研究方法类一部，少数民族女性学一部，女性学学科建设研究类两部，女性学经典选读类三部。高校开设女性学课程，一方面增加了大学生的性别平等意识和价值观念，另一方面通过学位教育，培养了一批妇女/性别专业人才。

妇女/性别研究学位教育始于 1998 年教育部批准北京大学社会学专业点招生女性学方向硕士研究生；2006 年教育部批准中华女子学院招收女性学本科生；2006 年，经教育部批准，北京大学设立女性学硕士点；2007 年南京师范大学金陵女子学院设立女性教育学硕士点；2008 年厦门大学公共管理学院设立女性研究硕士点。2006～2010 年，一批高校根据本校女性学研究与教学内容和队伍的情况，也在既有学科专业的硕士点上招收妇女/性别研究方向的研究生，以"北大方式"迅速将中国女性学学位教育扩展开来。截至 2010 年，在中国大陆的 90 所大学和研究院所中，已有 83 个硕士学位点招收妇女/性别研究方向的硕士研究生，24 个博士学位点招收妇女/性别研究方向的博士研究生。这些学位点遍及哲学、文学、史学、法学、管理学、教育学和医学等八大学科门类①。

按中国高等教育的学科门类来看，2006～2010 年女性学学位教育分布在八大学科门类中。第一，法学门类，这是妇女/性别研究学位教育最集中的领域。法学门类共有法学、社会学、政治学、人类学、人口学和民族学六个一级学科，每个一级学科均包含妇女/性别研究方向的学位点。其中有 50 个硕士点沿 54 个研究方向招收妇女/性别方向的硕士研究生，有 10 个博士点沿 14 个研究方向招收妇女/性别方向的博士研究生。第二，语言学门类，在语言学门类的中国语言文学、外国语言文学和新闻传播学三个一级学科中，共有 20 个硕士点沿 21 个研究方向招收妇女/性别方向的硕士研究生，六个博士点沿六个研究方向招收妇女/性别方向的博士研究生。第三，历史学门类，在其考古学、中国史和外国史三个一级学科中，共有 10 个硕士点的 10 个研究方向招收妇女/性别方向的硕士研究生，四个博士点的四个研究方向招收妇女/性别方向的博士研究生。第四，教育学门类，在其教育学、心理学两个一级学科中，共有 11 个硕士点的 15 个研究方向招收妇女/性别方向的硕士研究生，两个博士点的两个研究方向招收妇女/性别研究方向的博士研究生。第五，管理学门类，共有六个硕士点沿八个研究方向招收妇女/性别研究方向的硕士生，有两个博士点沿两个研究方向招收妇女/性别方向的博士研究生。第六，哲学门类，有三个硕士点沿两个方向招收妇女/性别研究方向

---

① 据 http：//www. chinaedu. edu. cn/，逐年逐校检索资料并分类整理。

的硕士生，有两个博士点沿两个研究方向招收妇女/性别研究方向的博士生。第七，艺术学门类，有中国艺术研究院艺术学硕士点招收女性学研究方向的硕士生。第八，全国医科大学有数百个妇产科学的硕士点、博士点招收妇产科的学生，除此之外，安徽医科大学的营养与食品卫生学专业和少儿卫生与妇幼保健学专业分别招收妇幼营养和营养与疾病方向、循证妇幼保健方向的硕士研究生；青岛大学的妇产科学专业招收计划生育和优生优育方向的硕士研究生；苏州大学法医学专业招收少儿卫生与妇女保健学方向的硕士研究生。

由此可见，2006~2010 年，中国高等院校的妇女/性别学教育发生了前所未有的扩容现象，五年间除医学领域外，涌现出 83 个硕士学位点招收妇女/性别研究方向的硕士研究生，24 个博士学位点招收妇女/性别研究方向的博士研究生，还有一个本科层次的女性学专业。高校女性学教育的扩展，为中国的妇女/性别研究培养了一大批高层次的专门人才，为妇女/性别研究的可持续发展注入了新的活力。

三 研究的不足与展望

从 2006 年到 2010 年，中国高校的妇女/性别学教育呈现前所未有的景观，也在发展进程中表现出一些有待解决的问题。

首先，妇女/性别学研究和教学尚缺乏充分的交流与对话，不同的高校和院所之间需要更多的交往和合作。在女性学的教学和科研中，同一分支领域、名称相同的学位点，在不同院校和研究院所之间可以增加一些相互讨论和切磋，以便更好更多地分享教材和教学方法、交流研究信息和成果。毕竟，加强高校妇女/性别学教学与研究的交流与对话，是中国妇女/性别研究逐渐规范化的一条重要途径。科研和教学不同于某项社会工程或建筑工程，它最终是由具有独立人格和自由探索精神的学者出于好奇心或者学术兴趣完成的。学术活动的方式和内容、学术共同体的规范以及学术期刊的同行评议制度，也主要由学术共同体自主自治。多年的经验表明，女性/性别研究的学术规范之路，需要也只能通过进一步增加高校和院所之间的专业研究和教学的交流与对话来实现。

其次，目前独立的妇女/性别学学位点过少，可以考虑以灵活的方式设立更多的女性/性别研究学位点，上述所谓的妇女/性别学学位教育主要依托其他学科的学位点培养人才，在招收妇女/性别研究方向硕士研究生的 83 个硕士学位点上，仅有两个女性学硕士点、一个女性教育学硕士点，其余 80 个学位点均非妇女/性别研究专业，只是在非妇女/性别研究专业学位点上设立妇女/性别研究方向；而招收妇女/性别方向的 24 个博士学位点中，还没有女性学博士点。可见，女性学学位教育还有许多要做的工作。一些欧美国家，女性/性别研究学位教育比中国起步早，学位点也较多。其学位点特别是博士学位点往往采取两种方式设立，一是设立独立的女性/性别研究学位点，二是与其他专业挂钩，设立两个专业的联合学位点，且第二种方式的学位点比较多。在中国争取更多的妇女/性别学学位点，是发展妇女/性别学教育的需要，也是妇女/性别研究学科建设的需要，更是推动性别平等和妇女发展的需要。

女性社会学与社会工作研究综述
（2006～2010 年）

王宏亮　张李玺*

　　2006～2010 年是充满了变化和发展的一个时期。在这五年中，女性社会学开始更多地讨论如何开展分支社会学建设的问题。同一时期，女性社会学的兴起也带动了女性社会工作研究的发展。本文所用论文数据主要来自中国期刊网全文数据库、人大报刊资料数据库、万方数据资源系统中的核心期刊；著作数据主要来自国家图书馆馆藏目录、北京大学图书馆馆藏目录。资料主要通过网络数据库检索获得，最终研究论文、博硕士论文、学术会议资料数量以期刊网为主，其中以女性社会学为主题的文献约为 50 篇。国家社会科学基金数据来源于国家社会科学基金网站，2006～2010 年共资助女性相关课题 88 项，在社会学类课题中，与女性相关的研究课题有 23 项。

一　女性社会学研究状况和发展趋势

（一）研究概况

　　2006～2010 年，女性社会学研究总体保持相对平稳的发展态势。在以"女性"为关键词对相关核心期刊的检索中，有关女性的论文为 4063 篇，比上一个五年增长了约 40%。但在以"社会学""女性社会学"为关键词对文献进行二次检索时，相关的研究论文则与上一个五年基本持平，大约保持在 50 篇。但在不同的期刊中，有关女性社会学研究的文献有较大的差异。

　　《妇女研究论丛》和《社会学研究》是社会学以及女性社会学研究最重要的科研文献平台。2006～2010 年，《妇女研究论丛》中以"女性社会学"为篇名的论文有六篇，比上一个五年增长了两倍；以"女性社会学"为关键词的论文达到

　　* 作者简介：王宏亮，男，中华女子学院社会学系；张李玺，女，中华女子学院院长、教授。

16 篇，比上一个五年增长了一倍，这些表明女性社会学研究正逐渐成为女性研究最关注的内容之一。

但在《社会学研究》中，情况则有很大不同。2006～2010 年，《社会学研究》中以"女性"为主题的研究论文为九篇，与上一个五年持平；以"女性社会学"为主题的论文则没有，而在上一个五年还有三篇相关论文发表。以"女性社会学"为篇名、关键词进行检索的结果也相同，没有相关论文收入。这样的变化表明《社会学研究》更关注以"女性"为研究对象的文献，但对女性社会学作为一个相对独立的领域则保持了谨慎的态度。

以上两种不同的情况表明女性社会学研究开始进入较为平稳的发展期。一方面，这一时期的主要研究工作不再是对相关内容的介绍而转入理论突破时期。女性社会学如果无法在学科建设、分支理论体系和研究范式方面取得突破性的研究进展，就意味着女性社会学在社会学领域中更多地会被当作一个视角而不是一个分支。另一方面，《妇女研究论丛》的情况则表明女性社会学现有的研究基础和研究范式已经成为最重要的女性研究基础之一，在女性研究的理论和应用领域扮演了越来越重要的角色。事实上，论著方面的情况也在一定程度上支持了以上的判断。北大馆藏文献和国家图书馆馆藏文献中，以"女性社会学"为主题或著作名称的文献仅有两部，但以女性社会学视角为主开展的女性研究则非常丰富。

另外，随着女性社会学人才培养的推进，女性社会学相关博硕士论文也为女性社会学的发展提供了动力。

（二）研究内容的突破

2006～2010 年，女性社会学研究尽管进入了较为平稳的发展期，但在一些领域仍然表现出了较为活跃的景象。中国特色女性社会学理论开始建构，女性社会学学科建设不断进展，女性社会学逐渐成为主流社会学的重要视角以及女性社会史研究的崛起。

1. 中国特色女性社会学理论的建构

2006 年以来，中国女性社会学研究在理论上发展的一个重要特征就是从描述转向概念和理论的建构（佟新，2008）。尤其是马克思主义和中国特色社会主义理论的影响使我们更注重探索中国特色的女性社会学理论的建构，强调既要重视社会性别视角和方法的运用，又不局限于单一的性别视角，在讨论性别问题时不脱离社会、经济及文化背景（顾秀莲，2007、2010）。佟新（2008）梳理了中国女性社会学的发展历程和特点，总结了女性社会学研究的基本方法取向和价值标准，同时也整理了女性社会学形成的基本概念和理论，如劳动与性别分工、市场与父权制结合等。丁娟（2009）则对中国女性社会学理论的建构历程进行了较为全面的总结。此外，马冬玲（2008）、杨玉静（2009）也以"2008年社会学年会"综述的形式对女性社会学研究的进展和理论建构进行了总结。

在强调马克思主义为指导的中国女性社会学理论建构的基础上，两性和谐成为中国特色女性社会学的重要理论观点。方刚（2007）从男性的角度审视和分析了两性和谐这一基本认识。也有学者从海外中国妇女研究（刘霓、黄育馥，2009）、女性主义（秦美珠，2008；王丽华，2008；闵冬潮，2009）、和谐社会与女性发展（蒋培兰，2006；陈桂蓉，2007）、性别文化（王卫国，2006）和女性主义科学观（董美珍，2010）等多个角度探讨了中国特色女性社会学的理论及其应用。尤其是在传统的社会地位研究中，周怡（2010）在总结"布劳－邓肯地位获得模型"的新发展时指出，性别视角成为地位模型建构中的重要变量，从侧面表明女性社会学理论已经取得了较大进展。除以上的各类研究论文以外，王金玲（2007）更是以《女性社会学》教程的形式系统总结了女性社会学的基本理论关怀、研究方法、各个主要的研究领域等，为系统地建立女性社会学理论架构奠定了基础。

2. 女性社会学研究平台和学科化取得突破

女性社会学的研究平台和学科化建设在此期间也取得了较大的突破。女性社会学在社会学、女性学领域中开始了本科、硕士阶段的高等教育；学科建设的研讨和交流日益增多，相关课程逐渐受到高校等机构的青睐，女性学、女性社会学等课程逐渐完善。有关学者通过梳理女性学、女性社会学教育的发展历史、学科建设历程、人才培养模式和状况等方面的内容，在很大程度上推动了妇女社会学研究学科化和体系化的进程（黄河，2008；陈方，2008；王珺，2009）。2006年，国家社科基金还资助了中华女子学院张李玺、石彤等主持的"中国女性社会学学科化的知识建构"课题，该项课题主要分析和总结2006年之前中国女性社会学的发展状况，总结中国女性社会学的学科特点和发展模式，建构中国女性社会学的基本学科架构，从而推动了女性社会学学科化的发展道路，对女性社会学发展具有里程碑式的意义。在此基础上，国家社会科学基金在2007~2010年间又资助四项女性社会学课题，分别涉及职业女性自杀、性别偏见、城镇非正规就业女性群体、少数民族妇女流动。

　　女性社会学的学科化取得突破也体现在科研机构的增加和科研资助的增长方面。在全国妇联的大力支持下，以中国妇女研究会为核心的妇女研究队伍得到长足发展，与科研、教育系统的 21 个单位共建了妇女/性别研究与培训基地，在全国范围内建立了较为完整的研究基地网络，为女性社会学的学科化发展提供了重要的平台。在科研资助方面，社会学领域资助的直接与女性社会学有关的研究课题约 30 项，占社会学领域总资助课题数的约 6%。同时，女性社会学研究在其他学科领域也有所扩展，五年间相关课题约有 92 项，占基金资助项目总量的约 1.2%，覆盖的学科也占到了社科领域的 50% 以上，而其中社会学领域的女性社会学研究表现尤为突出。

　　此外，与女性社会学有关的各类学术交流活动也日渐频繁，如：联合国第 50 届妇女地位委员会非政府论坛（2006）、"社会性别与老龄化"国际论坛（2007）、"工作和家庭的平衡：中国状况分析及政策研讨会"（2008）、"全球背景下的性别平等与社会转型：基于全球的、跨国的及各国的现实与视角"国际研讨会（2009）等。此外，在 2006～2010 年间，中国社会学会年会性别研究分论坛逐渐成为社会学年会的主要内容之一（见表1）。

表1　2006～2010 年历届社会学年会主题与性别分论坛主题及主要内容

年份	社会学年会主题	性别分论坛主题	主要内容
2006	科学发展　共享和谐	妇女/性别社会学	性别文化、和谐社会、女性贫困与就业、家庭政策等
2007	和谐社会与社会建设	社会建设与女性发展	性别和谐与差异、农村女性、宗教信仰、社会资本、女性创业、婚姻、女性参政
2008	光辉的 30 年：改革开放与中国社会学	改革开放 30 年与女性发展	政治与经济、闲暇与身体、农村生活、教学研讨
2009	中国社会变迁：60 年回顾与思考	中国社会变迁与女性发展	职场中的女性、交叉性视角中的女性群体、性别课程和后父权制
2010	中国道路与社会发展	社会性别视野下的中国道路与社会发展	法律政策、身份地位、社会文化、婚姻家庭

　　资料来源：中国社会学会网，http：//csa. cass. cn。

3. 女性社会学在主流社会学中的地位逐渐显现

　　2006～2010 年，女性社会学研究视角和相关研究成果也成为主流社会学研究中重要的构成部分。在劳动就业、社会政策、政治权力、家庭社会学等重要领域的研究文献中都出现了较多优秀的女性社会学研究。

　　在劳动就业领域，刘伯红（2009）强调应重视社会转型期的女职工劳动保护问题；王菊芬（2007）讨论了性别视角下的医疗保险改革；胡晓红等（2006）以性别视角分析了福利供热制度以及社会公平的重建。此外还有王宏亮、刘梦的《下岗女工再就业服务研究：以天津市妇联再就业服务为例》（2006），佟新、梁萌的《女大学生就业过程中的性别歧视研究》（2006），陈洁的《妇女参与农民合作经济组织的状况、问题及建议》（2008），武中哲的《制度变革背景下国有企业女性职业地位获得》（2009）等领域。此外，家政工作的性别分析成为新的研究对象，如郭慧敏（2009）对家政工会的女工群体进行了研究。相关的主要著作有张抗私的《劳动力市场性别歧视与社会性别排斥》（2010）、丁红卫的《经济发展与女性就业》（2007）。

　　在社会政策领域，林虹等（2009）对男女平等国策进行了制度分析，指出中国当前男女平等基本国策的制度化还存在一定的问题，如文件被忽略、实施被搁置等，提出应借鉴国外相关经验，加大落实力度。裴晓梅（2006）则强调劣势积累与制度公平问题。杜洁（2006）、迎红（2007）提出应以研究促进公共政策的性别视角；闫东玲（2007）强调社会性别主流化与社会性别预算的重要性；刘春燕、杨罗观翠（2007）则以香港经验为基础探讨了社会性别主流化问题。金一虹（2006）从20世纪五六十年代国家政策在性别分工和劳动的影响角度探讨了公共政策对性别地位、妇女发展的影响，既反思了过去公共政策的问题，同时也警示了当代中国应注意的问题。

　　在政治权力领域，潘萍（2008）探讨了村民自治制度中农村妇女的政治参与问题，强调妇女群众对妇联组织的认同对推动基层参政有重要意义。肖百灵（2007）则探讨了农村妇女参与村级治理的具体途径。刘筱红、吴志平（2008）从妇女在村民自治中的选举策略来研究妇女的政治参与。周长鲜（2009）总结了新中国60年来的妇女参政历程。相关的著作有周蕾的《妇女与中国现代性：西方与东方之间的阅读政治》（2008）。

　　此外，在一些传统的女性研究领域中，女性社会学研究也取得了较大的进展，如生育、婚姻、情感、家庭等。熊孝梅（2009）针对独生子女教育问题的研究指出独生子女的增加使家庭教育问题日渐突出，成才期望促使独子家庭在子女教育方面的支出日渐增加，单纯的投入增加和教育的功利性追求使家庭教育发生巨大偏差，一方面是孩子学习负担日渐沉重，另一方面是孩子的教育发生缺失。妇女健康、妇女教育、性别文化、社会阶层和地位、环境保护、生活方式、休闲、互联网、女性犯罪等领域也受到较多关注。典型的研究有：杨玉静的《环境领域性别敏感指标研究与应用》（2006）、姜秀花的《社会性别视野中的健康公平性分析》（2006）、张李玺的《将性别平等与妇女发展纳入教育优先发展的体系中》（2006）、周恺等的《城市女性休闲活动的职业差异研究——以绍兴市为例》（2008）等。

女性社会学研究的一个新近崛起的领域是女性社会生活史。从文献情况来看，和妇女生活有关的历史研究近年来非常繁荣，《妇女研究论丛》五年中所刊载的各类文献中，历史研究的数量高居榜首，有70多篇。而在近年出版的各类图书著作中，此类研究的数量也非常客观。这些文献中有很多优秀的社会学研究。如赵晓华的《清末民初女性的赈灾实践及角色变迁》（2008）、金一虹的《南京大屠杀中的性暴力及性别分析》（2008）、王琳的《"落后妇女"——农业合作化叙事中的"症候"》（2009）等，这些研究从不同的历史时期和社会事实出发探讨性别问题在妇女社会生活历史中的影响和体现。

（三）女性社会学研究存在的问题和发展趋势

1. 女性社会学研究存在的主要问题

女性社会学研究存在的主要问题是理论体系、方法论研究、学科化建设、研究视角等方面还有待深入和拓展。妇女研究理论虽然解释了马克思主义和社会性别之间的关系，并解释了和谐社会与中国特色妇女理论以及社会性别之间的关系，但这种理论认识还很分散，没有形成较为完整的理论体系。同时，中国特色妇女理论虽然在原则上指导了当前的妇女研究，但在实际运用上缺乏操作性，这表明理论还不成熟，还没有解决中层理论以及行动理论的问题，这使其实际上成为一种宏大的理论和原则。

在研究方法上，尽管以质性研究为主体的女性主义方法论有明确的诉求，但在具体方法上并没有独立的、具有女性主义特色的方法，同时也需要对女性主义方法论进行进一步的梳理。在学科化建设方面，女性学虽然作为一门独立的学科得以建立，但实际上还是以女性社会学为基础的，而女性社会学的学科建构却仍然有诸多争议，对于当前以社会学方法进行的女性研究究竟是女性社会学研究还是其他的研究仍无法确定。更重要的是女性社会学研究有丰富的成果却没有梳理成具有女性社会学特点的学科体系，仅能以女性和相关问题的关系出现，女性社会学研究形成的理论认识和概念体系还不清晰。

在研究视角方面，妇女社会学研究尽管取得了大量研究成果，但我们可以发现基本分析视角和分析模式就是某个问题的性别分析，似乎女性社会学研究只能通过性别对比或社会性别视角来进行研究，这虽然有利于女性社会学研究视角的集中和研究力度的加强，但又在一定程度上限制了研究的多样性，这与社会性别视角本身产生于分析视角多样性的历史渊源有所矛盾。此外，对新兴社会现象和社会问题的研究也不足，这不利于女性社会学研究与时俱进。

2. 女性社会学研究的发展趋势

中国特色女性社会学理论研究未来仍然是女性社会学要推动的一个重要领域。中国特色女性社会学理论需要取得理论体系上的重大突破，研究内容不再只是停留在解释马克思主义和社会性别理论关系之上，还要深入探讨如何融合不同的性别研究理论，从而需要在马克思主义的基础上，建立符合科学发展观与和谐社会建设需要的妇女理论，这一理论应成为包括妇女社会学在内的众多学科研究的理论原则和基础。

一方面，女性社会学研究要进一步重视学科建设问题，通过系统整理女性主义研究方法，整理女性社会学的概念体系实现女性社会学的学科建构。同时要加强女性社会学的教学和科研，推动高校女性社会学的学科建设。另一方面，以社会性别视角分析当代中国社会现象仍然很重要，但要注意多元理论的运用，由此推动女性社会学研究的多样化和开放性。

二 女性社会工作研究状况与发展趋势

2006~2010年间，随着社会工作逐渐成为国家重点发展的专业，社会工作的理论和应用研究受到各个领域研究人员的广泛关注。和女性有关的社会工作研究也逐渐兴起，进入了女性社会工作的初步发展时期。

（一）研究概况

女性社会工作作为一个新兴的研究领域，它的基本发展路径有两个：一是以女性为服务对象开展的社会工作研究；二是以女性视角为分析框架的社会工作理论与实务。这两个路径相互促进、共同发展。以"女性社会工作""妇女社会工作"分别为关键词、主题、篇名对有关文献数据的检索表明，2006~2010年间，女性社会工作的相关研究有较大的增长。其中，以"女性社会工作"为主题检索的结果表明：这期间发表在核心期刊中的文献为 10 篇，比 2000～2005 年增长了150%；而以其为关键词的文献则增长了 600%。其中《妇女研究论丛》成为最重要的女性社会工作研究平台之一，期间发表的有关女性社会工作有关的内容达到46 篇，比上一个五年增加了约 64%。尽管女性社会工作研究已经兴起，但学术平台还十分有限，除《妇女研究论丛》外，女性社会工作研究一般都零星地分布在各类普通期刊之中，而核心期刊并没有将其作为重要的选题内容。这些都意味着女性社会工作还有待进一步的发展和壮大。

（二）研究特色和重点

2006～2010 年女性社会工作研究呈现以下两个方面的特点：一是重视女性社会工作的普及以及人才队伍的建设；二是重视对女性社会工作主要实务领域的研究。

首先，女性社会工作的学者们致力于将女性社会工作的相关情况介绍、普及并将其纳入实际的研究、教学和应用领域之中，并讨论如何建立更加合理的人才队伍。徐宏卓（2008）重点讨论了如何在妇联队伍的基础上组建女性社会工作的人才队伍。蒋美华（2009）则从社会建设的角度强调女性社会工作的开展对和谐社会建设的重要意义，其用意也是希望将女性社会工作这一研究领域推广开来。郅玉玲（2010）从妇女社会工作教学的角度总结了相关教学经验，希望通过对教学法的探讨普及女性社会工作研究。焦开山（2010）则从妇联干部的社会工作专业培训角度探讨妇联如何加强女性社会工作的专业工作和研究能力，进而推动女性社会工作的普及。在这个过程中，大部分情况下，学者和实际工作者们更多的是以"妇女社会工作"来称呼这一领域。但从本文的前后一致性角度考虑，我们还是统一称为"女性社会工作"。从著作情况来看，李太斌等翻译的《女性主义社会工作》（2007）主要目的是将国外女性社会工作的理论和经验介绍到中国来。

其次，女性社会工作的相关科研成果主要是对实务领域的经验进行的总结。其特点是将社会工作相关理论和技术运用在女性工作中，进而探讨这些技术的有效性。刘俊清、甘开鹏（2006）提出以人种学方法论构建中国女性社会工作的理论框架。肖慧欣、王卫平（2007）探讨了女性社会工作对农村留守妇女问题的介入。肖慧欣（2007）讨论了女性社会工作在妇女维权工作中的重要作用。张洪英（2008）对女性社会工作的专业知识体系进行了较为系统的总结，强调女性社会工作必须打破传统工作方法才能在新时期取得更多成果。肖显富（2009）探讨了社会支持网络对女性社会工作的作用和意义。张良广（2010）通过佛山的个案研究探讨了小组工作在妇女成长过程中的重要作用。张银（2008）利用优势视角探索了针对贫困女性的社会工作本土化实践。

（三）女性社会工作研究存在的问题和发展趋势

2006~2010年女性社会工作逐渐兴起，开始受到有关学者的关注，但从总体来看还属于发展初期。其主要问题有两个：一是如何吸引更多的研究者开展更加多元的女性社会工作研究；二是如何引导实务工作者更好地开展女性社会工作研究。这两个问题有相关性但也有区别。

首先，女性社会工作研究基本是以妇联系统以及妇联相关机构中的研究者为主体，这就使女性社会工作研究实际上转变为妇联工作的理论总结。但女性社会工作作为社会工作的重要领域，要解决的问题是如何将社会工作的理论和专业技术应用于女性社会服务之中，这些服务不是单一视角和单一工作模式的，而是强调适应需求的多元性。这就需要摆脱传统的以妇联为中心的工作模式，建立新的多元化的模式。因而，吸引更多不同领域和背景的学者对女性社会工作开展研究是未来女性社会工作研究的基本方向。

其次，社会工作因其应用的特点体现为实务从业者规模众多而研究学者数量较少的景象。这种情况在女性社会工作领域尤其如此，以妇联为基础的女性社会工作从业人员规模庞大，深入女性生活的各个领域。但实务工作从业人员更多的是做工作经验总结和工作流程的梳理，对女性社会工作相关理论问题的研究则比较欠缺，这阻碍了女性社会工作的深入发展。因此如何普及女性社会工作研究方法，提高从业人员的理论素养并引导其开展更多的理论研究就成为重要的问题。

以上两个问题也指引了女性社会工作研究的发展趋势。未来女性社会工作研究一是需要继续加强国外理论和经验的引介和普及工作，二是拓宽女性社会工作的学术研究平台，三是加强女性社会工作本土经验的理论提升和系统整理。

三 小结

女性社会学研究的逐渐成熟使女性社会学的发展方向转变为必须关注理论问

题、系统化问题。女性社会学只有对本土经验进行更加深入和系统的整理研究，才能从根本上突破目前的发展状况。否则，女性社会学研究既不可能成为独立的分支社会学，也不可能真正做到对传统社会学的挑战从而为建立新的社会学基础做出贡献。

　　从应用研究的角度来看，女性社会工作是一个具有长远发展潜力的研究方向，而且也会成为女性社会学研究的重要阵地。但女性社会工作研究必须走出妇联工作的传统窠臼，这并非意味着与妇联的工作截然分开，相反，女性社会工作应该在更广阔的基础上发展，从而推动妇联组织的改革。

女性人口学研究综述（2006~2010年）

杨菊华　张　莹　李美玲[*]

一　研究概述

在人口和经济社会各种因素的影响下，女性人口在生育、死亡、健康、文化、职业等方面存在着因性别而具有的特征（朱楚珠，1988）。女性人口学以大量的统计数据为基础，从社会性别视角出发，以人口学特有的研究方法，讨论各种不同的女性总体的生存与发展状况及其与经济社会、文化背景之间的相互关系（朱楚珠、蒋正华，1991）。

2006~2010年，与女性人口有关的数据调查、论文发表、专著出版等方面都有很大的进展，研究更加全面和深入。从数据调查来看，这五年虽然少有专门与女性有关的全国性的大型调查，但很多科研单位和学者组织了地方性调查，并进行女性人口研究；同时，借助其他大型调查（如2005年全国1%人口抽样调查，2005年中国老年人健康长寿调查，2006年中国综合社会调查，1989~2006年中国健康与营养调查）数据，分析女性人口状况的成果也颇丰。从论文发表来看，在《人口研究》《中国人口科学》《人口学刊》《人口与经济》《人口与发展》《南方人口》这六本核心期刊上，以"女性""女性人口""性别""妇女"作为关键词进行检索，得到459篇在2006年1月至2010年12月期间发表的学术论文，较2001~2005年的201篇和1995~2000年的170篇有大幅增加。从专著出版来看，也产出了许多高水平的学术著作。不仅关注女性生活状况、健康状况、发展状况（韩湘景，2009；荫士安，2008；晏月平，2008；张恺悌，2009），更关注性别平等研究（谭琳，2008；蒋美华，2008；杨菊华等，2009；刘爽，2009；姜全保、李树茁，2009；李树茁等，2006；高莉娟，2008）。同时，在国家社会科学基金资助的项目中，研究女性问题的人口学项目达到十项，包括一个重点项目、六

---

*　作者简介：杨菊华，女，中国人民大学人口与发展研究中心教授；张莹，女，清华大学社会学系博士后；李美玲，女，武汉园林绿化建设发展有限公司员工。

个一般项目和三个青年项目；在教育部资助的研究项目中，也设置了与性别有关的重大项目。这些项目的研究内容主要关注女性流动人口问题、出生性别比问题和关爱女孩行动等方面。在 2009 年全国妇联、中国妇女研究会举办的第二届妇女研究优秀成果奖评选活动中，多篇研究女性生存、健康、教育等方面问题的人口学专著和研究报告获奖。在 2010 年中国人口学会举办的第五届中国人口科学优秀科研成果奖评选活动中，对女性、性别的研究是非常热点的问题，近 30 篇专著、论文和研究报告获奖，内容以研究性别偏好和出生性别比问题为主。

2006～2010 年也是女性人口学学科建设、人才培养进一步发展的黄金时期。更多高校在人口学专业研究生的培养方面，更为注重女性人口研究方向，分别以"女性""性别""妇女"为关键词，搜索 2006～2010 年间人口学硕士、博士论文，得到 83 篇论文，比 2001～2005 年有大幅增长。博、硕士论文主要关注农村和西部妇女生育意愿、女性流动人口的就业和社会适应、生育行为的性别偏好以及出生性别比等方面的问题。在中国妇女研究会 2008、2010 年举办的第二、三届妇女/性别研究优秀博士、硕士学位论文评选活动中，有多篇论文获奖，研究范围从女性生存和就业问题扩展到以社会性别视角研究人口现象，关注女性的婚姻生活、家庭地位、权益保障等多个方面。在学术研讨和交流活动方面，历年的中国人口学会年会和中国妇女研究会年会、2007 年中国人口学会在北京举办的第九次全国人口科学讨论会都有女性人口研究方面的重要议题；2009 年中国人民大学女性研究中心和全国妇联妇女研究所联合主办了"人口性别发展"论坛，深入探讨了人口与性别（女性）发展的相关问题，大大推动了中国人口研究和性别研究领域的相互沟通与合作。

二　主要研究内容

为进一步了解 2006～2010 年中国女性人口学研究的进展，下面主要以《妇女研究论丛》《人口研究》《中国人口科学》《人口学刊》《人口与经济》《人口与发展》《南方人口》《西北人口》《人口与计划生育》等刊物发表的女性人口学有关文献为基础，对主要内容和主要观点进行综述。

（一）婚姻家庭研究

从社会性别视角进行女性人口婚姻与家庭问题的研究有了大幅度的增加。

1. 婚配模式

这期间，一些学者主要关注在男性婚姻挤压的背景下，女性在婚姻市场中的状况、已婚妇女婚居模式的变迁及影响因素，中国大龄女性未婚人口现象的特征及城乡差异，流动人口的新型准婚姻模式以及女性在涉外婚姻中的状况等方面的问题。失衡的出生性别比显著影响中国的婚姻市场，部分学者各自运用相关数据测量并预测了当前及今后一段时期中国的男性婚姻挤压状况（李树苗等，2006；陈胜利等，2006；姜保全，2010）。经济社会的发展赋予了妇女更大的自主性和选择权，使她们可能突破传统的从夫居习俗，更自由地选择婚居模式（杨菊华，2008a）。同时，部分高层女性错过最佳婚配年龄，出现"剩女"问题；但由于个人因素及社会结构变迁等因素的影响，大龄未婚女青年主要集中在城市（倪晓锋，2008）。此外，研究还发现，"搭伙夫妻"在国内悄然兴起，成为青年流动人口群体中的一种不可忽视的社会现象（衣华亮，2009）。林明鲜、申顺芬（2006）运用交换理论，以延边朝鲜族女性的涉外婚姻为例，探讨婚姻中的资源与交换之间的关系，研究发现女性将涉外婚姻作为谋求经济稳定和改变社会经济地位的手段加以选择。

2. 家庭角色

这一时期，婚姻家庭方面的女性人口学研究也对女性的家庭角色予以了高度关注。杨菊华（2006a）对在婚女性和男性家务分工的研究表明，女性的家务劳动时间远远超过男性，男性和女性各自的性别角色观念、时间可及性、结构性资源和家庭环境以及具有性别特征的宏观经济环境都对此产生影响。吴帆（2007）构建了家庭领域性别平等与妇女发展的指标体系，运用该指标体系评估分析的结果表明，中国女性在家庭中的传统角色以及男女两性家庭责任分担模式还没有发生根本性的改变。分城乡来看，包蕾萍、徐安琪（2007）从宏观视角入手对当代城市女性家庭压力的现状和特点、两性资源及其利用状况进行了深入分析。刘爽、马妍（2009）对"家庭妇女"，即专门料理家务的女性群体的数量变化及其主要特征进行了统计分析，指出"家庭妇女"的生存与生活状态直接影响着家庭、子女和社会，其特征和角色定位的变化折射着中国的社会变迁。冯黎、陈玉萍（2009）则从社会性别视角出发，研究发现贫困地区农村女性面临更多的大病风险，但却提供更多的户内劳动供给。许传新（2010）探讨了农村留守妇女的家庭压力及影响因素并提出建立夫妻间良好的沟通机制和构建社会支持网络的对策建议。

3. 家庭地位

女性的家庭地位也是女性人口学在开展婚姻家庭研究中不可忽视的问题。朱尧耿、付红梅（2008）的研究指出，要实现家庭中的性别平等与两性和谐发展必须发挥政府和社会组织的作用，进一步倡导社会性别平等意识、建设先进性别文化、关心女孩成长、提高妇女社会经济地位。王玲杰（2009）对是否外出打工及不同类型打工地的农村女性家庭经济地位差异进行对比，考察在资源因素与文化规范变迁的多重影响下，不同的打工经历对农村女性家庭经济地位的影响及其发展变化。

4. 家庭关系

家庭暴力和农村留守妇女的夫妻关系状况是这一时期关注的重点话题。家庭暴力与婚姻关系中的文化观念和权利分配不公息息相关，而政府及社会各界的关注和支持、通过立法的方式对施暴者予以严厉制裁等举措，均有利于维护受害妇女的合法权益（何渊，2006）。陈钟林、张芳（2006）从社会工作角度出发，利用社会支持理论，主张要从受虐妇女的心理需求、专业救助和辅导需求、亲友支持以及社会环境支持等需求出发，寻求构建受虐妇女社会支持网络、保护弱势女性权益的新途径。农村留守妇女是关注的重点人群。由于当前农村婚姻解体的社会成本过大，留守妇女的婚姻仍处于高稳定状态（李喜荣，2008）；在留守妇女与非留守妇女之间，婚姻关系满意度并未出现较大分化（许传新，2009）。不过，夫妻的空间距离、丈夫打工后收入增减情况、住房质量、子女教育负担、老人健康负担以及夫妻交流互动情况都会对留守妇女的婚姻幸福感产生显著影响（王嘉顺，2008）。

（二）与生育有关的女性人口研究

1. 出生性别比

有关出生性别比失衡问题的研究，是这一时期女性人口学的一个重中之重，产出了大量的研究成果。研究主要围绕其持续偏高的状况、原因以及治理举措等方面展开（何绍辉，2006；施春景、罗迈、杨菊华，2009；陈卫、李敏，2010；陈力勇等，2010）。蔡菲（2007）根据 2005 年全国 1% 人口抽样调查数据，对比 2000 年全国人口普查数据，比较在全国出生性别比升高中各省的贡献，及在各省出生性别比升高中分城乡及分孩次的贡献程度。陈卫、翟振武（2007）在利用教育统计数据重新估计 20 世纪 90 年代的出生性别比后得出结论，中国实际的出生性别比没有 2000 年全国人口普查数据反映得那么严重。关于出生性别比持续偏高的原因，一些研究表明，尽管性别选择性生育是农村出生婴儿性别比失衡的直接原因，尽管生育政策对出生性别比失衡程度的加深起到一定的推动作用（聂坚、孙克，2008；杨菊华，2006b、2009a、2009b、2009c；杨菊华等，2009；朱秀杰，2010），但出生性别比失衡是时间、空间、情境等多重因素综合作用的结果，是女性终其一生弱势地位的综合反映（杨菊华，2008b；2010），性别价值观则是其失衡的根本原因（张仕平、王美蓉，2006）。因此，治理出生性别比失衡必须从社会性别视角出发，重新审视中国现行社会政策中社会性别视角缺失、彼此不协调、配套政策不足以及可操作性差等问题（宋健，2009）。也必须基于中国出生人口性别比治理的基本阶段、特征和经验模式，依据一定的基本机制和工作框架，分阶段进行出生性别比治理（穆光宗等，2007）。

2. 女性决策与生育行为

这五年人口学研究继续关注女性的生育意愿和决策。周兴、王芳（2010）利用 2006 年中国健康与营养调查中的家庭微观数据，分析认为女性的受教育程度、社会地位等社会经济特征、丈夫劳动参与和夫妻年龄差距与生育率显著相关，较高的生育水平往往与传统的"男主外，女主内"的家庭结构相联系。梁宏（2007）通过对广东省人口生育意愿研究抽样调查数据进行分析发现，人们的意愿生育数量以 2～3 个孩子为主，女性意愿生育数量略低于男性。秦均平（2008）对回族家庭的生育决策进行研究发现，生育决策权呈现出多元化，生育决策多由夫妻双方共同商量进行，两性的生育决策权与两性地位已比较平等。

（三）与健康和死亡有关的女性人口研究

这五年里，女性健康问题引起了人口学者的进一步关注。育龄妇女的生殖健康问题、老年人健康的性别差异问题和女童健康问题都是这一时期的主要关注点。

1. 生殖健康问题

这一时期女性人口学关于生殖健康的研究主要从社会性别的视角来展开，发展了评价体系，特别关注了农村育龄妇女的生殖健康问题、管理者与服务提供者对女性生殖健康的影响等问题。基于生殖健康领域的社会性别公平概念，杨雪燕（2010）构建了生殖健康领域的社会性别公平性评价体系，证明了该评价体系的有效性，为生殖健康及其他公共卫生领域的社会性别公平性评价提供了思路和方法。研究表明，尽管农村妇女生殖健康状况有所改善，但总体水平仍不乐观；在社会性别机制作用下，她们因承担更多避孕责任和避孕失败后果而面临较大健康风险（刘慧君，2009）。乡镇/街道的基层服务提供者的生殖健康社会性别意识的提高可以减弱不同服务对象群体之间生殖健康社会性别意识的差异，促进整个社会的生殖健康社会性别意识的提高（李亮、杨雪燕，2009）。因此，相关政府部门管理者的社会性别意识对于推进人口与生殖健康领域的性别平等具有重要意义（肖扬，2007）。

2. 老年女性的健康问题

2005年全国1%人口抽样调查数据显示，人口老龄化步伐的加快和早年的性别差异使老年女性比老年男性面临更多的生存问题，老年女性面临年龄和性别的双重弱势；女性早年的教育和收入弱势，使她们在晚年生活中具有更为明显的积累弱势效应（姜向群、杨菊华，2009）。2002年中国老年人健康状况调查数据也表明，由于经济社会地位低下，中国女性老年人口的健康水平明显低于男性老年人口（王德文、叶文振，2006）。但是，2005年中国老年人健康长寿调查却发现，在控制各种因素后，尽管在日常活动能力上仍存在着性别差异，女性老年人要差于男性老年人，男女老年人在主观与客观健康指标（即自评健康和日常活动能力）上的差异基本消失（李建新、李毅，2009）。代际交换对老年人健康状况的影响也开始进入研究视野：女性老人对子女生活照料的增加和情感交流对其健康状况有利，子女对其的经济支持则对其健康状况不利。这种代际交换模式一方面说明子女对老人经济和生活照料的增加在一定程度上暗含了老人健康状况的恶化，另一方面则体现老人对子女的支持和帮助可能得到子女的回馈和补偿，有利于其健康状况（宋璐、李树茁，2006）。总之，在当今家庭养老照料功能减弱、社会保障及服务能力不足的情况下，女性老年人口问题需要给以更多的关注。

3. 女童健康问题

女童的生存和健康问题是这一时期女性人口学研究的关注点之一。结果表明，女童的生存权在很多地区仍然得不到很好的保护；除性别选择流产外，存活女婴也面临比男婴更大的疾病或死亡风险，心理与情感健康更是受到忽视（黄宇，2006）。李树茁、韦艳（2006）的研究指出，近年来中国持续升高的出生性别比和偏高的女孩死亡水平，反映出女性社会地位低下和女孩生存风险恶化；其主要原因是性别选择性流产、溺弃女婴和对女孩的忽视；而根本原因是根植于中国传统文化中的男孩偏好；现行经济体系和公共政策的一些因素则是条件性原因；研究还通过比较国际社会的经验和中国政府及社会的认识与行动，讨论了改善中国女孩生存前景的相应措施。宋月萍、谭琳（2008）使用1991年和2000年中国健康与营养调查数据，在中国农村计划生育政策的环境下分析了男孩偏好对儿童健康性别差异的影响及其变化趋势，发现整体农村儿童健康的性别差异在逐渐缩小，但在特定情况下，男孩偏好对儿童健康状况的影响依然显著。可见，尽管新中国成立后，女童的地位得到本质性改善，但由于经济与文化发展的不平衡性，中国女童的生存与发展仍存在许多严重问题，亟待全社会的重视与解决。

（四）与教育有关的女性人口研究

与五年前相比，研究不再仅仅停留在是否存在性别差异的层面，而是更加深入和拓展，更加注重区分不同的教育层级、城乡差别、区域差别等。

1. 受教育程度

消除教育发展过程中的性别差异是提高妇女地位的必要保证。贾云竹（2006）根据中国教育统计年鉴和相关权威统计部门提供的数据，对1995～2004年全国31个省区市在学前、初等、高中、高等教育、职业培训和教育结果六个层面的学生性别结构状况进行了历时性的纵向对比和地区间的横向比较，为了解中国教育领域的性别平等提供了基本资料。聂江（2007）、方长春（2009）的研究发现，中国教育的性别差异总体呈下降趋势，初等教育的性别差异近乎消失；高等教育的性别差异表现出快速削减的趋势，女性接受高等教育的机会相对较为平等；但是，在中等教育层级，两性之间还存在较大差别，且这种差异的削减速率相对缓慢。

2. 教育的城乡和区域差别问题

女性的受教育机会、过程和结果存在很大的城乡和地区差异：农村、西部女性（女童）的受教育问题成为研究的热点。2006年中国综合社会调查数据和县级社会经济统计资料表明，地区社会经济的均衡发展对提高女性的教育水平、缩小教育的性别差异十分重要，且还有助于降低户口性质、家庭性别偏好等微观因素对个人教育状况的差异性影响（牛建林、齐亚强，2010）。同样，中国西部社会与经济发展监测研究数据也显示，造成西部女性教育水平低下的原因除性别不平等因素外，区域、城乡发展的不平衡是更为根本的因素（张咏梅，2009），故而需要赋予西部女性受教育优先权，在广大西部地区全面实施妇女教育工程等措施。同时，女性的受教育机会也受到家庭背景的影响：出身于较差的家庭环境

（特别是农民家庭）的女性受教育机会明显低于其他人（李春玲，2009）。农村女童（特别是留守女童）这个群体越来越受到政府、社会和学界的重视，利用 2005 年全国 1% 人口抽样调查数据，段成荣、杨舸（2008）分析了农村留守女童的受教育状况，发现她们的初中教育存在明显的问题，且高年龄组女童的受教育状况明显差于男童。女童的教育同样存在地区差别，西部贫困地区女童的教育状况尤其令人担忧，特别需要对排除在农村义务教育资源之外的失辍学的大龄女童进行非正规教育的培训，一方面可为其提供进入劳动力市场的机会，更重要的是提供一种生存发展的禀赋（韩豫，2007）。

（五）与就业相关的女性人口研究

劳动就业是促进女性实现独立、缩小两性差距的直接要素。但是，女大学生就业难和养老金的性别差异问题依旧是制约女性发展的重要障碍。

1. 女大学生就业难

在社会主义市场经济体制下，由于一系列用工制度的改革，单位的用人自主权不断扩大，加之对女性传统偏见的影响存在，性别歧视成为女性就业过程中难以绕开的障碍，甚至在某些方面有愈演愈烈之势（姜向群，2007）。女大学生面临的就业歧视和就业困难是女性就业难问题的突出表现。通过对大学毕业生失业持续时间的性别差异的分析，胡永远（2009）发现，严重的劳动力市场性别歧视使得女大学生需要经历更长的失业持续期才能脱离失业，且其人力资本和其他因素对尽快脱离失业没有显著的正影响。就嵌入阶层背景中的性别结构对本科毕业生职业地位获取的影响而言，底层女性的机会结构遭受到弱势性别和弱势阶层地位的双重挤压（李卫东，2010）。然而，对于就业中性别歧视的态度，女大学生通常不会以积极的态度予以应对，而是沉默接受，反映出现实中缺乏维护女性平等就业权益的渠道（佟新、梁萌，2006；武中哲，2007）。女大学生就业难这个现象并不是孤立的，而是对中国女性整体就业状况的某种折射，反映的是更广泛也更深刻的社会现象；只有将女大学生就业难纳入到以人为本、男女平等、社会性别协调和社会公平的发展框架中，才能从根本上解决问题（刘爽，2007）。国家和政府应该努力承担起消除包括针对女大学生就业歧视在内的一切形式的就业歧视的责任，认真监督检查相关法律和政策的实施情况，为女大学生就业和创业提供所需的服务；各类企事业单位和社会组织应将公平公正地对待包括女大学生在内的女性视为其应担负的社会责任（谭琳，2007）。

2. 就业和工资问题

尽管性别平等倡导、同工同酬的原则推行了多年，但性别差异依旧是明显的。对就业和工资性别差异的研究更多地考察性别歧视对性别工资差异的具体影响程度，关注减少和消除就业性别差异的可行办法。田艳芳、李熙（2009）和张晓蓓、亓朋（2010）分别利用2004年中国健康与营养调查和2002年中国城镇住户调查数据，使用不同的方法，分析了中国城镇劳动力市场上的性别工资差异状况，并发现性别歧视能够解释总差异的一半以上。杨菊华（2008c）利用1989～2006年中国健康与营养调查数据，分析了18年间两性收入的特征、变化轨迹，发现女性收入相当于男性收入的70%～80%左右，劳动力市场的性别隔离和纯粹的性别歧视仍是导致差异的重要因素。为消除就业的性别歧视，张银、唐斌尧（2006）从社会性别视角探讨了如何帮助失业女性通过社区再就业，从根本上扭转女性的弱势地位和边缘化状况，提出开发社区公益性就业岗位、加强对女性从业人员的人力资源开发、完善就业保护政策、改革社保政策模式、促进女性的社会性别意识自觉等措施。同时，在法律和政策制定层面实现社会性别平等是消除劳动领域性别歧视的基础，故而需要加强社会性别平等的立法理念，把性别平等原则和方法纳入立法程序（丁华，2006）。也可借鉴欧盟解决就业性别差异的政策措施，进行反歧视立法，提高教育培训的性别公平，制定促进就业性别公平的政策，以解决中国两性就业的性别差异（景跃军，2007）。

3. 养老金问题

随着中国老龄化程度的迅速提高和养老保险制度的逐步确立和完善，学者对养老保险制度改革中退休年龄、养老金支付方式等方面对女性的不利影响给予了高度关注（阎玲，2009；郭秀利、高向华，2007；陈婷、丁建定，2009），相关研究大大增加。研究发现，由于中国养老保险改革过程中过度强调效率，在以城镇企业职工基本养老保险为主体的养老保险改革过程中，两性在覆盖面、享受条件、计发办法与待遇水平等诸多方面受益有别，女性群体权益得不到相同保障，故而需要对退休年龄、非正规就业人员养老保险制度和养老金的计发办法进行改革（刘秀红，2010）。同样，通过对2005年《国务院关于完善企业职工基本养老保险制度的决定》中"统筹账户"和"个人账户"的筹资比例、养老金支付办法发生的变化对女性养老金利益以及男女两性养老金差距所产生的影响分析，高庆波、潘锦棠（2007）发现，男女两性养老金利益都有所改善，但由于男性的改善速度高于女性，两性养老金差距有所扩大。对其他国家养老金制度的性别差异的研究（李娟，2010），从理论角度定义并度量养老金制度中的社会性别倾向，为中国相关问题研究提供了思路（许晓茵，2006）。

（六）人口流动与女性发展研究

在日益庞大的流动人口群体中，女性流动人口已占半壁江山（段成荣、张斐，2010）；女性流动与发展问题、农村留守妇女面临的问题逐渐成为女性人口学的研究热点。

1. 女性流动与发展

对女性流动与发展问题的研究主要包括女性流动人口就业的性别差异、女性人口外出流动的影响因素和对农村传统观念的影响等方面。段成荣、张斐（2009）利用2005年全国1%人口抽样调查数据，对女性流动人口的基本状况及流动特征进行了全面分析，为把握当时女性流动人口的基本情况提供了数据。国家人口计生委2010年上半年流动人口动态监测调查数据显示，从农村户籍流动人口工作搜寻时间的角度来看，尽管在给定时间内，女性流动人口在流入地找到工作所花费的时间比男性要短，但她们找到高收入工作的概率却低于男性（宋月萍，2010）。至于女性人口外出流动的影响因素，研究发现，年龄、婚姻状况、教育程度、流动经历等个人特征，家庭网络、资金可及性、家庭抚养人口、家庭社会地位等家庭特征，以及城乡收入差距、传统社会文化观念和户籍制度都是女性外出流动的影响因素（袁霓，2009；林李月、朱宇，2008；赵凤，2007；李聪、黎洁，2010）。女性流动性的增强，改变了流动者的家庭结构，冲击着农村传统的家庭观念和养老方式，缩小了儿子和女儿对老年父母的支持力度，显著提高了女儿在家庭养老中的地位和作用（张烨霞、靳小怡，2007；宋璐、李树苗，2008）。此外，女性流动人口的权益保障问题也提上了研究日程（陈月新、陈佳瑛，2006；刘秀红，2009）。

2. 留守妇女问题

农村留守女性是改革开放以来在中国农村出现的一个独特的女性群体。这一时期女性人口学对留守妇女问题的研究显著增加，研究涉及留守妇女现象产生的微观和宏观原因以及留守对农村妇女各方面的影响等诸多方面。大量留守妇女的产生既有宏观因素的作用，也是家庭决策的结果。中国独特的工业化和城市化战略、户籍制度、不发达的土地流转制度、农村社会保障制度以及社会支持网络，都是留守妇女问题产生的基本制度背景（朱海忠，2008）；在当前各种制度和结构性要素的约束条件下，女方选择留守、丈夫外出打工是为了实现家庭福利最大化的无奈选择（李楠，2009）。家庭居住模式的改变无疑影响到妇女的福利。研究表明，一方面，农村留守女性的受教育程度低、就业层次低、社会地位不高（徐燕苗、骆华松，2009）；同时，与非留守妇女相比，留守妇女更容易出现生理和心理不健康的症状，且家庭压力、社会支持网络等因素对其身心健康有不同程度的影响（许传新，2009）。但是，另一方面，对西部农村留守妇女与非留守妇女社会性别观念的比较分析发现，留守促进了农村妇女事业能力观、婚育贞节观以及总体社会性别观念从传统到现代的转变（许传新，2010）。因此，政府需要积极推进制度创新与政策落实，改善留守妇女的人力资本和经济社会地位，解决她们的生理和心理负担（朱海忠，2008）。

三　总结与展望

2006～2010年间，中国女性人口学研究取得了新的进展。

一是学科建设走向规范化、系统化，人才培养形成了一定的良性机制，为进一步促进女性人口学研究的健康发展奠定了更好的基础。

二是社会性别视角突出，研究范围更加广泛。在更为主动和自觉地凸显性别视角的同时，相关研究涵盖了婚姻家庭、生育、健康与死亡、教育、就业以及人口流动，涉及与性别有关的所有重大领域，呈现多元化发展趋势。同时，研究也更为注重把女性问题置于宏观的经济社会环境中，放在可持续发展的大背景下，突出性别问题与宏观制度、微观家庭决策之间的互动，研究越来越细致和深入。研究成果的数量和质量都有很大提高；实证资料更加丰富；一些学术成果提出原创性的理论框架、概念、观点。

三是研究主题与时俱进，研究视域更为广阔。这五年的研究主题中，占主导地位的除传统的婚姻家庭、生育、教育和职业外，与这一时期流动人口持续高位和老龄化程度越来越深的宏观态势相契合，对人口流动与女性发展、人口老龄化与老年女性等问题的研究得到很大关注。既有宏观方面的分析，也有从微观着手，进而探讨宏观问题，强调微观家庭决策与宏观制度之间的互动（如从家庭内部的分工切入，探讨性别平等、女性的社会地位），关注促进女性发展的对策建议，在一定程度上提升了女性人口学的影响力和地位。

　　四是跨学科的特点更加突出，研究开始逐渐与国际接轨。女性人口学本来就是一个跨学科领域；近年的研究与社会学、教育学、心理学、经济学、公共管理等学科的结合更加紧密。正是这种多学科的交叉，丰富了女性人口学的研究视角、研究主题和研究方法。同时，这一时期的女性人口学研究在结合中国的具体情况和文化背景的前提下，更为注重借鉴国外先进的研究方法和经验，进行国家间的比较，促进了中国女性人口学研究的发展。

　　在中国女性人口学研究不断发展壮大的趋势下，未来可从以下方面加以推进。

　　一是加强学科建设，加强高校和研究机构的性别研究人才培养，加大对性别研究的支持力度，使之摆脱非主流领域的困境，使性别不再是被淹没在其他学科研究中的一个背景变量，凸显出自身的学科特色。

　　二是突破实用性和现实性的局限，更加关注系统性的理论研究。通过理论来解读、阐释、深入探究在社会转型过程中出现的新问题，产出更多高质量、有价值、有影响的研究成果，推进女性人口学研究向纵深发展。

　　三是注重实证研究的创新性和全面性。除继续关注传统的婚姻家庭、生育、教育、职业等问题外，突出研究的时代性，重视在新时期出现的制约或促进妇女发展的新问题，并利用优质数据，全面、准确了解中国妇女的生存发展和性别平等状况，从而提出更有针对性和可操作性的政策建议。

　　四是结合国情，加强国际学术交流与合作，提升中国女性人口学研究与国际相关研究的接轨和研究水平，使中国女性人口学的研究为中国妇女的发展提供更加丰厚的理论支持，为促进两性平等和社会经济的进步做出更大的贡献。

女性/性别心理学研究综述
（2006～2010年）

郭爱妹[*]

一　研究概述

本文综述的女性/性别心理学研究主要指纳入社会性别视角的心理学研究，而不仅仅是局限于对女性心理及其差异的研究。女性/性别心理学是心理学的一个分支学科，是以女性/性别心理为主要研究对象，从社会性别视角出发，采用心理学的研究方法，定量或定性地研究各种有关性别的心理现象和行为规律。女性/性别心理学主要包括相辅相成的两个方面的研究：第一，心理学理论与实践的社会性别分析；第二，对女性心理或性别心理议题的研究。

随着中国大陆性别研究的不断深入，社会性别视角和方法在心理学研究中的应用也日益广泛。2006～2010年，无论是从论文发表、专著与译著的出版还是从学科建设方面，中国女性/性别心理学研究都取得了长足的进步。

从学术著作出版看，这五年间女性/性别心理学研究的相关学术专著及译著开始涌现，具有代表性的成果有：《女性主义心理学》（郭爱妹，2006）、《精神分析学派与女性心理学的发展》（张海钟等，2006）、《女性心理学》（琼·C.克莱勒斯等著，汤震宗、杨茜译，2007）、《妇女与性别——一本女性主义心理学著作》（玛丽·克劳福特等著，许敏敏、李岩、宋婧译，2009）、《女性心理学》（玛格丽特·W.马特林著，赵蕾等译，2010）、《性别心理学》（方刚，2010）。

从学术刊物刊载的研究论文来看，我们以"女性""性别"为关键词，检索了《心理学报》《心理科学》《心理科学进展》《心理发展与教育》等心理学学科四种权威期刊上发表的学术论文，发现这五年内近200篇女性/性别心理相关论文发表，比1995～2000年的110篇和2001～2005年的180篇略有增加。

---

* 作者简介：郭爱妹，女，南京师范大学金陵女子学院教授。

从学科建设发展的角度看，女性心理学或性别心理学课程越来越多地进入了高校；在理论心理学、发展与教育心理学、社会心理学等硕博士专业，越来越多的硕士研究生和博士研究生开始关注女性/性别心理研究。在"中国优秀硕博士学位论文全文数据库"中，检索到这五年与女性/性别心理有关的硕博士论文近60篇。

尽管以上研究大多数并没有以女性/性别心理学的独立学科出现，而是附属于理论心理学、发展与教育心理学、社会心理学等学科，但这些研究及相关的努力对女性/性别心理学学科知识的传播以及学科构建都具有重大的推动作用。

二　主要研究内容

（一）性别角色与性别社会化研究

性别角色是女性/性别心理学关注的一个重要课题。20世纪70年代中期Bem双性化量表的编制和双性化模型的提出催生了大量关于性别角色的研究。中国心理学界对性别角色的关注始于20世纪90年代中期，但近年来发展迅速，在2006～2010年间，有200多篇与性别角色相关的研究或相关论述文章发表。这一阶段的主要研究内容包括：①使用修订后的Bem性别角色量表或自己编制性别角色量表探讨中国人的性别角色类型的分布状况及其与心理健康、社会适应、主观幸福感、人格、人际交往、情绪等的关系；②性别社会化的发展与教育。

1. 性别角色类型及其与心理健康等的关系

大多数研究者采用卢勤、苏彦捷以及钱铭怡所修订后的Bem性别角色量表对中国人性别角色类型的分布状况及其与心理健康的关系进行了探讨。闻明晶（2006）的研究表明，大学生性别角色类型的分布存在显著差异，首先是未分化类型占大多数，其次是双性化类型，最后是男性化类型和女性化类型。不同的性别角色类型的学生心理健康水平存在显著差异，其中双性化类型的学生心理健康水平最高，是最佳的性别角色模式。张萍、毕重增（2010）探讨了性别角色与安全感之间的关系，认为双性化个体安全感水平显著高于其他三种类型个体。张赫（2008）探讨了性别角色与人际和谐性的关系，认为双性化个体在人际和谐性上明显优于其他个体，是一种心理健康的理想模式。王中会、张建新（2007）探讨了性别、性别角色类型和性别观念对大学生人格特征的影响，结果表明，性别角色和性别观念比生理性别对大学生人格特征的影响更大；双性化大学生具有更多积极的人格特征。蔡华俭、黄玄凤、宋海荣（2008）运用大样本的网络数据，探讨了在中国文化下一致性模型、双性模型以及男性化模型在中国文化的适用性，结果发现，双性化模型得到支持，同时具有男性化特质和女性化特质的个体主观幸福感最强。

Bem 性别角色量表是否适应中国文化？双性化是否是最佳的性别角色类型？有学者质疑 Bem 性别角色量表的文化适应性，编制中国人自己的性别角色量表，探讨中国人的性别角色结构。王登峰、崔红（2007）通过 5000 多名被试者对中国人人格测量项目的反应挑选出男女初试有显著差异的项目，经因素分析编制出各由 30 个项目组成的中国男性化和女性化量表，并根据研究结果将被试者划分为未分化、女性化、男性化和双性化四种性别角色类型，并进一步比较了不同性别角色类型与心理健康的关系，表明在中国文化中双性化的个体心理社会适应水平最低，女性化个体心理社会适应最好。这一结果与 Bem 关于双性化的假设是截然相反的。刘电芝等（2009）编制了本土化的大学生性别角色量表（CRSI－50），并应用此量表对中国大学生性别角色发展现状进行了实证调查。结果表明，大学生的性别角色双性化、未分化和单性化各约占 1/3，传统占优势的单性化已让位于非单性化，理想的双性化与最差的未分化同步增长，其比例远高于男性化和女性化。

李建伟、于璐、林怡（2009）认为，传统上简单地将性别角色划分为男性化和女性化，无法充分解释个体的性别角色认同与不同的心理学现象之间的关系；而根据正性和负性性别角色特质来对性别角色进行分类，可以将个体区分为更有意义的分化类型。为此，他们将性别角色分为七类，即正性男性化、负性男性化、正性女性化、负性女性化、正性双性化、负性双性化以及未分化型。研究发现，正性双性化、正性男性化、正性女性化的个体心理健康水平高于负性双性化和负性女性化的个体；正性双性化个体的心理健康水平显著高于除了正性男性化之外的其他各型人群，而负性双性化个体的心理健康水平则低于除负性女性化之外的其他各型人群，这表明，最理想的性别角色类型应当是正性双性化，而不是泛指的双性化。

2. 性别社会化发展与教育

性别社会化是个人关于性别角色和其规范的学习过程，是贯穿人的一生的性别认同过程。

　　认识自己或他人是男性还是女性或依据人的性别进行分类是儿童早期发展的一种社会认知能力，而儿童总是依据自己头脑中形成的性别图式评价自己或他人的行为。范珍桃、方富熹（2006）认为，3、4 岁儿童已获得性别认同的能力，4、5 岁儿童逐步获得性别稳定性能力，5、6 岁是性别一致性发展的快速期，大多数 6 岁儿童已获得性别恒常性。

　　性别社会化发展是经验积累的结果，是后天学习所获得的，通过儿童的观察、模仿和成人的强化而形成。性别角色的社会化是社会构建的各种来源帮助塑造了女孩和男孩的行为和兴趣，这些来源包括父母亲、教师、同伴和媒介。

　　刘电芝等（2009）的研究表明，父母教养方式对个体性别角色的发展有显著影响，民主型的教养方式最优，有利于双性化的发展，溺爱型的教养方式最差，助长未分化的形成。徐振华等（2010）采用刘电芝编制的中国大学生性别角色量表（CSRI - 50）对大学生性别角色形成进行了质化与量化研究。结果表明父母教养方式、父母个性特征、父母期待、亲子关系、玩伴和自我期待是性别角色的六大影响因素。其中家庭因素最为重要，在家庭因素中父母处于核心地位。通过双性化和未分化个案的比较研究，表明教养者的温柔、鼓励、民主型教养方式、良好的家庭气氛、兄弟姐妹间友好关系、积极的自我调节有利于双性化的发展；反之，则加剧未分化的形成。许岩、纪林芹、张文新（2006）考察父亲参与教养的基本特点及其与性别角色的关系。结果表明，双性化的父亲对儿童的互动监督、规则约束、情感表达、间接支持、学业鼓励均显著地多于其他性别角色的父亲；男性化的父亲对儿童的规则约束显著多于女性化的父亲；女性化的父亲在互动监督、情感表达、间接支持和学业鼓励方面均显著多于未分化的父亲。

　　许思安、张积家（2007）对 301 名广东省中小学教师性别角色观调查显示：教师的性别角色观存在双性化倾向，理想男生和理想女生的主要特质没有显著差异；教师的双性化性别角色观有利于女生发展。

　　徐安琪（2010）认为，大众传媒对儿童性别角色发展的负面影响不可忽视。"由于激烈的市场竞争增加了父母外出工作的时间和双重负荷，以致不少儿童接受幼托机构和大众传媒教育的时间比与父母共处的时间还多，尤其是电视、网络等传媒以其生动的视觉效果、喜闻乐见的形式内容和新奇、刺激的感官体验，日益成为儿童社会化的主体"，而"大众传媒以隐喻、模糊的表现方式大量复制和强化着男优女劣、男高女低、男刚女柔的性别特质，以及男外女内、男强女弱、男主女从的两性角色模式，通过不断地重复刺激，引起认同和模仿，潜移默化地内化为社会期待和个人准则，由此进一步强化了角色分工和权力结构的定型，助推了传统性别文化的'回潮'"。

（二）性别刻板印象研究

性别刻板印象是一个社会范畴化的过程，人们倾向于将亲和性与女性、行动性与男性联系在一起。性别刻板印象是人们对于男性或女性在行为、人格特征等方面的期望、要求和笼统的看法。性别刻板印象开始于生命早期。3岁儿童倾向于将身体与男孩相联系，把亲社会行为与女孩相联系，而且儿童的这些信念随年龄增长而逐渐增强（王美芳、孙丹，2010）。而且，有研究表明，性别刻板印象对人们的心理与行为有着普遍和强有力的影响，一旦它受到反刻板信息的冲击，人们会自然而然地维护自己的刻板印象。刘桁、佐斌（2006）认为，即使获得与刻板印象相反的证据，人们会运用不同的认知策略，采取不同的行为对反性别刻板的对象做出反应，从而维护性别刻板印象。

性别刻板印象不仅存在于意识层面，而且存在于无意识层面，具体表现为外显性别刻板印象和内隐性别刻板印象。马芳、梁宁建（2006、2008）分别采用刻板解释偏差（Stereotypic Explanatory Bias，SEB）与内隐联想测试（Implicit Association Test，IAT），考察大学生的内隐数学性别刻板印象。结果发现，大学生普遍存在"男性比女性更擅长数学"的内隐数学性别刻板印象。

在以往研究中，外显与内隐性别刻板印象关系存在两种情况：一是同一群体的内隐与外显刻板印象呈现一致的特征；二是同一群体的内隐和外显刻板印象特征并不一致，出现实验性分离。侯东辉、郝兴昌（2009）采用内隐联想测验和相应的外显问卷考察高中生被试者的职业性别刻板印象。结果表明，高中生内隐和外显职业性别刻板印象并未出现实验性结构分离，外显层面和内隐层面均存在着职业性别刻板印象，这说明高中生持有强度较大的职业性别刻板印象；而且，职业性别刻板印象一旦形成具有较高的稳定性，很难随着现实条件的变化而发生变化。

有研究者把性别态度分成两种不同的结构：外显性性别态度和内隐性性别态度。外显性性别态度是个体可以自我报告的，而内隐性性别态度是个体没有意识到的。唐艳超、吴明证、徐利平（2010）的研究发现，大学生对男性和女性态度的外显测量之间相关显著，内隐测量之间相关也显著，外显测量与内隐测量之间相关不明显。进一步分析表明，在男性大学生群体中，对性别评价的外显测量没有差异，而内隐测量差异显著，对男性的评价远高于女性；而在女大学生群体中，无论是外显测量还是内隐测量，对女性的评价显著高于对男性的评价。这表明，无论是男大学生群体还是女大学生群体，在内隐层面对自我性别的评价相对较高，大学生群体存在着基于性别分类的内隐群体偏差。研究还表明，女大学生在意识和无意识层面对自我性别群体的评价均是正向的，这与当前中国的社会发展紧密相关，女性在日常社会生活中发挥出越来越大的作用，这促进了女性对自身价值与优势的确认，从而对自己所属群体表现积极评价。

（三）性别差异研究

性别差异研究一直是女性/性别心理学研究的一条主线，目的在于探讨两性在攻击行为、亲社会行为、情绪表达、创造性以及归因等方面的性别相似性与差异性，主要表现为本质主义取向与社会建构主义取向。

性别的本质主义观点认为性别是个体的一个基本的、稳定的特征，所有的女性都有着与男性不同的心理特征；而且女性的心理特征是普遍的，任何一个文化中都普遍存在的。陈春萍、黄瑞旺、罗跃嘉（2010）认为，大脑结构和功能的性别差异导致恐惧情绪加工的两性差别。女性对恐惧情绪加工受到体内雌激素和孕激素浓度的影响。近年来，人类脑成像技术、遗传学和分子生物学的综合研究发现了卵巢激素影响女性恐惧情绪加工的神经机制。其中，雌激素水平升高导致杏仁核活动增强，使女性对恐惧面孔识别的准确性增加，而孕激素水平则相反。这与女性在月经周期不同阶段对社会交往的需求和妊娠期间的自我保护机制有关。袁加锦等（2010）从情绪加工角度探讨情绪障碍的性别差异及神经机制，认为女性人群更具有情绪识别优势，更好的情绪记忆能力与更强的负性情绪易感性，这与情绪脑结构及荷尔蒙水平的男女差异有关；此外，不善于调节负性情绪，及更强的消极情绪易感性可能是女性更易患情绪障碍的重要原因。

性别的社会建构主义观点指出，与男女两性有关的特质、行为和角色不是与生俱来的，而是由许多人际的、文化的和社会的力量所形成的。例如，申继亮、师保国（2007）对中学生创造性的性别差异研究表明，在创造性总体上男女生之间不存在性别差异；但是在独特性方面，性别与年级的交互作用显著，表现为高中男生得分显著优于女生，而初中性别差异不显著；不同性质的测验材料对创造性的影响不同，言语任务方面不存在显著的年级、性别差异，而图形任务方面则是高中生显著优于初中性，男性显著优于女生。这就是说，独特性方面所体现出来的性别差异很好地反映出了创造性的性别差异，这一结果也是与科学领域男性占优势的实现现状相符合的。

有研究表明，攻击性行为存在着明显的性别差异。这一阶段的研究把攻击行为进一步分为外显攻击和隐性攻击两种形式，认为男性与女性在攻击形式上质的差异大于量的差异。徐德森、唐日新、解军（2007）运用问卷法和内隐联想测验（IAT）来研究大学生攻击性的性别差异。结果发现，整体外显攻击性不存在性别差异，在身体攻击因素上男性显著高于女性；内隐攻击性在表现方式上存在性别差异，男性与身体攻击联系更紧密；女性与言语攻击联系更紧密，以弥补她们在体质上相对柔弱的缺陷。

还有学者研究男性领导者与女性领导者不同的人格特质及其在组织中的作用。杨慧芳等（2009）从跨文化的角色探讨中澳管理者人格类型的性别差异，结果发现，中国的男性与女性领导者在人格特征上有趋同的特点，这表明他们在面对管理领域的问题时倾向于采用相似的领导方式。

（四）性别与身心健康研究

女性的心理健康问题已成为女性/性别心理学领域的重要研究方向。2006～2010年，研究者的主要关注点在于不同女性群体（如职业女性、知识女性、流动女性、空巢女性、中老年女性等）的心理健康水平、影响因素以及对策研究。

从总体上来说，中国女性心理健康现状令人担忧，而且要比男性群体严重得多，表现出相当明显的性别差异（叶文振，2010）。在社会经济转型过程中出现的城乡留守女性、农村留守女童、年轻流动妇女、老年女性、单亲女性以及就业受阻的女大学生都成为心理问题的易发群体。

2009年6月举行的对中国四省63004个成年人精神障碍的流行病学调查发现，成年人群30天患病率高达17.5%——据此估算，中国约有1.73亿人患有不同类型的精神障碍，而精神障碍患者中女性偏多，并以不同程度的焦虑症为主（田鹏、齐小苗，2009）。

吴继霞、李世娟（2008）通过对苏州巾帼文明岗职业女性的调查发现，近一半的调查对象具有抑郁症状，焦虑抑郁之间具有高相关度。这表明，面对瞬息万变的社会和日益加快的生活节奏，职业女性所承担的压力与日俱增，导致焦虑、抑郁等不良情绪的产生，进而严重影响了职业女性的心理健康。

叶文振（2010）认为，从影响机制来看，导致女性心理健康水平下降的影响因素实际上可以分为两组：一组是中间变量（包括：生理与年龄等自然因素、婚育家庭等生活因素、学业职业等发展因素以及突发事件等偶然因素），它们直接影响女性心理健康状况；一组是初始变量（指社会性别文化制度），它们决定中间变量对女性心理健康的影响程度和性质。要防止女性心理问题继续蔓延，并尽快提高女性的心理健康水平，需要整合社会各种力量，为改善中国女性心理健康状况营造更加平等、和谐的性别文化与制度环境。

（五）学科理论与方法论研究

这五年中，在女性/性别心理学领域，学科的理论和方法论已成为一个重大的关切议题。具有代表性的成果有《女性主义心理学》（郭爱妹，2006）、《性别心理学》（方刚，2010）、《女性心理学》（琼·C. 克莱勒斯等著，汤震宇、杨茜译，2007）、《妇女与性别——一本女性主义心理学著作》（玛丽·克劳福特等著，许敏敏、李岩、宋婧译，2009）、《女性心理学》（玛格丽特·W. 马特林著，赵蕾等译，2010）、《试析女性主义心理学的方法论》（沈继荣、郭爱妹，2010）等。这些著作和论文较为系统地介绍和分析了西方女性主义心理学产生的背景、发展历程、理论与方法以及实践与应用等，为中国大陆本土女性/性别心理学学科理论和方法论的建构提供了一种可借鉴的经验。

西方女性主义心理学是在 20 世纪六七十年代的西方女权主义运动中形成并发展起来的、具有明确政治目标的心理学理论与实践。作为心理学的一种新的研究范式与研究视角，女性主义心理学是社会文化、哲学以及心理学等综合发展和影响的产物。女性主义心理学的理论建构主要分为三种研究取向，即经验论女性主义心理学、立场论女性主义心理学以及后现代女性主义心理学，它们在对科学心理学的批判与重构问题上的不同态度，反映了它们对社会性别概念的不同诠释以及对女性主义心理科学的不同构想。目前，女性主义已经渗透到心理学的所有领域，尤其是对临床心理学、社会心理学、发展心理学以及实验/认知心理学等分支学科产生了重大影响；它对"价值中立"说的冲击、社会性别批判范式的形成、对二元对立的消解以及促进心理学研究多元化等方面，对于心理学具有重要的方法论指导意义（郭爱妹，2006）。

三　研究评价与展望

（一）研究评价

1. 学科边缘化特征明显

综观 2006～2010 年女性/性别心理学研究，一方面由于学科理论和方法论研究的加强，使得该领域的研究进一步深入；另一方面，由于主流心理学强大的父权文化，又使该领域一直处于边缘化地位。学者对该领域的研究基本上是理论心理学、社会心理学或发展心理学领域内关注到性别心理，女性/性别心理学在心理学学科领域中，还没有获得独立的学科地位。

2. 研究方法的局限

该领域的研究方法主要存在以下几个方面问题：①在测量工具上，以 Bem 性别角色量表或该量表的修订版为主，存在着文化适应性的问题；②在研究对象上以大学生为主要研究被试，研究对象的代表性不足；③在研究方法上，以定量研究为主，几乎无质性研究的探索。

研究方法问题可能导致研究结果的不一致，甚至产生相互矛盾的结论。如关于性别角色的研究大多数是在大学生群体中进行的，由于使用的工具不一样，研究结果也有很大的差异，甚至有些结果是互相对立的（卢勤，2010）。从 20 世纪 80 年代开始中国进行了一系列关于创造性的性别差异的实证研究，其研究结论也不尽相同，甚至相互矛盾。究其原因，与研究者所采用的不同的研究方法、创造性指标和测验材料有密切的关系（申继亮、师保国，2007）。

3. 学术成果参差不齐

具体表现为：对西方的概念与理论的评介多，本土化的探索少；高水平的、深入的研究成果相对较少，而低水平的重复研究、简单的描述性研究仍然较多。

（二）研究展望

1. 加强本土化女性/性别心理学的构建

女性/性别心理学的研究不能仅仅停留在评介国外相关的研究结果上，要努力处理好引进与本土的关系，努力构建本土化的女性/性别心理学的理论框架。

2. 着力提高女性/性别心理学的学科地位

①建议推动在中国心理学会下设立女性/性别心理学分会；②可以在心理学硕士和博士专业下设立女性/性别心理学研究方向，鼓励研究生参与该领域的研究，从而不断增强该学科的研究力量；③逐步建立女性/性别心理学的研究网络与研究队伍，搭建学术交流的平台，促进国内外的交流与合作；④要想扩大女性/性别心理学对主流心理学的影响，提升其学科地位，女性/性别心理学应该增强学科的自我反思，不断扩大其学术影响，提升学科认同度。

3. 促进研究方法的多元化

差异性与多元性是社会性别视角下的女性/性别心理学的一个重要特点，也是其丰富性和生命力的重要标志。女性/性别心理学研究应采用多元的研究方法来研究多元的女性经验，充分认识到多元变量如社会性别、民族、文化、社会政治力量等对女性现实的交互影响；推动质性研究在女性/性别心理学中的应用，对在中国深入进行性别心理问题研究具有重要意义。

女性教育学研究综述
（2006～2010 年）

郑新蓉　高　靓　黄　河*

一　学科建设基本情况

（一）发展契机

2006～2010 年，中国教育水平随着社会的发展不断提高，各级各类教育当中女性人数继续增加。据教育部 2006 年和 2007 年的《全国教育事业发展统计公报》统计，2006 年小学女童入学率超过男童 0.02 个百分点；2007 年，男女童净入学率分别达到 99.46% 和 99.52%。与 2000 年相比，女生占普通高中在校生总数的比例提高了 5 个百分点，基本达到"半壁江山"。在高等教育阶段，2006 年全国普通本专科和研究生在校生中，女生比例分别达到 48.06% 和 44.01%，比 2000 年时提高了 10 个百分点左右。女性学生在各级各类教育当中的数量和参与程度的进一步提高，为女性教育学提供了新的发展动力。

在第四次世界妇女大会举行 10 年之后，女性学界在 2006 年对这 10 年进行了全面的总结、回顾，并出版了《妇女发展蓝皮书——中国妇女发展报告 No.1（'95 + 10）》（王金玲，2006）。该报告指出，尽管取得了诸多成就，中国妇女教育发展仍然面临许多问题。例如，妇女高等教育参与中存在低水平发展、不同专业间的性别比例失衡、职称排序中层次越高女教师所占比例越低、高校女教师自身面临诸多发展障碍、高校对女大学生的成长缺乏应有的关注、高等院校妇女研究机构的建设乏力等问题。

2010 年是《中国妇女发展纲要（2001～2010 年）》实施的最后一年，面临着纲要任务的全面落实和继往开来、制定新一轮发展纲要的任务。《中国儿童发展

---

* 作者简介：郑新蓉，女，北京师范大学教育学部教授；高靓，女，《中国教育报》新闻采访中心记者；黄河，女，中华女子学院女性学系副教授。

纲要 (2001～2010 年)》中明确指出,"将性别平等意识纳入教育内容","在课程、教育内容和教学方法改革中,把社会性别意识纳入教师培训课程,增强教育者和受教育者的社会性别意识"。性别平等已经越来越成为现代教育发展的重要理念与评估指标。为进一步推动妇女教育培训工作,2006 年 3 月开始,全国妇联着手制定了推动妇女教育工作的纲领性文件——《全国妇女教育培训体系建设纲要 (2008～2010 年)》,并于 2007 年 12 月正式印发。

(二) 学科地位

在上述背景下,随着整个女性学及社会性别研究的学科化进程,作为其中一个分支,女性教育学也逐渐走上学科化的道路。在《中国妇女研究年鉴 (2001～2005)》中,并没有女性教育学这样一个学科划分,而是作为"妇女与教育"的议题出现。直到 2008 年,《中国妇女教育发展报告 No. 1:改革开放 30 年》(莫文秀,2008) 中的《中国女性学学术领域之反观》一文 (陈方,2008) 中,不同于女性心理系、女性社会学、女性人口学等称谓,涉及教育问题时,仍然沿用了"女性与教育研究"。在 2006～2010 年间的一个显著变化是,"女性教育学"第一次以专业的形式出现——2008 年南京师范大学金陵女子学院开设了"女性教育学专业硕士课程班"。其专业说明指出,女性教育学是"以性别与教育为研究对象、跨学科的新兴领域"。

应该说,"女性教育学"存在着三重含义:其一,专指女性主义教育学;其二,作为学科的女性教育学;其三,女性/社会性别研究中与教育有关的内容。由于女性教育学以学科和专业的形态出现时日尚短,且并未大规模发展,本综述仍然取其广义范围,即女性学研究中有关女性/社会性别与教育的议题,都算作本学科建设的综述内容。

国家教育科学规划对妇女/社会性别与教育学的建设与发展具有积极的指导意义。近年来,国家、地方教育行政部门在教育规划中加大了对妇女/性别教育的支持力度。不过,在 2006～2010 年的"十一五"规划期间,并没有像"九五"和"十五"教育科学规划那样将性别与教育列入研究课题指南,也导致了课题立项数量的骤减。在国家教育科学"十一五"规划课题中,只有三项与性别有关,分别是:湖南科技大学禹旭才的"社会性别视角下高校女教师发展研究"、湖南女子职业大学罗婷研究的"女大学生创新思维培养的研究与实践"、广东女子职业技术学院吴宏岳主持的"中国女校特色教育存在价值及发展机制研究"。

这说明，一方面社会性别与教育的主流化、学科化仍然任重道远，另一方面也反映出社会性别与教育研究已经在某种程度上为研究者所接纳，尽管没有被官方列为重要议题，但仍然有研究者有意识地申请进行相关课题研究。

与此同时，"十五"全国教育科学规划立项课题在这五年相继结题，研究妇女/性别教育的课题共计13项，达到了近年来的一个高峰。这些课题的研究成果相继问世，涉及农村、贫困地区及少数民族地区女性教育、女性高等教育、国外妇女教育政策比较研究、儿童性别社会化研究等多个领域，对于女性教育学的发展产生了一定的影响。如丁月牙的《关于西南少数民族农村地区女性教育的调查及发展对策研究》、任一明的《西部贫困地区农村妇女扫盲教材和读物的调查分析与开发研究》、郑新蓉的《国外妇女教育政策的比较研究》、李少梅《角色游戏与儿童性别社会化的实证研究》等。

（三）人才培养

在学科建设中，学位点建设与研究生培养是一个重要指标。2006年教育部将女性学列入了本科专业，女性学教育逐渐进入本科教育主流。中华女子学院首次招收30名女性学专业本科生。到2010年，中国大陆已有90所大学和研究院的83个硕士学位点和24个博士学位点分别招收女性/性别学研究方向的硕士和博士研究生，涉及哲学、经济学、文学、史学、法学、管理学、教育学和医学等多个学科门类。除了硕士、博士学位之外，学校大力开设女性学、性别学的公共必修课和公共选修课的相关课程，2007年底，已有近百所大学开设了女性学相关课程。

妇女/性别研究相关专业的繁荣，也促进了女性教育学的发展。相关专业不仅传授妇女/性别研究的知识和方法，也大都有意识地将教学过程视为女性教育学的探索与实践过程，较注重女性主义教学法的研讨与应用。其中参与式教学、师生互动、经验承认与分享等教育理念和方法得到了研究和实践领域的探索，这也大大促进了女性教育学的发展。

截至2010年，全国共有四所大学招收有关女性教育方向研究生，包括三个硕士点、一个博士点——厦门大学女性研究专业招收女性与高等教育管理方向的硕士研究生，北京师范大学教育学原理专业招收教育社会学与教育人类学（含性别教育与多元文化教育）方向硕士研究生，南京师范大学金陵女子学院女性教育学专业招收女性教育社会学、女性教育史方向的硕士研究生，东北师范大学比较教育学专业招收女性教育比较方向的博士研究生（陈方，2008）。

　　其中，南京师范大学金陵女子学院的女性教育学是全国第一个以性别与教育为研究对象、跨学科的新兴领域，也是社会发展和女性自身发展所迫切需要的学科。其培养目标为能熟练地将社会性别理论用于教育领域，了解本学科的理论前沿与发展动态，具有较强的性别平等意识与政策分析能力，能够胜任女性教育学的教学、科研和教育管理等相关工作。

　　从学位论文的情况看，以 2000～2010 年为时间段，以"妇女""女性""女子""性别""女生""女童"等与"教育""学校""课程""学习"等组合成关键词，以"女校""女学""女子院校"等为关键词进行搜索，以及对《中国妇女研究年鉴（2001～2005）》"妇女与教育"目录的检索，共获得有关妇女/性别教育研究的硕博论文 322 篇①，专著 75 部。

　　表 1 显示，2010 年与 2000 年相比，有关妇女/性别教育研究的硕博士论文的增加幅度巨大。就发展态势看，妇女/社会性别与教育的论文数量迅猛增长，年平均增长率约为 116%，就平均增长率而言，妇女/社会性别与教育的论文数量有极高的增长值。从论文数量发展阶段看，2006～2009 年为快速增长阶段。相比 2009 年，2010 年虽然数量有所下降，但从内容和质量上看，研究从对新事物、新现象的关注热情开始过渡到更为理性审慎的阶段。

表 1　2000～2010 年有关妇女/性别教育研究的硕博论文数量分布

单位：篇,%

年份	论文数	比重	与上年比较
2000	3	0.9	／
2001	7	2.2	+ 1.3
2002	6	1.9	− 0.3
2003	9	2.8	+ 0.9
2004	16	5.0	+ 2.2
2005	22	6.8	+ 1.8
2006	46	14.3	+ 7.5
2007	54	16.8	+ 2.5
2008	58	18.0	+ 1.2

---

①　检索范围包括中国知网的中国期刊全文数据库、博士学位论文全文数据库、优秀硕士学位论文全文数据库所有的人文与社会科学文献（不包括理工、农业、电子信息和医药卫生等领域），国家图书馆的馆藏图书数据库及《中国妇女研究年鉴》上的专著目录。

续表

年份	论文数	比重	与上年比较
2009	57	17.7	-0.3
2010	44	13.7	-4.0
总计	322	100.0	/

因表1各数据百分比保留到小数点后位数时进行了四舍五入，总计百分比可能不等于100%，表2数据同此。

在这些论文中，教育学所占比重最高，为68.01%；其次为历史学，占13.98%（见表2）。可见，在教育学、历史学领域的博硕士候选人中，妇女/社会性别与教育的议题得到了更多的关注。到目前为止，这两个学科是有关妇女/社会性别与教育研究的博硕士论文的"核心学科"，即妇女/社会性别与教育的研究侧重在教育学和历史学这两个传统的学科中展开。

表2 有关妇女/性别教育研究的硕博论文作者学科分布情况

单位：人,%

作者专业	人数	比重
教育学	219	68.01
历史学	45	13.98
思想政治	8	2.48
语言学	8	2.48
社会学	6	1.86
心理学	6	1.86
体育学	5	1.55
民族学	3	0.93
经济学	3	0.93
汉语言文学	3	0.93
法学	2	0.62
音乐学	2	0.62
伦理学	2	0.62
哲学	2	0.62
管理学	2	0.62
中共党史	2	0.62
政治学	1	0.31
宗教学	1	0.31

作者专业	人数	比重
人口学	1	0.31
传播学	1	0.31
总计	322	100.0

（四）课程建设

妇女/性别教育课程的开设，促进了教育学的发展，也深化了妇女/社会性别学的研究；这些研究的新成果又不断反映到课程之中，使其内容逐步更新、丰富和充实。近年来，越来越多的高校开设女性与教育相关课程。复旦大学、中华女子学院、武汉大学、厦门大学、北京师范大学、天津师范大学、上海海事大学、湖南职业女子大学等高校为专科、本科生设置了女性与教育课程。厦门大学、北京师范大学、南京师范大学、云南民族大学等高校为硕士研究生开设了女性教育相关课程，东北师范大学为博士生提供相关课程。另外，湖南职业女子大学在女性学师资培训和干部中设置了女性与教育课程（陈方，2008）。

2008 年，北京师范大学开设的《社会性别视角下的教育研究》比较具有典型性。该课程由北京师范大学教育学院多元文化教育研究中心开设，学科带头人郑新蓉教授和张莉莉副教授发起，主要以生活为广阔背景，性别为切入视角，开展对自身、他人及社会的性别反思。课程目的是使学生尤其是女性获得性别反思、研究能力，并从中获得成长。具体目标为：让学生更深入地了解女性主义理论；帮助学生掌握女性主义研究方法的技术与要求；学会运用社会性别视角开展教育研究和学会从社会性别角度分析现有教育研究的不足（张莉莉、郑新蓉，2011）。

从这门课程的历史沿革看，课程的主要特点是发展关联性的知识，使教育内容与学生日常生活世界发生密切的联系，提升学生的批判性思维和性别反思能力，把个人感性的、下意识的性别经验提升为性别群体共同的、理性的自觉认识和行动。最终目的是解构教育中的性别不平等现象，减少甚至消除性别不平等。

在教学方式上，课程注重女性主义教学法的应用，构建民主的师生关系，强调经验的平等分享与交流，尤其关注不同阶层、文化背景下的学生群体的声音和经验，重视学生的体验、感受、情绪、价值观念等与所学知识间的关联，积极发挥学生的主体作用，引导学生反思自我成长的经历及与社会的关系，唤起学生内在的觉醒与力量，重视培养学生的社会理解力和行动积极性。

二 主要内容研究

就广义的女性教育学而言，研究的关注点颇为广泛和丰富，受篇幅所限，本文仅概述这五年中关注较多的几个议题。

（一）学科建设发展

2006～2010年，由于改革开放30年、建国60年、建党90年等关键时间点，女性教育学领域比较注重发展历程、现状的总结回顾，有利于学科的总结提升。

2008年，莫文秀主编的《中国妇女教育发展报告 No.1：改革开放30年》出版，对改革开放30年的义务教育、高中教育、高等教育、职业教育、扫盲教育、成人教育、学前教育等各级各类教育进行归纳总结。特别值得一提的是，这些总结运用了社会性别视角与分析方法，与以往的数据、报告相比，除了提供基础性的数据和事实，如男女生的入学率、毕业率等，还能够展现教育领域更深层次的性别现状。

回顾、总结改革开放30年来女性高等教育的发展轨迹与成功经验、研究探讨当前存在的问题与对策、分析把握未来发展的趋势与规律，对于中国女性高等教育承前启后、继往开来，无疑具有十分重要的现实意义和学术价值。中华女子学院学报编辑部邀请了从事女性高等教育研究的专家学者，围绕"改革开放30年与中国女性高等教育的发展"的主题开展学术探讨，刊发了《对教育公正与女性发展关系的思考》（丁娟，2008）、《喜看群芳吐艳 更待百花灿烂——反思中国高等教育中的性别平等进程》（刘伯红，2008）等系列文章。对女性教育状况及学科发展进行总结与展望的还包括赖立（2008）的《改革开放以来中国妇女教育研究述评》，韩廉、沈波澜（2008）的《改革开放30年来中国对妇女教育的新推进》等。

研究者的主要精力放在女性学这个较大的领域上，但其中关于女性学的教育、教学等问题，实质上也属于女性教育学。例如，陈方（2008）依学位教育状况梳理了国内女性学和性别研究的11个分支领域的发展进程，教育是其中之一，展示了包含于八大学科门类中的40多个硕士点和14个博士点的女性学和性别研究方向，并提出学术研究发展到一定阶段出现学位教育，学位教育是学科建设的有效途径。罗萍、王秀英（2007）指出，女性学教育与其他学科教育具有同等地位，同样的学术价值，性别平等教育应伴随大学生人生社会化全过程，性别平等意识是当代大学生应具备的思想素质与"德"的基本要求。

在专著方面，近年来出版了《女性学与女子教育研究》（杨民，2009）、《女性主义教育观及其实践》（肖巍，2007）等，后者分析了女性主义对传统教育观和教学法的批评，介绍了女性主义的四种教育理论（社会化理论、性别差异理论、结构理论、解构理论）以及四种教学法（差异教学法、批评与思考教学法、情境与体验教学法、故事与对话教学法）。2010年出版的《女性主义观照下和谐共生教育世界的建构》（杜二敏，2010）一书，则突破以往单纯地介绍国外理论或调研国内现状的模式，运用女性主义理论关注人的成长、发展及完善，关注生命的和谐共生，在此基础上尝试和谐共生教育世界的建构。熊贤君所著的《中国女子教育史》（2006），则首次全面勾勒了从先秦到20世纪中叶女子教育的产生、发展、嬗变的历史进程，分析阐述了各个历史时期女子教育的方针政策以及影响女子教育的历史文化。

（二）农村女性教育研究

农村女性教育研究是女性教育学研究当中比较突出的一类。这类研究有一个共同特点，即研究者突破了就女性论女性、就教育论教育的窠臼，主动将农村女性教育与社会、经济、政治等相结合。例如，王金玲（2009）从性别比较和城乡地域比较入手；以"结构"作为主要分析路径，探讨了当今农村妇女教育地位及变化的内在逻辑，指出"农村妇女"一词具有两层含义：一是地域概念，一是性别概念。就农村妇女而言，其处于"农村"和"妇女"这一双重不利境地。虞红平（2007）对20世纪90年代以来中国社会结构变迁过程中浙江农村妇女教育地位和特征进行描述和总结，从时代发展落差、城乡二元结构、家庭策略选择、传统文化观念、个体主观因素等五个方面分析、评价和解释农村妇女教育地位的影响因素，认为农村妇女教育地位偏低是教育资源城乡配置不均衡和性别配置不均衡的反映，农村妇女在教育领域遭受性别和城乡双重排斥。

女童教育是农村女性教育中更为特殊的一个关注点。在各种教育需求与权利中，基础教育最为根本与迫切。因此，女童教育多年来一直是政府和社会关注的热点。女童教育的研究包括女童生存、发展、教育现状、对策及教育模式等的探究。例如，杜学元主编的《城市化进程中的中国女童教育：中国小城镇女童教育研究》（2007）和滕星主编的《多元文化社会的女童教育：中国少数民族女童教育导论》（2009）等。一些研究对女童的失辍学原因进行分析。除了经济、文化传统等原因外，有学者从女童自身的主体价值和需要来思考，认为女童是教育的主体，能否激发女童自身对教育的需求、激发与女童接触密切的家长、家庭、社区等相关群体对女童教育的支持，形成"内源型"女童教育模式，是女童教育可持续发展的关键（史静寰，2000）。

留守女童问题是近年来突出的社会问题，一些研究者开始注意到社会转型时期女童教育出现的新状况，对留守女童的教育权、家庭教育、性教育、教育公平等进行了探究。如朱婕的《留守女童的教育公平问题——基于弱势群体的教育公平问题探析》（2009），陈晓晴、杜学元的《关于留守女童教育问题的研究综述》（2010），高丰美、高俊飞的《农村留守女童受教育权与受监护权保障》（2010），张俊霞的《农村留守女童教育问题研究——以山东省两村为例》（2010）等。

（三）女性高等教育研究

高等教育是女性教育学自身发展及学术研究的主阵地，因此女性高等教育研究也一直是这一领域的重点议题。大致包括：高等教育中女性地位与作用研究，女性高等教育历史沿革、取得成果、面临挑战的研究，女性学者、女教师、女大学生、女性管理者群体的研究，高校中有关教育机会、学科专业、学业成绩、学术能力、就业现状的性别差异研究，大学生性别角色、性别观念、性别认同的研究，妇女/社会性别学在高等教育中的创立和推进的研究，女子大学历史发展、存在价值、办学特色、人才培养的研究，等等。

将研究放在大的历史和发展背景之下，为近代女子高等教育发展和知识女性的成长历程绘出了比较清晰的脉络。周一川（2007）以中日两国的大量史料为主，理清了民国之后女子日本留学的历史线索，重点论证了民国初期女子日本留学的状况和历史形象的变化及原因。张素玲（2007）采用历史文献分析与叙事研究相结合的方法，以社会性别视角对20世纪初至20世纪30年代的女大学生进行了研究，主要着眼于回答现代性与女性、女大学生的身份认同、民族主义与女大学生之间的关系三个问题。

近年来，研究者对于女性主义的理论及研究方法的运用在女性高等教育研究领域表现十分明显。王珺所著的《阅读高等教育：基于女性主义认识论的视角》（2007），通过分析高等教育中四个核心概念（高等学问、学科、课程、教学），批判了男性中心的传统解释，提出了女性/女性气质与高深学问的悖论是高等教育中性别歧视的知识论根源，质疑了学科价值中立的立场，分析了课程所蕴含的性别意识形态，反思了大学教学中的权力问题，完成了由法律、社会层面解释性别歧视向精神、知识生产层面关注性别歧视的转换，为高等教育中性别问题的认识提供了新的解释框架。

金珺、孔寒冰（2008）超越了女性高等教育在数字上的平等和表面上的繁荣，依据历史数据、统计报告等分析当前国际和中国女性参与科学与工程高等教育和研究的状况，描绘了女性在科学与工程发展中的作用。在此基础上，对女性参与科学与工程学习和研究提出对策建议。

高校女教师是高等教育发展的重要力量，其发展状况反映并且制约高等教育发展的水平。女教师在高校中的地位、作用、职业发展、心理健康、性别意识等也成为研究者关注的重点。例如，禹旭才的《烛照之思：当代中国高校女教师发展研究》（2009），运用社会性别视角对高校女教师进行了研究，将高校女教师的发展分为三个阶段：1920年前的"男女有别"与高校女教师的缺席期；1920～1949年"男女平等"与高校女教师的失语期；改革开放前30年"男女一样"与高校女教师的言说期。以此揭示现在的高校女教师现状存在两个问题——边缘化危机和性别迷思，最后提出了"性别敏感发展"的核心观点。

三　女性教育学发展的挑战与趋势

这五年中，尽管女性教育学无论在学科建制还是在学科制度化方面都取得了一定进展，但从一门独立学科的建立和发展角度看，女性教育学仍面临巨大的挑战。

（一）尚未形成完善的知识体系与理论基础

曼海姆指出，"知识的新形式产生于集体生活的状况，而不是靠什么知识理论证明它们可能产生而出现，所以它们不必先通过认识论理论来取得合法性"，"我们必须以新发现的实证材料来重审我们知识的基础"（转引自余宁平、杜芳琴，2003）。

学科是知识演进的结果。学科知识不单是纯粹的知识论层面的事，也包含着社会实践。基于鲜活的社会实践问题所产生的妇女/性别教育研究的诸多成果，对于女性教育学学科的构建无疑是十分必要和紧迫的。

以社会性别为视角研究教育在西方国家相当普遍，几乎涉及所有的教育学科，如教育哲学、教育史、教育社会学、教育心理学、教育法律与政策分析，在教育实践领域也涉及各级各类教育（郑新蓉、杜芳琴，2000）。中国关于妇女/性别教育研究的理论与实践成果在教育领域内大多仅涉及教育史和课程与教学论，且较为零散，数量有限，虽然越来越多的研究有意识地采用了社会性别视角，但仍有相当部分的研究仅仅以妇女作为研究对象。

现代社会由于结构转型，社会急剧变迁，全球化在经济、技术、社会、文化和政治等各个领域的逐渐渗透，妇女在教育领域所面临的生存与发展的境遇日趋复杂多变，许多妇女教育问题很难在单一具体学科内得到深入研究，需要跨学科的整合与探索。然而从已有的妇女/性别研究可以看到，诸多研究成果缺乏跨学科性，充其量只是多学科的组合。而在相关概念的使用和理论的构建上也存在很多问题，原创性研究较少，批判之余建构性、生产性不足，简单套用西方较成熟的女性主义教育研究的理论和范式的现象较多。妇女/性别与教育的许多研究单纯地关注问题，这并不能自动地形成该学科的理论体系，使得关于该学科的知识结构无法有效积累。

（二）女性教育学尚未形成学科设置的合法性基础

学科建制强调的是学科的社会建制，如学科的组织机构、行政编制、资金支持等社会运作层面，其看重的是专业研究者、学科代表人物、经典著作、专业出版物、学会组织和学术会议制度、专业期刊、固定教席、学系、学科培养计划、研究基金、信息资料中心、研究生培养的相关课程等一系列组合条件。

从学科建制的这些基本条件而言，女性教育学的合法性基础尚未形成。单从全国各高校开设的妇女/性别与教育学的相关课程数量来看，并不能形成课程群。在学位教育方面，全国只有少数几所大学招收女性教育方向的研究生。缺乏一定规模的专业共同体，在中国妇女/社会性别学学科发展网络下虽然设立了妇女/性别与教育学学科子网络，但该网络并未作为专业研究者的有效联合，在教育领域内性别平等意识的推动力也亟待增强。

此外，出版的期刊、专著影响不足。目前，女性教育学尚未出版专业期刊，过去15年仅70多部专业出版物，在妇女/社会性别研究的大量成果中所占比重较低。尽管妇女/性别教育课题在全国教育科学规划立项课题中实现了从无到有的突破，但在"九五""十五""十一五"规划立项课题中只有 26 项，在立项课题总量中所占比例极低，资金资助明显不足。

（三）女性教育学的发展前景

无论从学科制度化还是学科建制的判断标准看，女性教育学都更属于领域而非独立的学科，有着较宽泛的范畴，作为一个研究分支尚未确立在人文社会科学研究中的重要地位，缺乏独立的学科生长机制。受学科"基因"及"家族相似性"的影响，妇女/社会性别学的学科地位也将直接影响妇女/性别与教育学的学科地位，而前者的发展任重而道远。从领域到学科的发展与演变必须遵循科学发展的内在规律与逻辑，因此，妇女/性别与教育学要想作为一门学科存在，在相当长的时期内仍会是研究者的一个美好愿望。但我们有理由相信，随着社会性别纳入决策主流进程的不断推进，公众对社会性别的认可度不断提高，当学者致力于对教育实践领域与妇女/性别相关的各种复杂问题的深入研究与解决，同时高度关注"学科指向"的妇女/性别与教育研究，使其具备作为学科的外在和内在条件时，那么它的独立与创建也终将成为必然。

女性文学研究综述（2006～2010 年）

乔以钢[*]

一　研究概述

在国际学术背景、当代社会性别意识与文学发展的多重变化中，中国女性文学的研究格局、领域和方法在 2006～2010 年间呈现出新的面貌。

首先，女性文学学科在国家普通高等教育体系中已占有一席之地，高层次专业人才培养取得成绩。河南大学、南开大学、厦门大学、陕西师范大学、上海大学、北京语言大学、湖南师范大学等高校在中国语言文学学科所属中国现当代文学、文艺学等专业招收和培养女性文学及性别研究方向的博士生；另有多名青年学人进入博士后流动站从事本方向研究。在中国妇女研究会 2006 年、2008 年、2010 年举办的第一、二、三届妇女/性别研究优秀博士、硕士学位论文评选活动中，多篇文学博士、硕士学位论文获奖。教材建设取得突破，普通高等教育"十一五"国家级规划教材《女性文学教程》（乔以钢、林丹娅，2007）入选原新闻出版总署"三个一百"图书出版工程。

其次，科研收获颇丰。在中国期刊全文数据库以"女性文学"为主题搜索，检索到 2006～2010 年相关文献 2124 篇；以"女作家"为主题搜索，检索到相关文献 6818 篇；数十部学科相关著作出版；6 个一般项目、4 个青年项目获得国家社会科学基金立项支持；在 2010 年全国妇联、中国妇女研究会举办的第二届妇女研究优秀成果奖评选活动中，两部女性文学研究专著和 3 篇研究论文获奖。另有多项成果获得省部级奖励。《中国社会科学》杂志刊发文学学科性别研究论文两篇（2008；2010）。《中国现代文学研究丛刊》《当代作家评论》《当代文坛》《南方文坛》等文学研究期刊均设有相关栏目或专题。《中国女性主义》《中国女性文化》继续出版。《南开学报（哲学社会科学版）》定期刊发"性别视角下的中国文学与文化"专栏，累计发表论文 63 篇。其中多篇被《新华文摘》《中国社会科

---

[*] 作者简介：乔以钢，女，南开大学文学院教授。

学文摘》《中国高校文科学报文摘》等刊物转载。

再者，学术研讨和学术交流活跃。2007 年和 2009 年，中国当代文学研究会女性委员会分别在太原和昆明举办了第八届中国女性文学学术研讨会暨高校女性文学教材建设研讨会、第三届中国女性文学奖颁奖大会暨第九届中国女性文学国际学术研讨会。另有中国女性文化研究基地启动仪式暨中国女性文学论坛（首都师范大学，2010）以及多位女作家作品的研讨会成功举办。此期，本领域学者先后数十人次前往境外（包括美国、加拿大、荷兰、日本、韩国以及香港、台湾、澳门地区等）开展学术交流。2008 年和 2010 年，中国当代文学研究会女性文学委员会代表团分别应邀前往美国、加拿大，参加美国海外华文女作家协会第十届大会暨国际女性文学研讨会以及加拿大华裔/华文文学国际学术研讨会，与海外女作家、女性文学研究者进行了广泛交流。

特别值得一提的是，在这五年间，女性文学研究队伍在年龄、学历结构等方面发生重要变化，一批具有坚实理论基础、受到良好学术训练的青年学人成长为女性文学研究的生力军。

二 主要研究内容

2006～2010 年，中国女性文学研究的拓展与深化主要体现在以下方面。

（一）"性别"成为文学研究的有效范畴

这五年间，"性别"作为开展研究的核心概念在文学领域得到愈加广泛的运用。正如刘思谦（2006）所说，性别视角的运用标志着女性文学研究学科化进程中一次静悄悄的学术转型。李玲（2006）就性别批评的立场做出理论阐释，强调性别批评视两性为多元并立的主体，以主体间性为价值尺度；它反对任何一种性别霸权，具有理想色彩和批判锋芒。乔以钢（2007）认为"性别"作为文学研究的一个有效范畴，其主要特点是：在研究宗旨上，带有鲜明的政治文化批评色彩；在批评标准上，强调基于"女性经验"建立的真实性尺度；在研究实践中，具有多学科理论资源越界综合的特征。

超越两性关系的二元对立思维，将"性别"视为一种社会文化建构和社会文化关系的多元、动态的综合，成为研究者的自觉选择。王宇认为，从性别视角介入现代性民族国家想象是考察中国现代性与文学关系的另一种路径。她的《性别表述与现代认同：索解 20 世纪后半叶中国的叙事文本》（2006）一书通过讨论 20 世纪后半叶中国大陆叙事文本有关性别的表述，将这一思路做了充分展开。杨联芬（2007）聚焦于茅盾、白薇、谢冰莹、叶紫等参与并表现 1927 年大革命时期女性与革命关系的作家和作品，对大革命中的性别关系及女性体验进行了细致的阐释和论证。林丹娅（2010）通过对"女人"或"男人"性别符号在文学文本中的经典性表现，探讨一个由"男人/人类"（man/human）所构筑的男性中心为历史的文化对"男人 - 女人"（man-woman）此类符号在文学叙事中进行了什么样的"给予意义"的活动，揭示性别歧视文化结构在文学语言结构中的投射、反映与其互动性。陈洪、乔以钢等的《中国古代文学文化的性别审视》（2009），刘思谦、屈雅君等的《性别研究：理论背景与文学文化阐释》（2010），张莉的《浮出历史地表之前——中国现代女性写作的发生》（2010）三部著作，作为教育部重大攻关课题研究成果，同样体现了"性别"范畴在文学研究中的独特价值。其所涉及的内容，或揭示以往文学批评再现历史与现实时所呈现的性别盲点，结合历史与现实剖析性别化的民族、国家话语；或从性别角度梳理和探讨本土资源在性别诗学建构中的功能；或从发生学的意义上提出问题，在社会学、教育史、妇女史与文学的交叉点上展开探究，凸显了现代女性写作的中国式发生及其所特有的社会文化内涵。

以往古代文学传统治学领域以性别为视点的研究成果相对较少，这一情况在这五年间发生明显变化，仅出版专著即有多部。例如，马珏玶的《中国古典小说女性形象源流考论》（2006）借鉴女性主义理论，系统考察古代小说中的女性形象史；刘淑丽的《先秦汉魏晋妇女观与文学中的女性》（2008）就先秦汉魏晋文学作品中的女性描写以及性别观念影响下的文学审美意识进行研究；张晓梅的《男子作闺音：中国古典文学中的男扮女装现象研究》（2008）集中考察中国古典诗歌中一种比较普遍而又特异的性别文化现象，探询其中复杂的性别文化蕴涵；李汇群的《闺阁与画舫：清代嘉庆道光年间的江南文人和女性研究》（2009）从"闺阁"与"画舫"的角度切入文人与女性的关系，揭示了清代嘉庆道光时期江南地区独特的社会文化与文学图景；周巍的《技艺与性别：晚清以来江南女弹词研究》（2010）在明末以降江南女弹词与江南社会变迁的大背景下，就晚清以来女弹词作者的群体生成以及作品中的形象塑造展开性别论述。另有乔以钢的《近百年中国古代文学的性别研究》（2008）一文从学术史角度，对百年间中国古代文学领域的性别研究实践进行了全面、系统的梳理和反思。

经过多年积累特别是一批质量较高的成果出现，性别视角所具有的积极意义和独特功能在学界获得了比较普遍的认同。

（二）近现代中国女性文学研究

近代女性文学在创作主体和创作形式方面均与古代女性创作有较大差异。其创作主体大部分是走出闺门、接受了西式教育和西学熏陶的进步女性，创作形式则突破了传统的女性诗/词体裁而呈现出多样化的趋势。郭延礼的《20 世纪初中国女性文学四大作家群体考论》（2009）就此展开具体探讨。李奇志的《清末民初思想和文学中的"英雌"话语》（2006）在广阔的视野中讨论存在于清末民初思想文本与文学文本中的"英雌"话语体系，从一个侧面显示了中国女性参与公共生活的历史能动性。王翠艳的《女子高等教育与中国现代女性文学的发生：以北京女子高等师范为中心》（2007）一书立足于史实，开掘和探讨了此前尚未引起注意的现象——女子高等教育与现代女性文学发生之间的密切关联，指出现代女性作家的出现与新文学第一代男性作家的负笈海外或传统女作家的闺阁受教不同，女性文学的发生基本属于国内女子高等教育的产物。张莉的《重估现代女作家的出现——以新文学期刊（1917～1925）中的女作者创作为视点》（2008）对中国现代文学史上的第一代女作家的出现与新文学期刊及其主办者、编辑者的帮助和扶持之间的关系进行了翔实的考察。刘堃的《晚清的女性教化与女性想象——以〈孽海花〉为中心》（2010）讨论了"女性教化决定论"作为一种从西方输入而盛行于晚清的文明观对女性教育、思想启蒙和文化的影响，对现代女性创作主体生成过程中所接受的文化影响进行了分析。

本阶段现代女性文学研究的收获，一方面体现为女作家经典作品跨学科研究的深入，包括新史料的发现、新视角和新方法的引入等；另一方面则体现为从性别视角出发，对男性作品特别是男性作家所塑造的典型女性形象进行"再解读"。

女性代表作研究方面，随着电影《色·戒》（李安导演，2007）的上映和自传式小说《小团圆》在大陆首次出版（2009），现代女作家张爱玲再次成为研究热点。戴锦华（2007）对《色·戒》的历史本事、电影与小说文本进行了辨析。贺桂梅（2010）认为，《色·戒》电影文本比小说文本更能涵括当下的历史语境；在电影类型上，《色·戒》属于典型的谍战片，即通过把两性关系确立为唯一真实的身份来抽空意识形态对垒的基础。而"美人计"情节模式的实质，是男权社会"交换女人"的关系结构的寓言或者缩影。刘思谦（2010）指出，《小团圆》对胡兰成《今生今世》中陈腐的性别观及封建婚姻观进行了现代解构，再现了张爱玲挣扎于"痛苦之浴"、维护女性"人的尊严"的艰难历程，在勇敢正视痛苦的生命感觉同时，表现出作家对爱情婚姻这一人类生存永恒问题的洞察，以及洞察之后的矛盾与无奈。陈千里（2007）细致比较了张爱玲的《金锁记》与曹雪芹的《红楼梦》中夏金桂的故事，指出前者脱胎于后者，但两位作者的性别观念和家庭观念迥异，张爱玲书写家庭故事时自觉的性别视角是古代作家不可能具有的。

在经典形象再解读方面，许多研究成果围绕现代文学经典做出了新的探讨。林丹娅（2007）认为，如能正视作品存在的叙事破绽及意图悖谬之谜，将其置放于从古典到现代版的"私奔"模式中，并与现代新女性奋斗实迹互为参照，便可解读出它所蕴涵的中国现代男性文化精英的性政治观、话语类型、两性关系与女性解放进程的真实形态。杨联芬（2009）指出，作为"五四"女性解放叙述的始作俑者，胡适戏仿易卜生《娜拉》而写的《终身大事》，极富象征性地体现了"五四"文学个性解放叙述的特征及盲点。而鲁迅的《伤逝》以对"五四"主流论述的质疑，叙述女性"出走之后"的困境，揭示了"五四"个人主义价值论中隐含的性别权力，以及新文化启蒙话语中的父权意识，表现出对"五四"新文化"进化"与"二元"思维模式的警惕与自省。邓如冰（2010）指出，鲁迅对女性命运的关注也表现在他对女性身体的痛苦的体察与书写上。他以祥林嫂身体从暴烈到干枯的历程控诉权力的暴行，并揭示出女性身体作为"性的身体"始终被粗暴地观看与玩味的现实。在"祝福"这类暗含性别等级制度的仪式中，女性的身体作为审判物被列至最底层，并被压迫至消亡。

（三）中国当代女性文学研究

对于当代女性文学日益繁盛的创作局面，学术界与批评界及时跟进，取得了丰富的研究成果。此期出版的相关专著中，乔以钢的《中国当代女性文学的文化探析》（2006）把女性文学从生硬整合的"普遍女性经验"或"全球化性政治"当中解放出来，还原到当代文学动态历史的具体语境当中，客观剖析女性文学创作实际与本土历史和文化现实的深刻关联，由此显示中国女性文学的特殊经验。王艳芳的《女性写作与自我认同》（2006）从女性写作的文本出发，探讨当代女性写作中主体的自我认同模式、精神发展轨迹以及相关联的独特的叙事方式。刘传霞的《被建构的女性：中国现代文学社会性别研究》（2007）在社会性别视阈中，考察了中国现代文学叙述中的性别建构。黄玲（2007）追寻了云南女作家的写作，关注她们创作中所融入的少数民族生活内涵及性别内涵，探讨其为当代文学提供的独到的审美内容。

　　论文方面，王侃对 20 世纪 90 年代的女性小说创作进行了深入考察。《九十年代中国女性小说的主题与叙事》（2008）从宏观上探讨了 20 世纪 90 年代女性小说的基本主题，认为其内涵是从历史、语言和欲望三个层面针对男权文化展开批判；批判性的主题导致了女性小说的叙事变革，由此发展出新的叙事方式和叙事形态。《论女性小说的历史书写——以上世纪九十年代为考察对象》（2010）从对历史的双重属性——本体性与文本性以及对历史意识的理解和阐述出发，认为 20 世纪 90 年代女性小说有一个面向历史的写作主题；这些小说写出了历史对女性的驱逐以及女性试图进入历史的溃败感，写出了女性针对男权历史的解构冲动以及构建母系历史的乌托邦冲动。这个写作过程体现了中国女性作家新的历史意识。樊洛平（2006）分析了拥有后现代主义与女性主义相结合的精神资源、崛起于 20 世纪 90 年代的台湾新世代女作家鲜明的代际特征和创作态势。程国君（2007）在与大陆女性散文的比较中，分析了台湾女性散文在精神价值上的旨趣以及在现代散文诗学建构方面呈现出来的新的品质，揭示了其中所包含的现代散文诗学建构的内涵及其缺失。王志萍（2009）对当代新疆少数民族女作家作品中的民族意识做出阐释。王红旗（2009）从走进家族与时代历史、走进民间灵魂乡土以及走进人格成长世界三个方面，概括了 21 世纪女性写作的突出特点，认为这些特点表现了女作家们改善女性现实生存和文化处境、建构一种基于新型性别关系的人类生态叙事的强烈诉求。

　　在各体文学的性别研究方面，研究者对女性创作的小说、散文、诗歌均予以关注，涌现了一批相关著作。例如，林丹娅的《中国女性与中国散文》（2007）系统探讨了女性散文与文化传统、社会变革、性别境遇以及女性个体生命体验的关联。杨珺的《二十世纪九十年代女性散文的主体建构》（2009）着重阐释中国女性的个体生命体验和主体精神成长，进而探寻女性散文之于女性主体建构的理论意义和实践意义。张晓红的《互文视野中的女性诗歌》（2008），围绕身体、镜子、黑夜、死亡、飞翔这五个各自独立但又有着内在关联的主题展开，生动呈现了女性诗歌的话语特质，分析了中国女性诗歌话语形成的互文性机制及其影响。程箐的《消费镜像：20 世纪 90 年代女性都市小说与消费主义文化研究》（2008）

揭示了 20 世纪 90 年代女性都市小说繁荣发展背后的深层次的文化和社会因素，对 20 世纪 90 年代女性都市小说与消费主义文化之间的关系进行剖析。

在女性主义文学批评译介及研究方面也有专著出现。吴新云的《双重声音 双重语意——译介学视角下的中国女性主义文学批评》（2009）从译介学视角对女性主义文学批评在中国的传播和发展进行研究，分析西方女性主义在中国译介和应用过程中的"原件失真"现象所反映的中西文化差异，审视和阐发东西方交流中信息的传播与变化过程的文化蕴涵。邓利的《新时期女性主义文学批评的发展轨迹》（2007）、徐艳蕊的《当代中国女性主义文学批评二十年》（2008）对女性主义批评在当代中国的实践进行了综合性的梳理和探讨。

（四）文学话语、文学现象、文学思潮的性别研究

在百余年间的现代中国文学的发展历程中，各种文学思潮、文学话语、文学现象层出不穷，既反映了文学内部的发展规律，也是社会历史宏大背景的多维折光。近年来，以性别为中介联结文学与社会历史，对其加以重新审视，成为研究中的一个热点。

夏晓虹（2006）以七部中外女杰传和分别发刊于京沪两地的《女子世界》和《北京女报》的传记栏为考察对象，从新教育与新典范的结盟入手，深入剖析了在外国女杰的选择引进与中国古代妇女楷模的重新阐释中所呈现出的晚清女性人格理想构建的多元景观。刘慧英（2007）对"五四"时期由男性"新青年"主办的《妇女杂志》所提出的"妇女主义"进行了深入考察，指出虽然"妇女主义"已不再局限于民族国家想象，但依然是一种以男性主体性为根本出发点和立场的对妇女的想象，它与中国现代初期的女权启蒙一样，是一种男性话语对女性乃至女权主义的建构，而不是妇女自己创建和从事的事业。董丽敏（2008）探讨了中国女性解放运动与发达国家女性主义不同的价值追求、资源利用与路径设计。乔以钢、刘堃（2008）论及近代中国思想界对"国民－国家"关系的建构、个体国民身份在政治话语中的确立，与近代女性谋求新的独立的个体身份——"女国民"之间的内在联系。郭冰茹（2009）通过分析早期女性写作中描摹婚姻家庭问题的文本，讨论新女性们在新的历史条件下对女性性别认同的不同思考，指出她们的思考留存了中国社会由传统而现代的复杂性以及女性精神世界的丰富性，同时表明现代女性写作的历史并非女性主义理论可以涵盖。这些研究深入探寻现代女性文学的思想文化背景，触及了现代女性文学基本面貌之形成的内在

肌理。

　　文学与政治、性别和权力、现代和传统这些元素在不同历史时期的相互作用和相互影响，不仅揭示了中国现代化进程中的互为矛盾又对立统一的背景，而且提供了新的视角，超越了线性的文学史的类型研究，启发人们对中国现代文学史产生新的认识。王宇（2007）通过对"五四"时期著名的文化镜像"娜拉"的生产、接受的考察，呈现出中国现代文学起源语境中性别政治与公共政治的复杂纠结。杨联芬（2010）深刻触及"五四"新女性在身份认同过程中面对的复杂情境及其深刻的内在矛盾；指出新女性身份认同的困境体现了"五四"正义伦理的道德局限，而"五四"文学表达的某种匮乏亦源自这个局限。刘剑梅的《革命与情爱：二十世纪中国小说史中的女性身体与主题重述》（2009）一书以女性主义视角呈现和阐述了 20 世纪中国文学中"革命叙事"与"情爱故事"相激相成、此消彼长的全新面向。

　　具有性别文化内涵的文学现象，成为许多研究者关注的课题。王纯菲（2006）在女性主义视阈下，对中国古代文学"女神"般的母亲形象与处于男性附属地位的"女从"形象的两极化表现及其内在缘由进行了剖析。陈惠芬（2007）认为，近年来随着社会转型的深入，当代中国的女性写作经历了一个"地理学"的转向，空间的敏感和再思成为一些女作家的写作特性。在这一过程中，性别问题并没有消失，而被更多地放到了与社会空间的关系中去探讨。"地理学"的转向不仅化解了"私人化写作"带来的危机，且有力地介入了当下现实。李蓉（2007）发现，在晚清至"五四"以来的政治文化语境中，女性疾病被赋予了浓厚的民族、国家和阶级特征；现代文学中男性笔下的女性疾病与女性疾病的自我书写具有不同的性别文化内涵。陈千里（2009）揭示了现代文学文本中出自不同性别作家之手的关于家庭冲突的书写，在诸多方面明显相异，其间意味独具。张凌江（2009；2010）对现代女作家有关革命主题的书写进行了独到的分析。董丽敏（2010）探究了作为新中国重要表征的 20 世纪 50 年代的妓女改造运动如何在当代作家的反复书写中演化为一个文化象征。傅建安（2010）讨论了女性形象与都市文化发展之间的关联。周瓒（2010）对进入互联网空间的女性诗歌给予及时关注，并做出思考。

（五）跨文化视野的性别理论及批评研究

　　尽管多年来女性主义文学批评在知识生产角度取得了大量成果，但从社会接受与转化的角度看实际作用仍很有限。在"后女性主义思潮"的冲击下，在文学及文学研究日益边缘化的挑战下，立足中国现实，在理论和实践中坚持女性主义批判视角确属必要。有鉴于此，林树明（2009）阐述了世界范围内的"后女性主义"理论及其对中国的影响，还系统评述了西方较早在文学研究中贯穿性别意识的男性批评家特里·伊格尔顿的理论与批评实践，指出其对中国女性主义批评和性别诗学建构具有积极意义（2010）。荒林、诸葛文饶（2007）对20世纪80年代以来西方女性主义理论在中国的传播过程做出了评述。

文化背景的多重性，思想资源的丰富性，不同国家与地区文化形态与母体文化的整合，使女性形象内涵有着无穷的可塑性，又为文本的多样解读提供了可能。林丹娅（2006）认为，以汉语与性别作为特征的世界华文女性文学表现出复杂多样的文化特质与文化图像。宋素凤翻译出版了美国著名女性主义理论家朱迪斯·巴特勒的著作《性别麻烦：女性主义与身份的颠覆》（2009），并撰文介绍了影响深远的巴特勒的"性别操演"理论以及以戏仿/恣仿为形式的颠覆政治。季进、余夏云（2010）系统梳理了20世纪90年代以来海外中国现代文学的研究成果，探讨其中所蕴含的性别立场以及女性主义的理论和话语形态。

三　学科建设的自觉反思

随着女性主义理论与批评方法的本土化实践的不断深入以及女性文学研究的学科发展，在研究主体、研究观念与方法、研究立场等方面也逐渐暴露出一些问题，某种程度上阻碍了学科的体系化、科学化以及与其他相关学科的交流。对此，不少学者进行了自觉的反思。

贺桂梅（2009）对20世纪80年代以来中国大陆女性文学批评的发展脉络和理论资源进行了系统的清理，并且把当前女性文学批评实践中遇到的困境落实为对具体历史问题的分析。作者认为，女性文学批评必须把性别问题纳入到具体的文化网络和主体位置关系中进行批判性分析，才能超越"政治正确"式的立场强调而到达深刻的学理性探讨。宓瑞新（2006）敏锐地指出，身体写作作为一种文化现象，在批评语言和接受视野中逐渐被简化、定型化为女性写作、女性性经验和欲望写作，其后果是固化了20世纪90年代处在生成阶段的身体、身体写作的内涵；在某种程度上模糊了 20 世纪 90 年代中国身体写作的整体性景观；割断了个体化身体写作与文学批评中存在的、与之相关的批评话语之间的精神联系。王春荣、吴玉杰（2008）对女性文学批评在反思、调整中努力克服偏激、对立情绪，试图超越单一、狭隘的性别立场和视角，开始走向理智、宽容的"性别诗学"建构的发展态势做出了整体把握。

在本土女性文学研究实践中，往往存在过于倚重具有完整体系的西方女性主义理论、轻视本土思想文化传统中的性别理论资源的倾向。近年来，不少学者对此进行了自觉的反思，提出在借鉴西方理论的同时，回到中国历史文化的特定土壤和情境中，重新认识本土思想文化传统有关性别关系的论述和思考。董丽敏（2009）认为，中国的女性文学研究尤其需要通过强调与理论资源的边界而实现对性别问题的"在地化"理解，通过以女性主义理论来统领和整合其他理论资源来实现对性别问题的全方位把握，通过"学科化"和"跨学科"的有效贯通，重建一种认识论模型和知识框架，创造新的概念、方法和技巧，从而实现女性文学研究在方法论上的突破。

与此同时，现当代以来在妇女/女性文学史写作实践中反映出来的文学史观念问题也引起了研究者的重视。王春荣（2008）结合女性文学史写作实践，探讨了文学史观念的变革及多元叙事的可能性。董丽敏（2008）针对现有的女性文学史写作格局提出看法，认为首先要调整写作立场，将"性别"问题与历史/文学史语境相结合，重新确立"女性"这一核心概念的内涵；其次要明确写作规范，将性别立场与文学的叙事特点结合在一起，充分发挥文本批评的作用。只有这样，性别研究与文学研究之间可以进行有效的交叉与互动，女性文学史才能真正确立起自身的合理性与合法性。乔以钢（2010）以《浮出历史地表》（孟悦、戴锦华）和《二十世纪中国女性文学史》（盛英）为中心，深入分析了中国现代女性文学史观的得失。

另一个引发反思的问题是，性别研究在学术领域的提出与社会思想文化特别是女性主义思潮有着极为密切的关联，其间所蕴含的浓郁的文化批判意味很容易影响到研究者，使其在观念和思路上形成偏重文化批评、轻视审美分析的倾向。然而，文化批判的敏锐、犀利终不能取代以审美为内核的文学批评。面对文学文本，如何将"文学性"的审美判断与性别视角下的文化分析有机结合起来，探询女性文学学科的有效"边界"，成为未来实践中必须回应的课题。

四　小结

2006~2010年，中国女性文学研究取得新的进展。其一，学科教育逐步走向规范化、系统化，学术成果的生产和人才培养都形成了一定的良性机制；研究者对学科的内涵、边界、合法性、实践性等进行深入思考，体现出较高的专业水准，促进了女性文学研究的健康发展。其二，"性别"作为文学阐释的一个有效范畴，被广泛运用于文学研究领域。研究者性别意识的自觉与深化、性别视角与其他分析理论的综合运用，成为文学研究中常见的现象。其三，在运用西方性别理论和女性主义理论研究中国文学具体问题方面，研究者具备了自觉而鲜明的"理论本土化"意识，更加注重对理论与中国社会文化现实以及文本的民族性、地域性之间的契合度进行辨析。其四，随着女性文学学科的成熟和完善，作为学科方法的女性主义文学批评理论的适用性和局限性得到进一步探讨和廓清。最后，女性文学学科的影响力有所增强，学科方法和思路已经拓展到海外中国文学研究和其他相关领域，中国女性文学研究开始具有国际化色彩和跨学科研究的趋势。

古代妇女/性别史研究综述
（2006～2010 年）

张 菁[*]

一 研究概述

进入 21 世纪以来，中国妇女/性别史研究在领域与路径上的变化更加明显，那就是在妇女学学科建设背景下的研究、课程与人才培养机制综合发展的妇女/性别史研究与传统史学背景下的妇女史研究的并存与局部交叉。

（一）妇女/性别研究学科背景下的妇女/性别史

该研究领域以国际基金（如福特基金会）支持的课题为导向、以高校妇女研究机构为依托、以社会性别为理论方法、以妇女/性别学者推动和倡导为特征。以 2000 年为起点，随着福特基金在读书研讨、合作交流与课程建设等方面支持的展开而渐掀高潮，而 2006～2010 年因基础研究经费的萎缩渐入低谷。福特基金会从 2000 年开始至 2010 年的十年间，支持了妇女/性别学科建设中的妇女史子项目，如天津师范大学妇女研究中心（2000～2006）（简称"天津项目"）、妇女/社会性别学学科发展网络中的妇女史子网络项目（2007～2011）等。妇女史子网络以一年一次聚会交流信息与专题研讨为主。

（二）传统史学背景下的妇女史研究

传统史学背景下的妇女史研究是坚守实证主义史学、几乎不受国际女性主义学术影响的"添加妇女"的历史写作，是主流史学中沿袭 20 世纪初期社会史维度和新中国建立后唯物史观传统的妇女添加史书写。这类妇女史研究在 20 世纪末受妇女/性别研究的影响（不是理念而是名称影响），开始加入"性别"。其要么

---

[*] 作者简介：张菁，女，南京师范大学历史系副教授。

在专史中加进妇女与性别，要么在通史与断代史中加入妇女。前者更多见于论文写作；后者则以主流史学家写作的《中国妇女通史》为代表。

（三）交叉与融合

有一些学者身跨两界——既了解国内外女性主义史学，又身在主流史学之内，逐渐走向交叉融合。年轻一代主流史学的学者在身份交叉与研究跨界方面更为明显，未来妇女史研究界的学派将更走向交融。所以在第二部分的研究评述中不再进行区分，而是以理论、专题、断代进行述评分类。

二 主要研究内容

这一部分将分成学术活动和代表性论著进行综述。2006～2010 年，从中国知网检索到的关于中国古代妇女史的论文有 200 多篇，成果丰硕，明显多于上一个五年。这五年的成果有两个突出特点：一是与港台地区、日韩、西欧、美国等地区的妇女史学者保持密切联系；二是打破学科局限，进行跨学科的尝试和研究。妇女史的发展仍然面临着传统学界对妇女史的偏见和歧视，妇女史的研究队伍实力相对较弱，现有队伍参差不齐，尚未形成自身的理论体系，理论研究相对处于薄弱状态。如哪些领域可以作为性别史？是在怎样的理论框架下进行？是否运用女性主义的立场和视角？西方妇女和性别史的理论与成果有哪些可以借鉴？如何借鉴和运用于中国妇女性别史研究实践中？

（一）学术活动

针对这些亟待解决的问题，妇女史学界先后召开了五次会议，是这五年妇女史领域具有代表性的学术活动，会议由"妇女/社会性别学学科发展网络"中的妇女史子网络主办或合作主办。2007 年 7 月 18 日在太原举办的第一次妇女史子网络活动，重提为妇女史学科建设正名的问题，指出妇女性别史不仅是研究，而且更重要的是学科建设。刘文明提出"新妇女史"的概念，认为以社会性别为视角的研究区别于以往单纯以"妇女"为研究单位的做法，这是一个进步（刘静爽，2007）。

2008 年 11 月 27 日在北京举办的第二次子网络会议上，杜芳琴对近 30 年来的妇女史研究的分期、研究主体、关注议题、研究成果、学科建设、研究取向等进行了系统的梳理和总结，并强调妇女史研究要与现实问题相结合，为推动社会积极变革服务。高世瑜就传统史学的治史方法对妇女史研究的价值和意义进行了阐释，并以"性别与礼教"为题对概念界定和史料的钩沉辨证进行了具体论述。

2009 年 5 月 23～24 日在天津举办第三次妇女史子网络会议，该活动以"妇女史理论、方法及本土化探讨"为题，就三个方面进行讨论交流：①妇女史研究与教学的交流，与会者对各自研究及其成果在选题、使用概念、运用理论方法上的新突破及局限困惑等进行了交流；②理论和方法研讨；③对妇女/性别史研究本土概念和理论创新的梳理以及未来规划。与会者一致谈到妇女史研究引入"性别"维度与视角的收获，认为从妇女史走向妇女/性别史是一大进步。

2010 年 5 月妇女史子网络读书活动在天津举办，活动主要议题是"历史文本的性别解读：理论、方法、经典"，分五个单元进行：①知识、理论、历史记忆；②文本、语境、话语与社会性别解读方法；③中国历史中的社会性别：西方学者的视角；④儒家视野与语境下的妇女/性别史走势：从先秦到近代；⑤总结与讨论：妇女/性别史研究的深入与持续。读书活动的内容选择了具有代表性的经典文本（如《易经》《论语》《孟子》的节选）以及中西方学者有关历史文本解读和中国妇女史研究的一些论著，试图从社会性别视角对"作为历史研究史料"的原始文本进行解读。

2010 年 11 月 28 日由《中华女子学院学报》编辑部主办的"我们如何做妇女史研究——理论、方法、史料和其他"研讨会，重点研讨妇女史研究的理论问题。国内外数十名专家学者对中国妇女史研究进行了梳理，并分理论、方法、史料和专题研究四个单元进行了充分讨论和交流。与会者一致认为：理论研究滞后是妇女史在学术界处于边缘位置的重要原因，必须努力探索，进行创新。学者们不仅总结和交流了研究经验，也进行了深刻反思，一致认为应该加强妇女史与主流史学的对话，促进妇女史与其他学科的融合。会上，杜芳琴做了题为"中国妇女性别史的研究路径、理论与分期——以古代为例"的报告，指出妇女史研究目的和研究对象的变化，厘清了父权制与社会性别的概念。她还结合个人的研究经历，分别从西方界定和亚洲框架对中国华夏族父权制进行阐述，建议重新审视历史的延续性与父权制内部的动态平衡。高世瑜等学者认为妇女史不应自外于史学，应加强与传统史学的对话，它的研究对象、角度、理论、方法都应该是多元的，应该脚踏实地地做好史料搜集等基础研究工作，从一个个课题做起，而不必急于建立理论框架。

（二）代表性学术论文的研究内容

1. 对妇女史研究的理论思考

改革开放以来，妇女史经历了 20 多年的发展。目前，妇女史在学术界仍然处于边缘位置，但正处在向学术和学科主流化、机制化推进的过程中。这几年，一些学者对妇女史研究进行了认真的反思和总结。

杜芳琴（2009）将以往 60 年的妇女史分成三个时期。一是妇女史：从沉寂到复兴（1949~1989）；二是从妇女史到社会性别史（1989~1999）；三是妇女/性别史：从研究到学科化（1999~2009）。妇女史从继承传统文化遗产到外引新理论方法，经过了多方整合。王小健（2008）认为中国妇女史研究存在三方面的问题：一是囿于史学学科的限制，缺乏对现实问题的关注；二是在研究方法上表现为添加史重描述轻分析的特征；三是受摩尔根母系就是母权社会理论的影响，简单地认为中国古代妇女地位存在前高后低的走势。

畅引婷在《建构的历史与历史的建构：女性主义与妇女史研究文集》（2009）中对于学界关心的问题进行了探讨：当代中国妇女研究的基点在哪里？研究的焦点又在哪里？怎样整合本土妇女研究和西方妇女理论资源？妇女研究者应当坚守怎样的学术取向和政治立场？女性主义研究在当今的文化建设和学科建设中究竟能发挥怎样的作用？

王江（2010）以曼素恩的《缀珍录》为例，探讨了西方学者将中国妇女史"本土化"的研究范式。刘秀丽等（2005）、米莉（2007）和焦杰（2006）都在教学实践、研究过程中注意到妇女史研究和学科建设的本土化实践。

2. 断代史研究

这五年的古代妇女研究涉及面颇广，既有微观的考察，又有社会史长时段的宏观研究，并涉及两千多年间不同时空的女性。新领域的开拓和新材料的运用是近年来妇女史发展的趋势，以往妇女史撰述由于史料与思想方法的限制，较多注重少数上层妇女与女性精英人物，对其他女性人群很少涉及。近年来，研究者的视角从上层妇女（后妃公主与才女名妓等）逐渐转向普通民众，对一些特殊的社会阶层，如女工商业者、寡妇、尼姑、女道士、女山人、女帮闲等展开微观研究。研究中，学者们除了运用正史、笔记、小说、诗歌等史料外，较多地运用考古资料和新的史料，如睡虎地秦简与张家山汉简、唐代的墓志、清代官府的文档等。

研究视角也趋于多元化，学者们从不同角度探寻妇女生活，如身体、疾病、体育、犯罪、审美妆容、游风、宗教信仰、经济活动、妇德礼仪、教育等。其中，婚姻、家庭、教育、法律、地位几个方面论文较为集中。粗略统计，仅仅关于古代妇女地位的文章就达 20 多篇。

白路等（2009）从社会性别视角研究先秦贵族妇女的探索，避免了二元对立和妖魔化做法。秦汉妇女与性别史研究着力较多的是从人口史视角研究的文章，如高凯（2007）从考古发现的秦始皇陵徭役刑徒墓推测秦代青壮男性从事各种力役甚至大批育龄妇女进入服役队伍，每年达三四百万人，再加上徭役及战争中病死、累死或被杀，造成人口比例失调和数量减少。他还考察了汉初至少存在 8 种导致人口性别比例失调的原因，国家不得不采取切实可行的办法和措施鼓励生育和恢复发展社会经济（高凯，2007）。他对汉魏进行研究后认为，由于东汉中期"贱杀女子"，造成东汉中后期出现了比较严重的人口性别比例失调问题。王子今（2007）认为秦汉时期基于神秘主义信仰的民间礼俗，导致"生子不举"和弃婴现象频繁发生。多种历史文化信息表明，当时溺杀女婴的情形更为普遍。

一些文章从制度层面研究妇女在继承、分工、婚姻家庭生活的状况。尹在硕（2007）认为秦汉妇女并非完全从属于男性和夫家，她们拥有财产所有权和在娘家或夫家继产承户的权益。彭卫（2007）认为依据传世文献和文物资料可以在一定程度上重建汉代女性"工作"（职业和劳作状况）的历史图像，汉代女性的工作领域相当宽泛，没有被限制在"男耕女织"或"男耕女爨"的范围内，以"内"与"外"来区分汉代两性的工作是不确切的。黄爱梅（2007）则通过考察睡虎地秦简与张家山汉简，认为这一时期的女性婚姻选择较为自由，个性较为强势，在家庭中具有较高的地位。刘厚琴（2007）提出，汉代父权的威力是经过一个过程才逐渐被强化的。张仁玺（2007）则就家产对纳税、任官、赎罪等方面的影响进行了探讨。

在汉代妇女史研究中，对汉简资料的法律研究成果最为显著，张家山汉简《二年律令》的出土使汉代法律的部分原始条文得以重现，可以避免史料缺乏而造成的观点偏颇。一些学者从汉简出发，探讨妇女在国家中的地位和婚姻家庭生活状况。孙普阳（2010）、陈治国（2009）、田艳霞（2009）、夏增民（2010）、顾丽华（2009）、薛瑞泽（2007）根据出土的相关法律规定，推论汉初女性虽然有部分的财产和身份继承权利，在人身安全上也得到了一定保护，但是，在性别关系上，女性已经对男性产生依从性。从相关简牍资料的解读发现，汉律"性越轨"治罪条令具有如下特点：轻视强奸罪，重视对和奸的判罚。为了维护夫权，注重和奸中妇女的婚姻状态；在严惩乱伦行为的同时，客观上为某些特殊身份地位妇女群体架构起一个相对安全的空间。总体上，汉代女性刑罚与男子类似，除死刑外，刑期从1～5年不等，政府对于女性还有一些减免刑罚的规定。顾丽华（2008）认为汉代女性通过多种方式，参与到明经入仕的潮流中，表现出对儒学的特别偏好和积极参与。

关于魏晋南北朝时期的妇女研究，张承宗发表了数篇论文，在政治经济、文化教育、宗教、家务劳动、丧葬法律等方面做了探讨，如《魏晋南北朝时期与妇女相关的法律问题及司法案件》（2009）、《两晋南北朝妇女参政考》（2009）、《魏晋南北朝妇女的家务劳动》（2009）等。这些文章对魏晋南北朝时期与妇女相关的法律制度、婚姻政策、丧葬制度、礼仪法规、司法案件、人身及财产权利等做了较为细致的考察，对妇女参政和妇女的家务劳动也进行了初步探讨。他认为，法律地位是人们社会地位的集中反映，魏晋南北朝时期国家的婚姻政策与对妇女的法律规定，大体上继承秦汉而有所变化。但作为封建社会制定政策及法律的思想原则，如男尊女卑、尊卑有序、忠孝事亲、"《春秋》决狱"等并没有根本改变。妇女的丧葬礼仪与男子大体相似，在男尊女卑的社会风气下，妇女丧葬亦依附于丈夫，丈夫的社会地位决定了妻子的丧葬规格。

以墓志为资料来源结合文献资料的研究也很引人注目，如焦杰（2008）认为唐代妇女之所以崇道，除了受社会风气的影响外，更与她们内心积极主动的追求有关。她以《唐代墓志汇编》和《唐代墓志汇编续集》两部文献为基础，辅以其他文献资料，全方位地探讨了唐代妇女崇道的原因。

生育行为属于人口史和社会史研究的内容，与女性的历史息息相关。郭松义（2006）讨论了清代婚内平均初育年龄、一夫一妻和多妻条件下不同生育状况、不同地区不同时期的生育变化、婴幼儿死亡率、妇女生育风险等问题。

3. "古老"的专题史研究

围绕道德标准的妇女观、贞节观、女祸观的讨论仍然是热点问题。黄国辉（2008）就周代"归宁"礼俗的存在及其变迁进行了考察。高世瑜（2010）对唐代妇女的教育内容做了探讨，认为唐代对妇女的教育主要是家庭教育方式，教育内容仍以礼教贞孝为主，但也有时代特色。陈丽平（2010）指出"红颜祸水"观念是两汉特定政治危机中的产物，是两汉精英阶层为了遏制皇族女性对皇权的破坏作用而做舆论宣传中衍生的观念。

方如金、江美芬（2006）指出宋人的贞淫观较为宽泛，士大夫们反对妇女空守节义，妇女改嫁极其普遍，法律也允许妇女改嫁。那晓凌（2010）研究发现，明清时期对于再醮之妇的歧视达到顶点，娶再醮妇之男子也遭受歧视，中上层社会拒娶再醮妇的实质是出于趋利避害的本能选择。王传满（2008）探讨了明清徽州贞节妇女群体性节烈行为的表象之下暧昧、复杂的动机，主体性因素主要表现为对贞节伦理的守护、对家庭责任的担当、对困窘生活的逃避以及留名传世的愿望等若干方面。路彩霞（2006）则指出清代丧偶女性通过嫁、守两种方式履行家庭责任，持家的中下层寡居者承受着巨大的心理压力，并可能遭遇节孝两难等伦理矛盾。

4. 人物身份等研究

宫廷妇女仍是人物研究的重点，另外还有对女仙等的研究。谢绍鹢（2009）指出，因刘氏宗室、功臣集团对吕氏集团有怨，在吕后身后发动政变锄除了吕氏，故惠帝诸子无不遭殃。张小锋（2009）揭示吕太后出宫人是通过她们来笼络和监控诸侯王的思想行踪，而刘恒"独幸窦姬"实际是一种巧妙的自我保护，是向吕太后传递自己的忠诚和顺从。黄光琦（2009）认为，起源于中国西部信仰系统中的西王母在西汉中后期开始成为全国性崇拜的最高神灵，这一信仰变革与两汉中国西部地区在经济文化上的崛起有着密切的关系。

对秦汉妇女赐爵进行研究的有朱绍侯等人，朱绍侯（2009）认为汉初刘邦明确提出妇女可以封侯，其后又将男子封"君"的"君"爵转授给妇女，妇女可以继承父兄及儿子的爵位。王子今（2009）考察了"婴女"的含义，认为"婴女"或许体现了性别差异的观念，已经影响了未成年女子甚至女性婴儿的生存处境。

人物研究还有对刘向《古列女传》和汉代军队中的"卒妻"身份的研究成果。吴全兰（2009）研究了列女的伦理思想；王子今（2009）指出，不论"卒妻"在"兵制"的正常规范下是否进入军队正式编制之中，她们参与军事生活和战争实践的事实是不可否认的。

值得注意的是，人物研究出现了从历史名人向社会下层转移的趋势，如陈宝良（2009）指出，晚明女山人、女帮闲的出现，形成了更为新型的妇女社交网络体系。杨印民（2007）指出，元顺帝朝基本废止籍没妻孥法，实质反映的是蒙汉两种不同文明在政治、文化、思想意识、道德观念等领域的一场冲突和较量。

5. 社会风俗研究

宋杰（2009）认为，怀孕后妃"就馆"待产，可能主要是出于保护孕妇和婴儿的安全，免受宫内人妒害的缘故。汉代江南民间流行"在庐"待产，中原地区孕妇大多居家生育，但仍有"外舍产子"风俗的残存。谭燕（2009）认为汉代夫妻合葬习俗反映出经学兴盛背景下纲常名教作用日渐增强的情形，尤其生动而深刻地展示出汉人普遍遵循和追求的价值和理想。徐蕊（2009）从大量中原地区汉族女子服饰的考古资料入手，对其发式和服装进行考古类型学的研究，得出汉代女子服饰（发式和服装）的发展演变规律。

张承宗对魏晋南北朝的风俗近年来发表了系列研究文章，其中《魏晋南北朝妇女丧葬礼仪考》（2007）是对一般的丧葬习俗进行考据，《魏晋南北朝时期的妇女单身葬》（2010）和《魏晋南北朝夫妇合葬习俗考》（2010）对特殊妇女不同身份的丧葬处置，如地位低贱、死于非命和尊贵地位的妇女差别性习俗进行了描述。

宋立中（2009）指出自明叶以来，江南民众广泛参与旅游活动，从一个侧面展示了江南社会生活的若干新气象。江南妇女旅游类型多样，并呈现出普遍性、季节性、宗教性及节日狂欢性等特点，引起了封建官府的强烈反应，其背后隐藏着深刻的社会变迁的信息和文化意涵。

6. 其他

女性是中国审美文化中一个重要的审美对象。白路（2008）指出关于女性的审美观念早在先秦时代就逐步形成了一定范式，折射出男权制文化对女性"柔顺"形象的构建，温柔顺从的女性形象逐渐成为后世女性审美的理想范式。刘超（2009）指出女性用印对推断墓葬年代、墓主身份及正确认知汉代玺印制度等方面起到很大的辅助作用。

（三）代表性专著的研究内容

这五年中，妇女史方面有许多跨学科的断代专题史专著问世。

1. 以断代为特征的通史研究

陈高华、童芍素主编的《中国妇女通史》是集国内史学界资深学者分别撰写的、以断代为特征的十卷本通史——先秦卷（王子今，2010）、秦汉卷（彭卫、王振江，2010）、魏晋南北朝卷（张承宗，2010）、隋唐五代卷（高世瑜，2010）、宋代卷（方建新，2011）、辽夏金卷（史金波、韩志远、张国庆，2011）、元代卷（陈高华，2010）、明代卷（陈宝良，2010）、清代卷（郭松义，2010）和民国卷（郑永福、吕美颐，2010），可谓国内主流史界研究妇女的空前之举，也代表中国妇女史研究的新进展和新水平。其内容包括各王朝的妇女政策、各个时代的女性观和女性风貌特征，也包括妇女的阶级阶层、政治和经济活动、婚姻与家庭生活、文化生活和宗教信仰、妇女服饰，等等。该书在理论方法上力求以唯物史观为指导，以翔实丰富的资料勾勒原始社会到民国时期妇女状况的发展变化，做出科学与实事求是的叙述，努力展现妇女的历史贡献和各时代妇女生活的特点。可见，该书属于以添加妇女的贡献史和生活史为重点，与国际妇女史研究主流保持相当距离，可谓中国妇女史研究的一大特色。

2. 断代史研究

方燕《巫文化视域下的宋代女性——立足于女性生育、疾病的考察》（2008）努力结合历史学、人类学、女性学、心理学、医学、民俗学、宗教学等多学科的视角，探究巫文化对宋朝女性的影响，并论及巫文化对于宋朝女性思想观念的影响。这是宋代妇女史跨学科研究的一次有价值的尝试，其中就女性胎生、催生、保育、割骨疗亲与疾病医疗史等方面展开的考察可视为古代史研究中的一次内容上的创新。张菁的《唐代女性形象研究》（2007）最大的特点是文史结合，从墓志铭和笔记材料中勾勒各类妇女群体的内心世界和风貌。该著作突破了20世纪整体妇女的宏观研究而深入到了对差异的妇女状况和她们的精神世界的揭示。

阿风在《明清时代妇女的地位与权利——以明清契约文书、诉讼档案为中心》（2009）一书中，透过徽州地区流行的长达千年的契约文书（土地买卖、家产分析、人身买卖和婚姻文书等）与诉讼档案探讨明清时代妇女的地位与权利，包含妇女在家庭中的地位与财产权利和妇女代表家庭处理对外事务（家产处分与民事诉讼等），涉及家族法与诉讼法，是研究明清妇女与法律地位和日常生活史难得的著作。杨晓辉的《清朝中期妇女犯罪问题研究》（2009）是妇女史与法律史的跨学科研究成果，它梳理了清朝关于妇女犯罪的法律规定、清朝中期妇女犯罪的特点及原因等，凸显了古代法律的儒家伦理化特征和维护妇德的作用。此外，王立平的《清代嫁妆研究》（2007）对清代嫁妆的种类、支配权与财产继承权的关系也进行了深入细致的研究。

三　小结

综上所述，妇女史研究的兴起和发展是目前史学研究的一大特色。近年来，随着学者队伍的壮大，妇女史研究取得了丰富成果。但是，理论研究的滞后状态使得妇女史在学术界还处于边缘位置。中国有着与西方社会截然不同的社会制度与文化传统，仅仅套用西方方法无法解决中国的问题，建构符合中国国情的理论体系成为妇女史研究迫在眉睫的任务。我们既要借鉴国外社会学、社会史、女性学等有关的研究和理论，不断汲取新的资源，更要加强基础性研究，将马克思主义的唯物史观、中国史学研究的方法和西方女性主义理论结合，建构自己的理论体系，促使妇女史研究向纵深推进。

近现代妇女/性别史研究综述
（2006～2010年）

侯　杰　汪炜伟*

一　研究概述

（一）研究力量不断壮大

近现代妇女/性别史，作为中国近现代史研究领域中新的学术增长点，日益吸引众多学者的目光，研究队伍不断壮大。这几年中，复旦大学、南开大学、郑州大学、华东师范大学、首都师范大学、上海师范大学等高校的妇女性别研究中心，聚集众多学者展开了一系列富有建设性的研究工作。在学术力量培养上，复旦大学、南开大学、华东师范大学等都设置了博士、硕士培养方向，开设"中国妇女史""中国近现代妇女史""中国近现代社会性别史""中国近现代社会性别史专题"等专业课程，陆续培养出一批具有一定发展潜质的学术人才。其他院校及研究机构则依托近现代社会史、文化史、思想史、经济史的硕士、博士点，培养了众多以近现代妇女/性别史为研究取向的学术人员。研究队伍的壮大，为近现代妇女/性别史开拓进取、不断创新奠定了良好的基础。

（二）研究成果大量发表

研究队伍的壮大带来了学术成果的繁盛。科研项目及著作方面：该领域获得国家社会科学资金项目六项，出版研究论著80余部。论文方面：通过在中国知网、维普等大型学术资源网站中输入"近代""晚清""民国"，"妇女""女性""女子""性别"等关键词，可以检索到核心期刊论文300多篇，博士论文近30篇。除《妇女研究论丛》《中华女子学院学报》外，《南开学报（哲学社会科学版）》《郑州大学学报（社会科学版）》《山西师大学报（社会科学版）》等重要学

＊　作者简介：侯杰，男，南开大学历史学院教授；汪炜伟，男，南开大学历史学院博士生。

术刊物也纷纷开辟妇女/性别史研究专栏，为本领域学术成果的发表搭建平台。此外，在 2009 年于复旦大学召开的"社会性别研究国际学术会议"、两年一届的"中国社会史年会"、2010 年于首都师范大学召开的"中国近现代社会文化史国际学术研讨会"等学术会议上，发表了一系列妇女/性别史研究成果，这表明中国近现代妇女/性别史已逐步摆脱以往冷僻的局面，成为学术主流的一部分。

（三）新理论不断引进，学术视野不断拓宽

随着社会性别相关理论尤其是后现代主义理论的不断涌入，以及历史学同其他社会学科交叉渗透的日趋紧密，研究出现了一些新的思路，如将权力理论、身体理论、文本分析、历史记忆等引入妇女/性别研究中，并取得了一些重要研究成果。学者们的研究视野由清末民初逐渐向民国时期拓展；尤为明显的是，有关20 世纪二三十年代的研究成果大量出现。除了以往受关注较多的婚姻家庭、女子教育、妇女职业、参政权利等领域，女性身体史研究、女性与媒体关系研究等新的研究领域日益成为人们关注的学术热点。

概括起来，这五年中国近现代妇女/性别史研究主要涉及以下方面：综合性研究，妇女与政治关系研究，婚姻、家庭、恋爱问题研究，女子教育史研究，女性职业与职业女性研究，妇女团体研究，女性身体解放研究，媒体与女性研究，妇女与宗教研究，女性与社会研究，女性人物研究等。

二　主要研究内容

（一）综合性研究

包括学术史总结、方法论探索、通史性著作的出版及对单位时段整体特征的描述等。学术综述方面，肖扬（2007）指出，2001~2005 年中国妇女运动史研究虽呈现出一些新的特点和趋势，但在研究数量与质量，新方法、新理论的吸纳与采用，及妇女运动史基本理论问题的研究上仍较薄弱。今后要在资料整理、方法与视角借鉴、理论探索及学术交流上多做努力。方法论探索方面，侯杰（2009）探讨了将文本分析运用到性别研究的具体方法，认为"围绕文本分析所产生的相关理论，如文本接受、文本解读、文本生产、文本书写等，对于中国近现代性别史研究均具有一定的启示意义和价值"。

在学者们的努力下，一些综合性著作也纷纷出版，为人们了解和研究近现代中国妇女/性别史提供了很大的帮助。如张莲波的《中国近代妇女解放思想历程（1840～1921）》（2006）、杨剑利的《女性与近代中国社会》（2007）、顾秀莲主编的《20 世纪中国妇女运动史（上卷）》（2008）、何黎萍的《西方浪潮影响下的民国妇女权利》（2009）、郑永福和吕美颐的《中国妇女通史（民国卷）》（2009）等。郑永福和吕美颐以政治事件为线索，对民国时期的妇女运动史进行系统而深入的探索，阐释了隐含其中的历史变迁轨迹和发展规律。顾秀莲主编的这部书以政治事件为主轴结合妇女运动本身发展的状况，将 20 世纪上半叶中国妇女运动史分成四个阶段，反映了近现代"中国妇女运动经历的启蒙、觉醒，逐渐发展壮大的整个过程"，以及"妇女在参与民族民主运动、推进中华民族不断进步发展的进程中，如何争取男女平等权利和实现妇女自身解放"的历史画面。何黎萍与杨剑利则跳出了传统妇女运动史写作范式，运用社会性别理论和方法，揭示了近代中国女性权力变迁的基本状况及其与社会发展之间的复杂关系。

近现代中国妇女/性别史在不同时期所呈现出的特征，也是学者研究的重点。揭爱花（2008）研究了近代中国女性解放与国家语境的关系，指出近代国家语境催生和指导了中国妇女解放运动，具有客观合理性，但也不可避免地遮蔽了中国妇女主体意识。陈文联的多篇文章则考证了马克思主义妇女观进入中国的途径、在中国传播的几个阶段及其中国化的现代方式，勾画出马克思主义妇女观被中国有识之士选择并确立为妇女运动指导思想的历史图景（陈文联，2007、2008；陈文联、刘伟，2008）。他还对 20 世纪初期先进女性"自立观"形成的原因、内涵、重要性及实现途径进行了分析，指出其历史和现实意义（陈文联，2006）。刘慧英（2009）检讨了清末梁启超"生利说"的思想渊源、社会影响，认为该思想一方面开启了"女性启蒙进程"；另一方面也从"根本上屏蔽和否定了妇女在历史中，尤其在生产劳动中的地位和作用，从而将此虚构为国贫民弱的一大弊端"。蒋美华（2006）总结了辛亥革命时期中国女性角色变迁的四大特点，认为它们"体现了辛亥革命时期女性角色变迁的现代性水平"。她的另一篇文章从角色期待和新角色扮演两方面，对五四时期中国女性的社会角色转型进行了深刻剖析（蒋美华，2007）。韩贺南（2007）分析了五四妇女解放思潮中的"男性本质"的"理论背景"及"主要特征"，指出"男性本质"的构建，"一方面是为了纠正当时妇女解放思潮中'激进'的主张；另一方面是为了解释、支持妇女解放主张"。余华林（2007）认为 20 世纪二三十年代社会盛行的"新贤妻良母主义"，虽充满"封建守旧色彩，但对于传统家庭分工模式的重新思考无疑具有积极的意义"。

（二）妇女与政治关系研究

抗日战争时期的妇女问题是本专题研究的焦点之一。其中，慰安妇问题仍是学者们讨论的重点。在史料挖掘和整理方面，出版了陈庆港的《真相：慰安妇调查纪实》（2007）、曹保明的《慰安妇考察手记》（2007）、李晓方的《世纪呐喊：67位幸存慰安妇实录》（2008）等。此外，纪盛鸿（2007）的两篇调查性文章，全面披露了侵华日军在南京施行慰安妇制度的具体过程和细节，揭露了侵华日军的罪恶及其给中国妇女带来的巨大伤害。此外，陈丽菲（2006）深入研究了慰安妇制度产生的背景及其确立、实施、扩大的历史过程；对该制度给不同地区和国家的受害者在肉体和精神上所带来的摧残和折磨进行了批判；同时展示了中国、韩国、菲律宾三国受害者的艰难起诉之路，具有历史与现实等方面的重要价值。江文君、苏智良（2007）从国际关系的角度对慰安妇问题之现状发表了颇有新意的看法。有关抗日战争时期的中国妇女的研究，还有孙丽萍等（2010）以口述访谈的形式，呈现了抗战时期山西女性生活、婚姻、教育、医疗卫生、社会参与的基本状况；指出战争一方面从物质和精神上摧残了女性，另一方面也加速了女性与社会的接轨，使人们的思想和观念发生显著的改变。姜进（2008）研究了孤岛和沦陷时期上海女子越剧发展概况，指出不应以男权主义的眼光进行批判，而应以女性"积极参与社会""社会地位和影响"提升等积极的角度去看待这一现象。周蕾（2009）分析了南京国民政府的一系列与女性相关之法令、措施，指出国民政府在妇女解放中扮演着双重角色。

中共及革命根据地女性问题是学者们关注的另一个焦点。张莲波（2007）探讨了中共建党之初对妇女运动的分析和批判，指出中共的指导对于中国妇运纠正错误、突破局限具有重要意义。韩贺南（2009）探讨了中共二大《关于妇女运动的决议》的阶级分析法，认为这是对中国妇女进行深刻观察的结果，为中国妇女运动政策的制定提供了重要参照。贺桂梅（2006）对1943年后陕甘宁边区"延安道路"中，以阶级问题遮蔽和替代性别问题之现象进行反思。抗日根据地的女性婚姻问题引起一些学者的关注，较有代表性的是张志永（2009、2010）有关华北抗日根据地妇女运动与婚外性关系的研究，岳谦厚、罗佳（2010）对晋西北抗日根据地女性离婚问题的考察等。此外，何黎萍（2006）对20世纪三四十年代根据地妇女教育做了考察，指出其具有平民性、革命性、实用性和多样性等特征，充分肯定了根据地妇女教育的作用。

（三）婚姻、家庭、恋爱问题研究

近现代婚姻、家庭模式及其如何由传统向现代过渡一直是学界讨论的热点问题。程郁（2006）对清代至民国时期国人蓄妾风俗进行了较全面的考察，分析了清代妾的身份、地位以及民国后社会舆论对蓄妾的态度和妾之法律地位的变迁。王跃生（2006）描绘了20世纪30年代至90年代冀南农村婚姻、生育、家庭的变迁过程，并进一步揭示出这些变迁的体制性原因。梁景和（2009）以"婚姻""家庭""女性""性伦"等为切入点，探讨了五四时期思想观念的变化及其原因，并对这种变化所引起的社会文化的变革进行了深入分析。余华林（2009）将观念史与社会史相结合，展示了民国城市恋爱、结婚、离婚、纳妾的讨论，达到对女性重塑的过程。他的另外两篇文章对五四以后流行的"灵肉一致"恋爱观进行研究，认为这种恋爱观的流播使得婚前同居、婚前性关系大量增加，恋爱悲剧也随之增多（余华林，2008、2009）。法律变革对清末以来妇女家庭生活的影响，引起了许多学者的关注。徐静莉（2010）以民初大理院司法判解为核心，研究了民初女性在婚姻家庭中的权利变化及实现等问题。郑永福（2009）认为，清末民初女性在财产继承的民事习惯中仍然存在"种种不公正"的现象。"尤可虑者，其中某些习惯和观念，至今仍残存在一些地区和一些人的头脑之中"。李长莉（2010）指出，五四的思想启蒙是"法律制度上完全实现妇女享有平等财产权的重要动力"，妇女财产权的确立是"五四的社会后果"。

（四）女子教育史研究

郭常英等（2009）从研究时段、领域、视角和方法对近代中国女子教育研究状况进行了总结，肯定其取得的成就，也指出在资料运用、研究视角、理论方法及研究队伍等方面的不足。

整体性研究方面：熊贤君的《中国女子教育史》（2007）一书运用大量篇幅，描述了近代以来中国女子教育转型、兴盛、徘徊、深化与定型的过程。谷忠玉（2006）将近代中国女子学校教育的发展置于社会观念转变背景中进行考察，集中阐释女子学校教育与社会女性观变迁的互动。

具体研究集中于以下几个方面。

其一，进一步对清末民初女子教育思潮的兴起、发展进行了考察。谢长法（2010）关注了清末新政时期中国女子职业学校的产生背景、发展概况和社会影响。陈文联（2007）对20世纪初中国知识分子争取教育性别公平之思潮进行了考察，高度肯定了其历史功绩。杨剑利（2006）既肯定了清末民初社会各界发展"女学"的成效，但也指出其初衷并非源于"女性自身发展的需要"，这也成为女学发展缓慢的原因所在。李庆华（2006）则指出，晚清女子教育的兴起其实是各种政治力量交互作用的结果。

其二，对近代女性知识分子的主体性进行深入探索。张素玲（2007）研究了中国第一代女大学生，将其置于不同的教育文化环境中，思索她们社会身份认同和性别角色转变的社会文化意义，并揭示中国女子教育与复杂的社会文化环境的互动关系。宋少鹏（2009）考察了五四运动中女学生的参与问题，指出其践行"女国民"意识的主体性和能动性。夏一雪（2010）以陈衡哲、袁昌英、林徽因为例，研究了女知识分子面对传统"为母为妻的家庭角色"与"自我实现的社会角色"的矛盾、冲突时的抉择、变通和平衡。

其三，对一些著名女子学校的研究。夏晓虹（2010）深入考察了上海"中国女学堂"创办的历史，展示了女学设立之初所面临的种种问题。万琼华（2010）将湖南周南女校几十年的发展置于近代中国社会转型及教育现代化的进程中，"透视女子教育思潮、性别文化、社会观念与女性主体身份建构之间的关系"。黄湘金（2009）分析了晚清贵胄女学的倡议与争议，探究了预备立宪时期中国女学的历史处境。李益彬、李瑾（2007）以上海宗孟女学堂为例，阐释了清末民初女学堂对女子革命运动所发挥的作用。宋培基、钱斌（2006）对爱国女学成立的时间进行了考辨。

其四，对女子高校教育的讨论。徐有礼（2008）提出，"大学开放'女禁'是女性在形式上获得完整教育权的标志，也是中国近代教育转型过程中的阶段性成果之一"。金一虹（2006）认为，"正是因为对性别差异的适度把握，以及'妥协'和'反抗'的适时交替，金陵女大在民国时期为自己赢得了一定的发展空间"，培养了一批妇女人才。徐海宁（2008）也对金陵女大进行了研究，充分肯定了金陵女大引进西方教育模式，开创女子高等教育先河，促进中国女性意识觉醒，影响中国妇女解放进程的历史贡献。张建奇（2010）对中国早期高校女教师队伍进行了研究，揭示了这一群体产生、发展的历史轨迹。闫广芬（2007）肯定了"大学在引领妇女运动发展，催生女性服务社会的精神，点燃女性革命热情，开拓女性智慧等方面"的历史作用。

其五，对女子留学教育的研究。以往对中国女子留学日本的研究主要集中于清末。周一川（2006）则利用中日两国保存的大量珍贵史料，对民国时期中国女子留学日本的历史进行了梳理，拓展了研究的边界。

其六，区域化研究。主要代表有万琼华、陈先初（2007）对于湖南早期女学堂的研究，以及颜绍梅、金少萍、沈鹏（2010）对近代云南地区女性教育状况和女子教育观念的研究等。

（五）女性职业与职业女性研究

综合性研究方面：王琴（2010）考察了近代城市社会变迁中几类新兴的女性职业，透过这些女性职业的产生、发展，分析近代中国城市社会转型中的某些面相。具体研究主要集中于两个层面：①对女子职业思潮进行分析。如张莲波（2006）、蒋美华（2006）分别讨论了五四时期妇女经济独立思潮和女性经济角色的变迁；②对特殊的职业女性群体进行考察。这是以往学界女性职业研究的薄弱点。池子华（2005）从群体数量、来源、年龄结构、职业构成、职业流动性等方面对苏南打工妹展开的研究。陆德阳（2010）、赵赟（2010）分别从来源、特点、规模、社会地位、社会作用、历史评价对近代中国女佣进行探讨。此外，江芬（2008），李淑苹、王晓娜（2009）等对于广州女招待、瞽姬的研讨，张研、李光泉（2006）对于 20 世纪 30 年代中国女警的剖析，周巍（2010）对晚清以来"女弹词"职业生涯的阐释，都为该领域研究拓宽了思路。

（六）妇女团体研究

夏蓉（2008、2009、2010）连续发表数篇文章并出版了《妇女指导委员会与抗日战争》一书，对抗战前妇女指导委员会的创建及活动，抗战时期妇女指导委员会的性质，所领导的妇女宪政运动及其与中共的关系做了深入的探讨。李光伟、郭大松（2009）披露"民国女道德社暨世界妇女红卍字会"的基本史事，为人们了解这一女性宗教慈善团体提供了参考。以往对辛亥革命时期上海各女子军事团体的研究，大多立足于鼓励女权，因而只记名号不考其源，造成一定的史实混乱。赵立彬、李瑾（2006）从史实出发考订其源流和名实，为进一步研究这些团体奠定了基础。

（七）女性身体解放研究

关于"缠足"问题，杨剑利（2006）仍继续在相关史实层面进行整理和阐述。林绪武（2006）将目光转向《大公报》的白话文报道，展示了社会舆论对不缠足运动的宣传及其中报馆、官府、受众的互动关系。杨兴梅（2010）挖掘了以往被遮蔽的反废缠足者的声音，呈现了产生于西方传教士与中国教徒之间并逐渐扩及全国的缠足问题争论的基本面貌。一些学者则在缠足史之外，发现女性身体其他方面的变化。姚霏（2009）考察了清末以来女界发生的几次剪发运动，指出女性剪发在每一时期都承载着不同的政治和社会含义。刘正刚、曾繁花（2010）对民国时期"天乳运动"的艰辛历程及反响进行了描述，也具有一定的启发意义。服饰虽外在于身体，然而服饰的变迁也体现出身体变迁的过程。吕美颐、郑永福（2007）指出，影响民国时期女性服饰变化的因素主要有审美观念变化、时装表演与选美活动、大众传媒及服饰工作的发展等。

（八）媒体与女性研究

研究媒体与女性的关系，或通过媒体研究女性是近年来学界的一大热点。夏晓虹以细腻的观察，将出现于各种传播媒介的文本进行详细互读，揭示其间鲜为人知的承传互证关系，为学界分析媒体文本提供了重要的借鉴。她的《晚清女性典范的多元景观》（2009）、《〈世界古今名妇鉴〉与晚清外国女杰传》（2009）分析了外国名妇、女杰传记如何被中国人或显或隐地翻译引介，并对中国传统妇女传记造成冲击，从而构建起晚清女性典范的多元图景。《晚清妇报中的乐歌》（2008）则关注了清末以来兴起的乐教，对当时流播的各类女性乐曲进行梳理，从中探讨女性生活和女性启蒙思想的发展状态。侯杰等人也着力将文本分析引入媒介研究。他们先后发表数篇文章，展示了各种报刊媒介制作和传播过程所形成的编者、作者、读者三者互动的复杂关系，揭示出近代女性文化构建的历史过程（侯杰，2007；侯杰、李钊，2007；侯杰、陈晓曦，2008；侯杰、陈文君，2009）。《报纸媒体与女性都市文化的呈现——对〈大公报〉副刊〈家庭与妇女〉的解读》（2007）一文，对此有重点阐释。《事件·文本·解读——以民国时期"双烈女事件"为中心》（2008）是一篇以事件为焦点，以各种媒体文本为分析取向，从中解读出不同媒体背后所蕴含的不同性别意涵。《民国时期华北地方志蕴含的性别图景》（2009）则对传统媒介如何呈现性别问题做了大胆尝试。

此外，李晓红（2008）以民国时期上海大量女性报刊为研究对象，梳理了"各个阶段知识女性与大众传媒之间的关系"，揭示出"知识女性、都市社会、大众传媒"之间复杂的互动过程。刘慧英（2007、2008）对章锡琛等男性知识分子的女性观的观察，吴果中（2009）有关《良友》画报中女性身体问题的研究，唐艳香（2008）对《东方杂志》中有关妇女教育、参政、婚姻问题的探讨，湛晓白（2008）对《北京女报》的分析，姜思铄对《妇女时报》女性视觉形象的呈现，陈文联（2007）对于《新青年》中妇女问题的探索，以及陈艳（2009）对《北洋画报》封面女性形象的展示等，也都为该领域的研究添砖加瓦。报刊之外的媒介也受到学者关注。如盘剑（2006）对电影片名、女明星图片、电影中的女性家庭叙事及妓女影像等进行了解读。陈惠芬（2008）以影片《体育皇后》为例，研究了左翼电影如何以女性为中介，"介入都市与时尚叙事，创造新的启蒙话语和都市批判"。万笑男（2008）以20世纪20年代中国女影星群体为对象，探讨了社会舆论对女影星的建构以及女星自身的应对。郑崇选（2009）研究了漫画中有关"女性身体和两性关系的艺术想象"，揭示出20世纪二三十年代"普通市民对于上海都会社会发展矛盾而又焦虑的心态"。姜进（2009）以越剧为切入，考察了"民国时期上海大众文化现代化过程中女性因素和地域特征"。另如，林维红（2007）、惠清楼（2009）分别对地方志、日记或族谱等传统文本中的女性形象进行分析，也为媒介与女性关系研究拓宽了思路。总的来看，学者们充分考虑到媒体自身的特性，将媒体作为研究对象，进行了深入的讨论。

（九）妇女与宗教研究

长期以来，该领域研究相对薄弱，这五年中也没有彻底改变。相关成果主要集中在陶飞亚主编的《性别与历史：近代中国妇女与基督教》（2006）一书中。该论文集收入论文17篇，内容涉及基督教女性刊物、基督教女性组织和社会运动、基督教女子教育、女传教士、女基督徒等。

（十）女性与社会研究

可分为以下几个方面：①女性城市社会生活。姚霏（2010）审视了近代上海女性空间的拓展，着重探讨女性职业空间、女学呈现女性空间与女性角色、女性权力之间的互动关系。姜进（2010）等人从娱乐文化切入，解读民国上海的女性演艺职业、摩登生活、沦陷文化和都市言情等，从中透视女性在营造近代海派都市文化中的作用。②妇幼卫生。吕美颐、郑永福（2007）梳理了近代新法接生在中国引进与推广的史实，展开创新性探讨。赵婧（2008）研究了1927年至1936年上海妇幼卫生行政的推展、分娩行为医疗化过程，及其背后富国强种的时代语境。③妇女与法律。杨剑利（2006）从刑事、民事与诉讼出发比较了清代的几部法典与女性权利的关系。陈同（2010）则从多个角度分析了晚清民国时期妇女的法律地位，解析了女性地位的上升与局限。④妇女犯罪问题。艾晶（2006、2008、2009、2010）连续发表多篇文章，以司法案件及法律条文为依据，从犯罪原因、刑讯、惩罚、宽宥、犯罪妇女的家庭状况等诸多方面，深入探讨了社会变迁过程中女性犯罪问题。⑤女性自杀问题。侯艳兴（2008）考察了1927年至1937年间上海妇女自杀问题，认为妇女自杀"并非总是受压迫致死的结果，也并非总是压迫致死"，而是一种社会性别建构的结果。它揭示了女性"体验"的复杂性，同时也反映了福柯式的权力运作。李书源、杨晓军（2009）研究了民国初年东北地区的女性自杀现象，认为"女性自杀并不能完全归因于社会转型引起的新旧冲突，传统色彩仍然浓厚"。杨齐福、汪炜伟（2009）及周建新等（2007）人的文章则分别对晚清、民国闽粤地区的妇女集体自杀现象进行研究。不同的是前者主要对引起妇女集体自杀的社会文化动因进行解读，后者力图揭示其中所"蕴含的地方族群社会特征"。⑥妇女与灾荒、救济。赵晓华（2008）研究了光绪初年华北大旱灾中的妇女买卖行为，对被卖妇女之命运、官方救济等问题进行了探讨。她的另一篇文章（2008）探讨了清末女性参与社会救灾由个体到群体、从传统到现代的过程。任云兰（2006）从社会救济角度，解读了华北灾荒中京津慈善机构针对妇女的救助行动。

（十一）女性人物研究

这几年中，有关著名女革命家秋瑾的研究仍相对较多。夏晓虹（2007）以日本人服部繁子的回忆为基础，研究了秋瑾在北京的生活与交往，进一步揭示了秋瑾赴日求学前的生活与思想状态。邵雍（2006）研究了秋瑾与江浙会党的关系，认为秋瑾与会党具有一定的共性，故而成为革命派运动会党的最佳人选之一。作者还肯定了其在大通学堂期间的主要成就，认为这为浙省会党参加辛亥革命奠定了基础。李细珠（2007）着重分析了秋瑾形象的形成过程，指出"'女性'是秋瑾革命家形象建构的基石"，"革命离不开作为'半边天'的女性"。宋美龄等也是学界重点关注的女性之一。肖如平（2009）分析了宋美龄对战时儿童保育会的贡献。左双文、曾荣（2009）则肯定了宋美龄在抗战期间，对南京国民政府与各方力量合作谈判的积极作用。李淑苹、李文惠（2008）指出，1943 年宋美龄访美期间放弃与英国首相丘吉尔对话，原因在于"两国对中国抗战态度、中国对两国的倚赖程度不同"。其他著名女性如刘青霞、慈禧太后、吕碧城、胡彬夏等也为一些学者所关注。如王秀田、梁景和（2008）分析了近代著名女性人物胡彬夏在倡导"女国民"思想，依托《妇女杂志》倡导学习新知、改良家庭中的贡献；认为其在改变人们对女性的认识，发挥女性主体性中起了重要的作用。

三　研究的不足与展望

第一，理论方法的总结和批判需要不断加强。尽管一些学者已经做出很大的努力，然而这方面的成果实属寥寥。如何以中国近现代妇女/性别发展的经验为依据，归纳、总结出适合于自身历史解释的理论方法，仍有待学界认真思索和大胆尝试。与这种亟待开展的研究相比，大部分学者更热心于引介西方社会性别或后现代的相关理论。需要考虑的是，作为西方研究经验的产物，这些舶来品能否适用于中国的历史实际？其适用程度又如何？可以看到，近年来随着中国近现代史研究的不断推进，部分领域中硬搬、照抄、死用西方理论的做法已经受到许多学者批评；那种不加研究和分析而滥用西方理论、概念的做法也已遭到反对。近现代妇女/性别史研究应该自觉汲取这一教训，运用各种理论时，需认真、谨慎地考虑历史情境，防止误用和滥用。

第二，虽然中国近现代妇女/性别史成果已十分丰富，许多新领域、新课题被不断提出和探讨，研究时间也由晚清进一步向民国延伸。总体而言，学者们仍相对集中于对城市、特别是一些大城市所出现的妇女/性别现象、问题进行讨论，广大乡村及大量中小城市的妇女/性别问题并未得到应有重视。这一方面是由于近现代妇女/性别史研究机构和人员大多集中于大中城市，另一方面也因大城市资料相对丰富。不过，亦应看到乡村及中小城市拥有中国 90% 以上的人口，对这些区域的研究更能触及中国近现代妇女/性别史的普遍性或整体性议题。事实上，目前学界已出版了大量乡村史研究资料，中小城市亦有众多报刊、档案、统计资料及其他的文献，亟须学界进一步开发与利用，从而进一步推进该领域的研究。

第三，就现有的研究领域而言，也存在着冷热不均的状况。如对近现代恋爱、婚姻、家庭史的研究，多集中于制度、观念及习俗变化的分析与描述，对于女性主体体验还未能有很好的反映。再如女性与媒体关系的研究，大多为女性与报刊的研究，女性与其他传媒方式——戏剧、电影、无线电台以及大量的传统媒介——的探讨还需要学界投入更大精力，深入讨论。又如女性与宗教关系的研究尚处起步阶段，还未有较好的成果出现。因此，今后的研究既需要巩固现有的研究领域，也需要进一步关注那些已经被提出但未及深入研讨的问题。

第四，资料整理出版有待进一步开展。在资料整理方面，近年来亦有些优秀的成果，如线装书局出版的《中国近现代女性期刊汇编》为学界提供了不少方便。然而就整体而言，有关近现代妇女/性别史资料的挖掘、整理、出版仍严重不足。如前几年凸显的口述资料挖掘整理，近几年反而有些下降。资料是发现新问题、产生新思路的主要门径，因而未来仍有待学界共同努力。

女性主义哲学研究综述
（2006～2010 年）

肖　巍　朱晓佳*

一　研究概述

　　女性主义已成为当今时代一种颇具影响力的哲学价值观和方法论，它以"性别"为分析范畴来重读、解构和重建哲学，批判和检讨许多导致人类自身及自然危机的固有价值观体系，为协调和解决各种冲突，创造更为开放、平等、自由的哲学思维空间，培育新的时代精神做出了独特的贡献。近几十年来，女性主义哲学在西方社会得到飞速发展，已有大量著述问世。女性主义对于传统伦理思想史的反思，对于妇女及女性主义伦理学贡献的梳理、挖掘和研究已经为人类思想发展史带来一场深刻的革命。自 1995 年第四次世界妇女大会在中国召开以来，国内许多学者开始翻译、介绍、梳理和研究西方女性主义哲学的成果，并完成一些具有本土特色的论著。经过十余年的开拓发展，女性主义哲学研究已经在中国初具规模，而且越发地进入到主流哲学中，成为一种新兴的学术力量。

　　国内女性主义哲学研究不断拓展，成果丰硕。在中国学术期刊网总库中，以"女性主义"为关键词进行搜索，2006～2010 年共有文章 3700 余篇，以"女性主义哲学"为主题搜索的结果为 180 余篇，比过去 10 年（1995～2005）增长了28.6%。而且，女性主义哲学研究的领域也不断拓展，不仅仅局限于诸如马克思主义哲学、伦理学等学科，还增加了许多新领域和新视角，诸如女性主义生态学、政治哲学、宗教学以及精神分析学，等等。

二　主要研究内容

　　这五年间，国内在女性主义哲学研究方面可概括为两大部分：其一是对西方

---

* 作者简介：肖巍，女，清华大学哲学系教授、博士生导师；朱晓佳，女，清华大学哲学系博士生。

经典原著的翻译和解读；其二是对女性主义哲学基础问题的深入研究。

（一）对西方经典原著的翻译和解读

近几十年来，女性主义哲学在西方社会的迅速发展也引起了国内学术界的关注。北京大学出版社专门组织翻译了当代女性主义哲学经典著作《女性主义哲学指南》（米兰达·弗里克、詹妮弗·霍恩斯比编著，肖巍等译，2010），并出版了中译本。该书共分13章，从古希腊哲学的理性主义开始考察西方哲学思想史和当代西方哲学中的女性主义思维，包括古代哲学中的女性主义、精神哲学中的女性主义、女性主义与精神分析、语言哲学中的女性主义、形而上学中的女性主义、认识论中的女性主义、科学哲学中的女性主义、政治哲学中的女性主义、伦理学中的女性主义和哲学史的女性主义，从一个宏大的、全方位的哲学场景中展现当代西方女性主义哲学研究的最新成果，对国内相关研究和高校哲学专业教学具有重要的参考作用。一些国内学者也开始了对西方女性主义哲学研究成果的筛选编辑工作，2007年，武汉大学出版社出版了《女性身份研究读本》，该书汇集20篇英文文献，分为三大部分：第一部分"精神分析理论体系中的性别身份"，选择西格蒙德·弗洛伊德、雅克·拉康等人的五篇经典文章；第二部分"女性主义框架中的性别身份"，选择了后现代法国著名学者露丝·伊丽格瑞、埃莱娜·西苏、朱莉娅·克里斯蒂瓦等人的七篇文章；第三部分"多元文化语境下的性别身份"，选择了朱迪斯·巴特勒、朱丽叶·米切尔等人的八篇文章。从这些有代表性的文献中，我们可以看到西方哲学关于性别身份问题的主要观点及其演变，尤其是女性主义哲学对于性别身份、女性身份等问题的研究成果。同时，国内也出版了一批国外著名女性主义哲学家代表作的中译本，例如美国女性主义哲学家朱迪斯·巴特勒的经典著作《性别麻烦：女性主义与身份的颠覆》（以下简称《性别麻烦》，朱迪斯·巴特勒著，宋素凤译，2009）和《消解性别》（朱迪斯·巴特勒著，郭劼译，2009）中译本的问世。巴特勒是当代著名女性主义哲学家，在女性主义批评、性别研究、当代政治哲学和伦理学等领域成就卓著。在《性别麻烦》一书中，她从后结构主义的立场，借鉴米歇尔·福柯的谱系学方法讨论主体形成的条件，强调主体的构成假定了性与性别是制度、话语和实践影响的结果，而不是它们的原因，换句话说，一个人作为主体并不能创造或者导致制度、话语和实践，相反主体是由后者决定的。因而，性和性别本身都不是预先存在的，而是通过主体的表演形成的。性别是一种没有原型的模仿，事实上，它是一种作为模仿本身的影响和结果产生原型的模仿，例如异性恋的性别是通过模仿策略产生的，它所模仿的是异性恋身份的幻影，也就是作为模仿结果所产生的东西。异性恋身份的真实性是通过模仿的表演性构成的，然而，长期以来这种模仿却把自身建构成一种起源和所有原型的基础。这些观点使巴特勒成为酷儿理论的代表，而《性别麻烦》也被称为酷儿理论的"圣经"。在宗教学领域，国内也翻译出版了被称为北美宗教心理学奠基人的女性主义哲学家奈奥米·R. 高登博格的两本著作：《身体的复活——女性主义、宗教与精神分析》（奈奥米·R. 高登博格著，李静、高翔编译，2008）与《神之变——女性主义和传统宗教》（奈奥米·R. 高登博格著，李静、高翔编译，2007）。前者是一部个人陈述，讲述从抽象思维到以人体、人类亲缘关系为基础探讨哲学的心路历程。作者认为，女性主义应该对所有偏见、所有刻板印象以及所有在男性世界里存在的强制性的人类分离现象做一次彻底检查，应鼓励多元身份，以便缓解国家、种族和宗教之间的紧张气氛。后者则从精神和宗教角度思考性别正当性问题，阐明并解释彻底脱离所有家长式宗教的意义。这两本著作的引进使国内读者能够更好地了解北美女性主义哲学及宗教心理学的研究成果。

与此同时，国内学者对于女性主义政治哲学的引进和解读也有了长足的发展，最可喜的是，经过一些学者的辛勤努力，当代美国著名女性主义政治学家南茜·弗雷泽的一些重要著作中译本得以问世，这积极促进了国内学术界对于弗雷泽思想的关注和研究。在西方社会，弗雷泽的地位和影响也引发了一系列学术讨论和争议，并有一些讨论文集出版，国内学术界也关注到这一倾向，翻译出版了《伤害＋侮辱——争论中的再分配、承认和代表权》（凯文·奥尔森编，高静宇译，2009）一书，使读者能够更为全面系统地把握弗雷泽思想的产生和发展过程，以及它对于女性主义政治哲学、女性主义运动发展和社会变革的积极影响和独特贡献。此外，在这一时期，国内也翻译出版了美国著名女性主义法学家凯瑟琳·A. 麦金农《迈向女性主义的国家理论》（凯瑟琳·A. 麦金农著，曲广娣译，2007）以及《公民身份：女性主义的视角》（露丝·里斯特著，夏宏译，2010）等著作；与此同时，对女性主义生态伦理学的翻译和引进工作也得到关注。

（二）对女性主义哲学基础问题的深入研究

2006～2010年，国内学术界对于女性主义哲学的研究呈现深入发展的态势，越来越多的年轻学者成为这一研究的新生力量。

1. 哲学方法论与认识论

在哲学社会科学研究中，尤其是女性主义和女性主义哲学研究中，方法论具有至关重要的意义。我们正生存在一个复杂、混乱和相互冲突的无序世界中，"如果我们试图从根本上思考这些混乱，那么就将不得不教导自己如何以一种新的方式去思考、去实践、去联系，以及去认识"（John Law，2004）。从某种意义上说，如果把女性主义学术研究视为一种学术视角，它的重要贡献便在于方法论上的革命。事实上，国内学者在引进西方女性主义哲学成果时，始终敏感地意识到对"方法论"汲取的重要意义，从深层来说，每一相关研究成果都意味着对女性主义和女性主义哲学方法论的引进和利用，而对于女性主义认识论的研究更直接地触及女性主义哲学方法论的本质。一些学者从认识论角度阐释女性主义认识论中的三个基本问题：平等认知主体问题、优势认知群体问题、女性经验与知识客观性问题，而第一个问题可以演变为：谁有资格或权力在知识创建及知识评价中担任主体？如果知识主体涉及性别，妇女在作为知识主体的资格上还须另外附加条件吗？第二个问题也可以演变成：有认知优势主体存在吗？或对于批判及消除知识领域中的不平等现象而言，妇女是优势主体吗？第三个问题可以呈现为：妇女的特殊经验对于知识构建有怎样的意义？或者说，广泛吸收来自妇女的、非欧美的、非白人男性精英的经验，是否可使认识达到更强的客观性（王宏维，2009）？另一些学者则侧重于研究女性主义认识论的使命及其对知识生产的意义，并对国外学者的最新研究进行评述。她们强调，女性主义认识论旨在以社会性别为视角，从认知主体、客观性、价值中立、理性、二元论等维度对传统西方认识论基础进行重新审读，发现其间所隐藏的男性化特征以及对男性认知优势的肯定。通过批判认知主体的男性资格、客观性与价值中立所蕴含的性别意识形态以及二元论所包含的性别统治逻辑，对父权制的形而上学框架产生根本性的冲击，为消除知识领域的性别歧视提供了重要的认识前提。同时，女性主义认识论也揭示了在知识生产领域中存在的男性中心主义的固有缺憾，并探讨如何重建客观性，说明人类的知识生产等问题（王珺，2008；文洁华，2008）。一些学者也尝试性地直接概括女性主义哲学方法论特征：其一，相信哲学从来就不是中立的。"个人是政治的"，每一个人类主体都是处于多种权力和身份关系中的差异的、具体的社会存在。由男性主宰的传统哲学并没有提供普遍的视角，而是特权人的某种体验和信仰。这些体验和信仰深入到所有的哲学理论中，不论是美学、认识论还是道德和形而上学。其二，主张哲学不应成为理性，尤其是被性别化了的"理性"的一统天下。女性主义相信，以理性或者逻辑制定出来的条理和方法论只不过是人为的规则而已，无法具有普遍的人类有效性，只有人在特定情境中的情感和关系体验才是具体的和真实的。其三，汲取后现代主义强调多元、异质和差异的思维成果，强调哲学是差异的和多元的，而不是普遍的和单一的话语（米兰达·弗里克、詹妮弗·霍恩斯比编著，肖巍等译，2010）。其四，强调"差异"和"性别差异"研究的价值与意义。

2. 伦理学

2006～2010 年，国内女性主义伦理学方面的主要成果可以概括为两个方面：对于女性主义关怀伦理学研究的深化；对于应用伦理学理论和问题的关注。

关怀伦理学自 20 世纪 80 年代诞生后，就引起了强烈的反响。2006～2010 年又迎来了一次新的热潮。在中国知网中输入主题"关怀伦理"得到的论文有 134 篇之多，文章内容涉及政治哲学（宋建丽，2008）、伦理学、教育学、经济学（崔绍忠，2008）、心理学和建筑设计等领域。在总结改革开放 30 年来中国女性主义伦理学的研究状况时，有学者指出：从 2005 年开始，国内学者再度掀起对女性主义伦理学和关怀伦理学的研究热潮。这次研究热潮一方面是对第一阶段研究问题的延续、深化、发展，另一方面也是将女性主义伦理学研究本土化的一次尝试。有学者也指出，以关怀伦理为代表的女性主义伦理学对哲学乃至其他学科带来极大影响，但女性主义伦理学在应用后现代主义哲学成果的同时也承负着后者的理论困境和实践难题。因此，从中西哲学比较的视角来看，或许中国文化能为西方女性主义伦理学的发展提供资源，同时为当今世界哲学观念的转变、哲学方向的发展提供具有启发意义的思考（宋建丽，2009）。

国内一些年轻学者也试图把儒家"仁"之伦理与关怀伦理进行比较，分析这两种伦理是否能够兼容或者被整合为一种全新伦理形式问题，同时也对关怀教育进行探讨，强调关怀教育侧重于从情感进行道德教育，从女性主义视角阐明善恶观与幸福观；采用榜样、对话、实践与认可方法，以道德叙事取代道德说教，将直觉纳入道德教育的实践中。提出关怀伦理和关怀教育的本土化需要注意以下几方面工作：融入传统道德文化的精髓；提升教师的关怀素养；消除道德教育，甚至整个教育领域中的性别歧视；实现道德教育向生活的回归；等等（范伟伟，2009）。其他学者则把女性主义伦理学，尤其是关怀伦理学与教育结合起来进行研究（肖巍，2007）。此外，一些学者也试图基于关怀伦理学对整个女性主义伦理学的哲学意义做出评价（何锡蓉，2006）。

在这五年里，国内学者也试图以女性主义哲学方法论为基础，针对中国改革开放中出现的各种实践问题，从应用伦理学领域，尤其是生命伦理学和生态伦理学等视角研究女性主义伦理学。例如邱仁宗教授主编出版了《生命伦理学：女性主义视角》（2006）一书，该书共分四个部分：女性主义与生命伦理学、生物性别与社会性别、遗传学和医学、生殖和性。集中讨论女性主义视角和全球伦理学、生命伦理学的新特点、西方女性主义对中国生命伦理学的意义、女性主义对生命伦理学的介入、女性主义关怀伦理学与生命伦理学，以及中国传统伦理思想对女性人格的构建与反思等问题。此外，由于女性主义哲学关注女性主体体验的特点，国内学者也借鉴当代西方女性主义哲学发展，注重对于"身体"、身心关系和"缘身性"（embodiment）等范畴的研究，例如一些学者认为，身体是当代女性主义哲学关注的一个重要问题。女性主义哲学敏感地意识到身体与主体、与性别之间的密切关系，以及父权制哲学和社会体制如何通过对身体范畴的建构维持性别歧视和不平等的性别关系问题，强调女性主义哲学在与后现代主义哲学一道摒弃笛卡尔以来的身心二元论的同时，也应当力图重建身体范畴，突出身体体验，尤其是女性身体体验的意义，并通过对于身体的回归确立起女性作为身体及其体验主体的地位，围绕着身体探讨一条通向性别平等和解放的路径（肖巍，2010）。同时，一些国内研究者也看到，生态女性主义反对在父权制世界观和二元式思维方式统治下对于女性和自然的各种压迫，倡导建立人与人、人与自然之间的一种新型关系。要建设生态文明，就需要推翻父权制，不仅要结束人对自然的主宰，也要结束男性对女性的压迫。生态女性主义从一个新的视角思考环境问题和生态危机的原因，并为这些问题的解决提供了新的思路（幸小勤，2009）。

3. "差异"、"性别差异"与平等

在许多西方女性主义学者看来，"差异已经占据当今女性研究项目的中心舞台"（Maxine Zinn and Bonnie Thornton Dill，1996），"差异已经代替平等，成为女性主义关注的核心"。把女性呈现为一种"在除了性别之外的多种权力和身份维度中的社会存在已逐渐成为女性主义哲学的核心方案"（Elizabeth Genoves-Fox，1994）。而"作为一种女性主义口号，'差异'关系到女性之间的社会差异——例如人种差异，或者性取向差异或者阶级差异。在女性主义理论中，'差异'已经逐渐地象征由女性并不具有统一社会身份的社会观察所得出的所有复杂性"（米兰达·弗里克、詹妮弗·霍恩斯比编著，肖巍等译，2010）。女性主义哲学对于

差异的讨论主要来自西方社会在 20 世纪 60 年代出现的一股政治力量，当时由于女性内部的差异，白人中产阶级的排除性歧视导致女性主义运动的分裂，以及女性主义发展政治哲学的要求。国内学者也把研究"性别差异"作为当代哲学尤其是女性主义哲学的重要使命（肖巍，2009）。在女性主义哲学对于"差异"和"性别差异"的探讨中，后现代女性主义无疑具有独特的视角，它不仅以其解构方式证明差异的存在，使"女性"不能再作为一个类别概念来运用，动摇了女性的政治联盟，同时也试图从"女性"观点出发，为最终沟通自我与"他者"之间的关系而努力。而且，倘若女性主义哲学要坚持"性别差异"，势必要先对什么是"女性"进行界定，因而，国内一些学者也围绕着女性主义是否应当放弃"女性"概念、应当如何描述"女性"的性别特征以及"性别差异"是否为一个本体论事实等问题进行分析，强调女性主义不应放弃"女性"概念，因为如果一个女性没有"女性"的指称，便会失去自己应有的社会和话语空间，失去主体地位，成为根本不存在的人。放弃"女性"概念将会使女性主义理论和实践面临更大的危险。"女性"是可以通过避开"父权制二元对立思维结构"和"性别本质论"来定义的（肖巍，2007）。另一些学者也从性别"同质性差异"的角度探讨女性主义哲学建立的可能性，强调 20 世纪后半叶兴起的性别建构论正是从男女两性的自然差别在社会中的变化入手去阐明两性差别的社会性，说明男女两性的社会差别是在男女两性自然差别基础上产生的人类社会实践活动的结果，并不能将男女两性的自然差别归结为先天的自然差别（郭艳君，2009）。一些学者也考察了伊丽格瑞的性别差异观，强调她是在西方哲学和西方女性主义两大传统之中考察性别差异问题的，她在批判父权社会用单一的男性视角诠释世界、主张女性主体要独立于男性主体存在的同时，也试图建构起尊重性别差异的主体交互性以及理想的性别关系模式（刘岩，2010）。

三　女性主义哲学学科建设研究

在主流哲学围绕着"女性主义哲学是否具有作为一门学科的合法性地位"，或者"女性主义哲学是否成立""女性主义哲学是哲学吗"等问题争论不休时，女性主义哲学已经以其越发丰厚的成果及其影响开始为自身的学科建设而努力。巴特勒曾对于"女性主义哲学是哲学吗"等提问这样回应道："我的观点是，我们不应该接受这样的问题，因为它是错误的。如果非要提出一个正确的问题，那么这个问题就应该是：'哲学'这个词的复制何以成为可能，使得我们在这样古怪的同义反复中来探询哲学是否为哲学的问题。可能我们应当简单地说，从它的制度和话语发展历程来看，哲学即使曾经等同过自身，现在也不再是这个样子了，而且它的复制已经成为一个不可克服的问题"（朱迪斯·巴特勒著，郭劼译，2009）。或许对于巴特勒来说，当代哲学已经不可避免地呈现出一种"非制度化"倾向，因为它已经不再受控于那些希望定义并保护其领地的人们，而面对着一种被称为"哲学"的事物，出现了一种"非哲学"——它并不遵守那些哲学学科原有的、看似明了的学科规则，以及那些关于逻辑性和清晰性的标准。因而，女性主义哲学的发展动摇和颠覆了人们对于"哲学"的理解，这意味着有一种被称为"女性主义哲学"的理论已超出原有的哲学话语机制而存在，但这并不等于它能够自成体系，或者与自己得以产生的哲学"母体"完全脱离，而是表明当代哲学正在通过"非哲学"的方式迅速发展。

为了呈现发展女性主义哲学的可能性和必要性，一些学者首先探讨了女性主义哲学对于哲学学科发展的意义，这主要体现在三个方面。第一，以女性主义理论，特别是社会性别视角及"他者"身份，对于传统哲学体系、发展和演变历史、哲学家及哲学流派的思想进行审视和反思，做出一种完全不同于原有哲学的新解读和新诠释。第二，以女性主义理论，特别是社会性别视角及"他者"身份，对于当代哲学发展、一系列与现实有关的新哲学问题进行了具有独创性、开创性的探讨，成为跻身于当代哲学流派、与诸多哲学前沿问题密切相关的一个重要的哲学理论派别。第三，在进行哲学批判和建设的同时，还承担了对女性主义实践与研究进行哲学提升的工作，即对女性主义的认知方式、思维方式、研究方式、话语系统、世界观和方法论进行哲学的、认识论的、价值论的研究、概括与提升（王宏维，2005）。同时，一些学者也在探讨当代女性主义哲学发展所面临的挑战，指出我们首先要关注女性哲学家的缺失，然后便是对传统哲学进行彻底的批判，包括对科学哲学、伦理学和政治哲学等方面的批判，紧接着是建构和发展女性主义哲学。女性主义哲学家在确立女性主义哲学价值的同时，也要尝试探索出女性哲学发言的环境，改变女性主义哲学研究边缘化的现状（戴雪红，2009）。

毫无疑问，国内女性主义哲学学科建设需要调动和整合全国相关研究者的群体力量，开展宣传和交流对话工作。同以往分散的、各自为政的研究方式不同，

2006～2010 年，国内学术界陆续举办了几次全国性的以女性主义哲学、性别哲学为主题的专业论坛。例如 2007 年 7 月 14 日，"性别与哲学对话平台"首届论坛在清华大学举行。来自北京、石家庄、南京、武汉、广州、吉林等国内 18 所大学、学术机构以及一些学术刊物的专家学者 30 余人参加论坛。与会者一致认为，在当今世界全球化和多元化的文化背景下，在当代中国建设社会主义和谐社会的历史进程中，唤醒性别意识，促进两性在性别与哲学之间的对话，发展性别哲学研究，对于促进全球正义秩序的建构及和谐社会的建设都是至关重要的（宋建丽等，2007）。2010 年 9 月 17～18 日，由妇女/社会性别学科发展网络主办、东北师范大学女性研究中心、东北师范大学马克思主义学院哲学系、清华大学哲学系承办的"关于性别研究的思维模式与价值观念论坛"在东北师范大学召开。来自全国 12 所高校、部分科研单位的专家学者 80 多人参加了会议。22 位专家学者、有关部门领导及博士代表进行了大会发言。大会发言学者中有 10 位是男性，他们的加入改变了女性主义哲学研讨中女学者自说自话的边缘孤独困境，使性别哲学对话能够在平等、尊重、活跃的气氛中进行（王晶、胡晓红，2008）。在全国第八届马克思哲学论坛的一个分论坛上，国内学者也探讨了"性别哲学视野与马克思主义哲学的中国化"问题。与会者认为，"性别哲学视野"的外延既包括当代国外女性主义在哲学、认识论、伦理学、科技哲学等众多领域的研究，也包括中国国内依据本土资源、特别是在中国马克思主义哲学理论背景上展开的性别哲学研究。这一视野对于马克思主义哲学中国化具有重要的理论意义，不仅有助于对传统哲学精华的辨析和汲取，也有助于马克思主义哲学中国化"世界向度"的构建（王宏维，2008）。不仅如此，国内还出版了一些著作，进行不同性别之间的哲学对话，例如《撩开你的面纱：女性主义与哲学的对话》（荒林、翟振明，2008）一书以对话的方式，从婚姻制度、独立思考的条件、欺骗话语、权力制度、女性主义策略等角度，探讨一系列困扰我们这个时代的棘手问题。此外，在一些全国性的性别研究学科建设的会议上，学者们也纷纷提出对于国内女性主义哲学学科建设的设想和方案，分析其发展过程中存在的问题。例如 2008 年 11 月 28～30 日，由中国妇女研究会主办、全国妇联妇女研究所承办、浙江省社会科学院妇女/性别研究与培训基地协办的中国妇女研究会年会在北京召开，有 200 余名学者参加会议，会议以"改革开放 30 年中国妇女/性别研究"为主题，集中讨论了"中国妇女/性别学科建设进展"等方面的问题（杨玉静，2009）。不仅如此，中国女性主义哲学研究者还积极参与国际对话。2008 年 7 月，国际女哲学家协会第十三届专题研讨会在韩国首尔举行。与会者从哲学角度探讨女性主义和多元文化之间的复杂关系，从本体论、认识论和伦理学角度分析"女性""女性主义""多元文化"概念，探讨了一系列重要的议题：①当今多元文化和多元社会中女性的自我认识；②女性家庭角色的批判性反思；③传统与现代化进程之间的紧张关系，以及它们对不同文化背景下女性生活的影响；④全球化进程与各种形式的男女不平等的交汇点，以及新兴的全球或跨国女性主义运动所面临的困境；⑤在把生物医学成就和现代科学技术应用到女性身体时，女性如何保持身体的完整权与自主权；⑥艺术、宗教和各种媒体对女性形象的塑造等（新馨，2007）。2009年12月14～15日，国内也有学者参加了联合教科文组织在法国巴黎总部召开的"妇女哲学国际网络第一次集会"，数十位来自不同国家的女性哲学家一同讨论网络本身的组织策略、基础和未来发展，围绕着"男性哲学家如何看待女性哲学家？""谁是妇女，谁是男人，如何不强加任何标准地对他们进行确定？""女性与哲学：联结的含义何在？"以及"当妇女哲学家正确提问时"等问题进行了辩论。

四　总结与展望

英国女性主义哲学家米兰达·弗里克等人（2010）认为，我们"没有必要去判断哲学中的女性主义是否仍处于襁褓之中"，因为正是这种看起来内部的不统一和参差不齐，才更能体现出女性主义哲学的多元性、异质性、差异性、包容性和开放性。同样地，我们也有理由相信，作为当代哲学研究中最有活力和生机的新领域，女性主义哲学将在应对这些挑战中为自身发展及其方法论的完善创造更多的契机和可能性。毫无疑问，女性主义哲学发展不仅对于人类思维方式和伦理价值观变革具有深远的历史意义，也对于社会变革和人类社会的和谐发展具有不可替代的现实意义。在女性主义步入学术世界时，最初考察的是在现实生活中，从经验层面感受到的性别歧视和性别不平等，但在以西蒙·德·波伏瓦等人为代表的女性主义哲学家把"女性问题"带入哲学世界后，哲学世界和女性本身都已经在潜移默化中发生了巨大改变。以往的哲学在追问"人是什么""女人是什么""两性关系应当如何"等问题时，提问和回答采纳的都是男性的视角，呈现的是男性的生活体验，与现实中的女性、她们的生活体验并无真正的关联。然而，当代女性主义哲学把"女性问题"从经验层面提升到哲学形而上的意义上来考察，不仅对人类哲学思维和社会发展做出巨大贡献，也积极推动了女性和女性主义学术的发展。2006～2010 年，中国学者紧跟当代国际女性主义哲学的研究步伐，为使女性主义哲学研究本土化做了大量的尝试和努力，其研究成果也越发地引起哲学领域和社会的关注。

总的来看，这期间国内女性主义哲学研究呈现五个重要特点。其一是出版的译著、专著和论文数量增加，以及学术研究质量不断提高。其二是研究领域不断拓展，主题不断增加。当人文社会科学对女性主义学术研究深入到学科本质之后，几乎不约而同地要回归到哲学研究上来，这正如伊丽格瑞所言："一个人必须质疑和困扰的实际上是哲学话语，因为它为所有其他话语制定了规则，因为它构成话语的话语"（Triol Moi，2001）。其三是本土化的尝试。随着女性主义哲学研究的深入，国内不断有新著问世（王宏维，2010；肖巍，2007；陈丽平，2010）。其四是有强烈的"问题意识"并关注对话。这包括与主流哲学的对话，与非女性主义哲学的对话，中西方哲学与马克思主义哲学的对话，历史、现在与未来的对话，理论与实践的对话，不同性别之间的对话，女性与自我的对话，不同代际女性主义哲学研究者之间的对话，不同学科之间的对话，以及与国际社会的对话，等等。其五是研究队伍不断扩大，呈现出年轻化的趋势。这五个特点之中最为突出的一点是，国内女性主义哲学发展已经步入真正的对话阶段，而这也意味着国内女性主义哲学研究已经取得前所未有的进步。

女性主义哲学的使命可以概括为四个方面：其一，分析批评"父权制"哲学知识论体系，重新思考和建构哲学知识，因为这些体系中存在着消除、压迫、排挤和漠视女性，以及社会边缘人体验和利益的危险；其二，把所有哲学概念框架和体系置于社会历史的背景下分析，要求哲学思考包括多元和差异的体验，哲学观念和知识本身必须是公正的、多层面的，必须通过过程、历史和关系来呈现；其三，打破哲学领域的性别霸权，把女性和边缘人的利益、体验和话语引入哲学；其四，在哲学领域掀起一场观念上的革命，开辟平等和公正的思维空间，追求一个更为理想的人类社会。

尽管总体来说，国内女性主义哲学的发展仍处于起步阶段，存在诸如偏重译介、缺乏创新、理论薄弱、地位边缘等不足之处，但我们也应当看到，国内女性主义哲学研究者已经肩负起在中国现有的社会、文化以及哲学发展背景下开创和发展女性主义哲学的历史使命。如果说哲学之思在于真实的发问，那么可以说每一个研究者都在努力地以一种真诚的态度去思考、发问和建构；如果说女性主哲学更为关注女性的体验，那么也可以说生活在现代与后现代交错时代的女性主义研究者都在讲述着自己的体验故事，并用它们来建构自己的主体、性别和哲学。虽然有评论家对国内女性主义哲学的研究水平和本土化程度提出尖锐的质疑，但我们似乎也应当以一种博大的胸襟和历史发展的视野肯定国内研究者的辛勤和努力，以及她们讲述的故事里所蕴含的深刻的文化和历史意义，以智者的眼光欣赏和期待着这些"火种"能够开启一个无限光明的未来；如果说女性主义哲学是一种知识生产，那么可以说国内研究者已经开始把一片广阔天地作为思想的试验场，从不同的时空中采撷原料加工自己的产品，使中国女性主义哲学能够发展成国际女性主义哲学田野里的一朵奇葩。

众所周知，在人类思维发展中，哲学既是最基础、最坚固和最保守的父权制堡垒，也是最富有创造性的思维空间，它不时地在思维中创造着各种可能性，实现自身从主流到边缘、从边缘到前沿的转换。在女性主义哲学家桑德拉·哈丁看来，女性主义不是一种身份，后殖民主义和女性主义可以被视为从对于社会关系，以及对于这些关系思考方式的变化中（即话语的变化）开辟出来的思索空间。在这一空间里，我们可以表达和争论各种新的、未来的可能性。如今，国内女性主义哲学研究正在奋力冲撞、突破传统哲学思维的框架，突破自我原有思维的边界，为开启哲学的新时代，创造更为公正、理想、和谐的社会而努力。

女性主义法学研究综述
（2006～2010 年）

熊赖虎*

2006～2010 年，女性主义法学在国内的全面深入发展，不仅引起了法学界对女性权利和两性平等的更多关注，还促进了法学界对于女性及性别分析方法的认同和接受。

一　研究概况

通过中国知网论文库，可以查询到：①篇名同时含有"女性"和"法学"两个词汇的论文有 12 篇，同时含有"女性"和"法律"的 65 篇，同时含有"性别"和"法学"的六篇，同时含有"性别"和"法律"的 60 篇；②篇名含有"妇女"一词的民商法学类论文有 220 篇，行政法及地方法制类 104 篇，法理法史类 55 篇，刑法类 47 篇；篇名含有"性别"的行政法及地方法制类论文有 67 篇，民商法类 41 篇；③在优秀硕士学位论文库中，题名含有"女性"的法学理论专业论文有 24 篇，含有"妇女"的法学理论专业论文 16 篇、民商法学专业 13 篇、宪法与行政法学专业 11 篇、法律史专业八篇，含有"性别"的民商法学专业论文 13 篇、法学理论专业 10 篇、经济法学专业五篇；④博士学位论文有三篇，分别是《婚姻家庭法之女性主义分析》（黄宇，2007）、《英国反就业歧视法研究——以两性工作平等为中心》（饶志静，2009）和《女性主义法学的自我反思与重构》（岳丽，2010）。而国内最专业和权威的女性研究杂志《妇女研究论丛》五年间共发表论文 595 篇，其中法学类论文 85 篇（包括民商法 37 篇、法理与法史 24 篇，行政法 17 篇，诉讼法与司法制度五篇和国际法两篇）。上述数据，足以说明女性主义法学研究成果的繁盛和在法学内部学科中分布的广泛性。

---

* 作者简介：熊赖虎，男，苏州大学王健法学院讲师。

就科研项目而言，国内最高等级的科研项目"国家社会科学基金"在这五年间共有六个项目是关于"女性主义法学"或"法律的性别分析"的。它们分别是"就业性别歧视的法律问题研究"（郭慧敏，2006）、"性权利与法律"（李拥军，2006）、"促进两性平等，构建和谐社会"（刘小楠，2007）、"性骚扰纠纷解决制度研究"（骆东平，2008）、"法律职业中的女性及女性价值"（孙菲菲，2009）和"夫妻财产关系法研究"（张华贵，2010）。这既体现了国家对于该领域的重视，也体现了学界自身的努力。

就女性主义法学教育的开展而言，法学院校硕士研究生招生目录并不能体现出来，但是从可以查询到的优秀硕士学位论文来看，出现这一选题的论文数量（前已列出）较为可观，并且所属院校也较为广泛。就博士研究生招生而言，南京大学法学院自2008年起连续3年在经济法学专业下设置了"经济法的社会性别研究"方向。可喜的是，这期间中国首部有关性别与法律的教材《性别与法律研究概论》（陈明侠、黄列，2009）也出版发行了，它为女性主义法学的全面普及提供了重要资料。

在这五年间，学界组织的相关会议主要包括"中加立法和决策过程中实现社会性别主流化"国际研讨会（2006，北京）、"亚洲地区性别与法律比较研讨会"（2006，北京）、"和谐社会与性别平等政策论坛"（2007，北京）、"社会性别主流化与立法"学术研讨会（2007，西安）、"性别平等与法律改革"国际研讨会（2008，北京）、"法律与政策性别分析理论与方法工作坊"（2009，西安）和"性别与法"课程培训班（2009，武汉）等，另外"全球背景下的性别平等与社会转型：基于全球的、跨国的及各国的现实与视角"国际研讨会（2009，北京）也设置了"法律/政策与社会性别主流化"专题。值得说明的是，中国社会科学院法学研究所性别与法律研究中心自2002年起，就定期召开"性别与法律研究网络"年会，例如，其2010年年会的主题为"法律教育和法律职业中的性别主流化"，分议题为"性别与法律教材的完善与教材的使用方法""性别与法律教学方法的探索"和"司法实践中社会性别问题的反思"。

这期间的主要项目和会议成果包括：《社会性别平等与法律：研究与对策》（谭琳、姜秀花，2007）、《国际视野 本土实践——亚洲地区性别与法律研讨会论文集》（薛宁兰，2008）和《性别平等的法律与政策：国际视野与本土实践》（谭琳、杜洁等，2008）等。另外，也有多位学者的博士论文在这期间出版，主要包括《性别平等的法律建构》（周安平，2007）、《性别平等的法律保障》（李傲，2009）、《法律的性别分析》（孙文恺，2009）和《国际贸易法中的"性别"：女性主义的视角》（廖艳嫔，2010）等。

二　主要研究内容

囿于篇幅限制，本文主要对这五年间发表于法学类核心期刊与《妇女研究论丛》杂志上比较有影响力的学术论文以及学者专著、重要会议论文集和代表性教材等进行介绍。由此，本文可能会疏漏一部分相关研究成果，但这并不否认它们的价值和重要性。

（一）女性主义法学理论

女性主义法学最早可以溯源至20世纪初，但是真正成为有影响力的法学流派则在20世纪70年代。从诞生以来，它就处于不断的变化之中，因而并非是一个始终一致的流派。

中国法学界对女性主义的引入由来已久，2006年之后，这一过程还在持续。谢慧（2007）从代表人物入手对自由主义女性主义的法律思想进行了介绍和评价。沈国琴（2010）以"关系网络结构中的人"这一理论预设为主线对文化主义女性主义法学进行了述评。译著《女性的法律生活：构建一种女性主义法学》（朱迪丝·贝尔著，熊湘怡译，2010）对于人们审视女性的生活和法律之间的关系具有重要的启示。尽管法律理想与生活现实之间存在着巨大的鸿沟，但是，"我们可以去挑战或瓦解以男性为中心的法学中贬抑女性生活的那些区分，比如公共领域与私人领域的区分，原则与结果的区分，理性与感性的区分，以及个人与社会的区分。……我们可以探究的是理论如何适应女性，而不是女性如何去适应理论"。

新近兴起的后现代主义女性主义法学由于其强大的解构力，对传统女性主义法学的冲击是巨大的。对后现代女性主义法学进行反思，也成为必要。岳丽（2010）从相对主义的无能、反本质主义的误区和扼杀"女性主体"的女性主义三个层面对后现代女性主义法学进行了深入剖析，并指出女性主义法学的真谛在于"在共性与差异中寻求法律的平衡"，因此，只有在恪守女性主义法学特有的人文关怀价值时，后现代女性主义法学才能稳固其合法性。

对女性主义法学的反思，其结果之一就是要探寻导致两性之社会地位与权力不平衡的深层次制度原因。《女性主义运动的男性自然法背景——异性婚姻家庭制度的视角》一文对此做出了初步探析（熊赖虎、杨云霞，2008）。当然，反思的更重要结果在于，必须寻找到更加契合中国传统与现实状况的女性主义法学发展路径，即本土化，以实现其现实诉求和法律理想。刘小楠（2006）揭示了女权主义法学各个流派中共同存在的性别二元划分与对立的法哲学观，并将其与中国传统的性别"阴阳两分"哲学观进行了对比，进而提出"法律所应发挥的作用，并不是要确保阴阳调和、阴阳互补，而是应既保护女性的特殊需求，又赋予女性充分的自由发展空间"。于晓琪（2009）对自由主义女性主义、文化主义女性主义、激进主义女性主义和后现代主义女性主义的方法论进行了中国化的解读，使得我们可以看到每一个流派中可资中国利用的资源。张清（2009）将女性主义法学的目标提升到宪政与性别正义的高度，并着重介绍了台湾后威权时代女性主义法学及其社会运动的成功经验，通过对法律性别的关注，进而提出了跨性别的宪政主义法律图景。孙菲菲（2009）从儒家学说、关怀伦理和司法实践的角度探讨了中国传统法律文化中的女性特质，以及现代司法实践在此方面的继受范围；这一发现告诫我们：中国的女性主义法学路径可能与西方女性主义法学存有差异。赵明（2009）仔细分析了女性主义法学各个流派的主张，指出了中国立法从宏观与微观两个层面可能获得的启示。

2006年在北京召开的"亚洲地区性别与法律比较研讨会"对中国女性主义法学的发展起到了重要的指引作用，其成果《国际视野　本土实践——亚洲地区性别与法律研讨会论文集》（薛宁兰，2008）颇具影响力。正如其会议主旨一样，与会者讨论的议题，不仅包括性别平等这样的普世性法律原则和中国社会现实存在的（例如，包括劳动就业、土地权利、婚姻家庭和性骚扰等在内的）本土性法律问题，更为重要的是，研究者们也对国际人权公约的国内适用进行了富有成效的探讨。这些努力将中国女性主义法学和国际女性主义法学相互勾连了起来，对女性主义法学的实践效力产生了巨大影响。该文集特设了"法学研究、法律职业和法学教育中的社会性别主流化"部分，这对推动法律人的社会性别意识和社会性别分析的自觉性做出了有益尝试。

对女性主义法学的引入、反思和本土化的直接目的在于呼吁将女性主义的分析方法引入法律和法学之中。

（二）女性主义法学研究与分析方法

作为博士学位论文，《婚姻家庭法之女性主义分析》用女性主义的分析方法系统审视了中国婚姻家庭法自 1911 年以来的历史流变，以及现行婚姻家庭法的特质与问题，并给出了立法层面的建议（黄宇，2007）。另外，众多法理学和法史学专业的硕士研究生，也选择以女性主义为主题撰写学位论文，例如《女性主义法学的后现代转向及其理论价值》（张雯，2009）和《南京政府婚姻法的女性主义法学分析》（王昆，2009）。《平等的追求抑或一种新父权——美国女性主义法学视野中的刑事法律改革》从激进主义女性主义的进路对美国刑事法律政策的改革进行了评析（张彩凤、叶永尧，2006）。《社会性别与女性人权保障——以西方女权主义为视角》则以女权主义为视角探讨了社会性别与女性人权保障的关联，并提出了完善中国女性人权保障的建议（宗会霞，2009）。

性别分析方法给法学带来的变化是明显而积极的。周安平（2006）指出社会性别的分析方法有助于改造传统法律对社会关系的认识，使得"有性人"和"行动中的法"成为法学研究的基本预设，进而实现女性主义法学的诉求。李傲（2006）则探讨了将社会性别分析方法引入法学研究的可能路径与障碍。

女性从作为私人领域的家庭迈向的第一个公共领域就是劳动市场。因而，第一个需要引入性别分析的领域就是有关劳动的法律制度。魏敏（2010）以性别主流化运动为起点，对中国的劳动就业、劳动基准、社会保险、职场性骚扰和女性退休等问题进行了全面的分析。该书从规范层面对《就业促进法》所涉及的性别问题进行了探讨，并从实践层面对中国性骚扰的现状进行了分析。

在全球化背景之下，劳动者参与的社会分工是国际性的。有女性参与的产品与服务贸易，也是国际性的。将社会性别分析方法引入国际贸易法，势在必行。《国际贸易法中的"性别"：女性主义的视角》从女性主义的视角分别对国际法、国际经济法和国际贸易法中的基础概念进行了批判，并在此基础上着重就最惠国待遇原则、WTO 原产地规则和 WTO 农产品协议进行了性别分析（廖艳嫔，2010）。

无论是讨论什么领域的法律问题，研究者们所关涉的无非就是如何发现并实践正义。《法律的性别分析》关注到了"性别正义"这一问题，通过梳理法律史，提出了法律建构社会性别的外在方式和内在机理，并以法国、美国和苏联等国为例，考察了"显性"性别冲突与法律制度之间互动。如果说传统法律建构了性别，那么作为对其不满的反叛就要对这种性别格局进行解构。该书分析了美国女性主义法学对传统法律中的性别观念的解构，并对女性主义法学受到的批判进行了批判，进而提出了实现性别正义的法律进路，而这一进路受制于形式平等与实质平等及两者之间制衡的制约（孙文恺，2009）。

如何将法律的性别分析常态化和全面化，将其变为法学研究者和法律实践者的自觉行为，则有赖于学者们对基本的共识性研究成果加以总结，并借助法学的教育系统进行普及。《性别与法律研究概论》（陈明侠、黄列，2009）是中国社会科学院法学研究所性别与法律研究中心"性别与法律比较研究"课题的成果之一，也是中国第一部关于性别与法律的、具有教材性质的论著。这部论著不仅局限于普及社会性别的法律分析方法，更为可贵的是，它还探讨了社会性别分析在宪法、刑法、婚姻家庭法、劳动法、诉讼法、国际人权法和法律教育等诸领域的展开。尽管性别分析还未成为中国法律学科体系的一支，但是，这样的尝试不失为一种富有远见的努力，它至少为国内研究生和本科生学习这一课程提供了规范和通用的书籍，也迎合了中国法学教育规模不断扩大的现实需要。

（三）女性主义法学的法律诉求

如果问题的核心在于女性在法律面前遭受了相对于男性的不公正待遇，那么解决之道就在于寻求两性在法律中的平等，抑或消除针对女性的歧视。

长期以来，在中国的法律体系中并没有性别歧视的定义，这也构成了国际社会批评中国推动性别平等乏力的理由。李傲（2007）则就性别歧视的概念进行了类型化分析，并指出了其例外情形。了解其他国家的制度是必要的，周琰（2007）介绍了欧盟国家参政权中性别平等的法律制度。饶志静（2008）介绍了英国反就业性别歧视的主要法律、形态认定、涉及领域、职能机构以及其对于中国的启示。

实现两性在法律上的平等，首要的任务在于寻找到传统法律歧视女性的根源。《性别与法律——性别平等的法律进路》是较有代表性的关于"性别与法律"的法理学著作。该书揭示了性别歧视的起源及其法律建构，并以此为出发点对传统法律理论进行了批判，进而提出了实现性别平等的法律进路。该书还对实现性别平等进程中的诸多具体问题（包括性权利、家庭暴力、婚姻的性别基础和法律职业等）进行了深入分析，并强调"女性参与"对于实现性别平等的重要性（周安平，2007）。《性别平等的法律保障》以实现性别平等为理想图景，在对性别歧视进行剖析的基础上，介绍了女性主义法学、实现性别平等的国际国内法律渊源以及美欧与亚洲各国推动性别平等的法律实践，进而针对中国的现实状况，提出了实现性别平等的法律进路（李傲，2009）。

　　政策在中国社会治理中的作用举足轻重，并且在特定的领域或时期，政策效力可能等同于甚或高于法律效力。全国妇联妇女研究所"推动法律/政策制定和执行中的社会性别平等"项目（2004～2007年）的成果《性别平等的法律与政策：国际视野与本土实践》（谭琳、杜洁等，2008）结合中国社会治理的现实，将政策提升到了与法律相同的地位，在实证调查的基础之上系统地关注了妇女的政治权利、劳动权利、婚姻家庭/财产权利和人身权利，并分别提出了改进的对策建议。该书目的在于为全面落实联合国《消除对妇女一切形式歧视公约》寻找本土的路径。专家组并没有受制于批判性的"反歧视"视角，而是建设性地围绕"妇女权利"展开探讨。这一思路的开启，对于女性主义法学的发展来说具有重要的意义，它使我们认识到，性别歧视的消除不能仅仅停留在对歧视的反制上，而更应该寻找和发现妇女失落的权利。因此，"战略和策略"两个层面的深入研究变成了一种紧迫，而女性生活本身是具有法律意义的。

　　国内性别平等运动的主要表现在于，学者和从业者们对于立法，特别是对反对就业性别歧视和婚姻家庭立法的推动，其中采用何种立法模式举足轻重。《就业性别平等立法模式选择》通过引介国外消极禁止和积极促进的两种就业性别平等立法模式，并结合中国现实，提出了立法模式选择需要考虑的几点因素（郭慧敏、丁宁，2006）。《中国反就业性别歧视立法研究》则明确指出中国反就业歧视的立法应该采用单行立法的模式，并给出了一个整体构想（张龙，2007）。《平等原则在反歧视法中的适用和发展——兼谈中国的反歧视立法》认为性别平等中的形式平等原则主要是用来消解直接歧视，而实质平等原则主要是用来消解间接歧视，进而指出，"中国反歧视法在立法目的和理论基础上应兼采形式平等与实质平等"（李薇薇，2009）。《从形式平等走向实质平等——中国妇女法的社会性别分析》从形式平等与实质平等的角度指出了中国妇女法的不足及需要完善的内容（丁小萍，2007）。

　　《社会性别平等与法律：研究和对策》（谭琳、姜秀花，2008）以"消除性别歧视，推动两性平等和谐发展"为宗旨，从社会性别视角，探讨了现阶段中国妇女在劳动就业权利、退休政策和养老制度、土地权益保护、家庭暴力、性骚扰、性权利、生育权利、犯罪与被害人救济等方面的法律诉求，并融合了全球化背景下的文化、政治和经济特质。

在司法方面，由于自由裁量权的存在，法官的裁判也影响着法律的效果，特别是性别平等法治理想的实现。陈雪飞（2007）通过对 14 份离婚案件材料的整理，观察到了在案件裁判过程中"法官话语排斥女性、偏向男性的倾向"，并解析了引起这种倾向的诱因。

作为非主流的思考，郑玉敏（2009）探讨了男性产假对于实现性别平等的意义，王礼仁（2010）则否定了以两性平等为预设的法律的理想性与可欲性。

另外，《从平等原则谈婚姻家庭中的男女平等》（秦玉香，2006）、《从妇女人权的特性看男女平等的法律定位》（孙萌，2006）、《反就业歧视及其法律对策》（陈玉玲，2007）、《两性工作平等权及其救济途径》（李炳安，2007）、《婚姻法领域男女平等权研究——以配偶从事家务劳动的定位为例》（何群，2008）和《反就业性别歧视视野下的性别平等》（姜占军，2010）等文也从不同领域的视角出发探讨了性别平等问题。

值得注意的是，以消除性别歧视为选题的硕士学位论文也不少见，其中绝大多数集中于探讨反就业性别歧视，诸如《论妇女劳动权的实现——以就业性别歧视为进路》（赵雅琦，2007）、《劳动就业性别歧视的法律对策研究》（肖伟，2008）、《就业性别歧视的法律思考》（叶娟，2008）、《性别歧视的法理分析》（王玉燕，2008）、《论中国反就业性别歧视法律制度的完善》（贾宇飞，2009）、《欧盟反就业性别歧视法律制度研究》（郅晓莹，2009）、《就业性别歧视的界定与法律应对》（秦琮凯，2009）和《完善中国就业性别歧视法律救济研究》（张焕娥，2009）等。

（四）女性主义法学的法律进路

在女性主义法学者的眼中，法律是男性的，其对女性的歧视是系统而难以消除的。与其坚持对抗的策略，还不如转换思维，推动法律对女性的赋权，用女性的权利来制衡男性权利。

性别歧视的根源也许在于女性权利的缺失。回顾早期的历史，我们甚至发现，女性在社会生活和法律运行中是以客体形式出现的。付春扬（2007）探讨了清代中国妇女的财产性地位。当然，对历史的解释也是可以反转过来的。女性在传统法律中的非主体状态，从某个特殊的角度来看也可能是对女性的一种保护。陈秋云、关丹丹（2009）阐释了《唐律疏议》中可能蕴含的保护妇女权利的思想及其价值。

事实上，中国女性的解放早在民国时期就开始了。清王朝的覆灭以及随后出现的长期国内混乱和外强入侵，在一定程度上也解放了被禁锢在家庭内的女性。徐静莉（2010）梳理了民国初期妇女在婚姻和继承领域权利的演变。崔兰平、杨春（2010）探讨了革命根据地妇女的政治权利及其运行。孙莉（2010）从中华人民共和国建立后婚姻法中性别平等原则的落实和夫妻财产规定的更新入手，对中国物权法第九十九条的规定提出了细化建议。

女性权利的发展，应该具有自身的规律和特性。也就是说，遵循何种模式、设定哪些权利和颁布什么样的法律，是女性主义法学的重要使命。邹晓红（2008）从激进主义女性主义的批判解构特质、自由主义女性主义的参与发展主张、社会主义女性主义的社会性别发展三个层面分析了妇女权利的发展模式。韩良良（2010）透过女性主义的视角分析了中国妇女权益保障工作的现状、问题及原因，并从政治、文化教育、劳动就业和财产等四个方面提出了改进意见。薛宁兰（2008）通过内部与外部的进路探讨了中国立法体系的结构问题，并着重就"反就业性别歧视法""家庭暴力防治法""性骚扰防治法"展开了阐述。

国际层面的女性赋权和女性权利保障是不容忽视的。孙璐（2007）从人权的角度探讨了由联合国通过的《消除对妇女一切形式歧视公约》和美欧等区域性公约的保护机制及其存在的缺陷，并提出了四方面的建设性意见。

没有财产就没有权利，这既是传统法律的基本精神，也契合于现代法律的运作现实。因此，财产权对于女性地位的提升具有根本性的作用。中国是一个农业大国，农村女性的土地权益是不容忽视的。商春荣、张岳恒（2010）分析了中国目前农村妇女土地权利的法律保障问题。陈小君（2010）通过实证数据表明："农村妇女土地权益频受侵害，土地承包经营权并未得到充分的保障。"而其原因在于立法上对"男娶女嫁"模式可能损害妇女土地权利的认识不足、法律政策相关规定的矛盾、对妇女权益立法保护的效果适得其反、法律规定过于原则和缺乏有效的法律救济途径。另外，《保障中国妇女参政权利的法律和政策思考》（郑风淑，2006）、《女性权利及其法律创制的一般理论研究》（陈婷，2007）、《妇女权利的失落与诉求——从应然权利到实然权利》（袁翠婵，2007）和《女性主义法学视角下的平等就业权思考》（王丽丽，2008）等文分别对女性的参政权、女性权利的基本理论和平等就业权进行了探讨。

而对于女性主义者来说，在法律职业和法学教育领域中，女性的境况如何，是具有重要寓意的。孙菲菲（2009）追溯了女性进入法律职业的历史，通过对比法律职业中的两性气质，阐释了女性特有的价值及其法律思维可能对法律职业产生的影响；进而认为，女性特有的"实际推理方法对于揭示各种暗含的偏见给妇女带来的不利，具有男性思维不可替代的意义"，"结合两性特征的法律和法学才是更加完美的，……真正的法律发展的最终方向应该是从过去传统的主流社会男性中心向更加中性多元的方向发展，把女性的优势和美德吸收进来，使法律更具人性化"。刘小楠（2008）通过翔实的数据资料介绍了西方国家，特别是美国法学教育和法律职业中女性的状况，揭示了其普遍存在的性别歧视与偏见，呼吁应将性别意识引入法学教育，以弥补中国法学教育研究中的性别盲点，推动性别意识主流化。

三　总结与展望

女性主义法学的研究领域包括：传统法律与社会对女性的偏见及现代法律对这些偏见的剔除、女性法律权利与社会认同的提升等。其主要诉求在于：批判男女两性在法律上的不平等地位，即反对针对女性的法律偏见或歧视；倡立女性的法律权利，即对女性的法律赋权，而它们都统一于女性与法律的应然关系。作为一支源于西方的法学理论，它受到了中国法学界的广泛认可和积极回应，并拓展了法学研究的视野和方法，也产生了重要的法律和社会影响。

回溯2006～2010年女性主义法学在中国的发展，不难发现下述三个特点：第一，本土化努力。中国学界对女性主义法学的关注和引介由来已久，也产生了重要影响。而女性主义法学的外源性和实践性，决定了中国学界不能仅仅了解其理论和主张，而是要将其本土化，以回应国内法律与社会的诉求。有关中国反性别歧视立法和农村女性土地权益问题的研究，正是学界积极回应中国在城乡二元制度格局未彻底改变而社会又面临转轨背景下，女性走出私人领域时所面临的法律与社会偏见。第二，性别主义流变。传统女性主义法学强烈的批判和解构精神，致使其难以建设性地推动其法律诉求。鉴于此，越来越多的学者采取了比较温和且积极的分析进路。我们可以看到，"性别分析"与"法律中性"等概念逐渐成为研究的主流，一时间女性主义法学似乎消失了一般。这种流变，实质上反映了女性主义法学的自我超越和理性回归，也只有如此，我们才能寻找到性别歧视的真正起源以及恰当的规制策略。第三，综合性影响。女性主义法学为法学研究提供了崭新的视角和分析方法，其影响是综合性的：不仅女性研究者饶有兴趣，而且男性研究者也积极参与；许多研究者将其作为自己的学位论文选题，并展开了长期的思考；不仅局限于法理学领域，其他部门法领域的研究者也广泛参与其中，并达成了重要共识；在关注法律文本的同时，司法和法律的运行效果也得到了广泛而深入的探讨。

在肯定收获的同时，我们也不得不留意女性主义法学存在的一些问题。其一，什么是女性主义法学还要继续追问。女性主义法学本身一直处于不断的变化和自我解构当中，这会使人难以把握其核心主张；而中国学界对此问题的理解更加飘摇不定，其集中表现就是凡是涉及女性或性别的法律问题似乎都可以被冠之以女性主义法学或性别分析方法。其二，女性主义法学本质上涉及的是人与人之间的法律地位或关系，因此，它具有反叛传统的特质；遗憾的是，它并没有显示出对未来的清晰认识和建构，因此，其理论或结论会缺乏前瞻性。这一点表现在中国法学界并没有太多关注私人领域，特别是家庭的本质与未来。其三，女性主义法学本土化的过程，并没有回应中国的一些基本制度约束及其后果。另外，很多学者对于女性主义法学的研究兴趣似乎并不长久，因而其对社会与法律的现实推动力也受到了一定的削弱。

女性主义法学的兴起是法学领域的一道靓丽风景。她已经改变了传统法学的面貌，并且还将继续塑造法律。当追问什么是法的时候，我们已经下意识地认为性别是其中不可忽略的因素。性别不是可以自由选择的，但是法律却要保障每个人享有其基于特定性别的自由。如果从这个角度来看待女性主义法学的终极诉求，我们会发现其道路还很漫长。我们应当看到，女性主义法学自身的问题和法学自身的问题具有共通性，对于中国来讲尤其如此。例如学术独立语境下的话语权缺失和研究范式匮乏。但是，这种状况也决定了女性主义法学自身的使命和法学自身的使命是合一的。因此，我们有理由期待女性主义法学对法学影响的继续深入和对整个社会与法律变革的潜在推动。

社会性别经济学研究综述
（2006～2010 年）

庞晓鹏　董晓媛[*]

一　研究概述

本文综述的社会性别经济学研究主要指纳入社会性别视角的经济学研究。从方法论来看，社会性别经济学研究有两个主要流派：主流经济学和女性主义经济学。主流经济学源于 19 世纪末叶发展起来的新古典经济学。该流派对社会性别问题的研究是以资源的稀缺性为出发点，假定经济决策以追求个人利益最大化为目标，主要关注生产领域和进入市场交换的经济活动，比如劳动力参与、就业与工资等方面的性别差异，强调机会平等，其研究方法强调数学模型和统计计量分析。女性主义经济学源于 20 世纪 60 年代发展起来的女性主义理论，在 20 世纪 90 年代得到广泛认可，成为经济学研究的一个新兴流派（朱成全、崔绍忠，2006）。女性主义经济学的目标是提高女性社会地位，推动性别平等。女性主义经济学家认为，由于主流经济学是一个男学者占主导地位的学科，其理论和研究方法在很大程度上仅仅体现了男性的经历和视角，因而不能全面地反映男女两性的现实世界，并为消除社会性别不平等提供正确的理论指导（朱成全、崔绍忠，2006；Ferber and Nelson，1993；李洁、朱富强，2007；崔绍忠、邹杨，2007）。

女性主义经济学的方法论有以下几个特点：第一，女性主义经济学认为，影响人类福利的不仅是市场活动，还有发生在家庭、主要由女性参与的非市场活动（如照顾家人、料理家务等无酬劳动）。因此，经济分析不仅要关注市场活动，还要关注非市场活动以及两者之间的关系。从一定意义上讲，女性的家庭责任是导致她们在家庭及社会中地位低下的主要原因，而忽视无酬家庭照料劳动及其对女性福利的影响是公共政策性别盲视的主要表现之一。第二，女性主义经济学认

---

* 作者简介：庞晓鹏，女，中国人民大学农业与农村发展学院副教授；董晓媛，女，加拿大温尼伯格大学经济系教授，《女性主义经济学》副主编。

为，研究性别不平等不能仅仅局限于对劳动力参与和工资等经济指标的研究，更要关注女性的自主权（agency）和制约女性能力发展的各种制度因素（崔绍忠、邹杨，2007；崔绍忠、马秀丽，2008）。第三，女性主义经济学认为，经济学研究要有道德底线，所谓价值中立的实证研究在社会科学领域是不存在的。女性主义经济学的价值取向很明确，就是提升女性社会地位，推动以人的福利为宗旨、以平等公正为特征的人类发展。该学派不仅追求男女机会平等，还强调结果的平等。第四，女性主义经济学的理论出发点不是主流经济学所追求的个人利益，以及独立、理性的"经济人"观点；而是强调作为"相互关联存在的人"（interconnected）（朱成全、崔绍忠，2006；崔绍忠、邹杨，2007）。研究认为社会性别关系作为最基本的社会分层依据与其他社会分层依据（比如阶级、种族、教育、健康等等）是相互交叉的。因此，研究社会性别问题，不仅要关注男女之间的差异，还要关注每个性别内部的各种社会经济差异。第五，女性主义经济学提倡研究方法的多元化。该学派认为，经济关系是复杂的，许多重要的文化和社会制度因素在主流经济学推崇的数学模型中被抽象掉了，从而导致理论与实际的脱节。（崔绍忠、邹杨，2007）女性主义经济学不否定数学化和定量分析的作用，但是认为，应该扩展经济学的方法论边界，将参与观察、深度访谈、实地调查、案例分析等定性方法引入经济学研究（崔绍忠、邹杨，2007）。此外，女性主义经济学家还倡导跨学科的分析。

与社会科学其他领域的学者相比，中国大陆经济学者对社会性别问题的关注比较少，在研究方法上，主流经济学的影响比较大。虽然国际上女性主义经济学近年来已成为经济学界最活跃、发展最快的领域之一（刘辉锋，2004），但是国内采用女性主义经济学方法的研究还处于起步阶段（许婕，2009）。

尽管如此，2006～2010年期间，无论是从报纸杂志、专著出版，还是从学科建设方面来讲，经济学界对社会性别问题的研究以及女性主义经济学的影响在中国大陆都呈现快速发展趋势。从学术刊物上发表的研究论文来看，我们以"性别差异""性别歧视"为关键词，检索了2006年1月至2010年12月在中国期刊全文数据库中的经济与管理数据库，发现这五年共有337篇相关的研究论文发表，比2001～2005年的88篇明显增加。以"女性主义经济学""女性经济学"为关键词，从中国期刊全文数据库检索中发现，2002～2005年只有三篇关于女性主义经济学的文章发表，而在2006～2010年上升为12篇。五年间，中国学者在国际女性经济学旗舰期刊《女性主义经济学》（Feminist Economics）上发表有关中国问

题的文章有 11 篇。从专著出版的情况来看，这五年间社会性别经济学研究的相关
著作逐渐出现，不仅有从社会性别视角出发专门研究中国社会转型问题（冈扎
利·别瑞克、董晓媛、格尔·萨玛费尔德，2009）、家庭照料及非正规就业问题
的著作（董晓媛、沙林，2010），还有专门的女性经济学的著作（雷庆礼，
2008）。

从学科建设方面来看，这五年中也有很大的进步。2002 年，中国女经济学者
研究培训项目（CWE）在北京大学中国经济研究中心启动，标志着社会性别经济
学研究队伍建设的开始。到 2010 年，该项目共培训了来自全国 73 所高校和研究
机构的 202 名女学者，在国内外学术杂志上共发表了 59 篇关于社会性别问题的论
文，并编辑出版了两部著作（冈扎利·别瑞克、董晓媛、格尔·萨玛费尔德，
2009；董晓媛、沙林，2010），一部研究生用教材——《社会性别与经济发展：
经验研究方法》，这是目前为止中国第一部从社会性别角度研究经济问题的教材。
从研究生培养来看，虽然到目前为止还没有在高校设置社会性别经济学研究专
业，但是，越来越多经济学专业的研究生开始关注社会性别问题。我们以“性
别”“性别差异”“性别歧视”为关键词，检索 2006～2010 年间中国硕士、博士
学位论文全文数据库（经济与管理类）发现，2006 年之前只有 1 篇硕士论文对社
会性别问题进行经济学研究（张丹丹，2003），2006 年 1 月到 2010 年 12 月对这
一问题进行研究的有 18 篇硕士、博士论文；而以“女性”为关键字搜索发现，
相关的硕士论文有 490 篇、博士论文有 12 篇。

二 主要研究内容

本综述从劳动参与和就业，职业流动与性别隔离，性别收入和工资差异，无
酬照料劳动、时间利用及其对女性福利的影响，人力资本、健康与教育，以及公
共政策六个方面，介绍 2006～2010 年间中国大陆社会性别经济学研究的主要成
果。这些研究既包括采用主流经济学为理论框架的研究，也包括女性主义经济视
角的研究。本综述的资料来自于经济管理类的学术期刊、会议论文、学位论文数
据库和北大本所馆藏及互联网中搜索到的相关学术著作。

（一）有关劳动参与和就业方面性别差异的研究

利用住户和劳动力调查等微观数据对劳动参与的趋势和性别差异的决定因素

进行研究的结果显示，改革开放以来中国城市女性的劳动参与率总体上呈下降趋势，特别是 20 世纪 90 年代末国有企业改革以来，女性劳动参与率下降幅度大于男性，而学龄前儿童母亲的劳动参与率下降的幅度更大（丁赛、董晓媛、李实，2007；杜凤莲，2008；杜凤莲、董晓媛，2010）。市场化改革侵蚀了国家对女性在劳动力市场的保护和支持，社会向"男主外，女主内"传统性别观念的回归等变化是导致女性劳动参与率下降的一个原因。并且，国有企业改革以来，退出劳动力市场的女性大多来自于低收入家庭，这些女性劳动参与率下降导致城市住户收入分配差异扩大（丁赛、董晓媛、李实，2007）。

此外，国家和企业对托儿所和幼儿园补贴的大幅度削减，幼儿照料服务的市场化导致大量学龄前儿童的母亲退出市场劳动，也是导致性别参与率差距拉大的原因之一（杜凤莲、董晓媛，2010）。家庭责任对女性劳动力市场参与的负面影响在其他学者的研究中也得到证明。照料公婆显著降低城市已婚女性的劳动力市场参与和工资劳动时间（刘岚、董晓媛，2010）。随着家庭人口数的增加，女性就业率降低，而男性的就业率增加（周闯、张世伟，2009）。

下岗女职工再就业难是导致更多的女性退出劳动力市场的另一个原因。女性失业者实现再就业的概率比男性低，从而失业持续时间比男性长（杜凤莲、董晓媛，2006；吴永球、冉光和、曹跃群，2007）。而女性失业者实现再就业的概率低，不是因为女性的就业意愿比男性低，而是由于各种制度因素造成的。例如，女性拥有的社会资本较少，女性从国企转向私企面临更高的收入损失，女性集中的集体企业得到国家再就业救助比较少，以及性别差异退休政策等等（杜凤莲、董晓媛，2006）。

近年来农村劳动力非农劳动参与的性别差异越来越受到关注。在 30 岁以上的农村劳动力中，男性劳动力的非农劳动参与概率显著高于女性，而在 30 岁及以下的农村劳动力中，性别对非农劳动参与却没有影响（余吉祥，2009）。虽然不同性别农村劳动力在教育、培训上存在差距，但不是造成农村劳动力非农就业性别差异的主要原因（刘晓昀、钟秋萍、齐顾波，2007）。非农就业性别差异主要来自于家庭因素，如婚姻、家庭中的儿童数量等。研究发现，照料儿童对农村已婚女性参与非农劳动有负面影响（王姮、董晓媛，2010），照料公婆对妇女非农劳动时间有显著的负面影响（刘岚、董晓媛、陈功、郑晓瑛，2010），家务劳动也影响女性的非农就业（刘研、脱继强，2008）。这些研究结果表明，女性的家庭责任是制约农村女性通过参与非农劳动摆脱贫困的重要因素。

在城市化进程中，农村妇女的非农就业也受到不同程度的影响。整体而言，失地女性的失业不是她们不想工作，也不是家庭在市场力量作用下自主分工的结果，而是在原本城镇失业现象就十分严峻的情况下，农村女性从土地上退出，却无法成功地进入城镇劳动力市场所致（孙良媛、李琴、林相森，2007）。农村失地妇女面临着劳动力市场对女性和农民身份的双重歧视。

对劳动力市场参与的经验研究都发现，随着劳动力市场的发展，不论是城市还是农村，教育对劳动力市场参与和劳动供给的影响变得更为重要了，尤其是对女性（唐钁、陈士芳，2007；马忠东、吕智浩、叶孔嘉，2010；刘研、脱继强，2008；杜凤莲、董晓媛，2010）。因此，提高女性教育水平、缩小教育性别差异是推动劳动力市场性别平等的重要措施。

（二）有关职业流动与性别隔离的研究

改革开放以来，人们有了更多的自主择业权，为个人的职业流动与发展带来了更多的机遇。但职业流动模式存在显著的性别差异。女性比男性面临更多发生职业向下流动的风险，而比男性缺乏职业向上流动的机会。另外，虽然男女教育程度的差异具有一定影响，但是研究发现女性在职业发展上与男性的差距在很大程度上归因于家庭负担、劳动力市场政策以及劳动力市场结构转型等因素。女性承担过多的家务劳动、缺乏社会资源以支持职业发展、比男性更早退出劳动力市场，并更易受到经济转型过程的负面影响（宋月萍，2007）。

改革开放以来，特别是20世纪90年代末国有企业劳动整合以来，中国劳动力市场发展的另一个重要趋势是就业的非正规化。研究发现，女性比男性更有可能从事非正规的工作。非正规就业者的工资收入要明显低于正规就业者，且在非正规就业者中男女的收入差距更大，即非正规就业女性的收入是最低的（袁霓、沙林，2010；邓曲恒，2010）。市场分割对女性非正规受雇者造成了最严重的损害（邓曲恒，2010）。较低教育水平（主要是小学和初中毕业）的女性更有可能加入非正规就业，而在较高的教育水平上，男性和女性在正规或非正规就业部门的比例差异则消失了。女性的收入显著低于男性，这种差距在非正规就业中最为明显（沙林、王美艳，2010）。

职业流动的性别差异和隔离在外来农民工和农村非农就业人员中更为严重。全国人口普查数据的研究结果则显示：外来女性在第一劳动力市场上受到的职业排斥程度远远高于该市场上外来男性受到的职业排斥，部分职位甚至出现了"排斥强化"的现象（黄瑞芹、张广科，2007）。此外，通过研究农村流动人口在流入地找工作所花费时间的影响因素发现，虽然在给定时间内，女性流动人口在流入地找到工作所花费的时间比男性要短，但女性找到高收入工作的概率要低于男性，而接受低收入工作的概率要大于男性，从而导致"性别隔离"的流动人口社会融入模式（宋月萍，2010）。在农村剩余劳动力向非农产业转移过程中，农村妇女处于明显的不利地位，无论是转移规模还是外出务工的工资水平都低于男性（邱红、许鸣，2009；刘研，2008），并且，从事非农就业的女性更容易集中在非正规部门，就业形态较差（刘研，2008）。

（三）有关性别收入和工资差异的研究

收入和工资是影响人们社会地位和福利水平的重要因素，收入及工资的性别差异也是反映男女平等状况的重要指标。对性别工资差异进行实证研究最常见的方法是布兰德－奥萨卡（Blinder-Oaxaca）分解方法，这种方法的思路是把性别工资差距分解成两部分：一部分是由于男性和女性生产率方面的特征不同（如教育水平、经验等）所造成的，另一部分是由男性和女性工资决定机制不同所造成的。其中，后一部分被认为是"性别歧视"对性别工资差距的影响，经济学家通过分析这一部分占全部性别工资差距的比值来衡量性别歧视的严重程度，比值越大，性别歧视越严重。后来出现的研究方法，如布朗（Brown）分解、分位数分解等，其基本原理与布兰德－奥萨卡分解是一致的，只不过是在一些具体细节方面存在差别（葛玉好、赵媛媛，2010）。

国内的性别工资差异研究可以分为平均工资层面的研究和工资分布层面的研究两类。前一类的具体内容包括单纯研究性别工资差异问题、研究职业或者行业隔离与性别工资差异的关系、研究男性和女性劳动参与率不同于性别工资差异的关系（葛玉好、赵媛媛，2010）。单纯研究性别工资差异的结果显示，中国劳动力市场存在着性别工资歧视。利用 2004 年 CHNS 数据研究中国城镇劳动力市场的性别工资差异，发现不可解释的差异占性别工资差异的比例高达 85% 左右（田艳芳、李熙、彭壁玉，2009）。在教育和工作经验方面与男性相同的条件下，女性的平均工资仍然比男性低很多（杨晓智，2010）。农民工性别工资差异、工资率差异中，2/3 以上的差异是由歧视以及其他不可观测因素引起的（李实、杨修娜，2010）。农村转移劳动力中男女工资差异的至少 40%，这是因为性别歧视造成的（梁吉娜，2009）。农村迁移劳动力性别间的工资收入差异约 80.7% 被归结为歧视等不可解释部分（黄志岭，2010）。将健康资本引入分析工资的性别差异，则发现健康人力资本对工资的边际贡献在性别之间的差异是性别工资差异的重要来源（王鹏、刘国恩，2010）。

20世纪90年代后期中国城市存在较为严重的性别职业分割，职业内性别歧视性因素是职业所导致的男女工资差异的最主要原因（李实、马欣欣，2006）。研究发现，在不可解释的77%的性别工资差异中，绝大部分来自职业的纵向隔离（叶环宝，2010）。对行业工资性别差异的条件均值进行分解，发现性别工资差异的74.12%由行业内部差异造成，女性职工处于相对不利的劳动力市场地位（吕康银、王文静、张丽，2010）。而部门选择对工资性别差距的影响并不大，缩小性别之间工资差距的关键是降低两者在部门内的工资差异（葛玉好，2007）。

除了行业对性别工资的影响之外，企业的外部市场环境和内部制度特征也是决定企业性别工资差异程度的重要因素。市场竞争激烈的企业、经常采用计件工资制的企业以及内部职工收入差距较大的企业性别工资差异较大，小规模企业和私有产权比重较大的企业也呈现较大的性别工资差异，但工人的谈判能力有缩小性别工资差异的作用（李利英、董晓媛，2008）。

从工资分布的层面研究性别工资差异发现：虽然较高的教育程度和收入较好的职业（如管理人员、专门技术人员）可以增加女性工资收入，但是女性在劳动力市场上依然处于不利地位，在相同的条件下雇主给女性较低的工资，甚至有些职业对女性存在进入障碍（陈建宝、段景辉，2009）。利用东北城市劳动力市场的微观数据的研究结果表明，在工资分布的所有分位数上，东北城市劳动力市场中存在着明显的性别工资差异；在工资分布的底部，性别工资差异一部分是由个人特征差异造成的，一部分是由性别歧视造成的；在工资分布的中部以上，性别工资差异完全是由性别歧视造成的；随着分位数的提高，性别工资差异不断缩小，但性别工资歧视程度却不断扩大（张世伟、郭凤鸣，2009）。利用CHNS数据对中国国有部门和非国有部门的性别工资差异研究结果发现，性别工资差异存在"地板效应"而非普遍认为的"天花板效应"，且国有部门的性别工资差异明显低于非国有部门。在对收入差异进行分解后发现，男性和女性劳动力的性别工资差异主要来自于歧视，人力资源禀赋所造成的差异很小（亓寿伟、刘智强，2009）。利用中国社会科学院经济研究所课题组2006年在大连、上海、武汉、深圳、重庆五城市的农民工调查数据的分析发现：农民工的性别工资差异表现为"天花板效应"；但在工资分布的最高端，性别工资差异又开始缩小（王震，2010）。

在农村，农村男性与女性的绝对收入都在迅速上升，但是性别收入差距也在扩大，而工资劳动带来的差异是性别收入差距扩大的主要原因（畅红琴，2009）。因此，减少农村非农劳动力市场的工资和就业机会方面的性别歧视，对于提高女性的收入水平具有重要意义。

（四）有关家庭无酬劳动和时间利用的研究

女性面临的工作－家庭矛盾不仅影响女性自身的发展和福利，也影响着她们家人的福利和国家宏观层面的人口再生产和劳动力质量的提高（董晓媛，2009）。因此，处理好女性面临的工作－家庭矛盾对实现社会性别平等，保障经济稳定增长以及建立以人为本的和谐社会有着重要的意义。但是，人们常常把照顾家人等无酬劳动看作是女性的天然职责，把与照料相关的问题看作是家庭和个人的私事，在制定公共政策时对家庭照料及其引发的一系列问题没有给予应有的重视（董晓媛，2009）。同时，无酬家务劳动提供的服务不计入国民生产总值，女性家务劳动对国民经济的贡献被忽视。因此，女性主义经济学家认为，研究女性无偿劳动是认识社会性别不平等的关键，呼吁全面收集分性别的统计数据（不仅包括经济领域、也包括家庭领域）、全面评估女性对国民经济的贡献，采取有效措施减少女性家务劳动的负担，鼓励男性分担家务劳动。

时间利用调查是全面度量女性劳动价值的重要资料来源，因为只有时间利用调查记录了被调查人在给定时间段所从事有酬劳动、无酬劳动以及闲暇等所有的活动。中国国家统计局于 2008 年进行了第一次包括十个省份的大规模时间利用调查。由于数据尚未公开，对家庭劳动经济价值的估计在中国仍然是空白。中国经济学者利用其他微观数据调查在对无酬劳动和家庭时间利用的影响因素及工作－家庭矛盾对女性和家人福利的影响等方面取得了一些成果。

1. 家庭无酬劳动和时间利用的影响因素

利用 2006 年 CHNS 数据和全国综合社会调查（CGSS）分析中国城镇家庭家务劳动分工的性别差异，结果反映出，传统性别角色对于解释夫妻家务劳动分工的重要性——女性对家务劳动的贡献比男性更容易受到配偶经济特征的影响。同时，当妻子收入比例提高时，妻子的家务投入显著降低；然而妻子提供了多少比例的收入，对丈夫家务劳动的投入影响不大。就是说，妻子不能利用自己相对收入水平的提高作为讨价还价的筹码来增加丈夫的家务时间，只能通过降低自己的家务时间来降低夫妻双方家务劳动差距。这一结果表明，缩小劳动力市场男女收入差距，使女性在收入上与男性平等，将会有利于降低家务劳动性别分工不平等的现象（刘红英，2010）。

利用江苏和山东农村地区乡镇企业员工的调查数据分析家务劳动时间和责任的决定因素，结果发现，女性市场工资的提高显著减少了她们的家务劳动时间和承担的家庭责任，但是女性市场劳动时间对她们的家务劳动时间没有影响。而男性的市场劳动时间增加却显著地减少他们家务劳动时间。因此，要减少家务劳动的性别差异，必须彻底转变传统的性别角色。女性家务劳动时间不随市场劳动时间增加而减少的结果表明，女性比男性更容易陷入"时间贫困"（菲安娜·麦克菲尔、董晓媛，2009）。

此外，在农村家庭，尤其是在贫困地区的农村家庭中，家务劳动是女孩子日常生活的重要组成部分。繁重的家务劳动不仅损害女孩的健康，还影响女孩子的学习和她们将来的生活。利用国家人口和计划生育委员会"关爱女孩行动"基线调查的数据对广西农村6～19岁女孩家务劳动类型及原因进行研究，结果显示，女孩比男孩承担了更多的家务劳动；少数民族的女孩比汉族女孩承担更多的家务；年龄越大的女孩承担的家务越多、越重，辍学的概率也越大（尹德挺，2006）。因此，加强农村基础设施建设和市场社会服务，从而减少女孩子的家务劳动负担对落实使女孩拥有平等的受教育机会的政策非常重要。

还有学者从总体上研究考察了家庭成员的劳动时间是如何在无酬劳动与有酬劳动之间进行分配，以便更深刻了解女性面临的工作－家庭矛盾。使用 CHNS 数据，研究经济发展和劳动迁移对留守妇女、老人和学龄儿童劳动时间分配的影响发现，农村经济发展和劳动迁移导致农村劳动女性化的现象——女性在家庭用于非农劳动和农业劳动时间所占份额都呈上升趋势。但是，女性在家庭家务劳动的相对份额并没有随着她们有酬劳动份额的提高而下降，因此，女性在家庭总劳动时间的份额增加了。并且，丈夫外出打工会增加妻子的农业劳动时间；家庭成员外出打工会增加留守老人的农业劳动时间和家务劳动时间，尤其是老年女性；父母外出打工增加留守学龄儿童的家务劳动时间，特别是女孩子（畅红琴、董晓媛，2009；畅红琴、董晓媛、Fiona Macphail，2009）。

2. 工作－家庭责任矛盾的影响

研究显示，提供父母照料的已婚妇女报告的自评健康水平更差一些，已婚妇女照料父母与其自评健康之间存在着显著的负相关关系。在中国的经济转型过程中，由于政府减少了对城镇照顾提供的支持，从而将照料责任基本上转移给了家庭，特别是妇女承担了主要的照料责任。同时中国老年人口的快速增长也不可避免地加重妇女的照料负担。因此，妇女作为赚取收入者和家庭照料者的双重角色之间的冲突日益增长，同时平衡工作、家庭、老年照料之间的关系对于女性是一个重大的挑战，处理不好会对妇女健康状况和生活质量产生重要的影响（刘岚、陈功，2010）。

女性面临的工作－家庭矛盾不仅会影响她们自己的健康和福利，也会影响家庭被照料者，比如儿童和老人。在农村，许多参加非农就业的母亲需要祖父母、大孩子以及其他亲属帮助照料儿童，而这些非正规母亲照料替代质量令人担忧。非正规照料时间对学前儿童的年龄－身高比，年龄－体重比以及体重－身高指数等健康指标都有负面的影响（刘靖，2008）。因此，改善农村高质量儿童照料社会服务的供给对改善儿童健康非常重要。

（五）有关人力资本的研究

女性的教育投资收益率高于男性（王云多，2009）。但是，关于人力资本性别差异的统计研究却表明：针对女性进行的人力资本投资远低于男性（钟威，2007；黄晓波、王贻正，2009）。女性劳动者较少获得能够提高生产率的正规教育、医疗卫生资源和在职培训等机会。中国女性人力资本所获得的教育、培训、健康、迁移等方面的投资都少于男性（李侠，2010；张抗私，2009）。关于造成这种状况的原因，有研究认为，农村家庭男孩平均的出生顺序对其受教育程度的正向影响显著高于女孩（罗凯、周黎安，2010）。由于女性承担生育任务、比男性早五年退休等原因，企业在进行培训投资决策时，往往是女性培训投资少于男性（刘志坚，2006）。

在非农化进程中，人力资本是影响农村女性非农就业的重要因素（周春芳、苏群，2008）。健康人力资本对工资的边际贡献在性别之间的差异是性别工资差异的重要来源（王鹏、刘国恩，2010）。人力资本投资的性别倾向会影响到女性能力的提高，进一步加剧就业中的歧视（张抗私，2009）。

（六）公共政策中社会性别的经济学研究

关于养老问题的性别差异研究发现，女性在劳务市场中的不利地位以及养老保险的制度设计，造成女性养老保险的覆盖率和受益水平都低于男性（张雨明，2010；张航空，2010），从而导致老年女性的贫困发生率高于男性（王震，

2009）。企业职工养老保险制度的变化，虽然总体上提高了养老金水平，但是由于在制度设计上缺乏性别差异的考虑，新制度实施的结果是两性养老金的差异增大（高庆波、潘锦棠，2007；刘秀红，2010）。国外的相关研究及政策实施结果都显示：养老保险制度设计包含性别视角，不仅有助于促进性别平等，而且能够有效预防和减少老年贫困（王震，2009；王莉莉，2007）。

关于医疗制度的性别差异研究结果显示，无论在农村还是城市，女性的医疗支出水平都低于男性（宋璐、左冬梅，2010；黎楚湘、吴擢春、徐玲、高军，2006）。而现有的医疗保险等制度，由于缺乏性别视角，看上去是性别中立和平等的，实际上给男性和女性带来的影响是不同的（王菊芬，2007；王淑婕，2008；王财玉、尤磊，2009）。

针对目前土地承包及征用中的性别问题，研究发现，在土地政策制定和实施过程中的性别不平等，大大弱化了土地保障对妇女的效用（施国庆、吴小芳，2008）。关于失业问题的研究只是关注了失业持续时间长短的性别差异（杜凤莲、董晓媛，2006；魏立萍，2007；胡永远、余素梅，2009）。相比之下，在教育、社会保险、劳动保障制度、退休制度等公共政策的研究中，更加缺乏对性别的关注。

为了提高公共政策的性别敏感度、增强社会公正，越来越多的国家开始重视使用社会性别预算（gender budget），也称为社会性别敏感预算（gender-responsive budget）这一公共政策分析工具（李兰英、郭彦卿，2008）。目前，全球已有70多个国家在不同层面上、不同程度地开展了社会性别预算（马蔡琛、季仲赟，2009）。但在中国，就现实而言，无论是财政理论研究者还是实践者，对于社会性别预算都还是相对陌生的（马蔡琛、王思，2010）。

国内关于社会性别预算的研究主要集中在：介绍社会性别预算的概念界定（马蔡琛、王丽、季仲赟，2009；张永英，2010）、社会性别预算的参与式特征（马蔡琛、李红梅，2010）、一般理论（闫冬玲，2007）、国外的成功模式和案例（闫冬玲，2007；马蔡琛、季仲赟，2009）、在中国推动社会性别预算的挑战和发展路径（马蔡琛、季仲赟，2009）等。经济科学出版社2009年出版的马蔡琛博士的《社会性别预算：理论与实践》，系统地介绍了社会性别预算的理论基础、内涵意义、发展演进、国别经验，并分析了中国的试点情况（马蔡琛，2009）。目前在中国推行社会性别预算面临诸多的挑战，包括政府推动社会性别平等的责任意识还不够强、社会性别主流化机制和资源保障不足、性别统计相对滞后等（李兰英、郭彦卿，2008）。

总体来说，中国的社会性别预算还处于初始阶段，有关社会性别预算的活动多为宣传、培训、倡导和对国家及地方的预算体系与程序进行的背景研究，还没有上升到对政府财政预算进行社会性别分析的阶段（马蔡琛、王丽、季仲赟，2009）。因此，中国推动社会性别预算还有很长的路要走。

综上所述，尽管在中国的政策制定中，人们对性别视角重要性的认识已经有所提高，但在很多重要领域，比如社会保障、医疗改革、教育、劳动力市场政策、土地所有权改革、进城务工农民、消除贫困、政治参与等方面，女性的需求和所关心的问题还没有得到足够重视。

三　总结与展望

1. 学科发展特征和问题

总体而言，这五年大陆社会性别经济学研究发展的特征可以概括如下。

一是从社会性别的角度研究经济问题已经逐渐受到经济学界的关注。五年来，从社会性别视角、女性主义视角研究中国经济转型和发展中性别问题的文章在逐渐增多，对政策制定者的影响力也在逐步显现。

二是学科建设开始起步。旨在提高女性经济学家研究问题能力、推动中国经济学中性别研究项目（CWE）的实施，为这个学科领域培养了一支研究队伍，通过培训和研究指导，也逐步提升了这一队伍的研究能力；针对研究生教学的教材已经编写完毕。参与这个项目培训的教师也逐渐把社会性别分析、女性主义经济学分析的视角和方法加入到他们的教学中，为该学科的进一步发展奠定了基础。

三是研究内容和研究领域逐渐扩大。从劳动经济学关注的劳动力市场的性别问题，逐渐扩大到无偿劳动、时间分配、照料劳动、预算、公共政策等领域。

四是研究方法不断丰富和完善。除了使用经济学中最常使用的各种定量研究方法之外，还逐步采用了女性主义经济学研究中使用的深度访谈、参与观察、案例分析等其他社会科学的研究方法。

社会性别经济学研究在中国大陆才刚刚起步，还存在着诸多不足。①学术研究成果水平参差不齐，高水平的研究成果相对较少。②研究主体的弱势地位。女性经济学家在学术领域内居于弱势地位，对经济学理论与政策的影响力微弱（王小波、董晓媛，2005）。③现有的研究重点主要是从社会性别视角研究家务劳动、劳动力市场的性别歧视，对于教育、就业、收入、占有生产资料等的不平等及其对经济增长的影响，贸易条件的变化对性别平等的影响等宏观经济问题关注不足；对宏观经济对无酬劳动的影响研究不足；对民族、阶层等影响社会关系的深层问题关注不够；对于中国经济发展中的重要公共政策领域的研究也不足。④学科建设刚刚开始，还没有形成完善的理论体系和自己独特的研究范式，在教学、学生培养中的影响较小。⑤在一定程度上存在自说自话的现象，对主流经济学及公共政策的影响有限。

2. 未来的发展方向

中国的社会性别经济学研究虽然还处于起步阶段，但是中国特殊的文化背景和现实制度为经济学家提供了丰富的研究素材，女性同经济之间的关联也成为社会性别经济学研究关注的焦点（宓瑞新，2008）。作为世界上最大的发展中国家，中国的社会性别经济学的丰富和发展必然会对社会性别经济学的发展做出巨大贡献。

从学科发展的角度来看，中国社会性别经济学未来的发展方向应该是：基于跨学科的视角朝着多元化的方向发展；研究重点应转向从性别视角加强对公共政策的研究，为推动中国经济和社会政策制定中的性别主流化、逐步减少并消除公共政策的性别盲点做出应有的贡献。为实现这个目标，第一，需要加强学科队伍建设，通过培训、研究指导及合作研究等形式，逐步提高该领域研究者的研究能力和研究水平。第二，需要加强政策制定者与学者之间的联系，尽量打破自说自话的状况，提高研究成果水平及其对政策制定影响力。第三，需要加强国际交流与合作，更多地与其他国家交流经济转型及全球化背景下的、具有性别视角的经济研究成果。

女性人类学研究综述（2006～2010年）

李　霞*

一　研究概述

女性人类学兴起于20世纪70年代，是女性学和人类学交叉结合形成的一门新学科。从国外女性人类学的发展历程看，女性人类学经历了一个从妇女人类学到女性人类学的发展过程。女性人类学不光要通过女性视角或者说性别视角来研究妇女，而且旨在通过这一视角来重新理解人类社会和文化。如今它已成为一种重要的学术思潮，对诸学术领域产生冲击，并将这种影响逐渐渗透进现实生活。

（一）女性人类学在中国的发展概况

20世纪80年代起，西方女性人类学的理论和发展历程开始进入中国学者的视野。2006年以前女性人类学在中国的发展重点一方面是引介工作，另一方面是运用女性人类学视角开展本土研究。

2006年以来，国内女性人类学的发展呈蓬勃之势。主要表现在以下几个方面：学科建设方面，女性人类学越来越以一个独立而重要的学科领域的面貌出现。在对国外女性人类学的介绍方面，与早期概述性不同的是，理论译介更加系统化、前沿化和专业化，尤其是引进了海外的研究个案。例如广西师范大学出版社出版的"女性人类学译丛"，已出版的书目有《古希腊人的性与情》（汉斯·利希特著，刘岩等译，2008）、《丛林、性别与澳大利亚历史的重构》（凯萨琳·谢菲著，侯书芸等译，2010）和《身体的塑造——美国文化中的美丽和自我想象》（黛布拉·L.吉姆林著，黄华、李平译，2010），都是有代表性的研究个案以及专题性的研究。还有一些介绍则聚焦于前沿问题研究（刘颖，2010），或从理论上总结人类学与女性主义在其他领域的应用，如在科技史研究中所开拓的新思路（章梅芳，2008）。另外，译介国外学者在此领域对中国妇女的研究，也是这几年

---

* 作者简介：李霞，女，商务印书馆编审。

译介的一个重要方面。如澳大利亚的杰华在其《都市里的农家女：性别、流动与社会变迁》（吴小英译，2006）中对进入城市的农村女性流动人口的考察，以及美国学者费侠莉（Charlotte Furth）从历史人类学的角度切入的女性研究《繁盛之阴——中国医学史中的性（960～1665）》（甄橙等译，2006）。

本土研究方面，女性人类学领域的研究在数量上有极大增长，研究对象涉及面更广，研究主题更加多样化，并已经具有了在本土化研究基础上提升理论的趋向。根据笔者对中国学术期刊网进行的初步搜索，2006～2010 年，直接以"女性人类学"、"女性"和"人类学"为题公开发表的学术论文有 33 篇，从人类学视角探讨与女性相关的社会文化现象的论文有 196 篇，涉及人类学、社会学、文学、心理学、历史学等多个学科领域。在此期间，涉及从女性人类学视角所做的博士论文有 22 篇。出版的著作亦有多部，且多与其他领域相互交叉。

这一时期的女性人类学研究大多采用人类学的调查及分析方法，并贯穿着女性主义视角。这些方法可概括为：①田野作业的调查方法；②定量与定性方法；③女性主义民族志，女性主义民族志是从女性视角或性别视角来进行写作的民族志，不少专著尤其是博士论文多采用了民族志的文本形式，如潘毅（2007）、阎云翔（2006）、李霞（2010）、何明洁（2007）等人的研究可以说是较为明显的女性主义民族志；④主位/客位对照的有意识运用。多数研究者都很强调被研究者的认知和感受，如刘世风的《索玛花的叙事——四川凉山彝族女性研究》（2007）、徐霄鹰的《歌唱与敬神——村镇视野中的客家妇女生活》（2006）、李霞的《娘家与婆家——华北农村妇女的生活空间和后台权力》（2010）、冯雪红的《维吾尔族妇女婚姻观镜像——基于新疆喀什地区 S 县阿村的调查》（2010）等都有意识地传达和阐释了被研究妇女的声音。方法的日益规范体现出学科训练的加强和普及。

（二）学科建设情况

2006 年以来，中国女性人类学已逐渐从零散的研究发展为日益具有学科化的趋势，主要表现在以下几个方面。

首先，在机构和课程设置方面。目前已有高校设立了独立的女性人类学研究所，例如 2006 年湖南女子学院成立的女性人类学研究所；2007 年北京工业大学成立的女性人类学研究所。一些高校已将女性人类学列入课程设置，例如云南大学人类学系和民族研究院已将女性人类学列入研究生主干课程，宁夏大学也已将

"女性人类学"专题列入硕士课程。云南大学还将女性人类学作为一个独立的专业方向招收硕士研究生。

其次，除了一些专门的女性人类学研究交流会之外，在各种人类学和女性学的研讨会上，女性人类学都是重要的内容。例如 2009 年 7 月在云南昆明召开的国际人类学与民族学联合会第 16 届世界大会上，与女性、性别直接相关的论坛有 18 个，所涉及的专题涵盖面极广：社会性别视角下少数民族妇女的健康与生态环境；女性的知识与自然资源管理相关的技能；女性当家的家户及其社会意义与经济意义；多元社会中的穆斯林妇女；中国女工的贡献（李亚妮，2009）；等等。

最后，目前已有越来越多的人类学、民族学和女性学领域的学者将自己的专业方向定位为女性人类学。更为可喜的是，很多博士生、硕士生已选择女性人类学的题目做博士、硕士论文，这意味着女性人类学开始形成人才梯队。

二　主要研究内容

由于人类学（民族学）的传统是以少数民族为研究对象，因此在女性主义理论引进到人类学研究中来的初期，本土研究中比较突出的是对少数民族妇女的研究。这类研究大多是以人类学田野工作为基础，包括翁乃群（1996）、刘永青（2004）等人对摩梭人性别关系及其变迁的探讨，严汝娴等（1995）对云南少数民族妇女生活的研究，张晓（1997）对苗族妇女口述史的研究。这些研究大部分表现为用人类学的方法对妇女进行研究，有些研究涉及性别关系。早期女性人类学另一个主要关注对象是父权制下受压迫的妇女。

2006 年以来，女性人类学研究持续了对少数民族妇女的关注，但在主题上有更深广的拓展。此外，诸如农村流动妇女、留守妇女、尼僧、从事性服务的女性、都市女性、古代女性等女性人群也都被纳入研究视野。而涉及的内容更是从社会组织到婚姻家庭、从礼仪习俗到性别关系、从情感分析到对策建议，范围极广。

相较于研究的对象人群，研究处理的专题或曰问题更能体现研究的深度及前沿性，因此下文将从 2006～2010 年女性人类学领域中所体现出的重要专题，择其要者分别叙述。

（一）新视角下的亲属关系和婚姻家庭研究

亲属关系和婚姻家庭研究是人类学的传统研究领域，也是女性人类学的核心领域之一。早期研究多从父系宗族制度和家庭结构入手，揭示妇女在此制度下的被压制地位。例如 20 世纪 90 年代对华南尤其是客家人婚俗和女性地位的研究（马建钊等，1994；李泳集，1996）就颇具代表性。这些研究着重考察客家妇女"不落夫家"的婚俗，从人类学角度探究其成因及地方性差异，并进而讨论妇女地位并对父权制加以批判。

2006 年后，此领域研究表现出的一个突出特点是质疑原来对父系父权亲属制度、家庭结构及生活于其中的妇女角色的单一理解，并提出新的理解图式。这也是女性主义视角应用于这一传统领域所取得的突出贡献。

在传统的人类学亲属制度研究领域，汉人亲属关系是以父系宗族的模式来理解的。在此研究范式下，由男性血缘连接起来的宗族关系被重视，而由交换女性达成的姻亲关系是被忽视的。近年来，姻亲关系的地位逐渐被研究者重视，刁统菊近年来持续地在山东农村进行田野调查，发表了一系列论述当地姻亲关系的文章。她从礼俗理解姻亲集团间的关系，从丧礼的习俗中探究姻亲交往的义务、权利和交往规则（刁统菊，2007）。另外，出嫁女儿回娘家的习俗是两个联姻家族之间关系维系的一种方式，在此习俗中也反映出两个姻亲群体之间的关系，例如女儿对娘家的义务可理解为受妻集团对给妻集团的义务（刁统菊，2010）。

父系宗族模式下的研究将出嫁的妇女视为"泼出去的水"，基本与娘家断绝联系。但近年来的很多研究发现，出嫁妇女与娘家之间通常保持着较密切的持续关系，而这正是她在家庭和亲属体系内拥有相应地位和权力的重要原因之一。台湾历史学家陈弱水（2009）运用历史人类学的方法对唐代妇女生活加以发掘，书中所用的主要史料是墓志，佐以小说、诗注等，以探究诸个案的形式来窥视整体面貌。该书的一个重要内容是论述妇女与本家（即娘家）之间的关系，作者发现，唐代妇女婚后在多方面与本家仍保持着密切的关系。婚后未庙见而（和丈夫一起）长住本家、因照顾父母或病后休养或由于其他原因长期归宁、较深地参与本家事务、丧夫后回住本家、死后归葬本家，等等，在唐代社会（尤其是上层社会）是常见的现象。

李晶（2007）对满族女性家庭地位的研究采用的是相似路径。虽然在父系家族影响下，满族新媳妇的地位也是较低的，但满族女子在娘家的地位是很高的，这一方面表现在为出嫁姑娘受到和男孩一样的宠爱，另一方面表现为出嫁的女儿（姑奶奶）在娘家具有很高的地位，姑奶奶对娘家事务有很大影响力、对娘家的财务有很大的支配力。这些都为满族女性树立了一个较汉族女子更具能动性和自由的自我。

还有一些学者在对以往亲属关系研究范式进行反思的基础上，提出了一些新的概念和模式。李霞的《娘家与婆家——华北农村妇女的生活空间和后台权力》（2010），以其在山东一个村庄的田野调查为基础，从实践和性别的角度重新考察了中国社会的亲属关系。她区分了制度性的亲属关系和实践性的亲属关系，在此基础上，提出了以女性为原点的"娘家－婆家"这一横向的亲属关系网络，以及与父权家庭相对立的"生活家庭"概念。"娘家－婆家"网络和"生活家庭"都是实践层面上的，而且是由女性在日常生活中主动经营出的亲属关系。在这样的女性作为行动主体的概念框架下，分家、婆媳矛盾、女性的家庭权力等都可以在一个新的框架中得到新的解释，在此新框架下展示的另一种女性生活世界之图景，也是女性主义视角下的新图景。努尔古丽·阿不都苏力（2009）以"母亲中心家庭"的概念来定义维吾尔族家庭，同样也是突出维吾尔族女性在家庭中的核心地位。

唐灿等（2009）的研究则是以性别视角重新探讨现代社会中的赡养伦理问题。在传统的父系家庭结构中，女儿不承担赡养父母和娘家家计的责任，但现在女儿越来越多地在娘家经济和家庭福利方面扮演重要角色。女儿的赡养与儿子的赡养有着不同的伦理基础，儿子的赡养被称为"养"，女儿的行为被称为"孝"；前者的行为被认为是责任、是正式的，后者的行为被认为是自愿的、情感性的。文章总结儿子的责任是"协商性责任"，是交换性的，赡养义务与继承财产相关联；而后者则是利他性的、单向的。不过一方面，由于核心家庭结构的日益普及，父母需要女儿的帮助，另一方面，出嫁女儿在家庭中越来越有权力和能力施以帮助，女儿的赡养义务在新习俗中也逐渐得到确立，并且被赋予了伦理基础，即"情分"和"孝"。作者总结出了儿子赡养和女儿赡养在当地的两套伦理压力系统：对儿子是"责任"和"名分"压力，对女儿是"情分"和"良心"压力。

从女性的家庭角色及角色转换的角度来讨论女性家庭地位的研究占有较大的比重。不少研究以考察婚俗来探讨妇女的角色变化和家庭地位。例如有的通过哭嫁歌的内容来分析新娘的角色转换，通过记述和分析哭嫁全过程来探讨社会关系的"差序格局"（陈世海，2009）；有的通过对嫁妆的来源及利用的分析，探讨女性在娘家与婆家的财产继承权以及其他经济权利（刁统菊，2007）。李银河（2009）的研究则描述河北、山东两省交界处一个普通村庄妇女的不同社会角色（女儿、妻子、母亲），分析她们在上学、就业、婚嫁、抚育子女、家务劳动、参与社会与政治活动等方面与男性的差异，指出在家庭权力关系方面男女仍然是不平等的。

（二）妇女与宗教

与亲属制度一样，宗教也是人类学研究的传统领域。以前的研究很少将性别考虑进来。近年来，女性对宗教活动尤其是民俗宗教活动的参与情况是不少研究的聚焦所在。这些研究大多具有鲜明的性别意识，往往是通过宗教活动参与探讨背后的社会关系。

刘中一（2008）注意到，华北农村妇女是诸如赶庙会、供王爷、祭祖等民俗宗教活动的重要参与者。尽管在正式层面，她们被排除在民俗宗教的核心圈之外，但她们在民俗宗教知识传承和创新中扮演着主要角色。谢新华、李长征（2006）也注意到民间信仰活动中女性的积极参与角色，他们在湖南农村的调查显示，妇女的参与活动表现在修村庵、创造灵验故事、举行信仰仪式等方面。他们将妇女积极参与民间信仰活动的原因归结为妇女的一种自发的抗争，以此作为提高自身和家庭地位的途径。孙兆霞、张建（2008）考察了贵州中部某村落妇女日常性的宗教生活，指出妇女的这些佛事活动将她们与家庭、邻里、村落、族群联系了起来，这些活动与地方性知识结合，成为社区传统的一部分。而女性的这些宗教活动就成为奠定社区传统文化不可或缺的部分。徐霄鹰（2006）的研究则探讨在信仰和山歌领域中女性的身份、人际关系和观念，尤其关切民间信仰对女性主体自身的意义。

有的研究注重探讨民间宗教活动中的性别差异。例如，刘东旭（2010）对贵州群乐人的宗教实践进行了考察，认为男性的宗教实践倾向于家内的祖先信仰，女性的宗教实践倾向于家外的鬼神信仰。而这种差异有其社会根源，反映了传统汉人社会中男女两性在父系结构中的不同地位，以及在父系制度衰退后两性间观念体系和实践体系之间的差异张力日益凸显。

有的学者关注妇女对正式宗教的参与。例如刘夏蓓（2002；2007）对藏传佛教尼僧出家原因的调查发现，目前女性出家70%左右是出于对宗教的热爱和追求，而不像以前那样是为生活所迫。性别仍然很强地影响到了尼僧和僧伽不同的宗教抱负，反映出在宗教现实中女性的地位还是较男性为低。同时，也反映出女性地位与藏族社会结构变迁的一种互动，在出家原因的转变中预示着某种更为平等的发展方向。马雪莲（2007）对伊斯兰教西道堂妇女的研究则通过伊斯兰教信仰、"回儒"思想、具体社会环境以及教主个人思想对于不同时期西道堂妇女社会角色塑造的影响研究，探讨了某一时期文化背景和社会背景之下女性性别理念的深刻内涵。

（三）妇女与流动

中国当代的现代化和城市化进程对妇女的生活和地位造成的影响，是很多研究者予以特别关注的。

进城务工女性的状况如何，她们与资本机制处于怎样的关系，这是潘毅（2007）所关注的问题。1995～1996年，她以深圳南山区的一家港资的电子配件厂作为她的"田野"待了半年多，与那里的女工们一起干活、同吃同住。以此次田野调查为内容的著作《中国女工》展示了一个工厂的运作机制。书中对工厂女工生活的描述、资本运作中对女工身体和思想的规训、女工们的反抗策略，车间内工人与各级管理者之间等级关系的剖析，既栩栩如生，又充满着民族志的厚度。作者鲜明地指出，国家权力、全球资本主义和父权制三者相互结合，共同构成对"打工妹"的压迫力量。

何明洁（2007）的博士论文则是对服务业女性农民工劳动过程的一项个案研究，主要讨论女性农民在服务业的劳动经历、她们的劳资关系及相互关系，以及其中体现出的她们的主体性。作者以四川成都一家大型连锁酒楼为调查点，将女性农民工在制度性身份、性别、年龄和就业上的特殊遭遇通过酒楼女工群体内的差别待遇展现出来，突出了女性群体内部差异，加深了劳动过程研究与性别视角的结合，拓展了性别研究的范畴。

汤秀丽（2009）对延边一个朝鲜族农村的女性外流情况进行了考察，探讨了妇女外流现象对其自身、家庭、社区和社会的影响。女性外流，并多到韩企工作，使其自主性、能动性扩大，但同时也造成了农村人口减少、男女比例不均及农业荒废等现象。

女性性服务者是农村女性进城的一个特殊群体，目前以中国人民大学人类学专业为中心的一批研究着重于考察这一群体的组织方式，并提出这一群体中防治艾滋病的应对政策。例如李飞、庄孔韶（2010）的研究比较了不同族群和文化体系的女性性服务者在入行、目标和组织方式等方面的差异，指出她们都受自己族群的传统文化和社会组织方式的影响。富晓星（2006）考察了四川某县女性性服务者群体的组织特征、流动规律，在此基础上指出，其群体组织关系可以作为防治艾滋病知识传播的途径，并就此提出了应用性对策。

(四) 妇女与身体

对女性身体的观念和处置，从来都是与文化中关于女性的地位、女性与男性的权力关系等政治性维度联系在一起的。因此身体的政治也就成为极具女性主义特质的主题。

有的研究从宗教象征的角度研究女性的身体特征，如经血。如李金莲（2006）指出，女性身体呈现了禁忌文化的表征，以经血为代表的女性的象征性污染系统，其"不洁"及"污秽"会危害身体、家庭甚至社会秩序。因此，处于经期的妇女往往会被作为一个特殊群体而被隔离开来。而涉及女性身体处理的"坐月子"，则反映出了更深广的文化背景。章梅芳等（2009）研究者就"坐月子"的认知和实践访谈了医学人士（包括中医和西医）、产妇及其家庭成员，总结了中医框架、中国传统文化与西医体系中对此的不同看法，并将"坐月子"这种与女性身体密切相关的实践和观念在女性群体中的交流和传承总结为女性对自身权力和身体的把握。

对女性整容的人类学考察揭示出，整容所代表的女性对自身的人工塑造，反映出女性被（男性目光）控制的社会地位（龙运荣，2006）。裹小脚和女性整容这类导致女性身体被支配的审美文化，其实是一种男性占主导地位、以男性审美观为主导的文化，强化了男女的身体差异（马国栋，2010）。还有一些研究将女性整容与就业、整容与婚姻结合起来进行探讨。黄盈盈（2008）的研究则从都市女性的日常生活入手，探讨女性作为主体是如何想象与表达"身体""性""性感"这些概念，以及其中所体现的"身体与性"之间的关系。

(五) 个人生活和女性体验

女性主义对个人生活和体验的重视也反映在女性人类学的进展中。这方面的优秀研究多表现为见微知著、从细节中见结构的洞见。

阎云翔的《私人生活的变革——一个中国村庄里的爱情、家庭与亲密关系（1949~1999）》（2006）基于对东北下岬村长期的调查资料，对年轻一代日常生活中的情感和个体性的研究是一个突出的例子。作者论述了在近半个世纪的社会大变迁的背景下，农村的一些传统机制发生了变化，例如非亲缘的社会关系在日常生活中越来越被重视；由于子辈的经济能力提高，分家的时间大大提前，并使家庭结构发生变化；这相应地导致了居住模式发生变化，年轻一代基本结婚后就单独居住，从父居的格局基本消亡。这些变化导致了私人生活中的各种变化，例如择偶标准的变化、爱情表达方式的变化、男女私密关系的加强等，这导致整体上年轻个体权力的提升和父权的衰落。年轻女性是这一系列变化的推动者和受益者，因为家庭关系结构由父子纵向型为主转为夫妻横向型为主，年轻女子在家庭生活中有了更多的决定权；择偶方式的更加自由，也使女性的选择更为自主，且其注重和擅长的感情因素在恋爱和家庭生活中占更重要的地位；女性在家庭财产方面也更具主动权，例如她们在结婚彩礼议价和争取上表现出的主动性。她们的情感需求和利益需求、她们的个体独立性，在此变化中都得到提升。

该书的另一特色是作为立论依据的极具民族志特色的田野资料。作者 20 世纪 70 年代在这个村庄生活了七年，1989 年后的十余年时间，作者又作为人类学者在此地进行了多次长期的田野调查。因此作者对村庄生活的格局、每一家户和很多个体有着人类学家独有的熟稔，而且对其变化有着敏锐的感觉，这些都构成了这部著作的民族志魅力和力量。

吴飞的《浮生取义——对华北某县自杀现象的文化解读》（2009）也是这方面的优秀之作。作为对华北孟陬县自杀现象的研究，作者试图用家庭成员行为的情感逻辑和政治逻辑的不平衡来解释不同人群的自杀。在 204 个个案中，死亡的因素大多与家庭生活有关，尤其是涉及亲密关系的势力。自杀人群中主要是老人、妇女和少女。农村妇女的自杀率要大于男性。农村年轻妇女的自杀，经常是在家庭中感受到的委屈所致，自杀成了她们追求正义的方式。该研究从另一角度解释了当今农村家庭生活和亲密关系的运行逻辑。在该书的附录部分，作者母亲王菩钦写的关于她母亲和家庭生活的回忆，生动地记录了半个多世纪以前农村家族和家庭生活中的关系状态、权利利益以及个人体验，极其真实生动。

还有一些研究是从女性生命历程的角度来展示女性的生存状况及生活体验。例如刘世风（2007）对凉山彝族的研究，他以生命历程的方式，展现女性出生、成长、婚恋、婚后生活等阶段，展示女性的生存境遇、自身的生活关注和对周围世界的理解。孔海娥（2012）运用口述史的研究方法，通过对农村女性从做女儿、妻子、媳妇、母亲到做婆婆的生命历程的描述，探讨女性角色实践的转换、适应以及互动的全过程。而生活在复杂社会环境下的女性在面对日常生活的具体情境时还是会接受婆家文化的改造与再建构，其间经历着同化和顺应的两种实践过程。她最后指出，对于女性生命历程的角色实践分析，有助于我们认识男女两性在社会文化建构中的功能。王海霞（2006）的研究则试图从社会性别的视角出发，把库车县两个村落的维吾尔族女性作为研究对象，以当地维吾尔族男性和山东省一个汉族社区（张村）的女性为参照，发现农村维吾尔族女性在其生命历程中，由于角色的不断变换和适应，其行为呈现出的一系列特征，并力图从性别社会化和社会文化背景中探讨其成因，找到这些行为特征背后的情境化影响因素。

三　小结

纵览2006~2010年的女性人类学研究，可以看出，这五年来的研究进展主要体现在以下五个方面。

第一，从性别角度来重新探讨一些传统的研究对象，如对亲属制度、民间宗教及宗教参与、礼仪及礼物（王冬梅、李小云，2010；王安中、杨效宏，2007）、互助制度（王冬梅，2010）等的性别分析。

第二，从单纯揭示女性被动、不平等、受压迫地位逐渐趋向关注女性的主体性和能动性。

第三，对文化和社会关系的论述贯之以变迁的视角，这使研究将历时变化考虑进来，从而突破了静止模式的框架。

第四，从确定论逐渐趋向于文化构建论，例如不少研究着力于对女性观念、女性身体和性的构建。

第五，与国外女性人类学界的研究主题日益相通，呈现出与社会科学所关注的大主题日益关联的特征，已开始在本土研究的基础上进行自觉的理论探讨。

女性主义政治学研究综述
（2006～2010 年）

李英桃[*]

一　研究概述

政治与人们生活的方方面面都有密切联系。有学者指出，"政治学就是'谁得到什么'"，"因为差不多所有的事情都是政治的，搞政治就意味着研究几乎一切事情"（迈克尔·罗金斯等，2009）。政治学常被人们理解为是研究公共权力的形式及运作规律的科学（杨光斌，1998）。《中国大百科全书》政治学卷中将政治学分为政治学理论、政治思想史、政治制度、政党及政治团体、行政学和国际政治等分支（中国大百科全书总编辑委员会、中国大百科全书出版社编辑部，1992）。透过女性主义视角，政治学呈现出不同的样貌，其研究的对象、方法、问题、内容与观点，都会有很大的不同。

1995 年之前，女性主义政治学在中国已有发展，第四次世界妇女大会的召开无疑推动了这一进程。但是 2006～2010 年，直接与"女性主义政治学"相关的成果并不多。在中国知网上用"女性主义政治学"作为关键词全文检索，仅得 76 项，其中学术期刊论文 32 篇，博士论文四篇，硕士论文 36 篇，国家会议一篇，报纸一篇，中国年鉴一篇；用"女权主义政治学"作为关键词进行全文检索，搜索到三篇文章，包括期刊、硕士、博士论文各一篇。但如用"女性主义"和"政治"进行摘要检索，可得 749 项检索结果，其中期刊论文 293 篇，博士论文 51 篇，硕士论文 400 篇，国内会议论文三篇，国际会议论文两篇。在"全国哲学社会科学规划办公室"的"立项专家数据库"查询 2006～2010 年"政治学"的所有国家社科基金立项，仅获四个结果，重点项目、一般项目、青年项目、西部项

---

* 作者简介：李英桃，女，北京外国语大学国际关系学院教授。

目各一项①。

由于政治学是一级学科领域，覆盖多个分支领域和研究方向，而"女性主义政治学"又与女性主义视角下的马克思列宁主义、科学社会主义、哲学、社会学、法学等学科领域相互交叉、重叠，跨学科特点鲜明，实际与"女性主义政治学"相关的成果远超过以上数据。本文即是在广泛阅读从2006~2010年出版的数百篇各类论文、十余部专著、译著和路特里奇《国际妇女百科全书（精选本）》的基础上总结完成的。

二　主要研究内容

作为2006~2010年中国女性主义研究的重要学术成果，2007年由高等教育出版社出版的路特里奇《国际妇女百科全书（精选本）》（谢丽斯·克拉阿雷、戴尔·斯彭德编、"国际女百科全书"课题组译，2007）指出，"传统上，政治指'统治的艺术和科学'"，强调妇女和女性主义者"在政治分析中增加了自己的深刻见解，在定义术语和组织的同时，也扩展了其边界"，其中包括"妇女写作和女性主义写作：政治的公共领域和私人领域""利益政治""差异政治""在场政治：公民身份""国家和政治""跨国政治"等多个方面。

从学科发展的角度来说，女性主义政治学与女性主义理论和女权运动的历史密切联系在一起。因此，对女性主义政治学的综述将从理论开始。

（一）对西方女性主义政治理论的评介与中国化

在过去30年里，西方"政治理论最独特和影响深远的发展就是女权主义政治理论著作"（罗伯特·古丁等主编、钟开斌等译，2006）。2006~2010年，国内出版的女性主义政治学著述涉及对传统政治学理论的女性主义/社会性别分析，女性主义、社会性别理论及发展脉络，女性主义政治哲学、政治伦理学、妇女政治参与、公共政策、妇女组织和女性主义国际关系等内容，对一些西方经典著作的研究也历久不衰。康德、雅克·德里达、朱迪斯·巴特勒、露丝·伊丽格瑞、

---

① "中国知网"（通过北京外国语大学图书馆网关），https：//vpn. bfsu. edu. cn/，DanaInfo = www. cnki. net +；"全国哲学社会科学规划办公室"，http：//www. npopss-cn. gov. cn/GB/2214 27/index. html。有关各分支领域研究成果的情况，请见文中各相关部分。

凯特·米利特、汉娜·阿伦特、朱莉娅·克里斯蒂瓦等西方哲人与女性主义学者也是研究的重要对象。

《性的政治》是西方女性主义政治学的代表著作，1999年由社会科学文献出版社翻译出版（凯特·米利特著、钟良明译，1999）。"该书最重要的贡献就在于米利特提出了对政治的新定义"（巴巴拉·阿内尔著、郭夏娟译，2005）。这一作品在2006~2010年仍然有广泛的读者群，并体现在新发表文章的引用中。在中国知网中，可检索到749篇文章包含"凯特·米利特"，其中695篇提到《性的政治》，也有青年学生以此书为题撰写硕士论文。2005年，巴巴拉·阿内尔（郭夏娟译）的《政治学与女性主义》翻译出版。2006~2010年，中国知网中有58篇文章提及此作者或其著作。顾肃（2005）在该书的推荐语中指出："女权主义、女权运动和女性主义，是近几十年来西方思想文化领域里的新鲜事，甚至被一些人当作时髦的东西来谈论。然而，这些思潮，批评和运动中所包含的，决不只是名词、概念和术语之争，而是严肃的权利之争。"

2007年出版的《女权主义理论读本》（佩吉·麦克拉肯主编）中专门设有"女权主义的政治理论"一章。同年，英国学者简·弗里德曼的《女权主义》（雷艳红译，2007）一书翻译出版。李银河主编的《妇女：最漫长的革命》（2007）由中国妇女出版社再版。2008年，美国著名女性主义学者贝尔·胡克斯的《激情的政治》一书在中国出版，这本书阐明了女性主义的政治立场："女权主义是一场结束性别主义、性别剥削和压迫的运动。"作者强调，"我们可以传播这些简单的但强有力的信息：女权主义是一场结束性别压迫的运动。让我们从这里开始，让运动再次开始"（贝尔·胡克斯著、沈睿译，2008）。

刘乃源、马雪松（2008）强调："女性主义的几次发展同政治学的思维方式的转变在历时性上相对应。"20世纪70年代，约翰·罗尔斯的"正义论"成为全球性的热点话题，这正是女性主义政治哲学的形成时期。2004年，郭夏娟出版了《为正义而辩：女性主义与罗尔斯》一书，通过女性主义与罗尔斯的正义之辩，审视当今西方的正义理论究竟发生了什么，反思罗尔斯的契约论方法及其两个正义原则。2006~2010年，对女性主义与性别正义的讨论仍在继续。例如，戴雪红在《性别正义与家庭正义的建构——女性主义的政治学与伦理学视野》（2007）中即讨论了性别正义问题。

中国学者在女性主义政治学研究中发展中国视角的努力，在2006~2010年也凸显出来。例如，宋少鹏在《中国女权思想真的被西方理论绑架了吗?》（2010）

中指出，"瑞代把近代中国的女权思想视为从西方单向流入的过程，而没有看到近代中国女权论者的主体性"，而此类对中国妇女主体性与特殊性的探讨在其他学者的研究中也有所体现。

（二）社会性别、政治参与和公共政策

女性主义政治理论认为，"女性及其状况是政治分析的中心论题；它提出一项质询：为什么几乎一切已知社会中的男性都拥有凌驾于女性之上的权力？怎样才能改变这一状况？因此，女权主义政治理论又是一种'参与政治'的理论"（李银河，2007），而中国学者对妇女参政问题的研究相对成熟，范围涉及很广，数量也相对大。

1. 妇女与政治参与

2006～2010年，中国的国外妇女参政研究涉及英国、日本、美国、北欧等国家和地区以及中外妇女参政比较研究。例如，刘伯红（2006）指出，国际妇女参政除了有数量上的提高，更重要的要有质量上的保证，应改变妇女参政结构，推动妇女参政从边缘进入主流。许悦（2009）强调，妇女参与政治和决策是当今世界各国普遍面临的一个重要问题，也是中国实现社会主义民主政治建设的重要内容。我们需要对妇女参政的强制性指标、建立保障妇女参政的法律监督机制、完善社会性别统计制度以及女干部培养的工作机制等方面进行深入思考。

在妇女参政理论方面，李莉、黄振辉（2002）与何琼、向婷（2006）都强调了将社会性别纳入主流的重要性。从历史角度来说，内容涉及全面的历史变迁，具体历史阶段有魏晋南北朝、太平天国、20世纪初、辛亥革命、民国初期、土地革命战争时期中央苏区妇女、抗战时陕甘宁边区妇女参政等。

现阶段的妇女参政研究涉及全国、城市、农村、地方和少数民族妇女的参政问题，涵盖了对妇女参政的法律保证、妇女参政的途径等问题。李银河在《后村的女人们：农村性别权力关系》（2009）中，全面分析了冀鲁两省交界处一个普通村庄的家庭结构、性别权力关系等现状，针对女性的不同社会角色——作为女儿、妻子和母亲，研究她们在上学、就业、婚嫁、抚育后代、家务劳动、参与社会和政治活动等方面与男人的权力差异，从而得出在当代农村家庭权力关系中男女仍不平等、但这种不平等正随着社会进步日渐消减的结论。师凤莲在博士论文《社会性别视角下的当代中国女性政治参与问题研究》（2010）中指出："妇女在国家政治生活中发挥了重要作用。但是，中国女性政治参与表面上的风光无限难

掩其实际上的尴尬境地。与男女平等理念的真正实现以及中国民主政治发展的要求相比，中国女性在政治领域的实际参与水平、参与规模、参与途径等都还存在很多问题。"张永英（2006）回顾了中国促进妇女参政的积极措施的历史发展，从政治、社会经济、文化环境和妇女自身四个方面，对中国有关妇女参政积极措施的法律和政策进行梳理，分析其存在的主要问题，并在此基础之上提出完善这些法律和政策的对策建议。

可见，学者们对中国权力结构变化和妇女参政状况发展的积极方面给予了肯定，同时指出了问题，提出了建设性的意见和建议。

2. 社会性别、公共政策与公共管理

公共政策研究是政治学研究的一个重要分支。李慧英2002年出版的《社会性别与公共政策》是国内研究此议题比较早的成果。2006～2010年，通过中国知网检索发现，在摘要中有性别、公共政策的文章127篇，其中包括多篇学位论文。

张永英（2009）考察了公共政策与性别平等的关系，进一步理清公共政策的发展演变对性别平等的影响，明确未来将性别平等纳入公共政策的方向。刘笑言（2010）则提出，对性别平等真正有利的政策模式将是以分配为核心的政策模式和以承认为核心的政策模式相结合，形成优势互补、相辅相成的政策格局。梁丽萍（2006）指出，中国女性参政"职务性别化""权力边缘化""尖端缺失"，参政女性与普通女性群体没有形成有机联系，女性参政的政治与社会效应平淡。中国女性参政的局限性日益明显，公共政策的缺位和乏力是其根本原因所在。

董江爱、李利宏（2010）提出保障农村妇女参政的对策建议：各地应该根据本地的实际情况，从村委会换届选举的领导组、指导组、村选委会、村委会、村民代表、村民小组长等人员组成中确定妇女比例。刘丽（2008）则将妇联组织的具体工作分解为三个层面：在公共政策决策层面，推动社会性别意识的决策主流化；在社会管理层面，推动妇女参与基层民主自治和民主管理；在服务层面，创造性地打造个性化的公共服务产品。

（三）妇女组织与女性主义国际关系研究

妇女组织和女性主义国际关系都是中国女性主义政治学的重要组成部分。它们都跨越了国家界限，把国际社会、民族国家与个人联系起来。2010年7月召开的"国际妇女研究和中国妇女组织：回顾过去，展望未来"学术研讨会把这两部分放在同一国际讲台上。

1. 妇女组织

中国的妇女组织研究可以分为国际组织、外国组织、全国妇联与各级妇联组织，以及中国的非政府组织研究这四大块。中国知网中可以检索到 2006~2010 年标题中有"妇女组织"的论文 68 篇，其中有《中国妇女》（英文版）专门设有"妇女组织"的栏目标题 29 个。摘要中有"妇女组织"的论文 189 篇。这些内容既涉及基层妇联的基本职能问题，又涉及全国妇联的发展历程。

1995 年第四次世界妇女大会在北京召开后，中国学者对与第四次世界妇女大会相关的活动给予较大重视。例如，《妇女研究论丛》2010 年第 3 期发表了《北京 +15：未完成的议程——联合国第 54 届妇地会内容综述》（张永英、刘伯红，2010）一文。王虎（2007）在《马来西亚妇女非政府组织的发展》中回顾了马来西亚妇女非政府组织的发展历程，对独立后马来西亚主要的妇女非政府组织及其活动进行介绍，并对马来西亚妇女非政府组织与马来西亚政府的关系进行了评估和分析。

关于妇联的文章较多，题名中含"妇联"的 677 篇，含"全国妇联"的有 157 篇，其中一部分文章以情况介绍和报道为主，另一部分则为学术论文。如王文（2010）系统梳理了中国妇联组织的发展历程以及职能定位的变化，并强调："妇联组织的发展进程与国家的发展步伐是一致的，妇联开展的各项工作都是在党的指导下进行和完成的；……妇女自主意识和群体意识的增强、国家政策的扶持以及国际社会的促动，是妇联组织被定性为非政府组织的社会背景。作为一种社会自治道路，非政府组织的工作方式与运作模式，给妇联组织的变革和发展带来了新的活力。"

民间妇女组织是妇女组织研究的重要部分，王凤仙、米晓琳（2007）指出，"民间妇女组织自我认同在最近几年发生转变，即从关注妇女事业的民间妇女组织向关注公民社会发展的妇女 NGO 转变，这一转变与西方主流 NGO 话语在本土的系统传播密切相关"。王金玲在《平等、民主、公正：非政府组织如何做到——以妇女/社会性别学学科发展网络为例》（2010）中讨论了妇女非政府组织是如何实践和实现民主化、公平化、公正化的组织运行的。

2. 女性主义国际关系

女性主义国际关系研究在国内女性主义政治学研究中的成绩较为突出，已经形成一个比较成熟的研究群体，成果不断涌现出来。相关研究人员从两个方面跟进：一方面是妇女研究者在全球化背景下的妇女问题研究；另一方面是国际关系学者进行的女性主义研究。两个方向相互促进一直是女性主义国际政治学者研究的重点。李英桃（2011）把政治的发展总结为"稳步缓行"四个字，并认为其发展在 2006 年达到了一个峰值，随后进入稳步发展阶段。中国女性主义国际关系发展进入了"低烈度""多点开花"的状态。研究者选择讨论的问题逐渐增多，主题也越来越广泛，包括：和平、安全、主权、发展、权力、种族屠杀、南京大屠杀、金融危机、气候变化、世界秩序、民族主义恐怖主义、中国的和平崛起、文明与冲突、地区安全、全球化、跨国公司、伦理、健康与灾难、西方国家的外交人员、女红军研究、联合国和平行动、战争中的性暴力研究，等等。

2006～2010 年，学界出版了多部女性主义国际关系研究的专著，如周绍雪的《女性主义国际关系理论研究》（2010）、苏云婷的《女性主义视角下的世界秩序研究》（2010）、胡传荣的《女性主义与国际关系：权力、冲突与发展问题的社会性别分析》（2010）、李英桃主编的《女性主义国际关系学》（2006）等。其中，前三部书都是在作者博士论文的基础上完成的。这五年间，女性主义国际关系研究有约百篇相关论文发表，在研究队伍和资源整合方面取得了较大的成绩，逐步形成了独立的研究体系，并达到了一定的规模。

三　国家立项、课程建设与重要会议成果

女性主义政治学的研究成果不仅体现在著作与学术论文中，更体现在高校的课程中，体现在硕士、博士研究生的学位论文中。而国家立项中的相关课题一方面表明中国女性主义政治学研究已有一定的积淀，其研究能力和重要性已经获得一定的肯定，另一方面可以促进该研究领域的继续发展。

（一）有关女性主义政治学的国家项目

经过多方努力，社会性别议题逐渐进入国家社会科学基金立项。与女性主义政治学相关的立项专家所属学科包括马列社科、人口学、社会学、历史学、政治学、党史党建、哲学、国际问题研究、文学等，但都涉及女性主义政治学的研究领域。

对妇女参政问题研究的重要性也在国家立项中体现了出来。例如，2008 年，中国行政管理学会鲍静的"社会性别视角下当代中国女性政治参与实证研究——

以对男女公务员同龄退休政策的参与为例"获得重点项目立项；浙江大学郭夏娟的"改革开放以来中国妇女参与政治决策的实证研究"获得一般立项；广西社会科学院谭三桃的"改革开放以来少数民族妇女参与政治与决策的实证研究"获得西部立项。

妇女非政府组织研究立项在数量上有一定的优势。例如，2006年，浙江大学揭爱花的"国家、组织与妇女：中国妇女解放实践的运作机制研究"获得一般项目立项；2007年，武汉科技大学李莉的"妇女非政府组织在构建社会主义和谐社会中的角色和作用研究"和华中农业大学张翠娥的"社会性别视角下的妇女非政府组织研究"获得青年项目立项；2010年，大连理工大学黄粹的"当代中国妇女组织发展的制度创新研究"获得青年项目立项。

2006~2010年国家社会科学基金立项中与女性主义政治学相关的课题还包括"马克思主义妇女解放理论研究""马克思主义妇女观中国化的历史经验研究""中国共产党领导妇女工作的历史考察与历史经验研究""中国'关爱女孩'行动的制度设计和政策创新研究""关爱女孩行动的社会性别分析及建议：以江西为例""中国女性公务员职业发展研究""社会性别视角下的制度公正——基于干部职业地位获得的经验研究""女性主义公民资格与社会正义""女权启蒙与民族国家话语""反跨国拐卖妇女儿童犯罪国际合作机制研究""战争与性别：以抗战时期上海为中心的研究"，等等。

（二）课程建设与学位教育

1. 课程建设与教材

在高校的政治学课堂里，相对常见的做法是在传统课程中加入了女性主义观点；有少量老师开设了"女性主义政治学"或类似名称的课程，从女性主义视角重新解读、批判、分析传统政治学，并建构新的框架体系；还有的老师则强调妇女问题，开设与妇女和性别直接相关的课程。

中国人民大学宋少鹏在"政治学概念""政治学理论与方法"中加入了女性主义的例子，或是从女性主义的角度发出批判，特别在意识形态和思潮章节里介绍了各个流派的女性主义思想。她在"当代中国妇女问题"中分专题讲授了当代中国妇女议题。浙江大学的郭夏娟开设了"女性主义政治学"课程[1]，旨在使学

---

[1] 郭夏娟个人主页：http://mypage.zju.edu.cn/0087324。

生基本了解西方女性主义政治学的概况，并以此为基础，加深他们对当代西方政治思想的全面掌握与理解。北京外国语大学李英桃开设的"女性主义与国际关系"，首先概述女性主义的概念与基本理论，着重介绍玛丽·沃斯通克拉夫特、西蒙娜·德·波伏娃、贝蒂·弗里丹等代表人物的重要观点；接着梳理国际妇女运动发展的脉络，分析国际社会为提高妇女地位所做的努力；然后切入女性主义国际关系研究，探讨妇女在国际关系中的地位与作用，剖析主流国际关系理论中的性别视角"缺失"，介绍女性主义批判与建构国际关系学的主要成果。通过一个学期的学习，使同学们了解了女性主义的概念与理论，熟悉了女性主义的代表人物与重要事件，掌握了女性主义国际关系学的基本观点。

复旦大学何佩群、上海外国语大学胡传荣、中山大学范若兰等都开设了相关课程，或者进行了相关讲座，也有高校开设了与女性主义政治学相关的暑期班[1]。

2. 学位教育

2006年，中央党校、中国社科院、北京大学、厦门大学等21个妇女/性别研究与培训基地正式授牌。厦门大学妇女/性别研究与培训基地以厦门大学公共事务学院为行政依托，组建了"性别社会学""性别与文学""性别与法学""女性参政与女性主义政治学""女性教育学"等五大研究团队[2]。自2008年始，厦门大学公共管理系招收"女性研究"专业的研究生，下设四个研究方向：女性参与与公共管理、婚姻家庭与公共政策、女性与高等教育管理、性别与社会发展。2009年，这四个方向调整为女性参与与公共管理、性别与公共政策、女性与高等教育管理以及社会变革与女性发展[3]。应该说，这是研究和讲授女性主义政治学的重要平台。

同时，在一些没有女性主义政治学研究方向的高校，也有不少硕士、博士研究生会选择与此相关的主题作为学位论文方向。国内较早从事女性主义政治理论研究的是复旦大学何佩群的博士论文《当代西方女性主义政治理论研究》（2002）。之后，越来越多的学位论文涌现出来，如《二十世纪七八十年代台湾妇女运动与吕秀莲》（孙姿姿，2006）、《公共政策与妇女权益问题研究》（刘宇，

---

[1]《女性主义的声音——当代美国女作家的讲故事的政治学》，http：//genders. sysu. edu. cn/News/229-Content-229. html。2004年5月25日到7月2日，暑期课程班，本科课程。

[2]《厦门大学拟设"女性参政"硕士点》，http：//edu. sina. com. cn/exam/2006 - 11 - 07/110260163. html。

[3]《厦门大学2008年硕士研究生招生专业目录》，http：//zsb. xmu. edu. cn/m_news. aspx？id = 295&tablename = m_01_01；《厦门大学2009年硕士研究生招生专业目录（含港澳台）》，http：//zsb. xmu. edu. cn/m_news. aspx？id = 384&tablename = m_01_01。

2006)、《论中国社会性别主流化对公共政策的影响——以就业政策为例》（高洁，2007)、《帝制中国的女主与政治——关于女性统治的合法性探析》（米莉，2008)、《中国政治中的性别不平等问题研究：女性政治参与》（王娜吉，2008)、《贝尔·胡克斯黑人女性主义文学批评研究》（赵思奇，2010)、《上海民间组织作用发展研究》（贺佳，2010)、《〈性的政治〉研究》（项婷婷，2010)、《女性主义国家安全观评价》（赵娜，2010)，等等。

（三）重要学术会议

2006～2010年，政治学与社会性别结合，在不同层次上、以不同的分主题召开了一些学术研讨会，其中有两次重要会议涉及公共管理、妇女组织与国际政治等内容。

2010年7月5～6日，由北京外国语大学社会性别与全球问题研究中心承办，英国牛津大学和德国自由柏林大学协办的"国际妇女研究和中国妇女组织：回顾过去·展望未来"国际学术研讨会召开。这次会议是1999年6月在英国牛津大学召开的中国妇女组织国际会议的继续。全国妇联妇女研究所副所长刘伯红研究员做了题为《牛津到北京：北京视角》的主旨发言。大会共包括六个讨论专题："中国民间妇女组织的发展""中国妇联组织的发展""历史上的中国妇女组织""中国妇女组织与国际妇女运动""社会性别与国际政治""女性主义新的知识和研究方法"。来自中国、德国、美国、丹麦、英国、澳大利亚、日本七国的60多位中外学者出席了研讨会，并进行了热烈的讨论和交流。

2006年8月26～27日，由中国妇女研究会、天津大学公共管理学院联合主办的首届"社会性别与公共管理论坛"在天津大学举行。该论坛旨在通过对社会性别的研讨，促进社会性别平等，将社会性别的观念、框架和方法与中国公共管理的实践相结合，通过具有性别平等意识的公共管理教育，提高中国政府在公共管理和治理方面的社会性别主流化能力，为构建社会主义和谐社会起到积极的推动作用。论坛共评出优秀论文22篇。

四　研究特点、存在问题与展望

（一）研究特点

从2006～2010年女性政治学自身的发展来看，其特点可以概括如下。

第一，社会性别分析是中国女性主义政治研究的主要方法，而妇女和女童是最主要的研究对象。这些研究是建立在对传统政治学的批判和理论发展基础上的，在采用新视角的同时，拓展了传统政治学的议程，增加了研究内容，对政治学的基本概念和理论体系都有一定的影响，在不同程度上改变了政治学。

第二，现有研究成果充分体现出跨学科、多学科的特点。研究涉及的问题和研究人员的学科背景包括政治学、社会学、人类学、历史学、文学等领域，这些研究成果，都与政治学相联系，同时是政治学的重要组成部分。其他学科的学者介入女性主义政治学的研究，取得了研究成果并产生一些影响，例如华东师范大学历史教授姜进（2007）进行的"女性与中国政治"研究。

第三，"个人的就是政治的"口号的提出，是对政治传统定义的挑战，作为女性主义者一代人的战斗口号，它常常被理解为第二次女性主义浪潮的重要宣言。该宣言中暗含的主张是：政治包括了从人际到国际的所有由权力构成的关系，妇女就是参与者（谢丽斯·克拉马雷、戴尔·斯彭德编，"国际妇女百科全书"课题组译，2007）。在中国已有的女性主义政治学研究成果中，妇女政治参与、妇女组织、性别与公共政策、女性主义国际政治等研究占有重要比例。相较于其他分支领域，妇女政治参与问题的研究更为充分。

第四，在引进西方研究成果的同时，追根溯源、深入中国的时间与空间的具体情景，在中国语境中讨论国际政治和中国政治问题，分析中外女性主义政治学的差异，追求中国视角、中国特色和中国气派是中国女性主义政治学研究的努力方向。

（二）存在的问题

如果把女性主义政治学放在政治学的大语境中比较，即可看到学科发展中存在的问题：女性主义学术主要在妇女研究或者社会性别研究层面上发生影响，而与主流政治学的接触、对话与碰撞较少，在主流政治学研究领域尚未真正产生影响。

从 20 世纪 70 年代开始，女性主义开始进入西方主流政治学研究领域，并成为其不可缺少的组成部分。但是，通过对 2006～2010 年中国女性主义政治学发展的梳理可以发现，一些女性主义的基本理念已在一定程度上进入主流政治学的视野，特别在政治思想史研究中体现出来，例如，在中国政治学界影响较大、由北京大学唐士其教授撰写的教科书《西方政治思想史》（2002）中介绍了女性主义

的观点，并指出："女性主义与环境保护主义，是20世纪下半期在整个世界范围
内产生了广泛影响的两种对于现存的社会政治秩序进行批判的思潮和运动。"迈
克尔·罗金斯的《政治科学》（2007）在讨论当代意识形态时，讨论了女性主义，
译者将其翻译为"女权主义"，并涉及妇女与参政以及其他与性别相关的问题。
2006年翻译出版的西方政治学经典著作《政治科学新手册（上、下册）》（伯
特·古丁等主编，钟开斌等译，2006）中也包括了相关内容。可以说，这些译著
的出版是2006~2010年女性主义政治学的成果。但是，这种内容基本都停留在介
绍层面上，还有待于进一步深入。

整体来说，女性主义政治学研究的基础理论仍不系统，女性主义政治哲学、
比较政治研究尚较薄弱。一方面，主流政治学研究者没有强烈感受到发展女性主
义政治学是中国政治学发展的迫切问题；另一方面，即便从女性主义研究的角度
看，与哲学、历史学、社会学和文学领域的女性主义研究相比，女性主义政治学
的进展也不显著。当然，女性主义国际关系研究相对好些。一些政治学学者也希
望和期盼"女性主义政治学"能作为二级学科存在，但目前看起来从师资到教材
都准备不足①，有些主流政治学学者认为女性主义政治学仍然没有形成一个专门
的研究领域②。

（三）研究展望

鉴于2006~2010年女性主义政治学研究已经取得的成绩和存在的问题，笔者
就学科的发展提出以下三个方面建议。

第一，重视理论与实践、学术与行动的有机结合。中国女性主义政治学发展
有着丰富的实践基础，特别体现在各级妇女参与妇女非政府组织发展上，如何将
丰富多彩的实践和广大妇女与男子在政治生活中面临的问题提炼上升为理论和学
术成果，是中国女性主义政治学面临的艰巨任务。

第二，以"两条腿走路"的办法处理与主流政治学者的关系，注重与主流政
治学的交流与对话。西方女性主义学者在多年前即讨论过女性主义学术如何与主
流相处的问题，其中一种办法是尽可能"进入主流"，这一点与联合国和各国政
府提出的"社会性别主流化"相一致，另一种是"留在边缘"。如果说前者是试

---

① 见宋少鹏博士于2012年1月17日给笔者的电子邮件。衷心感谢宋少鹏博士的回信。
② 感谢北京大学王浦劬老师的指导和与笔者的讨论。

图获得主流的认可和影响主流，后者则是通过留在边缘来保持女性主义学术的主体性和独立性。由于目前中国女性主义政治学主要局限在妇女学/社会性别研究的圈子里，与主流政治学的交流不多，所以需要一部分学者进一步加强与主流学者的交流和对话，学会更好、更策略地争取支持、整合资源，从而促进学科的发展。

第三，自觉地"实践中国特色（doing Chinese characteristics）"（李英桃，2011）。"实践社会性别（doing gender）"是理解社会性别的重要方式。该观点认为，社会性别是一种嵌入日常互动中的常规行为，是常规的、有条不紊的、反复出现的行为，"'实践社会性别'的任务由妇女和男子来承担，……它意味着男孩和女孩、男人和女人之间的差异不是自然的、本质的或生物性的"（Candace West，Don H. Zimmerman，1987）。对这个术语的理解是：在社会性别结构中，每个男人和女人都在"实践"由社会建构的属于男女两性的不同的行为规范。与此同时，每个人的行为又反过来塑造着社会性别关系，并使之处于动态变化之中。在此基础上，笔者提出"实践中国特色"的说法，强调中国人都处于中国的社会、文化、政治制度架构下，这个特定时空场域中形成的基本信念、行为规范、习俗都直接影响着男人和女人的价值观和思维方式，进而在不同程度、以不同方式影响其行为方式，影响着学者发现问题和研究问题的方式，反之亦然。女性主义政治学研究也是如此。

研究成果选介

课题/项目选介

（按课题/项目首字拼音顺序排序）

倡导性别平等，促进性别与社会协调发展

——在 11 个重点省"关爱女孩行动"中推进社会性别主流化

李慧英

"倡导性别平等，促进性别与社会协调发展——在 11 个重点省'关爱女孩行动'中推进社会性别主流化"课题由国家人口和计划生育委员会、福特基金会、联合国人口基金共同资助。课题总负责人为李慧英，主要参与人包括丁东红、杜芳琴、金一虹、梁军、刘澄、童吉渝、宋少鹏、屈宁、董琳、王向贤、南储鑫等。该课题 2007 年底立项，2008 年 3 月启动，2011 年 7 月基本结项。

1. 研究目的

该课题的目的是：社会性别主流化成为各级领导干部和广大群众的共识；现实社会政策中的性别盲区得以认识并有所改变，带有性别歧视的政策得到清理和纠正；广大妇女、女童的社会地位得到实质性的改善和提高，男女平等基本国策得以落实；出生人口性别比逐步达到平衡。

2. 课题进展情况

开展党校系统社会性别与公共政策教学比赛；设立专项资金，资助地方党校开设社会性别与公共政策专题课；与地方政府合作，探索通过修订村规民约综合治理出生人口性别比失衡；举办多学科的专题交流活动，共同探讨政策建议。

3. 成果形式

累计开展 57 次社会性别与公共政策专题培训，300 余位党校教师、5800 余名领导干部接受了培训；出版了有针对性的著作四本，教学光碟八张；开设社会性别公益网站，免费共享社会性别方面的资料；召开专题研讨会 12 次。

4. 课题的意义和影响

通过修订村规民约改变生育观念从而促进性别平等的方式，具有重要的理论

意义和实践意义，试点地区群众的生育意愿有了一定程度的改变，这种探索获得国家人口计生委领导的认可，并计划向全国推广。

促进农村妇女及妇代会组织能力建设
——从黑龙江省密山市兴凯湖村妇代会直选培训切入

郭 砾

"促进农村妇女及妇代会组织能力建设——从黑龙江省密山市兴凯湖村妇代会直选培训切入"课题由美国福特基金会资助，黑龙江省妇女研究所承担，课题负责人为郭砾，主要参与人有孟广宇、邓红、辛湲等。该课题于 2008 年 3 月启动，2008 年 12 月结题。

1. 研究目的

该课题在黑龙江省第八届村"两委"换届前启动，以提高农村基层社区性别平等意识和基层妇代会组织能力为总目标，在管理层面推动项目村妇代会换届直选，力争在村委会换届选举中，妇女候选人的比例有所提高，当选的人数有所突破；在个人/社区层面，提高妇女骨干参选参政能力，增强妇女骨干及其配偶的性别平等意识，促进男性参与并支持妇女赋权活动。

2. 课题进展情况

该课题采用参与式的行动研究方法，在课题实施中考虑到社区及家庭对男女参与选举支持上的差异，男女在参选意愿上的差异及深层原因，传统性别文化对农村妇女的定位，村委会职务的性别化倾向，男女在党员、村民代表、村民小组长等政治资本占有上的差异及从夫居制度对男女两性不同的影响等相关社会性别要素。通过基线调查、分性别需求评估了解村民对女性参选参政的认识和看法，掌握农村妇女参与选举面临的困难、障碍和妇女需求；通过男性参与支持状况调查、男女村民参与式社会性别培训、妇代会选举培训及召开村妇代会换届选举大会等项目活动，为项目村妇女参选营造男性关注和支持的氛围，建立起由专业研究人员、基层政府相关部门人员、基层妇联成员和妇女群众参加的四方结合的运作机制和评估机制。

3. 课题的成果

该课题直接产出有六项：撰写了《分性别需求评估报告》《基层妇女参选参

政中的男性参与状况调查报告》以及项目总报告，编印了《农村妇女参与妇代会及村委会选举实用手册》，建立了妇代会骨干成员网络，在项目村建立妇代会直选示范点。

该课题的间接产出得到黑龙江省妇联的高度重视和全力支持，被纳入全会重点工作，向全省13个市地推广。2008年4～11月，从项目实施的一个村推广到全省5700个村完成妇代会直选，占全省村总数的65%。

4. 课题的意义和影响

该课题在实施中特别注重"双头战略"提升农村妇女的参政议政能力。一方面将推动妇女参选的积极措施纳入组织、民政部门的选举政策和文件中，另一方面有针对性地对妇女进行能力提升培训。经过专门培训的妇代会成员积极参加村委会选举，第八届村"两委"换届后村委会成员中女性比例比上届提高0.8个百分点，女村官比例达到3.1%，比上届提高2.14个百分点，其中桦南县女性在村"两委"中担任正职的比例达到8%，为全省最高。

将培训理念确定为男女两性共享权力、分担责任，推动农村男性参与性别平等实践。课题对妇女骨干及配偶进行了参与式社会性别培训，同时也邀请乡镇和村级党政主要领导（男性）参加培训。

该课题得到当地党委、政府的重视和支持，在实施中出台了推动妇女参选的积极政策，落实妇代会选举经费，对如何做好农村女党员发展工作、如何培养农村女性人才、如何实现村妇代会选举与村"两委"换届选举的衔接、如何解决村妇代会成员待遇等问题，已经在实践中逐步推动解决。

当代中国社会转型过程中的女性
职业变动的研究

蒋美华

"当代中国社会转型过程中的女性职业变动的研究"是2004年国家社会科学基金项目（项目批准号：04CSH012），课题负责人为蒋美华，主要参与人有董娣、蒋日华、范会芳、刘永亮、杜利娜、李许单、赵向利、李鹏飞。该课题于2009年4月结项，结项等级为"良好"。

1. 研究目的

在社会性别的理论框架下对中国转型时期女性职业变动进行总体审视，通过深层次地探究女性职业变动的相关议题，将女性从边缘引向主流，以便更好地推动男女性别平等，实现经济社会的和谐发展。

2. 课题进展情况

该课题的重点是厘清一个"变"字，即要弄清在当代中国社会转型过程中，女性职业变动的背景、变动的状况、变动的影响因素以及变动的规律等。基于此，从多维视角提出了促使女性职业变动走向合理化的对策与建议。该课题在社会性别理论的框架下主要通过社会分层篇、典型女性群体篇、典型地域－行业研究篇对女性职业变动做了深入探讨，进而对女性职业变动进行了性别差异的思考以及整体的回顾与展望。

3. 研究成果形式

该课题有11篇学术论文发表，其中9篇在核心期刊发表，两篇被人大《复印报刊资料》全文转载，最终成果为《转型期中国女性职业变动研究》（蒋美华著，天津人民出版社，2010）。中国社会学会名誉会长、中国人民大学郑杭生教授认为，"该书是一本颇具创新性的研究职业变动的学术力作，具有很高的学术价值和应用价值"。

4. 研究价值和影响

该课题的价值体现在"职业变动"和"社会转型"之间的双向互动关系中，在两性对比的视野下对女性职业变动展开了深入研究，同时，该课题在实证调研的基础上，从宏观、中观、微观层面阐释了在当代中国社会转型过程中女性职业变动的状况及其特征、变动的影响因素以及变动的规律等，基于此又提出了优化女性职业变动环境的具体对策，为女性合理进行职业变动提供了参考，为政府决策提供了科学依据，有助于推进女性职业变动与社会转型的协调发展，体现出较强的现实意义。

反对针对妇女的暴力

肖 扬

"反对针对妇女的暴力"项目由联合国人口基金、全国妇联和卫生部联合组织实施。全国妇联项目负责人为全国妇联妇女研究所研究员肖扬，主要参与者有谭琳、姜秀花、马焱和试验区的项目人员。项目于2006年启动，2010年结项。

1. 项目的背景与目的

针对侵害妇女暴力形式多样化、复杂化的趋势，设立反对针对妇女暴力的试验区，探索具有中国特色的反对针对妇女暴力的有效模式，维护妇女的合法权益。

2. 项目进展

项目在湖南省浏阳市和河北省承德县设立了两个反对针对妇女暴力的试验区。探索建立了以妇联牵头，包括公检法司、法律援助、心理咨询、医疗救治、伤情鉴定、民政庇护、宣传教育在内的、多部门共同反对针对妇女暴力的转介服务机制，为受暴妇女提供专业、便捷并减免一定费用的一站式服务。为保证该机制的运行，两地建立了多部门合作的热线转介平台和联席工作会制度，并将反对针对妇女的暴力纳入政府绩效考核指标。

借鉴国内外先进经验，开发多种实用教材，对公检法司、民政庇护、卫生保健、热线咨询人员和妇联干部提供不同层级和内容的专业培训、省际交流和学习考察，不断提高服务提供者的服务水平。

以研究为基础，以宣传倡导为手段，举办"反对针对妇女暴力和男性参与"的全国研讨会，围绕针对妇女的家庭暴力、拐卖/骗、性骚扰、语言暴力、网络暴力的理论研究和行动干预进行了探讨交流。采用定量和定性相结合的方法，开展需求评估调查和终线调查，以掌握试验区妇女受暴率的变化。

开展多种形式的大众宣传，以提升性别平等意识和对性别暴力本质的认识。通过开展白丝带活动、男性反暴力志愿者社区服务、市县领导干部进行反对针对妇女暴力的承诺签名、创作落实男女平等基本国策的书画作品等活动，增进男性和决策者对反对针对妇女暴力的理解和支持，推动试验地区出台反对针对妇女暴力的法律政策。

3. 项目成果

通过项目的执行，试验地区出台了中国首个《关于预防和制止针对妇女暴力的决议》，下发并实施了《关于加强暴力受害人人身安全保护的工作意见》；撰写出版了《中国反对针对妇女暴力的研究与行动》《妇联系统援助受暴力侵害妇女的服务与转介指南》《援助受暴力热线咨询工作手册》；建立了以政府为主导、以首问负责制为原则、多部门合作反对针对妇女暴力的服务体系，为试验地区千余名妇女提供了符合其需求的综合性服务；通过多层次多种类的专业培训和研讨，促进了各相关部门专业化、规范化服务水平的提高，使试验地区反对针对妇女暴力的司法保护和警察干预走在全国的前列；通过项目的实施，增强了妇联干部项目化运作的能力，提高了妇联组织在当地的社会影响力和凝聚力；项目基线调查和终线调查的结果对比表明，项目的实施降低了试验地区妇女遭受暴力侵害的比例。

4. 项目的意义和影响

通过项目的探索和实施，拓展和深化了反对针对妇女多种暴力形式的理论研究与社会行动，促进了试验地区反对针对妇女暴力法律政策的发展和妇女权益的维护，在国内具有一定的引领作用，并为国际社会的反暴力运动提供了中国经验。

反性别歧视的理论与实践

李 傲

"反性别歧视的理论与实践"课题负责人为武汉大学法学院李傲教授，项目合作方为美国乔治华盛顿大学、美国福特基金会、中律原咨询北京有限公司。课题起止时间为 2006 年、2011 年。

1. 研究目的

进一步进行反性别歧视宣传，促进"性别与法"课程在国内高校法学院的广泛开展，培养国内"性别与法"课程的教师队伍。

2. 课题进展情况

在乔治华盛顿大学法学院、中律原咨询北京有限公司的支持下，武汉大学法学院于 2009 年 3 月 13～15 日举办了为期三天的"性别与法"课程教师培训与交流活动，邀请了英国和加拿大具有丰富教学经验的"性别与法"课程教授，对已经开展或有志于开展"性别与法"课程的国内一些法学院教师进行系统培训。与会教师代表积极参与，迫切希望能够利用各自的专业优势，组建"性别与法"教材编写小组，共同编写出国内第一本通编教材，使"性别与法"课程在更多的高等学校得到推广，使更多的法学院学生在进入社会从事法律实务工作或法律研究工作之前得到性别教育，具备性别分析的视角和能力，同时也使"性别与法"课程教学活动走向系统化、规模化和主流化，实现在更广范围内将性别教育纳入法学院教育主流的目标。

3. 主要研究成果

主编了《中国性别平等状况调查报告》（中国社会科学出版社，2008），出版了专著《性别平等的法律保障研究》（中国社会科学出版社，2009）、《性别与法》教程（中国政法大学出版社，2012）。

4. 课题的意义和影响

该课题探讨了反性别歧视的一般理论、解决机制及国内反性别歧视的实践。该课题以召开国内学术研讨会、在全国若干高校做学术报告、组建和培训高校"性别与法"课程的教师队伍、培训教学内容与教学方法等途径实现项目目标，取得了预期效果，圆满地完成了任务。

妇女/社会性别学学科发展网络

王金玲

"妇女/社会性别学学科发展网络"（Network for Women's and Gender Studies，NWGS）项目由美国福特基金会资助，浙江省社会科学院妇女与家庭研究中心承担。项目负责人为中心主任王金玲研究员，项目2006年立项，2011年结项。

1. 项目的目的

该项目力图通过民主参与和民主管理，构建一个平台和管道，以利妇女/社会性别学学科建设和发展领域的教学者、研究者、行动者相互沟通、交流、合作和资源共享；通过教学、研究、行动等跨领域的交融和合作，构建一种知识生产、传播、积累、传承的全新机制；凝聚各种力量，以行动性的知识和知识性的行动推进妇女发展和性别平等，进而促进社会的和谐和发展。

2. 项目进展情况

五年间，该项目以知识的行动和行动的知识化为主要手段和途径，以妇女/社会性别学学科发展为目标，以"实事求是、创新、可持续、宜推广、参与式"为原则，积极开展妇女/社会性别学的教学、研究和行动，重视工作机制的完善与转型，关注子网络的建设与发展，注重课程建设和师资培训，不断加强多方参与和经验交流，不断提高服务网络成员的能力，努力推进网络的可持续工作和网络品牌的推广，扩大网络的社会影响。目前，妇女/社会性别学学科发展网络已成为中国大陆妇女/社会性别学学科发展领域影响力最大、最具活力的非政府组织。

3. 成果形式

（1）通过成立大会和成员代表大会确立/修订网络章程、工作目标和重点内容，网络管理实行理事长领导下的集体分工负责制，理事会成员组成管理层集体决定重大事项，常务理事分工负责日常工作事务，办公室和总执行人负责具体事务实施，总监察人/监事会全面监察网络工作，外聘独立评估人，通过监事会进行年度评估等方式，基本实现了网络的民主参与和有效管理。

（2）以课程为核心，以项目为载体，通过教学、研究、行动三者跨领域的交融和合作联动，积极开展了具有网络特色的行动－研究－教学三联动课程建设，构建了知识生产、传播、积累、传承的全新机制。

（3）成立子网络22个，包括10个学科网络和12个地区网络成员，覆盖了全国除海南、青海、西藏外的29个省区市，地区性和专业性子网络能正常开展工作。

（4）在全国范围内凝聚各种力量，培训网络骨干，共发展会员2667人，其中，个人会员279人，团体会员30个，网站注册会员1300人；根据需求提升网络成员的学术能力、教学能力和行动能力。目前，网络开展的妇女/社会性别学推荐课程的评选活动是中国大陆唯一的全国性妇女/社会性别学学科课程评优活动，而妇女/社会性别学学科发展网络也已成为中国大陆覆盖面最广、最具活力的推进妇女和性别学学科建设与发展的非政府组织。

（5）在教学、研究、行动三者联动的基础上，网络共资助/收购/开发优秀课程22门（包括本科生课程和研究生课程），评选推荐课程两批共34门，资助/收购/征集和出版教材/教参9部，其中已出版的3部教学参考专著在不少网络成员所在的高校获得推广；资助和推荐课程的教学大纲、课件上传至网站，供会员免费下载；会员和理事授权的相关研究论文也上传至网站，供会员免费下载。

（6）建立"妇女/社会性别学学科发展网络"网站（网址：http：//www.chinagender.org），至2012年10月15日，网站的点击量为1459000次。

（7）网络已强化了自信、自立、自我、自由发展的理念，具备一定的自运作能力。

4. 项目的意义和影响

该项目积极开展妇女/社会性别学学科的教学、研究和行动，同时大力倡导跨领域、跨学科的研究，努力构建平等、多元化、创造性的妇女/社会性别学学科教学、研究与行动协调共处的学科模式，从不同角度审视和批判传统知识体系与制度结构的性别权力关系，高度关注本土妇女的生存及发展需要，强调不同性别之间的相互尊重、交流及合作，以平等的性别关系为基础，推动了社会主义和谐社会的发展。

妇女与性别学学科发展网络的工作不仅能推进一门新学科的发展，也能推进一种新型组织的建立，以及社会性别理念、民主参与理念在教育和学术研究领域的建树和发展。

广西政府官员、媒体人员、妇联宣传骨干社会性别培训与倡导

蒋培兰　赵凌雪

"广西政府官员、媒体人员、妇联宣传骨干社会性别培训与倡导"项目由联合国妇女发展基金资助，广西壮族自治区妇女联合会宣传部组织实施，广西壮族自治区妇女儿童工作委员会办公室、广西妇女理论研究会参与合作实施，项目总负责人为广西壮族自治区妇女联合会主席蒋培兰，项目实施负责人为广西壮族自治区妇女联合会宣传部部长赵凌雪，主要参与人有秦敬德、孔献玲、黄振义等。项目于 2006 年 4 启动，2007 年 10 月结题。

1. 研究目的

该项目的总目标是对广西政府官员、媒体人员、妇联宣传骨干三个目标群体进行社会性别倡导与培训，增强他们的社会性别意识，提高并影响他们对社会性别问题的关注度，促进将社会性别意识纳入政府决策主流、媒体主流、妇联议事日程，最终促进男女平等的实现。

2. 项目进展情况

该项目主要在广西政府官员、媒体人员、妇联宣传骨干三个目标群体中进行社会性别倡导与培训，举办政府官员、媒体人员和妇联宣传骨干社会性别培训班三期，召开专家座谈研讨会三次；编印社会性别培训教材和宣传小册子《社会性别理论与实践》《社会性别知识 ABC》共 8000 多册，发放到培训对象及至更大范围（全自治区内）；举办广西首届妇女题材新闻奖评选表彰活动，表彰广西妇女题材新闻优秀作品 50 篇/件，广西妇女新闻宣传先进工作者 41 人；向自治区政府妇女儿童工作委员会办公室提交倡导议案；举办"社会性别意识倡导与培训项目评估研讨会"等。

3. 成果形式

成果包括出版著作、召开全区会议、举办研讨会、发放宣传资料等。

4. 项目的意义和影响

通过实施该项目，广西政府官员、媒体人员、妇联宣传骨干三个关键目标群体的社会性别意识和能力建设得到系统培训和提升，增强了各自推进性别平等的责任意识，并在实际工作中得以运用。其中，媒体人员对性别议题、妇女新闻关注度得到增强，有关妇女的新闻报道数量明显增多，性别视角的敏感度得到增强，自觉担负起推进性别平等宣传和倡导的责任；妇联宣传骨干的社会性别意识和责任意识、倡导能力得到进一步提高，得以发挥其监督和倡导作用；政府官员对其推动男女平等议题上的责任意识得到增强，加深了对广西实施妇女发展纲要工作重点的认识，能够自觉参与促进性别平等，为推进妇女发展纲要目标实现创造条件，并出台相关的政策措施，使得性别意识得以进入政府决策层。

国家、组织与妇女：中国妇女解放
实践的运作机制

揭爱花

"国家、组织与妇女：中国妇女解放实践的运作机制"课题由国家社会科学基金提供资助，项目批准号：06BKS038。项目负责人为浙江大学公共管理学院揭爱花，主要参与人员有郎晓波、姚琛、杨悠悠等。课题起止时间为2006年、2010年。国家社会科学基金专家组成员对该项目的结题报告鉴定为"优秀"。

1. 研究目的

全面回顾和总结了新中国成立以来妇女解放实践的历程，对中国妇女解放实践模式的历史合理性做出客观分析，并对其取得的历史性成就和局限做出实事求是的评价。在此基础上，围绕国家、社会组织和妇女的关系，系统地分析妇女解放作为国家意志是以何种方式体现到社会行动的组织者，即行政化的各种社会组织的行为之中的，从中分析总结中国妇女解放实践的运作机制、基本经验与发展规律。继而根据市场经济和改革开放的新形势，就立足于培育和增强妇女解放实践的自主性，重构国家、社会组织与妇女的关系进行前瞻性的对策思考。

2. 课题进展情况

课题组收集了国内外学者有关中国妇女解放实践研究 300 余万字的代表性文献，以及党和国家有关妇女解放实践的重要历史文件，对中国妇女解放实践运行机制的建构、演变历程进行了全面的分析总结。在此基础上，项目组先后就农村非政府组织与农村妇女解放实践、浙江非公企业女工权益保护和女大学生婚恋观生育观、女大学生就业问题等进行了问卷调查及大量个案访谈。结合实证调研，课题组对中国妇女解放实践的国家干预体制及其微观运行机制以及中国妇女解放实践在市场化进程中面临的挑战进行了深入的研究，并就如何进一步完善中国妇女解放实践的运行机制问题进行了对策研究，完成了预定的全部研究计划。

3. 成果形式

最终成果为专著《国家、组织与妇女：中国妇女解放实践的运作机制》，28万字。课题组成员还完成了一系列和研究课题相关的论文和调研报告。

4. 研究的意义和影响

该项目研究不仅对于深化中国特色妇女解放道路内在运作逻辑和发展规律的研究、总结妇女解放实践的中国经验具有重要的学术价值，而且对于构筑和谐的两性秩序，促进社会主义和谐社会建设具有重要的现实意义。

该项目对国家干预妇女解放实践的体制建构、制度安排及其微观运行机制进行了深入系统的考察，研究视角及主要学术观点均具有一定的学术创新价值。与此同时，研究成果从健全男女平等的法律规范体系，提高国家法律干预的实效性，积极探索将社会性别观点纳入政策主流的有效机制，培育和扶持民间妇女组织并充分发挥其在权益保障和利益表达方面的重要功能等方面提出了完善国家干预机制的对策思路，对相关部门的决策具有较大的参考价值。

吉林省基层民主政治建设与性别平等问题研究

白　艳

"吉林省基层民主政治建设与性别平等问题研究"是吉林省哲学社会科学规划项目，项目负责人为白艳，主要参与人有冯尚春、刘红等。课题 2008 年 5 月立项，2010 年 5 月结项。

1. 研究目的

20世纪80年代中期试行、90年代正式实施村民自治的成功实践，为中国两性和谐平等发展提供了新的平台和契机，同时也给两性和谐、平等发展带来一些新的问题，如何解决这些问题是该课题立项研究的主要目的。

2. 项目进展情况

首先，课题组成员按项目的内容要求，针对全国村民自治总的进展情况和吉林省的特殊情况，特别是2007年吉林省第七届村民委员会换届选举中出现的性别平等问题，进行了实地调查，掌握了大量的第一手资料，为课题的完成打下了一个很好的基础。其次，课题组成员根据调查材料进行多次研究和探讨，论文的写作和发表都按课题组申报的各项要求完成。

3. 成果形式

在省级以上刊物公开发表论文四篇。

4. 研究的意义和影响

村民自治是新时期中国基层民主政治建设的一种主要形式。村民自治过程中的性别平等问题，也是中国农村基层民主政治建设的重要内容。社会性别视角的介入打开了中国基层民主建设研究的新视野。该项目的研究为中国农村基层民主政治建设的完善、两性的和谐平等发展以及社会主义和谐社会的构建提供了理论支持。

建立上海性别平等监督咨询机构的可行性论证

余亚平

"建立上海性别平等监督咨询机构的可行性论证"课题由瑞典SIDA基金会资助，并列入上海市妇女学学会"十五"项目，课题总负责人为上海交通大学余亚平教授，主要参与人有许晓茵、陈亮、陈晓敏、张玲、周泽红、郑桂珍、耿文秀和鲍宗豪。课题于2004年3月启动，2009年6月结题。

1. 研究目的

期望在上海地区建立一个得到有关部门认可的非营利的男女平等就业监督咨询服务机构，帮助弱势妇女在就业过程中维护自身权益，促进中国相关法律法规的真正实施和进一步完善。

2. 课题进展情况

课题组成员就在上海建立性别平等监督咨询机构的迫切性、现实可能性、具体操作性及该机构的多种选择模式等方面进行研究。研究方法立足于实证研究与应用理论研究相结合，以"平等就业、妇女发展、社会和谐"为主题，采用抽样调查方法，通过问卷调查了解人们对就业环境、性别平等就业的认识，对性别平等就业监督并建立相关机构的认知，为正式设立上海市性别平等就业监督咨询机构提供理论支持和政策建议。

3. 成果形式

形成《在上海建立性别平等就业监督咨询机构的可行性研究论证报告》，研究成果的结论由上海市妇联牵头，向上海市人大提交了人大提案，为政府及有关部门决策提供了政策咨询，已经正式列入上海市政府"十二五"规划。

4. 课题的意义和影响

该课题研究提出了在中国建立性别平等就业监督咨询机构的可行性，在国内具有填补空白的首创价值，对于政府在保障妇女公平公正权益方面，具有切实可行的实际操作意义。该课题研究与中国社会发展关系密切，为促进政府更好地保障男女平等的实事工程提供了切实可行的操作方案。

将社会性别意识纳入村民自治主流

"将社会性别意识纳入村民自治主流"是由联合国妇女发展基金会资助、华中师范大学中国农村问题研究中心农村妇女研究所主持，并与广水市妇女联合会合作承担的项目。该项目以广水市城郊乡为实施单位，2006年5月正式启动，到2008年年底项目完成，为期32个月。

1. 项目的目标

项目目标分短期和长期两类。短期目标是：提高乡镇、村干部的社会性别意识；改变农村妇女的分散状态，提高妇女的组织程度；让更多的妇女进入村级权力结构及其中心。长期目标是：提高农村妇女进村委会的比例，提高农村妇女参与村民自治的水平，改善农村妇女参与村民自治的环境。

2. 项目进展和成果

搜集和研究了国际社会农村妇女参政的经验、中国促进农村妇女参与村民自治的几种模式，通过取长补短，提出了网络化治理、制度化运作、组织化道路、自主性参与的广水模式和制度组合策略；超额完成了项目的具体指标，试点乡农村妇女进村委达到100%，担任村"两委"主职比例达到10%；政府出台了一系列支持农村妇女参政的政策和措施，加大了对农村妇女需求的经费支持；项目的科研成果丰富，在核心刊物上发表论文八篇，完成著作一部；成果推广产生了较大影响：①《中国妇女报》发表了《我们也能治理好村庄》《一花引来万花开：记黄郁的城中村》《湖北广水以制度保障村"两委"妇女当选率》三篇关于项目试点村的报道，《湖北日报》发表了《女人当家》的整版文章。②《桥村实验》获湖北省纪录片一等奖。③广水市及随州市新闻媒体发表桥村实验的新闻报道十余次。④首个农村妇女生活调查博客——吴治平博客，发表一周时间，即被点击300万人次。

3. 项目的意义和影响

该项目在总结吸纳全国各地推动农村妇女参与村级治理经验的基础上，提出了旨在改变妇女在村级治理中边缘化现状、提高农村妇女参政水平、以网络化治理和制度组合策略为特点的广水模式和城郊路径，为进一步推进妇女从边缘进入村庄权力结构中心提供了一个可供借鉴的范式。

4. 面临的挑战

通过制度化运作，妇女进村委的比例得到提高，但妇女进村委以后，如何提高妇女参与村民自治的能力？如何从特殊临时措施过渡到真正的男女平等参与？如何防止项目撤离后，农村妇女参与村民自治的比例下降？需要项目继续跟进和研究。

将性别教育纳入高校思想政治教育的理论与实践研究

胡晓红

"将性别教育纳入高校思想政治教育的理论与实践研究"项目由教育部人文社会科学青年基金资助，项目批准号：07JC710007。负责人为胡晓红，项目起止时间为 2007 年 11 月、2010 年 12 月。

1. 研究背景与目的

当前高校思想政治教育坚持以人为本，追求与时俱进并融于个体的社会化之中，成为与时代发展紧密结合的一门开放性的、具有生命力的学科。然而，在当前高校思想政治教育视域下，尚缺乏一种性别的视角。本项目目的在于寻求性别教育与思想政治教育的交叉与融合，将性别教育纳入思想政治教育体系之中。

2. 项目进展情况

该项目的开展情况是从教学中来，回到教学中去，使理论研究与实践教学紧密结合在一起。课题针对不同的研究内容采取不同的方法，在调查和数据分析的基础上，采用文献研究、逻辑论证以及社会热点问题分析等方法。

3. 研究成果价值

从大学生成长看，在思想政治教育中渗透性别教育将会培养出具有现代意识的人才。从理论价值上看，将性别教育纳入思想政治教育能够深化思想政治教育的内涵和外延，拓展思想政治教育的广度和深度，促进现代思想政治教育研究和实践的创新。另外，它不是简单地寻求与思想政治教育的结合，而是以性别视角来重新审视思想政治教育的传统思路和研究方法，从而改变形成人类两性关系不平等的文化机制。

跨界合作：湖南妇女/社会
性别讲师团建设

骆晓戈

"跨界合作：湖南妇女/社会性别讲师团建设"课题由美国福特基金会资助，项目协调人为湖南商学院女性研究中心的骆晓戈，主要成员有陈准莲、王凤华、万琼华、袁继红、倪湘宏、赵兰等，课题起止时间为 2006 年 2 月、2008 年 9 月。

1. 研究目的

长远目标：促进社会性别公正平等意识进入社会各个阶层和学术领域；促进高校妇女/社会性别学科建设的主流化；促进妇女/社会性别学跨界合作能成

为学术界广泛接受的调查研究方法，积极参与并推动全国妇女/社会性别学网络建设。

短期目标（即项目目标）：①队伍建设：建设一支湖南跨界合作的区域性妇女/社会性别学培训、研究与倡导的骨干队伍；积极参与并推动全国妇女/社会性别学发展网络建设。②课程建设：以区域内高校、党校的妇女/社会性别学课程开设为契机，促进妇女/社会性别学课程建设与学科建设。③社会调研：关注湖南本土妇女生存发展的历史与现状，做出较为有影响、有湖南地域特色的妇女/社会性别研究。

2. 成果形式

该项目分别从队伍建设、课程建设、社会调研、实现项目的可持续发展等方面进行组织建设，并主办了全国性的"妇女/社会性别学跨界合作"研讨会。创建麓山枫——跨界合作：湖南妇女/社会性别学讲师团建设网络（www.38hn.com）；湖南子网络加入全国妇女/社会性别学发展网络；中青年研究队伍等的建设；出版了《女性学》《妇女学与本土经验》项目专题实验报告和美国女作家格蕾斯的自传《为改变而生存》；完成结题专著《她们：跨界合作与行动研究》（"十一五"国家重点图书出版规划项目），25万字，由广西师范大学出版社2009年出版。

3. 课题的意义和影响

湖南大学出版社出版的《女性学》2007年被评为"普通高等教育'十一五'国家级规划教材"。项目核心成员有九人获得或在读博士研究生学位，制作完成研讨会、讲座、精品课程等40张教学光盘，评选优秀多媒体课件18件。200名高校师生参与社会调研，十所高校及干校开设社会性别学以及与社会性别学相关课程，两万名在校大学生接受了社会性别学教育。麓山枫网站建设实现透明的、开放的、赋权的民主管理，使项目成员有一个资源共享、多元融合的学术交流平台。

民国时期华北社会性别史研究

侯　杰

"民国时期华北社会性别史研究"为国家哲学社会科学基金资助项目。项目负责人为侯杰教授，主要参与人有李净昉、李文健、董虹、王小蕾、秦方、李从娜、段文艳、何睦、徐世博、王兴昀等人。项目 2006 年立项，同年启动，2012 年结项。

1. 研究目的

该项目拟通过理论探讨、文献和口述资料的系统搜集整理、田野调查、资料库建设、个案研究及专题研究等项工作，深化社会性别与民国时期华北区域的研究，提升妇女/性别史研究的学术水平，为提高女性在社会性别史中的主体身份、作用与地位做出贡献，并使更多的青年学者参与该领域的学习、研究。具体目标是：将基础研究与课程建设、学科发展联系起来；将学术研究能力的提升与国际化人才的培养相结合；运用性别视角，考察转型中的性别关系、文化、观念、制度的变革与中国政治、经济、思想文化演变的复杂关系，解决社会性别史中的某些重要理论和实际问题。

2. 项目进展情况

该项目在历史学、传播学、文学等学科领域开展跨学科研究；开发学士、硕士、博士系列课程，编写教材；召开项目组研讨会，举办相关讲座 10 余次，开展国内外学术交流与合作；阶段性成果包括撰写论文近 20 篇，参与撰写著作两部，主编《台湾硕士博士历史学术文库》第一辑（妇女性别史，一套八部，目前已出版六部）。项目研究成果专著《民国时期华北社会性别史研究》即将由中国社会科学出版社出版。

3. 成果形式

成果包括专著、论文、国际和国内学术研讨会论文，开设博士生、硕士生、本科生课程，参与全国妇联或高校主办的社会性别专业培训等。

4. 项目的意义和影响

该项目比较系统地发掘了民国时期华北社会性别史中的核心议题，将性别作为分析历史的有效范畴，以华北作为研究的重心，透过性别看历史，对华北社会性别史进行多层次、多角度的研讨，形成了一系列重要的研究成果，弥补了国内外学术研究的空白；通过课题研究、课程建设、专业培训、国际和海外学术交流，促进了不同层次的学术交流与合作，推进了高层次、国际化的人才培养，加速了高质量、高水平学术研究成果的传播。

项目从理论和实践等多方面发掘历史经验，既有益于推进性别研究的主流化和学术成长，又为男女平等基本国策的落实提供了智力支撑。项目部分阶段性成果发表之后，被台湾学术期刊及大陆人大《复印报刊资料》全文转载，受到学术界的关注；在各地高校、研究机构和图书馆举办的不同类型的讲座、专业培训中，也产生了一定的社会影响。

该项目还为博士生、硕士生、本科生课程体系建设提供了支撑，使更多的学生学习、研究和从事与社会性别有关的工作。多篇硕士毕业论文获得全国一、二、三等奖。

陕西省农村参政妇女能力建设
（合阳二期）

高小贤

"陕西省农村参政妇女能力建设（合阳二期）"项目由美国福特基金会资助，陕西省妇女理论婚姻家庭研究会设计项目实施。项目总负责人为陕西妇女理论婚姻家庭研究会会长高小贤，主要项目参与人有高丹竹、彭竞平、谭映娥等。该项目于 2006 年 5 月立项，2006 年 7 月启动，2009 年 6 月结项。

1. 研究背景与目的

合阳县一届选出 20 名女村委会主任成为合阳县、陕西省乃至全国的新闻，村委会的选举也带动了妇女参与党支部换届的热情，这批女村官上任后的作为不仅牵扯到对她们个人的评价和下届能否当选，更关乎社会对农村妇女参政的整体评价。这些新上任的女村官大多没做过干部，不了解村委会工作的程序和内容，当选后热情很高，急于兑现竞选时的承诺，但在现实中又受到贫困县村级公共积累短缺的制约，她们肩负着将社会性别带入村务治理中的使命，还需要很多新的学习和创新。为此，合阳二期项目的目标是提升当选女村官的执政能力，将社会性别与善治引入村务管理及新农村建设。

2. 项目进展情况

合阳二期项目在实施过程中有针对性地设计了多样化的能力建设活动。①系列的参与式培训。内容涉及社会性别分析、村务管理、女性领导力、参与式社区发展规划以及外出考察。②设立社区发展小额基金。通过小额社区发展基金的竞标、实施与评估等过程，使女村官学习、实践村民参与决策、管理、监督的意义和方法，并借助"新农村示范村"的创建，推广并影响政府的新农村建设活动，以推动村级民主管理的进程。项目共资助了 18 个小项目，覆盖了 20 名女村官所在的 20 个村庄。③成立全国第一个县级女村官协会。每年召开两次工作例会，交流新农村建设中面临的问题和应对措施，编印《合阳县女村官通讯》，建立起互助支持网络，开展结对帮扶等同伴学习活动。④出版培训教材、书籍。编写出版了促进农村妇女参选参政教材和《中国妇女发展报告 No. 4：妇女与农村基层治理》。

3. 成果形式

建立女村官协会，出版教材和报告；举办全国性会议；发表学术论文等。

4. 项目的意义和影响

（1）女村官的治理及村务管理能力提高。女村官的政策、法律水平及管理能力提高，沟通能力增强，村两委关系得到改善；女村官每人上任后都争取到项目，共争取到政府各部门及各类项目 150 多个，资金达 2000 余万元。这个群体不仅把村庄管理得有声有色，还开始担当各种重要的政治角色。

（2）拓展了新农村建设的实践。回应社区需求，为社区发展小额基金项目发挥了探路的作用；将妇女的议题带进村务管理，女村官开始在自己的工作中关注妇女需求和权益。

（3）女村官群体引起更多媒体和公众的关注。《中国日报》、中央电视台、《中国妇女报》、新浪网、新华网、《公益时报》等媒体先后报道了合阳模式和合阳女村官事迹，称合阳妇女参政"形成一种充满生命力的基层民主政治气象"。中央电视台半边天栏目制作了《婆姨要当家》的专题片，记录合阳模式在延安复制带来的变化。

社会性别视角下的中国社会政策：
冲突与协调

宋 健

"社会性别视角下的中国社会政策：冲突与协调"项目由美国福特基金会资助。项目负责人为宋健，主要参与人有李洪涛、杨菊华、周祝平等。项目开展及完成时间：2008 年、2010 年。

1. 项目背景及研究目的

20世纪80年代中期以来，在低生育率背景下，中国出生性别比持续上升。出生性别比持续偏高所带来的性别结构失衡将给中国人口长期发展、妇女地位和社会稳定带来严重后果。有关社会性别平等的社会政策不系统、不协调、彼此割裂的局面是目前出生性别比居高不下的重要原因之一。该项目以中国的出生性别比偏高作为切入点，力图透过社会性别视角、利用案例解剖的方式全面审视和评价中国的相关社会政策，在实践调查的基础上提出推进中国社会性别平等的主张。

2. 项目进展情况

该项目以女性生命周期为脉络，全面、系统地梳理并评述了在中国政策法律体系下与社会性别相关的一系列重要政策。项目还与政策体系相呼应，依次讨论了以性别为先决条件的"一孩半"生育政策的社会性别理念，普惠制政策与优惠制政策的冲突，就业政策中的性别平等与性别歧视，土地政策与女性的土地权益保护，"强制婚检"的取消与恢复，家庭暴力的现状、原因与对策，女性"四期"保护，女性的政治权利与政治参与，男女不同龄的退休政策是对女性的保护还是歧视等九个社会性别相关政策及其对社会性别的影响。分析了现行社会政策在社会性别领域存在的三个主要问题，提出了协调社会政策、推进社会性别平等的建议。

3. 主要成果

该项目的研究成果以研究论文的方式在《人口与计划生育》等多种期刊上发表；《社会性别视角下的中国社会政策》（21世纪人口学研究系列丛书之一）由社会科学文献出版社2012年出版；相关研究成果还提交给了政府相关部门。

4. 研究的意义和影响

该项目的特色在于借助"政府－地方－学者"的互动模式，将理论分析与实践干预相结合，揭示了现行社会政策在促进社会性别平等方面低效与失效的原因，探索了协调社会政策的机制和制度模式。

该研究具有创新性，是第一次全面、系统、深入地基于社会性别视角分析相关社会政策。项目还通过对全国"关爱女孩行动"第一批试点县 AX 县的社会政策干预与实践，尝试了县级政策干预的可能性与可行性。所得结果提交给政府相关部门，得到充分肯定和高度评价。

社会性别视野下的媒介研究

刘利群

"社会性别视野下的媒介研究"课题是教育部人文社会科学研究项目，课题负责人为刘利群教授，主要参与人有张莉莉、戴清、王宇、傅宁、王琴、李汇群、陈志娟、张敬婕、唐觐英等。该课题于 2007 年 6 月申请立项，2010 年基本结题。

1. 研究目的

该课题将社会性别视角引入媒介研究，在学科交叉的基础上将社会性别研究和媒介研究结合起来，力求丰富媒介研究的内容，推动媒介研究的全方位发展。另外，该课题密切关注中国媒介与女性发展的热点问题，从历史、政治、经济、文化等角度剖析社会性别视角下的媒介发展，为政府、业界提供具有针对性的对策建议。

2. 课题进展情况

课题组对报刊、影视、广播、网络、文化研究中有关媒介与女性的研究现状进行考察，并分析统计了中国"媒介与女性"实践发展中的有关女性电视节目、媒介与女性法律法规等专题信息，为媒介与性别理论的创新研究收集实证资料。2006 年 5 ~ 10 月，课题组成员开展了"传媒与女大学生的发展"的大型调研活动，对首都十所高校的大学生进行了问卷调查和访谈研究。课题围绕女性媒介发展的实践状况进行分析，还针对女性媒介的历史发展、女性报刊的实践现状及女性广播节目的现实状况等开展了一系列调研。

3. 成果形式

该课题的研究成果主要体现为出版了相关专著，发表了一系列论文，并开展了与研究内容相关的一些调查研究。

4. 课题的意义和影响

该课题研究突破了传统的媒介研究模式，推进了媒介研究与性别研究领域的交叉结合；综合了多学科的研究方法，形成了系统的理论构架和分析方法，推进了媒介与性别研究的学科化、系统化、理论化；将学术资料与理论动态加以科学梳理，并及时反馈到媒介实践和媒介监测中，使教育、科研、实践紧密结合，对学术建设和业界实践都将起到重要推动作用。

社会性别与公共政策研究

张再生

"社会性别与公共政策研究"项目由福特基金会资助，在中国妇女研究会、天津市妇联的支持下，由天津大学中国社会性别与公共管理研究中心承担实施。项目负责人为中心主任张再生教授，主要参与人有梁浚洁、何兰萍、闫冬玲、杨文明、张琴、赵丽华、张健、杨勇、肖雅楠、张廷君、马蔚姝、阮超、李建波、张剑、董磷倩、李祥飞、王鑫、宁甜甜等。项目于 2006 年 8 月立项启动，经过三个周期的运作，目前项目仍在进行中。

1. 研究目的

该项目旨在通过理论探讨、学术研究和社会实践三部分的工作，深化社会性别与公共政策问题的研究，提高公共管理学界和师资的社会性别研究能力，进而提高公共政策制定者和执行者的社会性别平等意识，为推动社会性别主流化做出贡献。该项目的具体目标是：开展学科基础理论与实践问题研究、进行相关课程的开发；开展师资培训，提升素质和学术研究能力；进行机构建设；扩大社会性别与公共政策问题研究的影响力和关注度。

2. 项目进展情况

该项目在公共管理学、社会学、女性学等学科领域开展多项活动：编写教材、发展课程、开展学术研讨与师资培训等；召开全国范围的学术论坛，针对西部地区的师资进行培训，举办专家论证咨询会等。具体为：在福特基金会的支持下，从 2006 年至今成功举办了三届"社会性别与公共管理论坛"以及三届"社会性别与公共管理师资培训"，在此过程中，来自国内外的知名专家学者，对来自百余所院校的从事公共管理教学的教师进行了社会性别意识、社会性别主流化、性别分析方法等方面的培训，同时进行了深入的研究交流与互动，在公共管理学界推广和宣传了社会性别平等理念和价值观，推动了社会性别与公共管理教学和研究的师资队伍建设。中心成员发表相关学术论文百余篇；编辑出版了《社会性别与公共管理》三辑；举办相关讲座 20 余次；与天津市妇联合作，开展性别相关课题五项，多项课题在进行中；每年输送中心优秀成员参加学术活动和交流，有效地提升了中心研究成员的科研水平。

3. 成果形式

成果包括论著、论文、论文集；举办全国性学术会议；开展全国性师资培训，项目累计培训来自全国的上百所高校学员 100 余人，这些学员主要集中于西部欠发达地区；开展研究生、本科生课程的机制建设，开展社会性别课题研究，设置研究中心等。

4. 项目的意义和影响

该项目运作至今，逐步形成与建设了一支具有社会性别平等意识的公共管理教学及科研团队，对提高公共管理领域受教育者的社会性别意识，最终促进具有性别平等意识的公共政策的形成与执行，促进性别和谐与社会和谐做出了一定的贡献。

社会性别与全球环境问题研究

金　莉　李英桃

"社会性别与全球环境问题研究"项目由美国福特基金会资助，北京外国语大学社会性别与全球问题研究中心承担。项目总负责人为中心主任金莉副校长和副主任李英桃教授，主要参与人有张朝意、张妮妮、姚艳霞、周铭、丁红卫、李洪峰、康敏、孙晓燕、周圆、龚燕灵、李蕾等。项目于 2008 年 2 月立项，2008 年 5 月启动，2010 年 5 月结项。

1. 研究目的

该项目旨在通过理论探讨、国际法研究和区域研究三个部分的工作，深化社会性别与全球环境问题的研究，扩大全社会对妇女作用和环境安全的认识，为提高妇女在国际关系中的作用与地位做出贡献，使得更多的学生理解并参与该领域的工作。具体目标是：促进课程发展与开展学科基础研究；加强机构、机制建设，提高学术研究能力；加大对社会性别与全球生态环境保护问题的关注度。

2. 项目进展情况

该项目在国际关系学、法学、社会学、文学等学科领域开展多项活动：编写教材、发展课程、开展教学法研讨等；召开项目组研讨会、中心年会和专家咨询会，举办了"社会性别与全球生态环境问题"全国学术研讨会；编辑并出版了第三期《社会性别与全球问题研究通讯》；举办相关讲座六次；项目研究成果《社会性别视角下的全球环境问题研究》于2011年由中国社会科学出版社出版。

3. 成果形式

成果包括论著、论文，召开全国会议并形成论文集，进行研究生、本科生课程的机制建设，等等。

4. 项目的意义和影响

该项目呈现了一个较完整的全球性别平等与生态环境保护的研究成果，从中可抽象出如下要点：第一，生态环境问题是有"性"的，也就是说，男女两性在生态环境恶化面前的脆弱程度和面临的问题是不相同的；第二，由于所处的国家和地区不同，社会性别与环境问题具有复杂的差异性与丰富的多样性，这一点在该项目区域研究部分能够鲜明地体现出来；第三，实现社会性别平等、保护生态环境需要整体主义的思维方式；第四，中国是一个正在和平发展的大国，面临着艰巨的发展任务和同样艰巨的环境保护任务，需要在两者之间寻找到平衡点。这些成果弥补了国内研究的空白；通过"社会性别与全球生态环境问题"全国学术研讨会促进了沟通、合作、交流与研究；推进了社会性别与全球问题研究课程体系的建设，使更多的学生理解并参与社会性别与全球问题的研究。

生殖健康与社会性别诊断工具箱开发研究

李树茁　朱楚珠

"生殖健康与社会性别诊断工具箱开发研究"课题由国家人口与计划生育委员会和联合国人口基金会资助。课题总负责人为李树茁和朱楚珠，主要参与人有张莹、刘慧君、杨雪燕、李亮、张群林、石艳群、林晓斌、巩全岗、闫绍华、李洪涛、郑真真、郝林娜、张健、解振明、张扬、顾法明等。该课题起止时间为2006年、2008年。

1. 研究目标

最终目标是实现以人为本的人口协调发展。短期目标是希望项目在优质服务活动中，能够自主分析区域、机构和个人不同层次的社会性别现状，发现优质服务中存在的社会性别问题，设计社会性别促进策略，促进社会性别主流化。为此，需要研究部门对社会性别理念进行操作化研究，提供一套简易有效的工具，便于县区级生殖健康领域自我开展社会性别评估、诊断与促进的活动。

2. 课题进展情况

西安交通大学人口与发展研究所和国家社会性别专家组、国家人口计生委项目办及 30 个项目县人口计生委合作，开发一套围绕六周期项目目标、以 30 个县计划生育优质服务为基础的简易有效的社会性别评价诊断及干预工具箱。

主要工作包括：评估 30 个项目县对已有的社会性别诊断及干预工具箱的使用；对城区情况、青少年情况、流动人口情况、艾滋病预防等方面的社会性别干预进行扩展研究；对方法进行改善，使其更简洁、易行；选取三个典型的项目县进行工具箱试应用，以便发现问题，及时修改；在 30 个项目县进行工具箱的全面试用，并收集试用的反馈意见，完善工具箱。

3. 成果形式

形成了适合农村地区使用的简易有效的社会性别公平促进工具箱；出版了《社会性别和计划生育/优质服务融合的过程——基于德清县的案例分析》（中国人口出版社，2008 年 6 月出版）；通过试用《案例》，项目县收集了本县区的案例；完成了五个项目县 2008 年工具箱使用的督导工作。

4. 课题的意义和影响

工具箱对项目县的工作有指导和促进作用。通过使用工具箱，项目县逐步形成了领导高度重视、多部门协调合作、每年举办多次社会性别宣传倡导培训的社会性别公平促进的大环境。

天津市女性流动人口权利促进

关信平

"天津市女性流动人口权利促进"项目隶属于"中国－联合国青年农民工项目"，由联合国教科文组织资助，清华大学负责，南开大学社会工作与社会政策系承担在天津的项目活动。项目负责人为关信平教授，主要参与人为秘舒、潘玲、李强、苑向者、华章里社区居委会工作人员等。项目为期三年，2009 年 4 月立项，2011 年 11 月结项。

1. 项目目的

该项目旨在将干预社会学的理念付诸实践，通过同伴教育和小组工作等社会工作的方法，向女性流动人口传递法律、健康、技能知识，帮助其搭建同伴教育网络，使其获得素质教育、技能培训、社会支持、社会服务和权益保护。与此同时，通过将学术研究与基层服务实践相结合，形成一套服务女性流动人口的有效方法，组成一支致力于服务女性流动人口的工作队伍，最终推动流动人口政策的不断完善和实施。

2. 项目进展情况

为实现上述目标，项目组在三年的项目执行期内，首先围绕法律与权益保护、健康和职业技能三个主题，聘请高校教师、妇联干部、医务工作者等十名专家，开展14场专题培训，以丰富目标人群自我保护的知识，提升其自我发展的能力；其次，利用社会工作的专业优势，开展以家庭为单位、以孩子为切入点的社区工作，为女性流动人口的子女开展九次亲子活动，帮助流动人口建立同伴教育网络；再次，与天津市妇联、华章里社区共同编制了一本面向流动人口的《女性流动人口进城生活实用服务手册》，内容涵盖了城市生活、就业、家庭生活、应急、便民服务等五方面问题，以便于其掌握城市生活的基本常识，并将知识进一步传递出去；最后，与其他社会组织形成服务流动人口的长期合作机制，如女性流动人口的免费体检制度。

3. 成果形式

成果包括论文、举办会议、向女性流动人口提供服务和培训的机制建设等。

4. 项目的意义和影响

该项目的实施，是高校与社区基层组织合作、将学术研究应用于社区工作的一次有力实践，为服务、教育流动人口积累了经验，为建立专门化的组织和工作队伍奠定了基础。

在2009~2011年项目的三年执行期内，共有151名流动女性参与了该项目的培训活动。第一，这些培训和项目组所编制的《女性流动人口城市生活实用手册》为女性流动人口传递了城市融入、女性健康、心理调适、子女教育、就业创业、劳动权利保护等诸多方面的知识。第二，在女性流动人口之中形成了技能产出，即劳动就业技能、融入城市社区的生活技能和社会交往技能。第三，使女性流动人口了解自身的基本权利，形成自我权益保护的意识，获得了实现自我保护和维权的理论知识。第四，帮助女性流动人口搭建一个社会支持网络，这个网络涵盖了同伴、专家、社区工作人员、组织等多个主体。第五，组织影响。通过项目为期三年的工作，聚集了一批致力于流动人口研究和服务的专家队伍，也正是这支跨部门、多专业的专家服务队伍，为社区流动人口工作注入了新的服务理念和新的工作方法。

外国继承法比较与中国民法典
继承编制定研究

陈　苇

"外国继承法比较与中国民法典继承编制定研究"是2005年度国家社会科学基金项目（项目编号：05BFX019），项目负责人为西南政法大学民商法学院陈苇教授，主要参与人有王丽萍、朱凡、李俊、宋豫等。该课题2005年立项，2009年申请结项。经国家社会科学基金委员会聘请专家匿名评审，2010年4月公告其被鉴定的等级为"优秀"。

1. 研究目的

为《中国民法典继承编》的制定提供立法建议。

2. 课题进展情况

从2005年10月起，项目组成员与北京市、重庆市、武汉市和山东省四地的专家学者合作，在全国较大范围开展了"当代中国民众继承习惯调查"，于2007年10月完成了阶段性研究成果——《当代中国民众继承习惯调查实证研究——北京市、重庆市、武汉市和山东省四地民众继承习惯调查报告》（58.2万字），由群众出版社2008年1月出版。在此基础上，项目组成员分工合作开展项目专著的撰写工作，对最新外国继承法立法及司法资料进行了细致的梳理和研究，对现代外国继承法具体制度逐一进行比较评析，完成"外国继承法比较与中国民法典继承编制定研究"的研究任务。

3. 成果形式

该项目的成果为专著《外国继承法比较与中国民法典继承编制定研究》，共70.3万字。

4. 课题的意义和影响

该项目以实地社会调查收集的第一手资料"当代中国民众继承习惯"之统计

分析成果，作为中国《继承法》之修改、完善研究的国情基础；较为全面系统地构筑了比较继承法学的理论体系，丰富和发展了比较继承法学理论；科学地运用多种研究方法，追求理论性和应用性的统一。研究专著根据当代中国民众习惯的实际，借鉴外国立法经验，针对中国《继承法》之不足，提出修改、完善立法的具体建议，不仅为法学界、司法界和科研人员、高校学生提供了解中国民众继承习惯的参考资料，还为中国的立法机关制定 21 世纪的《中国民法典·继承编》提供了实证资料。该专著入选"2010 年度国家哲学社会科学成果文库"，2011 年3 月由北京大学出版社出版。

新疆高校女性学学科建设

刘　云

"新疆高校女性学学科建设"项目由美国福特基金会资助，新疆大学、新疆师范大学、昌吉学院、新疆维吾尔自治区妇女理论研究会共同承担实施并完成，项目总负责人为刘云，主要参与人有杨霞、孟凡丽、任一鸣、库来惜·阿不都拉等。项目于 2005 年 2 月立项，2008 年 1 月完成。

1. 研究目的

以新疆大学法学院、人文学院，新疆师范大学教育科学学院和昌吉学院中文系为重点示范点，进行女性/社会性别学学科建设，然后逐步扩至三所院校的其他院系及学科，进而在新疆各大高校普遍开设女性/社会性别学课程，培养具有女性/社会性别学基本理论功底及有一定教学经验的教学、科研和管理队伍；培养了一批年轻、具有较好学术素质和社交能力的社区工作人才。

2. 项目进展情况

在建设学科师资队伍方面，2005 年 3 月 26 日至 4 月 5 日，由新疆大学、新疆师范大学、昌吉学院三所高校组成的项目考察团赴大连大学、中华女子学院、天津师范大学进行项目考察学习；项目组分别于 2005 年 5 月、7 月、8 月及 2007 年2 月，在乌鲁木齐市和昌吉市开展了四次女性学师资培训；以项目给予一定资助的方式选送青年教师外出学习、考察、培训、参加学术会议，开阔其视野，助其成长。三年中，项目约资助 20 余名教师外出参加上述活动 30 余次。在课程建设方面，各校充分开发和利用本校资源，采取依托较早进入女性/社会性别研究领域的老师首先开课，几人合作开课、分段承担，跨校开课等方法，在研究生专业必修，本科生专业必修、限选、选修，全校公选等多层面上开设课程。在此基础上，每位老师以自己的专业为基础，找准切入点、结合点开设课程并将社会性别理念渗透于教学过程。在社会服务方面，该项目举办了各类讲座与培训，制作媒体节目，向社会传播社会性别理念。据不完全统计，三年中，面向党政干部、公检司法人员、妇女干部、教师、学生、社区干部、居民、农牧民等开展社会性别培训、制作媒体节目百余场次，听众约达 15000 人次；2006 年 2 月 24 日，为提高新疆决策层的性别平等意识，与自治区妇联联合举办"性别平等意识与决策主流"高层论坛，近 70 位男性高层领导到会；配合自治区妇联开展关于家庭暴力的调研，进行制止家庭暴力的宣传并参与制定"自治区预防和制止家庭暴力规定"。

3. 成果形式

①学科队伍建设方面，目前已形成了一支由多民族、多院校、多学科教师组成的年轻、充满活力的女性∕社会性别学的教学、研究、管理及社会服务队伍。②在课程建设方面，自 2005 年 2 月项目启动至 2008 年 1 月，新疆大学、新疆师范大学、昌吉学院、石河子大学、喀什师院及新疆农业大学六所高校，已开设女性∕社会性别学课程 14 门。③在学术研究方面，项目实施三年来，已有多所高校十余人次获自治区、校院级课题和国际项目支持，在一定程度上推动了新疆女性∕社会性别的研究和学科建设；发表学术论文近 100 篇，出版学术著作四部；举办召开各类学术会议、论坛、讲座等十余次。④在社会服务方面，项目组成员通过社会性别讲座、培训、媒体节目以及论坛的形式，积极向社会大众和决策层传播社会性别理念，推动了社会性别主流化进程。

4. 项目的意义和影响

通过该项目的实施，在新疆高校普遍开设了女性学，培养一批女性学的教学、科研及管理人才，并将其影响扩展至社区，普及了社会性别意识，增强了政府和社会的性别敏感意识，在一定程度上推动了将社会性别意识纳入政府决策主流，改善了妇女的生存发展环境。

性别与法律理论及行动研究

朱晓青

中国社会科学院法学研究所性别与法律研究中心承担的"性别与法律理论及

行动研究"项目由美国福特基金会资助。课题负责人为朱晓青，主要参与人包括陈明侠、黄列、薛宁兰、柳华文、谢海定、常鹏翱、张慧强、戴瑞君等。该项目于 2006 年 4 月立项，2009 年 12 月结题。

1. 项目背景及研究目的

2002 年 9 月成立的性别与法律研究中心致力于研究社会性别与法律间关系的理论与实践问题。其宗旨是开展研究项目，搭建起多学科共同研究性别与法律的国内外交流平台，创建中国的性别与法律研究基地，促进中国法学研究的多元化，推动法律领域中的社会性别主流化进程。"性别与法律理论及行动研究"项目的总目标是建立和完善中国性别与法律理论研究及行动交流的平台，促进法律领域中的社会性别主流化进程。

2. 项目进展情况

项目开展的主要活动有：搭建并拓展性别与法律研究的国内外合作网络；创建并完善中国第一家关注性别与法律的专门网站——中国性别与法律网；举办国内及国际学术研讨会；举办学术讲座；出版论著、译著；进行法律检审问卷调查和阅卷调研；从事性别与法律的比较研究，提出相关的对策建议等。

3. 主要成果

该项目已出版教材一本、专著一本、论文集两本、译著两本；性别与法律研究网络的成员单位已发展到国内的 18 所高校；项目举办的各类学术研讨、培训、讲座等共计 35 次，直接受益人数达 1000 余人。中心还创建了国内第一家关注性别与法律的网站——中国性别与法律网。

4. 项目的意义和影响

该项目推动了性别与法律理论研究的不断深入和发展；提出的立法建议、对策建议等对推动社会性别主流化发挥了积极作用；性别与法律研究网络的建立、扩大和"中国性别与法律网"的发展为国内外致力于该领域研究的有志之士搭建了沟通、交流、宣传的平台；网络成员中已有九所高校开设了和性别与法律相关的必修课、选修课或专题讲座，中心出版的《性别与法律研究概论》一书也被多个网络成员作为教学的参考书目，性别与法律的学科化建设正在逐步推进；通过项目的各项活动、培训，中心成员和网络成员的自身能力建设不断提高，也为今后更好地开展工作培养了新的生力军。

云南少数民族妇女在旅游开发与民族文化
传承中的地位和作用

周爱萍

"云南少数民族妇女在旅游开发与民族文化传承中的地位和作用"课题为 2008 年度云南省"两院"课题，由云南省哲学社会科学规划办评审立项。课题由云南民族大学少数民族女性与社会性别研究中心承担。课题主持人为周爱萍，主要参与人有孔海娥、杨文顺、李霞等，杨国才进行总协调与指导。该课题 2008 年 12 月立项，2010 年 12 月结题。

1. 课题背景及研究目的

云南省在旅游文化大省建设过程中提出了云南旅游"二次创业"的发展目标，即云南的旅游要从原来的观光旅游逐渐向民族特别是向民族文化旅游过渡和转变。在这样一个大背景下，课题组拟以丽江作为调研点，以丽江纳西族妇女作为重要访谈关注人群，探索少数民族妇女在旅游开发和民族文化传承中的地位和作用。

2. 课题进展情况

课题组成员于 2009 年 7～8 月、2010 年 2～3 月、2010 年 7 月多次赴丽江玉湖、束河、石鼓等民族社区，采用问卷调查法、个人深入访谈法、小组访谈法、参与观察法等进行调查，获取大量第一手资料，进行资料的整理分析，撰写阶段性成果论文《社会性别视角下的纳西族女性与丽江旅游业》《纳西族女性在丽江旅游业参与中的角色分析》等，并完成最终研究报告《云南少数民族女性在旅游开发和民族文化传承中的地位和作用——以纳西族女性参与丽江旅游业为例》。

3. 课题价值及意义

从学术价值来看，研究中能够清晰地观察到女性在参与旅游的过程中所带来的家庭、社会、受教育机会以及社会性别意识（男女平等）等方面的明显变化，从这种变化中管窥到一种文化在从传统向现代社会的转变中女性所起的极为重要的作用。研究成果中的对策和建议对于将少数民族妇女推向更为广阔的旅游市场提供了更多的思路，同时也使旅游主管部门能更多地关注女性可能遇到的困境，从而为女性参与旅游提供更多更好的平台，发挥了课题指导实践的作用。

增强防艾宣传教育中的"性"和
社会性别敏感

赵　捷　师振黎

"增强防艾宣传教育中的'性'和社会性别敏感"项目受美国福特基金会资助，由云南省社会科学院社会性别与参与式工作室领衔，协同云南师范大学的"学校禁毒和预防艾滋病教学科研示范培训基地"、云南警官学院的"青少年禁毒教育培训基地"和云南医学高等专科学校的"学校防治艾滋病教育培训基地"共同实施。课题总协调人为赵捷、师振黎，主要参与者及子课题负责人为莫光跃、龙榕和骆寒青等。项目于2009年6月正式启动，至2010年底基本完成。

1. 研究目的

所有针对艾滋病进行早期防治教育的国家，几乎都因宣传上对"性"的沉默和基于社会性别的偏见与歧视，而导致防控出现"瓶颈"。该项目旨在将社会性别敏感和性健康权利引入防艾教育，改变观念和行为，避免民众特别是妇女和女孩因不知情而感染艾滋病病毒，以期利用云南现有资源——防艾宣传教育基地，探索相关教育模式并形成长效机制。

2. 项目进展情况

该项目正式启动后，领衔单位与各基地负责人共同精选骨干教师，并通过TOT培训，提升其掌握"艾滋病防治与性/社会性别敏感和健康维权"理念和知识。促使三个基地分别组建工作组，制定如何运用所学开展相关教学和科研的计划。提供种子基金，使其通过实践教学、田野调研或校园干预，边做边学边提升。过程中的活动被记录整理，又形成案例，以便团队自身和更多同行开展经验性学习和教学。领衔单位与合作伙伴形成工作网络并保持良好的伙伴关系。

3. 成果形式

该项目培育了一批掌握"艾滋病防治与性/社会性别敏感和健康维权"理念和知识的骨干教师和学生志愿者并形成了梯队；各基地结合教学特点探索出针对不同群体（教师、警察和乡医）的相关教育模式和配套教案。

4. 项目的意义和影响

①直面挑战。把性健康与传统文化、人口流动及经济和社会转型等问题联系

起来，在"性"与社会性别语境下分析艾滋病防治宣传教育的可及性。②滚雪球和长效机制。受训教师隶属云南师范大学、云南警官学院和云南医学高等专科学校，他们教授的学生未来服务社会时面对的正是有可能感染艾滋病病毒的脆弱人群：广大青少年、"问题"人群（暗娼、嫖客或吸毒者）和农村留守妇女。他们有长期教学任务并能自觉传播相关知识。

中国妇女民间艺术研究与展示

魏国英　祖嘉合

"中国妇女民间艺术研究与展示"课题由美国福特基金会资助，北京大学中外妇女问题研究中心组织实施。课题总负责人为魏国英、祖嘉合，主要参与者有仝华、康沛竹、王成英。2004 年策划启动，2007 年 8 月结题。

1. 研究背景与目的

女性与民间艺术相得益彰的密切关系，在"男主女从"的性别制度和性别文化的制约下，总是被忽略和漠视。即使在保护非物质文化遗产呼声日渐高涨的新时期，人们也常常忘记对民间艺术的性别审视。倘若说民间艺术的精髓是"民"之内涵、"艺"之特征的话，那么，该课题就是对隐藏在"民"之中的"女"之内涵给予揭示与张扬。

2. 课题进展情况

第一，通过校园网招聘访员，共招聘到来自北京大学等 11 所大学的博士生、硕士生、本科生访员 130 多人。第二，对访员进行"社会性别与妇女发展""口述史访谈方法与技巧""人物摄影技巧"等知识与技能的培训。第三，访员利用假期回家探亲之机，深入农村或基层访谈女艺人。第四，从访员带回的遍布 20 个省区市、12 个民族的 100 多盒磁带、2000 多张照片中整理出近百位女艺人的口述资料，并进行梳理和研究。第五，在展示、交流的基础上，选取其中 80 位女艺人的创作历程汇集出书。

3. 成果形式

成果包括艺术品展示、论文发表和书籍出版。中国社会科学院、东北师范大学、美国威尔斯理学院、美国东北大学等国内外学者和师生代表参观了作品展示；课题组成员在《中国女性文化》等期刊上发表论文八篇；出版了《我的民间艺术世界——八十位女性的人生述说》（北京大学出版社，2007年6月版）。

4. 课题的意义和影响

该课题记录了民间女艺人独特的艺术感悟和创造才能，展示了劳动妇女对生活艺术的追求、通达乐观的生存理念及其特有的情感世界。从这个群体身上，可以触摸到时代前进的脉搏、文化变迁的轨迹、女性发展的路径。该课题由教师到大学生访员再到民间女艺人的传递运作方式，获得国内外学者的一致好评；文化部"中国非物质遗产研究报告"引用了该课题的研究成果；北京大学出版社把《我的民间艺术世界》作为参加国内外书展的必展书。

中国女性社会学学科化的知识建构

张李玺

"中国女性社会学学科化的知识建构"课题是国家社会科学基金项目，项目编号：06BSH058 由中华女子学院校长张李玺主持，项目组成员包括北京大学社会学系佟新，中华女子学院社会学系石彤、王宏亮、李芳英。项目还得到王金玲、蒋永萍、杨国才、赵捷、吴小英、肖扬、熊跃根、郑丹丹、沈奕斐、马春华、武承睿、曹婷婷、黄河、王颖、张小红等一些女性社会学研究者的参与和支持。项目于2006年立项并启动，于2011年结项。

1. 研究目的

该研究旨在推动中国女性社会学学科化的本土知识建构进程；以学科化为视角，以社会现实为基础，提出问题、确立问题、展开问题、回答问题，形成中国女性社会学的知识，赋予女性社会学一个较为清晰的框架和基本内容；探索建构中国女性社会学的基础的、系统的和独特的本土知识体系；为女性社会学传播提供一个较好的读本，为中国女性社会学的教育做出贡献。

2. 项目进展情况

该项目采用多元研究方法，系统再现了中国女性社会学学科化知识建构的历史累积历程，通过对"女性社会学"概念进行辨析，对"中国女性社会学学科化的知识建构"进行诠释，建构中国女性社会学的理论基础和体系，在此体系内探寻中国女性社会学已经取得重要成果的研究领域，如女性与文化、教育、家庭、社会分工、身体与健康、社会分层、社会流动、社会福利，等等。

该项目出版了论著、进行了研究方法的梳理、开展了课程建设等；召开了焦点小组、小型专家论证会议，明确建构的核心概念及价值；撰写了五篇论文，其中四篇发表在 CSSCI 期刊上；形成了成果专著《中国女性社会学：本土知识建构》。

3. 成果形式

成果包括专著、论文，研究生、本专科生课程的机制建设等。

4. 项目的意义和影响

该项目从女性社会学的视角着眼，对女性面临的社会问题进行了学科化和本土化的理论梳理，描述了中国女性社会学知识系统的四个来源，概括了理论和实践的现实演进，探讨了学科化知识建构的内涵，辨析了该学科的若干主要概念，论述了其理论基础、知识体系建构的基本框架和已经取得的重要本土成果。在前期研究成果缺乏的情况下，在借鉴和批判女性主义理论取向的基础上，通过与主流学界的对话，试图将女性主义研究和社会学研究有机地结合起来，这本身便是一个有意义的尝试。第一，在研究内容及方法的成果，尤其是理论研究内容成果上的创新、特色和建树，丰富了中国内地女性社会学研究成果。第二，在认识和解决女性的社会问题上具有应用价值，可以促进中国女性社会学研究的深入和拓展，更进一步推动中国女性社会学的主流化和制度化，确立中国女性社会学的学科地位，推进性别平等与社会和谐发展。第三，该研究具有社会影响和效益，通过学科化探讨带动中国女性社会学的学科发展和知识普及，使得女性社会学的研究者以及一批实践者和行动者、学生群体（包括本专科学生、研究生等不同层次的学生）受益。

中国社会政策协调和社会
性别平等促进

李树茁

"中国社会政策协调和社会性别平等促进"项目课题由美国福特基金会资助。课题总负责人为李树茁，主要参与人有杨雪燕、韦艳、李艳、李亮、张群林、闫绍华、石艳群、江和春、尚子娟等。2005 年发起课题规划，2006 年 5 月立项，2008 年 5 月结题。

1. 研究目标

以促进社会性别平等为根本目标，针对国内出生性别比偏高问题，在研究国际促进社会性别平等和治理出生性别比偏高问题的经验的基础上，对于中国有关女孩生存、参与和发展的现状和未来进行社会政策分析和设计，旨在形成协调一致的社会政策系统，实现人口、资源、社会的和谐与可持续发展。

2. 课题进展情况

对应于上述研究目标，该研究在宏观国际治理经验比较、微观县区级政府治理干预和国家宏观公共政策促进三大部分展开研究。客观国际治理经验比较部分提高了项目工作人员对国际及国内出生性别比偏高问题的认识，发表论文两篇，形成专著一部，会议交流两次，扩大了项目影响。微观县区级政府治理干预部分研究形成了三份政策分析报告，提高了项目和工作人员对社会政策体系的认识；形成国家报告一份，论文四篇，高层领导重点批示三次，国家层次项目汇报一次，扩大了项目影响；同时促进了郾城区政策调研报告和两个政府文件的出台，即"计划生育优惠卡"项目和《中共漯河市郾城区人民政府关于对农村计划生育女孩家庭实施关爱行动落实有关社会政策的意见》；形成了切实可行的"七保"政策，并形成了"四制"工作思路以确保该政策的顺利实施。国家宏观公共政策促进部分，通过参加"关爱女孩行动"课题研究成果、工作进展与推广应用研讨会和"综合治理出生性别比偏高问题专题报告会"等高层会议，西安交通大学人口所教授李树茁、朱楚珠等向国家人口计生委汇报了项目研究所取得的阶段性成果及相关政策启示，并以专题报告的形式向国家人口计生委领导提交了政策建议。

3. 成果形式

成果形式包括研究报告、专著、论文、政策提议等。国际治理经验比较部分研究形成了八个国际性别失衡治理经验的国别报告和三个不同版本的总报告。

4. 课题意义和影响

通过发表论文、会议交流、提交政策报告等形式，扩大了课题成果的社会影响；项目成果得到了相关领导的批示，包括国家人口计生委副主任赵白鸽对于郾城区工作的批示；国家人口计生委对居巢区进入二期试点的批示；河南省计生委孟宪臣主任对于郾城区工作的批示。

中国预防以劳动剥削为目的的拐卖

——福建省基线调研

李明欢

"中国预防以劳动剥削为目的的拐卖——福建省基线调研"由国际劳工组织和中华全国妇女联合会联合实施，加拿大国家发展署提供资金支持。项目旨在预防以劳动剥削为目的的拐卖，促进妇女儿童的劳动权益保护。项目总负责人为厦门大学李明欢教授，主要参与人有唐美玲、武艳华、聂伟、王晓明、王铮、曹喆等。项目于 2010 年 6 月立项，2010 年 12 月结项。

1. 研究背景

2004 ~ 2008 年，国际劳工组织和中华全国妇女联合会合作，共同开展了"中国预防以劳动剥削为目的的拐卖妇女儿童项目（CP – TING 项目）"。该项目的主要目标是帮助预防妇女和儿童（12 ~ 24 岁）因被拐卖而被迫卖淫或被迫劳动，其战略就是要降低她们被拐卖的可能性，并帮助处于被拐卖危险之中的 16 ~ 24 岁青年妇女安全迁移，使她们最终找到体面的工作。项目为进一步改进预防性战略，加强知识库建设，需要在劳动力输入和输出的主要省份进行基线调研，了解 16 ~ 24 岁青年妇女的基本情况。为此，福建省作为劳动力输入省份加入二期项目之中。

2. 研究目的

基线调研项目的目的在于通过大规模问卷调查，了解儿童和青年妇女遭受以劳动剥削为目的的拐卖情况，加强 CP – TING 项目的知识库建设，为后期预防和干预性战略项目的开展提供资料支持和依据。福建省基线调研的具体目标是：估算遭受劳动剥削的儿童和青年妇女所占的比例；了解儿童和青年妇女遭遇剥削的类型；界定出妇女儿童遭遇拐卖的风险因素；了解被拐卖高危人群和受害者的情况，大致确认被拐卖目标人群的范围。

3. 项目进展情况

基线调研主要是以调查问卷为主的定量研究，辅以小范围的半结构式访谈和座谈会或讨论会。2010 年 5 月项目组在北京参加了国家项目办组织的会议，共同商讨调查的相关工作，包括讨论和修改问卷、访谈和座谈会提纲，确定抽样方法等；2010 年 6~7 月课题组在福建省厦门、漳州、泉州开展试调查，协助国家项目办完善调查问卷和访谈提纲；2010 年 8~10 月，项目组主要人员带领厦门大学社会学系研究生和本科生多次到漳州、泉州等地开展调查，并与当地妇联、公安等相关部门召开五场次座谈会；2010 年 10~12 月完成调研报告的撰写和修改，并多次参加福建省妇联的项目座谈会。

4. 成果形式

成果主要是数据库和研究报告。

5. 项目的意义和影响

该项目呈现了福建省儿童和青年妇女就业和生活的基本状况，加深了对福建省妇女儿童发展状况的认识，弥补了 CP-TING 项目数据库的不足，为 CP-TING 项目和福建省妇联后续工作的开展提供了理论指导和数据支持。项目组与福建省妇联建立了密切的联系，并参与了 CP-TING 项目二期的相关工作。

论 著 选 介

《女性特质》（〔美〕苏珊·布朗米勒著，徐飚、朱萍译，南京：江苏人民出版社，2006）

该书通过女性身体、发型、服饰、声音、皮肤、动作、情感、雄心等方面，描绘了女性特质的多种表现形式。该书为"汉译大众精品文库"系列之一。作者认为，"女性特质"不同于"女性"，女性特质将男女之间的生理差异成百倍地夸大，以使女性身体更为柔弱，行动更为迟缓，行为更加犹疑，谈吐愈发缺少自信。女性在笑纳"美丽""纤细""动人"等辞藻的同时，也接受了一连串的樊篱枷锁。作者用审美和细节说明，男女世界之间存在强有力的微妙差别，"在这个世界里，强权的美建立在对柔弱无力的赞美上"。　　　　　　（刘晓辉）

《马克思主义与社会性别研究》（李晓光著，北京：知识产权出版社，2007）

该书主要探讨了马克思主义与社会性别研究的关系。作者指出，马克思主义理论为妇女解放问题提供了一个唯物主义的科学分析基础，当代西方女性主义从马克思主义理论中获得了有益的思想启示。书中同时论述了当代西方马克思主义女性主义者的主要观点以及她们对于马克思主义理论在分析妇女问题方面存在的不足的揭示。作者最后阐明，作为一个重要的社会学说，女性主义在当代的发展需要解决"平等、自由、公正、主体间性"几个哲学层面的问题；而马克思主义为实现其当代价值，丰富马克思主义妇女理论，借鉴和吸纳当代马克思主义女性主义和社会性别研究的成果，也不失为发展自身的一剂良方。　　　　（刘晓辉）

《迈向女性主义的国家理论》（〔美〕凯瑟琳·A. 麦金农著，曲广娣译，北京：中国政法大学出版社，2007）

该书探讨了在智识和政治的关系问题上社会性别差异所具有的重要性，即在认识论的层面上探讨性别政治问题。该书为"美国法律文库"系列之一。书中分析了社会权力如何塑造我们的认知方式，以及我们的认知方式又是如何形塑社会权力中男女的不平等。该书从阐释马克思主义和女性主义在两性不平等问题上各自的主张开始，通过以女性地位为中心的性别批判，在认识论的层面上重构女性主义，进而通过经由法律确认的、更为详细规定的女性的社会建构和待遇，来探讨制度化的国家权力，从而得出结论。该书代表了麦金农从女性的观点出发对政治、性以及法律的强有力分析，是法学领域的重要著作。　　　　　（刘晓辉）

《国际妇女百科全书（精选本）》（上、下卷）（〔美〕谢丽斯·克拉马雷、〔澳〕戴尔·斯彭德主编，"国际妇女百科全书"课题组译，北京：高等教育出版社，2007）

该书是从《国际妇女百科全书》外文版原有的914个词条中选取了310个词条翻译而成。内容涉及文学、文化和传播、生态和环境、经济、教育、健康、家庭、政治、宗教科技、暴力与和平、妇女研究等13个领域，是一部有关妇女与社会性别研究和实践的最新的综合性、跨学科的百科全书，一部具有权威性和实用性的工具书。它将有助于人们加深对妇女学和社会性别理论的认识，借鉴国际妇女运动的理论和经验，推动中国妇女学和社会性别平等的发展。　　（李线玲）

《全球化语境中的异音：女性主义批判》（王丽华主编，北京：北京大学出版社，2008）

该书是第一本在中国出版的由海内外华人女性主义学者对全球化语境发出强大"异音"的著作，为"文化理论丛书"之一。作者通过女性主义批判的全新视角，对全球化理论进行了分析和批判。翻阅此书，无论是对女权主义后发展理论对全球化话语的否定，对美国经济全球化的理论基础——"新自由主义"入木三分的剖析，还是对"生活方式"女性主义和消费文化之间既批判又结盟复杂关系的揭示，都有助于扩展读者的眼界和思路。根植于中国的本土实证研究，着眼于中国劳动妇女和少数民族妇女的经历，无论是全球化对女性就业、健康的影响，还是处于民族与性别之间的多重等级关系之中的妇女的劣势处境，都使人受到前所未有的震撼。　　　　　　　　　　　　　　　　　　　　　（刘晓辉）

《男性特质》（〔美〕苏珊·鲍尔多著，朱萍、胡斐译，南京：江苏人民出版社，2008）

该书通过坦率、审慎地看待父亲入手，详尽展示了日常生活中的男性特质。该书包括隐秘部位、公众形象、反思雄性动物三个部分，探讨了阴茎图像、50

年代的好莱坞、男性美的标准、性骚扰等一系列话题。作者认为传统对"男性美"概念的理解受到社会期望的严重影响，与男性审美本质有很大误解，通过对 50 位好莱坞男星的体形分析，重新设计男性美的标准，对"男性特质"进行了重新定义。无论探究的是迈克尔·乔丹或是亨伯·亨伯特，是同性恋男角的性器还是作者自己的小学经历，她始终拒绝刻板地划分男性，而是诚实且微妙地将男人视为有血有肉之躯。该书是贯穿电影、电视、艺术、广告、时尚、流行文化、通俗心理学、社会科学、文学、医学等方面的一项惊人研究，有思想、有趣味、有魅力。　　　　　　　　　　　　　　　　　　　（刘晓辉）

《妇女与中国现代性：西方与东方之间的阅读政治》（〔美〕周蕾著，蔡青松译，上海：上海三联书店，2008）

该书用独到的方法，理论化地研读了中国现代文学史上大家熟悉的文本与问题。该书系"海外中国现代文学研究译丛"之一。通过可见的形象、文学的历史、叙事的结构和感情的接受四种批评的途径，牵涉中国现代性的各个方面：种族观众的构成、通俗文学中的传统的断裂、由叙事引发的一种新的"内部"现实的可疑结构以及性别、感伤主义与阅读之间的关系。该书也从电影影像、大众文化、主流文学及心理学等多重角度，剖析女性主义理论的洞见与缺失；检讨中国现代化过程中，女性主体的建立与反挫；并进一步对"妇女""中国""现代性"等既定观念的合理性及合法性提出质疑。该书英文版获 1990 年芝加哥女性出版首奖，是海内外影响深远的中国现代文学和性别研究名著。　　　（刘晓辉）

《全球化与理论旅行：跨国女性主义的知识生产》（闵冬潮著，天津：天津人民出版社，2009）

该书以跨国女性主义的知识生产问题为研究对象，主要探讨"流动的空间"与"消失的地域"——反思全球化过程中的空间与地域的想象；跨国女权主义运动快照之一：gender 在中国的旅行片段；在不可能中创造可能——关于妇女/性别研究学科化的思考等方面的知识，供读者参考。该书是"妇女与社会性别学书系"之一。作者认为，在国内妇女研究已经步入全球化的状况下，如果只关注"本土化"或"中国化"，已不能说明问题，全球化的背景对中国的妇女研究来说意味着新的思考与学术挑战。中国的妇女研究再往前行，也是要在不可能中创造可能。该书是上海大学"211 工程"第三期项目"转型期中国民间的文化生态"

的成果，由上海大学社会科学学院出版基金资助。　　　　　　　（刘晓辉）

《性别麻烦：女性主义与身份的颠覆》（〔美〕朱迪斯·巴特勒著，宋素凤译，上海：上海三联书店，2009）

该书是"性与性别学术译丛"之一。作者首先对"女性"作为女性主义的主体提出质疑。她对波伏瓦、克利斯蒂瓦、维蒂格等法国女性主义者的主要观点分别进行梳理，并追溯到她们各自所依据或所反对的阳具罗格斯中心主义的理论源头。她借用后结构主义、精神分析和女性主义的分析框架，通过对斯特劳斯结构主义人类学、福柯的管控性生产、拉康的原初禁制理论和弗洛伊德的性抑郁的解读，从哲学本体论层面重新追问语言、主体、性别身份等关键性概念，深刻阐述了异性恋框架下的性别身份和欲望关系是如何形成的，从而颠覆了霸权话语对性、性别、性欲的强制性规定。该书是一部富有创见的女性主义理论的精彩论著，并被奉为开创"酷儿理论"的经典文本。　　　　　　　　　（刘晓辉）

《女权主义政治与人的本质》（〔美〕阿莉森·贾格尔著，孟鑫译，北京：高等教育出版社，2009）

该书为"当代英美马克思主义研究译丛"之一。作者在讲述当前女权主义理论四个主要流派——自由主义女权主义、马克思主义女权主义、激进女权主义、社会主义女权主义的基础上区分了各流派的主张，并抽象出其中关于性别平等的设想和暗示，努力用批判的视角审视分析其优势和弱点。作者对四个主要流派核心思想中关于人的本质问题的观点进行了区分，同时追溯人的本质与每一种理论之间的联系，以及各流派对女性问题的批判，尤其关注其关于社会变革的建议对解决性别不平等问题具有的指导性意义。作者认为，社会主义女权主义提出了相对中立、客观、全面、实际和有用的理论，在已有的明确表述出来的女权主义理论中是最令人满意的。该书逻辑性强，是马克思主义、女权主义和性别研究的重要参考文本。　　　　　　　　　　　　　　　　　　（刘晓辉）

《谁来讲出关于女人的真理？——哲学视域下的性别研究》（王宏维著，北京：九州出版社，2010）

作为全新的哲学论集，该书呈现女性抽象思辨的力量，让人感受哲学领域中发出的女人的声音以及女人对知识生产和对当代学术的贡献。该书系"新生代女性主义学术论丛"之一。包括"女性主义的启蒙运动""性/性别与政治""性别与经济、市场""教育与性别平等""'男婴偏好'与性别谋杀""女性的生存与发展""反思传统与现实""性别/哲学/理论"八个专题，每个专题中又包括内容不同的文章。作者从哲学视角分析中国当代女性生存与发展面临的问题，并将这些问题剖析得清清楚楚，让女性看清问题的本质并找到自己该走的人生之路。 （刘晓辉）

《女性主义与国际关系——权力、战争与发展问题的社会性别分析》（胡传荣著，北京：世界知识出版社，2010）

该书是上海市哲学社会科学"十五"规划项目"女性主义国际关系理论研究"的研究成果，也是"国际问题文丛"之一。该书在对女性主义国际关系学派的核心概念、本体论、认识论以及该学派与主流学说的关系进行梳理的基础上，通过对权力与安全、战争与和平、发展与国际秩序等国际关系学的三个重要领域进行研究，考察女性主义对主流学说的剖析及其对相关问题的见解，综合探讨国际关系学知识体系的建构与体现于其中的社会性别观念之间的互动。同时，该书尝试运用中国的案例对女性主义这一来自西方的学说进行检验，力图展示实现社会性别平等对中国倡导建设和谐社会的重要性。 （李线玲）

《女性主义科学观探究》（董美珍著，北京：社会科学文献出版社，2010）

该书是妇女/社会性别学学科发展网络推出的"妇女与性别研究参考书系"之一。科学与性别似乎是两个互不相关的主题，女性与科学也似乎分属两个不同的世界。该书梳理和探讨了西方女性主义对二者关系的立场与主张，分析、比较了不同女性主义流派的科学观，并对其所遭遇的矛盾与困惑做了深刻反省与批判，有助于读者从整体上把握女性主义科学观的精髓，进一步明确其理论旨趣以及与传统科学观的差异之处，以促使人们深入思考真正有益于人类的科学应该是什么样的。该书在国内学术界第一次对女性主义科学观进行了比较全面系统的梳理和研究。 （李线玲）

《都市里的农家女：性别、流动与社会变迁》（〔澳〕杰华著，吴小英译，南京：江苏人民出版社，2006）

该书描写了20世纪末、21世纪初那些离开家乡农村到城市寻找工作、加入被认为是和平时期世界上最大的国内迁移浪潮的中国女性的故事。该书主要以对生活在中国首都北京的农村女性的人类学研究为基础，同时对这些妇女在城市的生活经历和故事进行分析。它在深度民族志研究的基础上，试图理解流动者本身是如何体验流动的。作者集中关注从农村到城市的流动者，特别是女性流动者的经验，关注她们谈论那些经验的独特方式，以及那些经验如何影响了她们的世界观、价值观和人际关系的方式。通过对都市里的农家女的一手材料的说明，作者提供了关于农村女性与城/乡经验之间如何协调的有价值见解。该书有助于人们理解社会性别与社会变迁之间的关系，以及全球化与现代化如何在个人层面得到体验的方式。　　　　　　　　　　　　　　　　　　　　　　　　　　　（贺燕蓉）

《私人生活的变革：一个中国村庄里的爱情、家庭与亲密关系（1949～1999）》（〔美〕阎云翔著，龚小夏译，上海：上海书店出版社，2006）

该书荣获 2005 年度"美国亚洲学会列文森图书奖"。作者以知情人的视角，展示出一幅关于个人经历及普通村民精神世界的充满微妙变化的图景。作为一部杰出的乡村民族志，该书探究了一个以前从未被其他学者研究过的课题：中国农民家庭生活中的个人与情感问题。全书是以东北的下岬村为调查对象，分别从纵观下岬村这一本土道德世界的变化、农村青年择偶过程的变化、这一转变过程中的各种细节、家庭财产分割过程中三种相互关联的习俗沿革以及在彩礼上体现出来的巨大变化等，讨论了作为独立个体的个人的出现与发展和国家在私人生活的转型以及个人主体性的形成中所起的重要作用。结论是在过去半个世纪里，农民的私人生活经历了双重的转型，这一转型的核心在于个人作为独立主体的兴起。　　　　　　　　　　　　　　　　　　　（贺燕蓉）

《跨地域拐卖或拐骗——华东五省流入地个案研究》（王金玲著，北京：社会科学文献出版社，2007）

该书是"中国地方社会科学院学术精品文库·浙江系列"丛书之一。该书在翔实的被拐卖/拐骗妇女儿童的述说资料中，清晰地展现了被拐卖/拐骗妇女儿童的流出缘起、经过、流入过程以及在流入地生活的辛酸苦辣；为人们揭示了社会中典型的非正常区域流动群体的生活众相；为政府部门进一步制定、完善遏制拐卖或拐骗人口，尤其是拐卖或拐骗妇女儿童现象的法律、政策和措施提供了基础性资料，并提出有较高可行性和有效性的政策建议和行动建议。　　（李线玲）

《社会性别与妇女权利》（薛宁兰著，北京：社会科学文献出版社，2008）

该书是中国社会科学院重大科研课题"社会弱势群体法律保障机制研究"的子课题"妇女权利法律保障"的研究成果，也是由中国社会科学院法学研究所陈甦主编的"社会法论丛"系列丛书中的一部。该书立足于中国社会发展进程中若干阻碍女性权利实现的社会问题，尝试从社会性别视角分析这些问题，力图站在国际人权法平等与非歧视原则的立场上，运用国际人权法中推动两性实质平等的三个基本范畴——直接歧视、间接歧视、暂行特别措施，对消除当前中国妇女权利实现的主要障碍，提出完善相关法律制度的对策。该书主要讨论了妇女权利保障的国际法与国内法、促进妇女参政的法律措施、就业性别歧视的界定与法律应对、性骚扰及其法律规制、家庭暴力的法律防治等性别与法律问题。　　　　　　（李线玲）

《身体·性·性感：对中国城市年轻女性的日常生活研究》（黄盈盈著，北京：社会科学文献出版社，2008）

该书是"田野人文丛书"作品之一，作者从身体、性、身体与性的关系这三大领域着手对已有的研究文献、理论探讨进行回顾，侧重人类学与社会学的相关研究，重在梳理这些研究所体现的方法论与理论流派，以及这些研究的启发意义。该书通过深度访谈（38个个案）与日常观察体验的方法收集了翔实、生动的资料，并以此为基础，多层次地呈现20世纪70年代中国城市女性对于"身体""性"以及"性感"的理解、实践和体验。该书着眼社会的常态和弥散性，强调了中国本土的具体情境，提出"身体"研究不应该盲目地套用欧美的理论框架（比如"身-心关系"）来展开，强调"主体的构建"和"女性作为个体的经验"，开拓了"身体"的经验性研究，对人类学研究起到积极作用。　　　　　　（贺燕蓉）

《城市女性社会空间研究》（黄春晓著，南京：东南大学出版社，2008）

该书从西方20世纪70年代以后的女性主义空间研究出发，深入阐释了女性主义的理论意义和实践可能，并在总结和借鉴西方国家研究经验的基础上，对中国女性社会空间发展的现状进行了探讨，试图构建中国的女性空间研究框架。该书首次对中国女性社会空间的历史演变过程进行了深入的分析，总结了中国古代、近代、现代和当代四个历史时期女性空间发展的重要特点。同时，还以南京为例，运用大量实地调查数据，对当前女性的就业空间、居住空间和休闲空间进行了研究，提出了中国现阶段女性社会空间发展的一般特征及其影

响因素，构建了女性空间发展的动力机制系统，为城市规划、空间设计和空间研究提供了参考。 （贺燕蓉）

《社会性别量表的开发与应用：中国农村生殖健康领域研究》（杨雪燕、李树茁著，北京：社会科学文献出版社，2008）

该书主要是关于中国农村生殖健康领域社会性别量表的开发与应用的研究，是"西安交通大学人口与发展研究所学术文库"丛书的一种。社会转型使得中国农村生殖健康领域长期存在的社会性别不公平问题更加凸显，阻碍了人口与社会长期可持续的和谐发展。社会发展目标和农村生殖健康领域的现实，要求深入研究生殖健康领域服务对象和服务提供者的态度和行为、社会性别公平状况，促进生殖健康中的社会性别公平。该书发展出适用于中国农村生殖健康领域的社会性别意识和行为量表体系，并分别从学术性和实践性两条途径探索了量表的应用，进而从改善公共卫生管理的角度，提出了国家和县区级计划生育/生殖健康优质服务的社会性别公平促进框架，为中国生殖健康领域的社会性别公平促进提供了基础性的测量工具和干预思路。 （宓瑞新）

《悄然而深刻的变革——周山村村规民约修订纪实》（中央党校妇女研究中心性别平等政策倡导课题组编，郑州：河南人民出版社，2009）

该书包括周山村村规民约修订纪实、周山村村规民约修订过程记录、周山村村规民约、全国其他省份的探索行动、周山村村规民约修订中的常见问题五个方面的内容。该书指出，现在许多村实施的村规民约最突出的问题是存在着"性别盲点"甚至性别歧视的条文。具体表现在按照父系制原则，侵害婚姻流动中妇女的权益，例如拒绝出嫁女留在本村，不让因离婚、丧偶回村的妇女落户等。这种村规民约违背《中华人民共和国婚姻法》《中华人民共和国妇女权益保障法》，甚至是违宪的。因此修订村规民约有着势在必行的紧迫性，也是村民自治的应有之义。该书认为：推进基层的性别平等，可将依法修订村规民约作为一个"抓手"，进而促进村庄规范和风俗层面的结构性改变，这也是治理出生性别比失衡的一个治本之策。 （李线玲）

《生育政策与出生性别比》（杨菊华等著，北京：社会科学文献出版社，2009）

该书是"当代中国人口问题研究系列"丛书之一，主要内容包括近30年来出生性别比失衡的宏观背景、出生性别比的趋势与特点、出生性别比失衡的文献综述、理论分析框架与理论假设、宏观层面分析结果、个人层面分析结果等。该书指出：在一个有着歧视性性别偏好与实现偏好技术日益普及的国度，过紧的生育政策与出生性别比之间存在因果联系，这对人们重新认识与评价中国现行生育政策具有重要启示；作者提出的中国情景下的"胎次激化双重效应"框架是一个突破性的探索，值得进一步验证和深化。该书是国内第一部直接探讨生育政策与出生性别比之间关系的著作，内容翔实、资料可信、观点公允、方法得当，具有前沿性和原创性特点。　　　　　　　　　　　　　　　　　　　　　（李线玲）

《性别与法律研究概论》（陈明侠、黄列主编，北京：中国社会科学出版社，2009）

该书是中国社会科学院法学研究所性别与法律研究中心"性别与法律比较研究"课题的成果之一，也是该中心第一部性别与法律研究教材。该书分为上、下两篇。上篇共计 5 章，是性别与法律研究概论的总论部分，介绍了西方女权主义社会性别概念、女权主义法学理论和社会性别主流化的产生和发展。下篇共 7 章，各章运用社会性别分析方法，对中国的宪法、刑法、婚姻法、劳动法、诉讼法、国际人权法和法律教育中的性别平等问题进行了初步的检审，并提出了相应的对策建议。该书为第一部专门论述性别与法律关系，运用社会性别视角和分析方法审视中国相关法律的教材。　　　　　　　　　　　　　　　　　　　（李线玲）

《中国经济转型与女性经济学》（〔美〕冈扎利·别瑞克、〔加〕董晓媛、〔美〕格尔·萨玛费尔德主编，北京：经济科学出版社，2009）

该书包括 12 篇中国、美国、加拿大、英国和法国学者的论文，这些论文运用女性主义经济学研究方法分析了中国土地制度改革、独生子女政策、乡镇企业改制、国有企业改革、医疗卫生制度改革、对外开放、吸引外资以及中国加入世界贸易组织对中国妇女地位的影响，关注并探讨了社会转型期出现的社会性别与消费文化、美女经济等现象。该书运用多学科的视角和方法交叉研究社会经济现象，向学术界提供了一些关于市场转型、经济发展、国际贸易、劳动市场和消费理论等方面的新的实证证据。通过关注就业歧视、工资低、工作环境差等一系列问题，思考社会医疗服务、土地分配和政策执行等方面存在的不平等问题，为制定具有性别敏感性的政策和措施提供了理论依据。　　　　　　　　　（李线玲）

《性别视角：生活与身体》（王金玲、林维红主编，北京：社会科学文献出版社，2009）

该书是中国大陆选编的第一部有关台湾妇女／性别研究的论文选集，是台湾"妇女·性别研究文丛"之一，它打开了一扇窗户，让人们看到了一种新的学术视角和研究理念。该书的主要议题包括：生活与性别空间、亲属与性别关系、身体与性别政治。"生活与性别空间"借由观察厨房、校园等生活与学习空间的配置，挖掘空间所隐含的社会身份或阶级间的权力关系，揭示女性如何抗拒性别宰制并从中找到自身认同；"亲属与性别关系"着重探讨了性别关系对亲属关系的影响，并观察女性在工作、休闲与家庭意识形态上的自我觉醒与赋权过程；"身体与性别政治"则深探父权脉络下台湾女性的身体与医疗处置是如何受到切割与异化的，分析台湾性教育的话语观点如何处理性取向及社会性别等的差异，解释婚姻暴力中妇女身体受虐的政治含义。 　　　　　　　　　　　　　　　（贺燕蓉）

《闲谈与社会性别建构》（陈春华著，上海：上海交通大学出版社，2009）

该书是"当代语言学研究文库"作品之一。作者从会话分析以及话语心理学的角度，讨论了中国朋友间闲谈的形式、功能及语言特点，对闲谈的会话结构及特点进行了细致的梳理和透彻的分析，进而揭示了会话者在闲谈中的社会性别建构。该书发现，闲谈的形式主要包括讲故事、说闲话以及打趣等，闲谈的交际功能主要包括建立或巩固友谊、交流信息等。人们利用闲谈建构了自己期望的社会性别身份与社会性别特征，并实现了性别意识形态的建构。由于受到统治性社会性别特征的束缚，建构过程也表现出对统治性社会性别特征的顺从或颠覆。 　　　　　　　　　　　　　　　（贺燕蓉）

《后村的女人们——农村性别权力关系》（李银河著，呼和浩特：内蒙古大学出版社，2009）

该书是李银河教授关于农村家庭权力关系的研究成果，是一份翔实生动的调查研究报告。该书以描述性研究方法为主，从而回避了由于中国地域广阔，难以通过抽样或非抽样方式获取最全面、客观的材料这一问题。作者全面分析了河北省一个普通村落——后村的家庭结构、性别权力关系等情况，针对女性的不同社会角色——女儿、妻子和母亲，进行走访调查，分析她们在上学、就业、婚嫁、抚育后代、家务劳动、参与社会和政治活动等方面与男人的权力差异，从而得出当代农村家庭权力关系中男女仍然是不平等的，但这种不平等正随着社会的进步逐渐缩小的结论。该书调查内容详细、充实，是一本"有趣"的社会学研究作品，是对农村权力关系的生动记录。 （贺燕蓉）

《国际贸易法中的"性别"：女性主义的视角》（廖艳嫔著，北京：法律出版社，2010）

女性主义法学作为一种法学的工具性视角，除了一些明显与女性权利相关的部门法外，其涉猎的部门法学领域还相当狭窄。该书尝试另辟蹊径，以女性主义法学的角度对国际贸易法进行考察，同时，基于体系完整性和逻辑架构的考虑，书中也涉及了国际公法与国际经济法的一些基本理论。具体内容包括女性主义法学理论、国际法中的女性主义视角、国际经济法中的女性主义视角、国际贸易法中的性别视角、以性别视角对最惠国待遇原则的研究等。该书视角新颖，见解独到，适合各大专院校作为教材使用，也可供从事相关工作的人员作为参考用书。 （李线玲）

《劳动力市场性别歧视与社会性别排斥》（张抗私著，北京：科学出版社，2010）

该书是"21 世纪科技与社会发展丛书"之一，是"十一五"国家重点图书出版项目。该书针对市场中的性别歧视和社会上的性别排斥，以经济学理论的视角，考察了性别歧视和性别排斥存在的市场原因，并对这些行为的选择进行成本和收益的比较，进而分析这些行为的结果是否具有效率；以社会学理论的视角，从社会制度、网络、文化等领域介入，挖掘那些看似违背经济规律却大行其道的行径的社会根源，目的在于寻求消除社会性别歧视。该书还对社会性别歧视导致性别不平等，进而形成两性在经济和社会资源的占有、配置甚至是经济和社会地位上的绝对差异进行了深刻剖析，论述其产生的根源、弊端以及不良影响，并对抵制不平等等问题提出了积极的改良建议，为改善女性劳动者的被动地位、建立高效的市场运行机制、实现平等祥和的社会目标提供了理论研究和政策改良的依据。 （贺燕蓉）

《中国职场性别歧视调查》（李莹主编，北京：中国社会科学出版社，2010）

该书是北京大学法学院在妇女的劳动与社会保障领域最新的调研成果，内容均来自第一手资料。通过对当前国内职场性别歧视状况的调研，对目前职场性别歧视的类型进行系统论述、数据分析和政策回顾，从招聘状况、薪酬及待遇、职场升迁、职场性骚扰、退休状况等五个方面反映中国职场性别歧视的状况，并在此基础上从法律视角提出相关防治职场性别歧视的建议。该书还通过对10位职场女性在不同行业遭受到的职场性别歧视的个案访谈进行了法律方面的论证与评述，并对该中心代理的10起典型职场性别歧视方面的案例进行分析和总结，提出职场性别歧视案件所面临的立法、司法或执法方面的困难和疑惑。（贺燕蓉）

《转型社会中的家庭与性别研究：理论与经验》（唐灿著，呼和浩特：内蒙古大学出版社，2010）

该书是作者在家庭与性别研究领域中最近六年的主要研究成果，共挑选了不同主题下的八篇研究文章，从学科的角度来看，也可以看作是相关研究观点和理论的部分展示。作者花了大量的精力梳理了西方家庭现代化理论以及国内家庭研究的理论与经验，对其间的研究理论、主要发现和主要观点进行了比较详尽的综述和再研究，较为全面、细致地呈现了中西方现代家庭理论研究的现状，具有较强的参考与实用价值。该书重点研究了城市家庭贫富分化的基本特征及原因，年龄间的社会分化和农村家庭养老制度的资源困境，中国城乡家庭的亲属关系，变迁中的中国城乡家庭与婚姻，女儿赡养的伦理与公平以及女性工作中受到的性骚扰等问题，并对这些问题进行了深入的探讨，提出了自己的独到见解，得出了来自经验研究的重要结论。　　　　　　　　　　　　　　　　　　　　（贺燕蓉）

《娘家与婆家：华北农村妇女的生活空间和后台权力》（李霞著，北京：社会科学文献出版社，2010）

该书以在山东一个村庄的田野调查为基础，从实践和性别的角度重新考察了中国社会的亲属关系体系。该书为"民族与社会丛书"之一。作者运用"娘家－婆家"这一分析框架，细致考察了以山东济宁为调查对象的华北农村妇女的生活空间，并指出，妇女在日常生活中的各种亲属关系经营活动，构建出了不同于正式父系谱系关系的实践性亲属关系网络，并使妇女在父系体制内创造出自己的生活空间和后台权力。该书在女性人类学者之汉人社会研究的脉络或其"延长线"上取得了更具综合性的进展与收获，较好地说明了文化体系与个人、社会结构与不断从事着实践活动的当事人之间的复杂关系，对基于情感、以情感为导向和归宿的女性亲属关系实践的重视和描述，极大地丰富和深化了对中国农村妇女生活状态的理解。该书荣登"《中华读书报》2010年度百佳好书"榜。　　　　　　　（宓瑞新）

《中国妇女发展报告 No. 3：妇女与健康》（妇女蓝皮书）（王金玲主编，北京：社会科学文献出版社，2010）

该书以"社会性别 + 本土"的视角，从理论和行动两个层面对 1995 年北京世妇会以来中国妇女健康权的政策与实践发展进行考察、梳理和分析。妇女健康权是联合国通过的《千年发展目标》的重要内容之一。1995 年以来的 15 年间，中国妇女健康领域发生了广泛、深刻的变化，妇女健康面临着新的挑战。该书就中国妇女健康的三个重要方面——政府的举措与进展、妇女非政府组织的行动与促进、人文社科领域的发展做了论述，并具体地展现了妇女健康事业十数年间在中国的实践，有助于读者进一步了解中国妇女健康领域的新进程，把握中国妇女健康发展的"社会性别 + 本土"的特征和规律，发现中国妇女健康发展的不足，从而促进中国妇女健康事业的新发展。该书还附有 1995～2009 年中国公开发表的有关妇女与健康的论文、著作目录，具有重要的资料价值。　　　　　（宓瑞新）

《女性学导论》（叶文振主编，厦门：厦门大学出版社，2006）

作为一部女性学教材，该书对女性学的概念、理论架构与实践旨归进行了系统阐释。该书系统地回顾了女性学作为一个独立学科的产生和发展历程，分章节专门介绍和讨论女性学的理论体系和研究方法，还结合当前最受关注的女性生存和发展问题，利用女性学的理论与方法进行了应用性的分析和探讨。书中通过讨论女性学与自然科学及其他社会科学的关系，建构性别和谐理论，系统论述了女性学研究方法，梳理与女性相关的法律、国际公约和国家政策，从社会性别视角分析女性健康、教育、就业、婚姻家庭、政治参与、社会保障、文化地位等热点难点问题，为人们了解女性学打开了一扇窗。　　　　　　　　　（史凯亮）

《女性主义教育观及其实践》（肖巍著，北京：中国人民大学出版社，2007）

该书主要从女性主义哲学视角讨论女性主义教育观的理论和实践。该书受北京市社会科学理论著作出版基金资助。女性主义教育观就是以女性主义视角来看待教育的价值观和方法论。作者首先讨论了女性主义及其教育思潮，以及性别与社会性别问题，进而研究女性主义教育观的哲学基础，阐述了女性主义教育观的基本内容，并以哈佛大学为例分析了美国高校的性别课程，指出其对中国高校性别课程建设的启示。该书以性别的视角、哲学的方法对教育观、教学法和课程论进行了批判式分析，无论对教育学研究还是对女性学研究都提供

了重要参考。 （史凯亮）

《阅读高等教育：基于女性主义认识论的视角》（王珺著，天津：天津人民出版社，2007）

该书是"妇女与社会性别学书系"的一种。该书运用社会性别视角和性别分析方法，梳理评述西方学术女性主义对高等教育的批判和重建的全景与内核，对女性主义认识论在高等教育审视中使用的核心概念、理论渊源、主要挑战与超越、重构再建的策略进行了全方位扫描透视，揭示了隐藏在高等教育中"性别中立""性别无涉"和标榜知识的"客观性""普遍性"背后的性别盲视、歧视的认识论根源，同时还指出了导致的后果：在教育体制中以扩大性别差异而疏离排斥女性，在高深知识中建构男性标准与男子形象，在学科划分设置中沿袭了传统的性别分工等级，在课程内容中排斥女性的经验和认识，在教学中以貌似"去性别化"却在课堂因袭权力架构和性别立场。这些发现和结论足以使人对高等教育存在的深层的性别盲点引起警醒，给人启迪，促人反思。 （史凯亮）

《技术与性别：晚期帝制中国的权力经纬》（〔美〕白馥兰著，江湄、邓京力译，南京：江苏人民出版社，2006）

该书主要研究了宋代至清代中国传统社会中的"女性技术"对女性角色的塑造和影响。该书为"海外中国研究丛书·女性系列"的一种。作者冲破了以往科技史的主流叙事方法，从一个崭新的视角，对帝制晚期中国社会中与妇女的日常生活密切相关的"女性技术"从家庭空间与生活、女性的纺织生产、女性生育与保健三个方面进行了分析。这三个方面的技术活动贯穿了女性生活的各个部分，传播和塑造了中国传统文化中的性别规则与女性角色，妇女也通过这三种技术与整个社会经济、政治和文化联系起来，并在其中发挥自己重要的作用。因此，妇女并非父权、夫权的被动牺牲品，而是中国传统文化形态与社会秩序的积极有力的参与者，正是在这种意义上，"这本书是一次恢复一群没有历史的人们的历史的尝试"。（史凯亮）

《另类的现代性：改革开放时代中国性别化的渴望》（〔美〕罗丽莎著，黄新译，南京：江苏人民出版社，2006）

作为最早探讨社会性别、现代性与权力之间关系的人类学名著之一，该书着重考察了中国自社会主义革命以来所进行的交叉重叠的现代性项目以及社会性别

在其中的中心地位。该书为"海外中国研究丛书·女性系列"的一种。作者通过
比较杭州一家丝绸厂里分别在解放初期、"文革"中和"文革"以后改革开放时
期进厂的三个代群女工对工作、政治和社会性别文化的不同态度，展示了中国在
全球想象的不平等交叉中进行的各种现代性想象，以及女工们与中国各个现代性
项目之间的多样关系。该书还借鉴了后结构主义和后殖民主义理论的研究成果，
对跨文化研究中的欧洲中心主义和东方主义倾向进行了批判。　　　　（史凯亮）

《性别研究与中国考古学》（〔美〕林嘉琳、孙岩主编，北京：科学出版社，
2006）

该书是一部论文集，共收录了12位曾在美国匹兹堡大学工作和学习过的学者所
撰写的关于中国考古学中性别研究的专题学术研究论文。该书为"北京大学震旦古
代文明研究中心学术丛书"的一种。书中按照时代顺序分为新石器时代、商代、周
代、汉代四部分，分别从墓葬、聚落、文物、文献等方面，来探讨性别差异所反映
的社会现象，尤其注重女性在传统社会中所起的作用。值得关注的是，该书是第一
部致力于考古学中的性别理论讨论的中文专著，开创性不言而喻。正如开篇的作者
吉迪在他的文章中所说，在当前的考古学研究中由于民族主义模式的影响而弱化了
性别研究，事实上，考古学中任何一个遗址或地区都是可以从性别的角度去研究的。
这部著作无论对考古学还是性别研究都具有十分重要的意义。　　　　（史凯亮）

《中国的女性与性相：1949 年以来的性别话语》（〔英〕艾华著，施施译，南
京：江苏人民出版社，2008）

该书主要研究了半个世纪以来中国社会的性别话语与女性角色。该书为"海
外中国研究丛书·女性系列"的一种。作者以中国的女性为研究对象，通过分析
自 1949 年以来不同的地域和历史时期背景下占主要地位的性别话语，确认其中没
有出现在社会经济和政治讨论焦点中的、与女性性别有关的含义。该书还就对女
婴的态度、性教育、恋爱婚姻、女性在婚姻中的角色、卖淫、同性恋等不同的主
题研究了 1949 年以来出版的一系列有关妇女的性的文字叙述以及视觉作品，概括
了妇女在性关系中的责任和特征。在探讨这些问题时，该书力求阐明在革命时期
和改革时期截然不同的性话语中的紧张、对比及连续性。该书以西方女权主义学
者的不同文化背景和全新视角对中国本土问题进行深入研究，史料翔实，观点新
颖，论证严密，深具启迪性。　　　　（史凯亮）

《中国妇女组织发展的理论与实践》（谭琳、姜秀花主编，北京：社会科学文献出版社，2007）

该书是一部全面反映当前中国妇女组织发展理论与实践研究成果的论文集。在全球化背景下研究中国妇女组织发展对中国经济转型期社会组织的结构变化、对市场经济条件下中国政治民主化进程的发展、对新的历史条件下妇女运动和妇女组织的发展有重要的意义。正是在这样的背景下，全书40篇文章既回答了新的历史条件下中国妇女组织的机构建设、网络建设、能力建设等重点问题，也对妇联以及其他民间妇女组织的历史发展、社会作用、工作模式等做了探讨。这些研究成果反映了妇女工作者和学者立足创新，在理论和实践层面进行的探索和尝试。除此之外，该书还提供了大量的鲜活经验和有益启示，为进一步拓展研究提供了广阔的空间。该书的附录收录了新中国成立以来历次修订的中华全国妇女联合会章程和中国大陆妇女组织名录，具有重要的资料价值。

（史凯亮）

《巫文化视域下的宋代女性——立足于女性生育、疾病的考察》（方燕著，北京：中华书局，2008）

该书通过考察巫术在宋代女性的婚姻、生育以及疾病中扮演的角色，探讨了巫文化与宋代女性的关系。该书为"中华文史新刊"丛书的一种。"巫"与"巫术"的历史几乎与人类社会的文明史一样的久远，也可以说，它本身就是人类文明史的组成部分。作为一种普遍存在的社会历史文化现象，可以从不同角度来予以思考。该书沟通妇女史和巫术史这两个近年来史学研究中颇为活跃的领域，以宋代女性为研究对象，将其置于巫文化视野下加以检视，从女性对巫术所持的态度与行为表现、女性婚育中的巫术意识与行为、巫术活动中的女性角色和女性观、妇科疾病的巫术疗法等方面进行分析和探讨，力图通过巫术这面古老的、神奇的文化魔镜反观女性自身，进而揭示巫术与宋代女性人生和宋代社会的关系状况。

（史凯亮）

《20世纪中国妇女运动史（上卷）》（顾秀莲主编，北京：中国妇女出版社，2008）

该书是一部对20世纪上半叶（1898～1949年）中国妇女运动进行全面梳理的历史专著。该书为国家社会科学基金重大项目"中国妇女运动百年史"成果之一。该书从社会性别视角审视了 20 世纪上半叶中国妇女运动的酝酿、兴起、发展、壮大的历程，将女性作为历史主体，准确地把握阶级、政党、民族和性别的关系，以实事求是的态度，着力分析了在历史事件中妇女的地位、作用以及自身的进步。同时，该书也突破了单纯革命叙事的局限，将革命叙事与现代化叙事有机结合，不仅关注政党、阶级、社会基本矛盾中的性别关系，也关注妇女在中国整个现代化，包括社会生产、文化观念以及人的现代性进程中的变化与进步，揭示了妇女争取解放和发展的历史条件和发展轨迹。该书运用多学科、跨学科的研究方法和叙事方式，克服了以往宏大叙事一般化的局限，增强了历史专著的真实性和可读性。

（史凯亮）

《女人：跨文化对话》（李小江著，南京：江苏人民出版社，2006）

该书是在李小江与海外学者的对话和座谈的基础上整理而成的，将性别置于开阔的视野和开放的叙事结构中，在不同文化背景的解读和碰撞中，触及一系列当代性别研究的前沿性学术话题。作者坚持本土的和民间的致思路向，沿袭和革新中国传统，走出了不同于西方女权主义的另一种道路，因此在她与亚洲、美洲、欧洲几十个国家学者的"跨文化"对话中，既满足了不同文化和社会背景的人们通过"女人"这个窗口深入了解中国的愿望，也顺应了中国学者借助妇女话题让外部世界进一步接纳和理解"中国"的现实需求，在开阔的视野和叙事结构中，该书展示了跨文化人类社会研究的独特景观。

（宓瑞新）

《涉渡之舟：新时期中国女性写作与女性文化》（戴锦华著，北京：北京大学出版社，2007）

该书对新时期中国女性写作与女性文化进行了研究，是"文学与当代史丛书"之一。作者用女性主义的观点对新时期代表性女性作家（包括张洁、戴厚英、宗璞、谌容、张抗抗、张辛欣、王安忆、铁凝、刘索拉、残雪、刘西鸿、方方、池莉等重要作家）的作品进行了富有创新的研究，发现女作家作品中时隐时现的女性视点与立场的流露，提出了女性写作的"花木兰式境遇"——化妆为超越性别的"人"而写作的追求，在撞击男性文化与写作规范的同时，难免与女性成为文化、话语主体的机遇失之交臂，并在有意无意间放弃了女性经验的丰富庞杂及这些经验自身可能构成的对男权文化的颠覆与冲击。作者对新时期以来代表性的女作家的代表性作品进行了精细的分析，并运用女性主义理论和意识形态症候阅读的方法，以凸显 20 世纪 80 年代文化与女性写作的丰富、多元与多义，成为中国国内研究新时期女性写作的重要著作。 （宓瑞新）

《中国现代文学与电影中的城市：空间、时间与性别构形》（〔美〕张英进著，秦立彦译，南京：凤凰出版传媒集团、江苏人民出版社，2007）

该书主要研究晚清、民国时期中国文学与电影如何想象城市、对城市进行"构形"，对城市爱恨交织的态度以及城市/乡村对立的本质。该书为"海外中国研究丛书"之一。覆盖作品的时间跨度是晚清（19 世纪末）到民国后期（20 世纪 40 年代），"结语"部分简单概括社会主义时期到新时期（截至 80 年代末）的文学形态的发展。文本对象主要是小说，兼及电影、话剧和诗歌，但重点项目是从城市的角度重新解读经典作家（如鲁迅和茅盾），并挖掘在以往的主流文学史中因意识形态或精英立场而被长期忽略或埋没的作家（如师陀、张恨水、叶灵凤、徐訏，以及新感觉派、张爱玲和"五四"时期的女作家）。其理论以社会学中的城市心态与都市体验为框架，力图描述小镇、古城、现代大都市等文学模式和典型人物的构形，通过京派、海派的文化差别的表述，探索现代文学创作中城乡、中西文化的冲突、妥协与交融。该书视野宽、角度新，内容丰富，具有开创性，对地方差别的讨论做出了重要贡献。 （宓瑞新）

《消费文化时代的性别想象：当代中国影视流行剧中的女性呈现模式》（吴菁著，上海：上海人民出版社，2008）

该书主要研究了媒介文化对女性的模式化观念，从中分析当代社会文化的变迁和社会意识形态的新旧更替。20 世纪 90 年代以来的中国社会正经历重新建构性别和定位女性的过程，性别意识形态及其运作方式，比以往任何时期都有更为剧烈的变化。这种剧变是与消费文化在中国社会的扩张同步发生的。女性、性以及身体，已然成为消费文化的畅销符号；作为符号的女性，在大众传媒中以大爆炸方式被生产出来，填满了人们的日常生活空间。该书从最受中国大众喜爱的虚构性叙事形态的影视情节剧中选取了四种主要的女性呈现模式——灰姑娘模式、花木兰模式、潘多拉模式以及盖娅模式，考察它们在当代中国历史语境之下的动态走向及其互动关系。从这些女性呈现模式的变与不变之中阐释 20 世纪 90 年代以来性别意识形态及其运作方式的变迁。在这种阐释中，也呈现了女性主义媒介批评的立场以及对这种批评自身的反省。 （宓瑞新）

《中国社会体育参与中的妇女与性别差异》（潘丽霞著，北京：北京体育大学出版社，2008）

该书对社会性别、妇女体育与性别问题、性别平等与差异等问题进行理论梳理，为体育"性别和谐"研究提供理论基础。该书是"中国体育博士文丛"之一。作者以纵向和横向两条主线展开对妇女社会体育参与中性别平等与差异的研究，以社会性别关系的历史演变为脉络，论述了传统社会时期、计划经济时期和社会转型时期妇女社会体育参与中存在的性别差异与平等问题，系统且有独到见解。该书以史为鉴，史论结合，汇总了历史的经验，深层次地思索了对当今两性体育和谐发展的启示，提出社会体育参与中性别"相对平等"的存在，从而提出了构建社会体育参与中性别相对平等的策略，为妇女体育参与研究提供了重要参考。（宓瑞新）

《汉语的性别歧视与性别差异》（孙汝建著，武汉：华中科技大学出版社，2010）

该书是作者继 1997 年国内第一部全面研究语言和性别关系的专著正式出版以后的又一部力作。语言的性别歧视和言语的性别差异统称语言的性别变异，作者曾对语言的性别变异长期不断地进行探究，形成了有自身特色的研究风格和学科体系。在此基础上，该书植根于社会心理语言学的土壤，从社会学、文化学、心理学、历史学、民俗学等学科以及语言学的其他相关学科吸收有关理论和方法，进行了多维探索。作者认为，汉语本身存在着性别歧视，不同性别的人运用汉语时会产生性别差异。该书详细分析了汉语性别歧视和性别差异的种种表现，从社会、文化、心理、生理等视角探讨汉语性别歧视和性别差异的原因，研究了汉语与性别关系的一系列具体问题，试图揭示汉语性别变异的规律。　　（宓瑞新）

《索玛花的叙事——四川凉山彝族女性研究》（刘世风著，北京：九州出版社，2010）

该书对处于国家发展、民族文化变迁大环境下的四川凉山彝族女性进行了研究，是"新生代女性主义学术论丛"之一。索玛花是彝族女性生活的自然环境，也是彝族女性生命和爱的象征，该研究将田野调查与文献资料相结合，综合运用国内外相关的人类学、民族学专业知识，结合社会学、女性学、文化学、民俗学等多学科理论和方法，以女性生命史——出生成长、恋爱婚姻、婚后生活、葬礼为主线，比较全面、真实地呈现了凉山彝族女性生命历程各阶段所面临的境遇与抉择，进而运用了解释人类学的方法探求当地人主位意义的阐释。该书将人类学的描述性特点与社会学的问题意识、微观凉山彝族女性个体与宏观彝族女性群体的发展、纵观的追溯凉山彝族传统文化与平面的现状描述结合起来，从多角度、多层面来探究了凉山彝族女性，为在中国刚刚起步的女性人类学研究做出了本土化的尝试，也为方兴未艾的彝学研究提供了新的视角。　　　　　　（宓瑞新）

论 文 选 介

《妇女、民族与民族国家——第三世界女权主义与民族主义关系初探》（范若兰，《思想战线》2006 年第 1 期）

该文是从社会性别视角对第三世界女权主义与民族主义关系的研究。文章认为，殖民地、第三世界国家民族主义和女权主义在社会性别观念变化、妇女解放运动和民族解放运动高涨、民族国家建立和发展等方面都发挥了重要作用。在建构民族主义之初，妇女解放被作为民族强盛的要素之一，从属于民族主义，女权主义与民族主义在教育、职业、婚姻、习俗等方面是既合作又从属的关系。同样，在民族国家的建设中，第三世界的女权主义与民族主义的共谋似乎达到了双赢的结果。但是，文章认为，由于民族主义在争取民族独立中的主导地位和女权主义的从属地位，决定了第三世界国家的妇女解放主要是由民族主义、民族国家和男性主导的，难以达到真正的男女平等和妇女解放。　　　　　　（李亚妮）

《劣势积累与制度公平》（裴晓梅，《妇女研究论丛》2006 年第 2 期）

该文从生命历程的视角探讨了女性老年群体在获得公共养老保障资源方面所遭遇不公平待遇的社会制度因素，尝试从审视早年生活经历入手分析其晚年生活，揭示了女性老年人的困境与她们人生经历的一系列不平等待遇的关系。文章认为，从生命历程的角度来看，女性老年人在社会保障方面所遭遇的不公平是其人生过程中所遭遇的一系列不公平待遇积累的结果。公平的社会政策不但要纠正对于女性的社会制度偏见，还应该弥补社会制度偏见对女性造成的伤害，社会保障应该成为这样一个补偿机制。研究指出，教育、卫生、社会保障、公民基本权利等一系列的社会政策干预是促进性别平等的重要措施，能够推动人人分享社会发展成果，促使中国社会更加公平与和谐的最终目标的实现。　　（季仲赞）

《国际关系、全球治理和妇女非政府组织》（胡传荣，《妇女研究论丛》2006 年第 5 期）

该文对国际关系中妇女非政府组织参与全球治理问题进行了研究。文章认为，长期以来，主导国际关系的现实主义理论把主权国家看成国际社会中的唯一行为体，妇女非政府组织被边缘化。20 世纪 90 年代以来，随着冷战的结束和全球化步伐的加快，"全球治理"逐步成为国际关系中的一个重要话题。全球治理的主体不仅有各国政府，还包括各种政府间组织和国际非政府组织，妇女非政府组织是其中的一支活跃力量。随着国际形势的深刻变化，妇女非政府组织参与全球治理，它们积极关注危害整个人类的各种全球性问题的解决，并极力敦促将社会性别意识纳入决策主流，使女性成为与男性平等的受益者，在环境、人权、人口等问题上将女性议题纳入联合国议程的目标，使女性主义国际关系理论的基本信念得到充分的体现。同时，文章也认为，妇女非政府组织的参与还远未进入全球治理的主流。 （李亚妮）

《浅论社会性别主流化与社会性别预算》（闫东玲，《妇女研究论丛》2007 年第 1 期）

该文介绍了社会性别主流化的发展趋势、社会性别预算的一般理论以及实施社会性别预算的典型案例，从而提出了加强中国社会性别预算工作的措施建议。文章指出，"社会性别主流化"已被联合国确定为促进性别平等的全球战略，而编制社会性别预算作为实现社会性别主流化的重要方法和途径，备受世界各国重视。社会性别预算并不是为妇女制定的单独预算，其目的也不是仅仅增加针对妇女项目的预算。全世界 60 多个国家已开展了社会性别预算工作，经过多年实践，积累了一些成功经验，在促进性别平等上取得了很大成绩。中国应借鉴国际上的成功经验，一是加强政府部门对社会性别预算工作的重视；二是将性别意识纳入部门预算体系，建立和完善中国部门预算体系，并作为每年人大会议审议财政预算的内容之一；三是加强社会性别预算的机制建设；四是加强能力建设和信息交流，提高将性别意识纳入预算主流的认识。 （季仲赟）

《论女性主义研究的方法论意义》（林卡、唐琳，《妇女研究论丛》2007 年第 1 期）

该文是对女性主义研究的方法论意义的探讨。文章认为，目前中国涉及性别和女性主义研究的文章，有关妇女家庭状况的调查研究多，但理论阐释少；对问题的描述多，但系统分析少；关于性别的意识形态呼吁多，但把女性主义研究放到一个广泛的社会系统中进行研究的少；在分析中对文化规范注重的多，但与制度因素相关的理论解释少。文章认为，西方女性主义在社会分工和妇女地位、社会生活和社会规范、福利服务和家庭政策等一系列问题方面的研究在理论上做出了重要贡献，扩展了女性主义的研究领域，并对传统的社会学和社会政策理论提出了挑战；注重发挥市民社会的权力和强调社会民主，倡导妇女的政治参与；分析福利国家制度对妇女解放的积极促进作用；将家庭制度和社会制度联系起来；具有意识形态的意义。文章认为，研究西方女性主义理论对中国性别研究具有启发和借鉴意义。

（李亚妮）

《重建妇女就业的社会支持体系》（蒋永萍，《浙江学刊》2007 年第 2 期）

该文对劳动力市场上的性别歧视及其解决途径进行了研究。文章认为，劳动力市场对女性的排斥和歧视是导致女性就业率下降的一个重要原因。市场条件下就业性别歧视的产生既与传统的"男主外，女主内"的性别分工模式紧密相关，也在很大程度上受制于相关经济政策对这种分工模式有意无意的强化与认可。通过对历史和国际经验的反思与评析，该文提出，解决劳动力市场的性别不平等，必须充分发挥国家在纠正市场失灵、建立妇女就业社会干预机制中的作用，强化相关政策的关联与协同性，重建并完善促进妇女就业的社会支持体系，包括：制定有效的、操作性更强的禁止就业性别歧视的法律政策，设立专门机构监督性别平等法律的实施；建立积极肯定的促进劳动力市场性别平等政策；尽快修订、完善生育社会保险制度；重建以政府支持为主、以社区为基础的托幼服务系统；鼓励各类用人单位实施家庭友好型的人力资源开发战略等。

（杨玉静）

《性别化年龄与女性农民工研究》（何明洁，《妇女研究论丛》2007 年第 4 期）

该文以"性别化年龄"为工具对女性农民工群体内的差异进行了研究，揭示了劳动者分化的文化建构过程。文章指出，所谓"性别化年龄"指涉及年龄问题的社会性别建构，在劳动力市场上，意味着劳动者竞争力的差异；在劳动力再生产的分裂上，意味着劳动者社会负担不同；在劳动分工上，则意味着劳动者承担工作的性质有别。经过与这些因素的结合，"性别化年龄"在劳动者中制造出了有差异的社会类别，并且得到劳动者自己的认可和响应，使得资本对打工妹群体中的"大姐"和"小妹"采取了不同的控制手段，形成同一家企业中大姐和小妹分化的劳资关系形态。对那些自认并被别人称为"大龄"的打工妹群体而言，性别化年龄往往充当着一种对集体意识和集体行动的限制角色；对那些所谓"小龄"打工妹群体来说，性别化的年龄尺度常常可以作为工人与老板博弈的空间而存在。文章认为，社会类别的事实化过程反映了劳动者受社会和文化背景的影响，对资本剥削的合理性妥协。 　　　　　　　　　　　　　（杨玉静）

《从男性气概的改造到促进男性参与》（方刚，《妇女研究论丛》2007年第6期）

该文就如何从制度和个人两方面鼓励男性参与推动和实现男女平等进行了研究。文章认为，在推进社会性别平等的过程中，男性自身参与的意愿仍然非常低。作者提出"男性觉悟""男性解放""男性觉悟二重性"等概念，主张应该唤起男性觉悟，使其认识到传统的支配性男性气概对男人和女人的共同伤害，从而积极主动地颠覆支配性男性气概，与女性携手推进性别平等。男性气概是多样的，支配性男性气概是可以被改造的，改造支配性男性气概将在个人层面上直接促成男性参与。但这种觉悟与解放应该同时认识到父权文化和体制对女性的压迫比对男性的压迫更重，才能保证其对两性平等的推进。同时，作者以生殖健康领域为例，说明支配性男性气概的改变将如何影响男性在生殖健康领域的积极参与。 　　　　　　　　　　　　　　　　　　　　（季仲赟）

《他者与主体：女性主义的视角》（戴雪红，《南京社会科学》2007年第6期）

该文探析了女性主义在对待他者与主体问题上的不同视角以及思想演进过程。文章认为，法国女性主义者西蒙娜·德·波伏瓦的《第二性》与露丝·伊利格瑞的《二人行》、美国女性主义者佳亚特里·斯皮瓦克的《属下能说话吗?》与卡罗尔·吉利根的《不同的声音》等文本中所阐述的女性主义思想，都围绕着女性在主流文化中的"他者"地位而展开，从文学、语言和心理等多个视角展开其批判，致力于在历史、文化、社会心理的深处挖掘女性被压抑的根源。波伏瓦发现如果他者不是主体，那么这个他者就没有历史；伊利格瑞的尊重他者让女性在保持主体性独立的前提下不被带入以性别歧视为特征的男性世界中去；斯皮瓦克的建构他者把女性主义与后殖民主义的话语有机地融合在了一起；吉利根的关怀他者让人们听到女性对自我和他人关系的描述。文章指出，在当代破除他者与主体的二元对立，对建立一种新型的"他者－主体"之间对话和交流的关系具有重要意义。 　　　　　　　　　　　　　　　　　　　　（李亚妮）

《十一届三中全会以来马克思主义妇女理论的发展》（康沛竹，《学习与探索》
2008 年第 5 期）

　　该文对马克思主义妇女理论在当代中国的发展以及面临的挑战进行了系统梳
理。文章指出，马克思主义妇女理论从 20 世纪初传入中国便与中国的妇女运动实
践相结合，开始了中国化的历史进程。十一届三中全会以来，在中国现实妇女问
题和西方女性主义理论两方面的严峻挑战下，马克思主义妇女理论的运用和发展
取得了突破性进展：一是对马克思主义妇女理论的内涵进行了完整阐述，提出了
马克思主义妇女理论的五个方面；二是妇女理论研究得到了进一步深化，不仅具
有突破性而且影响广泛，并对国家的重要决策产生了影响；三是把男女平等作为
促进中国社会发展的一项基本国策，丰富和发展了马克思主义妇女理论，是马克
思主义妇女理论中国化的重要表现。文章认为，今后应该在坚持马克思主义妇女
理论基本原则和方法论的前提下，吸收借鉴西方女性主义理论的有益内容，针对
中国现实的妇女问题，发展和丰富马克思主义妇女理论，构建中国特色社会主义
妇女理论体系。
　　　　　　　　　　　　　　　　　　　　　　　　　　　　　（季仲赟）

《安全视域下的性别议题与性别因素》（李英桃，《世界经济与政治》2008 年
第 5 期）

　　该文对中国高校学生安全观的性别差异进行了调查研究。文章认为，高校学
生普遍承认在安全问题上存在男女性别差异。男女高校学生普遍认为就业升迁和
升学求职中的性别歧视是中国妇女、高校女生面临的最大安全问题。文章认为，
中国高校男女学生对传统安全和非传统安全问题的看法具有高度一致性，在整体
趋向上几乎没有差异。在一些具体选项上，男女两性学生的选择存在一定差异，
但这些差异与中西方文化传统中关于妇女、男子的性别刻板印象并不相符合。例
如，在航空母舰问题上，支持发展航空母舰的女性比例要高于男性的比例；而在
环境保护问题上，支持发展经济与环境保护同等重要，环境相对优先的女性比例
同样高于男性比例。该文为了解中国高校学生对性别问题的所思所想提供了
依据。
　　　　　　　　　　　　　　　　　　　　　　　　　　　　　（李亚妮）

《中国女性主义问题》（何萍，《2007 马克思主义哲学研究》，陶德麟主编，
湖北人民出版社，2008）

　　该文是对 20 世纪 80 年代以来的中国女性主义问题进行实践的考察和理论的

分析。文章认为，自 20 世纪 80 年代开始，随着中国改革开放的深入和社会主义市场经济的建立，中国女性不再作为阶级整体中的一部分而存在，而是作为一个性别群体与中国男性相对立，成为社会的弱势群体，凸显中国社会的性别问题；另一方面，女性群体内部因其受教育程度的不同而发生了急剧的分化，形成了女性的强势群体与弱势群体，从而使中国的社会性别问题变得分外复杂。中国女性问题的出现暴露了中国女性解放的不彻底性，即中国女性的解放仅仅停留在阶级解放的层面上，并没有深化到社会解放的层面。从中国社会变革的角度看，中国女性解放的不彻底性又是由中国的社会革命停留在宏观领域决定的。中国市场经济的建立推动着中国社会革命向微观领域的拓展，中国女性主义问题的出现从一个侧面反映了中国社会所发生的这场变革。 （季仲赟）

《男女平等基本国策实施情况的制度分析》（林虹、尹德挺、苏杨，《妇女研究论丛》2009 年第 1 期）

该文对实施男女平等基本国策的政策文件、队伍配备、考核指标和政策协调等制度化 - 非制度化框架进行了研究和分析。研究发现，尽管为了保障男女平等基本国策的执行进行了名义制度安排和实际制度安排，但男女平等基本国策制度化保障程度较差，面临文件被忽略、实施被搁置、冲突待协调三方面突出的问题，导致了男女平等基本国策往往成为一种"口号"型政策。文章认为，导致上述问题的成因一是理论没有真正落实，保障制度存在漏洞；二是政策过程欠缺，没有建立协调制度。结合国内外提高制度化程度的经验做法，研究建议：在国策上位方面，要明文规定基本国策在政策体系中的基础性地位，保证其他政策在制定时以基本国策为依据，并主动实现与基本国策在条文、导向等方面的协调；在保障健全方面，要在政策保障制度的各要素中都创造有利于落实基本国策的环境并将其制度化。 （季仲赟）

《市场化背景下性别话语的转型》（吴小英，《中国社会科学》2009 年第 2 期）

该文通过对改革开放前 30 年和后 30 年国家有关政策文本与媒体性别讨论的考察，依据不同处境下的女性口述访谈资料与相关性别问题的思考和分析，探讨了市场化背景下性别话语的基本形态和转型特征。文章指出，国家、市场与传统文化是构成性别话语的三个基本要素。从改革开放前 30 年到后 30 年，中国社会的性别话语发生了明显转型，由国家主导的话语模型转变为市场导向的话语模型。市场化一方面改变了国家话语的叙述方式和内容，另一方面也导致了市场话语和传统话语的结盟。转型后的性别话语本质上是一种素质话语，它不再表现为一种由国家建构的、在实践中打了折扣的意识形态意义上的平等蓝图，而是表现为一种在现代性和个体自由的诉求中利用国家、市场和传统文化的各方力量平衡做出主体选择的精打细算的应对策略。　　　　　　　　　　　　　　（季仲赟）

《论新时期中国妇女运动发展的主题：平等、发展与和谐》（谭琳、丁娟、马焱，《马克思主义与现实》2009 年第 4 期）

该文力图在贯彻落实科学发展观，全面建设小康社会与构建社会主义和谐社会的新形势下，科学阐述平等、发展与和谐这一新时期中国妇女运动发展的主题。研究认为，平等、发展与和谐三者之间相互联系、相互促进。其中，男女平等是发展进程中的平等，与全面建设小康社会、构建社会主义和谐社会的目标高度一致；妇女发展是逐步缩小男女的发展差距，完全符合社会公平正义的普遍原则；性别和谐是平等基础上的真正和谐。中国妇女运动既是中国特色社会主义事业的有机组成部分，也是国际妇女运动的重要组成部分。社会各界应团结起来，共同为实现性别平等与真正的和谐积聚力量，创造条件，从而为男女共同发展，为每个人的自由而全面的发展开辟道路。　　　　　　　　　　（季仲赟）

《阶级、性别与民族关系交融的多重身份：中国共产党第二次全国代表大会对妇女的阶级分析》（韩贺南，《华南师范大学学报（社会科学版）》2009 年第 6 期）

该文运用文本分析的方法对中国共产党第二次全国代表大会《关于妇女运动的决议》进行了研究。文章认为，中国共产党第二次全国代表大会《关于妇女运动的决议》在阶级的视阈下，将中国妇女分为无产阶级的妇女、半无产阶级的妇女和全中国所有的妇女三个群体，揭示了中国妇女在国家半封建半殖民化过程中的生存境遇及其阶级、阶层的演变。无产阶级妇女是凝聚阶级、民族与性别多重关系的概念，这种多重关系是既矛盾又统一的，无产阶级妇女是无产阶级革命事业的主体，是脱离了封建家庭和男性主宰的独立的革命分子，但又不是超越阶级的有性别的作为主体的人。阶级分析是中国共产党对妇女进行革命动员的方法，是制定妇女解放方针政策的依据；无产阶级妇女的概念对当时中国妇女主体身份的建构具有一定意义。　　　　　　　　　　　　　　　　　　（李亚妮）

《论女性主义认识论演进中的三个基本问题》（王宏维，《哲学研究》2009 年第 7 期）

该文对女性主义认识论演进中的三个基本问题进行研究。文章认为，女性主义认识论或称女性主义知识论，是从社会性别视域对知识论探究的反思与批判，并在不同层次上开展了对科学及其知识体系的解读，它是女性主义哲学的一个重要部分。在女性主义认识论的兴起与演进中，产生了一系列对传统观念的反思与挑战，尤其在知识与权力及政治的关系上提出了一系列独到见解。文章认为，在平等认知主体问题上，女性主义认识论在批判和探讨中不仅获得了认知与政治、权力及性别关系的检验，探寻到认知主体确立的路径，即女性作为认知主体应进行"自我赋权"，充分意识、承认和实施自己的认知权利，其中包括清除对这一权利获取的阻碍。在优势认知群体问题上，对女性主义认识论主体的解构，推进了女性主义民主政治目标的实现；对女性经验与知识客观性问题的探索，有助于推进实现平等的知识话语权和科学话语权。 （李亚妮）

《社会性别、环境议题与发展研究》（施奕任，《妇女研究论丛》2010 年第 4 期）

该文是对发展研究中的社会性别与环境议题的探讨。文章认为，社会性别与环境保护是当代发展研究的两项关键议题。随着发展带来的环境破坏以及自然资源剥削加剧了既有的性别不平等，并且反映在政治、经济、社会与文化层面。文章梳理了发展研究中的性别视角与环境议题脉络，从最初女性参与发展到性别与发展视角；从生态女性主义的女性、环境与发展视角，到纳入社会性别意识而成为性别、环境与发展视角。文章认为，性别、环境与发展视角通过学术社群的理论建构，转变为国际共识，并逐渐在各种国际组织以及相关会议上受到更多的重视。历次联合国重要的国际会议以及宣言也都呼应了性别、环境与发展视角，彰显社会性别平等在推动全球可持续发展中不可或缺的作用。 （李亚妮）

《质疑 挑战 反思——从男女平等到性别公正》（闵冬潮、刘薇薇，《妇女研究论丛》2010 年第 5 期）

该文通过回顾和厘清改革开放 30 年来对男女平等和性别公正的讨论，阐述了男女平等理论在理论和实践上的关键挑战，以及以性别取代男女平等这一理论转向的背景，提出要反思与继承社会主义女性主义的"历史遗产"，重构社会主义妇女解放的理论。文章认为，男女平等作为马克思主义妇女理论的核心是中国妇女解放运动的理论基础。20 世纪 80 年代以来，妇女自我意识逐步觉醒，中国妇女开始反思男女平等理论。进入 90 年代之后，对男女平等的讨论逐步转向性别公正。理论转向的背景由多种因素组成，集中来看一是社会分化（层）与性别分层的加剧，二是社会性别理论的引进。文章指出，需要反思 60 年以来的社会主义妇女发展过程的历史经验，在全球化时代重新清理社会主义女性主义的历史遗产和思想资源，在解构男女平等的基础上建构新的性别平等和公正。

（季仲赟）

《身体及其体验：女性主义哲学的探讨》（肖巍，《山西师大学报（社会科学版）》2010 年第 6 期）

该文从女性主义哲学视角对身体及其体验进行了研究。文章认为，女性主义哲学意识到身体与主体和性别之间的密切关系，所以在摒弃身心二元论、解构父权制哲学与文化的"身体"范畴的同时，力图重建身体范畴，探讨身体体验，尤其是女性身体体验的意义，围绕着身体探讨一条通向性别平等和解放的路径。文章认为，女性主义哲学并不仅仅局限于说明女性的身体体验，更重要的是通过强调"具身性"来在哲学中确立女性的主体地位。女性主义哲学必须基于对女性身体体验的探讨来重建身体范畴，使女性成为自己身体的主体，超越自身在父权制之下身体体验的局限性。身体和性别本身既是一种社会建构，也是一种社会关系的隐喻，是随着历史和社会变化而不断变化的。

（李亚妮）

《中国女权思想真的被西方理论绑架了吗?》（宋少鹏，《读书》2010 年第 9 期）

该文是作者对日本学者须藤瑞代所著的《中国女权概念的变迁：清末民初的人权和社会性别》（姚毅译，社会科学文献出版社，2010）中，关于中国女权思想被西方理论绑架的论断的思考与回应。文章认为，现代民族国家的想象开启了近代女权运动的话语空间和行动空间，国民－国家的结构使女性得以摆脱家－国结构下个人对家族的依附而成为独立的个人。中国女权运动是现代国民－国家建构的一个组成部分。作者同意须藤瑞代提出的"主体是建构的"的观点，但指出主体不能仅仅是"被建构的女性形象"，更重要的是实践中的主体。文章指出，瑞代把近代中国的女权思想视为从西方单向流入的过程，而没有看到近代中国女权论者的主体性。作者认为，中国的"女权"观念是从中国实际出发，把西方思

想视为一种引入，是在面对富强中国、建设现代民族国家等"中国问题"时引入西方/日本的思想资源。 （季仲贽）

《危机社会的性别反思：香港"非典型性肺炎"的经验》（梁丽清、陈锦华，《妇女研究论丛》2006 年第 3 期）

该文以香港"非典型肺炎"为例讨论在社会危机下妇女扮演的角色，并从性别角度去检视现行的社会政策。文章认为，由于妇女在社会危机下所扮演的角色，使得妇女在危机社会中处于更为不利的位置。女性作为家居照顾者，不仅要照顾自己，还要照顾家人，但社会危机的个人化导致女性承受着更多的压力和责任，而且舆论也没有为家庭照顾者提供应有的关注及支持；女性作为社区照顾者，在工作中其权益与保障一直备受忽视；而且，由于经济的原因，这些社区照顾者较少得到资源去改善自己的健康状况；女性作为"抗炎烈士"，在接受表面颂扬的同时，面对不利于自己的医疗制度或缺乏保护的措施时保持沉默，这种表面的表扬掩盖了制度上的剥削性和不合理性。文章认为，从性别角度去检视现行的社会政策，包括健康及医疗设施、生活及工作模式，有助于我们更清晰地掌握妇女的处境，对现存政策的分析更具批判性，从而有助于建立一套更为融和的社会发展观。 （李亚妮）

《养老金制度中的社会性别倾向》（许晓茵，《妇女研究论丛》2006 年第 4 期）

该文在回顾相关文献的基础上，探讨了养老金制度中"社会性别倾向"的定义和度量问题。文章认为，社会性别倾向中的"社会性别"强调的不是先天的生理性别差异，而是后天的社会选择权利差异，而"倾向"强调的不是绝对的歧视而是相对的偏差。养老金制度中存在两类性别倾向，一类是直接的生理性别倾向，一类是间接的社会性别倾向，这两类倾向并非都是性别歧视。就养老金制度安排看，社会性别倾向是指基于职业活动、婚姻状况、家庭地位等因素所产生的养老金覆盖率的差异和养老金待遇水平的差异。文章指出，由于男女两性的家庭分工和市场行为差异在短期内难以改变，所以将社会性别意识纳入养老金制度决策是当务之急，并建议逐步缩小男女两性的退休年龄差距，同时采用性别中性的保险精算方式，适当捆绑夫妻双方养老金受益或增设遗属保险，统筹夫妻双方的养老金资源。 （杨玉静）

《中国城镇职工的性别工资差异与职业分割的经验分析》（李实、马欣欣，《中国人口科学》2006 年第 5 期）

该文利用 1999 年中国居民收入调查数据，对职业与男女工资差异之间的关系进行了经验分析。分析结果表明，20 世纪 90 年代后期中国城市劳动力市场存在较为严重的性别职业分割，女性职业集中在办事人员和服务人员，而男性则更多地充当管理人员和技术人员；在每种职业中，女性工资都比男性工资低，尤其在女性集中的职业中，女性工资更低。分析结果表明，职业对中国城市的男女工资差异有显著的影响，而职业内性别歧视性因素则是职业所导致的男女工资差异的最主要原因。为了更大限度地减少职业的性别歧视，有必要在企业内部的职业分配上消除性别歧视，建立具有中国特色的职务或职业评价制度，同时将职业分类与工资水准的设定结合起来。

（杨玉静）

《论艾滋病预防和控制中的性别歧视——以异性性交往传播的防控为例》（王金玲，《妇女研究论丛》2006 年第 6 期）

该文对艾滋病预防和控制中的性别歧视进行了研究。文章认为，从社会性别视角看，艾滋病的预防和控制中存在着种种性别歧视，在异性性交往传播的防控方面尤为突出。文章指出，在中国有关预防和控制艾滋病的法律和国家政策的定位中，性服务妇女而不是性消费男子被更多地定位为应受到/给予更多监测和干预的"高危传播者"；在命名上，性服务者而不是性消费者被认为应该为艾滋病的传播承担首要责任；在法律和政策的规定上，预防和控制异性性传播将性服务妇女而不是性消费男子作为重点监测人群，将以妇女为主的服务者而不是以男子为主的消费者作为预防艾滋病传播责任的主要承担者，将性服务妇女作为行为干预的主要目标人群，将妇女作为重点宣传教育人群。文章还指出，在预防和控制艾滋病的国家行动中，存在着对性服务妇女惩处更为严厉、要求性服务妇女承担责任而其所处的弱势地位往往被忽视，以及更强调和重视针对妇女的宣传教育等不足之处。

（倪　婷）

《仪式嬗变与妇女角色——元阳县箐口村哈尼族"苦扎扎"仪式的人类学考察》（马翀炜、潘春梅，《民族研究》2007 年第 5 期）

该文对箐口村哈尼族"苦扎扎"（六月节）仪式嬗变中妇女角色的转变及其文化意义进行了研究。通过描述箐口村哈尼族的"苦扎扎"（六月节）仪式的基本内容及其变迁，作者认为，"苦扎扎"仪式在表达祈福消灾意愿时，特别强调社区中个人的生活目的及生存意义必须与有意义的神圣秩序系统相联系。而伴随村民生产生活方式的改变，"苦扎扎"仪式所强调的社区内部关系已发生改变。村民在行为方式、价值观念等方面发生的巨大变化造成与人们的行为及观念都紧密相关的各种宗教仪式活动的变化，男女社会性别的区隔渐趋模糊。日常生产生活方式的变迁，尤其是妇女在现实社会活动中的角色变化，已在改变着仪式的某些内容和意义。由于走出山寨的村民越来越多，"苦扎扎"仪式所包含的强调传统社会秩序和理想等作用明显减弱。　　　　　　　　　　　　　（石　鑫）

　　《妇女在村委会选举中的竞选策略研究——以湖北省随州市为个案》（刘筱红、吴治平，《妇女研究论丛》2008 年第 1 期）

　　该文对妇女参与村委会选举中的竞选策略进行了研究。文章指出，村委会选举构成了一个初级的政治市场，存在着市场交易。在选举活动中，政治营销成为必要手段，是实现民主管理的重要策略。但是，农村村委会选举中进行的政治营销活动有着明显的性别差异，男性政治营销的意愿以及村民对男性进行政治营销的接受程度高于妇女，村民包括一些妇女精英对妇女在选举中"拉选票"存在明显的认识误区。因此，妇女在竞选中运用政治营销策略是妇女民主参与水平提高的表现。文章通过案例分析，将妇女在村委会选举中的竞选策略归纳为：品牌战略，即以高质量的服务来赢得民心；政治资源战略，即充分动员体制内的政治支持；权威战略，即特别重视集聚体制外资源；以及建立助选联盟、合作营销、建构共同利益、干扰策略、中间策略、顾客需求策略等具体技术策略。

　　　　　　　　　　　　　　　　　　　　　　　　　　　　　（倪　婷）

　　《单身汉（光棍）问题还是女童人权问题？——高出生性别比报道的社会性别分析》（卜卫，《浙江学刊》2008 年第 2 期）

　　该文通过对若干高出生性别比的媒介报道的内容分析，讨论了社会倡导中的性别问题。研究结果显示，由于缺少社会性别敏感，一些报道从男性的利益出发来提出问题和解决问题，从而忽略了结构性的性别不平等和女童的人权。这种报道强化了男性中心的性别文化，不利于"高出生性别比"的治理。在此基础上，文章探讨了媒体的社会责任及社会倡导中的性别平等策略，包括：学习并利用国际人权标准和性别平等的文件；学习社会性别知识并保持性别敏感；在采访高出生性别比问题时，不仅采访人口学家，也应大量采访性别专家；将妇女作为主体而不是性对象或生育对象来报道；塑造突破角色定型的、多元化的女性形象等。 （杨玉静）

《教育地位获得的性别差异——家庭背景对男性和女性教育地位获得的影响》（李春玲，《妇女研究论丛》2009 年第 1 期）

该文对教育地位获得的性别差异进行了研究。文章通过对全国抽样调查数据的分析，认为父母文化程度、父亲职业地位、户口身份对女性教育地位获得的影响大于对男性的影响，家庭经济收入水平只对农村女性的教育水平产生影响，而对其他群体则没有明显的影响。文章提出，家庭背景因素对女性教育地位获得的影响明显大于对男性的影响，即女性的受教育机会更易于受到家庭背景的局限，出生于较差的家庭，特别是生长于农村或来自农民家庭的女性，其受教育机会明显少于其他人。 （倪　婷）

《农地"女性化"还是"老龄化"？——来自微观数据的证据》（毛学峰、刘靖，《人口研究》2009 年第 2 期）

该文试图使用微观数据来检验农地是否"女性化"或"老龄化"。分析认为，判断农业生产主体特征，需要同时注意地域差别、年龄差别以及时间差别。从性别分工的角度来看，单纯以性别为考量的家庭内部农业劳动分工在多年内没有发生显著的变动，中国并没有发生所谓农地"女性化"的现象，虽然女性相对于男性的农业劳动投入较高，但这并非某一地区特有的现象，也并非随着时间推移呈现一个明显的趋势；而针对不同年龄组的分析表明，农业生产逐渐向着年纪稍大的年龄组转移，主要集中在 40～60 岁的人群。文章指出，虽然中国的农业生产主体偏向女性，同时逐渐向年龄大的层次偏重，但与其说是农地"女性化"，不如说是农地"老龄化"，然而"老龄化"不等于"老年化"，更不等于中青年人对于农业的放弃，或许女性和老人在中国的农业生产中占据了相对重要的位置，然而这或者是长久以来的趋势，或者只是比重较往年有所增加，但离真正的掌控农业生产还有着很大的距离。 （杨玉静）

《中国社会转型期的女职工劳动保护》（刘伯红，《妇女研究论丛》2009 年第 2 期）

该文对中国社会转型期女职工劳动保护的复杂性进行了研究。文章指出，在经济全球化和市场的共同作用下，中国女职工的就业权利和劳动保护受到空前的冲击和挑战。一方面，出现大量女职工劳动保护不足的问题；另一方面，又存在女职工过度保护的问题；此外，还存在由于政府不再承担公共服务责任和监管力度弱化而出现的越提倡保护、对女职工就业越不利的复杂局面。文章从国际劳工标准、社会性别平等和政府责任等角度，对上述现象进行了分析，建议政府承担起促进有家庭责任的男女职工平等就业和女职工劳动保护的责任，将社会性别平等意识纳入决策主流，规范《女职工劳动保护条例》的内容和定位；建议企业和用人单位承担起改善劳动者工作条件和女职工生育保护的责任；建议加强政府和执法部门监管的力度，抓紧讨论女职工劳动禁忌的有关规定，并在适当时候继续研究和完善女职工生育保险问题。　　　　　　　　　　　　　　　（杨玉静）

《"一孩半"生育政策的社会性别与社会政策视角分析》（杨菊华，《妇女研究论丛》2009 年第 3 期）

该文从社会性别和社会政策视角分析了"一孩半"生育政策出台的背景、目的、带来的问题和解决问题的途径。文章认为，虽然"一孩半"生育政策的初衷是出于对农村地区现实情况和困难的考虑，尽可能地同时兼顾国家利益和群众利益，但由于政策与生俱来的性别"短视"，也由于该政策与其他相关社会政策的不协调、政策执行过程中的偏误以及配套措施的不完善等缘故，"一孩半"生育政策对女胎的生命权、女婴的生存权、女性的基本人权和母亲的生育健康权产生了威胁，从而不利于女童和妇女的生存发展，阻碍了性别平等事业的进程，也不利于社会的和谐与稳定。解决这一问题应该从梳理、协调、配套相关政策出发，通过对生育政策的改革以及对社会性别平等的宣传教育，进一步完善政策，从而真正达到推行生育政策、增进性别平等的初衷。　　　　　　　　（杨玉静）

《家政女工的身份与团结权政治——一个家政工会女工群体的个案研究》（郭慧敏，《妇女研究论丛》2009 年第 6 期）

该文对家政女工身份和地位的分裂与转化，以及非正规就业女工群体团结权实现的途径进行了研究。文章认为，在企业改革和重组中下岗、继而走进家政行业的女工在社会转型中经历了一个去工业化、边缘化、性别职业隔离化及去权利化的过程。文章讨论和观察了项目如何利用国际与本土资源，对家政工群体进行组织动员和干预，为这个群体进行赋权，并帮助这些散在分布于家庭私领域的家政女工实现了团结权的过程和影响。文章指出，学会团结，学会利用团结后的组织资源争取和维护权利，是在目前形势下克服非正规就业群体分散性的一种良好的尝试，而工会则是非正规就业群体实现团结权合法化的重要途径。家政女工工会虽然提升了个体的维权意识，但个人维权的社会支持环境和资源不足，再加上现有雇主成分复杂，赋权后的一些家政工维权意识的边界扩张，导致雇主与家政工新的矛盾和冲突，这些问题还需要进行不断的反思。　　　　（杨玉静）

《工作场所中的性骚扰：多重权力和身份关系的不平等——对 20 个案例的调查和分析》（"工作场所中的性骚扰研究"课题组，《妇女研究论丛》2009 年第 6 期）

该文对工作场所中的性骚扰进行了定性研究。文章通过对 2005～2007 年 20 名女性性骚扰受害者以及部分受害女性的同事、亲属、律师、法官的访谈分析，提出仅仅把性骚扰定义为不平等的性别结构所致并不够全面和准确，与不平等的性别关系同样令受害女性感受至深的还有在工作中的权力和地位关系的不平等。文章认为，权力地位关系在性骚扰事件中的大量渗透和强有力的影响，暴露了在转型时期的中国社会分化和社会不平等不断加重的背景下，在一些地方和单位，权力无所不至，优势地位转化为霸权；弱势群体在受到歧视、伤害时，由于难以得到社会援助而更多选择沉默或逃避等种种问题。　　　　（倪　婷）

《从"缺席"到"在场"——女大学生村官对农村妇女公共参与的影响》（胡桂香，《中华女子学院学报》2010 年第 1 期）

该文就女大学生村官对农村妇女公共参与的影响进行了研究。文章认为，自全国多个省市启动大学生"村官"计划以来，女大学生已经成为新农村建设中的重要力量，同时对农村妇女的公共参与产生重要影响。文章指出，农村妇女的公共参与是指农村妇女对村庄政治活动的参与和对村庄公共事务的参与。由于受传统父系社会影响，农村妇女的公共参与程度很低，同时自主意识缺乏，在村委会中女大学生村官也遭受歧视。文章认为，女大学生村官一定程度上改变了村委会的知识结构、年龄结构和性别结构，并能够激励农村妇女积极参与村级事务。因此，文章提出在推进女大学生村官与农村妇女的公共参与时，要注重培养女大学生村官的社会性别意识、参政意识和能力。　　　　（倪　婷）

《强奸罪与嫖宿幼女罪的关系》（车浩，《法学研究》2010 年第 2 期）

该文对奸淫幼女型强奸罪与嫖宿幼女罪的关系问题进行了研究。文章指出，在如何解释奸淫幼女型强奸罪与嫖宿幼女罪的关系上，刑法理论存在多种解释方案的竞争。在立法论上，可以从两罪法条竞合但刑罚轻重失序的角度展开修法必要性的论证。在解释论上，无论是将两罪解释为法条竞合进而主张"重法优于轻法"，或者主张想象竞合犯而"从一重罪处罚"，在法理上都难以自洽，在刑事政策上表现出司法权滥用和重刑迷信的倾向。文章提出缺乏有效同意是强奸罪的构成要件要素，具备有效同意则是嫖宿幼女罪的构成要件要素，因此奸淫幼女型强奸罪与嫖宿幼女罪是互斥关系。文章认为，同意效力判断的关键在于幼女是否属于具备性同意能力的"卖淫幼女"。　　　　　　　　　　　　　　　（倪　婷）

《大学校园空间的性别审视——对一所研究型大学的空间考察与思考》（王俊，《妇女研究论丛》2010 年第 3 期）

该文对大学校园空间的性别问题进行了研究。文章提出，大学的空间并非只是一个客观化的实体，而是各种规范、价值以及意义的综合，社会中的各种问题如种族、阶级、性别等也在空间的动态中复制并呈现不同的面貌。所以，校园空间背后的隐藏文化，呈现出父权意识形态所赋予的价值、规范与态度。文章通过对一所研究型大学校园空间的考察，提出学校空间的设计呈现出典型的男性思维特征，校园的空间也是父权意识形态所控制的社会结构的化身，在空间配置、空间区隔中隐含着父权意识形态的权力关系和性别意识，这样的结构往往排除了女性的使用经验，忽视女性的需求，再生产着性别不平等的空间。（倪　婷）

《基于女性主义视角的我国居住空间历史变迁研究》（胡毅、张京祥、徐逸伦，《人文地理》2010 年第 3 期）

该文对居住空间中女性角色地位的历史变迁进行了研究。文章指出，自古以来居住空间的规划与设计都是权力外化的体现，女性虽然有使用权但却没有支配权。文章对建筑及城市空间进行了性别划分，认为在城市空间中，社会角色和地位决定了空间占有的差异，而居住空间是女性化的空间，其女性化的气质主要体现在：它以人类行为组织空间形式，而非通过空间的技术组织引导人类行为；女性使用时间多于男性；居住空间的私密性；心理感知层面的归属感等。文章认为，女性与居住空间结构历经了原始社会初期以女性意义为象征的居住形态、母系氏族社会以女性为本位的"从妇居"结构、父系氏族社会以女性为附属的居住空间方位等第、封建与近代社会以女性道德为束缚的居住空间分隔以及现当代社会以女性被动接受为方式的居住模式的历史变迁。　　　　　　　（倪　婷）

《女科学家的科学生涯模式研究》（宋琳，《妇女研究论丛》2010年第5期）

该文通过对女科学家在科学生涯中所遇到的具有性别特征的问题研究，分析了社会和科学中所隐藏的性别符号。文章认为，性别身份使女性在科学活动中表现出特殊的科学生涯经历，主要表现为：传统文化中的性别刻板印象、社会性别分工问题仍然制约着女性的发展；具体科学活动中所表现出来的性别差异明显存在，女性在就业问题、科学领域中的分工问题、科学承认等方面依然受到各方面的不公平待遇；科学领域中男性依然占据着绝对的统治地位，性别权力结构仍然存在并制约着女性的发展；但是女性特殊的经历和经验又使她们从事着富有特色和成效的工作。文章指出，社会文化和科学文化中的双重性别偏见是造成科学领域中"女性相对缺失"的根本原因，因此，只有将社会性别意识纳入各个层面，深入解构其中所隐含的性别关系，才能从根本上改善女性在科技领域中的发展状况。　　　　　　　　　　　　　　　　　　　　　　　　　（杨玉静）

《评析〈食品安全法〉的性别真空》（向东、吴凡、韩冰，《妇女研究论丛》2010年第6期）

该文对《食品安全法》中存在的性别真空进行了研究。文章提出，从社会性别视角分析，《食品安全法》存在权利主体缺失、制度设计不足和事前预防薄弱等性别真空。文章认为，在《食品安全法》的权利主体上，存在孕妇和胎儿在权利主体中缺失的不足；在制度设计上，以怀孕期间由于食入了含有有毒有害物质的食品导致胎儿出生异常的母亲为例，存在举证责任的分担无明确规定、倍数方法的计算过于机械以及损害赔偿的救济难以涵盖等不足；在事前预防上，存在缺乏女性权利救济组织、女性食品安全教育缺失以及监管机构分工不明确和政府行政责任无法可依等薄弱环节。基于以上分析，文章提出应将孕妇明确列为与婴幼儿同等地位的特定人群，在食品安全标准中，应明确规定孕妇食品的营养成分要求，确认因问题食品受损的胎儿利益保护制度；在制度设计上，要适用推定因果关系规则、设定科学的赔偿金标准、扩大损害赔偿的范围；在预防上，应建立女性权利救济组织、普及女性食品安全教育和加强政府监督管理责任。

（倪　婷）

《基于需求视角的妇女非政府组织发展过程分析——以一个草根妇女非政府组织为个案》（张翠娥、付敏，《妇女研究论丛》2010 年第 6 期）

该文从需求视角对一个妇女非政府组织的发展过程进行了研究。文章将流动妇女的需求划分为影响女性地位改变的非重要需求、重要需求和女性自我感受的弱需求、强需求，对流动妇女之家的组织发展过程进行了分析。文章认为，该组织以流动妇女的强需求为介入点，易于获得服务对象的信任与接纳，但在实现从服务对象强需求到重要需求的转变上，既缺乏对制度环境的重视，又缺乏专业的方法技能，并将改造的对象指向承受压力的流动妇女本身，从而影响了组织目标的实现和组织功能的发挥，使组织的发展陷于困境。　　　　　　　　　（倪　婷）

《"铁姑娘"再思考——中国"文化大革命"期间的社会性别与劳动》（金一虹，《社会学研究》2006 年第 1 期）

该文通过对 20 世纪 50 年代至 80 年代中国妇女参与社会劳动的描述，分析国家动员和行政干预如何影响了女性新的劳动角色的形成。文章认为在这一历史阶段，政府对女性就业的鼓励是以"计划就业，统分统配"的体制为前提的。在国家政策的干预下，逐渐形成了以城市女性为一级蓄水池、农民为二级蓄水池的劳动计划调节模式。与此同时发生了中国劳动分工的"去性别化"，即形成女性不断扩大其职业领域、与男性劳动相融汇混合的特点。在"文化大革命"时期的高度政治化动员下，这两种状况发展到顶峰。文章对这一时期推行大庆的"男工女耕"和"铁姑娘"两种模式进行了典型分析，指出新的劳动角色对被动员的妇女的正面意义和负面影响。在一系列田野调查的基础上，作者还指出，这种劳动就业模式对妇女解放的意义，应多进行在特定历史条件下的实践分析，也不能离开当事人的主观感受。　　　　　　　　　　　　　　　　（石　鑫）

《"延安道路"中的性别问题——阶级与性别议题的历史思考》（贺桂梅，《南开学报（哲学社会科学版）》2006 年第 6 期）

该文探讨了延安时期中国共产党的妇女工作方针演变及其对边区妇女的影响。作者认为，妇女工作中的"妇女主义"采取过于激进的做法，鼓动农村年轻女性的独立和个人要求,颠覆或破坏了传统乡村结构,引起乡村男性的抵制,进而阻碍了共产党力图形成的广泛的社会动员。而"四三决定"则倾向于寻找一种实际的方式,强调妇女参与生产和增强她们对于经济生产的贡献,以避免乡村矛盾。新政策在消除农村社会不和谐、强化人民团结的同时,却遮蔽了传统农村父权制家庭结构下的性别问题。文章认为,中国共产党在乡村展开的社会动员和经济活动相当程度地借重了传统的家庭结构。女性介入公共领域及其社会地位的提高,往往是在不改变家庭内部性别秩序的前提下进行的。这种做法虽然提高了女性的社会地位和自主性,但也导致了女性的双重负担。 （石 鑫）

《性别视角下的"慰安妇"问题》（胡澎,《日本学刊》2007 年第 5 期）

该文用性别视角审视了"慰安妇"问题。文章认为,"慰安妇"问题是性别与战争、民族、国家、人权等问题互相交织的结果。"慰安妇"问题的发生,以及日本政府和右翼势力对此的否认、歪曲,蕴含着一种东亚文化中深刻的性别歧视意识。"慰安妇"制度是日本公娼制在被侵略土地上的延续和扩展,代表了一种国家权利对女性个体的性侵害。而受害人的耻辱思维,使"慰安妇"问题长期在历史话语中缺席。20 世纪 90 年代以来,东亚国家的女性研究者和活动家对"慰安妇"幸存者的调查、采访以及模拟法庭审判活动,使得"慰安妇"问题在性别意义上超越了国家主义的藩篱,成为一个东亚和世界的问题。国际社会一系列有关人权的共识使"慰安妇"问题从历史问题上升到人权问题,是向传统思维的挑战,是一个重新审视历史、转变性别权力关系的过程。 （石 鑫）

《传统与变迁:透视中国的"家庭妇女"》（刘爽、马妍,《妇女研究论丛》2009 年第 3 期）

该文利用 20 世纪 80 年代以来中国历次人口普查和大型人口抽样调查数据,对"家庭妇女",即专门"料理家务"的女性群体的数量变化及其主要特征进行了统计分析。作者指出,专门的"料理家务"者与职业女性承担的家务劳动,两者有着本质区别,应进行分别研究。通过对数据的分析,文章发现"料理家务"至今仍是中国部分女性的生存和生活方式,尤其是在 20 世纪 90 年代以后,"家庭妇女"数量非减且增,每七个成年女性中就有一个是"家庭妇女"。男女两性"料理家务"者在年龄分布上存在显著差异,呈现两极分化状态,"料理家务"的年轻女性远高于年轻男性。有越来越多的高学历女性加入到"家庭妇女"这一群体之中。"料理家务"女性的城乡差异显著，社会保障缺乏，都属于社会的弱势群体。作者指出，"家庭妇女"这一庞大的社会阶层，应得到更多研究和政策的关注。

（石　鑫）

《"妇女能顶半边天"：一个有四种说法的故事》（钟雪萍、任明，《南开学报（哲学社会科学版）》2009 年第 4 期）

该文对"妇女能顶半边天"这一话语及其历史性进行了"再认识"。针对西方女性主义研究者和中国女性知识分子对这一妇女解放历史遗产的矛盾认识，该文主张更全面地考虑妇女生活中以"工作"为中心的社会政治变化与毛泽东时代鼓励女性参与公共活动的社会文化动员在文化与"审美上的"表达之间的联系。文章认为，"半边天"宣传为改变女性的社会与经济地位搭建了舞台，提供了迈向构建新的性别自我意识的关键一步。在此基础上，以"工作"为中心的"保护妇女权益"的政策不仅为妇女参加工作场所的劳动提供了可能，也鼓励了许多女性向往参加社会劳动，并从中取得更大的成就感。作者认为，对"半边天"所涵盖的"自强"精神的重新认识可以继续为很多女性提供一种文化资源。"半边天"的理念应该在"后妇女解放"的中国社会在性别政策方面出现变化的现实中，在制度层面上得到坚持。

（石　鑫）

《"三八"国际妇女节：中国妇女运动的特殊场域与公共文化空间》（陈雁，《妇女研究论丛》2010 年第 2 期）

该文试图澄清"三八"节起源说的中国版误读，并分析这种误读所体现的中国妇女运动的国际视野与多源发展特征。文章通过对相关历史文献的梳理，指出"三八"国际妇女节成为国共两党领导中国妇运的重要场域。文章考证了"三八"节的实际起源与中国误读"三八"节的过程，分析了 20 世纪中国妇女运动与国际妇女运动之间复杂的关系与积极的互动。作者认为，"三八"国际妇女节和围绕该节日的各种活动已成为中国妇女运动构建集体记忆的重要载体，起到了类似的"精神中心"的作用。以"三八"国际妇女节纪念活动为主题的罢工、集会、游行示威等，是中国妇女在 20 世纪以来形成新的"社会性别"认同的最重要的场域之一。而对"三八红旗手"和"三八红旗集体"的评选与表彰活动，继承了这一传统，将新中国成立以来以"女劳模"为象征的"新中国妇女"形象赋予了更明确的性别属性。

（石　鑫）

《变化与稳定：非正式制度中的性别呈现——以河北 H 村仪礼为例》（王冬梅、李小云，《妇女研究论丛》2010 年第 1 期）

该文以河北 H 村为例，从仪礼这一非正式制度的视角研究了社会变迁中乡村性别关系的现状、变化及其背后深层的思维模式。通过对 H 村仪礼制度及其变迁的田野调查，作者发现，伴随社会的变迁，仪礼制度中的仪礼参加、仪式过程及礼金数额都发生了不同程度的"量"的变化，性别分工和性别禁忌也出现了不同形式或内容的变化，但这些变化都会以各种方式融进仪式原有的结构，并未冲击人们思维中有关仪礼操行的性别规范，也未动摇性别符号的象征秩序。由此得出的基本结论是，以仪礼为代表的乡村非正式制度中性别关系的文化图式是文化深层结构的一种象征性表达，并未随乡村经济发展和社会历史条件的变化而发生本质的改变。

（石　鑫）

《母性话语与分娩医疗化——以 20 世纪三四十年代的上海为中心》（赵婧，《妇女研究论丛》2010 年第 4 期）

该文研究了 20 世纪三四十年代上海的分娩卫生实践与母性话语的关系。文章认为，通过生育话语与富国强种的关联，分娩卫生成为号召国家、社会与妇女采取集体行动保持种族生命延续的一种动员策略。在这种语境下，妇女卫生问题由私领域转变到公领域。分娩医疗化也是女性的身体及生活医疗化的过程。在此过程中，女性要面对新的医疗空间中所蕴藏的新的知识权威和医患关系。这种改变为女性的个体生育体验带来很多不适。作者认为，民国时期"保护母性"的口号在富国强种的话语下，把女性的身体与健康纳入了母性话语，使女性身体无法获得解放。分娩行为的医疗化使女性身体遭受宰制，而现实制度的缺陷使得分娩医疗化的实际效果大打折扣。

（石　鑫）

《生态女性文学批评的话语建构》（陈凤珍，《北京大学学报（哲学社会科学版）》2006 年第 S1 期）

该文对生态女性文学批评的话语建构进行了研究，通过女性文学的精神生态和文学批评生态的话语资源两个方面阐述自己的观点。作者提出，重新清理女性作家和批评家薄弱的"生态意识"，对作家的"精神生态"加以更多的关注，成为生态女性文学批评话语建构的重要维度。在西方的生态女性文学批评尚未成熟的时候，中国女性文学批评家应抓住此机遇，通过女性文学的精神生态和文学批评生态的话语资源两个方面切入问题的实质，强调在 21 世纪的全球化时代，人类应该重新思考自己的文化命运，东西方文学都应该重新审视自己的文化身份，在生态意识和生态文化逐渐被人们认可的今天，大力倡导和建构生态女性文学批评。 （周 蕾）

《身体的社会形塑与性别象征——对阿文的疾病现象学分析及性别解读》，（郑丹丹，《社会学研究》2007 年第 2 期）

该文对一个男子阿文的腹泻进行了疾病现象学研究，通过解析社会等级制度对阿文（及其妻子阿英）身体的不同形塑，认为腹泻对阿文而言是情绪的身体表达，是焦虑和压力的释放途径。阿文的病痛反映出社会等级制度等对个体的塑造和影响。文章进一步揭示，性别等级分化的身体塑造具有很强的象征意涵，它来源于更大的社会结构，也反映了更大社会结构的部分特征。文章提出，只有将宏观社会背景纳入视野，考察事件性过程的真实的实践逻辑，才能真正地理解个人，理解个人的日常生活，理解个人的身体和实践；反之，只有真正进入具体而微的个体实践，才能把握时代的脉搏，理解宏观社会结构的律动。 （周 蕾）

《语言实施的性别围困——权力话语下的"第三性"》（姜宁、牛亚军，《妇女研究论丛》2008 年第 3 期）

该文对权力话语下语言对"第三性"所实施的性别围困进行了研究。文章认为，"第三性"是当今社会对女博士的代称。它是对追求独立、实现自我价值的高学历女性的一种排斥和异化现象在语言上的反映。女人往往被称作"第二性"或"他者"，女博士从女人这个群体中被排挤了出来，成为"他者中的他者"。这个二度他者化的过程体现了社会心理和文化通过大众话语来掌控社会的事实。文章指出，福柯关于话语和权力的关系理论表明话语（语言）是众多的大众维护、重组社会秩序的有效机制，权力通过话语发挥作用，话语的流通又进一步加强了权力。"第三性"一词的出现和流传是男性强权统治受到挑战时的话语应对机制运作的结果。此外，语言本体论的观点表明语言不但反映世界，而且语言就是社会现实。所以，"第三性"这一语言形式直指女博士困窘的现状，它表明我们有赖于语言维护、打破、重建社会秩序，人类和语言共存。 （周 蕾）

《论当代女性文学批评的空间概念》（乔以钢、洪武奇，《文艺理论研究》
2008 年第 4 期）

该文围绕中国当代女性文学批评空间概念的相关问题进行了探讨。文章认
为，由于对女性空间位置的认知不同，批评话语的方式随之各异。当代女性主义
批评"空间"概念的内涵从根本上说是生存性的，其中一以贯之的线索是女性存
在的历史规定性和社会现实性。文章提出，女性空间问题和时间问题密切联系在
一起。女性存在的时间、空间互相转换，使得女性空间的变动成为除时间之外规
定女性空间状况的另一个重要因素，而这正是女性空间的生产。文章认为，提出
当代女性文学批评的空间概念，具有较强的现实意义。因为建构女性空间状况，
关系到女性文学批评的出发基点，其具体情形将决定批评者的态度、立场以及批
评的展开方式。文章提出，厘清当代女性文学批评空间概念的生存性内涵以及女
性空间与时间的关系，将会为批评实践进一步深入提供有益的参考，同时有利于
辨别批评话语与现实之间的界限和其间两者结合的生长点。　　　　（周　蕾）

《建构女性与女性建构——建构主义视阈中"剩女"危机引发的社会学思考》
（左雪松、夏道玉，《妇女研究论丛》2008 年第 5 期）

该文从建构主义范式透视社会学理论对于"剩女"危机的理论认知，剖析
"剩女"主体在面对建构女性与女性建构的断裂中存在危机的现实表现。文章认
为，"剩女"窘境引发的女性危机其实是一种建构的性别危机，根植于建构女性
与女性建构的撕裂。"剩女"现象的蔓延就是性别危机的投影，"剩女"危机在于
这种建构女性与女性建构在改革语境下的交锋。文章尝试涉及对危机解决途径的
思索，研究防范"剩女"危机的公共机制与个体心理调适机制，以修复"剩女"
在剧烈变迁中因建构性断裂而产生的阵痛，从而化解"剩女"危机产生的社会
风险。　　　　（周　蕾）

《身体流动与性别不平等：社会性别视角下的城市家庭汽车消费》（林晓珊，
《浙江学刊》2008 年第 6 期）

该文关注的是在城市家庭汽车消费中汽车带来的身体流动之间的差异。文章
采用质性研究法，主要通过对个案的深度访谈获得资料。通过调查发现，汽车带
来的身体流动之间的差异主要体现在两个方面：一是大多数男性总是作为驾驶
者，而大多数女性总是作为乘客，并且通常是男性比女性拥有更大的汽车优先支

配权；二是男性驾车主要是用于工作，而女性驾车主要是用于家务。文章认为，这种身体流动的差异是被性别化的社会文化建构起来的：一方面，汽车的性别隐喻和文化编码是建构男性成为驾驶者、女性成为乘客的重要文化因素；另一方面，公共空间与私人空间的性别界分是造成大多数男性开车为了工作、女性开车为了家务的重要社会因素。 （周　蕾）

《博物馆语境下的性别文化表征——以妇女文化博物馆为例》（屈雅君、傅美蓉，《南开学报（哲学社会科学版）》2009 年第 2 期）

文章主要考察了妇女专题博物馆语境下的文化表象与意指实践。文章认为，在文化表征过程中，所有的参与者都通过话语方式卷入了性别意义的争夺。展品正是通过进入话语实践系统而参与了性别意义的争夺，进而深入到社会实践层对博物馆语境下文化表象与意指实践的考察。文章认为，妇女文化博物馆是一个有效的表征系统。展品的语言符号意义与文化、社会性别观念、传统对妇女的建构密切相关。在物品的众多意义中，妇女专题博物馆优先选择的意义与性别文化有关。通过这些展品及其展览，可以描绘出一种新的幻象，同时生产出一种新的知识话语，重新建构性别意义。妇女专题博物馆作为文化的载体，为性别意义的公共交流提供了另一种可能性，即通过展品创造、传播和交流意义，表达妇女关于世界的经验和知识。 （周　蕾）

《整形美容手术的两难与焦虑的女性身体》（文华，《妇女研究论丛》2010 年第 1 期）

该文通过个案研究，探讨整形美容手术中父权制和消费文化在女性身体上的运作，以及女性如何以主体消费者的身份进行自我赋权。研究发现，对于很多女性来说，整形更多的不是关于虚荣，而是关于身份认同和实用性。作为个体的女性对整形手术的选择实际上是嵌入在中国改革开放以来的经济结构、就业体制、职业的性别区隔、社会分层、城乡流动以及婚姻生活模式等社会和文化结构的剧变之中。女性身体的焦虑和女性身体形象的不确定性源于社会转型中社会资源的稀缺性和社会结构剧变带来的不确定性。研究认为，在有限的一定范围内，整形手术让女性透过身体，重新调整自己和周遭世界复杂而又矛盾的关系。女性身体的手术重塑所隐喻的不仅是社会结构的剧变和重构，也是在此剧变中人们精神上的不安和焦虑以及身体行动上的顺从和抗争。 （石　鑫）

《社会性别与法学研究》（周安平，《妇女研究论丛》2006 年第 5 期）

该文对社会性别研究对法学研究的借鉴作用进行了研究。文章认为，社会性别研究为涉及性别的法律问题提供了全新的研究思路。社会性别研究方法，对法学研究具有启示性和颠覆性，可以改变传统法学对社会关系模式的认识，注意到人与人之间法律关系的内涵与性别关系等级的内在联系，有助于揭示性别平等对于社会和谐的重要意义；有助于改变传统法学"无性人"的研究方法，从"有性人"的视角考量法律文本的性别平等，为性别平等的法律进路的探寻奠定了基础；可以启示人们在考察性别平等的法律关系时注重从"行动中的法"的角度重新考察现实生活中的性别平等；社会性别研究也弥补了传统法学关于妇女权利研究方法的不足，并对传统法学研究中的阶级分析方法予以修正，使人们从阶级方法的迷信中觉醒过来，这对中国的学术研究具有重要的理论意义。（范红霞）

《从差异到互补：中西性别研究的互动关系》（孙康宜、傅爽，《中山大学学报（社会科学版）》2009 年第 1 期）

该文关注的是中西性别研究的互动关系。文章认为，在这个逐渐多元化、全球化的时代，西方与亚洲并非互斥而是共存的。在文化全球化的影响下，西方批评和传统的中国研究正在成为联系日益密切的知识领域。文章提出，不但要考虑两者之间的差异性，也要注意它们之间的互补性。20 年来，欧美女性主义批评已经为研究中国女性的历史学家提供了新的理论契机，研究中国的学者向西方女性主义批评提出了比较的视角。文章认为，在交流全球化的时代，需要一种处于西方理论和中国研究之间的"双向的过程"，尤其考虑到性别批评的传播，这种"双向的过程"最终将会帮助实现东西方之间真正的理解。（周　蕾）

《文本分析与中国近现代性别史研究》（侯杰，《郑州大学学报（哲学社会科学版）》2009 年第 2 期）

该文对文本分析方法在中国近现代性别史研究中的作用及运用过程中需要注意的问题等进行了研究。文章认为，围绕文本分析所产生的文本接受、文本解读、文本生产、文本书写等理论对中国近现代性别史研究具有一定的启示意义和价值。在中国近现代性别史的研究过程中，研究者不必受文学文本和非文学文本等文本类型的限制，完全可以根据研究的实际情况，给予文本适当的界定和解读，从而使中国近现代性别史得到更丰富的再现。同时，文本解读不是对文本意涵的被动接受，而是融入了解读者的理解和主观想象，因此，只有将文本书写者、传播者、接受者之间的相互关联及隐含其中的权力因素认识清楚，才能使文本解读更加切实深入，进而揭示出中国近现代性别史研究中的某些重要意涵。文章还认为，文本之外还有大量的历史存在，它先于文本存在，因此，在研究中国近现代性别史的过程中，必须秉持尊重历史的态度，灵活运用文本分析的理论和方法，深入探讨中国近现代性别史。 （范红霞）

《口述历史与性别史研究》（游鉴明，《郑州大学学报（哲学社会科学版）》2009 年第 2 期）

该文研究了口述历史对性别史研究的重要意义。文章认为，口述历史可以弥补女性史料的不足，为失声的女性找回历史，也为男性历史提供新的观察，为史家重新诠释或重构历史提供可能。同时，口述历史中包含许多性别的意涵，如男女形象的建构、婚姻家庭中的性别关系、男女家庭地位、女性对家庭与工作的看法等。口述史料中的性别建构可以丰富人们对两性生命史的认识，纠正一些刻板印象。但是口述历史属于二手史料，产生的时间不是事件发生的当时，传统框架、时代价值观念、社会期待、主访人在访问过程中的诱导等多少都会影响或调整受访人的性别意识，要从口述史料中追踪女性的真正样貌并不容易，但口述历史毕竟给我们提供了一种研究性别历史的指标。 （范红霞）

《崛起中的亚洲妇女学述评——一名中国学者的视角》（杜芳琴，《马克思主义与现实》2009 年第 4 期）

该文从亚洲妇女学兴起的背景和基本概念——亚洲、亚洲妇女和亚洲妇女学各家观点的梳理开始，叙述评论了亚洲妇女学 15 年来的发端、发展与最新进展，尤其重点评述了韩国梨花女子大学实际运作亚洲妇女学的做法、历程、成就和影响，并对亚洲妇女学的未来发展趋势进行了展望。文章提出，建立亚洲女性主义知识社区是亚洲妇女学最基本的策略目标。文章认为，亚洲妇女学会需要建立跨界域的机制，以进行各国间、各学科间的合作交流，开展有关重大议题的知识、政策和行动的共同研究，要从学理层面对政府立法与政策调整进行积极介入，从知识生产环节做好准备；同时应克服关门研究和教学的旧学术传统，将学术女性主义与行动女性主义沟通整合，为实现性别公正、平等做出切实的贡献。

（周 蕾）

《社会性别研究在国内外的发展》（王政，《中华女子学院山东分院学报》2009 年第 5 期）

该文关注社会性别研究在国内外的发展。文章通过"交叉性"和"男性研究"两个相关学术概念，展示了社会性别研究领域在国际上发展的深度和广度。同时，认为社会性别研究在中国大陆也得到了可喜的发展，但是中国社会性别研究的理论发展深度尚有不足。文章提出，要突破"妇女问题"的思维定式，拓宽社会性别研究领域，除了可以审视"男性问题"外，也需要把视野打开，尤其是学术界的研究者，需要关注中国社会政治学术的主流思潮中出现的问题，而不仅限于对与妇女相关的议题的关注。用社会性别的分析框架来分析主流社会政治文化和学术中的问题，才可能发出自己的声音，走出学术的边缘境地，发挥社会性别批判性理论应有的作用。

（周　蕾）

《女性身份差异性与科学文化多元性——基于女性主义科技史研究的理论基础》（章梅芳，《华中科技大学学报（社会科学版）》2010 年第 2 期）

该文对女性身份差异性与科学文化多元性对女性主义科技史研究的意义进行了研究。文章认为，女性身份差异性和科学文化多元性发端于不同的学术领域，却具有内在的一致性，二者在科学元勘这一交叉点上实现了融合。女性身份差异性和科学文化多元性为女性主义科技史研究提供了新的理论基础和编史方向。一方面推动女性主义科技史扩展到非西方领域，关注焦点从中产阶级白人女性转移到黑人女性和第三世界女性；认识到非西方"科学 - 性别"关系的复杂性、多重性和多样性，通过对性别文化本质主义和欧洲中心主义的认知和批判，为女性主义科技史提供了新的框架，有助于非西方女性主义科技史研究从边缘走向中心。另一方面，将社会性别范畴与非西方的认识论框架综合运用于科技史中，使女性科技史在方法论上有了革命性的提升。在女性身份差异性和科学文化多元性观念的指导下，新时期女性主义科学编史方向发生了重要变化，主要包括对科学技术中性别问题与种族、殖民问题的交错关系进行解构，并揭示非西方社会科学技术与性别的互动关系。

（范红霞）

《当代中国妇女史研究的价值取向》（畅引婷，《光明日报》2010 年 12 月 28 日第 9 版）

该文对当代中国妇女史研究的价值取向进行了研究。文章认为，当代中国妇女史研究的价值取向主要体现在反映"历史存在"、建构"妇女主体"、服务"现实社会"、充当"使用工具"四个方面。当代中国妇女史研究力图改变历史中妇女群体的"缺席"和"失语"地位，改变女性的"他者"身份，"还历史的本来面目"，并进而建构妇女群体在历史活动中的主体地位，以及妇女史研究者在知识生产领域的主体地位。妇女史研究还试图从历史的追根溯源中，为现实中与妇女相关的问题寻求借鉴和启迪，为现实社会中性别平等政策的制定提供历史依据。然而，在现实研究中，不少学者将妇女史研究当作工具使用，将妇女当作"客体"或"第二性"来对待。四种价值取向并非泾渭分明，在现实生活中往往交替并用，不同的价值取向反映了研究者不同的内容侧重或矛盾的研究立场。妇女史研究者在具有一定价值取向的话语背景和言说场域下对妇女史所进行的探讨，对未来两性历史乃至人类历史的重构都将产生重要影响。　　（范红霞）

研究机构和组织、学术活动、学者简介

研究机构和组织简介

（按行政区划顺序排序）

中国人才研究会妇女人才专业委员会

中国人才研究会妇女人才专业委员会成立于1993年，是中国人才研究会（总会）下设16个专业委员会中的一个专业委员会，是全国妇联团体会员，中国妇女研究会第三届理事会团体会员。

会长：马延军；副会长：岳素兰、王之球、回春茹、张松芳、吴甘美。现有理事94名，由来自党、政、军、群、法、科、教、文、卫、体、经等领域的关心妇女人才成长发展、推动女性人才开发的优秀女性组成。

该会宗旨和主要任务是坚持邓小平理论和"三个代表"重要思想，按照科学发展观和人才观的要求，宣传人才强国战略和优秀女性人才的业绩和贡献，总结女性人才成长、成才的经验，调查研究女性成才中的困难和障碍，提出政策性建议，研究探讨女性成才的规律、提升女性人才创新能力、推动妇女人才的开发，为女性的成才和成才的女性服务。

该会在中国人才研究会和全国妇联的指导下，按照五年规划和年度计划开展工作和活动。主要内容和工作方式：坚持理论研究与社会实践相结合，结合本会理事结构多元化的特点，采取组织社会征文、进行专题研讨、举办主题论坛、召开系列座谈会等形式，宣传优秀女性人才的业绩、贡献和成长成才的经验；研究分析女性成才中的困难、障碍和问题，提出政策性建议；承担专项课题研究项目，深入研究探索女性人才成长发展的规律；组织高层次培训，认真贯彻落实中央人才工作精神，努力提高推动女性人才开发的理论研究水平。该会注重加强组织建设和宣传阵地建设，建有网站和内刊，并适时出版书籍。

通讯地址：北京市东城区朝内南小街51号

邮政编码：100010

联系电话：（010）65284285

传　　真：（010）65284285

电子信箱：fnrc@yahoo.cn

全国妇联老龄妇女研究会

全国妇联老龄妇女研究会成立于 2001 年，负责人：崔淑惠，联系人：杜香坤。该研究会成员来自相关研究机构、妇联干部和部分机关事业单位热心妇女研究的人员和离退休专家学者。

该会注重从实际工作出发，发挥自身优势，深入基层调查研究，找准问题，为开展工作提供理论依据。坚持源头维权，积极参加与老年妇女相关的法律法规和政策的制定工作，争取在国家立法和决策中反映和体现老年妇女的利益。

近年来组织召开了全国妇联老龄工作会议、全国妇联老龄工作研讨会；与妇女研究所联合举办了由全国人民代表大会内务司法委员会、国务院法制办公室等部委有关负责同志及北京大学、社会科学院等专家学者参加的全国妇联参与修改老年法研讨会；与全国妇联妇女研究所联合举办"老龄化与老年妇女"学术报告会。印发了妇联系统内部交流材料《老龄妇女工作动态》。在中国妇女网上开设"夕阳无限"老龄专栏。制作了《直击老龄社会聚焦妇女问题》专题片。指导全国各省妇联开展妇联系统"敬老月"活动。对天津妇联组织创办公益性老年日间照料服务机构情况和山东省济南市家政服务典型——"阳光大姐"进行调研。

向全国人民代表大会常务委员会报送《全国妇联贯彻实施老年人权益保障法执法检查情况汇报》，参加了三次全国人民代表大会常务委员会老年人权益保障法执法检查工作会议，对全国人民代表大会常务委员会执法检查组《关于检查老年人权益保障法实施情况的报告》提交书面修改建议；参与《中国老龄事业发展"十一五"规划》检查评估和《中国老龄事业发展"十二五"规划》编制修改工作；为新一轮《中国妇女发展纲要》有关老龄妇女内容提出建议。与全国老龄工作委员会办公室、教育部等部门联合开展"全国敬老爱老助老主题教育活动"，进行了四次全国性评选表彰；与全国老龄工作委员会办公室、共青团中央联合举办全国尊老敬老经验交流会；与全国心系系列活动组委会共同主办"心系老年"孝心工程系列宣教活动。

通讯地址：北京东城区建国门内大街 15 号

邮政编码：100730

联系电话：（010）65103243　65103245

传　　真：（010）65103244

北京外国语大学社会性别与全球问题研究中心

北京外国语大学社会性别与全球问题研究中心成立于 2006 年 11 月，是中国第一个致力于社会性别与全球问题研究的学术组织。中心主任：金莉；常务副主任：李英桃。中心现有成员 15 人，来自北京外国语大学各院系，从事外国语言文学、政治学、经济学、法学等学科教学与学术研究工作。中心还聘请北京大学国际关系学院副院长王逸舟教授、全国妇联妇女研究所刘伯红研究员等多位国内外著名学者担任中心客座研究员。

该中心旨在建立并在全国各高校推广社会性别与全球问题研究的课程体系；会聚国内外社会性别与全球问题研究者，促进学术交流与合作，加强国内对社会性别与全球问题的研究；通过推动社会性别主流化进程，将社会性别视角引入中国的对外交往与外交决策之中。

自 2006 年成立至今，中心在社会性别与国际关系课程体系的建立与推广、教材编写、学术交流以及学术研究等领域开展大量工作。目前以北京外国语大学为教学基地，开设了多门社会性别研究方向的相关课程，如"女性主义与国际关系""性别与社会""美国妇女作家"等课程。

2008～2010 年，中心承担并完成福特基金会关于社会性别与全球生态环境问题的研究项目。中心每年召开年会，定期刊发年度通讯，以多种形式记录中心的成长历程和全球性别研究的进展，选编中心成员的学术论文与研究心得。

该中心致力于促进国内外学者在社会性别与全球问题研究领域的交流与对话。成立至今，举办学术讲座、座谈会等各类活动数十次。2010 年 4 月，举行"社会性别与生态全球环境问题"全国学术研讨会；2010 年 7 月，与英国牛津大学社会性别研究中心、德国柏林自由大学东亚研究所共同主办"国际妇女研究和中国妇女组织：回顾过去·展望未来"国际学术研讨会；与北京市妇联合作开展"世界大城市妇女工作比较研究"项目。

通讯地址：北京市北京外国语大学

邮政编码：100089

联系电话：（010）88815120

传　　真：（010）88815120

新浪博客网址：http：//blog. sina. com. cn/gendercenter。

天津市妇女发展研究中心

天津市妇女发展研究中心成立于1997年，天津市妇联主席朱丽萍担任中心主任。研究会成员61人，主要由来自天津高校教师、社科院研究人员、党校及媒体的专家学者构成。

中心的宗旨是围绕改革开放和社会主义现代化建设中妇女运动出现的情况和问题，开展多学科的社会调查和理论政策研究，为指导妇女运动和做好妇女工作提供科学依据，为促进妇女发展和妇女解放、促进和谐天津建设贡献力量。该中心的研究专长在于抓住妇女理论、社工实践、政策推动三要素之间的结合点，推动理论与实践、试点经验与政策制定之间的融合与借鉴。

该中心每年组织开展专项调研工作，近年来围绕单亲母亲、妇女权益保障、"半边天家园"、手工编织业发展专题开展持续调研。例如，与媒体联合开展"天津市女性维权意识与现状需求"调研；与天津大学开展"天津市社区妇女工作发展及相关公共政策构建""促进'半边天家园'建设的评估指标体系及相关公共政策研究""中国社会工作职业化研究——以天津'半边天家园'建设及公益岗位使用为例"专题调研；开展"天津市手工编织业情况调查报告""关于国际金融危机对手工编织企业的影响及对策的报告"等专项调研，推动了理论研究与实践工作相互促进。自2008年以来，每年收集调研报告50余篇；调研成果《和谐社会建设中不可忽视的新弱势群体——天津市单亲母亲家庭状况调查》获天津市优秀调研成果评比三等奖和全国妇联优秀调研成果评比二等奖，《我市贫困单亲母亲家庭社会救助长效机制研究》获天津市优秀调研成果评比三等奖，《天津市单亲困难母亲生存状况与需求调查》《天津市妇女需求与权益保障调查报告》获全国妇联调研报告一等奖；中心还直接推动建立了天津市单亲母亲救助基金，目前该基金已覆盖全市万余名单亲困难母亲，成为天津市著名公益慈善品牌。

近年来该中心还编印了《女性发展与和谐社会论文集》《2008年天津市妇联

系统调研报告汇编》《2009～2010双年度天津市妇联系统调研报告汇编》；举办了
"第二届中国婚姻家庭百姓论坛"、首届"环渤海区域女性企业家世纪发展大讲
坛"（2006年）、"女性发展与和谐社会"论坛（2008年）、"落实科学发展观开
发女性人才高峰论坛"、"经济发展中的女性"国际论坛（2009年）、"妇女与社
会发展"论坛（2010年）等学术活动；先后与天津师范大学合作创办天津师范大
学国际女性文化学院；与天津市教育委员会、共青团天津市委员会、天津广播电
视台等单位共同举办"先进性别文化进校园（高校）"活动，组织开展大学生
"男女平等"辩论赛；与南开大学、北京大学合作，共同举办"天津市妇联系统
干部社会工作理论与实务培训""天津市妇联系统社会工作理论与实务高级研修
班"；等等。

　　通讯地址：天津市和平区大沽路200号

　　邮政编码：300042

　　联系电话：（022）83606881

　　传　　真：（022）23301587

天津大学中国社会性别与公共管理研究中心

　　天津大学中国社会性别与公共管理研究中心（CCGPA）成立于2008年3月，
是中国妇女研究会第三届理事会团体会员。中心主任：张再生；现有专兼职研究
人员31名，秘书1人。

　　该中心自成立以来与中国妇女研究会、天津市妇联、福特基金会合作承办
了多届"社会性别与公共管理论坛"和"社会性别与公共管理师资培训班"，
来自国内外的知名专家学者，对百余所院校从事公共管理和MPA教学的教师进
行了性别意识、性别主流化、性别分析方法等方面的培训；学者间进行了深入
的研究交流与互动，取得了良好的效果，在公共管理学界推广和宣传了社会性
别平等理念和价值观，推动了社会性别与公共管理教学和研究的师资队伍建
设。项目运作至今，逐步促成一支具有社会性别平等意识的公共管理教学及科
研团队的形成与建设，对提高公共管理领域受教育者的社会性别意识，最终促
进具有性别平等意识的公共政策的形成与执行，促进性别和谐与社会和谐做出
一定的贡献。

该中心自成立以来，已申请并完成《社会性别与公共管理》等多个重要课题项目，包括与天津市妇联合作的"女性公务员和中高级知识分子实现男女同龄退休的需求及问题""天津市社区妇女工作状况的调查与思考""'半边天家园'建设的评估指标体系及相关公共政策研究""'半边天家园'建设与社区妇女工作机制研究"等。此外，中心与中国妇女研究会、全国妇联妇女研究所、全国MPA教育指导委员会、福特基金会、天津电视台等多家机构及个人建立了良好的合作关系。

中心已出版《社会性别与公共管理》（2007年）、《社会性别与公共管理》（第二辑，2008年）、《社会性别与公共管理》（第三辑，2009年）、《社会性别与公共管理》（第四辑，2010年），发表了性别与公共管理方面的学术论文30余篇。

通讯地址：天津市南开区卫津路南路109号天津市妇联活动中心513室中国
　　　　　社会性别与公共管理研究中心
邮政编码：300072
联系电话：（022）87401925　23331361
传　　真：（022）87401925

山西师范大学妇女与性别研究中心

山西师范大学妇女与性别研究中心成立于2007年4月。中心主任：闫桂琴；副主任：畅引婷；兼职研究人员11人，分别来自学报编辑部、历史学院、政法学院、文学院、教育学院、美术学院、外语学院等单位。

该中心宗旨：加强妇女理论研究，推动妇女学学科建设，倡导性别平等理念，促进妇女发展与社会和谐。

该中心有两个显著特点：其一，将妇女研究与刊物出版密切结合。2006～2010年五年间在《山西师大学报（社会科学版）》"妇女与性别研究专栏"共发表相关文章102篇，2007年和2009年该栏目组织了"妇女学学科建设"和"妇女研究学者的责任与使命"两次笔谈。栏目在妇女研究领域产生了一定影响，2006年和2010年先后两次被"全国高校文科学报研究会"评为"优秀栏目"。其二，将妇女研究与学科建设密切结合。该中心成员在政法学院社会学系开设了"女性社会学"本科专业课程和社会学硕士专业必修课，在文学院开设了"妇女学"选修课，在全校本科生中开设了"妇女学"通修课。中心成员五年间共发表相关学术论文近 30 篇，出版学术专著 1 部；主持并参与省部级相关课题 6 项。2007 年中心承办了"妇女/社会性别学学科发展网络第二期培训"和"女性社会学论坛"；2007～2010 年与天津师范大学妇女研究中心和中华女子学院学报编辑部联合组织妇女史子网络读书研讨活动 5 次。

　　通讯地址：山西省临汾市贡院街 1 号山西师范大学学报编辑部

　　邮政编码：041004

　　联系电话：（0357）2051150

　　传　　真：（0357）2051000

太原师范学院女性人才研究中心

　　太原师范学院女性人才研究中心成立于 2006 年 9 月，中心主任：田润华；副主任：胥莉、杨保兰。该中心成员主要来自于太原师范学院的教师，是山西省高校中第一个将性别平等与女性人才教育相结合的教学与科研中心。

　　该中心在学院党委的大力支持下，注重发挥师范院校的资源优势，在教学、科研、学科建设以及实践活动方面，开展了大量工作，推进了太原师范学院的妇女/社会性别研究及学科建设。2006～2010 年，该中心申请并完成多个重要学术项目，如"基础教育中的性别公平与社会的协调发展""高等师范院校中的性别平等教育"和"20 世纪女性文学转型研究"等。中心成员先后在《文艺理论与批评》《文艺争鸣》《南开学报（哲学社会科学版）》《当代世界与社会主义》等刊物发表 20 余篇学术论文，如《论女性文学研究的困境与出路》《男性批判：小说和电视的〈金锁记〉》《山西女性文学的湮没与浮出》《"十七年"文学性别神话批判》《从性别视角看战争伤害与和平的实现》等。

　　自 2006 年开始，中心每年在学院开设全院公选课"女性学导论""当代女性学"课程；此外，还在山西省贫困县——五台县石咀乡建立性别研究和行动基地，了解当地妇女生存与发展的实际状况，将研究与社会行动密切结合，为贫困地区的妇女教育和发展提供现实服务。

　　通讯地址：山西省太原市南内环街 189 号太原师范学院政法系

　　邮政编码：030012

联系电话：（0351）2279612

传　　真：（0351）2279222

内蒙古大学妇女问题研究中心

内蒙古大学妇女问题研究中心成立于2001年3月，是在学校党委的指导和众多热爱与关心妇女事业发展的教职工的支持下建立、以校工会女教职工委员会为依托的群众性学术研究团体。中心共有30名成员。

该中心宗旨：以邓小平理论和党的基本路线为指导、以"三个代表"重要思想为行动指南，坚持马克思主义妇女观，关注内蒙古自治区妇女工作和妇女发展中出现的新情况、新问题，凝聚和调动广大教职工积极开展调查与理论研究工作，总结经验，探索规律，增强妇女"四自"精神，为各级党政决策提供依据，为妇女发展提供智力支持和理论服务。

中心成员成功申请国家、自治区和校级课题，如"内蒙古经济发展与妇女问题研究"、"中国少数民族女教职工调研"（获得全国教科文卫工会调研成果三等奖）、"内蒙古大学女教职工发展现状调查与思考"（获得全国教科文卫工会调研成果优秀奖、内蒙古自治区教科文卫工会调研成果二等奖）、"内蒙古地区蒙古族女性参政状况分析与对策研究"（内蒙古自治区高等学校科学研究项目）等。

通讯地址：内蒙古呼和浩特市内蒙古大学工会

邮政编码：010021

联系电话：（0471）4992289　4991976

传　　真：（0471）4992289

大连市妇女研究会

大连市妇女研究会成立于2006年4月，业务主管单位为大连市妇联。第一届理事会会长：崔庆群；副会长：马全英、杨民、于晓静。成员由大连市各高校、党校专家学者，党政机关、民主党派和企事业单位热心妇女研究工作的人士，各级妇联干部组成。

该会坚持从理论与实践的结合上研究妇女儿童和婚姻家庭问题，积极促进男女平等与社会和谐，推动妇女事业全面健康发展。先后组织开展"妇女与建设社会主义新农村""和谐社会与两性平等""女性素质与科学发展""参与社会管理和公共服务"等年度主题研究，并抓住改革开放30周年、新中国成立60周年、"三八"国际劳动妇女节100周年、中国共产党成立90周年等契机，发表纪念文章，征集优秀论文，组织座谈研讨，90余篇论文在省级以上论文评选中获奖，8篇论文入选中国妇女研究会年会、中国法学会婚姻家庭法学研究会年会等。

该会争取将妇女研究纳入全市社科研究总体规划，并争取立项经费支持，开展了妇女生存与发展中的问题及对策研究、高层次女性人才状况及发展对策研究等，完成第三期中国妇女社会地位调查大连地区抽样调查等，形成一些有价值的研究成果，推动了妇女和妇女工作的发展。

该会注重加强女性学学科建设和性别平等教育，大连大学女子学院、辽宁师范大学女性研究中心、市委党校科学社会主义教研部等团体会员开设了19门女性学课程，婚姻家庭专业委员会承担了大连市妇联成立的婚姻家庭指导站的日常工作，积极开展社会公益服务活动。该会还举办了2007振兴东北老工业基地专家论坛专场报告会、2010现代女性大讲堂；与台湾宜兰县参访团中的妇女代表座谈研讨、与日本群马县妇女代表团联合召开中日女性与环境研讨会。

该会会员积极承担国际、国家、省、市级课题研究项目，如中日合作项目"关于东亚各国和地区少子高龄化及民众生育意识的教育学研究"、全国教育科学规划课题"女性价值认定与女大学生择业取向之关系研究"等；主编或参编《中国近代女性观的演变与女子学校教育》、《中国妇女教育发展报告》（No.1）"辽宁教育发展性别分析报告"、《经营婚姻——幸福一生的能力》、《女性学与女子教育研究》、《幼儿心理健康教育》等。

通讯地址：大连市中山区南山路100号

邮政编码：116001

联系电话：（0411）82532185

传　　真：（0411）82657046

电子邮箱：dlfldys@163.com

沈阳师范大学妇女与性别研究中心

沈阳师范大学妇女与性别研究中心成立于2000年，依托该校妇女与性别研究的良好基础和学科优势以及稳步发展的历史，现已发展成为涵盖心理学、教育学、社会学、经济学、法学、管理学、文学、艺术学等八个学科门类，集研究、教学、培训等职能于一体，通过整合校内外研究资源，探索妇女与性别研究教学、学科建设及人才培养的机制及途径，针对中国妇女/性别研究中的重要理论和现实问题，开展理论研究、调查实践和教学培训。中心主任：郭黎岩，现有成员56人。

该中心主要研究项目有："清末民初女性犯罪研究（1901～1919）"（国家社会科学基金2008年青年项目）、"辽宁满族家法族规的女性视角研究"（国家民族事务委员会、中国北方少数民族文化研究基地2008年项目）、"亲子代独生子女家庭早期教育现状与干预对策研究"（中国学前教育研究会"十一五"规划课题）、"高师院校女性文学通识课程建设研究"（辽宁省"十一五"教育科学规划2008年项目）、"中国性文化的嬗变对女性性心理影响的实证研究"（沈阳师范大学2008年度重大原创性科研项目）等。

该中心针对本科、研究生以及进修生开设与妇女/性别研究相关的必修和选修课程，举办学术专题报告、学术讲座和学术沙龙，开展第二课堂学习和讨论。"十一五"期间，该中心为辽宁省妇联系统开办女性问题学术讲座和妇女/性别理论研究培训班4期；并结合学历教育、继续教育和网络教育开展职业技能培训。

该中心的研究成果荣获第四届全国教育科学研究优秀成果三等奖1项、第二届中国妇女研究优秀成果奖三等奖1项、中国妇女研究会妇女/性别研究优秀博士学位论文一等奖1项和优秀硕士学位论文三等奖1项、辽宁省哲学社会科学政府奖三等奖1项、辽宁省自然科学优秀成果奖一等奖1项和二等奖6项、辽宁省教育科学"十一五"优秀成果三等奖1项等省部级获奖成果45项；出版《萧红传》《建构与解构：一个文学史现象——20世纪90年代两岸童话范式转变研究》《婚姻仪礼变迁与社会网络重建》《青少年心理健康与心理咨询》《女性人力投资问题研究》等学术著作与教材35部；发表学术论文236篇。

通讯地址：辽宁省沈阳市皇姑区黄河北大街253号沈阳师范大学女子学院

邮政编码：110034

联系电话：（024）86576612

传　　真：（024）86576969

电子邮箱：synu_lzw@126.com

中国人力资源开发研究会女性人才研究会

中国人力资源开发研究会女性人才研究会成立于 1989 年 12 月，主管部门为中国人力资源开发研究会。理事长：叶叔华；常务副理事长：徐佩莉；秘书长：严治俊；研究会高级学术顾问：邓伟志、叶忠海；女性人才学术专业委员会主任：刘翠兰；女性社会教育专业委员会主任：王翠玉。共有理事 64 人，各地团体单位 13 个。

该会主要研究和行动方向是男女平等基本国策贯彻落实，中国经济、政治、社会、文化与各层次女性人才发展与维权。这五年的主要活动有：2007 年 4 月，与上海女性人才研究中心联合举办上海女性人才研究中心成立大会暨"推进女性成才，构建和谐社会"研讨会；11 月，与江苏省女性人才研究中心联合举办"女性发展与和谐社会构建"全国高峰论坛。2008 年 1 月，与上海女性人才研究中心联合召开"邓伟志教授开拓中国妇女学 25 周年暨中国人力资源开发研究会女性人才研究会在沪理事、上海女性人才研究中心领导骨干迎春茶话会"。2009 年 6 月，与上海女性人才研究中心、上海第二工业大学、复旦大学社会性别与发展研究中心联合举办"社会性别与女性人才发展"国际论坛。2010 年 8 月，与上海女性人才研究中心、上海第二工业大学联合举办"世博与女性人才的美好生活"全国女性论坛。针对广大妇女面临的就业难及就业歧视等问题，开展"关于在上海建立性别平等就业监督咨询机构"的研究，该课题研究成果被正式纳入上海市妇女发展"十二五"规划。该会还编撰了《玉兰正盛开》《曼妙的玫瑰》《芬芳紫罗兰》《绚丽郁金香》《幸福康乃馨》等上海女性丛书。

通讯地址：上海市金海路 2360 号综合楼 1103 室

邮政编码：201209

联系电话：（021）50216492

传　　真：（021）50217421

同济大学妇女研究中心

同济大学妇女研究中心正式成立于 2008 年 5 月，是同济大学下属跨学科、跨院系的校级专业学术研究团体。主任：马锦明；副主任：徐红（常务）、岳昌智、王健、张艳丽；顾问：章仁彪、朱德米、周淑兰；秘书长：杨蓓蕾；有研究人员30余人。

该中心以马列主义、毛泽东思想、邓小平理论和"三个代表"思想为指导，贯彻落实科学发展观，按照和谐社会建设的要求，本着"百花齐放、百家争鸣"的方针，遵守宪法、法律、法规和国家政策，遵守社会道德风尚，发挥同济大学的综合优势，着眼于知识女性的发展和成才，从多学科结合的视角开展妇女理论研究，为提升同济大学妇女研究和女性人才培养水平，为促进社会主义物质文明、精神文明和政治文明建设服务。

该中心倡导男女平等，关注女性健康成长的社会与教育环境，致力于提高女性素质及充分发挥女性在各个领域中的作用。主要研究方向为社会性别学、女性政治学、女性社会学、女性管理学、女性教育学、女性文学、女性心理学等学科，以及都市女性文化、女性人才培养、中外女性理论比较研究等，涉及人文社科各研究领域。

通讯地址：上海杨浦区四平路 1239 号同济大学妇女研究中心

邮政编码：200092

联系电话：（021）65983058

传　　真：（021）65983058

电子邮箱：women@ tongji. edu. cn

武汉妇女研究会

武汉妇女研究会成立于 1998 年 4 月。名誉会长：赵零；会长：陈光菊；副会长：乐敏霞、姚晓宁、黄红云、罗萍、熊汉仙等。研究会成员主要由武汉地区高校、党校、社科系统中的妇女理论、社会学专家，市委、市政府、市直单位理论工作者、社会工作者和妇联干部组成，约有会员 100 名。

该会以促进妇女发展和两性平等为己任，充分发挥妇女理论专家的智力优势和专业优势，调动妇女工作者的积极性，深入实际，开展调查研究，运用研究成果指导实践，促进妇女发展，推动妇女工作创新。

2006 年以来，该会先后围绕"和谐社会与妇女发展""创新妇女工作思路"

"妇女组织能力建设""妇女与新农村建设"等年度主题组织开展了学术交流、调研讨论、课题论坛、成果展示等活动。会员紧扣年度主题，结合自身研究方向和工作实际，深入基层、深入群众调查研究，对于妇女在社会变革与社会进步中如何实现自身发展，妇女组织在新形势下如何发挥作用等，提出了有一定价值的观点和指导性的意见，取得了理论和实践的新成绩。

2007 年，该会与武汉大学妇女/性别研究与培训基地联合主办"成功女性财富创造与管理"论坛；召开"武汉市女干部成长与培养对策"调研座谈会，就武汉市妇女干部培养选拔工作的政策环境、基本情况、影响因素等问题进行调研。2008 年，组织编辑《武汉妇女工作集锦》，汇集了武汉市妇女组织五年来的新探索、新实践、新成果、新经验；汇编《武汉巾帼风采》一书，系统收集了五年来媒体对全市女性组织及优秀女性的报道。2009 年，联合《武汉晚报》组织开展征文活动，结集汇编为《美丽的事业　闪光的足迹》一书。2010 年，配合国务院批复武汉城市圈综改实验总体方案，举办"武汉城市圈'两型社会与妇女发展'论坛"，邀请"1＋8"城市圈妇联主席参加，汇编《思与行》文集；开展"科学发展与妇女工作"专题调研活动，编辑出版《创新·实践——科学发展与武汉妇女工作文集》；汇编《江城女性风采录》；开展全市妇女工作优秀调研报告和论文评选活动。

通讯地址：湖北省武汉市洞庭街 127 号

邮政编码：430014

联系电话：(027) 82802912

传　　真：(027) 82812809

华中科技大学社会性别研究中心

华中科技大学社会性别研究中心正式成立于 2007 年，名誉主任：冯友梅；主任：蔡虹；常务副主任：郑丹丹；副主任：夏增民；秘书长：丘斯迈、吴兰丽。该中心由校内外性别研究专家、不同学科学者以及管理干部、研究生组成。

该中心以"社会性别研究沙龙"和"跨学科论坛"为基本活动形式；以开设校级核心公选课"性别问题专题"和编辑中心简报为基本展示载体，拟通过若干年的积淀，建成一支既追求学术理论价值、社会现实关怀，又展开多层次社会活动的跨学科研究队伍。

该中心成立之初，特别组织了"社会性别研究之科研、行动与教育"研讨与培训系列活动，先后邀请王金玲教授、张李玺教授、孙秋云教授以及武汉地区其他高校有关学者来中心做学术报告与交流，借以获得内部凝聚和外部发展。研讨与培训主要侧重社会性别研究的一些基本理论问题、前沿论争以及教学、科研、行动的结合模式的探讨，研究方法侧重定性研究方法的研习等。中心以《华中科技大学学报（社科版）》为媒介平台，于 2009 年 12 月、2010 年 6 月两次组织"社会公正视野下的性别问题"的跨学科论坛活动。2009 年 3 月承办"第一届妇女/社会性别学学科发展网络全国学术会议"。公选课"性别问题专题"（原名"社会性别与大学生发展"）2008 年 3 月首次开课，即引起校内外媒体的关注，《湖北日报》《长江商报》《楚天金报》以及校报和喻园广播均有报道，《新华网》、《中国教育新闻网》、中新社《湖北新闻网》、湖北省政府主页以及其他新闻网站都有转载，至今开课已达 6 轮，受到学生的欢迎与好评；该课程于 2010 年获评为中国妇女/社会性别学学科发展网络优秀课程一等奖。论文《身体的社会形塑与性别象征——对阿文的疾病现象学分析及性别解读》（郑丹丹）获 2006 年中国社会学学会一等奖，全国妇联、中国妇女第二届中国妇女研究优秀成果论文类二等奖，第七届湖北省社会科学优秀成果论文类三等奖；《高校女教师职级金字塔的背后——兼谈高校工会女工工作转型》（蔡虹、彭利华）获得 2010 年中国教科文卫体工会"百年·知识女性与社会发展"论文征集评选活动二等奖。

通讯地址：湖北省武汉市珞瑜路 1037 号

邮政编码：430074

联系电话：（027）87543816 转 601－608

传　　真：（027）87559400

湖南女子学院妇女/性别研究与女性教育中心

湖南女子学院妇女/性别研究与女性教育中心是在原湖南女子职业大学女性教育研究中心（2002 年成立）基础上发展的集研究、教学与培训于一体的机构。中心以"消除性别歧视与偏见，促进性别平等与公正"为目标，负责全国妇联、中国妇女研究会与该院合作共建的全国妇女/性别研究与培训基地、湖南省湖湘女性文化研究基地和湖南省高等教育学科（女性教育）基地的常规工作与研究工作。中心主任：罗婷。中心成员 50 余人，其中教授 15 人，博士及在读博士 11 人。

该中心以马克思主义妇女理论为指导，以尊重性别、尊重生命为宗旨，探索妇女/性别研究与女性教育的理论体系与实践框架；以女性学教学为途径，不断完善女性学的研究、教学（培训）及学科体系；积极推广社会性别意识教育，促进公民社会建设；切实进行跨界合作，加强与其他女性研究机构的学术交流，不断提升自身科研学术水平和学术影响力。

近年来，中心曾联合湖南省商学院女性研究中心举办湖南省跨界女性学研讨会暨远程教育培训班；举办湖南省高校女性学教学经验交流会；主办"湖南省女性学学科子网络建设"第一次、第二次培训；召开"女性教育与文化专题研讨会"；组织召开《女性学》精品课程项目论证会；举行"湖南省高等教育学科（女性教育）基地"挂牌仪式；举办湖南妇女/社会性别学科子网络"集体听课活动"；召开"湖南女性研究与当代社会性别理论发展"学术研讨会。

近年来，中心承担并完成多项国际、国内项目，如"社会性别意识教育与推广"（欧盟便捷基金项目）、"劳动力转移过程中女性权益保护政策研究"（中加政策选择项目）、"湖南省省级各相关职能部门防拐的政策指导框架研究"和"经济下行趋势对青年妇女流动趋势的影响"研究（国际劳工项目Ⅰ期、Ⅱ期）、妇女/社会性别学科发展网络湖南子网络（第一、二期）（福特基金项目）；"女大学生创新思维培养的研究与实践"（全国教育科学"十一五"规划项目），"女子高校特色课程体系的研究与实践""职业规划在女大学生创业能力培养中的应用""我国职业女性消费行为的应用研究"（湖南省教育厅），"女性科学素养培育的理论与实践""湖南打工妹生存与需求状况的调查研究""女子大学特色发展的理论探索与研究"（湖南省科技厅），"女子高校学前教育人才培养模式的创新研究与实践""中国女性电视媒介研究""女性语言学习风格研究"（湖南省哲学社会科学基金项目）等近 50 项；出版《特色与创新——女子大学发展的探索》《女人的飞翔——20 世纪末至本世纪初女性文学透视》《经济学视野里的婚姻制度》《女性经济学》等专著和教材多部。

通讯地址：湖南省长沙市中意一路 160 号

邮政编码：410004

联系电话：（0731）82825013

电子信箱：arlene76@163.com

珠海市妇女联谊总会妇女发展研究分会

珠海市妇女联谊总会妇女发展研究分会成立于1999年3月18日，是珠海市妇女联谊总会下属分会，也是配合珠海市妇联开展妇女理论研究工作的一个重要民间组织。名誉会长：李英、梁慧芳；顾问：雷雯、徐惠萍；会长：吕红珍；常务副会长：吴凡；副会长：罗国萍、孙巧耘、刘渝清。会员共83人，为珠海市高等院校教师、市区妇联干部和部分机关企事业单位热心妇女儿童研究的人员和离退休专家学者。

该会秉承"发扬学术民主，加强妇女理论研究，促进学科建设，推进男女平等基本国策，构建和谐珠海"的宗旨，密切关注珠海市妇女发展和维权实践，不断加强研究队伍建设，整合妇女研究优势资源，在指导全市妇女工作实践、活跃全市妇女研究、推进妇女理论创新方面发挥了积极的作用。

2007年，召开第二次代表大会暨"构建和谐社会与珠海女性发展"理论研讨会，围绕珠海市妇女发展过程中的热点、难点问题，从性别平等与和谐社会建设、农村妇女、困境儿童权益保护、预防和制止家庭暴力及妇女组织建设等多方面进行探讨和交流。2009年，确定"珠海市妇女生存发展状况调研"和"珠港澳妇女组织比较研究"调研课题，《珠海市妇女生存发展状况调研》获得珠海市第三届哲学社会科学优秀成果奖（政府奖）二等奖。2010年开展"珠海特区30年与女性发展"理论研讨征文活动，从特区妇女工作研究、政策和理论研究、妇女权益问题研究、社会管理和公共服务研究、不同群体生存发展研究等方面进行探讨，提出了许多建设性建议。

五年间，研究会成功举办三次妇女理论研讨活动；积极参加职能部门举办的各类咨询服务活动，通过新闻媒介制作专题节目，向社会大力宣传男女平等基本国策。

通讯地址：珠海市青少年妇女儿童活动中心9楼珠海市妇联妇工部

邮政编码：519000

联系电话：（0756）2131389

传　　真：（0756）2258119

深圳市妇女发展研究会

深圳市妇女发展研究会成立于 2000 年 12 月，是由深圳市热心妇女研究和从事妇女工作的专业人士自愿结成的社会组织。研究会的宗旨是促进妇女问题的理论研究和妇女事业的发展，推动精神文明建设。会长：蔡巧玉；副会长：黄发玉、陈少兵、张晓红。研究会下设深圳大学女性文化研究中心、深圳市委党校性别研究中心和深圳职业技术学院职业妇女发展研究中心，会员近 100 名。

该会结合深圳特区妇女状况，围绕妇女与经济、教育、健康、婚姻家庭、权益保障等问题开展了各项研究。先后举办了"新世纪深圳妇女发展与社会发展"论坛、"新世纪女性素质"论坛、"深圳妇女发展与 9 + 2 区域论坛"、"北京 + 10：深圳社会性别文化论坛"、"和谐家庭　美好生活"两岸四地家庭论坛、"先进性别文化建设与城市发展"研讨会等；承办了市民文化大讲坛中的"女性文化与和谐社会""教育就是培育习惯"等讲座；与来深访问的台南妇女代表团举行了"畅谈家庭教育，弘扬中华文化——鹏城府城家庭教育文化沙龙"，与深圳女工程师、女设计师举行"婚姻·家庭·事业"等文化沙龙；组织和参加中国妇女研究会、广东省妇联开展的"妇女基本理论研究"等有关征文活动，《关于深圳和香港构建女性社区服务网络的比较研究》等多篇论文获奖；编撰出版《深圳女劳务工婚恋状况研究》《嬗变中的价值观——特区女性问题前沿》等著作。

通讯地址：深圳市福田区景田路妇儿大厦 1502 室

邮政编码：518034

联系电话：（0755）83140739

传　　真：（0755）83140803

电子邮箱：fnfzyjh@126.com

广西师范学院女性文化研究中心

广西师范学院女性文化研究中心成立于 2007 年 4 月。中心主任：黄少琴；副主任：彭宁、李晓、雷湘竹、樊宁。中心成员 80 名，均为广西师范学院的教师及行政管理人员，是热心于女性及性别研究的学者。中心设有社会性别学、女性职场发展、女大学生教育与发展、女性心理健康、女性文学、少数民族女性、中外女性文化比较、婚姻家庭 8 个研究所。

该中心以推动性别平等、和谐发展为目标，运用多学科优势，开展女性理论与实践研究，推动女性学学科建设。中心重视在广大师生中进行社会性别平等意识教育，积极开设相关课程，在本科和研究生中开设"女性文学与文化研究""社会性别与教育""唯物史观与中国女性主义文学思潮""中国古代女性文学研究"等选修课程和学术讲座。中心女教授还深入到女大学生中，与学生对话交流，参与女大学生素质拓展培训活动，举办多期培训班，帮助女大学生规划自己的大学生活与未来职业。

中心成员积极参与自治区妇女理论研究会与广西社会性别小组组织的各项活动及理论研究，承担多项与性别相关的研究课题，如：教育部人文社会科学基金规划项目"社会性别视角下瑶族女童教育研究"、"唯物史观与当代文艺思潮"子课题"唯物史观与女性主义文艺思潮"等；论文《唯物史观与中国女性主义文学思潮》获全国马列文艺论著研究会首届优秀论著成果奖。

通讯地址：广西南宁市明秀东路 175 号广西师范学院女性文化研究中心

邮政编码：530001

联系电话：（0771）3908076

传　　真：（0771）3127591

四川师范大学女性研究中心

四川师范大学女性研究中心于 1999 年创建，属四川师范大学正式审批的校级研究机构，由校科研处统一管理，分管领导为主管科研的副校长。中心主任：嵇敏教授；中心设研究室和外联部；现有成员 81 人，其中教授 28 人，副教授 33 人，讲师及研究生 20 人。

该中心注重开拓具有西部特色的学术空间：近五年承担了数十项高级别课题，如"新形势下四川高校女大学生就业现状与应对措施研究""当代四川摩梭女性发展研究""四川藏区女教师生存状态研究""四川摩梭民歌中的妇女形象、语意和性别指向""川西南民族地区女童教育发展研究""当代中国女大学生的就业观解读——以四川师范大学为例"等；推动跨学科研究和新兴边缘交叉学科研究：如"西方生态批评研究""从边缘到中心：当代美国黑人女作家和黑人女权主义研究""社会性别理论与18～19世纪英国妇女的社会地位研究""宋代巫文化视野中的女性研究""传媒与女性研究"等；长期开设与女性文学与文化相关的研究生专业课与选修课，如"女性心理学""圣经中的女性人物""女性研究导论"；推出一系列特色学术专著／教材，包括：《巫文化视域下的宋代女性——立足于女性生育、疾病的考察》《论新时期女性主义文学批评发展衍变的历史轨迹》《18～19世纪英国妇女地位研究》《西方生态批评研究》等；在权威、核心等学术刊物上发表论文60余篇；积极开展国际学术交流和合作，与美国、希腊、新西兰、英国、法国等高校建立了长期学术交流与合作；近年来获国际亚历山大·奥纳西斯基金会2006～2007年度AI类研究基金一项、四川省哲学社会科学优秀成果奖五项、四川省教育厅人文社会科学科研成果奖七项、四川师范大学"科研十佳"四项。

通讯地址：四川省成都市成龙大道二段1819号四川师范大学成龙校区女性研究中心

邮政编码：610101

联系电话：（028）84480025　84480023

电子邮箱：zhouyuxin1973@yahoo.com. cnscsd2010@sina.com

西安交通大学性别与发展研究中心

西安交通大学性别与发展研究中心成立于2008年，其前身是成立于1995年的西安交通大学女性人口研究中心。主任：靳小怡；副主任：杨雪燕；研究人员9人；中心首席学术顾问：朱楚珠。

该中心注重理论研究与社区实践相结合，为政府制定政策和决策服务，为改善弱势群体的生活环境寻找社区干预的模式和机制。以性别失衡与社会可持续发展研究为基础，建立了世界上第一个改善女孩生存环境的实验区，直接促成国家级公共政策的制定和战略行动"关爱女孩行动"的开展。近年来，研究团队以人口与社会系统工程方法为手段，以公共政策创新为导向，在更广阔的研究领域内，面向国际社会的发展趋势与国家人口社会的发展需求，从社会性别视角研究中国社会转型中弱势群体的保护与发展领域的社会问题，研究成果曾被中央政府和各级相关部门在制定政策法规和管理决策时参考，与地方的合作项目受到政府嘉奖；在国际交流中被学者、非政府组织和国际组织所肯定并被多次引用，具有良好的学术声誉。

该中心的研究得到了国际基金和国际组织（联合国人口基金、儿童基金，Ford 基金，美国政府健康基金 NIH、老年基金 NIA，国际计划 Plan International）、国家基金（社会科学基金、自然科学基金、软科学基金等）、国家教育振兴专项计划（"211 工程"和"985 工程"）、相关部委和省市政府的资助。近五年获国家级项目 14 项、国家社科基金重大攻关项目 1 项、国际合作项目 14 项、省部级项目 18 项。

该中心与美国斯坦福大学、法国国立人口研究所等国际知名研究机构进行实质性学术合作，提升了学术研究及团队的国际化水平。有关性别失衡与社会可持续发展的研究被美国《科学》杂志专文报道，相关论文被《中国社会科学文摘》全文转载，发表 5 篇英文论文；其他方面的成果发表在较具影响的中外期刊上。这五年中，共发表 SSCI 论文 9 篇，SCI 论文 1 篇；研究成果获省部级一等奖各 5 项，二等奖 1 项，三等奖 4 项。

通讯地址：陕西省西安市咸宁西路 28 号西安交通大学公共政策与管理学院性
　　　　　别与发展研究中心
邮政编码：710049
联系电话：（029）82668384
传　　真：（029）82668384

陕西省委党校妇女研究中心

陕西省委党校妇女研究中心成立于 2006 年。中心主任：金沙曼；聘请陕西省委党校及陕西省高校客座教授专家 12 人。

该中心依托全国妇联、中国妇女研究会与中共陕西省委党校合作共建的西北唯一的"妇女/性别研究与培训基地"开展工作，秉承"资源共享、共谋发展"理念，利用与高校、研究机构、妇联"四位一体"的学习交流关系，在党校系统形成"四级联动"，发挥拓展干部培训领域和加强妇女/性别研究的平台作用，着力形成催化、转化功能，提高领导干部社会性别主流化能力，推动先进性别文化的研究与倡导。

中心努力推动国策教育纳入干部培训主渠道，将社会性别理论和男女平等基本国策列入各主体班次教学计划，作为市厅级领导干部进修班、县委书记县长进修班、中青年干部培训班、优秀科级干部培训班的必修课。先后举办各种类型的培训班、研讨会 34 次，其中处级女干部班 5 期，参训 258 人；开展基层女干部、女村官、妇女维权工作、反腐助廉、艾滋病防控等不同主题的干部培训，参训 5000 多人次。中心与省妇联、省劳动社会保障厅、省咨询委员会、省卫生厅、省扶贫办、国际机构等合作开展课题申报和调查研究，内容涉及妇女参政、妇女权益保障、妇女干部成长规律、新型女农民培养等多个领域。承担并完成国家社科基金课题 1 项，中央党校重点课题 1 项，省社科联、省妇联课题 2 项。2004 ~ 2010 年，省委党校发表妇女/性别研究专著、论文、研究报告 76 部/篇。2008 年、2009 年分别在西安培华学院、咸阳市委党校和渭南市委党校设置分基地，2010 年与省卫生厅联合成立"陕西省艾滋病防治教育培训基地"。

2010 年，中心荣获全国妇联、中国妇女研究会第二届"妇女研究组织奖"，中心成员获世界卫生组织及中央党校颁发的"影响中国——党校艾滋病政策倡导杰出贡献"个人奖。

通讯地址：陕西省西安市小寨西路 119 号中共陕西省委党校妇女研究中心

邮政编码：710061

联系电话：（029）85378255

传　　真：（029）85377496

电子邮箱：sxdxjdbgs@ 163. com

附：前三卷《年鉴》已介绍过的研究机构、组织和学术团体名录

1.《中国妇女研究年鉴（1991～1995）》中介绍的研究机构、研究组织、学术团体（共64个）

研究机构

中华全国妇女联合会妇女研究所

中国管理科学研究院妇女研究所（现为北京红枫妇女心理咨询服务中心）

中国农业大学农村妇女研究所（该机构已撤销，具体时间不详）

中国农业大学国际农村发展中心妇女与农业发展小组（现名为中国农业大学
　　人文与发展学院妇女与农村发展研究中心，没有确切更名时间）

大连市妇女研究所

黑龙江省妇女（婚姻家庭）研究所

江苏省妇女研究所

中国妇女管理干部学院山东分院妇女问题研究所（1995年更名为中华女子学院
　　山东分院妇女问题研究所，2010年更名为山东女子学院妇女问题研究所）

山东省妇联妇女研究中心（该机构已撤销，具体时间不详）

河南省中原文化经济研究开发中心妇女研究所

四川省妇联妇女研究所

研究组织

北京大学中外妇女问题研究中心

中国人民大学女性研究中心

首都师范大学妇女工作理论研究会

中共中央党校妇女研究中心

中国社会科学院妇女研究中心

复旦大学妇女研究中心

上海社会科学院妇女研究中心

南开大学妇女与发展研究中心

天津师范大学妇女研究中心（2006 年更名为天津师范大学性别与社会发展研究中心）

河北大学妇女研究中心

河北省社会科学院妇女与社会发展研究中心

东北师范大学妇女研究中心（2006 年更名为东北师范大学女性研究中心）

延边大学妇女问题研究中心（2000 年更名为延边大学女性研究中心）

南京师范大学金陵妇女发展研究中心

浙江大学妇女研究中心

杭州大学妇女学研究中心（1998 年杭州大学随四校合并扩充为浙江大学，该中心同时随之加入浙江大学妇女研究中心）

武汉大学妇女研究中心（2006 年更名为武汉大学妇女与性别研究中心）

华中理工大学中国女子教育研究中心（2005 年更名为华中科技大学女子教育研究中心）

郑州大学妇女学研究中心（2003 年更名为郑州大学社会性别研究中心）

海南大学妇女研究中心

四川联合大学妇女研究中心（1998 年更名为四川大学妇女研究中心）

西安交通大学女性人口研究中心（2008 年更名为西安交通大学性别与发展研究中心）

陕西师范大学女性研究中心

新疆大学妇女研究中心

学术团体

中国婚姻家庭研究会

北京市妇女理论研究会

北京市婚姻家庭研究会

上海市妇女学学会

上海市婚姻家庭研究会

全国女性人才研究会（1993 年更名为中国人力资源开发研究会女性人才研究会）

山西省妇女理论研究会

山西省女性人才研究中心

辽宁省妇女运动理论研究会（2009 年更名为辽宁省妇女研究会）

吉林省妇女学学会

吉林省婚姻家庭研究会

江苏省妇女学研究会

安徽省妇女学学会（2009 年更名为安徽省妇女研究会）

安徽省婚姻家庭研究会

浙江省妇女问题研究会（2004 年更名为浙江省妇女研究会）

福建省妇女问题研究会（1997 年更名为福建省妇女理论研究会）

湖南省妇女学研究会

湖南省婚姻家庭研究会

湖北省妇女理论研究会

广东妇女学研究会（2006 年更名为广东妇女研究会）

海南省妇女问题研究会（1999 年更名为海南省妇女儿童问题研究会）

广西妇女理论研究会

四川省婚姻家庭及妇女理论研究会

云南省妇女问题理论研究会（2003 年更名为云南省妇女理论研究会）

云南生育健康研究会（2007 年更名为云南省健康与发展研究会）

陕西省妇女理论、婚姻家庭研究会（准确名称为陕西省妇女理论婚姻家庭研
究会）

甘肃省妇女问题研究会

青海省妇女问题研究会

新疆维吾尔自治区妇女理论研究会

2. 《中国妇女研究年鉴（1996～2000）》中介绍的学术组织（共 28 个）

四川大学妇女研究中心（2007 年该机构已撤销）

浙江省社会科学院妇女与家庭研究中心

江西省妇女研究所

厦门大学工会妇女理论研究会

江苏省社科院妇女研究中心

北京市法学会妇女法学研究分会（准确名称为北京市法学会妇女法学研究会）

广西医科大学妇女研究中心

山东社会科学院妇女研究中心（准确名称为山东省社科院女性研究中心）

山东省女性人才研究中心

北京市社会科学院妇女问题研究中心（该机构已撤销，具体时间不详）

中国陶行知研究会女学生教育专业委员会

华东师范大学妇女研究中心

上海交通大学妇女研究中心

云南省民族学院少数民族女性与社会性别研究中心（2003 年更名为云南民族
　　大学少数民族女性与社会性别研究中心）

江西省妇女学学会（2002 年更名为江西省妇女研究会）

河南省妇女问题理论研究会

宁夏妇女问题研究会（2009 年更名为宁夏妇女研究会）

江苏省妇女学研究会

河北省妇女发展研究会

江苏省妇女研究所

重庆市妇女理论研究会

中央民族大学中国少数民族妇女研究中心

云南省社会科学院妇女与发展研究中心

华中师范大学妇女理论研究中心

山东大学妇女研究中心

江西省社会科学院妇女研究中心

湖北大学妇女文化研究中心（2008 年更名为湖北大学女性文化研究中心）

吉林大学妇女研究会

3.《中国妇女研究年鉴（2001～2005）》中介绍的学术组织（共 19 个）

华南师范大学妇女研究中心

中山大学妇女与性别研究中心（该机构已撤销，具体时间不详）

湖南省妇女研究中心

上海国际问题研究所国际妇女比较研究中心（2008 年更名为上海国际问题研
　　究院国际妇女比较研究中心）

福建师范大学女性学研究所

中华女子学院

云南大学女性与社会性别研究中心

厦门大学福建女性发展研究中心

内蒙古师范大学女性研究中心（准确名称为内蒙古师范大学女性问题研究中心）

中国社会科学院法学研究所性别与法律研究中心

湖南商学院女性研究中心

北京师范大学性别与发展研究中心

上海大学妇女研究中心

广西大学妇女与发展研究中心

上海政法学院女性研究中心（准确名称为上海政法学院女性问题研究中心）

郑州大学社会性别研究中心

云南省曲靖市妇女研究会

中国传媒大学媒介与女性研究中心

内蒙古妇女儿童研究会

学术活动简介

2006 年

2006 年 1 月 11 日 上海市妇女学学会、上海市婚姻家庭研究会和上海市妇联在上海浦东干部学院联合举办"构建和谐社会与促进妇女发展"理论研讨会。与会者围绕两性和谐、家庭建设、社会公共政策、妇联组织等议题做了深入探讨。

2006 年 1 月 12 ~ 14 日 由中国传媒大学和联合国教科文组织北京办事处共同主办的"联合国教科文组织 – 中国传媒大学'媒介与女性'教席北京国际论坛"在中国传媒大学举行。中外专家共同探讨了媒介与女性发展、社会性别主流化与传媒影响力等问题。教席主持人、中国传媒大学媒介女性研究中心主任刘利群教授和来自其他国家的教席主持人一起探讨了教席在媒介与女性发展中的作用。

2006 年 2 月 16 日 江苏省妇联和江苏省妇女学研究会在南京举办"建设男女平等两性和谐发展的小康社会"专题论坛。与会专家从理论和实践两个层面，研讨与分析了"建设男女平等两性和谐发展的小康社会"的未来前景、重要领域、发展目标以及战略部署。

2006 年 2 月 24 ~ 28 日 由新疆维吾尔自治区妇联主办，新疆移动通信有限责任公司、福特基金会新疆高校女性学学科建设项目组协办的"性别平等意识与决策主流"高层论坛在乌鲁木齐举行。此次论坛旨在纪念"三八"国际劳动妇女节，宣传"男女平等"基本国策，提高新疆决策层的性别平等意识，促进将性别意识纳入决策主流，倡扬两性和谐发展，共建社会主义和谐社会、和谐新疆。

2006 年 3 月 7 日 天津市妇联与天津人民广播电台经济广播联合举办第二届"女性与和谐社会"主题论坛。与会嘉宾就女性素质与未来 10 年发展的话题进行了精彩的演讲和开放的辩论。

2006 年 3 月 15 日 马克思主义妇女理论首次走进青海省委党校。来自青海省各地的厅级领导干部和中青年领导干部及纪检干部 130 多人聆听了中国妇女运动发展和马克思主义妇女观、男女平等基本国策理论讲座。

2006 年 3 月　山东省妇女理论研究会组织开展"新农村、新女性、新发展"理论研讨活动。与会人员从不同侧面和角度探讨了妇女和妇女组织在推动新农村建设中的重要作用，分析了存在的问题，并结合各地实际，提出了富有建设性的对策和建议。山东省妇女理论研究会对征集的论文进行了评选，通报表彰了优秀组织单位和获奖个人。

2006 年 3 月 30 日至 4 月 1 日　北京农家女文化发展中心在北京召开"农村人力资源开发、培训与就业研讨会"，来自全国的近 150 名农村人力资源开发与研究的专家学者、农村教育与培训工作者和农民代表、妇女工作者参加了会议。全国妇联名誉主席彭珮云出席会议并在开幕式上致辞。与会代表围绕开发农村人力资源谁享有优先的权利，当前开发农村人力资源存在的主要问题，农村人力资源开发的对象、途径与内容进行了探讨，并向国家和政府、农村社区和企业提出了具体的建议。

2006 年 4 月 14～16 日　由武汉大学妇女与性别研究中心承办的"中国高校女性学教育的理论与实践学术研讨会"在武汉大学举行。研讨会以探索高校女性学学科建设理论以及学科建制为主要内容，主题是"推进女性学进入高校教育主流"。来自全国 20 所高校、研究机构的 53 位专家学者，围绕当前女性学教育进入高校教育主流面临的条件与机遇、女性学进入高校主流的主要策略与路径、大学生与性别平等教育三个议题进行了讨论交流。

2006 年 5 月 18 日　吉林大学妇女研究会召开"吉林大学妇女研究会换届暨妇女理论研讨会"。研究会理事长申桂香向理事会报告了四年来的工作和今后的工作任务。大会选举产生了由 66 位理事、31 位常务理事组成的新一届妇女研究会。

2006 年 5 月 20～22 日　陕西省妇女理论婚姻家庭研究会召开"参与性社区发展与新农村建设"研讨会。90 余位与会者就参与性社区发展的理论与实践经验、参与性社区发展本土实践的批判反思、参与性社区发展与新农村建设、西北NGO 推广参与性社区规划的行动计划等议题进行了交流和讨论。这次会议是西北与西南等其他省市 NGO 对话、交流的一次很好的尝试，在推动西北 NGO 组织的交流与发展上迈进了一大步。

2006 年 5 月 22～23 日　由北京大学中外妇女问题研究中心、亚洲女性发展协会、香港浸会大学、香港国际妇女会共同主办的"2006 第三届亚洲女性论坛"

在香港国际会展中心举行。全国人大常委会原副委员长、全国妇联名誉主席、中国妇女研究会名誉会长、论坛主席彭珮云向论坛发来了贺信。160 余位专家学者在"女性成长与幸福"的主题之下，就"职业发展与家庭和谐""文化传承、女性智慧与幸福感受"等议题展开对话和讨论。论坛上发布了围绕论坛主题在新浪网上进行的"中国人生活质量和主观幸福感"网络调查数据结果和初步分析，受到社会媒体的广泛关注和一致好评。

2006 年 6 月 9 日　由全国妇联、中国妇女研究会与中央党校合作举办的"妇女/性别研究培训基地授牌仪式暨基地建设工作研讨会"在中央党校召开。来自全国妇联、中国妇女研究会、中宣部、教育部等相关领导，中央党校直属部门、地方党校系统、社会科学院系统和高校系统的 21 个设立妇女/性别研究基地的单位的领导及代表和中国妇女研究会在京常务理事等共 128 人出席了会议。顾秀莲副委员长代表全国妇联、中国妇女研究会做重要讲话。会议围绕性别平等和妇女发展的过去、现状和未来，展开了研究和探讨。

2006 年 6 月 16 日　江西省妇女研究会在南昌召开"社会主义新农村建设与性别平等"专题研讨会。50 多位专家学者和实际工作者进行了广泛交流和讨论。研讨会的调查研究和理论探讨成果，丰富了社会主义新农村建设和性别平等研究。

2006 年 6 月 24~25 日　由北京大学中外妇女问题研究中心、香港中文大学性别研究中心和性别研究课程、韩国启明大学女性研究中心联合举办的"女性与教育问题"学术研讨会在北京大学召开。与会专家学者针对"各层次、各类别的女性教育问题""女性教育的现实状况与未来前景""高等院校的女性与女性学教育""女性教育理论与学说"等议题进行了多侧面、多视角的探讨。

2006 年 6 月 29 日　山西女性人才研究中心在山西大学举办了"社会主义新农村与农村妇女问题研究"学术会议。30 余位专家学者和妇女工作者就中西部地区城市化进程中女性人口的流动问题、新农村建设中女性的作用和地位、新农村建设中农业的女性化与农村的经营模式和农业现代化的关系、贫困女性问题以及留守妇女作用等进行了探讨。

2006 年 7 月 15~17 日　2006 中国社会学年会在山西省太原市召开，妇女/性别社会学首次作为独立分论坛进行专题研讨。40 余位专家学者围绕性别与社会结构变迁、性别与日常生活、性别与健康、学科建设与教学四个议题展开讨论。

2006 年 7 月 18~19 日　由全国妇联主办，北京市妇联、全国妇联妇女研究所和全国妇联交流与合作中心协办的第六届东亚妇女论坛在北京举行，其主题为"性别平等与可持续发展——全球化背景下东亚妇女的机遇、挑战和行动"。全国人大常委会副委员长、全国妇联主席顾秀莲出席欢迎招待会并致辞。来自国内外的近300名代表就"妇女平等参与决策和管理""妇女平等参与经济发展""创造性别平等的社会发展环境"专题进行大会讨论，并围绕"妇女参政的机会和挑战""妇女参政的作用和能力建设""妇女平等参与经济发展的机会和挑战""妇女平等享有社会保障""将性别平等纳入宏观社会发展主流""消除男尊女卑的观念和习俗"六个专题进行了小组讨论。论坛通过了《第六届东亚妇女论坛宣言》。

2006年7月20日 上海市妇女学学会与《上海妇女》编辑部共同召开"上海城市发展与女性文学创作"研讨会。王晓玉、陈乃珊等10多位上海老中青女作家认为上海城市的快速发展为上海女性文学创作的日益繁荣创造了机会，并探讨了城市发展与女性创作的关系。

2006年7月26～27日 内蒙古妇女儿童研究会在呼和浩特市举办了"草原母亲精神与构建社会主义和谐社会"论坛。全国人大常委会副委员长、全国妇联主席、中国妇女研究会会长顾秀莲出席论坛开幕式。

2006年8月1～14日 湖南女子学院女性教育研究中心联合湖南省商学院女性研究中心举办"湖南省跨界女性学研讨会暨远程教育培训班"，系统、全面地讲授女性主义基本理论与研究方法、社会调查的方法，并进行了女性主义教学法经验交流。来自湖南省各高校的女性学教师及女性学协会的学生近40人参加了培训。

2006年8月7日 "女权主义流派与社会性别理论的产生和发展与广西妇女/社会性别学学科子网络成立大会"在广西财经学院召开。与会专家学者对女权主义流派对男女不平等的认识、原因分析上的差异，及解决男女不平等问题的途径和方法进行了探讨。会上同时成立以刘旭金、雷湘竹为负责人的广西妇女/社会性别学学科发展网络，该网络成为全国妇女/社会性别学学科发展总网络的成员单位。

2006年8月19～23日 中国传媒大学、韩国高等教育财团、中国教育国际交流协会联合主办"第三届世界大学女校长论坛"暨"第四届亚洲传媒论坛"。全国人大常委会副委员长、全国妇联主席、中国妇女研究会会长顾秀莲到会并发表重要讲话。来自34个国家和地区的119位大学女校长，94位知名传播专家、传媒界领导以"和谐世界、文化多样——大学与媒介的责任"为总主题，共同探讨文化多样性背景下大学与媒介的责任，社会和谐、媒介教育、女性发展、现代大学与大众传媒互动发展机制等热点议题。联合国教科文组织"媒介与女性"教席暨中国传媒大学媒介与女性研究中心承办了其中的"第四届亚洲传媒论坛""媒介政策与性别平等"分论坛。

2006 年 8 月 26～27 日 由中国妇女研究会、天津大学公共管理学院主办，福特基金会提供资助的首届"社会性别与公共管理论坛"在天津大学举行。论坛的宗旨在于促进公共管理研究领域社会性别视角的普及，最终目的在于推动社会性别的观念、框架和方法与公共管理实践的结合，提高中国政府在公共管理和治理方面的社会性别主流化能力，推动和谐社会的构建。

2006 年 9 月 11～12 日 西北师范大学召开了"女性/性别研究与少数民族妇女发展"理论研讨会。70 余位与会者围绕女性/性别学学科建设和少数民族妇女发展两个主题进行了讨论。

2006 年 9 月 14～15 日 由中国加拿大合作、甘肃妇女就业项目办公室主办，甘肃省商务厅、劳动社会保障厅、省妇联、省就业促进协会协办的"促进妇女就业与创业论坛"在兰州举行。近 200 名与会者围绕妇女就业、妇女创业和自主就业、社会性别平等主流化与妇女就业和创业三个议题共商促进妇女就业与创业大计，寻求妇女就业的途径与方法。

2006 年 9 月 17～18 日 中华女子学院女性学系、妇女/性别研究与培训基地在北京举办"女性学专业与课程建设"国际研讨会。来自国内外的 70 多位女性学教育专家学者就女性学课程的意义、课程设置、教学方法、女性学专业的培养目标、课程的实践教学等议题进行了交流和讨论。

2006 年 10 月 10 日 由甘肃省妇联承办的全国妇联/联合国人口基金生殖健康与社会性别平等研讨培训班在兰州开班，来自甘肃、陕西、河北、新疆、山西、河南等 10 省区项目县的代表参加研讨与培训。此次研训班主要是为第六周期项目的顺利实施做准备，通过对生殖健康项目中贯彻社会性别平等、社会性别视角与计划生育优质服务、生殖健康领域的社会性别、生殖健康领域的男性参与等问题的深入研究和探讨，有效促进这一项目的进一步实施。

2006 年 10 月 17 日 在联合国妇女发展基金中国性别平等研究与倡导项目的资助下，清华大学老年学研究中心召开了"老年保障与性别平等"研讨会。研讨会将关注点放在老年社会保障中的性别平等问题，60 多位与会者围绕中国老年、性别与分析，转型中国与老年妇女保障等议题展开了讨论和交流。

2006 年 10 月 19 日 上海市妇女学学会在上海市社联会议厅召开上海市妇女学学会成立 20 周年座谈会，120 余位专家学者和妇联干部出席会议。与会人员回顾总结了妇女理论发展取得的成绩，对未来妇女理论发展进行了探讨。会上还颁发了上海市妇女理论研究荣誉奖、上海市妇女理论研究突出贡献奖、上海市妇女理论研究成就奖，以及首届上海市妇女理论研究优秀博士学位论文奖、优秀硕士学位论文奖。

2006 年 10 月 19 ~ 20 日 "中韩妇女学国际学术研讨会"在天津师范大学召开。会议设立全球化与社会变革、全球化与文化两个专题论坛，并专设大学妇女学课程与中小学性别平等课程建设圆桌会议。来自韩国、中国大陆及台湾的妇女学专家学者分享经验、扩展了社会性别知识。

2006 年 10 月 29 日 湖南女子学院妇女/性别研究与培训基地在湖南女子学院举办湖南省高校女性学教学经验交流会，近 50 人参加了会议。此次会议观摩了几位教师的女性学教学，旨在交流湖南省各高校女性学教学的经验，促进各学校之间的交流与合作。

2006 年 10 月 29 日至 11 月 1 日 来自全国 13 个省市的 40 余名教育专家齐聚行知女校，召开中国陶行知研究会女学生教育专业委员会第八次学术年会，研讨女学生性别意识和女校发展。年会举办了专题讲座和现场示范，并揭晓了第二届全国女学生教育科研论文评选结果。

2006 年 10 月 重庆市妇联、市委党校、市计生委、西南大学、西南政法大学联合举办了"平等、和谐、发展——促进性别平等，构建和谐社会"系列论坛活动，其中分设"发挥农村妇女作用，促进新农村建设""女童及女大学生就业""重庆市女干部参政与社会发展""女性生殖健康促进计划与新农村建设"四个分论坛，1000 余人参与论坛。

2006 年 11 月 6 ~ 8 日 由中国妇女研究会主办，厦门大学妇女/性别研究与培训基地承办、福建省妇女理论研究会和中国农业大学妇女/性别研究与培训基地协办的 2006 年中国妇女研究会年会暨"建设社会主义新农村与性别平等：多学科和跨学科的研究"研讨会在厦门大学举行，160 多位与会者围绕"妇女参与村民自治""妇女参与农村经济发展与反贫困""农村妇女权益保障""创造有利于农村妇女发展的社会环境"四个专题进行了深入的交流讨论。全国人大常委会原副委员长、全国妇联名誉主席、中国妇女研究会名誉会长彭珮云等领导出席会议。

2006 年 11 月 8 日 由上海市妇女学学会、上海理工大学妇工委、杨浦区妇联等单位联合举办的"社会进步与女性素养——上海妇女发展论坛"在上海理工大学图文信息中心举行，近 300 人出席了论坛。会上，上海市妇联主席、上海市妇女学学会会长孟燕堃、上海理工大学校长许晓鸣为上海理工大学"妇女发展研究中心"揭牌。

2006 年 11 月 9 ~ 10 日　由上海市妇联主办，上海市妇女学学会、上海市婚姻家庭研究等单位承办的"妇女发展与经济参与"国际论坛在富豪环球东亚酒店举办。来自日、美、德、韩等八个国家以及上海市、香港地区的政府官员、创业精英、专家学者和妇女工作者 200 余人出席了论坛。全国人大常委会委员、中国女企业家协会会长赵地等人致辞；论坛发布《妇女发展与经济参与——上海国际论坛全球妇女互动建议书》，提出必须从社会环境、自主能力、家庭生活等方面提高女性经济参与的能力。

2006 年 11 月 11 日　上海市妇女学学会、上海市妇联联络部、青浦区妇联与德国艾伯特基金会在青浦区行政学院举办"和谐家庭与城市发展"研讨会。中德双方妇女对家庭成员生存与发展的硬件和软件问题进行了热烈讨论。

2006 年 11 月 22 ~ 24 日　由陕西省妇联、省委党校、省教育厅、省扶贫办共同主办，福特基金会资助的"女性教育社会支持"论坛在陕西省委党校举行。与会代表就"女性教育与性别平等""女性/女大学生就业的支持机制""女性/反贫困与培训""女童教育/传媒/心理"等专题进行交流，研讨政府职能部门、社会团体共建社会支持机制的新经验、新模式，以加强社会各界对女性教育的关注和支持。

2006 年 11 月 29 日　北京外国语大学社会性别与全球问题研究中心成立大会暨《女性主义国际关系学》教材首发式在北京举行。来自全国妇联、高校和研究、出版机构的 60 余位领导、专家学者及福特基金会的代表出席了仪式。

2006 年 12 月 1 ~ 2 日　环渤海区域女性发展联合网络、天津市妇联主办，天津师范大学国际女性文化学院承办、天津日报社等单位协办的"环渤海区域女性发展联合网络启动仪式"及"环渤海区域女性企业家世纪发展大讲坛"在天津开发区举行。北京、天津、河北、山西、内蒙古、山东、辽宁五省两市妇联有关负责人以及 100 多名女企业家参加了此次活动。

2006 年 12 月 16 日　全国妇联和中国妇女研究会在北京举办"妇女研究工作会议暨二届三次理事会（扩大）"。这是全国妇联首次就妇女研究专门召开工作会议。全国人大常委会副委员长、全国妇联主席、中国妇女会会长顾秀莲出席开幕式并做重要讲话。会上，全国妇联办公厅和中国妇女研究会办公室首次联合颁发了优秀调查研究报告奖；中国妇女研究会首次颁发了妇女/性别研究优秀博士/硕士学位论文奖。

2006 年 12 月 18～20 日　中国社科院法学所性别与法律研究中心举办"亚洲地区社会性别与法律比较研究研讨会暨'性别与法律研究网络第二届年会'"。来自越南、柬埔寨、泰国、蒙古、伊朗的代表，以及国内 12 个网络成员单位的代表对推动性骚扰的司法解释及法学教研中的性别主流化问题进行了交流，本次会议扩大了研究网络的影响和规模，将成员扩展至亚洲地区。

2006 年 12 月 22 日　福建省社科联、福建省妇联、福建省妇女理论研究会、福建金融职业技术学院和福建省和谐社会研究会在福州联合举办福建省社科界第三届学术年会"女性发展与构建和谐社会"分论坛，近 100 人参会。论坛围绕"权益保障与女性发展""婚姻·家庭·生育与女性发展""社会组织、价值观与女性发展""社会参与与女性发展"四个专题进行了研讨。

2006 年 12 月 22 日　由重庆市妇女联合会、重庆市人口和计划生育委员会、中共重庆市委党校、西南政法大学和西南大学五单位联合主办，重庆市妇女联合会政策研究室、西南政法大学共同承办的 2006 年重庆"平等、和谐、发展"系列论坛之"女童就学及女大学生就业"分论坛在西南政法大学渝北校区举行。与会者主要围绕女大学生就业难、就业趋势，影响女大学生择业的心理因素，强化政策性别意识以促进妇女公平就业，以及女大学生面临的职业挑战等进行了探讨，并提出了应对策略和建议。

2007 年

2007 年 1 月 6～7 日　武汉大学妇女与性别研究中心、武汉大学诊所法律教育研究中心、中律原咨询（北京）有限公司和美国乔治·华盛顿大学法学院共同主办的"反性别歧视学术研讨会"在武汉大学举行。这是武汉大学妇女与性别研究中心李傲教授承担的"反性别歧视"研究项目的阶段性成果研讨会。会议主要讨论了"反性别歧视一般理论""反性别歧视的解决机制""国内反性别歧视的实践"等相关问题。

2007 年 1 月 11 日　由中国社会科学院妇女研究中心、妇女/性别研究与培训基地、妇女工作委员会共同举办的中国社会科学院"女性·社会·发展"学术论坛在北京举行。五位专家就从教育和就业入手促进性别平等、扶贫小额信贷和对贫困妇女的影响、大学生的性别观念与知识需求、人口学中的社会性别问题、女性想象与历史认知——关于当代女性文学的几点思考几方面做了发言。

2007 年 1 月 24 日　青海省妇女问题研究会第三次会员大会暨第五次妇女理论研讨会在西宁召开。会议选举产生了青海省妇女问题研究会第三届常务理事、理事、会长、副会长、秘书长。会议宣读了青海省第五次妇女理论研讨会获奖论文及名单,并进行了论文交流。

2007 年 3 月 6～7 日　陕西省妇女理论婚姻家庭研究会召开"女村官与新农村建设论坛"。民政部、全国妇联妇女研究所、陕西省发改委的专家分别围绕"管理民主在新农村建设中的重大意义""在新农村建设中促进性别平等""加强农村基础设施建设,夯实新农村建设物质基础"等议题做主旨发言;陕西省委组织部,省农业厅、水利厅、民政厅、科技厅等涉农部门业务处负责人现场为女村官介绍政策、解答疑问。论坛为女村官们提供了相互交流经验的平台。

2007 年 3 月 26～27 日　中国政法大学宪政研究所与荷兰乌特勒兹大学法学院联合主办、北京大学人民代表大会与议会研究中心协办的"促进就业机会平等,建设和谐社会"国际研讨会在北京召开。80 余位代表围绕"反就业歧视的历史发展及现状""就业歧视的理论""反歧视的组织机构"以及"反就业歧视的法律实施"等专题展开讨论。

2007 年 3 月 27 日　北京大学法学院人权研究中心和挪威驻华使馆联合举办的"'娜拉的姐妹们'——当代中国女性的角色"研讨会在北京大学召开。研讨会对"妇女权利——反对对妇女的暴力""妇女与文学艺术"和"当代中国妇女在性别平等中的角色"三个议题进行讨论。

2007 年 3 月 27 日　江苏省妇女学研究会在扬州举行了"社会主义新农村建设与社会性别平等探索项目"启动仪式并举办"社会主义新农村建设与性别平等"研讨会。70 余位与会者围绕项目的重要意义、执行方案、保障机制、行动措施进行了广泛深入的研讨。

2007 年 4 月 14 日　北京大学中外妇女问题研究中心、北京大学妇女/性别研究与培训基地和北京大学中韩历史文化研究中心联合举办的"中韩女性教育与发展论坛"在北京大学举行。来自中韩两国的 50 余位女性学专家学者就中韩两国在女性教育方面面临的问题和挑战进行了比较和探讨,并形成了几点共识。

2007 年 4 月 20 日　中国妇女研究会在北京召开"和谐社会与性别平等政策论坛——'两会'法律/政策建议反馈与后续"会议，原全国妇联副主席、书记处书记、全国人大人口、资源、环境委员会委员刘海荣，原全国妇联书记处书记、全国政协提案委员会委员冯淬应邀出席会议。20 余位与会者共同探讨了如何进一步以研究推进将性别平等纳入政策和法律。

2007 年 4 月 27~28 日　由国务院妇女儿童工作委员会办公室、国家统计局社会科技司、全国妇联妇女研究所主办、江西省妇女儿童工作委员会承办的"全国性别统计研讨会议"在江西南昌召开，目的是贯彻落实《国务院办公厅关于印发中国妇女发展纲要和中国儿童发展纲要性别重点指标目录的通知》（国办函〔2006〕1 号）精神，进一步发展完善中国的性别统计制度，提高政府相关机构工作人员的性别意识和利用统计数据进行社会性别分析及评估的能力。各省、自治区、直辖市及新疆生产建设兵团妇女儿童工作委员会办公室、统计局，国家有关部委统计部门相关工作的负责人和代表 100 多人与会。这是中国第一次以性别统计为主题召开的全国性研讨会。

2007 年 4 月　山东省妇女理论研究会与山东省妇联、省社科联联合开展"性别平等与社会和谐"理论研讨活动。与会者从不同侧面和角度论述了两性平等与社会和谐的重要意义，分析了存在的问题，并结合实际，提出了促进两性平等的对策和建议。

2007 年 5 月 10 日　新疆大学妇女研究中心和新疆经济报联合主办"社会转型期的新疆妇女论坛"。会议就社会转型期的新疆妇女现状、关注社会转型期新疆妇女的必要性及如何促进妇女的社会转型等问题进行了探讨。

2007 年 5 月 11~12 日　北京红枫妇女心理咨询中心和北京大学法学院妇女法律研究与服务中心共同举办的"中国妇女 NGO 能力建设"经验交流会在北京召开。此次活动是中国妇女 NGO 能力建设项目的主要内容之一。近 40 位与会者分享了妇女 NGO 能力建设项目在过去三年中所取得的成果，分享了 NGO 组织建设和文化建设的经验，并就 NGO 成长期的挑战与对策以及 NGO 的可持续发展进行了讨论。

2007 年 5 月 21 日　上海妇女理论研究座谈会在上海市社科院召开。全国人大常委会原副委员长、全国妇联名誉主席、中国妇女研究会名誉会长彭珮云出席座谈会并做重要讲话。与会者介绍了上海市社科院、上海市妇联开展妇女/性别研究的情况，并针对当前家庭和妇女研究边缘化、评估体系建立等问题提出了积极的建议。

2007 年 5 月 26 日　上海市妇女学学会、复旦大学妇女研究中心举办"社会性别平等与妇女经济参与"专题研讨会，来自国内外的 30 多位专家学者就亚洲各国妇女的就业参与状况，特别是全球背景下中国女性劳动参与率等问题提出了框架和重点研究领域，并呼吁各国在优化妇女就业环境、建立健全的妇女社会保障体系等方面进行交流。此次研讨会是"上海论坛"的分论坛之一。

2007 年 5 月 31 日　上海市妇女学学会与华东师范大学妇女研究中心在华东师范大学联合召开"建设先进性别文化关注民生与和谐"理论研讨会。6 位专家学者分别从"再谈和谐社会与性别平等""女性素质与和谐社会""试析女性职业隔离化现象""农村留守女童的社会化困境及对策研究""女大学生就业状况的分析及对策""外来女工的教育生活世界探悉"等方面展开研讨。

2007 年 7 月 5 日　由中央党校妇女/性别研究与培训基地、中国妇女研究会办公室和国家人口与计划生育委员会宣传教育司联合举办的"治理出生性别比失衡与制度创新"研讨会在中央党校举行。全国人大常委会原副委员长、全国妇联名誉主席、中国妇女研究会名誉会长彭珮云出席会议并发表重要讲话。研讨会的主题是：中国出生性别比失衡的现状、原因及后果；中外治理出生性别比失衡的经验与启示；治理出生性别比失衡制度创新途径探讨。

2007 年 7 月 14 日　由 China Gender 网络发起、清华大学哲学系主办的"性别与哲学对话平台"首届论坛在清华大学举行，30 余位专家学者出席会议。讨论主题涉及本体论问题、认识论问题、科学哲学问题、政治哲学问题、美学问题、伦理学问题，等等。与会学者分别从理论与实践、形而上和形而下的层面展开讨论。

2007 年 7 月 14～17 日　由妇女/社会性别学学科发展网络主办，山西师范大学性别研究中心承办的妇女/社会性别学学科发展网络第二期培训班在山西太原举办，来自全国各高校和科研院所的近 60 名妇女研究者参加了培训。

2007 年 7 月 18～19 日　由福特基金会"新疆高校女性学学科建设"项目组及新疆经济报社共同承办的"性别平等与少数民族女性发展学术会议"在乌鲁木齐举行，目的是交流女性/社会性别学学科建设经验及以社会性别为视角探讨女性的发展。会议主要议题为："马克思主义和社会性别平等理论""女性学学科建设与课程体系建设""社会性别与少数民族文化""性别平等与少数民族女性发展""社会性别与法律及政策""社会性别与传媒""社会性别与社区工作实践""男性解放与女性主义"。

2007 年 7 月 20～22 日 第 17 届中国社会学年会在湖南省长沙市召开。7 月 21 日，浙江省社科院社会学所主办、妇女/社会性别学学科发展网——社会学子网络承办的"社会建设与女性发展论坛"举行。与会者就性别与社会分层、性别与经济·健康、性别与农村妇女、性别与信仰四个议题进行了分析和讨论。

2007 年 7 月 24～26 日 陕西省委党校与中央党校妇女/性别研究与培训基地联合主办"全国党校社会性别与公共政策研讨会"。这是一次全国性的党校系统教学研讨会，近 80 名代表针对当前比较突出的性别问题和现象，围绕如何在党校教学中开展社会性别理论教学，特别是如何通过教学和科研进行公共政策倡导展开了深入的讨论。此次会议在党校系统首次提出了开展社会性别与公共政策研究与教学"四级联动"概念。

2007 年 7 月 26～27 日 中国妇女研究会在北京举办"促进妇女/性别教育和培训机制化发展研讨会"。会议旨在回顾和总结妇女/性别研究与培训基地在教育和培训方面取得的成绩和存在的问题，交流并分享各基地推动妇女/性别教育与培训机制化发展的经验，探讨不同类型的基地开展妇女/性别教育和培训的机制化途径，推动妇女/性别教育和培训的深入发展。全国人大常委会副委员长、全国妇联主席、中国妇女研究会会长顾秀莲同志出席会议并做重要讲话。

2007 年 7 月 27 日 "妇女学与社会性别学联系与区别"研讨会在广西医科大学举行。研讨会采取读书、研讨相结合的方式，对近期国内妇女研究专家编著出版的论著做了导读，印发了参考资料。通过研讨，30 多位与会者对女性学、性别学、妇女学、妇女/社会性别学等当今学术界有争议的提法进行了梳理。

2007 年 8 月 1～4 日 由中国妇女研究会和天津大学公共管理学院主办、福特基金会资助的"第二届全国公共管理与社会性别论坛暨师资培训"在天津大学举行。会议分"师资培训"和"研究论坛"两个阶段。来自国内 30 多所高校及学术机构的 80 余名从事公共管理相关学科教学和研究的教师参加了培训；50 余所高校和研究机构的百余名公共管理领域的专家、学者和实际工作者及部分公共管理研究生，就转型期中国在社会性别与公共管理领域中的热点问题展开了热烈的讨论。

2007 年 8 月 18～20 日 内蒙古赤峰市妇联承办的"社会性别平等与反贫困"专题年会在内蒙古赤峰召开。这是 GAD 网络最具跨领域特点的一次年会。近 30 位与会者围绕贫困概念与社会性别、赋权与妇女组织、贫困与反贫困的社会分层、将社会性别意识纳入反贫困政策和机制的主流四个主题展开讨论。最后通过了关于"促进社会性别平等，反对贫困"的倡议书。

2007 年 9 月 6 日 上海市妇女学学会、上海市婚姻家庭研究会与上海市妇女干部学校联合举办"社会性别理论专题讲座"。美国密西根大学妇女问题专家王政做了《美国女性主义对中国妇女史研究的新角度》《国家女权主义——社会性别与中国社会主义国家的形成》的报告。上海市妇女问题研究学者、妇女工作者200 人参加了报告会。

2007 年 9 月 14 日 由中国传媒大学、第八届北京 CBD 国际商务节组委会和北京市妇联联合主办，联合国教科文组织"媒介与女性"教席暨中国传媒大学媒介与女性研究中心独立承办的第八届北京 CBD 国际商务节"使节夫人活动日"暨"女性·奥运"论坛在朝阳公园媒体中心隆重召开。全国人大常委会副委员长、全国妇联主席、中国妇女研究会会长顾秀莲等国家部委、妇联系统领导，以及来自 28 个国家的百余位驻华使馆大使夫人、参赞和新闻官员出席了论坛开幕式。出席嘉宾以多元的文化背景、广阔的国际视角，从不同角度探讨"女性与奥运"的发展，展现了不同国度的女性对奥运发展的期望与祝福。

2007 年 9 月 22 日 郑州大学社会性别研究中心、郑州大学女性研究会主办的"性别研究与和谐社会构建"学术研讨会在郑州大学召开。与会专家学者在多学科、跨学科的学术平台上，围绕"性别研究与和谐社会构建"这一主题进行了交流与分享。

2007 年 10 月 9 ~ 13 日 由中国当代文学研究会女性文学委员会和太原师范学院文学院主办，山西省女作家协会、《名作欣赏》杂志社、山西文学院、山西大学文学院以及河北教育出版社协办的"第八届中国女性文学学术研讨会暨高校女性文学教材建设研讨会"在山西省太原市召开，来自全国的 60 余位知名作家和学者就文学历史和性别视野、女性文学主体性建构、民国时期上海知识女性与大众传媒的关系、女学生与现代妇女写作的发生、当代女性文学创作及批评中的误区与出路、文学母题与女性创作、女性创作主体的精神世界、美女作家与消费文化以及高等院校的女性文学教学等话题展开讨论。

2007 年 10 月 11 日 由北京市妇联主办，北京妇女研究中心、北京妇女理论研究会、北京法学会妇女法学分会、北京市婚姻家庭研究会、北京市家庭教育研究会、北京市家政研究会协办的"妇女发展与和谐社会建设"论坛在北京会议中心举行。150 余位与会者分别就"妇女全面发展与和谐社会建设""妇女与和谐社区、和谐家庭建设""妇女组织与和谐社会建设"等专题进行了深入研讨。

2007 年 10 月 21 日　由联合国教科文组织"媒介与女性"教席暨中国传媒大学媒介与女性研究中心承办的 2007 年中国传播学论坛"媒介与女性"分论坛在北京举行。来自国内外的专家围绕全球范围内的媒介与女性研究现状和未来发展、学界和业界的融合交流等问题进行了深入探讨。

2007 年 10 月 22～25 日　"第八届亚洲/大洋洲地区国际老年学和老年医学大会"在北京国际会议中心召开，其主题是"亚大地区老龄化在健康、参与、保障、共享方面的多样性"。全国人大常委会副委员长、全国妇联主席顾秀莲作为大会名誉主席出席开幕式，全国人大常委会原副委员长、全国妇联名誉主席彭珮云担任大会名誉副主席。本次大会设有 88 个国际邀请论坛，其中，由中国妇女研究会和全国妇联老龄工作委员会联合举办的"社会性别与老龄化"国际论坛于 10 月 23 日上午召开。来自亚洲及大洋洲各国的近 50 位学者参加了该论坛。论坛将焦点集中于以社会性别的视角来分析探讨老龄化及其相关社会问题、社会政策。

2007 年 10 月 24～25 日　湖南省妇女干部学校、湖南省妇女研究中心举办"女性与低碳生活"理论研讨会，四位与会代表分别就女性需要低碳、女性在低碳生活中所处的特殊地位以及在低碳生活中如何发挥女性的作用做了主旨发言。有 64 名专家学者参加了研讨。

2007 年 10 月 27 日　上海市妇女学学会、都市文化研究中心、上海师范大学妇女研究中心在上海师范大学举行"女性与上海都市发展学术研讨会"。与会者围绕女性与都市文化、女性与城市发展、都市女性历史研究三个主题展开研讨。

2007 年 10 月 30 日　由加拿大国际发展署中加农业项目、中国农业大学人文与发展学院共同主办的"性别与农村发展研究网络成立大会暨农村转型中的社会性别问题研讨会"在北京举行。会议宣布"性别与农村发展研究网络"成立，网络的宗旨是为促进农村发展中性别平等与发展的机构和个人提供交流和服务的平台，促进农业领域内的性别意识主流化和性别平等。与会者还从行动研究和实证研究两个层面对农村转型中的社会性别问题展开讨论。

2007 年 10 月 30～31 日　由江苏省政府妇女儿童工作委员会主办、江苏省妇女学研究会协办的"促进女性就业创业，共享共建和谐社会"妇女发展论坛在南京举办。江苏省委省政府及相关厅局领导、企业家与女大学生共同探讨就业创业的政策、途径，努力促进出台扶持女大学生创业的政策，推动女大学生的就业创业。

2007 年 10 月　珠海市妇女联谊总会妇女发展研究会第二次代表大会暨"构

建和谐社会与珠海女性发展"理论研讨会召开，与会者围绕珠海市妇女发展过程中的热点、难点问题，从性别平等与和谐社会建设、农村妇女、困境儿童权益保护、预防和制止家庭暴力及妇女组织建设等多方面进行了深入的探讨和交流。

2007 年 11 月 2 ~ 5 日　中国人力资源开发研究会女性人才研究会、中共江苏省委党校、江苏女性人才研究中心在南京联合举办"女性发展与和谐社会构建"高峰论坛。来自中国人力资源开发研究会女性人才研究会、江苏省包括南京市的有关领导，全国 17 个省市的百余位专家学者出席会议。

2007 年 11 月 9 ~ 10 日　由上海市妇联主办，上海市妇女学学会、上海市婚姻家庭研究会等单位承办的"妇女发展与经济参与"国际论坛在上海举办，全国人大常委、中国女企业家协会会长赵地出席开幕式。这次国际论坛重点探讨经济全球化背景下妇女经济参与的发展趋势。来自国内外的 200 余位与会者围绕"妇女经济参与和社会环境""妇女经济参与和自主能力""妇女经济参与和家庭生活"三个专题进行了深入探讨。

2007 年 11 月 10 ~ 11 日　湖南女子职业大学女性教育研究中心主办的"湖南省女性学学科子网络建设"第一次培训在湖南长沙举行，湖南专家学者、教师、政府官员和学生代表 40 余人深入学习了社会性别理论与研究方法，并围绕妇女／性别课程建设问题进行了探讨。

2007 年 11 月 10 ~ 12 日　山西省妇联和山西师范大学性别研究中心、太原师范学院女性人才研究中心共同举办了"女性社会学专题培训班"，来自八所高校的 30 多名教师参加培训。

2007 年 11 月 19 日　由上海市妇女学学会、上海市妇联、上海市婚姻家庭研究会联合主办的"妇女发展与社会公共政策"理论研讨会在上海召开。20 余位专家围绕"深入学习贯彻党的十七大精神，准确分析不同群体妇女的利益需求，切实把握当前妇女发展的'三最'利益问题，聚焦社会公共政策，推动社会性别意识主流化"的议题进行了交流。

2007 年 11 月 23 日　江苏省妇女学研究会与江苏省社科联在南京联合举办"共话十七大　建设新江苏"首届女学者沙龙活动。来自南京高校和研究机构的专家学者 70 余位与会者立足江苏"两个率先"的实践，就学习十七大精神的体会，从中国特色社会主义理论、科学发展观、江苏经济发展、民主法治、文化繁荣、社会和谐、党的建设、妇女权益与发展等内容，展开多方面的讨论。

2007 年 12 月 18 ~ 21 日　华南师范大学与日本城西国际大学、城西大学联合主办，华南师范大学妇女研究中心与城西国际大学社会性别·女性学研究所共同承办的"中日女性学学术研讨会"在华南师范大学举行。研讨会旨在纪念中日邦交正常化35周年，促进两国高校间的文化交流。

2007年12月19日 广西妇女理论研究会在南宁召开成立20周年纪念大会暨"性别平等与构建和谐社会"研讨会。全区各界妇女理论研究专家、学者回顾了广西妇女研究工作的发展历程，并研讨进一步推进男女平等，构建和谐社会。

2007年12月21~22日 由中国延边大学女性研究中心主办、朝鲜金日成综合大学女学者代表团和韩国梨花女子大学韩国女性研究院协办的"女性研究的演变与时代课题"学术研讨会在延边大学召开。此次会议是为邀请朝鲜金日成综合大学女教授代表团举行的第三次中朝韩女性学者学术交流会，60位女性学者参与研讨。

2007年12月22~24日 2007年中国妇女研究会年会在陕西省委党校举行。会议以"两性平等与和谐社会建构：多学科和跨学科的研究"为主题，近200名与会者从不同的学科背景出发，就"性别平等与民主法治建设""社会管理、公共政策及公共服务中的性别平等""两性平等和谐与先进性别文化建设""构建和谐社会与性别公正的理论研究"四个专题进行了深入研讨。

2007年12月25~26日 浙江省妇女研究会与浙江省妇联在杭州联合举办"社会和谐与妇女发展"论坛，70余位专家学者围绕"社会和谐与妇女发展"的主题，对妇女在构建社会主义和谐社会中的地位、作用和优势，参与进程中的阻碍和制约因素以及冲破阻碍的方法和途径等问题进行了研讨，并提出了促进妇女与经济社会协调发展的策略意见。

2008年

2008年1月10日 福建省妇联、福建省妇女理论研究会在福州召开"构建和谐社会与两性平等和谐"研讨会。与会者就构建和谐社会与女性弱势群体的社会保障，构建和谐社会与建立关爱留守/流动儿童长效机制、新农村建设中的农村妇女地位和作用、妇联组织与构建和谐社会等问题进行了研讨。

2008年1月28日 中国人力资源开发研究会女性人才研究会、上海女性人才研究中心在上海第二工业大学联合召开纪念社会学家邓伟志教授开拓中国妇女学 25 周年迎春茶话会。邓伟志教授做了"我为什么要倡导建立中国妇女学"的主题演讲，以亲身经历回顾了中国妇女学 25 年来不平凡的发展历程。

2008 年 2 月 29 日　由广西妇女理论研究会、广西妇女/社会性别学学科发展网络联合举办的"高校校园性别文化建设研讨交流会"在广西电视大学举行，其主题为高校校园性别文化建设。专家学者们介绍了学科建设方面编写出版的有关书籍，从历史文化传承、人生设计、校园体制、社会空间等方面分析了大学校园建设的现状，分析了"文化""校园文化""校园性别文化"等概念之间的关系，并就如何开展校园性别文化建设进行了交流。

2008 年 3 月 28 日　中国社会科学院妇女研究中心、妇女/性别研究与培训基地在北京召开了"女性·社会·发展——中国社会科学院妇女研究中心课题成果报告会"。该报告会上，"人口迁移中的女性及其劳动力市场表现""法制建设中的性别平等问题""农民工流动对儿童的影响""农村家庭赡养关系中的性别差异"四个课题负责人报告了各自的研究发现与政策建议，与会专家就这些发现进行了评议。

2008 年 3 月 28 日　上海市妇女学学会配合上海市妇联、上海市作协、华东师范大学等单位召开"新时期上海女作家群体创作研讨会"。与会者认为，改革开放以来，上海市作家协会的女作家群体在不断壮大，逐步形成了自己的创作特点，指出女作家群体创作整体水平比较高，创作上形象思维优于男性，但在专业精神、创作的思路方面还有待于进一步拓展。

2008 年 4 月 13 日　山西省妇联在太原召开了山西省女性理论研究座谈会。座谈会旨在把妇女研究工作摆到更加重要的位置上，更广泛地团结和组织从事妇女研究的力量，并争取党和政府的支持。近 60 位与会者就山西省女性理论研究工作的成绩，社会转型期女性理论研究提出的新课题，女性研究的重点、方法、组织形式提出建议。

2008 年 5 月 14~15 日　国际劳工组织和全国妇联联合举办的"工作和家庭的平衡：中国状况分析及政策研讨会"在京召开。此次会议是中国第一次在国家级层面就工作与家庭的平衡问题展开的研讨，会议就工作与家庭的冲突、国际劳动标准、中国的现状和政策以及生育保护方面的国际准则和国内面临的挑战等问题进行了讨论。

2008 年 5 月 17~18 日　由中国社会科学院法学研究所性别与法律研究中心主办，美国福特基金会资助的"性别平等与法律改革国际研讨会"在北京举行。

来自国内外的60多位代表围绕立法中社会性别视角的纳入、司法实践中社会性别视角的纳入、针对妇女的暴力与法律干预、社会性别视角与法律研究/教育等议题展开了讨论。

2008年5月22~23日 由湖北省妇女联合会、华中科技大学社会性别研究中心主办的"全省妇联系统调研联络员培训班"在华中科技大学举行。来自湖北省内各地、市、州、县妇联的40余名学员参加培训。此次培训的主要内容为："社会性别：看世界的新视角""公共管理视角下的NPO发展空间""社会性别与传媒""社会性别视野下的社会研究方法"。

2008年6月20日 上海市妇女学学会、复旦大学妇委会等单位联合在复旦大学举行"改革开放与上海妇女发展"理论研讨会。30余位专家学者、妇女干部总结与反思了改革开放30年对上海妇女发展的影响，深入思考了上海妇女发展中的深层次问题，并对今后上海妇女发展提出建议。

2008年7月5日 由延边大学女性研究中心主办、韩国仁川BPW俱乐部协办的"21世纪女性意识的变化与家庭关系再构建"学术会议在延边大学召开。此次会议是学界和民间联合举办的国际性学术会议，20余名代表出席。

2008年7月12~13日 厦门大学妇女/性别研究与培训基地、厦门大学妇委会联合举办了"女性与社会发展"国际学术研讨会，30位国内外专家学者与会。

2008年7月22日 由浙江省社科院社会学所主办、妇女/社会性别学学科发展网——社会学子网络承办、东北师范大学女性研究中心协办的第十八届中国社会学年会"改革开放30年与女性发展"论坛在吉林省长春市举行。来自全国的百余名专家学者围绕政治与经济、闲暇与身体、农村生活、课程研讨四个主题进行了研讨。

2008年7月23日 上海市妇女学学会在上海市妇联召开"改革开放与上海妇女工作的创新发展"专题研讨会。20余位专家学者、妇女工作者从思想解放、工作内涵、工作方式和工作机制等方面回顾总结了改革开放30年来妇女工作的经验特色，并对未来妇女儿童事业的发展提出了建议。

2008年7月31日 江苏省妇联、省社科联和江苏省妇女学研究会在南京举办了"共话改革开放30年"女学者学术沙龙。来自江苏省的专家学者围绕总结改革开放30年来的成就、经验，为推进江苏经济社会又好又快发展做出贡献这一主题，从不同领域、不同侧面进行了探讨。

2008年8月19~22日 由吉林省妇女联合会、吉林省政府外事办公室、东北

师范大学联合举办的"第四届环日本海（东海）地区女性论坛"在长春举行。来
自国内外的近 30 名与会者参加了论坛。与会代表就"中国男女平等事业的发展
和面临的挑战""性别平等的现状分析及其文化建构""吉林省妇女人力资源开发
的经验与展望""男女共同参与的目标及我们的措施"等问题阐述了各自的观点。

　　2008 年 8 月 29 日　上海市妇女学学会召开"改革开放 30 周年与上海妇女发
展"调研座谈会。与会者从上海妇女发展 30 年中最大的变化、最重要的进展、
最主要的经验和教训以及最需要关注的问题等展开了讨论。

　　2008 年 9 月 6 日　厦门大学举办以厦门大学妇女／性别研究与培训基地为依
托的海峡两岸性别研究与教学合作中心挂牌仪式暨"海峡两岸高校性别教学与研
究推进研讨会"。该中心成立旨在以性别研究和教学为切入点，促进两岸文化与
教育交流合作。40 位两岸高校及研究机构的专家学者共同探讨了性别教学与研究
工作。

　　2008 年 9 月 9 日　辽宁省妇女研究会在沈阳召开了第四次会员代表大会，同
时举办了"构建和谐社会与妇女发展"高层论坛。会议选举产生了新一届辽宁省
妇女研究会理事会，通过了工作报告和修改章程，辽宁省妇联主席史桂茹当选辽
宁省妇女研究会会长。

　　2008 年 9 月 18 日　内蒙古自治区妇联、内蒙古妇女儿童研究会在呼和浩特
市举办"创和谐家庭　促社会和谐"论坛。与会者围绕和谐社会建设与和谐家庭
建设，多视角分析了中国家庭的特征及面临的问题与挑战，从家庭政策、家庭道
德、家庭成员的全面发展、子女教育等方面阐述了建设和谐家庭与构建和谐社会
的关系。

　　2008 年 9 月 20~21 日　由广西妇女／社会性别学学科发展网络、高校性别平
等教育项目小组共同举办的"广西高校社会性别理论师资培训交流活动"在南宁
开班。活动旨在进一步推动高校社会性别平等观念教育的发展，并通过活动与广
东的同仁们进行交流。培训的主要内容有：社会性别理论基本知识；社会性别主
流化理论与实践；高校妇女／社会性别学学科建设的现状及前景；校园性别文化
建设的理论与实践等。来自广西 15 所高校的新教师、教学管理人员等 50 多人
参加。

　　2008 年 10 月 10~11 日　由北京大学中外妇女问题研究中心和韩国明知大学
妇女家庭研究所共同召开的"中韩家庭变化与社会应对"学术研讨会在北京大学
召开。此次会议是有关中韩婚姻家庭变迁比较研究的第三次学术研讨会。

2008 年 10 月 13 日　为庆祝湖南女子学院被批准为"湖南省高等教育学科（女性教育）基地"，同时为推动湖南高等教育的发展，促进女性学学科建设与研究，赢得政府部门、学界、媒体和公众的广泛关注与支持，湖南女子学院妇女／性别研究与女性教育中心举行了"湖南省高等教育学科（女性教育）基地"的挂牌仪式。湖南省相关部门、高校的相关领导和专家学者及媒体代表等 80 余人参加了此次活动。

2008 年 10 月 24 日　湖南女子学院女性教育研究中心举办了"妇女／社会性别学科发展子网络"第二次培训，30 余位来自湖南省高校的专家学者和学生代表参加培训。本次培训班就女性学、社会性别学的教学重点和难点、参与式教学法进行了研讨和集体备课。

2008 年 11 月 3～6 日　由联合国人居署与中国住房与城乡建设部、南京市政府联合举办的"第四届世界城市论坛"在南京召开。"妇女与和谐城市圆桌会议"为本次大会八场圆桌会议之一，其主题为性别和城市的可持续发展。会议从性别视角出发，探讨了城镇化过程中一系列经济、社会、文化和环境发展亟须解决的问题以及如何将性别意识纳入可持续城镇化发展的决策主流。

2008 年 11 月 4～7 日　云南省社科院社会性别与参与式工作室与北欧亚洲研究所和复旦大学北欧研究中心合作，在昆明举办了"第三届中国与北欧妇女／社会性别学术研讨会"，其主题是"全球化与本土化背景下的性别平等促进：中国与北欧的视角"。110 名中外专家学者围绕"赋'全球化'以社会性别""全球化、社会性别主流化及中国和北欧国家的妇女运动""全球化与社会变迁"三个议题展开讨论。与会者对全球化进程中不同的社会性别影响进行了分析和跨文化比较，针对全球与本土的变迁，从宏观与微观交叉互动的视角来认识差异与共同点，推进了中国与北欧妇女／社会性别研究在理论与方法上的交流与学习。

2008 年 11 月 5～8 日　由国家计生委宣教司、国合司主办，西安交通大学性别与发展研究中心、人口与发展研究所联合承办的"社会性别公平促进培训研讨会"在西安交通大学举行。此次研讨会旨在提高计划生育工作人员的社会性别理念，促进社会性别理念融入计划生育工作。来自国家计生委宣教司的领导、14 个省市县三级计生部门的工作人员和西安交通大学性别与发展研究中心的专家学者60 余人出席会议并进行研讨。

2008 年 11 月 8 日　由云南省女新闻工作者协会、云南省社科院和云南省妇女理论研究会联合举办的云南省女新闻从业人员工作和生存状况调研报告会在昆明举行。女新闻工作者们对"自己不缺对新闻的热诚，但是缺乏安全感和归属感""业余时间少，休息和学习的时间被工作占用""工作压力大，竞争激烈、退休年龄应该灵活点，不搞一刀切"等问题进行了研讨。

2008 年 11 月 9 日　上海市妇女学学会、上海大学妇女研究中心等单位在上海大学举办"改革开放三十年与女性创新人才培养"论坛。与会者围绕 30 年来女性创新人才培养的社会环境、女性领军人才培养机制、女性教育者培养后备人才的特质等热点问题展开讨论。

2008 年 11 月 14 日　"性别分层与劳动力市场研讨会"在中国社会科学院召开。会议发布了福特基金会资助的"劳动力市场的性别不平等：职业性别分割与两性收入差距"项目的主要研究成果。课题组成员从职业性别隔离的现状及变化趋势、两性收入差异及其变化趋势、社会经济地位获得的性别模式、就业领域的性别差异、工作场所的男女权威差异、国家政策变化与劳动力市场中的性别不平等、农村妇女经济参与现状、流动劳动力中的性别差异、性别歧视与女大学生就业、高等教育机会与性别不平等十个方面报告了研究发现和成果。

2008 年 11 月 22 日　北京市社科联和北京师范大学合办的"2008 学术前沿论坛"在北京师范大学开幕。北京妇女理论研究会承办了"1978～2008 年：北京性别平等与妇女发展"分论坛，内容为展示改革开放以来北京性别平等与妇女发展状况发生的巨大变化，展望更加平等和谐文明的社会将给妇女带来的新生活、新发展。60 余位专家学者、妇女工作者参加了论坛。

2008 年 11 月 26 日　由上海市妇联主办，上海市妇女学学会、婚姻家庭研究会承办的"纪念改革开放三十年上海妇女理论研讨会"在上海举行。与会者围绕"回顾与展望""妇女发展与社会协同"两大专题，总结改革开放 30 年上海妇女、妇女工作、妇女理论研究发展的主要成果和经验，提出上海妇女事业未来发展的新思考。

2008 年 11 月 26 日　上海市妇女学学会、上海市婚姻家庭研究会联合召开妇女婚姻家庭理论学术委员会成员座谈会。来自高校、研究机构的 17 名专家学者按照科学发展观的要求，就进一步深化上海妇女理论研究建言献策。

2008 年 11 月 28～30 日　由中国妇女研究会主办、全国妇联妇女研究所承办、浙江省社会科学院妇女/性别研究与培训基地协办的 2008 年中国妇女研究会年会暨"改革开放三十年妇女/性别研究"研讨会在北京中土大厦举行。该论坛是全国妇联举办的"改革开放三十年中国妇女发展论坛"的分论坛之一。会议以"改革开放 30 年中国妇女/性别研究"为主题，从改革开放以来"中国妇女发展与性别平等的重大问题""国家立法与公共政策对妇女发展和性别平等的影响""妇女/性别研究的理论进展"以及"中国妇女/性别学科建设进展"四个方面，分九个专题进行了深入研讨。全国人大常委会原副委员长、全国妇联名誉主席、中国妇女研究会名誉会长彭珮云等领导出席会议，近两百位与会专家、学者和实际工作者围绕相关议题进行了深入、热烈的研讨。

2008 年 12 月 3 日 由北京大学中外妇女问题研究中心、亚洲女性发展协会共同主办的第四届亚洲女性论坛在北京大学举行。来自 20 余所高校、研究机构的专家学者等共同探讨了"女性在经济和政治领域的源头参与"。借助于丰富的统计数据、图表，在独特的学科视角下，女性参与政治、经济领域的现有成就、存在问题以及发展前景等问题得到广泛而深入的讨论，对提升妇女的政治经济地位以及促进两性和谐发展具有建设性的意义。

2008 年 12 月 5 日 福建省妇联、福建省妇女理论研究会在福州召开"共建共享性别和谐"研讨会。80 余位与会者就和谐社会中的性别公平问题、统筹城乡妇女发展、农村社会保障政策落实过程中妇女权益状况、流动妇女教育和培训等问题进行了研讨。同时，围绕服务海峡西岸两个先行区建设，与会者还就妇联组织参与社会管理与公共服务、新的社会阶层的妇女工作、在两岸交流合作先行区建设中发挥妇联优势等问题进行了交流。

2008 年 12 月 10 日 上海市妇女学学会、华东师范大学妇女研究中心联合主办的"改革开放与妇女发展"理论研讨会在华东师范大学举行。与会者从理论和实践的角度诠释了改革开放以来妇女地位的变化和自我意识的提高，内容涉及婚姻、家庭、就业、宗教和权益保障等多个领域。

2008 年 12 月 12～13 日 中国传媒大学媒介与女性研究中心、联合国教科文组织"媒介与女性"教席与牛津大学国际性别研究中心共同举办"性别传播的国际对话与合作"研讨会。研讨会立足于当代中国性别传播研究的前沿，围绕性别平等、跨文化传播、妇女赋权及对传播实践的性别视角透视等重要议题进行了深入讨论。研讨会还设有研究生分论坛，吸引了来自全国各地 20 余位青年学子与会。

2008 年 12 月 12～13 日 北京大学中外妇女问题研究中心、香港中文大学性别研究中心与性别研究课程、韩国启明大学女性学研究所在香港中文大学联合举办"东亚的性别与家庭"学术研讨会。

2008 年 12 月 18 日　由国际劳工组织北京局和全国妇联妇女研究所联合举办的"《女职工劳动保护条例》（修订草案）（以下简称《条例》）讨论会"在北京召开。此次研讨会是在纪念国际劳工组织成立 90 周年、国际劳工组织性别平等行动计划实施 10 周年之际召开的，是国际劳工组织在全球发动的关于就业与性别平等运动的主题活动之一。会上，国外专家探讨了国际视野下的女职工劳动保护原则，国内专家和政府官员讨论和介绍了《条例》修改的中国背景、修法原则、成果和争论，并共同就实现性别平等的策略、女职工劳动保护政策以及《条例》的进一步修订进行了讨论。

2008 年 12 月 30 日　山东省妇女理论研究会在济南举办"改革开放 30 年山东妇女发展论坛"。论坛以"平等·和谐·创新·发展"为主题，旨在宣传改革开放 30 年来山东妇女发展成就。与会代表围绕女性人才成长、改革开放 30 年城市妇女工作的发展与启示、农村妇女的发展与变化、城市化进程中的农村女性劳动力转移与发展等专题进行了研讨。

2008 年 12 月 30 日　"改革开放 30 年两性平等发展与构建和谐社会：多学科跨学科研究"——青海省妇女问题研究会第六次妇女理论研讨会在西宁召开。来自青海省的专家学者和妇女工作者围绕"改革开放 30 年两性平等与构建和谐社会"这一主题，多侧面、多角度地探讨了出生性别比、女性教育、女性参政议政、失业妇女心理问题，并提出很多具有参考价值的意见和建议。

2009 年

2009 年 1 月 6 日　上海市妇女学学会、上海市人民政府发展研究中心、上海市发展改革研究院、上海师范大学妇女研究中心在上海师范大学联合举办"女性文化与创意产业发展"高层论坛暨学术研讨会。以产业实践者的亲身实践为案例，会集不同领域的专家同场对话，互相启发思维，对女性文化和创意产业的未来发展提供了有益借鉴。

2009 年 1 月 8 日　上海市妇女学学会、上海市妇女干部学校、华东理工大学社会工作系联合召开"上海市妇女社会工作研究中心成立暨妇女社会工作研讨会"。与会者围绕"应对妇女工作新变化"这一主题，从社会工作理论和实务两方面探讨了"妇女社会工作建构：西方化与本土化双重动力下的观照""用社会工作的方法服务白领女青年"等问题，为深入开展新时期妇女工作提供了有效借鉴和参考。

2009 年 1 月 16 日　大连市妇女研究会与日本群马县妇女代表团联合举办了中日妇女与环境研讨会，近 40 位与会者就饮食环境、自然环保、妇女参与社会环保、老年人生活环境等问题进行了交流研讨。

2010 年 1 月 19 日　新疆维吾尔自治区妇联、新疆维吾尔自治区妇女理论研究会共同主办的"先进性别文化与和谐社会构建"高层论坛在乌鲁木齐举行。来自新疆维吾尔自治区各厅局的 50 余名男性厅级领导和长期从事社会性别研究的专家学者、联合国"中国社会性别研究与倡导"基金项目新疆党校系统教师社会性别培训班的学员等 240 余人出席论坛。

2009 年 2 月 12 日　国际劳工组织北京局和全国妇联妇女研究所在北京联合举办"性别平等的退休政策研讨会"。全国人大常委会原副委员长、全国妇联名誉主席、中国妇女研究会名誉会长彭珮云出席会议。近 70 位与会者从劳动社会保障视角、社会性别和公共政策视角、财政视角、法律人权视角、人口老龄化和平均预期寿命及健康寿命视角、经济发展和就业视角对现有退休政策进行了理论分析，并从实证研究和案例分析两方面对现有退休政策进行分析，提出了很多富有价值的修改意见和建议。

2009 年 2 月 27 日　由全国妇联妇女研究所组织、国内权威专家撰写、社会科学文献出版社出版的中国第二本"妇女绿皮书"——《2006~2007 年：中国性别平等与妇女发展报告》新书发布会在北京举办。该书从宏观视角描述了 2006~2007 年中国性别平等与妇女发展取得的可喜变化；从微观视角对流动妇女、失业妇女、留守妇女、老年妇女、留守女童及残疾妇女等社会弱势群体面临的民生问题进行了专题调查和深入分析；从社会性别视角分析了在改善民生背景下应该如何完善促进性别平等和妇女发展的相关法律和政策。该书还公布了对近几年中国健康、教育、经济、政治和决策参与、家庭及发展环境六个方面性别平等与妇女发展状况以及综合情况的评估结果，为更直观地认识中国全国和各省区市的性别平等与妇女发展的进步和差距，进一步促进妇女发展，推动性别平等提供了科学的参考依据。

2009 年 3 月 10 日　上海市妇女学学会、上海市社会科学院妇委会和《上海妇女》编辑部联合主办了"女性：面对金融危机"论坛。30 余位与会专家、学者分别从文化产业发展的角度谈了上海国际大都市文化建设的重要性和紧迫性；同时关注到金融危机背景下女性的消费文化、女性的身体自主权、女性认同与媒介呈现以及社会科学领域女性的发展问题。

2009 年 3 月 13～15 日　由武汉大学法学院、妇女与性别研究中心主办、中律原咨询（北京）有限公司和美国乔治·华盛顿大学法学院协办的"性别与法课程设置"研讨会在武汉大学举行。来自国内外的一些高校、研究机构和法律机构的 52 位专家学者代表参加会议。

2009 年 3 月 14 日　由广西妇女理论研究会、广西妇女/社会性别学学科子网络联合举办的"广西高校妇女/社会性别学初级师资培训与教学经验交流活动"在广西经济管理干部学院开班。来自广西各高校的 42 名教师及学者参加。此次培训旨在推动社会性别平等，提高高校师生的社会性别平等意识和能力，为创建和谐校园性别文化奠定基础。与会专家学者采用参与式教学方法授课，并介绍了他们多年来开设性别课程的状况及校园性别文化建设的经验。

2009 年 3 月 19 日　上海市妇女学学会、上海市教育系统妇女工作委员会联合主办的"金融危机：女大学生就业应对论坛"在华东师范大学召开。来自上海市近 50 位与会者结合当前全球金融危机的形势，从理论与实践相结合的角度出发，就上海女大学毕业生的就业现状及相关政策措施等进行交流和探讨，为进一步促进女大学生就业创业提供了有力的理论支持和清晰的实践路径。

2009 年 3 月 20 日　宁夏回族自治区妇联在银川市举办了"改革开放 30 年与宁夏妇女儿童发展"论坛。该论坛是宁夏首次举办的以妇女儿童为主题的高层论坛，下设"宁夏改革开放 30 年与妇女发展""宁夏改革开放 30 年与男女平等""宁夏改革开放 30 年与妇女权益保障""宁夏改革开放 30 年与家庭教育"四个分论坛。与会者围绕优化妇女发展环境、完善维护妇女权益法律体系、关爱未成年人成长及农村留守流动儿童、开创新形势下家庭教育等问题进行了探讨。

2009 年 3 月 28～29 日　由妇女/社会性别学学科发展网络主办，华中科技大学社会性别研究中心承办的"妇女/社会性别学学科发展网络第一届全国学术研讨会"在武汉召开。研讨内容涉及女性主义理论、女性的生存状况、婚姻家庭制度和生育文化、民族地区女性问题、科技与性别以及妇女/社会性别学学科建设经验交流等、大会还特设"学生论坛"，全额资助了 29 名来自全国各高校的博士研究生、硕士研究生以及本科生参加大会，大会还在提交的论文中评选出教师组 10 篇和学生组 12 篇优秀论文。

2009 年 4 月 8～9 日　复旦大学妇女研究中心举办"我国家政服务员的职业

风险和化解对策研讨会"，30多位专家学者、家政公司和家政从业人员代表参加会议。会议讨论了家政服务工作人员的社会保障问题和与就业相关的福利问题，还对从事非正规就业的女性劳动者，特别是从事照料工作的女性的劳动价值认可以及她们的社会地位进行了讨论。

2009年4月18~19日 陕西省妇女理论婚姻家庭研究会召开"西北农村健康促进项目总结分享会"。研究会将十多年来探索的"以妇女为中心的递进式社区健康教育模式"通过项目专题片、操作手册以及大会专题发言等方式予以宣传和推广。"乡村健康学堂运作模式"在镇安、彭阳、贺兰等地政府以及国际计划、宣明会等机构的社区健康教育活动中被借鉴和运用。中央人民广播电台现场直播了研究会一期健康学堂活动，该直播节目获亚太广播发展机构年度优秀健康教育广播节目。

2009年4月20~23日 湖南省妇联、湖南省妇女学研究会在长沙联合举办"中澳合作国家级反对家庭暴力培训研讨班"。来自全国及各省区市妇联、法院系统的近150名代表与来自澳大利亚的相关专家参加了培训班，就中澳反家暴理念、法律政策、社会支持体系以及多部门合作反家暴工作经验等做了广泛深入的研讨，有力地推进了最高人民法院中国应用法学研究所《涉及家庭暴力婚姻案件审理指南》在基层法院的试行工作。

2009年4月23日 由国际劳工组织和全国妇联妇女研究所联合主办的"协调工作和家庭的矛盾政策研讨会"在北京市政协会议中心召开。40余位专家、学者及妇女工作者围绕协调工作和家庭矛盾的政策，为有家庭责任的男女劳动者提供平等的就业机会和平等待遇，并创造良好的社会环境和条件，以消除劳动力市场的歧视，提高劳动者的就业能力和生活质量等问题进行了深入研讨。会议还讨论了中国社会转型和经济转轨时期，在协调工作和家庭责任方面如何制定、修订及实施相关政策等问题，并提出了相关的政策建议。

2009年4月25~27日 由美国福特基金会资助，浙江省社科院妇女与家庭研究中心举办的"商业性性交易：法律与公共政策专家圆桌会议"在浙江省杭州市召开。本次会议围绕现有相关法律和公共政策的探讨、商业性性交易的背景与内部结构、性服务者的生存现状与可能的改善、国外和历史经验的借鉴、有关商业性性交易合法化的讨论等主题展开研讨。32位与会者对有关商业性性交易的法律与公共政策问题进行了热烈的讨论。

2009年4月27日至5月6日 由陕西省委党校妇女/性别研究与培训基地和

西北工业大学妇女发展与权益研究中心主办，中央党校妇女研究中心/妇女性别研究与培训基地协办的海峡两岸"法律与政策社会性别理论与分析方法工作坊"在西安举行，来自全国16个省市自治区的高校、社科机构、党校系统和NGO组织的近50名学者参加了培训。此次活动对提升参与者对政策法律的社会性别分析能力，培养并扩大社会性别与公共政策的研究与倡导力量，推动社会性别与公共政策网络的可持续发展，促进以社会性别视角监测政策法律的后续干预行动具有重要意义。

2009年5月4日　上海市妇女学学会、上海市社会科学院妇委会联合举办"翻天覆地90年——五四以来中国妇女的解放与发展"报告会。上海市社科院社会发展研究院院长、社会学研究所所长周建明做报告，180余人参加了报告会。

2009年5月5~6日　由北京大学法学院妇女法律研究与服务中心妇女观察主办的"2009妇女观察·维护农村妇女土地权益项目昌黎研讨会"在河北昌黎召开。来自湖南、河北、江苏、内蒙古、陕西等地的观察员，就农村妇女土地权益问题进行了研讨。

2009年5月21~22日　陕西省妇女理论婚姻家庭研究会与陕西省妇联联合召开"农村妇女参与基层治理研讨会"。会议回顾了'95世妇会以来妇女组织推动农村妇女参政的历程，分享了"从合阳模式到陕西模式"，介绍了陕西如何挖掘本土资源、实现可持续发展的经验。会议还就大学生村官与农村妇女公共参与、发展女党员与培养妇女参政人才、村民委员会组织法与妇女参政政策等议题展开讨论。

2009年5月27日　上海市妇女学学会、上海市婚姻家庭研究会、上海市妇女干部学校联合举办"妇女与发展"论坛。来自上海市区、县妇联和有关单位妇委会妇女干部、工会系统女工干部、社会各界知识女性等120余人参加论坛。

2009年6月3日　湖南女子学院女性教育研究中心与湖南人文科技学院女性发展研究中心联合举办女性/社会性别学"集体听课活动"，来自湖南各高校、科研单位的青年教师和研究者参与了培训与研讨，"集体听课活动"旨在提高湖南社会性别讲师团队的教学水平，促进不同学科内社会性别意识的渗透，同时促进教学方式与教学手段的创新，以此推动湖南高等教育领域内社会性别学科的主流化进程。

2009年6月10~11日　由中国法学会反对家庭暴力网络和长沙市社会治安综合治理委员会办公室共同主办，长沙市妇女联合会承办的"人身保护裁定司法推进研讨会"在长沙召开。来自湖南省法院、公安、妇联等单位的与会代表介绍了湖南省反家暴立法工作、该省高院《关于加强对家庭暴力受害妇女司法保护的指导意见（试行）》出台情况、法院试点"人身保护令"工作以及以项目推动反家暴工作多部门协作的经验；介绍了长沙市反家暴工作以及推动"人身保护令"的工作情况；与会专家探讨了涉及家庭暴力案件签发人身保护令的必要性和可行性，介绍了反家暴网络《关于人身保护裁定司法解释建议稿》的相关情况。与会者就"人身保护令的必要性，如何执行、挑战、解决、计划"等议题进行了思想碰撞和实务探讨。

2009 年 6 月 12 日 "妇女/社会性别学学科网——东北三省子网络第二次工作暨学术研讨会"在东北师范大学召开。与会专家学者就目前在研课题"高校学生性别教育的研究与实践""女性健康管理""我国性别教育的理论与实践""吉林省百村老年妇女生存状况调查分析""将性别教育纳入思想政治教育的理论与实践"进行了汇报。

2009 年 6 月 26～29 日 由台湾财团法人中华文化社会福利事业基金会与南开大学联合主办、南开大学社会工作与社会政策系承办、天津市妇女联合会协办的"2009 年两岸社会福利学术研讨会"在南开大学举行，其主题是"妇女儿童权益保障"。近 150 名专家学者与会。

2009 年 6 月 26～29 日 由复旦－密西根大学社会性别研究所主办、复旦大学历史系协办的"社会性别研究国际学术会议"在复旦大学举办。来自国内外的180 余名与会者就移民、家庭暴力、妇女劳动、父权制在市场化中国的表现、市场转型与家族角色变迁、妇女的法律人格、社区权力、妇女刊物、社会性别与社会主义等专题展开讨论。

2009 年 6 月 30 日至 7 月 2 日 由中国人力资源开发研究会女性人才研究会、上海女性人才研究中心、上海第二工业大学、复旦大学社会性别发展与研究中心联合举办的"2009 上海社会性别与女性人才发展"国际论坛在上海第二工业大学举行，来自国内外的专家学者、嘉宾 300 余人出席了论坛。本次论坛是中国人力资源开发研究会女性人才研究会成立 20 年来首次举办的大规模国际女性论坛。

2009 年 6～12 月 重庆市委组织部、市文明办、市民政局、市人力资源和社会保障局、市农委、市妇联围绕"女大学生村官成长与发展"主题，联合举办了"2009 年重庆女性发展·女大学生村官论坛"。此次活动分别举办了 40 个区域性分论坛和 1 个全市性选拔赛，并于 12 月 23 日举办了论坛总决赛。

2009 年 7 月 17～19 日　中国妇女研究会在北京召开"全球背景下的性别平等与社会转型：基于全球的、跨国的及各国的现实与视角"国际研讨会，全国人大常委会原副委员长、全国妇联名誉主席、中国妇女研究会名誉会长彭珮云出席会议。会议设大会主题发言和 13 个专题论坛。200 余位来自国内外的专家学者和实际工作者从多学科、跨学科、跨国、跨地域的视角对全球化过程中的社会性别理论研究和实践经验进行了反思，也对未来女性学/性别研究的方向进行了展望：不仅应加强跨文化、跨学科、跨国家的研究，还应该将微观层面和地方经验与全球视野结合起来，进行种族、民族、年龄、阶级与社会性别的交叉研究。

2009 年 7 月 24～26 日　由妇女/社会性别学学科发展网络主办，广西妇女理论研究会承办，广西妇女干部学校协办的"妇女/社会性别学学科发展网络第一届会员代表大会"在广西南宁召开。100 多位与会者对妇女/社会性别学学科发展网络自成立运行以来所走过的路程进行了细致的梳理和总结，并就中国妇女/社会性别学学科的建设和发展进行了交流和研讨。大会选举产生了全国妇女/社会性别学学科发展网络的新一届领导班子，还表彰了华中科技大学社会学子网络、广西妇女/社会性别学学科子网络两个优秀子网络及十项优秀课程。

2009 年 8 月 3～8 日　由武汉大学妇女与性别研究中心/基地主办的"高校女性学教学经验交流与总结研讨会"在武汉大学召开，几所正在建设"妇女/性别研究与培训基地"的部分高校代表分别介绍了各自女性学学科建设的经验，与会人员还就中心/基地领导体制、组织保障和运行机制等方面提出了思考，并形成了高校各基地应定期开展交流和学习，以展示推进女性学进入高校主流学科的共识。20 余名从事高校女性学研究和教学的专家学者参加了会议。

2009 年 8 月 5～6 日　黑龙江省妇女研究所与国际劳工组织北京局、全国妇联权益部联合举办"金融危机下的女性劳动权益保护研讨会暨第三届龙江女性权益论坛"。60 余位代表研讨交流了当前国际、国内金融危机形势下促进性别平等、维护女性劳动权益的理论成果，分享了成功经验，并寻求解决策略。12 位与会者还围绕"消除性别歧视，妇女享有平等劳动权"这一主题做了主旨发言，从不同角度探讨金融危机对妇女劳动权益的影响，政府促进高校毕业生就业的政策，国有企业女工、事业单位女性和灵活就业女性劳动权益及社会保障方面存在的问题及对策。

2009 年 9 月 9 日　广西大学妇女与发展研究中心举办"新中国成立 60 周年广西高校高层次女性论坛"。广西高校 30 多位女教授、女博士围绕"中国特色妇女解放理论""新中国60年来男女平等的实践""新中国60年来各行业妇女的发展"以及"传统与现代女性"等主题展开了讨论。

2009年9月9日 云南省妇联、云南省妇女理论研究会在昆明联合举办了"纪念新中国60年与云南妇女发展论坛"。论坛以促进妇女创业就业为主题，以理论研究的形式，从不同角度和层面回顾了云南妇女事业的光辉历程，总结了云南妇女在创业就业中的经验和启示，探讨了云南妇女事业的发展方向。

2009年9月16日 上海市妇女学学会、上海师范大学妇女研究中心、上海妇女杂志在上海师范大学召开"回顾与展望：上海妇女发展六十年"专题研讨会。来自上海各高校的20余名专家学者从理论视角审视了新中国60年来上海妇女地位变化的状况。

2009年9月16～18日 由中国妇女研究会主办、东北师范大学女性研究中心承办的"2009年中国妇女研究会妇女/性别研究研训班"在东北师范大学举行。来自全国各地的妇联、党校、高校及社科院的百余名学员参加了研训班。此次研训班旨在使妇女研究学者掌握科学的研究方法，提高研究能力，沟通国内外妇女研究信息，及时准确地了解妇女研究和女性发展的最新动向，为今后开展妇女工作、发展妇女理论、加强妇女学学科建设指明方向，并培养妇女研究的后备力量。这是中国妇女研究会自2005年以来首次在东北举办研训班。

2009年9月16～18日 2009年联合国教科文组织"媒介与女性"教席国际论坛在南京召开，其主题为"全球化背景下多元文化的共存与发展"，来自13个国家和地区的32位代表出席了论坛。论坛设有"文化多元与教席合作""传媒嬗变与女性发展"两个专场。

2009年9月17～18日 湖南省妇女干部学校、湖南省妇女研究中心举办"新中国60年：女干部的变迁与发展"理论研讨会，86位来自高校、党校的专家学者、女干部从各自不同的角度，探讨了女干部与政治参与、女干部与经济发展、女干部与成才困境等社会共同关心的问题。

2009年9月26日 延边大学女性研究中心主持召开中国朝鲜族女性研究会2009年年会，主要议题为"女性人口流动与社会变化发展"。中国朝鲜族女性学者及女性社会工作者50余人出席了会议。

2009年10月13日 由上海市妇女学学会、上海国际问题研究院、德国弗里德里希·艾伯特基金会上海办公室联合举办的"社会发展与性别平等"学术研讨会在上海国际问题研究院举行。与会者围绕"社会发展与性别平等"的主题，主要以中德两国的妇女地位变化为例，对社会发展与男女平等、妇女的社会地位与政治地位的变化、性别主流化与全球治理、针对妇女暴力问题、女权运动的发展与演进等问题进行了深入交流与讨论。

　　2009 年 10 月 18 日　由中华女子学院主办的"中外女子大学校长论坛"在北京会议中心召开。围绕"全球化与女性高等教育"的论坛主题，八位中外女子大学校长们做了专题发言，百余名国内外与会者进行了热烈而广泛的讨论。论坛为加强中外女子大学之间的交流与沟通、推动中国女子高等教育的国际化进程提供了平台。

　　2009 年 10 月 24~25 日　中国社会科学院法学研究所性别与法律研究中心主办"性别与法律研究：成果·问题·行动"网络年会。全国 18 个网络成员单位的代表，以及在京专家、媒体记者等 40 余位与会者总结和分享了推动法律领域社会性别主流化方面取得的成果，讨论了面临的问题和挑战，拟订了未来的行动计划。

　　2009 年 10 月 31 日至 11 月 1 日　中国妇女研究会与天津大学公共管理学院联合举办的"第三届社会性别与公共管理研究论坛"在天津市举行，其主题为"和谐社会中的社会性别平等"。近百名国内外社会性别与公共管理专家、学者以及政府决策者，围绕公共政策与社会性别理论研究、公共政策与社会性别交叉研究方法、就业与性别平等、社会转型与社会性别等主题进行了讨论。

　　2009 年 11 月 16 日　中国陶行知研究会女学生教育专业委员会第十届学术年会在无锡举行。会议总结了中国新时期女学生教育研究近 10 年来所取得的主要成就，并就未来中国女学生教育研究和女子学校事业发展等问题进行了深入研讨。北京、沈阳、上海、无锡等地的女校教育同行开展了"女生心理导向，扮演好你的性别角色""高中生生涯规划，学会认识自我"等观摩课活动。

　　2009 年 11 月 19 日　由北京市妇联、中国国际贸易促进会北京市分会、国家会议中心联合举办，北京妇女理论研究会承办的 2009 中国（北京）妇女儿童产业博览会"共话两性平等，共促社会和谐"主论坛在北京举行。论坛旨在总结 60 年来首都妇女事业发展的成就，在交流和探讨国内外妇女运动发展的理论和实践的基础上，推动首都妇女事业发展进程。与会代表分别围绕国际妇女运动潮流趋势、中国男女平等问题、妇联组织在推动妇女儿童事业发展方面的作用等议题做了主旨发言。来自国内外的 350 余位与会者参加了论坛。

　　2009 年 11 月 19 日　陕西省妇女理论婚姻家庭研究会与陕西省法学会、碑林区人民法院共同举办"预防和制止家庭暴力司法实践研讨会"。来自陕西省人大、省高院、省法学会、省妇联、西安中院的有关领导、西北政法大学、陕西警官职业学院的专家教授、碑林区法院领导及主审法官、省妇女理论婚姻家庭研究会法律志愿者30余人就最高法院法学研究所出台的《涉及家庭暴力婚姻案件审理指南》中的家庭暴力概念、保护令措施、家暴举证以及涉及家庭暴力婚姻案件审理的法律适用问题进行交流研讨。

2009年11月21～22日 四川省婚姻家庭及妇女理论研究会和四川康美农村发展技术与市场合作策划有限公司联合举办"男性在社会性别平等中的参与"理论研讨会。研讨会以"男性在社会性别平等中的参与"为主题，目的是使社会性别研究领域的专家、学者以及实践工作者在推动社会性别平等主流化过程中，更加关注男性的参与和作用。50余位与会者就社会性别平等中男性参与的策略及方法、男性社会性别意识的增强、公共管理层社会性别意识的构建、男性气质与男性参与、农村社区发展中的男性参与等分享各自的研究成果和实践经验、男性参与面临的问题与挑战、策略和建议展开讨论。

2009年11月25日 在第十个国际消除对妇女的暴力日之际，全国妇联/联合国人口基金合作实施的社会性别平等项目在北京召开"反对针对妇女暴力和男性参与全国研讨会"暨"采用多部门合作机制预防和应对家庭暴力联合项目启动仪式"。此次研讨会旨在进一步整合、拓展和深化近年来有关反对针对妇女暴力的理论研究和实践干预经验，扩大反对针对妇女暴力的社会影响，推动中国反对针对妇女暴力的法律政策、研究与行动。借此研讨会召开之机，联合国开发计划署、联合国教科文组织、联合国人口基金、联合国妇女发展基金"采用多部门合作机制预防和应对家庭暴力联合项目"也正式启动，这对于推动项目力量的整合，推动相关部门联手行动提供了契机和平台。

2009年11月25日 由上海市妇联、上海市妇女学学会、上海市婚姻家庭研究会联合主办的2009年上海妇女工作理论研讨会举行。150余位专家学者、妇女干部、社会人士围绕"社会建设与妇联参与"的主题，结合上海城市发展和妇联工作实际，共同聚焦妇联组织在党政所急、妇女所需与妇联所能的结合点上参与社会管理和公共服务的基本思路和对策举措。

2009年11月27日 安徽省妇女/性别研究基地首次理论研讨会在安徽大学举行，其主题为"妇女与社会工作"。来自安徽各高校的40多名专家学者、妇联系统相关人员等就"妇女社会工作的本土化""妇联在新时期的职能"进行了探讨，讨论了"老年妇女""特殊群体妇女""女性成长成才"等问题。

2009 年 11 月 28 日 由中国人民大学女性研究中心主办、全国妇联妇女研究所协办的"人口性别发展"学术论坛在北京召开。该论坛旨在推动人口学和社会性别研究两个学科的沟通与合作，搭建"人口、社会性别与发展"跨学科、综合性研究的交流平台及合作网络，体现理论与实践的结合。论坛围绕中国人口形势、中国妇女发展与性别平等、出生婴儿性别比失调、计划生育优质服务项目、妇女维权以及流动妇女生殖健康等问题展开了热烈讨论。全国人大常委会原副委员长、全国妇联名誉主席、中国妇女研究会名誉会长彭珮云出席会议并做了重要讲话。

2009 年 11 月 28 ~ 29 日 由浙江省社科院妇女与家庭研究中心主办、厦门大学海峡两岸性别研究与教学合作中心承办、美国福特基金会资助的"治理性交易：法律与公共政策专家圆桌会议"在福建省厦门市召开。24 位与会者围绕商业性性交易的治理与相关法律规制问题做了主题发言。与会者从宏观到微观，从自己的文化、价值、知识背景出发，结合实证研究对商业性性交易相关议题进行了激烈的讨论。

2009 年 11 月 30 日 由上海市妇女学学会、同济大学妇女研究中心及同济女子学院联合主办的上海妇女理论研讨会在同济大学举行，论坛的主题为"60 年的变迁与发展——女性·城市·成才"。来自上海科研机构和高校的 50 位专家学者围绕女性与城市、女性与世博、女性与成才三大主题进行了深入的研讨。

2009 年 12 月 1 ~ 4 日 华南师范大学妇女研究中心和日本城西国际大学社会性别研究所在日本东京共同举办"少子老龄化社会与女性学·社会性别研究"研讨会。

2009 年 12 月 20 日 由中国妇女/社会性别学学科发展网络"性别与传媒子网络"和华中科技大学社会性别研究中心沙龙联合举办的研讨活动在华中科技大学举行，研讨主题为"社会公正视野下的性别问题"。

2009 年 12 月 23 日 由上海市妇女学学会、上海市婚姻家庭研究会召开的"纪念华东师大妇女研究中心成立十周年暨'女性发展与和谐婚姻'研讨会"在华东师范大学举行。来自上海市高校、上海市妇女学学会、上海市婚姻家庭研究会理事以及上海市妇联领导和专家学者 50 余人出席了会议。

2009 年 12 月 24 日 云南省妇联、云南省妇女理论研究会联合举办了"我经历的三十年——改革开放与云南妇女发展论坛"。与会者从不同层次、不同侧面讨论了云南各族妇女改革开放30年来的发展和进步。

2009 年 12 月 30 日　浙江省妇女研究会与浙江省妇联在杭州联合举办"经济转型升级与妇女发展"论坛。与会者围绕女企业家参与经济转型升级的路径、农村妇女创业、经济转型升级中妇女权益的保护、生态文明建设中妇女特殊作用的发挥、女性在现代服务业中的优势、女大学生就业创业等问题进行了研讨，分析了妇女在推进经济转型升级中的作用、优势、困难和挑战，并努力寻求破解的方法和途径。

2010 年

2010 年 1 月 19 日　由新疆维吾尔自治区妇联、妇女理论研究会主办的"先进性别文化与和谐社会构建"高层论坛在乌鲁木齐举行。与会人员分别从政府层面、妇女工作层面和法律层面与专家进行了互动交流。

2010 年 1 月 29 日　全国妇联"女性高层次人才成长状况研究与政策推动项目"启动会在北京召开，全国人大常委会副委员长、全国妇联主席陈至立主持会议并讲话。中组部、教育部、科技部、中科院、社科院、国家自然科学基金委、中国科协等协作单位的领导出席会议。实施该项目的宗旨和目标是，围绕国家人才强国战略的总体部署，探索女性高层人才特别是科技领域女性人才成长的规律，推动出台更多有利于女性人才成长的政策措施，有效解决女性高层人才，特别是管理和科技领域女性高层人才不足的问题，创造更加有利于女性高层人才成长的社会环境。

2010 年 1 月 31 日　福建省妇联、福建省妇女理论研究会在福州召开"全球背景下的性别平等"研讨会。会议围绕金融危机下的女性创业和就业，金融危机下的外来女工生存状况，农村、城镇青年妇女和农村单身母亲生存状况，家庭暴力干预的社区介入，女性配偶继承权的保护等问题进行了研讨。同时，围绕在两岸交流合作中发挥妇女作用这一主题，对闽台女性经济活动、闽台女性参与公共事务、闽台女作家及文化交流、闽台家庭教育、涉台婚姻等问题进行了探讨。

2010 年 2 月 1 日　武汉大学与青岛大学共同组织编制的《中国性别平等与妇女发展地图集》首发式在北京举行。《中国性别平等与妇女发展地图集》是一部多学科结合的专题地图集，以地图形式全面反映中国性别平等与妇女发展的基本特征、空间结构以及发展变化。它是继英国出版的《世界妇女地图集》、美国出版的《美国妇女地图集》、印度出版的《印度女人和男人地图集》之后，中国第一本以性别为主题的地图集。

2010 年 2 月 23 日　上海市妇女学学会、上海图书馆举办"百年回眸——纪念三八国际劳动妇女节 100 周年专题讲座"。两位与会代表分别做了题为"百年回眸：追寻属于我们的光荣与梦想"和"百年回眸之我们的节日、我们的梦"的讲座。全市各级妇联系统女干部和慕名而来的社区居民 300 余人参加了讲座。

2010 年 3 月 2 日　中国社会科学院召开"回顾妇运百年、促进和谐发展——纪念'三八'国际劳动妇女节 100 周年座谈会"。与会专家、学者回顾了新中国成立 60 年、特别是改革开放 30 年以来中国妇女事业发展取得的进步与成就，诠释了男女平等作为中国基本国策的深刻内涵，论述了马克思主义妇女观中关于妇女社会地位的演变，阐明了将性别视角纳入人文社会科学研究，用科研促进性别平等的新任务、新要求。

2010 年 3 月 3 日　由上海市委宣传部、上海市妇联主办，上海市妇女学学会、上海市婚姻家庭研究会联合承办的"平等·发展·和谐——纪念三八国际劳动妇女节 100 周年理论研讨会"在上海召开。会上，五位与会代表分别做了"深入学习马克思主义妇女观""新时期'妇女解放'的基本内涵及其展望""国际大都市女性文化建设的三大主题""女性主体价值意识的发展"及"百年国际妇女运动发展的历程和启示"的发言。

2010 年 3 月 25 日　上海市妇女学学会、上海市教委妇委会、复旦大学社会性别与发展研究中心在复旦大学举办了"平等、和谐、美丽：上海高校女性学学科建设论坛"。七位与会代表分别做了"高校女性学科课程受众分析""女性特色课程建设""建立和发展性别研究学科群""《女性学导论》教学探索""女性学研究与教学的多维度视角""日常生活视角下的性别课程设计""性别教育应该成为当代大学生的必修课"等主题发言。

2010 年 4 月 1 日　中国妇女研究会在北京召开中国妇女研究会第三届会员大会暨纪念"三八"国际劳动妇女节百年高层论坛。全国人大常委会副委员长、全国妇联主席陈至立在会上当选为第三届中国妇女研究会会长，会后，出席了纪念"三八"国际劳动妇女节百年高层论坛并致辞。全国人大常委会原副委员长、全国妇联原主席、中国关心下一代工作委员会主任顾秀莲同志作为第二届会长做了工作报告。会上，全国妇联和中国妇女研究会还颁发了第二届中国妇女研究优秀成果和优秀组织奖。

2010 年 4 月 6 日 上海市妇女学学会、上海市社科院妇委会联合主办"低碳世博与城市生活"专题论坛。30 余位与会者从"低碳世博概念与城市发展""多学科视野下的新思考""低碳实践与女性社会责任"等三个方面展开了研讨。

2010 年 4 月 13 日 上海市妇女学学会、上海市婚姻家庭研究会联合召开妇女学学会、婚姻家庭研究会理事扩大会议暨"和谐家庭与制度创新——纪念《中华人民共和国婚姻法》颁布实施 60 周年"论坛。100 余人出席会议。

2010 年 4 月 16~17 日 北京外国语大学社会性别与全球问题研究中心举办"社会性别与全球生态环境问题"全国学术研讨会。会议分两个部分：第一部分为座谈会，北京大学国际关系学院王逸舟教授介绍了女性主义的含义以及女性主义国家关系学在国内外发展状况；第二部分为学术研讨会，全国妇联妇女研究所副所长刘伯红研究员做了题为"社会性别与气候变化"的主旨发言。12 位专家和学者，分别从不同国家、角度和层面对社会性别与全球环境问题研究做了发言。

2010 年 4 月 21~22 日 北京大学中外妇女问题研究中心与亚洲女性发展协会联合举办的"第五届亚洲女性论坛"在扬州召开，来自国内外的专家学者、企业家及社会知名人士围绕"人才·性别·环境"展开研讨和交流。论坛还发布了围绕论坛主题在新浪网上进行的"职场性别生存与发展环境"网络调查数据结果和初步分析，受到社会媒体广泛关注和一致好评。

2010 年 5 月 7 日 北京大学妇女/性别研究与培训基地在北京大学召开"全国高校妇女/性别研究与培训基地建设研讨会"。会议围绕高校女性学学科现状、高校基地建设的进展与存在的问题、高校女性学与性别研究的未来发展等议题展开讨论。各高校基地的代表重点交流了本校此项工作的开展情况和新的探索。

2010 年 5 月 8 日 由湖南省妇女研究会、妇女/社会性别学科发展网湖南子网络联合主办的"麓山枫"湖南省首届大学生性别论坛在长沙举行。会上，来自湖南省内各高校的学生代表就语言暴力、商业文学、性别歧视等议题进行了发言，展示了当代大学生的学术精神和实践能力。

2010 年 5 月 12 日 为了纪念《中华人民共和国婚姻法》颁布实施 60 周年，系统总结婚姻家庭法制发展变化在社会发展和妇女权益保障等方面的深远影响，北京市法学会妇女法学研究会举办"婚姻家庭法律制度发展与妇女权益保障——纪念《婚姻法》实施六十周年论坛"。与会人员分别从婚姻家庭制度的发展变迁、法律精髓的解读、司法实践中遇到的问题和妇联组织在推动法律制度实现过程中发挥的作用进行了讨论。

2010 年 5 月 24 日　湖南省妇女学研究会举行换届大会，会议审议通过了《湖南省妇女学研究会第四届会员大会工作报告》，以及新修改的《湖南省妇女学研究会章程》。选举产生了新一届理事会和领导班子，湖南省妇联主席肖百灵当选为湖南省妇女学研究会会长。

2010 年 5 月 27 日　陕西省委党校举办"社会性别分析方法培训班"，来自陕西省委党校及市级党校的教师、硕士研究生 20 余人参加培训。培训班旨在推动党校系统骨干教师对社会性别理论和方法的了解与掌握，提高在研究与教学工作中运用社会性别分析方法的能力，为领导干部解决问题提供新视角。

2010 年 5 月 28 ~ 30 日　由浙江省社科院妇女与家庭研究中心主办的"全面的性与生殖健康教育专家圆桌会议"在杭州召开。60 余名专家、学者对"什么是最适合中国的性与生殖健康教育"这一议题进行了深入、激烈的探讨。

2010 年 5 月 29 ~ 30 日　由中华女子学院社会与法学院和北京市性别平等与发展研究基地建设项目共同主办的"反对针对妇女的歧视与暴力：跨学科视角国际研讨会"在北京召开。110 余位中外专家学者聚焦于家庭暴力和性骚扰两个议题，开展了跨国界、跨学科的交流和研讨，体现了国际化和跨学科的视野。

2010 年 6 月 11 日　由上海市妇女学学会、上海济光职业技术学院举办的"上海济光职业学院职业女性研究中心成立暨'职业技术与女性成才'研讨会"在济光学院举行，200 余人出席会议。

2010 年 6 月 20 ~ 25 日　由云南民族大学少数民族女性与社会性别研究中心和香港岭南大学老龄化研究中心联合主办的"社会性别视角下少数民族老龄化问题研究学术研讨会"在云南民族大学召开。这是中国社会性别研究领域第一次关于少数民族老龄化问题的学术会议。研讨内容涉及少数民族地区的敬老养老、伦理道德、老年人健康、老龄妇女的健康权利、老年妇女健康的主体性、城市少数民族老年人养老问题以及民族社区老年人生活方式和社会保障、家庭养老模式等方面。

2010 年 6 月 25 日　《妇女研究论丛》百期纪念座谈会在京召开。《妇女研究论丛》主编谭琳教授主持会议，副主编姜秀花研究员代表编辑部汇报了《妇女研究论丛》创刊 18 年来的发展历程及杂志内容呈现的特点和变化趋势。全国妇联宣传部领导、《妇女研究论丛》历任主编、编委及有关专家学者、妇女研究相关报纸杂志的主编和编辑等近 40 人参加了此次座谈。

2010 年 6 月 30 日　辽宁省妇联、辽宁省妇女研究会在辽宁省社会主义学院举办"提升妇联组织参与社会管理和公共服务能力　把妇联组织建成坚强阵地和温暖之家"专题研讨会。辽宁省各市妇联主席、各县（市）区妇联主席、省妇联机关同志以及省内有关专家 160 余人参加会议。

2010 年 6 月 30 日　华中科技大学跨学科论坛、社会性别研究中心、《华中科技大学学报（社会科学版）》编辑部联合举办题为"再话社会公正视野下的性别问题"论坛。七位与会代表分别做了主题发言，学者们就性别公正的相关问题，分别从哲学、伦理学、文学、建筑学、社会学等多学科角度，进行了跨学科的、实质性的交流与碰撞，深刻剖析了性别研究中的公正问题。

2010 年 6 月 30 日　西安交通大学性别与发展研究中心、人口与发展研究所召开了"陕西省综合治理出生人口性别比的态势、模式和战略"研讨会。会议围绕陕西省出生人口性别比的态势和原因、陕西省综合治理出生人口性别比的模式与未来战略展开研讨。

2010 年 7 月 5 日　"第三届社会性别与公共管理师资培训班"在天津市妇女活动中心拉开帷幕。此次培训以"倡导社会性别，促进女性就业"为主题，来自南开大学、中央党校、全国妇联妇女研究所等研究机构的专家为全国 17 所高等院校的 40 余名公共管理领域教师，展开为期两周的培训。

2010 年 7 月 5～6 日　由北京外国语大学社会性别与全球问题研究中心承办，英国牛津大学和德国自由柏林大学协办的"国际妇女研究和中国妇女组织：回顾过去·展望未来"国际学术研讨会在外语教学与研究出版社国际会议中心召开，此次会议是 1999 年 6 月在英国牛津大学召开的中国妇女组织国际会议的继续。全国妇联妇女研究所刘伯红研究员做了题为"牛津到北京：北京视角"的主旨发言，60 多位中外学者围绕"中国民间妇女组织的发展""中国妇联组织的发展""历史上的中国妇女组织""中国妇女组织与国际妇女运动""社会性别与国际政治""女性主义新的知识和研究方法"六个专题进行了讨论和交流。

2010 年 7 月 16～18 日　由首都师范大学中国女性文化研究中心主办的"中国女性文化研究基地启动仪式暨中国女性文学论坛"在北京举行。此次会议分为"中国女性文学研究论坛""中国女性文化研究科研基地项目启动仪式""中国女性文学创作论坛（互动论坛）"三部分内容。

2010 年 8 月 22～24 日　中国人力资源开发研究会女性人才研究会与上海女性人才研究中心、上海第二工业大学在上海第二工业大学联合举办"2010 年全国女性论坛：世博会与女性人才的美好生活"，旨在共同探讨世博与女性人才的美好事业和生活，促进女性全面发展。与会代表做了"世博会与和谐社会"的主题报告以及"上海世博会与妇女参与"的专题演讲。来自全国部分省区市的专家学者和妇女干部 60 余人出席论坛。

2010 年 8 月 25～26 日　河北省妇女发展研究会在秦皇岛市昌黎县举办了2010 年河北省妇女法学研究会年会暨"和谐社会建设与妇女土地权益保护论坛"。论坛就人大立法、法院立案审理、妇联组织、村委会依法维权等关键点进行了研讨。

2010 年 9 月 9 日　云南省妇联、云南省妇女理论研究会在昆明联合举办"纪念新中国 60 年与云南妇女发展论坛"。论坛围绕促进妇女创业就业这一主题，以理论研究的形式，从不同角度和层面回顾云南妇女事业的光辉历程，总结了云南省妇女在创业就业中的经验和启示，探讨云南妇女事业的发展方向。

2010 年 9 月 16～18 日　由全国妇联主办、上海市妇联承办的"妇女与城市发展暨纪念第四次世界妇女大会十五周年论坛"在上海举办。中共中央政治局委员、上海市委书记俞正声，全国人大常委会副委员长、全国妇联主席陈至立，中国外交部副部长傅莹，联合国副秘书长、亚太经社会执行秘书诺琳·海泽，俄罗斯联邦委员会副主席奥尔洛娃，美国国务院全球妇女事务无任所大使弗维尔等领导出席会议开幕式并致辞。论坛旨在回顾 15 年来《北京宣言》和《行动纲领》的落实情况，进一步推动全球妇女赋权和性别平等事业向前发展；用性别视角审视城市发展，交流信息，分享经验，分析挑战，提出建议，为实现"城市，让生活更美好"的目标做出贡献。与会者围绕女性高层人才的成长、妇女与城市化进程、妇女全面发展与责任等议题，从国际组织、区域组织、政府机构和非政府组织的不同视角进行了认真讨论。论坛通过的宣言强调，要坚持《北京宣言》《行动纲领》《消除对妇女一切形式歧视公约》和《千年发展目标》的原则和内容，进一步推动全球妇女赋权和性别平等事业向前发展。

2010 年 9 月 17～18 日　由妇女/社会性别学学科发展网络主办、东北师范大学女性研究中心、东北师范大学马克思主义学院哲学系、清华大学哲学系承办的"关于性别研究的思维模式与价值观念论坛"在东北师范大学召开。80 多位代表和学生依据各自的学科背景、研究成果及实践经验，就上述问题进行了讨论。

2010 年 9 月 18～19 日　东北师范大学女性研究中心、马克思主义学院哲学系，清华大学哲学系主办的"性别哲学的对话——性别研究的思维与价值观念"

研讨会在东北师范大学召开。80多位代表和学生依据各自的学科背景、研究成果及实践经验，围绕"女性主义方法论原则""女性主义哲学的思维方式""女性主义与传统哲学之间的关系""女性主义哲学研究的本质""从生态主义视角看性别平等的问题"等专题进行了讨论。

2010年9月25~28日　由沈阳市同泽女子中学承办的中国陶行知研究会女学生教育专业委员会第十一届学术年会在沈阳举行，其主题是"将社会性别意识纳入教育全过程"。来自全国的50余位理事围绕国家关于中长期教育改革与发展、人才发展和科学技术发展三个规划纲要的内容，针对女学生教育的特点，研讨女中学生道德素质现状和"四自"精神的内涵与培养途径问题。与会人员围绕"女校毕业生追踪调查""'四自'精神的内涵""'四自'精神教育的途径和方法"和"优秀女性人才的成长之路"四个专题展开讨论，经过讨论，各组选定了近期要合作研讨的课题，并制定了课题研究方案。

2010年9月　湖南省妇女学研究会、妇女/社会性别学学科发展湖南子网络联合发起"麓山枫"：首届湖南高校"性别意识倡导"情景剧优秀剧本大赛。湖南各高校广大学生踊跃参加，共收到50多个参赛剧本。经认真审阅，评选出优秀剧本13个。

2010年10月14~15日　北京大学中外妇女问题研究中心、香港中文大学性别研究中心与性别研究课程、韩国启明大学女性学研究所在北京大学联合举办"北京大学妇女研究中心成立二十周年暨'女性人力资源开发与社会发展'学术研讨会"。来自中国大陆、中国香港、韩国三地的20多名学者参加了研讨会并就女性人力资源开发方面的相关问题展开讨论。研讨会结束后，三方签署了"学术交流与合作协议"。

2010年10月22日　由北京市妇联主办，北京妇女研究中心、北京妇女理论研究会、北京法学会妇女法学分会、北京市婚姻家庭研究会、北京市家教研究会、北京市家政研究会协办的"北京市和谐家庭建设论坛"在北京会议中心举行。本次论坛设主论坛与"家庭理论研究的回顾与展望""家庭教育的思考与实践""和谐家庭创建的探索与创新"三个分论坛。来自首都各高校、科研院所的负责人、专家学者以及妇女干部等近400人参加了交流和研讨。

2010年10月22日　浙江大学妇女研究中心与浙江大学女教授联谊会、女教职工委员会联合举办"女性与高等教育"学术论坛。童芍素等四位与会代表分别做了"我和我的三所大学——感悟治校之道和二十一世纪高等教育""女大学生劳动力市场的供求失衡分析""高校校园媒体传播中的女性形象呈现及其建议""高校教师压力状况的性别比较"和"基于女性体重管理与健康的若干思考"的发言。与会专家学者对高等教育如何促进女性人才特别是高层次女性人才成长，如何更好地发挥女性在高等教育中的作用，以及女性成才面临的特殊问题及规律等进行了讨论。

2010 年 10 月 27 ~ 28 日　由中华女子学院、中国妇女研究会妇女教育专业委员会共同主办的"职业女性工作－生活平衡"中日国际学术研讨会在北京会议中心举行。来自海峡两岸和日本的 70 余位专家学者围绕"家庭责任与性别平等""日本工作生活平衡状况和政府举措""工作着的母亲与学龄前儿童抚养模式的转型"和"从工作与生活的平衡看公共政策的改革与完善"等主题分享了各自的研究成果，并展开了深入的研讨。

2010 年 10 月 30 日　福建省妇联、福建省妇女理论研究会与福建省社会科学界联合会、北京大学中外妇女问题研究中心在福州联合召开"性别平等与妇女发展"研讨会。研讨会分"性别平等"和"妇女人才"两个专题，与会专家学者分别就中国男女平等进展状况，女教师在医学教育和研究生培养工作中的贡献，社会性别视野下的福建省参政、就业、社会保障政策研究，福建党政机关、企事业单位、高校、科研院所女性高层次人才发展战略等问题进行了交流，提出了促进性别平等和谐发展的对策。

2010 年 11 月 4 ~ 5 日　由上海市妇联、上海市妇女学学会、德国艾伯特基金会联合主办的"社会性别预算：理论、方法与实践"国际研讨会在上海市妇联召开。与会者从社会性别预算的概念定义、产生背景、演进发展和目标定位评述了社会性别预算与社会性别主流化及与性别政策之间的关系，从法律、实施主体、方法流程、分析工具等方面阐明了社会性别预算的必要性和可行性。

2010 年 11 月 5 日　由南开大学文学院和上海大学中国当代文化研究中心联合主办的"中国现代文学与文化"国际学术研讨会在南开大学举行。会议的一个专题是"反思'女性身体写作'与文化研究的中土化"。闵冬潮教授做了题为"身体写作与女性主义"报告，南开大学的刘堃博士从文学史的角度对该问题进行回应，她认为在文学叙事与社会观察中，一直都存在着另一个脉络即底层女性的身体书写，挟带了中国现代化进程中的经验和痛楚，亟须我们加以关注和阐释。

2010 年 11 月 16 ~ 17 日　由中国妇女报社、中央党校妇女研究中心主办，《农家女》杂志社、农家女文化发展中心承办的"全国第三届百位女村官论坛"

在北京举行。此次论坛的主题是村规民约中的性别歧视：表现、原因、危害与措施；如何利用修订村规民约，提高女村官的村庄管理能力；交流如何当好女村官的经验与做法。来自全国各地的 103 位女村官与国内农村发展问题专家、妇女发展问题专家就女村官如何开展修改村规民约工作，推进村民自治及农村性别平等进行研讨。

2010 年 11 月 19 日 由上海市妇女学学会、上海师范大学女性研究中心等单位召开的"城市发展与性别文化学术论坛"在上海师范大学举行。与会人员围绕努力构建先进性别文化，促进城市与女性和谐发展，都市女性的审美生成，海派旗袍中的女性文化，全球视野中的女性和世博会做了主题报告，与会人员还就"世博会和女性发展""都市文化与女性发展"两大主题展开讨论。

2010 年 11 月 22 日 陕西省妇女理论婚姻家庭研究会、陕西省妇源汇性别发展培训中心在西安举办"第一届西部社区服务创新公益论坛"，其主题为"社区服务与公益组织"。与会人员围绕"公益组织与社区服务创新""机制创新与社区服务创新""政府与社区服务""社区服务与社区工作""政府、企业、公益组织、社区的多方合作""社区服务与社会工作"等话题以主旨发言、精彩案例分享、圆桌对话、互动答疑等形式展开了充分的讨论和交流。论坛上，上海手牵手、北京工友之家、宁波徐家漕社区、陕西妇女研究会、云南连心、妈妈环保、西安慧灵等七个参与社区服务的先进社会公益组织与大家一起分享了她们在社会工作进社区、老年临终关怀、社区文化、家庭暴力、流动儿童、残障人士、低碳生活等满足社区多样化需求服务方面的经典案例。此外，参会人员还结合工作实际，围绕自己在社区工作中的问题、困惑、创新及如何与社会组织协同治理社区等方面进行了交流。

2010 年 11 月 25~26 日 在第十个"国际消除对妇女暴力日"到来之际，由全国妇联、联合国人口基金联合主办的"反对针对妇女暴力与男性参与全国研讨会"在北京召开。会议旨在以纪念"国际消除对妇女暴力日"十周年为契机，全面回顾和检视中国反对针对妇女暴力的进展与问题，进一步推动这一领域的研究与行动。中外与会者围绕"针对妇女暴力的多种类型及相关研究""反对针对妇女暴力的理论与法律政策""反对针对妇女暴力的行动干预与服务"以及"妇女组织和男性参与在反对针对妇女暴力中的作用"等议题，进行了广泛的交流与研讨。

2010 年 11 月 29~30 日 2010 年中国妇女研究会年会暨"北京 + 15"论坛在

北京举行。会议旨在纪念联合国第四次世界妇女大会召开15周年，总结回顾15年来中国贯彻落实《北京行动纲领》和《中国妇女发展纲要》的成功经验，客观分析目前面临的问题和挑战，研讨进一步推动性别平等和妇女发展的对策建议。全国人大常委会副委员长、全国妇联主席、中国妇女研究会会长陈至立出席会议开幕式并做重要讲话。全国人大常委会原副委员长、全国妇联名誉主席、中国妇女研究会名誉会长彭珮云出席会议。会议根据《北京行动纲领》中12个关切领域和中国妇女发展中的重点问题，围绕"妇女运动与提高妇女地位的机制""女性人才成长和参与决策及管理""妇女的教育、培训与经济""妇女的人权与法律和针对妇女的暴力""妇女与贫困""女童、老年妇女和家庭""妇女与健康、环境和文化传播""妇女/性别学科建设与基地建设"等问题展开深入研讨。在会上，还向中国妇女研究会第三届妇女/性别研究优秀博士、硕士学位论文获奖代表颁奖，以鼓励妇女/性别研究新生力量的成长，促进中国妇女研究事业发展。

2010年12月1～3日　由四川省妇女联合会和四川省对外友好协会联合举办，四川省妇联婚姻家庭及妇女理论研究会、四川省妇联妇女研究所共同承办，德国艾伯特基金会赞助的"灾后重建中妇联组织'妇女作用'"研讨会在成都召开。研讨会围绕灾后妇女儿童生存发展中面临的问题和解决措施，妇联组织在灾后恢复重建中的地位、作用和面临的问题，农村妇女居家灵活就业，再生育全程服务创新发展，基于社会性别视角对灾区妇女生活状况及需求的实证研究等进行了深入的讨论。

2010年12月4～5日　中国社会科学院法学研究所性别与法律研究中心主办的"性别与法律研究网络2010年年会"在北京召开，年会主题为"法律教育和法律职业中的性别主流化"。18个网络成员单位的代表，以及来自法院、检察院、非政府组织等机构的实务工作者、专家、学者等40余人围绕"性别与法律教材的完善与教材的使用方法""性别与法律教学方法的探索""司法实践中社会性别问题的反思"三个议题进行了研讨。

2010年12月8日　上海市妇女学学会、上海交通大学妇女研究中心等单位联合召开的"和谐·创新·发展"妇女发展论坛在上海交通大学举行。与会人员围绕社会性别视角下妇女发展热点问题和前沿研究、性别角色视角下的女性参与、女性在科技研究中的地位和作用、科研创新体系中高校女教师科研绩效作用、知识型女性人才的工作承诺、满意度与绩效等议题进行了发言和讨论。

2010年12月11日　国家人口计生委和中央党校妇女研究中心在北京联合举

办 "'加强村民自治，推进性别平等'高层论坛"。论坛旨在全社会进一步倡导社会性别平等，深入推行男女平等、计划生育基本国策，为构建和谐社会创造良好的社会舆论环境。论坛报告了加强村民自治，推进性别平等项目的总体构想与实践运行，以及修订村规民约的动因、进程与效果，交流了项目试点地区的经验。全国人大常委会原副委员长、全国妇联名誉主席、中国妇女研究会名誉会长彭珮云，国家人口计生委副主任赵白鸽等领导出席论坛并讲话。全国妇联副主席陈秀榕向大会宣读了全国人大常委会副委员长、全国妇联主席、中国妇女研究会会长陈至立对举办高层论坛的致辞。

2010 年 12 月 14~15 日 厦门大学妇女/性别研究与培训基地、厦门大学马克思主义研究院联合主办的 "马克思主义妇女观与当代性别理论发展" 学术研讨会在厦大召开。全国人大常委会原副委员长、全国妇联名誉主席、中国妇女研究会名誉会长彭珮云出席会议并发表重要讲话，要求进一步加强妇女理论研究，努力创建中国特色社会主义妇女理论。来自全国妇联、中国社会科学院、部分高校的代表，围绕马克思主义妇女观及其在当代中国的发展、马克思主义对西方女性主义思潮的影响、当代性别理论及其在中国的传播等议题，交流了彼此的思考与研究。

2010 年 12 月 17 日 同济大学妇女研究中心联合同济大学妇委会等单位举办了以 "卓越女性成才之路" 为主题的同济大学第一届女教师论坛。全国人大常委会委员吴启迪等代表分别围绕 "女性发展" "上海女性人才成长机制与政策" 以及 "科技创新中的女性作为" 做主题报告，论坛设 "价值取向与女性成才" "胜任力与女性成才" "社会网络与女性成才" "组织关怀与女性成才" 四个平行论坛，与会专家学者分析探讨了影响女性成才的一些重要因素，指出应引导女性认真选择自己的价值取向，提升自身胜任力，积极利用社会网络资源，在组织关怀下走上成长成才之路。

2010 年 12 月 26 日 湖南女子学院女性教育研究中心召开 "湖南女性研究与当代社会性别理论发展" 学术研讨会暨湖南女子学院妇女/性别研究与培训基地年度会议。会议旨在总结湖南女性研究发展的现状和取得的成绩，交流并分享学术界相关研究的最新成果与心得，进一步完善湖南女子学院妇女/性别研究的教学、培训及学科体系的建设，不断提升湖南女子学院妇女/性别研究的科研学术水平和学术影响力。

学 者 简 介

（按姓氏笔画排序）

丁俊萍 女，1955 年 6 月生，汉族。中国人民大学本科毕业，获北京师范大学法学博士学位。现为武汉大学马克思主义学院教授、政党研究所所长，社会性别与妇女发展研究中心副主任，博士生导师。获武汉大学师德标兵、湖北省"巾帼建功"标兵暨三八红旗手、全国教育系统"巾帼建功"标兵等十多项荣誉称号。获国务院特殊津贴。兼任国家教育部社会科学委员会马克思主义学部委员、中国中共党史人物研究会常务理事及七个全国一级学会副会长、秘书长、理事等职务。

主要从事马克思主义中国化与中国共产党思想理论、执政党建设与当代中国政治等研究，以及宋庆龄等女性代表人物和女性参政等研究。开设社会性别与妇女发展通识课程，主讲妇女参政问题。发表学术论文两百余篇，独著、合著学术著作 18 部，主编教材十余本。获十余项全国和省部级以上科研成果奖和多项教学成果奖；主持国家、教育部项目十余项，承担中央和省市有关部门委托项目数十项；参与国家、教育部重大招标项目十余项。在《马克思主义研究》《妇女研究论丛》等发表有关女性代表人物和女性政治发展方面的论文 14 篇。

王菊芬 女，1949 年生，汉族。1992 年获泰国玛希德大学"人口与社会研究"硕士学位（世界卫生组织教学项目）。曾在英国曼彻斯特大学管理学院、阿伯丁大学社会学系、伦敦大学人口研究中心、挪威科技大学和奥斯陆大学访学。目前任复旦大学社会发展与公共政策学院教授、博士生导师。复旦大学妇女/性别研究与培训基地常务副主任、复旦大学妇女研究中心副主任。上海市妇女儿童工作委员会妇女儿童发展"十一五"规划的专家委员会专家。

长期从事人口学、社会性别与公共政策等研究。承担过"亚洲妇女就业与社会保障""和谐劳动关系研究""高级领导干部社会性别意识和知识研究""上海市公益性岗位就业人员的状况研究""上海市生育保险政策实施状况研究""社会性别与医疗制度改革""全球化和妇女流动""非公有制企业女工的工资和劳动保护""未婚先孕及其结果选择"等多项研究。是《上海市妇女发展"十二五"规划》和《上海市妇女发展"十一五"规划》的主要策划和编撰者。

王　晶　女，1963年4月生，汉族。2004年6月获东北师范大学法学博士学位，现任东北师范大学政法学院社会学系教授、博士生导师，东北师范大学女性研究中心副主任。兼任吉林省老年学会副会长，吉林省妇女儿童专家评估组成员、吉林省妇女研究会理事，中国社会学女性社会学学会理事。

主要研究方向为性别、婚姻家庭、老龄化等社会问题研究。主持的吉林省社会科学基金规划项目"吉林省百村农村老年妇女生存状况研究"报告获吉林省社科规划首届优秀成果一等奖（2011）、国家人口和计划生育委员会颁发的第五届中国人口科学优秀成果二等奖（2010）、全国妇联颁发的第二届中国妇女研究优秀成果奖三等奖（2009）、第四届长春市社会科学成果奖二等奖（2010）。

主要研究成果有：《关于老龄女性化与农村老年妇女生存状况的思考》，《东北师范大学学报》2010年第5期；《关注"夕阳"中的女性》，《光明日报》2010 - 08 - 15；《女性主义对构建和谐家庭性别分工模式的思考》，《中华女子学院学报》2008年第4期，人大报刊复印资料《妇女研究》转载；著有《中国农民信仰问题研究》，东北师范大学出版社，2004年10月版，获吉林省长白山优秀图书一等奖、第四届中国高校人文社会科学优秀成果奖三等奖。

王毅平　女，1957年2月生，汉族。1982年毕业于山东大学哲学系，现任山东社会科学院女性研究中心主任、研究员，山东妇女/性别研究与培训基地负责人，中国妇女研究会理事、山东妇女研究会常务理事、山东省社会学学会常务理事。2000年首批入选"山东省理论人才百人工程"、2003年入选山东省社会科学界联合会"山东社会科学人才库"。

主要研究方向为女性学、社区与社会发展等。公开发表论文百余篇，出版专著《城市社区服务发展研究》，担任7部书籍的主编、副主编，参与近20部著作章节的撰写。负责主持了国家社会科学基金重大课题"新时期中国妇女社会地位调查"山东地区的工作，先后主持和完成国家课题"农民组织化程度与社会主义新农村建设"及山东省重点课题"城市下岗女工再就业研究""山东省城市社区服务发展现状、问题与对策""城市就业弱势群体的社会支持"等。

叶文振　男，1955年9月生，汉族。1991年获美国犹他大学社会学博士学位，后在美国普林斯顿大学从事人口学博士后研究。现任福建江夏学院副校长、教授、厦门大学兼职博士生导师、享受国务院特殊津贴。兼任全国妇联、中国妇女研究会厦门大学妇女/性别研究与培训基地副主任、中国妇女研究会常务理事、中国婚姻家庭研究会理事、中国人口学会理事、《妇女研究论丛》编委、《中华女子学院学报》编委会顾问，福建省和谐社会研究会会长、福建省妇女理论研究会副会长。

长期从事经济学、人口学、社会学和女性学的跨学科和多学科的比较研究，学术兴趣重点是婚姻家庭与女性社会地位。获得国家社会科学基金、教育部社科规划项目等科研课题资助20余项；公开发表中英文学术文章124篇，出版专著、合著和编著9部；有19项科研成果获得国家与省部级奖励，其中包括论文《论生育文化与家庭制度的协调发展》获第十二届中国人口文化奖金奖，论文《妇女社会地位及其影响因素》获第一届中国妇女研究优秀成果一等奖，教材《女性学导论》获福建省第七届社会科学优秀成果一等奖等。

石　彤　女，1962年7月生，汉族。1997年获硕士学位。现任中华女子学院社会学系教授、系主任。兼任中国社会学学会理事和妇女/性别社会学专业委员会理事、副秘书长等。

讲授近10门课程，涉及妇女运动历史和当代妇女问题，社会学以及社会工作等。主持或参与近30项联合国、国际合作、国家级、部级、市级等课题，担任多项课题的顾问。完成20余项科研成果，著有《中国社会转型的社会排挤》并首次提出"性别排挤概念"，参与撰写专著《社会转型时期的妇女社会地位》等；参与编写《女性学导论》《女性社会学》《妇女社会工作》等教材；发表近20篇学术论文。学术论文和研究报告获得14项奖励。多次到香港、英国、加拿大的大学和机构进行学术交流和进修学习。

刘　兵　男，1958年6月生，汉族。1982年本科毕业于北京大学，1985年研究生毕业于中国科学院研究生院，获硕士学位。现任清华大学科学技术与社会研究所教授、博士生导师，中国科协－清华大学科技传播与普及研究中心副主任，上海交通大学等国内多所高校的兼职教授、中国自然辩证法研究会理事。

主要研究方向：科学史、科学文化传播、性别与科学。出版专著12部，个人文集八部，科学史与科学文化普及著作五部，译著七部，发表学术论文230余篇，其他文章300余篇，主编多种丛书、教材和读物。

在性别研究方面，主要注重性别与科学的研究，是国内最早从事此方面研究的学者之一，也兼及其他方面的性别研究。著作有《性别视角中的中国古代科学技术》（科学出版社，2005年版，与章梅芳合著），编有《性别与科学读本》（上海交通大学出版社，2008年版，与章梅芳合编），与荒林共同主编《新生代女性主义学术论丛》（九州出版社，2010 年版，共计 15 部）。发表性别与科学方面的学术论文 30 余篇。

刘明辉 女，1957 年 4 月生，汉族。1982 年毕业于北京师范大学中文系，获文学学士学位。1997 年获中国政法大学研究生院经济法专业法学硕士学位。2004 年 8 月，获瑞典斯德哥尔摩法学院的暑期劳动法培训结业证书。现任中华女子学院法律系教授，兼任中国法学会劳动法学研究会理事、社会法学研究会理事、北京劳动和社会保障法学会常务理事，北京市道融律师事务所律师。

中华女子学院学科带头人，教授经济法原理、劳动与社会保障法、社会性别与法等课程。致力于性别平等事业，出版专著两部并获得部级奖励；发表论文 70 余篇，获奖十余次。主持联合国妇女署、ILO、中国婚姻家庭学会、教育部等机构多项科研项目。参与《就业促进法》《社会保险法》等多部立法活动。作为 ILO 外聘专家，经常培训官员、法官、劳动仲裁员、律师等人。作为部分政府部门及 NGO 的咨询、培训专家，参与多项国际合作项目。

刘 爽 女，1957 年 2 月生，汉族。人口学博士，现任中国人民大学社会与人口学院教授，中国人民大学人口与发展研究中心副主任，中国人民大学女性研究中心主任，博士生导师。中国人口学会理事、北京市人口学会理事、中国妇女研究会理事、北京市计划生育协会理事。被聘为中国/联合国人口基金第六、第七周期国别项目专家，国家人口和计划生育委员会综合改革专家组专家。主持并参与国际合作项目、国家社科基金项目、教育部重大科研项目及政府委托项目多项。曾先后在苏联、印度、澳大利亚、挪威等国进修、培训或访问。

长期从事教学科研工作。为本科生、硕士研究生和博士研究生分别开设"社会研究方法""定性研究方法""政策（项目）管理与评估""人口管理""人口学前沿"等课程。专注的领域包括人口与社会发展、公共政策与人口管理、社会性别研究、人口与健康、社会政策（项目）的管理与评估等。撰写的专著、研究报告、学术论文等先后获得过多项省部级一、二等奖。

刘筱红 女，1957 年生，汉族。华中师范大学管理学院教授、博士、博士生导师，农村妇女研究中心主任。

近五年主持了联合国妇女发展基金项目"将社会性别纳入村级治理主流"、教育部重点项目"妇女在农村发展中的地位、角色变迁及公共政策研究"、湖北省社科项目"三峡库区农村妇女移民状况研究"等。出版了《管理思想史》等学术专著多部，在核心期刊上发表有关农村妇女研究的论文数十篇，学术成果多次获得省部级奖励。致力于农村妇女研究，深入农村进行调研，访谈县、乡、村干部和农村妇女以及普通村民，与农村妇女建立了深入而密切的联系，掌握了大量的第一手资料，为政府及有关部门撰写调研报告多篇，得到相关部门的好评。

刘　霓　女，1957 年 4 月生，汉族。1983 年大学毕业，获学士学位。1994 ～ 1995 年在荷兰阿姆斯特丹大学女性研究中心做访问学者，现任中国社会科学院信息情报研究院研究员。

多年从事国外人文社会科学的学术动态研究，其中与西方女性研究有关的论文、译文和著述有数十篇（部）。主要著作有《西方女性学——起源、内涵与发展》《e 时代的女性——中外比较研究》（合著）和《国外中国女性研究——文献与数据分析》（合著），其中《西方女性学》获中国社会科学院优秀科研成果三等奖、第二届中国女性文学奖入围奖；《国外中国女性研究——文献与数据分析》获第二届中国妇女研究优秀成果专著类二等奖。

朱　玲　女，1951 年 12 月生，汉族。1988 年在联邦德国 Stuttgart 市 Hohenheim 大学农经系取得博士学位。现为中国社会科学院经济研究所副所长、研究员，同时被聘为国务院学位委员会学科评议组理论经济学组成员和国务院扶贫领导小组专家咨询委员会委员。

主要研究领域为收入分配、社会保障和发展政策问题。在上述研究领域中，因减贫政策研究，获 1993 年（第一届）中国社会科学院优秀科研成果奖和 1996 年（第七届）孙冶方经济科学奖；因性别分析，获 2004 年（第五届）中国社会科学院优秀科研成果二等奖；因藏区发展研究，获 2008 年（第三届）中国农村发展研究奖。

张再生　男，1968 年 1 月生，汉族。1998 年毕业于南开大学，获经济学博士学位。现任天津大学公共管理学院人力资源与社会保障研究所所长、教授、博士生导师。曾任日本爱知大学经营研究科研究员，在美国东西方中心、布朗大学等地研修。现为中国妇女研究会理事、中国行政管理学会理事、中国行政体制改革研究会理事、中国地方政府绩效评价研究会理事、中国社会保险学会理事、天津市政府决策咨询专家、天津市公开选拔领导干部命题审题专家；天津大学中国社会性别与公共管理研究中心主任。

长期从事社会性别与公共政策、人力资源开发与管理、职业生涯管理、就业促进与社会保障等领域的教学与研究工作。主持完成国家社会科学基金、教育部人文社会科学研究项目、天津市哲学社会科学规划项目等国家级及省部级课题 20

余项；主编《社会性别与公共管理》（1～5辑），出版著作多部。2006年至2010年，在福特基金会支持下，与中国妇女研究会合作开展《社会性别与公共管理》项目，主办了三次社会性别与公共管理论坛和社会性别与公共管理师资培训班。多次应邀参加该领域的国际国内学术会议并做主题发言。

张妙清　女，1950年生于香港，汉族。1970年美国加州大学伯克莱分校学士毕业，1975年美国明尼苏达大学博士毕业。

自20世纪70年代开始，积极推动妇女发展和服务、心理卫生教育及康复工作。1985年于香港中文大学首创性别研究中心，推动促进妇女地位的科学研究。1996～1999年间，出任香港平等机会委员会首届主席，为香港推动平等机会奠定基础。2004年和2005年分别获美国心理学会会长特别嘉许荣衔及杰出国际心理学家奖。现任香港中文大学心理学系讲座教授及系主任、香港亚太研究所所长。香港心理学会院士、国际应用心理学会临床及小区心理学分会董事、美国心理学会院士。

研究领域包括中国人的心理健康及性格评估，妇女遭受暴力对待及妇女参政等两性平等课题。学术著作包括超过180份国际学术期刊文章及书籍。被选为2004年富布莱特新世纪学者计划的国际学者之一，参与主题为"趋向两性平等——全球的妇女赋权"的研究，并完成中美妇女参政的专题，2009年出版专著《登上巅峰的女性》。

李英桃　女，1967年2月生，汉族。获北京大学法学博士学位。现为北京外国语大学国际关系学院教授、博士生导师，北京外国语大学社会性别与全球问题研究中心常务副主任，首都女教授协会理事、中国联合国协会理事，曾赴英国拉夫堡大学、德国外交政策协会、美国东西方中心、日本东京大学等国外学术机构进行学术访问，为美国弗吉尼亚大学富布莱特学者（2010～2011年）。

长期从事教学与科研工作，在北京外国语大学率先开始了"女性主义与国际关系"课程；主要研究领域包括：女性主义国际关系理论、女性主义和平研究、中国妇女外交、社会性别与谈判等。主持教育部人文社会科学研究项目"女性主义和平研究"（2005年），福特基金会项目"女性主义国际关系学"（教材）、"社会性别与全球环境问题研究"（课题）、"国际妇女运动与中国妇女组织"（国际会议）。

近年来的主要研究成果有：专著《社会性别视角下的国际政治》（上海人民出版社，2003年版）；教科书《女性主义国际关系学》（杭州：浙江人民出版社，

2006 年版）。在《世界经济与政治》《美国研究》《国际观察》《国际论坛》《妇女研究论丛》等刊物上发表相关学术论文，并通过这些成果将女性主义视角带入中国国际关系研究。

李树茁　男，1963 年 9 月生，汉族。1991 年毕业于西安交通大学，获系统工程博士学位；1988～1989 年在美国普林斯顿大学国际关系和行政学院及人口研究所，做访问博士生。现任西安交通大学公共政策与管理学院教授、人口与发展研究所所长、博士生导师，"长江学者计划"特聘教授，复旦管理学奖获得者。美国斯坦福大学人口与资源研究所兼职教授；陕西省人口学会副会长、陕西省决策咨询委员会咨询委员、中国人口学会理事；国家人口与计划生育委员会专家委员会委员、国家社科基金人口组专家等。同时享受国务院特殊津贴、获得教育部2004 年"新世纪人才支持计划"资助。先后获"全国关爱女孩十大新闻人物""中国人口计划生育事业 30 年新闻人物"等荣誉。

主要研究领域为性别失衡治理与性别平等促进、公共政策分析和评价、人口与社会可持续发展。迄今主持和参与平台和公关项目九项，国际组织项目 22 项、国家级研究项目七项、部委级研究项目 17 项。与美国斯坦福大学、哈佛大学、世界银行发展研究部进行合作研究，在生育文化传播与演化、婚姻形式与养老、农民工与社会网络、生殖健康与社会性别、女孩生存与社区干预等方面取得了重要的研究成果。已发表 200 余篇中英文学术论文，出版学术专著 20 余部；为国外近10 种英文学术杂志承担论文评审工作；16 项科研成果获省部级奖励。

杨菊华　女，1963 年 9 月生，汉族。美国布朗大学博士毕业，获社会学博士学位。现任中国人民大学社会与人口学院教授，博士生导师。主要研究方向为社会人口学、家庭社会学、社会政策；研究领域涉及社会转型过程中不同群体的福祉及公共政策和社会变迁对个体、家庭的影响。

主持国家社会科学基金、教育部、北京市社会科学基金、国家人口与计划生育委员会、国家老龄委、世界卫生组织、福特基金会、全球发展网络、日本住友财团等多项科研项目。长期从事教学科研工作，讲授"人口社会学""社会研究方法""定量研究""社会统计分析与数据处理技术"等课程。出版中英文著作多部、发表研究论文多篇，获得国家级和多项省部级奖励。近几年，一直从公共政策、生命历程等视角探讨中国两性在公域和私域的协同发展，注重理论与实践的整合，受到国内外学界的关注。

闵冬潮　女，1953 年 11 月生，汉族。2002 年获英国曼彻斯特大学哲学博士。

2003 年获洛克菲勒基金会人文学者基金，在美国夏威夷大学"性别与全球化"的博士后项目中工作。现任上海大学文学院文化研究系教授、博士生导师，性别与文化研究中心主任。

从 20 世纪 80 年代开始从事妇女/性别研究方面的教学与科研工作，开设过从本科生、研究生及博士生等一系列有关课程："妇女/性别研究导论""国际妇女运动史""女性主义哲学""女性主义的理论与实践"等。研究专长和兴趣主要有：女性主义的理论与实践；跨文化研究，如全球化背景下的知识生产问题；人文、社会科学研究的认识论、方法论等。主持和参与多项国际合作研究，发表的论著有《国际妇女运动——1789～1989》《全球化时代的理论旅行——跨国女性主义的知识生产》。用中英文在国内外重要期刊上发表了数十篇文章。其中关于"理论旅行"的研究得到了中外同行的关注与认可。

周安平 男，1965 年生，汉族。1994 年获西南政法学院法学硕士学位，2005 年获苏州大学法学博士学位。现为南京大学法学院教授、博士生导师，中国法学会法理学研究会理事、江苏省宪法学与法理学学会副会长。

长期从事性别与法律的专题研究，并取得了一系列的相关成果，在《法学研究》《中国法学》等刊物上发表性别与法律的学术论文数篇；主持并完成国家社科基金项目"法理学视野下的性别问题研究"，并在此基础上出版学术专著《性别与法律——性别平等的法律进路》，该书于 2008 年获江苏高校哲学社会科学研究优秀成果一等奖。

畅引婷 女，1957 年 9 月生，汉族。1979 年毕业于山西师范大学政史系、现任山西师范大学学报编辑部常务副总编，《山西师大学报（社会科学版）》主编、编审，硕士生导师，山西师范大学性别研究中心主任。兼任中国妇女研究会理事，妇女/社会性别学学科发展网络理事、山西省妇女研究会常务理事、山西省女性人才研究会副主任。

主要从事妇女史、妇女理论以及编辑学和传播学研究。先后主持国家社科基金项目和省部级课题四项，出版学术专著一部，发表学术研究论文 60 余篇；获山西省优秀社科成果二等奖两项，三等奖一项；《当代中国妇女史研究的价值取向》一文在《光明日报》发表后被《新华文摘》全文转载；两次被评为"山西省十佳出版工作者"，曾获"全国高校社科学报事业突出贡献奖"。《山西师大学报（社会科学版）》开辟的"妇女与性别研究专栏"，在妇女研究领域有着广泛的影响。

范若兰 女，1962 年 1 月生，汉族。毕业于西北大学和中山大学，分别获得学士、硕士和博士学位。现任中山大学亚太研究院教授，中山大学性别教育与研究中心主任、中山大学华侨华人研究中心副主任。兼任中国东南亚学会秘书长。主持并参与多项国家社科基金项目、教育部项目。研究方向为亚洲妇女、伊斯兰与国际政治，其中妇女、宗教与政治关系是研究重点之一。出版的相关研究成果主要有《移民、性别与华人社会：马来亚华人妇女研究（1929～1941）》《伊斯兰教与东南亚现代化进程》《伊斯兰女性主义探析：马来西亚伊斯兰姐妹的经验》《文明冲突中的面纱》《妇女、民族与民族国家——第三世界女权主义与民族主义关系初探》等。

长期从事教学工作，主持并讲授"20世纪中国妇女——影像、文本与口述的历史""多维视野下的女性与性别研究""社会性别专题研究""女性与历史"等全校公选课。

金　莉　女，1954年3月生，俄罗斯族。研究生学历，美国文学博士。北京外国语大学副校长、教授、博士生导师、北京外国语大学性别研究中心主任；第十一届全国政协委员，第十一、十二、十三届北京市人大代表，九三学社中央委员；国务院学位委员会学科评议组召集人、北京市学位委员会委员、全国美国文学研究会副会长、中国翻译协会副主席、全国高等教育自学考试指导委员会外语专业委员会主任、教育部全国高等学校翻译教学协作组副组长。美国耶鲁大学富布莱特高级访问学者。享受政府特殊津贴。

主要研究领域为美国妇女作家、美国小说和英语教学，讲授"美国妇女作家""美国小说""美国文化解读"等课程。近年来完成或主持的项目有：国家社科基金重点项目"当代外国文学纪事"、福特基金会项目"社会性别与全球环境问题研究"、北京市共建项目"北京地区外国文学课程设置嬗变"、北京市优秀博士论文指导教师项目"美国女权文学评论家"等。撰写出版专著《美国文学》《文学女性与女性文学：美国19世纪妇女小说家及作品》《20世纪美国女性小说研究》（第一作者）；发表《玛利亚的传统价值和夏娃的独立意识：19世纪中叶美国妇女作家及其笔下的女性形象》《19世纪美国女性高等教育的发展轨迹及性别定位》《哈里特·雅各布斯的〈一个奴隶女孩的生活事件〉中的颠覆性叙事策略》《拂去历史的尘封：〈女奴叙事〉的发现与出版》《生态女权主义》《世纪之交美国妇女作家》《当代美国妇女作家》《美国女权运动·女性文学·女权批评》等多篇论文；担任两部汉英大词典的副主编，出版了两部国家级规划教材。

侯　杰　男，1962年2月生，汉族。1987年研究生毕业，获硕士学位。现任南开大学历史学院教授，中国近代史教研室主任，博士生导师。兼任教育部重大招标项目、博士后特别资助项目、留学回国人员科研启动基金评审专家，国家社科项目、后期资助项目评审专家，天津市政府决策咨询专家委员会文化组组长，天津孙中山研究会副会长、天津口述史学会副会长、中国妇女研究会理事等。

主持并参与国际合作项目和海外合作项目、国家社会科学基金重大项目和一般项目、青年项目、教育部人文社会科学重点研究基地重大项目等多项。长期从事教学、研究工作，在南开大学历史学院为硕士生、博士生设立"中国近现代社会性别史""中国近现代社会与性别"等专业培养方向，为本科生、硕士生、博士生讲授相关系列课程。主编《台湾硕士博士历史学术文库》第一辑（妇女/性别史）等著述；在国内外杂志上发表多篇学术论文。他对于妇女/性别史研究中的报刊媒体等资料的使用，田野调查、深度访谈等方法的引入，以及文本分析、集体记忆等创新性采用，身体、媒体特别是宗教、信仰与性别的综合分析等开拓性学术实践，得到海内外学界的重视。

姜秀花 女，1963年生，汉族，毕业于北京师范大学。现任全国妇联妇女研究所研究员、编刊室主任、《妇女研究论丛》副主编，兼任中国妇女研究会理事、中华预防医学会劳动卫生职业病专业委员会委员等。

主要研究领域为社会性别与妇女健康。近年来主持和参与了中国妇女社会地位调查、生殖健康/计划生育促进与行动研究、生殖健康/计划生育宣传倡导、社会性别平等倡导、小康社会的性别平等指标研究与应用、《中国妇女发展纲要（2011~2020年）》专家论证、男女平等价值观研究与理论探索等多项国家级项目和国际合作项目。发表学术文章50余篇，主编和编著《性别平等与文化构建》《中国妇女组织发展的理论与实践》《社会性别平等与法律：研究和对策》《社会转型中的中国妇女社会地位》《新时期中国妇女社会地位调查研究》等十余部学术著作。

段成荣 男，1965年1月生，汉族。2000年于中国人民大学人口研究所获法学博士学位（人口学专业）。现任中国人民大学人口研究所所长、教授、博士生导师，兼任中国人口学会常务理事、副秘书长。

主持并参与联合国项目、世界银行项目、国家社会科学基金项目、教育部重大项目等。曾在印度国际人口科学学院进修，美国纽约州立大学高级访问学者。

主要研究领域包括人口迁移与流动、流动与留守儿童等。在《人口研究》《妇女研究论丛》等学术刊物发表论文89篇。2005年3月，向国务院妇女儿童工作委员会提交的咨询报告《北京市流动儿童少年状况分析》《要重视流动儿童少年的教育问题》被认为有重要的工作指导价值，分别刊登在国务院妇女儿童工作委员会办公室《两纲通讯》2005 年第 3 期和第 5 期。

他关于女性流动人口、农村留守女童问题的研究，对于认识女性流动人口、农村留守女童的特征和状况具有重要的实际意义，在学界有广泛的影响。

唐　灿　女，1953 年 8 月生，汉族。1981 年大学本科毕业，学士学位。现任中国社会科学院社会学研究所研究员，硕士生导师。中国社会科学院妇女研究中心常务理事、副秘书长，中国婚姻家庭研究会理事。

主要研究领域为家庭社会学、性别研究、农民工暨社会不平等研究。曾主持课题和参与的国内国际合作项目有：中国社会科学院重大研究课题；中国社会科学院社会学研究所重点课题；北京市政府重点研究课题；国家计生委重点研究课题；联合国教科文组织、联合国开发计划署、联合国妇女署、国际劳工组织等项目；福特基金会项目；香港乐施会研究项目；法国高等社会科学研究院研究课题。出版专著《转型社会中的家庭与性别研究：理论与经验》、《家庭与性别评论——家庭的本土化研究》（主编）、《穷人与富人——中国城市家庭贫富分化研究》（合著）、《拒绝骚扰——亚太地区反对工作场所性骚扰的行动》（主编、合译），发表《女儿赡养的伦理与公平——浙东农村家庭代际关系的性别考察》《农村家庭养老方式的资源危机》等学术研究论文 20 余篇。

夏吟兰　女，1957 年 4 月生，汉族，法学博士。现任中国政法大学教授，博士生导师。兼任全国妇联执委、北京市妇联副主席、中国法学会婚姻家庭法学研究会会长、中国婚姻家庭研究会副会长、北京市法学会妇女法学研究会会长，北京市法学会学术委员会委员。

主持并参与国家社会科学基金项目、司法部项目、中国法学会项目、北京市社会科学基金项目等国家级、省部级与国际合作项目 30 余项。1996 年赴美国南方美以美大学做访问学者一年，1999 年赴澳门担任法律专家一年，从事澳门法律本土化工作。长期从事教学科研工作，主持并讲授"亲属法""继承法""妇女人权"等课程。出版了《美国现代婚姻家庭制度》等专著、教材近 30 本，在国内外各类学术刊物上发表论文 100 余篇，并多次获得省部级奖。曾在美、澳、德、俄等国的国际学术会议上做相关主题报告及主持人。参与和主持了《中华人民共和国妇女权益保障法》等近十部国家、北京市法律法规的调研、论证和起草工作。

徐伟新 女，1956年1月生，汉族。哲学博士，教授，博士生、博士后导师，全国妇联第八、九、十届执委，享有突出贡献专家政府特殊津贴。现任中央党校教育长（副部长级）兼培训部主任。

主要科研成果有《社会动力论》《社会主义社会发展动力论》《新社会动力观》《在历史的转折中》《中国和平发展新道路之历史比较》《马克思主义妇女解放与发展概论》等专著，其中《社会主义社会发展动力论》入选中国社会科学出版社出版的中国社会科学博士论文文库，多次再版，被《人民日报》评论为"视角独特，具有填补空白性质的著作"。2000年6月在中央党校常务副校长郑必坚的亲自领导下，主要执笔撰写了《落日的辉煌——十七、十八世纪全球变局中的"康乾盛世"》一文，以《学习时报》编辑部的名义在该报头版发表，受到中央领导同志的高度重视和肯定，被印发中央内部文件，《人民日报》《光明日报》《新华文摘》等几十家报刊予以转载或报道。

郭爱妹 女，1965年11月生，汉族。2004年南京师范大学获博士学位。现任南京师范大学金陵女子学院教授、硕士生导师，女性学系主任、女性学学科带头人、南京师范大学金陵妇女研究中心研究委员、南京师范大学老年学研究中心主任。兼任中国老年学学会理事、江苏省老年学学会理事、中国心理学会理论心理学与心理学史分会理事。

主持并参与多项国家社会科学基金、江苏省社会科学基金、江苏省高校人文社会科学重大项目。曾在美国佛罗里达州立大学、香港中文大学做访问学者。主要研究项目有："城乡空巢家庭生存状态与生存质量研究""'他者'的经验与价值：女性主义心理学研究""社会转型与女性心理研究"等。长期从事教学科研工作，主持并讲授"西方女性主义理论""女性主义研究方法""女性主义心理学专题研究"等课程。专著《女性主义心理学》获江苏省高校人文社会科学优秀成果二等奖。主要研究领域有理论心理学、性别心理研究、老年学研究等，先后在《新华文摘》《国外社会科学》等国内外学术期刊上发表学术论文30余篇，著作五部，主编和参编国内外有影响的教材和著作十余部，尤其是在性别心理学和老年学领域的研究，在学界受到广泛的重视。

郭 砾 女，1969年1月生，汉族。1990年大学毕业，2004年获性别研究硕士学位。现任黑龙江省妇女研究所所长、研究员，兼任中国妇女研究会理事、黑龙江省社会学学会副会长、黑龙江省妇女发展研究会副会长、黑龙江省妇女儿童工作委员会专家评估组首席专家、黑龙江省委党校客座教授。主要研究方向为社会性别与发展、社会性别与公共政策。

主持并参与多项国际合作项目、国家社科基金项目和黑龙江省社科基金项目。公开出版专著三部，合著五部，发表论文及研究报告 60 余篇。参与 1990 年、2000 年、2010 年的第一期、第二期和第三期中国妇女社会地位调查，是第二和第三期妇女社会地位调查黑龙江省负责人。自 2001 年起，负责每年《黑龙江省社会形势分析与预测蓝皮书》中妇女发展部分的评估分析与对策研究。

蒋 月 女，1962 年 11 月生，汉族，法学硕士。现任厦门大学法学院教授、博士生导师。兼任中国婚姻家庭法学研究会副会长、中国法学会社会法学研究会常务理事、厦门大学妇女委员会主任。

近年主持"中国婚姻家庭法的传统与现代化"等国家社会科学基金规划项目三项，"国内防治家庭暴力地方立法研究"等省部级以上课题五项。公开发表法学论文 20 余篇，出版《中国农民工劳动权利保护研究》（第一作者，2005 年）、《婚姻家庭法前沿导论》（2007 年）等专著、译著十余部。

发挥专业特长，积极倡导和推动从立法源头维护妇女儿童权益。受托主持完成多项地方立法修改研究项目，以更好地保护妇女在婚姻家庭、劳动就业等方面的权利。2010 年被全国妇联等机构授予"全国维护妇女儿童权益先进个人"称号。

薛宁兰 女，1964 年 3 月生，汉族。1988 年研究生毕业，获民法学硕士学位。现任中国社会科学院法学研究所社会法室主任、研究员，中国社会科学院研究生院教授、中国社会科学院妇女/性别研究中心副主任。兼任中国法学会婚姻家庭法学研究会副会长、北京市妇女法学研究会副会长、中国婚姻家庭研究会理事、中国妇女研究会理事。2010 年 3 月，荣获全国妇联和全国维护妇女儿童权益暨平安家庭创建协调组"全国维护妇女儿童权益先进个人"。

从事婚姻家庭法、妇女法研究与教学 20 余年间，出版专著两部、主编五部，发表论文 40 余篇，撰写研究报告十余篇。代表作有《社会性别与妇女权利》《家庭暴力防治法基础性建构研究》等。2009 年，《家庭暴力防治法基础性建构研究》一书获第二届中国妇女研究优秀成果专著类一等奖。

附　录

论 著 索 引

中国特色社会主义妇女理论研究

1. **马克思主义妇女观**/韩昱东、徐晓琴、贾春淼著/太原：山西人民出版社/2007

2. **马克思主义与社会性别研究**/李晓光著/北京：知识产权出版社/2007

3. **中国共产党妇女解放思想研究**/虞花荣著/北京：海潮出版社/2007

4. **和谐社会与女性发展**/陈桂蓉等编著/北京：社会科学文献出版社/2007

5. **马克思主义妇女解放与发展概论**/徐伟新等著/北京：中国妇女出版社/2008

6. **女性主义的马克思主义**/秦美珠著/重庆：重庆出版社/2008

7. **男女平等基本国策简明读本**/赵津芳、岳素兰主编/北京：北京大学出版社/2008

8. **探索的足迹——广西妇女理论研究 20 年回顾**/蒋培兰主编/南宁：广西人民出版社/2008

9. **科学发展观与男女平等基本国策**/张黎明、柏志英主编/南京：江苏人民出版社/2009

10. **男女平等基本国策概论**/梁惠玲、赵丽江主编/武汉：湖北人民出版社/2010

11. **中国特色妇女发展之路**/顾秀莲著/北京：人民出版社/2010

12. **继承·发展——马克思主义妇女理论探要**/潘萍著/北京：研究出版社/2010

公共政策与公共管理中的社会性别研究

1. **社会性别与公共管理（第 1 辑）**/张再生主编/天津：天津大学出版社/2007

2. **社会性别与公共管理（第 2 辑）**/张再生主编/天津：天津大学出版社/2008

3. **女性与社会发展：中国特定政策领域中的性别主流化（下册）**/张乐天、邱晓露、沈奕斐主编/上海：上海社会科学院出版社/2008

4. **社会性别与公共管理（第 3 辑）**/张再生主编/天津：天津大学出版社/2009

5. **社会性别主流化读本**/刘伯红主编/北京：中国妇女出版社/2009

6. **悄然而深刻的变革——周山村村规民约修订纪实**/中央党校妇女研究中心性别平等政策倡导课题组编/郑州：河南人民出版社/2009

7. **社会性别视角下的公共决策（2001～2010）**/张丽丽主编/上海：上海社会科学院出版社/2010

妇女组织与妇女工作研究

1. 妇女儿童工作文选（2005年1~12月）/全国妇联办公厅编/北京：中国妇女出版社/2006

2. 女性与社会工作——从实务到政策/刘梦、陈小蓓、Sheila M. Neysmith主编/北京：中国劳动社会保障出版社/2006

3. 发展工作中的社会性别视角和方法/昆明戴特民族传统与环境发展研究所、云南省社会科学院社会学研究所编/昆明：云南民族出版社/2006

4. 妇女儿童工作文选（2006年1~12月）/全国妇联办公厅编/北京：中国妇女出版社/2007

5. 中国妇女组织发展的理论与实践/谭琳、姜秀花主编/北京：社会科学文献出版社/2007

6. 妇联能力建设简明读本/丁娟主编/北京：中国妇女出版社/2008

7. 国际妇女运动和妇女组织/刘伯红、杜洁著/北京：中国妇女出版社/2008

8. 亲历妇联这十年/顾秀莲主编/北京：中国妇女出版社/2008

9. 农村妇女组织能力建设（参与者手册）/高小贤、杨晖、李爱玲、陈建国、彭竞平等编著/西安：西北大学出版社/2008

10. 农村妇女组织能力建设（协作者手册）/高小贤、杨晖、李爱玲、陈建国、彭竞平等编著/西安：西北大学出版社/2008

11. 妇女支持小组工作方法/李景华、雷邵晶、李红、田苗著/西安：陕西人民出版社/2008

12. 妇女社会工作实务：以深圳为例/蔡立主编/北京：社会科学文献出版社/2009

13. 妇女儿童工作文选（2007年1~12月）/全国妇联办公厅编/北京：中国妇女出版社/2009

14. 妇女儿童工作文选（2008年1~12月）/全国妇联办公厅编/北京：中国妇女出版社/2010

15. 理论·实践——妇女理论与妇女工作/唐娅辉、周爱民、郭晓勇著/北京：研究出版社/2010

妇女与就业研究

1. 禁止就业歧视：国际标准和国内实践/李薇薇主编/北京：法律出版社/2006

2. 中国女性创业致富调查/柯琳娟、刘蕾编/北京：经济科学出版社/2006

3. 中国妇女劳动权益保护理论与实践/李莹、王竹青主编/北京：中国人民公安大学出版社/2006

4. 经济发展与女性就业——亚洲典型国家实证研究/丁红卫著/北京：中国市场出版社/2007

5. 从国家到市场——全球化时代性别话语的转变对工作女性的影响/联合国资料/北京：联合国教科文组织北京办事处/2007

6. 中国就业歧视现状及反歧视对策/蔡定剑主编/北京：中国社会科学出版社/2007

7. 海外反就业歧视制度与实践/蔡定剑、张千帆主编/北京：中国社会科学出版社/2007

8. 成功职业女性的生涯发展与性别建构——基于生活历史法的研究/徐改著/上海：上海社会科学院出版社/2008

9. 从社会排挤到社会融合——以中国社会转型时期女性就业为视角/刘红、陈小凤著/沈阳：辽宁大学出版社/2008

10. 中国农村妇女就业模式变化的分析研究/李旻、赵连阁著/北京：中国农业出版社/2009

11. 劳动与姐妹分化——中国女性农民工个案研究/何明洁著/成都：四川大学出版社/2009

12. 女性劳动权益研究——来自陕西的报告/郭慧敏等主编/北京：中国社会科学出版社/2009

13. 女大学生职业素质培养与就业指导/李晓明/北京：光明日报出版社/2010

14. 性别平等与中国经济转型——非正规就业与家庭照料/〔加〕董晓媛、〔英〕沙林主编/北京：经济科学出版社/2010

15. 转型期中国女性职业变动研究/蒋美华著/天津：天津人民出版社/2010

16. 女性职业与近代城市社会/王琴著/北京：中国社会出版社/2010

17. 劳动力市场性别歧视与社会性别排斥/张抗私著/北京：科学出版社/2010

18. 社会性别视角下的劳动法律制度/魏敏著/镇江：江苏大学出版社/2010

19. 中国职场性别歧视调查/李莹主编/北京：中国社会科学出版社/2010

妇女土地权益研究

1. 中国农村妇女土地权利保障研究/商春荣著/北京：中国经济出版社/2010

2. 中国流动妇女土地权益状况调查/吴治平主编/北京：社会科学文献出版社/2010

妇女与贫困研究

1. 转型期社会福利的内卷化及其制度意义——城市下岗失业贫困妇女求助和受助经验的叙述分析/马凤芝著/北京：北京大学出版社/2010

2. 云南贫困山区农村人力资源开发中性别平等问题研究/高梦滔、毕岚岚、和云著/北京：民族出版社/2010

妇女与参政研究

1. 妇女参政与善治：21 世纪的挑战/联合国社会性别主题工作组/2006
2. 农村妇女参与村级治理/肖百灵主编/长沙：湖南大学出版社/2007
3. 女性干部的公众形象/李宁编著/北京：中国妇女出版社/2008
4. 提高村委会女干部领导能力（协作者手册）/赵捷、杜娟、温益群编著/西安：西北大学出版社/2008
5. 促进农村妇女当选参政（参与者手册）/

方炼主编/西安：西北大学出版社/2008
6. 促进农村妇女当选参政（协作者手册）/方炼主编/西安：西北大学出版社/2008
7. 探索的脚印——中国农村妇女与基层治理本土案例/高小贤主编/西安：西北大学出版社/2008
8. 妇女参政：新中国 60 年的制度演进（1949~2009）/周长鲜著/北京：中国社会科学出版社/2009

妇女健康研究

1. 女大学生心理健康指导/魏青编著/成都：西南交通大学出版社/2006
2. 社会性别与艾滋病防控/龙秋霞等编著/广州：广东人民出版社/2006
3. 关注妇女健康——中国农村贫困地区妇女生殖健康的影响因素分析/高梦滔著/北京：社会科学文献出版社/2007
4. 中国妇女营养与健康状况（育龄妇女、孕妇和乳母）：2002 年中国居民营养与健康状况调查/荫士安主编/北京：人民卫生出版社/2008
5. 社会性别和计划生育/优质服务融合的过程——基于德清县的案例分析/西安交通大学人口与发展研究所、浙江省德清县人口和计划生育局编著/北京：中国人口出版社/2008
6. 社会性别量表的开发与应用——中国农

村生殖健康领域研究/杨雪燕、李树茁著/北京：社会科学文献出版社/2008
7. 中国性与生殖健康 30 年/张开宁主编/北京：社会科学文献出版社/2008
8. 女性心理发展与心理健康/苏彦捷主编/北京：中国妇女出版社/2008
9. 娱乐场所女性同伴教育者参与式培训手册/张建新主编/成都：四川大学出版社/2009
10. 差异与平等——艾滋病患者的社会性别研究/张翠娥著/北京：社会科学文献出版社/2009
11. 女性健康/陶庆军主编/北京：中国人口出版社/2009
12. 社会性别与生殖健康培训教材/李洪涛、吕红平主编/北京：中国人口出版社/2009
13. 社会性别公平分析——中国农村生殖健

康领域行为研究/张莹、李树苗著/北京：社会科学文献出版社/2009

14. 社会性别与服务对象满意——中国生殖健康服务领域意识研究/李亮、杨雪燕、李树苗著/北京：社会科学文献出版社/2010

15. 职业女性安全与健康/邢娟娟主编/北京：气象出版社/2010

16. 中国妇女发展报告 No.3：妇女与健康/王金玲主编/北京：社会科学文献出版社/2010

妇女与教育研究

1. 中国近代女性观的演变与女子学校教育/谷忠玉著/合肥：安徽教育出版社/2006

2. 女校校园文化透视/成荷萍等著/北京：中国社会科学出版社/2006

3. 近现代云南女子学校教育发展研究/颜绍梅著/北京：民族出版社/2006

4. 女性高职教育研究与实践/姚钦英、吴宏岳主编/广州：华南理工大学出版社/2006

5. 近代日本女子教育研究/王慧荣著/北京：中国社会科学出版社/2007

6. 育人为本　德育为先——女大学生思想政治工作探索与实践/中国妇女研究会妇女教育专业委员会第五届年会编/北京：中国社会科学出版社/2007

7. 文化、性别与教育——1900～1930 年代的中国女大学生/张素玲著/北京：教育科学出版社/2007

8. 女子高校发展战略研究/罗婷主编/北京：中国社会科学出版社/2007

9. 美日中三国女子高等教育比较/赵叶珠著/厦门：厦门大学出版社/2007

10. 中韩女性教育比较研究/金香花著/延吉：延边大学出版社/2007

11. 新教育·新女性——北京女高师研究（1919～1924）/何玲华著/北京：中国

社会科学出版社/2007

12. 中国妇女教育发展报告 No.1（1978～2008）：改革开放 30 年/莫文秀主编/北京：社会科学文献出版社/2008

13. 妇女在中国科技发展中的地位及其面临的机会与挑战/张莉莉主编/北京：中国环境科学出版社/2008

14. 特色与创新——女子大学发展的探索/杜祥培著/长沙：湖南科学技术出版社/2008

15. 西部女童职业教育行动研究：联合国教科文组织"广西 5 所学校少数民族女童职业教育"项目纪实/刘继萍著/桂林：广西师范大学出版社/2008

16. 多元文化社会的女童教育：中国少数民族女童教育导论/滕星主编/北京：民族出版社/2009

17. 女大学生职业生涯规划/王凤基、何树莲编著/武汉：华中师范大学出版社/2009

18. 烛照之思：当代中国高校女教师发展研究/禹旭才著/兰州：兰州大学出版社/2009

19. 亲子依恋对大学生人际关系影响的性别效应/沈烈荣著/武汉：湖北人民出版

社/2009

20. **改革开放 30 年与女性创新人才培养**/上海大学中国社会转型与社会组织研究中心、上海大学妇女学研究中心、上海大学女教授联谊会主编/上海：上海大学出版社/2009

21. **女性主义观照下和谐共生教育世界的建构**/杜二敏著/成都：四川大学出版社/2010

22. **我国女校存在与发展价值研究**/吴宏岳、王世豪、席春玲著/武汉：华中师范大学出版社/2010

23. **女性主义科学观探究**/董美珍著/北京：社会科学文献出版社/2010

24. **世界各国和地区女性职业与技术教育**/李丽华、刘映红、朱志娟著/成都：巴

蜀书社/2010

25. **女校人文素质教育的目标与实现**/朱宪玲、张洁清、柳倩华著/武汉：华中师范大学出版社/2010

26. **女权与教育——美国女子高等教育发展研究**/高惠蓉著/上海：上海三联书店/2010

27. **近代女子教育思潮与女性主体身份建构：以周南女校（1905~1938）为中心的考察**/万琼华著/北京：中国社会科学出版社/2010

28. **中国革命中女性话语的建构：以抗战时期中共女性教育为叙述中心**/周锦涛著/北京：九州出版社/2010

29. **探索与实践：女大学生思想政治教育工作研究**/黄海群主编/北京：中国妇女出版社/2010

妇女与科技研究

1. **性别与科学读本**/章梅芳、刘兵编/上海：   上海交通大学出版社/2008

妇女与环境研究

1. **重访红云镇——薇拉·凯瑟生态女性主义研究**/杨海燕著/成都：四川大学出版社/2006

2. **社会性别与生态研究**/方刚、罗蔚主编/北京：中央编译出版社/2009

妇女与婚姻家庭研究

1. **家庭社会学**/杨善华编著/北京：高等教育出版社/2006

2. **和平之侣——人类社会性别冲突与婚恋和谐**/张红著/南京：南京出版社/2006

3. **当代中国农村的招赘婚姻**/李树茁、靳小

怡、费尔德曼、李南、朱楚珠著/北京：社会科学文献出版社/2006

4. **角色期望的错位——婚姻冲突与两性关系**/张李玺著/北京：中国社会科学出版社/2006

5. 外国婚姻家庭法比较研究/陈苇著/北京：群众出版社/2006

6. 家事法研究/陈苇主编/北京：群众出版社/2006

7. 华人妇女家庭地位——台湾、天津、上海、香港之比较/伊庆春、陈玉华主编/北京：社会科学文献出版社/2006

8. 中国家庭研究（第一卷）/上海社会科学院家庭研究中心编/上海：上海社会科学院出版社/2007

9. 中国家庭研究（第二卷）/上海社会科学院家庭研究中心编/上海：上海社会科学院出版社/2007

10. 性别与家庭调研报告/王玉梅主编/上海：上海社会科学院出版社/2008

11. 深圳女劳务工婚恋状况研究/蔡立主编/北京：社会科学文献出版社/2008

12. 家庭与性别评论（第 1 辑）/唐灿执行主编/北京：社会科学文献出版社/2008

13. 婚姻法学专题研究（2007 年卷）/夏吟兰、龙翼飞、张学军主编/北京：中国人民公安大学出版社/2008

14. 中国高校教师工作 - 家庭冲突研究/张伶著/北京：社会科学文献出版社/2008

15. 社会转型中城镇妇女的工作和家庭/左际平、蒋永萍著/北京：当代中国出版社/2009

16. 离婚诉讼话语中权利和亲密关系的性别解读/李祥云著/济南：山东大学出版社/2009

17. 家庭与性别评论（第 2 辑）/李银河执行主编/北京：社会科学文献出版社/2009

18. 转型社会中的家庭与性别研究：理论与经验/唐灿著/呼和浩特：内蒙古大学出版社/2010

19. 解读女性婚姻密码/李澍晔、刘燕华著/天津：百花文艺出版社/2010

性别与媒介研究

1. 协商女性新闻的碎片——20 世纪 90 年代以来中国媒体里的国家、市场和女性主义/陈阳著/西安：陕西人民出版社/2006

2. 女性媒介——历史与传统/宋素红著/北京：中国传媒大学出版社/2006

3. 中国妇女发展报告 No. 2：妇女与传媒/王金玲主编/北京：社会科学文献出版社/2007

4. 中国媒介与女性研究报告（2005 ~ 2006）/刘利群主编/北京：中国传媒大学出版社/2007

5. 国际视野中的媒介与女性/刘利群、曾丹娜、张莉莉主编/北京：中国传媒大学出版社/2007

6. 当代女性杂志的文化研究/刘胜枝著/桂林：广西师范大学出版社/2007

7. 意义的构成——美国杂志广告中的女性形象研究/丁少彦著/广州：中山大学出版社/2007

8. 传媒与性别——女性媒介的传播社会学阐释/李琦著/长沙：湖南师范大学出版社/2008

9. 媒介与社会性别研究——理论与实例/曹晋著/上海：上海三联书店/2008

10. 消费文化时代的性别想象：当代中国影视流行剧中的女性呈现模式/吴菁著/上海：上海人民出版社/2008

11. 西方女性主义电影——理论、批评、实践/秦喜清著/北京：中国电影出版社/2008

12. 当代中国电视剧女性文化读解——电视剧女性形象批评与"作者"性别研究/陈玮著/北京：中国广播电视出版社/2008

13. 女性的电影——对话中日女导演/杨远婴、魏时煜编著/上海：华东师范大学出版社/2009

14. 广告的性别再现/彭小华著/成都：四川大学出版社/2009

15. 女性主义视野下的媒介批评/张艳红著/北京：知识产权出版社/2009

16. 被广告的女性——女性形象传播的权利话语研究/马中红著/北京：新华出版社/2009

17. 性别与传播——文化研究的理路与视野/张敬婕著/北京：中国传媒大学出版社/2009

18. 电视剧叙事——传播与性别/张兵娟著/开封：河南大学出版社/2009

19. 现代中国女性面对的公领域和私领域——以大众传媒话语为切入点/文俊著/北京：中国社会科学出版社/2009

20. 消费时代女性身体形象的建构/尹小玲著/哈尔滨：黑龙江人民出版社/2010

21. 女性主义媒介批评/张敬婕著/北京：九州出版社/2010

22. 中国知名女性博客的女性主义探析/余迪著/北京：九州出版社/2010

23. 当代中国大众传媒中的性别图景/张晨阳著/北京：中国传媒大学出版社/2010

24. 时尚杂志与中产阶级女性身份——以《世界时装之苑——ELLE》为个案/刘芳著/北京：九州出版社/2010

25. 性别·广告·文化——跨文化传播视野下女性广告的多维考察/党芳莉著/西安：陕西人民出版社/2010

26. 传媒中的中国女性与现代性/白蔚著/上海：上海大学出版社/2010

27. 解码女性电影大师/黄石、于帆著/北京：中国画报出版社/2010

28. 光影之间的性别叙事/柯倩婷主编/北京：九州出版社/2010

女性主义艺术研究

1. 西方女性艺术研究/李建群著/济南：山东美术出版社/2006

2. 世界女性导演/许伟杰、刘翔主编/杭州：浙江文艺出版社/2006

3. 女性服饰文化与形象设计/唐宇冰等著/北京：中国社会科学出版社/2006

4. 艺术中的女性/顾丞峰主编/长春：吉林美术出版社/2006

5. 我的民间艺术世界——八十位女性的人生述说/魏国英、祖嘉合主编/北京：北

京大学出版社/2007

6. **女性艺术的自我镜像**/彭锋主编/南昌：江西美术出版社/2009

7. **女性主义艺术批评**/罗丽著/北京：九州出版社/2010

8. **慧眼兰心——中国学院背景女雕塑家创作**

研究/李仲如著/北京：九州出版社/2010

9. **技艺与性别——晚清以来江南女弹词研究**/周巍著/上海：上海人民出版社/2010

10. **"她"在镜中——古希腊民间艺术的性别特征**/申子辰著/北京：九州出版社/2010

妇女与宗教研究

1. **当代西方社会与教会**/段琦著/北京：宗教文化出版社/2007

2. **道教与女性**/詹石窗著/北京：宗教文化出版社/2010

社会性别视角下的性与身体研究

1. **性生活与社会规范——社会变迁与多元文化视野中的性**/刘文明、刘宇编著/武汉：武汉大学出版社/2006

2. **性别问题**/李银河著/青岛：青岛出版社/2007

3. **身体·性·性感：对中国城市年轻女性的日常生活研究**/黄盈盈著/北京：社会科学文献出版社/2008

4. **爱悦与规训——中国现代性中同性恋欲望的法理想象**/周丹著/桂林：广西师范

大学出版社/2009

5. **后村的女人们——农村性别权力关系**/李银河著/呼和浩特：内蒙古大学出版社/2009

6. **中国女性的感情与性**/李银河著/呼和浩特：内蒙古大学出版社/2009

7. **社会性别与社会读本**/冯芃芃、郑岩芳主编/上海：上海三联书店/2010

8. **谁背叛了谁？——符号的象征与现代女性的身体**/于闽梅著/北京：九州出版社/2010

男性气质研究

1. **女性主义学术文化沙龙——男性研究专题**/荒林主编/桂林：广西师范大学出版社/2006

2. **男性要解放：中国男性运动的萌芽**/方刚、胡晓红主编/济南：山东人民出版

社/2006

3. **男性研究与男性运动**/方刚著/济南：山东人民出版社/2008

4. **促进性别平等——男性参与的研究与行动**/荣维毅主编/北京：北京出版社/2009

反对针对妇女的暴力研究

1. 女大学生性别权利与防止性骚扰研究/蒋梅著/长沙：湖南大学出版社/2006

2. 倡导性别平等反对家庭暴力——城市社区多机构干预家庭暴力的实践/电子资源.VCD/北京：当代中国音像出版社/2006

3. 对性骚扰大声说"不"/怡凡编著/呼和浩特：内蒙古人民出版社/2006

4. 法律透视：婚姻家庭暴力/张红艳著/北京：中国法制出版社/2006

5. 警察干预家庭暴力的理论与实践/赵颖著/北京：群众出版社/2006

6. 性别暴力的医疗干预——医务人员资源手册/郭素芳主编/北京：中国协和医科大学出版社/2006

7. 法律透视——婚姻家庭暴力/张红艳著/北京：中国法制出版社/2006

8. 现代家庭暴力干预与施暴者教育辅导和受害者法律援助及经典案例解析/郭义贵著/北京：中国法制管理出版社/2007

9. 呐喊——中国女性反家庭暴力报告/陈敏著/北京：人民出版社/2007

10. 国际人权、法律和中国受虐妇女现状/肖树乔著/北京：九州出版社/2007

11. 社会性别与家庭暴力干预培训者手册/中国法学会反对家庭暴力网络社会性别培训分项目小组编著/北京：中国社会科学出版社/2008

12. 职场梦魇——性骚扰法律制度与判例研究/易菲著/北京：中国法制出版社/2008

13. 反歧视法研究——立法、理论与案例/周伟著/北京：法律出版社/2008

14. 人道主义行动中性别暴力干预指南——关注紧急情况下性暴力的预防与应对/王临虹主编/北京：人民卫生出版社/2009

15. 亲密关系中的暴力——以1015名大学生调查为例/王向贤著/天津：天津人民出版社/2009

16. 反对针对妇女歧视与暴力的跨学科研究/林建军主编/北京：中国社会科学出版社/2010

女性生活方式研究

1. 歌唱与敬神——村镇视野中的客家妇女生活/徐霄鹰著/桂林：广西师范大学出版社/2006

2. 女性伦理与礼仪文化/易银珍、蒋璟萍等著/北京：中国社会科学出版社/2006

3. 已婚女性的时间配置研究/石红梅著/厦门：厦门大学出版社/2007

4. 社会性别视角下的家庭时间配置/许艳丽著/天津：天津人民出版社/2007

5. 中国乡村妇女生活调查——随州视角/吴治平著/武汉：长江文艺出版社/2008

6. 女性休闲行为研究/伏六明著/长沙：湖南大学出版社/2009

7. 性别视角：生活与身体/王金玲、林维红

主编/北京：社会科学文献出版社/2009

8. **闲谈与社会性别建构**/陈春华著/上海：

上海交通大学出版社/2009

女性与体育研究

1. **女性·文化·体育研究动态**/董进霞、张锐、王东敏主编/北京：北京体育大学出版社/2007

2. **她们撑起了大半边天——当代中国女子竞技体育透视**/董进霞著/北京：九州出版社/2007

3. **中国社会体育参与中的妇女与性别差异**/潘丽霞著/北京：北京体育大学出版社/2008

4. **奥运历史上的女性书写**/刘利群、黄莉主编/北京：中国传媒大学出版社/2008

性别与空间研究

1. **城市女性社会空间研究**/黄春晓著/南京：东南大学出版社/2008

2. **都市空间与文学空间：多丽丝·莱辛小说研究**/肖庆华著/成都：四川辞书出版社/2008

3. **娘家与婆家：华北农村妇女的生活空间**

和后台权力/李霞著/北京：社会科学文献出版社/2010

4. **空间、角色与权力——女性与上海城市空间研究（1843～1911）**/姚霏著/上海：上海人民出版社/2010

少数民族妇女研究

1. **文面黎女——海南岛黎族妇女文面的文化考察**/方鹏著/南宁：广西人民出版社/2006

2. **阐释迷途——黔湘交界地苗族神性妇女研究**/麻勇斌著/贵阳：贵州人民出版社/2006

3. **壮族的性别平等**/罗志发著/哈尔滨：黑龙江人民出版社/2007

4. **东乡族保安族女性/性别研究**/李育红等著/北京：民族出版社/2007

5. **西北少数民族女性/性别研究**/李育红、刘曼元主编/北京：民族出版社/2007

6. **传统与现代的语境——西北少数民族女**

性民俗与社会生活/文化编著/兰州：兰州大学出版社/2007

7. **中国农村少数民族妇女权益保障法律制度研究**/郑玉顺主编/北京：民族出版社/2008

8. **黎族女性文化专题研究**/孙绍先、欧阳洁著/海口：海南出版社、南方出版社/2008

9. **当代土家族女性婚姻变迁——以埃山村为例**/尹旦萍著/北京：社会科学文献出版社/2009

10. 索玛花的叙事——四川凉山彝族女性研　　究/刘世风著/北京：九州出版社/2010

女性高层人才研究

1. 女性管理者的资本/思文编著/北京：中国致公出版社/2006

2. 妇女组织起来担任领导角色/联合国社会性别主体工作组/出版者不详/2006

3. 女性与领导力/徐浩润主编/北京：经济科学出版社/2008

4. 2009 中国女企业家发展报告/史清琪主编/北京：地质出版社/2009

农村妇女发展研究

1. 中国社会转型——农村妇女研究/高小贤著/西安：陕西人民出版社/2006

2. 社会性别理论在农村发展中的实践/田敏主编/北京：中国林业出版社/2007

3. 建设社会主义新农村与性别平等——多学科和跨学科的研究/谭琳主编/北京：中国妇女出版社/2007

4. 阡陌独舞——中国农村留守妇女/叶敬忠、吴惠芳著/北京：社会科学文献出版社/2008

5. 社会性别与农村发展政策——中国西南的探索与实践/蔡葵、黄晓主编/北京：中国社会科学出版社/2009

6. 农村妇女与新农村/康芳民著/西安：陕西人民出版社/2009

受流动影响的妇女研究

1. 中国转轨时期劳动力流动/蔡昉、白南生主编/北京：社会科学文献出版社/2006

2. 农村外出务工妇女权益保障问题研究/曾仁忠主编/长沙：湖南人民出版社/2008

3. 流动中的爱恋与婚育——来自对流动妇女问卷调查的报告/叶文振、王玲杰、孙琼如著/厦门：厦门大学出版社/2009

女童研究

1. 女童问题参与式培训手册/蒋月娥、张亚丽主编/北京：中国法制出版社/2006

2. 社会性别视角下的关爱女孩行动——国际社会性别项目参与基层关爱女孩行动

的经验及建议/高莉娟著/北京：中国人口出版社/2008

3. 云南留守女童研究/曲凯音著/北京：人民出版社/2010

老年妇女研究

1. 妇女晚年丧偶后的适应——一个以台湾地区为例的叙说分析/林娟芬著/上海：上海人民出版社/2007

2. 中国女性老年人口状况研究/张恺悌主编/北京：中国社会出版社/2009

女性主义国际关系研究

1. 女性主义国际关系学/李英桃主编/杭州：浙江人民出版社/2006

2. 女性与战争/马骏主讲/北京：中国发展出版社/2007

3. 多彩的和平——108位妇女的故事/陈顺馨主编/北京：中央编译出版社/2007

4. 战争中的女性/彭林辉等编著/广州：广东世界图书出版公司/2009

5. 女性主义国际关系理论研究/周绍雪著/北京：九州出版社/2010

6. 女性主义视角下的世界秩序研究/苏云婷著/北京：中国社会科学出版社/2010

7. 女性主义与国际关系——权力、战争与发展问题的社会性别分析/胡传荣著/北京：世界知识出版社/2010

国外女性/性别研究

1. 精神隔绝与文本越界——卡森·麦卡勒斯四十年代小说哥特主题之后女性主义研究/林斌著/天津：天津人民出版社/2006

2. 琼·狄第恩作品中新新闻主义、女权主义和后现代主义的多角度展现/李美华著/厦门：厦门大学出版社/2006

3. 阴阳相谐的追求——社会性别研究文选/和钟华著/昆明：云南民族出版社/2006

4. 种族、性别与身份认同——美国黑人女作家艾丽丝·沃克、托尼·莫里森小说创作研究/唐红梅著/北京：民族出版社/2006

5. 女人——跨文化对话/李小江著/南京：江苏人民出版社/2006

6. 当代俄罗斯女性小说研究/陈方著/北京：

中国人民大学出版社/2007

7. 妇女：最漫长的革命——当代西方女性主义理论精选/李银河主编/北京：中国妇女出版社/2007

8. 民族、文化与性别——后殖民主义视角下的《尤利西斯》研究/申富英著/北京：中国社会科学出版社/2007

9. 东西方文化碰撞中的身份寻求——美国华裔女性文学研究/关合凤著/开封：河南大学出版社/2007

10. 情感与理性——论弗吉尼亚·伍尔夫的妇女写作观/吕洪灵著/南京：南京师范大学出版社/2007

11. 身份的疆界——当代美国黑人女权主义

思想透视/吴新云著/北京：中国社会科学出版社/2007

12. **18～19 世纪英国妇女地位研究**/王晓焰著/北京：人民出版社/2007

13. **美国黑人女性主义批评研究**/周春著/成都：四川大学出版社/2007

14. **多元文化视野中的西方女性文学**/刘晓文著/武汉：华中师范大学出版社/2007

15. **西方女性学：起源、内涵与发展**/刘霓著/北京：社会科学文献出版社/2007

16. **西方女性主义文学批评**/左金梅、申富英等著/青岛：中国海洋大学出版社/2007

17. **神光下的西方女性**/贺璋瑢著/北京：中国青年出版社/2007

18. **走向完整生存的追寻——艾丽丝·沃克妇女主义文学创作研究**/王晓英著/苏州：苏州大学出版社/2008

19. **激进的女权主义——英国妇女社会政治同盟参政运动研究**/王赳著/上海：上海三联书店/2008

20. **斯皮瓦克的女性主义研究**/李平著/北京：中国人民大学出版社/2008

21. **非一之性——依利加雷的性差异理论研究**/方亚中著/北京：外语教学与研究出版社/2008

22. **性别·种族·阶级·空间：四部当代美国黑人妇女小说解读**/申昌英著/北京：外语教学与研究出版社/2008

23. **西方女性主义文学文化译文集**/马元曦、康宏锦主编/桂林：广西师范大学出版社/2008

24. **19、20 世纪英美文学中的女性主义意识**/王新春著/哈尔滨：东北林业大学出版社/2008

25. **激进而保守的女性主义——英国作家乔治·爱略特研究**/龙艳著/北京：外语教学与研究出版社/2008

26. **反抗与屈从——彼得鲁舍夫斯卡娅小说的女性主义解读**/段丽君著/哈尔滨：黑龙江人民出版社/2008

27. **性别·种族·空间——伊迪斯·华顿游记作品研究**/吴兰香著/南京：东南大学出版社/2009

28. **内在的力量——日本古代女性史文化论私考**/王顺著/上海：上海大学出版社/2009

29. **全球化语境中的日本女性文学**/肖霞等著/济南：山东大学出版社/2009

30. **国外中国女性研究——文献与数据分析**/刘霓、黄育馥著/北京：中国社会科学出版社/2009

31. **镜像与她者——加拿大媒介与女性**/蔡帼芬著/北京：中国传媒大学出版社/2009

32. **西方妇女史**/裔昭印等著/北京：商务印书馆/2009

33. **美国妇女与妇女运动（1920～1939）**/周莉萍著/北京：中国社会科学出版社/2009

34. **婚恋·女权·小说——哈代与劳伦斯小说的主题研究**/高万隆著/北京：中国社会科学出版社/2009

35. **全球化语境中的日本女性文学**/肖霞等著/济南：山东大学出版社/2009

36. **弗·吴尔夫与简·温特森小说中的历史空间与性别**/宋文著/南京：东南大学出版社/2009

37. **中世纪西欧的犹太妇女**/张淑清著/北京：人民出版社/2009

38. **女性主义视域下的英国浪漫主义诗人**/左金梅、张学义、李方木等著/济南：山东友谊出版社/2009

39. **全球化与理论旅行——跨国女性主义的知识生产**/闵冬潮著/天津：天津人民出版社/2009

40. **女性身份的嬗变——莉莲·海尔曼与玛莎·诺曼剧作研究**/岑玮著/济南：山东大学出版社/2009

41. **当代日本女性劳动就业研究**/赵敬著/北京：中国社会科学出版社/2010

42. **差异之美——伊里加蕾的女性主义理论研究**/刘岩著/北京：北京大学出版社/2010

43. **性别视角下的日本妇女问题**/胡澎著/北京：中国社会科学出版社/2010

44. **20 世纪美国女性小说研究**/金莉等著/北京：北京大学出版社/2010

45. **西方女权主义研究**/孟鑫著/北京：经济日报出版社/2010

46. **20 世纪 60 年代美国激进女权主义研究**/何念著/北京：知识产权出版社/2010

47. **女性创作与童话模式——英国 19 世纪女性小说创作研究**/戴岚著/上海：上海文化出版社/2010

48. **美国女性文学——从殖民时期到 20 世纪**/徐颖果、马红旗主撰/天津：南开大学出版社/2010

49. **显现中的文学——美国华裔女性文学中跨文化的变迁**/唐蔚明著/天津：南开大学出版社/2010

50. **太阳女神的沉浮——日本文学中的女性原型**/叶舒宪、李继凯著/西安：陕西人民出版社/2010

51. **"她者"镜像——好莱坞电影中的华人女性**/孙萌著/北京：中国社会科学出版社/2010

52. **西方当代女权主义乌托邦小说研究**/欧翔英著/成都：四川大学出版社/2010

53. **女性主义对资本主义的批判——立场、观点和方法**/戴雪红著/北京：光明日报出版社/2010

译　著

1. **违背我们的意愿**/〔美〕苏珊·布朗米勒（Susan Brownmiller）著、祝吉芳译/南京：江苏人民出版社/2006

2. **女性特质**/〔美〕苏珊·布朗米勒（Susan Brownmiller）著，徐飚、朱萍译/南京：江苏人民出版社/2006

3. **技术与性别——晚期帝制中国的权力经纬**/〔美〕白馥兰（Francesca Bray）著，江湄、邓京力译/南京：江苏人民出版社/2006

4. **繁盛之阴——中国医学史中的性（960～1665）**/〔美〕费侠莉（Charlotte Furth）著、甄橙译/南京：江苏人民出版社/2006

5. **另类的现代性——改革开放时代中国性别化的渴望**/〔美〕罗丽莎著、黄新译/南京：江苏人民出版社/2006

6. **都市里的农家女——性别、流动与社会变迁**/〔澳〕杰华（Tamara Jacka）著、吴小英译/南京：江苏人民出版社/2006

7. **女权主义哲学——问题、理论和应用**/〔美〕詹妮特·A. 克莱妮编著、李燕译校/北京：东方出版社/2006

8. **女人·身体卷**/〔美〕加瑞·耐尔（Gary Null）著、李斯等译/北京：中国社会科学出版社；海口：海南出版社/2006

9. **女人·心理卷——历史　原理　解决方案**/〔美〕芭芭拉·西曼（Barbara Seaman）著、李斯等译/北京：中国社会科学出版社；海口：海南出版社/2006

10. **女性创业**/〔美〕坎迪达·布拉什（Candida G. Brush）等著，张莉、徐汉群译/北京：人民邮电出版社/2006

11. **中华人民共和国国别社会性别评估**/亚洲开发银行东亚局和区域可持续发展局/马尼拉：亚洲开发银行/2006

12. **女人的一个世纪——从选举权到避孕药**/德博拉·G. 菲尔德（Deborah G. Felder）著，姚燕瑾、徐欣译/北京：新星出版社/2006

13. **杂志封面女郎——美国大众媒介中视觉刻板形象的起源**/〔美〕卡罗琳·凯奇著、曾妮译/天津：天津人民出版社/2006

14. **裸女——女性身体的美丽与哀愁**/〔英〕戴斯蒙德·莫里斯（Desmond Morris）著、施棣译/北京：新星出版社/2006

15. **女性领导力**/〔英〕苏·海华德（Sue Hayward）著，陈光、刘建民译/北京：中国劳动社会保障出版社/2006

16. **权力与服从——女性主义神哲学论集**/〔英〕萨拉·科克利（Sarah Coakley）著，戴远方、宫睿译/北京：中国人民大学出版社/2006

17. **传播语境中的女性与环保**/〔菲〕马德雷德·莫斯科索（Mildned Moscoso）主编，刘利群、万彬彬、包蕾译/北京：中国传媒大学出版社/2006

18. **关爱乳房——献给女性的爱**/〔美〕李明琪、张家敏编著/北京：北京大学医学出版社/2006

19. **女性健康使用手册**/〔美〕艾伦·米肖（Ellen Michaud）等编著，李东川等译/北京：东方出版社/2006

20. **当妇女提问时——美国妇女学的创建之路**/〔美〕玛丽琳·J. 波克塞（Marilyn J. Boxer）著，余宁平、占盛利等译/天津：天津人民出版社/2006

21. **女性的负面**/〔美〕菲利斯·切斯勒（Phyllis Chesler）著、汪洪友译/北京：中国社会科学出版社/2006

22. **女权辩护——关于政治和道德问题的批评**/〔英〕玛丽·沃斯通克拉夫特（Mary Wollstonecraft）著、王瑛译/北京：中央编译出版社/2006

23. **西方女性主义文学理论**/柏棣主编/桂林：广西师范大学出版社/2007

24. **性别与发展行动计划：性别——可持续性和食物安全的关键**/联合国粮农组织编，李哲敏、赵锡海、舒妍妍译/北京：中国农业出版社/2007

25. **性别与权利分析——在生殖健康和孕产妇保健中的应用培训手册**/世界卫生组织西太平洋区域办事处著、任正洪主

译/北京：北京大学医学出版社/2007

26. 性别是如何改变的/〔美〕乔安娜·迈耶罗维茨（Joanne Jay Meyerowitz）著、王文卿译/北京：外语教学与研究出版社/2007

27. 中国现代文学与电影中的城市——空间、时间与性别构形/〔美〕张英进著、秦立彦译/南京：江苏人民出版社/2007

28. 女性主义与对自然的主宰/〔澳〕薇尔·普鲁姆德（Val Plumwood）著，马天杰、李丽丽译/重庆：重庆出版社/2007

29. 中国的妇女与财产（960～1949）/〔美〕白凯（Kathryn Bernhardt）著、刘昶译/上海：上海书店出版社/2007

30. 女权主义理论读本/〔美〕佩吉·麦克拉肯（Peggy Mccracken）主编、艾晓明等译/桂林：广西师范大学出版社/2007

31. 第二阶段/〔美〕贝蒂·弗里丹（Betty Friedan）著、小意译/南京：江苏人民出版社/2007

32. 女性主义社会工作——理论与实务/〔英〕Lena Dominelli 著，王瑞鸿、张宇莲、李太斌译/上海：华东理工大学出版社/2007

33. 激情的疏离——女性主义电影理论导论/〔英〕休·索海姆（Sue Thornham）著，艾晓明、宋素凤、冯芃芃等译/桂林：广西师范大学出版社/2007

34. 妇女与国际人权法（第一卷）——妇女的人权问题概述/〔美〕凯利·D. 阿斯金、〔美〕多萝安·M. 科尼格编，黄列、朱晓青译/北京：生活·读书·新知三联书店/2007

35. 国际妇女百科全书（精选本上、下卷）/〔美〕谢丽斯·克拉马雷（Cheris Kramarae）、〔澳〕戴尔·斯彭德（Dale Spender）主编，"国际妇女百科全书"课题组翻译/北京：高等教育出版社/2007

36. 女性主义媒介研究/〔荷〕凡·祖伦（Liesbet van Zoonen）著，曹晋、曹茂译/桂林：广西师范大学出版社/2007

37. 男人为什么恨女人/〔英〕亚当·朱克斯（Adam Jukes）著，薛锦、吴中强译/北京：中央编译出版社/2007

38. 美国平等的历程/〔英〕J. R. 波尔（J. R. Pole）著、张聚国译/北京：商务印书馆/2007

39. 农业和农村发展性别分列数据促进师指南/Catherine L. M. Hill、社会经济与性别分析（SEAGA）计划组编，王永春等译/北京：中国农业出版社/2007

40. 迈向女性主义的国家理论/〔美〕凯瑟琳·A. 麦金农（Catharine A. MacKinnon）著、曲广娣译/北京：中国政法大学出版社/2007

41. 女权主义/〔英〕简·弗里德曼（Jane Freedman）著、雷艳红译/长春：吉林人民出版社/2007

42. 自传、政治与性别——1972～1992 课程理论论文集/〔美〕威廉·派纳（William F. Pinar）著，陈雨亭、王红宇译/北京：教育科学出版社/2007

43. 男女平等——在不平等的世界里争取公正/联合国社会发展研究所编/北京：中国对外翻译出版公司/2007

44. 批判的传播理论——权力、媒介、社会

性别和科技/〔美〕苏·卡利·詹森（Sue Curry Jansen）著、曹晋主译/上海：复旦大学出版社/2007

45. 破碎的生活——从家庭暴力受害者走向报复社会冷血杀手过程全记录/〔澳〕艾斯泰莉·布莱克本（Estelle Blackburn）著、孙四孟译/呼和浩特：内蒙古人民出版社/2007

46. 日本的女性与男性——男女平等统计2006/〔日〕日本独立行政法人国立女性教育会馆编著、全国妇联妇女研究所译/北京：当代中国出版社/2007

47. 女性心理学/〔美〕琼·C. 克莱斯勒（Joan C. Chrisler）、〔美〕卡拉·高尔顿（Carla Golden）、〔美〕帕特丽夏·D. 罗泽（Patricia D. Rozee）编，汤震宇、杨茜译/上海：上海社会科学院出版社/2007

48. 战争与性别——日本视角/〔日〕秋山洋子等著、〔日〕加纳实纪代编/北京：社会科学文献出版社/2007

49. 自然资源管理中的社会分析和性别分析：亚洲的学习案例和经验教训/〔荷〕Ronnie Vernooy 主编、中国科学院农业政策研究中心译/北京：中国农业出版社/2007

50. 神之变——女性主义和传统宗教/〔加〕奈奥米·R. 高登博格（Naomi R. Goldenberg）著，李静、高翔编译/北京：民族出版社/2007

51. 身体的复活——女性主义、宗教与精神分析/〔加〕奈奥米·R. 高登博格著，李静、高翔编译/北京：民族出版社/2008

52. 全球化语境中的异音——女性主义批判/王丽华主编/北京：北京大学出版社/2008

53. 科技与性别问题全球报告/联合国教育、科学及文化组织编写，刘利群、陈志娟、周丽娜译/青岛：青岛出版社/2008

54. 打破沉默之声——女性、自传与课程/〔美〕珍妮特·米勒（Janet L. Miller）著，王红宇、吴梅译/北京：教育科学出版社/2008

55. 摩登女——性、时尚、名利与成就美国现代化的女性共同演绎的疯狂故事/〔美〕乔舒亚·蔡茨（Joshua Zeitz）著、张竝译/上海：上海人民出版社/2008

56. 激情的政治——人人都能读懂的女权主义/〔美〕贝尔·胡克斯（Bell Hooks）著、沈睿译/北京：金城出版社/2008

57. 女人所生——作为体验与成规的母性/〔美〕艾德丽安·里奇（Adrienne Rich）著，毛路、毛喻原译/重庆：重庆出版社/2008

58. 波伏娃与第二性/〔英〕George Myerson 著，丁琳译/大连：大连理工大学出版社/2008

59. 中国的女性与性相——1949 年以来的性别话语/〔英〕艾华（Harriet Evans）著、施施译/南京：江苏人民出版社/2008

60. 男性特质/〔美〕苏珊·鲍尔多（Susan Bordo）著，朱萍、胡斐译/南京：江苏人民出版社/2008

61. 批判性读本——媒介与性别/〔英〕辛西娅·卡特（Cynthia Carter）、〔美〕琳达·斯泰纳（Linda Steiner）编/北京：

北京大学出版社/2008

62. 文艺复兴时期的妇女/〔美〕马格丽特·金（Margaret L. King）著，刘耀春、杨美艳译/北京：东方出版社/2008

63. 性别密码/〔西〕马里奥·鲁纳（Mario Luna）著、魏淑华译/长春：吉林文史出版社/2008

64. 女权主义简史/〔英〕玛格丽特·沃特斯（Margaret Walters）著，朱刚、麻晓蓉译/北京：外语教学与研究出版社/2008

65. 不能承受之重——女性主义、西方文化与身体/〔美〕苏珊·鲍尔多（Susan Bordo）著，綦亮、赵育春译/南京：江苏人民出版社/2009

66. 古代以色列妇女和早期犹太文明/〔以色列〕迈耶·I. 格鲁伯编、张淑清译/北京：中国社会科学出版社/2009

67. 性别平等（联合国资料）——处于体面劳动的核心位置/联合国资料/日内瓦：国际劳工局/2009

68. 妇女与性别——一本女性主义心理学著作/〔美〕玛丽·克劳福德（Mary Crawford）、〔美〕罗达·昂格尔（Rhoda Unger）著，许敏敏、宋婧、李岩译/北京：中华书局/2009

69. 女权主义政治与人的本质/〔美〕阿莉森·贾格尔著、孟鑫译/北京：高等教育出版社/2009

70. 圣杯与剑——我们的历史，我们的未来/〔美〕理安·艾斯勒（Riane Eisler）著、程志民译/北京：社会科学文献出版社/2009

71. 性别麻烦——女性主义与身份的颠覆/〔美〕朱迪斯·巴特勒（Judith Butler）著、宋素凤译/上海：上海三联书店/2009

72. 神圣的欢爱——性、神话与女性肉体的政治学/〔美〕理安·艾斯勒（Riane Eisler）著，黄觉、黄棣光译/北京：社会科学文献出版社/2009

73. 女性心理学/〔美〕卡伦·霍妮（Karen Horney）著，许科、王怀勇译/上海：上海锦绣文章出版社/2009

74. 消解性别/〔美〕朱迪斯·巴特勒（Judith Butler）著、郭劼译/上海：上海三联书店/2009

75. 缠足——"金莲崇拜"盛极而衰的演变/〔美〕高彦颐（Dorothy Ko）著、苗延威译/南京：江苏人民出版社/2009

76. 妇女与国际人权法（第二卷）——妇女权利的国际和区域视角/〔美〕凯利·D. 阿斯金、〔美〕多萝安·M. 科尼格编，黄列、朱晓青译/北京：生活·读书·新知三联书店/2009

77. 性别伦理学/〔英〕苏珊·弗兰克·帕森斯（Susan Frank Parsons）著、史军译/北京：北京大学出版社/2009

78. 反就业歧视法国际前沿读本/阎天编译、叶静漪审校/北京：北京大学出版社/2009

79. 妇女与性别（上、下册）/〔美〕玛丽·克劳福德（Mary Crawford）、〔美〕罗达·昂格尔（Rhoda Unger）著，许敏敏、宋婧、李岩译/北京：中华书局/2009

80. 马克思主义与女性受压迫——趋向统一

的理论/〔美〕莉丝·沃格尔（Lise Vo-
gel）著、虞晖译/北京：高等教育出版
社/2009

81. **女性主义哲学指南**/〔英〕米兰达·弗里
克（Miranda Fricker）、〔英〕詹妮弗·霍
恩斯比（Jennifer Hornsby）著，肖巍、宋
建丽、马晓燕译/北京：北京大学出版
社/2010

82. **中国妇女**/〔法〕朱丽娅·克里斯蒂娃
（Julia Kristeva）著、赵靓译/上海：同
济大学出版社/2010

83. **妇女地位委员会 1996～2009 年关于**
《北京行动纲要》重大关切领域的商定
结论（联合国资料）/联合国提高妇女
地位司编/纽约：联合国经济和社会事
务部/2010

84. **印象派绘画中的时尚女性与巴黎消费文**
化/露丝·E. 爱斯金（Ruth E. Iskin）
著、孟春艳译/南京：江苏美术出版
社/2010

85. **看不见的性别——揭示史前女性的真实**
角色/〔美〕J. M. 阿多瓦西奥（J. M.
Adovasio）、〔美〕奥尔加·索弗（Olga
Soffer）、〔美〕杰克·佩奇（Jack Page）
著，李旭影译/郑州：大象出版社/2010

86. **顶起大半边天——纽约市的华人服装女**
工（1948～1992）/〔美〕鲍晓兰著、
马元曦译/天津：天津人民出版社/2010

87. **身体的塑造：美国文化中的美丽和自我**
想象/〔美〕黛布拉·L. 吉姆林（De-
bra L Gimlin）著，黄华、李平译/桂林：
广西师范大学出版社/2010

88. **公民身份——女性主义的视角**/〔英〕

露丝·里斯特（Ruth Lister）著、夏宏
译/长春：吉林出版集团有限责任公
司/2010

89. **女性的法律生活——构建一种女性主义**
法学/〔美〕朱迪斯·贝尔著、熊湘怡
译/北京：北京大学出版社/2010

90. **女性心理学**/〔美〕玛格丽特·W. 马特
林（Margaret W. Martlin）著，赵蕾、吴
文安等译/北京：中国人民大学出版
社/2010

91. **丛林、性别与澳大利亚历史的重构**/
〔澳〕凯萨琳·谢菲（Kay Schaffer）
著、侯书芸等译/桂林：广西师范大学
出版社/2010

92. **女性主义哲学指南**/〔英〕米兰达·弗
里克（Miranda Fricker）、〔英〕詹妮
弗·霍恩斯比（Jennifer Hornsby）著，
肖巍、宋建丽、马晓燕译/北京：北京
大学出版社/2010

93. **中国"女权"概念的变迁——清末民初**
的人权和社会性别/〔日〕须藤瑞代著、
姚毅译/北京：社会科学文献出版
社/2010

94. **传统宗教的终结——对西格蒙德·弗洛**
伊德和卡尔·荣格著作中宗教女性主义
评论的重要说明/〔加〕奈奥米·R. 高
登博格（Naomi R. Goldenberg）著、李
静译/北京：民族出版社/2010

95. **双胞胎兄妹——性别平等教育**/〔韩〕
刘真馨文、〔韩〕池英利图、陈爱丽译/
杭州：浙江教育出版社/2010

96. **我的小辣椒好痒——性别角色教育**/
〔韩〕韩恩贤文、〔韩〕金顺英图、陈

爱丽译/杭州：浙江教育出版社/2010

97. **性别战争**/〔美〕奥利维雅·贾德森（Olivia Judson）著、杜然译/太原：山西人民出版社/2010

98. **公共行政中的性别形象——合法性与行政国家**/〔美〕卡米拉·斯蒂福斯（Camilla Stivers）著、熊美娟译/北京：中央编译出版社/2010

99. **客厅即工厂**/〔加〕熊秉纯（Ping-Chun Hsiungp）著，蔡一平、张玉萍、柳子剑译/重庆：重庆大学出版社/2010

100. **妇女在经济发展中的角色**/〔丹〕埃丝特·博斯拉普（Ester Boserup）著、陈慧平译/南京：凤凰出版传媒集团、译林出版社/2010

101. **金钱、性别、现代生活风格**/〔德〕西美尔（Georg Simmel）著、刘小枫选编、顾仁明译/上海：华东师范大学出版社/2010

102. **唤醒睡美人——儿童小说中的女性主义声音**/王泉根、〔澳〕约翰·史蒂芬斯主编、〔美〕罗伯塔·塞林格·特瑞兹（Roberta Seelinger Trites）著、李丽翻译/合肥：安徽少年儿童出版社/2010

103. **为什么女生爱哭，男生爱打架?——跟孩子一起认识性别**/〔法〕布雷等著、〔法〕霍德依杰等绘、谢蕙心等译/北京：中国民族摄影艺术出版社/2010

女性学学科建设

1. **女性学导论**/叶文振主编/厦门：厦门大学出版社/2006

2. **女人读书——女性/性别研究代表作导读**/李小江著/南京：江苏人民出版社/2006

3. **女性学导论**/祝平燕、周天枢、宋岩主编/武汉：武汉大学出版社/2007

4. **尴尬的温柔——女性学与本土经验**/骆晓戈著/北京：九州出版社/2007

5. **女性新概念**/王宇主编/北京：北京大学出版社/2007

6. **社会性别教程**/黄约主编/北京：北京出版社/2007

7. **女性主义研究方法**/孙中欣、张莉莉主编/上海：复旦大学出版社/2007

8. **社会性别视角应用研究**/张莹著/北京：知识产权出版社/2007

9. **女性学**/骆晓戈主编/长沙：湖南大学出版社/2009

10. **女性学**/刘翠兰、冯爱红、李凤华著/北京：中国妇女出版社/2009

11. **女性学学科建设在新疆**/刘云、杨霞著/兰州：兰州大学出版社/2009

12. **现代女性学概论**/黄蓉生、任一明主编/重庆：西南师范大学出版社/2009

13. **女性学讲座**/王碧蕙主编/北京：光明日报出版社/2010

14. **女性学新论**/周天枢、傅海莲、吴春著/武汉：华中师范大学出版社/2010

15. **少数民族女性学学科建设与妇女发展**/杨国才、陈星波主编/昆明：云南民族出版社/2010

16. **女性学研究集萃**/岳素兰主编/北京：北京大学出版社/2010

17. **女性学基础**/胡黄卿主编/北京：化学工业出版社/2010

18. **新编女性学**/韩贺南、张健主编/北京：首都经济贸易大学出版社/2010

19. **社会性别概论**/刘建中、孙中欣、邱晓露主编/上海：复旦大学出版社/2010

女性社会学与社会工作研究

1. **社会文化变迁中的性别研究**/徐安琪主编/上海：上海社会科学院出版社/2006

2. **私人生活的变革——一个中国村庄里的爱情、家庭与亲密关系**/〔美〕阎云翔著、龚小夏译/上海：上海书店出版社/2006

3. **社区的历程——社会性别与社区发展的本土经验**/江波著/兰州：甘肃人民出版社/2006

4. **广西妇女社会地位调查（1990～2000年）**/蒋培兰主编/北京：中国妇女出版社/2006

5. **女性叙事与记忆**/金一虹著/北京：九州出版社/2007

6. **农村社区发展中的性别关注**/徐薇、张黎明、罗虹编著/成都：四川大学出版社/2008

7. **她们——跨界合作与行动研究**/骆晓戈主编/桂林：广西师范大学出版社/2009

8. **女性的阶层辨析与认同**/王凤仙著/北京：中国妇女出版社/2009

9. **性别再生产中的传统与变迁——城市独生子女性别角色社会化研究**/张艳霞著/郑州：河南科学技术出版社/2009

10. **城市社区女性赋权与增能——社会性别视角下的城市社区建设研究**/王小波著/天津：天津社会科学院出版社/2010

11. **中国单身女性调查**/吴淑平著/北京：新华出版社/2010

女性人口学研究

1. **社会转型中的中国妇女社会地位**/蒋永萍主编/北京：中国妇女出版社/2006

2. **人口与计划生育前沿问题论坛——出生人口性别比问题研讨会论文集**/王国强、李宏规主编/北京：中国人口出版社/2006

3. **性别歧视与人口发展**/李树茁、姜全保、〔美〕费尔德曼著/北京：社会科学文献出版社/2006

4. **妇女研究在上海**/孟燕堃主编/上海：上海科技普及出版社/2006

5. **中国妇女发展报告 No.1（'95+10）》**/王金玲主编/北京：社会科学文献出版社/2006

6. **1995～2005：中国性别平等与妇女发展报告**/谭琳主编/北京：社会科学文献出版社/2006

7. **北京妇女发展报告（1995～2005）**/北京市妇女联合会编/北京：中国社会科学出

版社/2006

8. 第三届妇女发展与进步国际学术研讨会论文集/郑玉顺主编/北京：民族出版社/2006

9. 2006：中国女性生活状况报告/韩湘景主编/北京：社会科学文献出版社/2006

10. 妇女/性别问题调研报告选编——2004～2005年/谭琳主编/北京：中国妇女出版社/2007

11. "十五"时期广东妇女发展报告/赵东花主编/北京：社会科学文献出版社/2007

12. 2007年：中国女性生活状况报告 No.2/韩湘景主编/北京：社会科学文献出版社/2007

13. 内蒙古妇女儿童研究文集（二）/陈羽主编/呼和浩特：内蒙古教育出版社/2007

14. 中国人口与劳动问题发展报告 No.8/蔡昉主编/北京：社会科学文献出版社/2007

15. 妇女/性别问题调研报告选编/中国妇女研究会办公室编/北京：中国妇女出版社/2007

16. 跨地域拐卖或拐骗——华东五省流入地个案研究/王金玲著/北京：社会科学文献出版社/2007

17. 弥补数据鸿沟——农业发展的性别敏感统计/曲春红译/北京：中国农业出版社/2007

18. 边缘的突破——云南社会性别探索与实践/云南省社会性别小组编/昆明：云南大学出版社/2007

19. 生存在边缘/荣维毅著/北京：九州出版社/2007

20. 当代中国女性发展研究/杨凤著/北京：人民出版社/2007

21. 中国社会中的女人和男人——事实和数据（2007）/国家统计局社会和科技统计司编/北京：中国统计出版社/2007

22. 她们嫁给城市——城市外来农村媳妇生活状况透视/沈文捷著/上海：学林出版社/2007

23. 村落社会变迁与生育文化/郑卫东著/上海：上海人民出版社/2007

24. 妇女理论与实践研究/刘晓民主编/长春：吉林大学出版社/2008

25. 2006～2007年：中国性别平等与妇女发展报告/谭琳主编/北京：社会科学文献出版社/2008

26. 中国性别平等状况调查报告/李傲、罗英主编/北京：中国社会科学出版社/2008

27. 世纪之交中国性别平等与妇女发展状况/蒋永萍主编/北京：中国妇女出版社/2008

28. 我国出生性别比问题研究/汤兆云著/北京：中国言实出版社/2008

29. 性别平等·婚姻家庭·公共政策研究/王丽萍主编/北京：中国人民公安大学出版社/2008

30. 社会性别与可持续性发展/和钟华主编/昆明：云南教育出版社/2008

31. 失衡的两性"天平"——广东省出生性别比问题探讨/梁宏著/北京：社会科学文献出版社/2008

32. 独立女性——性别与社会/金一虹著/北京：中国劳动社会保障出版社/2008

33. 亚洲社会可持续发展的策略与实践——人口、性别与城市研究/彭希哲主编/上海：上海人民出版社/2008

34. 中国农村妇女状况调查/甄砚主编/北京：社会科学文献出版社/2008

35. 20世纪中国女性角色变迁/蒋美华著/天津：天津人民出版社/2008

36. 我们说：上海妇女实话实录/孙小琪主编/上海：复旦大学出版社/2008

37. 改革大潮中的中国女性/孟宪范著/北京：中国社会科学出版社/2009

38. 全球化、性别与发展/陈方编著/天津：天津大学出版社/2009

39. 社会性别视阈下的女性发展/杨霞、刘云主编/兰州：兰州大学出版社/2009

40. 性别视角——文化与社会/王金玲、林维红主编/北京：社会科学文献出版社/2009

41. 女性缺失与社会安全/姜全保、李树苗著/北京：社会科学文献出版社/2009

42. 他们眼中的性别问题：妇女/性别研究的多学科视野/谭琳、孟宪范主编/北京：社会科学文献出版社/2009

43. 生育政策与出生性别比/杨菊华等著/北京：社会科学文献出版社/2009

44. 中国的出生性别比与性别偏好——现象、原因及后果/刘爽著/北京：社会科学文献出版社/2009

45. 1978~2008：北京性别平等与妇女发展状况/赵津芳主编/北京：北京出版社/2009

46. 2008~2009年：中国女性生活状况报告/韩湘景主编/北京：社会科学文献出版社/2009

47. 上海妇女60年发展报告书/张丽丽主编/上海：上海社会科学院出版社/2010

48. 2009~2010年：中国女性生活状况报告No.4/韩湘景主编/北京：社会科学文献出版社/2010

49. 改变男权世界的女人——邮品记叙妇女地位的变迁/杨秀兰著/北京：知识出版社/2010

50. 农村妇女/村民小组手册——将社会性别敏感的社会工作理念和方法引入人口和计划生育工作/国家人口和计划生育委员会国际合作司编/北京：中国人口出版社/2010

51. 人口社会工作入门——将社会性别敏感的社会工作理念和方法引入人口和计划生育工作/国家人口和计划生育委员会国际合作司编/北京：中国人口出版社/2010

52. 国际视野下的性别失衡与治理/李树苗、韦艳、任锋著/北京：社会科学文献出版社/2010

53. 女性与社会变迁/中共福建省委党校妇女理论研究中心著/福州：福建人民出版社/2010

54. 社会性别与女性发展/俞湛明、罗萍主编/武汉：武汉大学出版社/2010

55. 西南民族地区出生人口性别比失调问题研究/杨军昌等著/北京：民族出版社/2010

56. 治理出生人口性别比失衡江西案例研

究——社会性别视角的评估/高莉娟著/南昌：江西科学技术出版社/2010

57. 困惑·博弈——社会转型与女性发展/王郁芳著/北京：研究出版社/2010

58. 关爱女孩行动综合治理出生人口性别比偏高问题工作手册/国家人口和计划生育委员会宣传教育司编/北京：中国人口出版社/2010

女性/性别心理学研究

1. 女性心理学/巴莺乔、洪炜主编/北京：中国医药科技出版社/2006

2. 女性主义心理学/郭爱妹著/上海：上海教育出版社/2006

3. 女性心理学/张德、赫文彦著/沈阳：东北师范大学出版社/2006

4. 精神分析学派与女性心理学的发展/张海钟等著/兰州：兰州大学出版社/2006

5. 女性心理学/黄爱玲主编/广州：暨南大学出版社/2008

6. 男女有别的心理观察——女性心理学/宋岩、崔红丽、王丽著/武汉：华中师范大学出版社/2008

7. 男女心理差异/王米渠、王颖冰著/合肥：安徽人民出版社/2009

8. 性别心理学/方刚主编/合肥：安徽教育出版社/2010

女性教育学学科建设

1. 中国女子教育史/熊贤君著/太原：山西教育出版社/2006

2. 教育——性别维度的审视/魏国英、王春梅主编/上海：学林出版社/2007

3. 女性主义教育观及其实践/肖巍著/北京：中国人民大学出版社/2007

4. 阅读高等教育——基于女性主义认识论的视角/王珺著/天津：天津人民出版社/2007

5. 女大学生成才学新编/姚钦英、李晓燕、孙元化编著/武汉：华中师范大学出版社/2008

6. 女性学与女子教育研究/杨民主编/沈阳：辽宁师范大学出版社/2009

7. 女性人才学概论/叶忠海著/北京：高等教育出版社/2009

女性文学研究

1. 书写与重塑——20世纪中国女性文学的精神分析阐释/张浩著/北京：北京语言大学出版社/2006

2. 她们的言说——二十世纪女性作家创作述评/宫东红著/北京：华龄出版社/2006

3. 中国新时期女性文学研究资料/张清华主编/济南：山东文艺出版社/2006

4. 中国现代女性文学专题研究/卢云峰著/

沈阳：辽宁大学出版社/2006

5. **40 年代战争背景下的女性小说研究**/沐金华著/北京：大众文艺出版社/2006

6. **丁玲小说女性意识解度——1927～1948 年间丁玲小说中心话语走向论析**/刘瑜著/成都：四川文艺出版社/2006

7. **中国古典小说女性形象源流考论**/马珏玶著/南京：南京师范大学出版社/2006

8. **红楼女性**/何红梅编著/北京：中华书局/2006

9. **火凤冰栖——中国文学女性主义伦理批评**/王纯菲等著/沈阳：辽宁人民出版社/2006

10. **从乡愁言说到性别抗争——台湾当代女性散文创作论**/程国君著/北京：中国社会科学出版社/2006

11. **性别与家国——汉晋辞赋的楚骚论述**/郑毓瑜著/上海：上海三联书店/2006

12. **性别表述与现代认同——索解 20 世纪后半叶中国的叙事文本**/王宇著/上海：上海三联书店/2006

13. **女人的飞翔——20 世纪末至本世纪初女性文学透视**/蒋晓莉著/长沙：中南大学出版社/2006

14. **女性写作与自我认同**/王艳芳著/北京：中国社会科学出版社/2006

15. **心灵的守望与诗性的飞翔——新时期女性小说论稿**/郭亚明著/北京：中国社会科学出版社/2006

16. **中国女性文化 No. 8**/王红旗主编/北京：首都师范大学出版社/2006

17. **女性视域——西方女性主义与中国文学女性话语**/于东晔著/北京：中国社会科

学出版社/2006

18. **20 世纪中国女性文学批评**/王喜绒等著/北京：中国社会科学出版社/2006

19. **全球化语境下的女性主义文学批评**/谢景芝著/郑州：河南人民出版社/2006

20. **中国当代女性文学的文化探析**/乔以钢著/北京：北京大学出版社/2006

21. **笔尖的舞蹈——女性文学和女性批评策略**/周乐诗著/上海：上海外语教育出版社/2006

22. **涉渡之舟——新时期中国女性写作与女性文化**/戴锦华著/北京：北京大学出版社/2007

23. **女性文学教程**/乔以钢、林丹娅主编/石家庄：河北教育出版社/2007

24. **中国女性与中国散文**/林丹娅著/昆明：云南人民出版社/2007

25. **女子高等教育与中国现代女性文学的发生——以北京女子高等师范为中心**/王翠艳著/北京：文化艺术出版社/2007

26. **元杂剧作家的女性意识**/张维娟著/北京：中华书局/2007

27. **中国当代文学的叙事与性别**/陈顺馨著/北京：北京大学出版社/2007

28. **女性文学研究与批评论著目录总汇（1978～2004）**/谢玉娥编/开封：河南大学出版社/2007

29. **当代中国女性文学文化批评文选**/陈惠芬、马元曦主编/桂林：广西师范大学出版社/2007

30. **女性文学的革命——中国当代女性主义文学研究**/寿静心著/北京：中国社会科学出版社/2007

31. 本土视阈下的百年中国女性文学/张岚 著/北京：中国社会科学出版社/2007

32. 女性主义与残雪小说中的"自我"/张京著/北京：九州出版社/2007

33. 中国女性文学话语流变/常彬著/北京：人民出版社/2007

34. 被建构的女性——中国现代文学社会性别研究/刘传霞著/济南：齐鲁书社/2007

35. 性别与叙事——中国五四女作家创作论/王青著/徐州：中国矿业大学出版社/2007

36. "娜拉"言说——中国现代女作家心路/刘思谦著/开封：河南大学出版社/2007

37. 论新时期女性主义文学批评发展衍变的历史轨迹/邓利著/北京：中国社会科学出版社/2007

38. 中国古诗词的女性隐喻与翻译研究/王方路著/长沙：湖南人民出版社/2008

39. 妇女与中国现代性：西方与东方之间的阅读政治/周蕾著/上海：上海三联书店/2008

40. 她们的立场 她们的倾向——女性知识分子现场/夏榆著/北京：中国妇女出版社/2008

41. 先秦汉魏晋妇女观与文学中的女性/刘淑丽著/北京：学苑出版社/2008

42. 明末清初戏曲作品中的女性形象研究/王永恩著/北京：文化艺术出版社/2008

43. 女性主义文学批评/张翠萍著/成都：电子科技大学出版社/2008

44. 汉语称赞语中的性别研究/史耕山著/北京：科学出版社/2008

45. 男/女声——女性主义书写的一次实践/古学斌编著/北京：社会科学文献出版社/2008

46. 中国女性文化 No.9/王红旗主编/北京：首都师范大学出版社/2008

47. 当代中国女性主义文学批评二十年/徐艳蕊 著/桂林：广西师范大学出版社/2008

48. 中国女性写作文化思维嬗变史论/刘洁著/北京：中国社会科学出版社/2008

49. "三言"性别话语研究——以话本小说的文献比勘为基础/刘果著/北京：中华书局/2008

50. 消费镜像：20世纪90年代女性都市小说与消费主义文化研究/程箐著/北京：中国社会科学出版社/2008

51. 才女彻夜未眠：近代中国女性叙事文学的兴起/胡晓真著/北京：北京大学出版社/2008

52. 文学与性别研究/钱虹著/上海：同济大学出版社/2008

53. 中国女性文学精神/刘巍著/上海：学林出版社/2008

54. 性别视阈与当代文学叙事/祝亚峰著/合肥：安徽大学出版社/2008

55. 20世纪文学与中国妇女/艾晓明主编/天津：天津人民出版社/2008

56. 被缚与反抗——中国当代女性文学思潮论/马春花著/济南：齐鲁书社/2008

57. 海岛正芳春——台湾女性文学/朱云霞编著/福州：福建教育出版社/2008

58. 历史·语言·欲望——1990年代中国女性小说主题与叙事/王侃著/桂林：广西

师范大学出版社/2008

59. 互文视野中的女性诗歌/张晓红著/桂林：广西师范大学出版社/2008

60. 翻译研究中的性别视角/穆雷等著/武汉：武汉大学出版社/2008

61. "她"字的文化史——女性新代词的发明与认同研究/黄兴涛著/福州：福建教育出版社/2009

62. 世纪之交的女性写作/齐红著/合肥：安徽大学出版社/2009

63. 多元文化背景下的边缘书写——东南亚女性文学与中国少数民族女性文学的比较研究/黄晓娟、张淑云、吴晓芬著/北京：民族出版社/2009

64. 中国女性文化 No. 10/王红旗主编/北京：首都师范大学出版社/2009

65. 禁锢的灵魂与挣扎的慧心——晚明至民国女性创作主体意识研究/王萌著/开封：河南大学出版社/2009

66. 落在胸口的玫瑰——20世纪中国女性写作/文红霞著/南京：南京大学出版社/2009

67. 女性视野下的明清小说/楚爱华著/济南：齐鲁书社/2009

68. 中国女性文化 No. 11/王红旗主编/北京：首都师范大学出版社/2009

69. 性别与阴阳——中国十七世纪人情小说性属主题研究/彭体春著/成都：巴蜀书社/2009

70. 身体、创伤与性别——中国新时期小说的身体书写/柯倩婷著/广州：广东人民出版社/2009

71. 从依附到自觉——当代女性主义文学批评研究/王艳峰著/上海：上海交通大学出版社/2009

72. 《红楼梦》与《水浒传》的性别诗学研究/白军芳著/西安：陕西人民出版社/2009

73. 革命与情爱——二十世纪中国小说史中的女性身体与主题重述/刘剑梅、郭冰茹著/上海：上海三联书店/2009

74. 女性主义文艺美学透视/陈凤珍著/北京：光明日报出版社/2009

75. 中国古代文学与文化的性别审视/陈洪、乔以钢等著/天津：南开大学出版社/2009

76. 双重声音　双重语意——译介学视角下的中国女性主义文学批评/吴新云著/北京：经济科学出版社/2009

77. 自我表达的激情与焦虑——女性主义与文学批评/孙桂荣著/上海：上海大学出版社/2009

78. 二十世纪九十年代女性散文的主体建构/杨珺著/开封：河南大学出版社/2009

79. 视觉文化下的女性身体叙事/马藜著/成都：四川大学出版社/2009

80. 中国当代女性文学简史/任一鸣编著/桂林：广西师范大学出版社/2009

81. 女性主义文艺美学透视/陈凤珍著/北京：光明日报出版社/2009

82. 二十世纪中国女性文学专题研究十六讲/李掖平著/济南：山东文艺出版社/2009

83. 明代女性散文研究/张丽杰著/北京：中国社会科学出版社/2010

84. 第二性的权力话语——中国当代女性主

义文学批评形态特征论/林晓云著/北京：气象出版社/2010

85. 阁楼里的衣柜——21 世纪以来大陆女同性恋文学初探/杜凡著/北京：九州出版社/2010

86. 真理缝隙中的生存——当代文学中的女性形象/王琳著/北京：中国社会科学出版社/2010

87. 性别研究——理论背景与文学文化阐释/刘思谦、屈雅君等著/天津：南开大学出版社/2010

88. 消费时代的中国女性主义与文学/孙桂荣著/北京：中国社会科学出版社/2010

89. 中国女性文学（2009）/王红旗主编/北京：社会科学文献出版社/2010

90. 性别·商业·文学/杨虹等著/北京：九州出版社/2010

91. 自反性超越——女性小说的非女性主义解读/魏天真著/武汉：华中师范大学出版社/2010

92. 暗夜行路——晚清至民国的女性解放与文学精神/毕新伟著/广州：暨南大学出版社/2010

93. 文学妇女——角色与声音/林宋瑜著/桂林：广西师范大学出版社/2010

94. 浮出历史地表之前——中国现代女性写作的发生/张莉著/天津：南开大学出版社/2010

95. 20 世纪 90 年代女性小说身体话语/任亚荣著/上海：上海大学出版社/2010

96. 宋代女性词人群体研究/谢穑著/长沙：湖南人民出版社/2010

97. 中国女性文化 No. 12/王红旗主编/北京：社会科学文献出版社/2010

98. 汉语的性别歧视与性别差异/孙汝建著/武汉：华中科技大学出版社/2010

99. 性别语言研究/杨春著/北京：光明日报出版社/2010

100. 她视界——现当代中国女性文学探析/刘媛媛著/太原：山西人民出版社/2010

101. 中国女性文学教程/尚静宏等著/北京：现代教育出版社/2010

中国妇女/性别史研究

1. 两性关系本乎阴阳——先秦儒家、道家经典中的性别意识研究/贺璋瑢著/成都：巴蜀书社/2006

2. 婚姻内外的古代女性/常建华著/北京：中华书局/2006

3. 藏族妇女口述史/杨恩洪著/北京：中国藏学出版社/2006

4. 性别与历史——近代中国妇女与基督教/陶飞亚编/上海：上海人民出版社/2006

5. 女性主义的中国道路：五四女性思潮中的周作人女性思想/徐敏著/北京：中国社会科学出版社/2006

6. 中国近代妇女解放思想历程：1840 ~ 1921/张莲波著/开封：河南大学出版社/2006

7. 唐代女性形象研究/张菁著/兰州：甘肃

人民出版社/2007

8. 女性与近代中国社会/杨剑利著/北京：中国社会出版社/2007

9. 近代中国女性日本留学史（1872～1945）/周一川著/北京：社会科学文献出版社/2007

10. 抗战女性档案/张西著/北京：中国青年出版社/2007

11. 科举与女性——温馨与哀愁/高峰著/长春：时代文艺出版社/2007

12. 维士与女——先秦性别文化片论/赵东玉著/沈阳：辽宁师范大学出版社/2007

13. 清代女性服饰文化研究/孙彦贞著/上海：上海古籍出版社/2008

14. 上海女性自杀问题研究（1927～1937）/侯艳兴著/上海：上海辞书出版社/2008

15. 女性的声音——民国时期上海知识女性与大众传媒/李晓红/上海：学林出版社/2008

16. 中国古代性别结构的文化学分析/王小健著/北京：社会科学文献出版社/2008

17. 16～18世纪婢女生存状态研究/王雪萍/哈尔滨：黑龙江大学出版社/2008

18. 20世纪中国妇女运动史（上）/顾秀莲主编/北京：中国妇女出版社/2008

19. 中外妇女运动简明教程/孙晓梅编著/天津：天津大学出版社/2008

20. 社会性别视角中的戊戌妇女运动——兼与西方早期女权运动相比较/韩廉著/长沙：湖南人民出版社/2008

21. 巫文化视域下的宋代女性——立足于女性生育、疾病的考察/方燕著/北京：中

华书局/2008

22. 女性的"重塑"——民国城市妇女婚姻问题研究/余华林著/北京：商务印书馆/2009

23. 西方浪潮影响下的民国妇女权利/何黎萍著/北京：九州出版社/2009

24. 冲突与期许——元代女性社会角色与伦理观念的思考/谭晓玲著/天津：南开大学出版社/2009

25. 汉唐道教修炼方式与道教女性观之变化研究/岳齐琼著/成都：巴蜀书社/2009

26. 清朝中期妇女犯罪问题研究/杨晓辉著/北京：中国政法大学出版社/2009

27. 明清时代妇女的地位与权利——以明清契约文书、诉讼档案为中心/阿风著/北京：社会科学文献出版社/2009

28. 北京近现代妇女运动史/刘宁元著/北京：北京出版社/2009

29. 中央苏区妇女运动史/张雪英著/北京：中国社会科学出版社/2009

30. 建构的历史与历史的建构——女性主义与妇女史研究文集/畅引婷著/太原：三晋出版社/2009

31. 民国娼妓解读/张超著/北京：社会科学文献出版社/2009

32. 闺阁与画舫——清代嘉庆道光年间的江南文人和女性研究/李汇群著/北京：中国传媒大学出版社/2009

33. 民国娼妓盛衰/张超著/北京：社会科学文献出版社/2009

34. 隐蔽的光景——唐代的妇女文化与家庭生活/陈弱水著/桂林：广西师范大学出版社/2009

35. **翻译的传说——中国新女性的形成（1898~1918）**/胡缨著，龙瑜宬、彭姗姗译/南京：江苏人民出版社/2009

36. **中国妇女运动百年简史（上）**/肖扬主编/北京：中国妇女出版社/2009

37. **中国女人的一个世纪**/张红萍著/北京：九州出版社/2010

38. **恋爱、婚姻、女权——陈望道妇女问题论集**/陈望道著/上海：复旦大学出版社/2010

39. **《左传》女性研究**/高方著/哈尔滨：黑龙江大学出版社/2010

40. **妇女指导委员会与抗日战争**/夏蓉著/北京：人民出版社/2010

41. **阅读父权史、孔子及其他**/典典著/北京：九州出版社/2010

42. **奋起·超越——中国妇女的过去与未来**/唐娅辉著/北京：研究出版社/2010

43. **畲族妇女口述史研究**/朱丹著/杭州：浙江工商大学出版社/2010

44. **中国妇女通史·先秦卷**/陈高华、童芍素主编/杭州：杭州出版社/2010

45. **中国妇女通史·秦汉卷**/陈高华、童芍素主编/杭州：杭州出版社/2010

46. **中国妇女通史·魏晋南北朝卷**/陈高华、童芍素主编/杭州：杭州出版社/2010

47. **中国妇女通史·隋唐五代卷**/陈高华、童芍素主编/杭州：杭州出版社/2010

48. **中国妇女通史·明代卷**/陈高华、童芍素主编/杭州：杭州出版社/2010

49. **中国妇女通史·清代卷**/陈高华、童芍素主编/杭州：杭州出版社/2010

50. **中国妇女通史：民国卷**/郑永福、吕美颐著/杭州：杭州出版社/2010

51. **中国妇女服饰与身体革命**/吴昊著/上海：东方出版中心/2008

52. **隋唐长安——性别、记忆及其他**/荣新江著/上海：复旦大学出版社/2010

53. **清代民间妇女生活史料的发掘与运用**/陈瑛珣著/天津：天津古籍出版社/2010

54. **娱悦大众——民国上海女性文化解读**/姜进等著/上海：上海辞书出版社/2010

55. **稗官女史·先秦卷**/尹剑翔著/重庆：重庆大学出版社/2010

56. **稗官女史·秦汉卷**/尹剑翔著/北京：现代教育出版社/2010

57. **民初女性权利变化研究——以大理院婚姻、继承司法判解为中心**/徐静莉/北京：法律出版社/2010

58. **近代女子教育思潮与女性主体身份建构——以周南女校（1905~1938）为中心的考察**/万琼华著/北京：中国社会科学出版社/2010

59. **儒家女性观研究**/彭华著/北京：中国社会科学出版社/2010

60. **阅读织物上的历史——中华嫁衣文化调查**/屈雅君等编著/西安：陕西师范大学出版社/2010

61. **道教与女性**/詹石窗著/北京：宗教文化出版社/2010

62. **20世纪都市女性形象与都市文化**/傅建安著/长沙：湖南师范大学出版社/2010

女性主义哲学研究

1. **西方后学语境中的女权主义**/苏红军、柏棣主编/桂林：广西师范大学出版社/2006
2. **生命伦理学——女性主义视角**/Ruth Chadwick、邱仁宗主编/北京：中国社会科学出版社/2006
3. **女性身份研究读本**/刘岩、邱小轻、詹俊峰编著/武汉：武汉大学出版社/2007
4. **在太阳照不到的地方行走**/肖巍著/北京：九州出版社/2007
5. **撩开你的面纱——女性主义与哲学的对话**/荒林、翟振明著/北京：北京大学出版社/2008
6. **新女性主义**/吕秀莲著/北京：联合文学出版社有限公司/2008
7. **谁来讲出关于女人的真理——哲学视域下的性别研究**/王宏维著/北京：九州出版社/2010

女性主义法学研究

1. **社会性别视野下的法律——女性与法律**/肖巧平主编/北京：中国传媒大学出版社/2006
2. **妇女权益保障法条文释义**/汪琼枝编著/北京：人民法院出版社/2006
3. **妇女权益保护法律制度研究**/袁锦秀著/北京：人民出版社/2006
4. **妇女权益保障法100问**/吴昌祯、邓丽主编/北京：中国妇女出版社/2006
5. **社会性别平等与法律：研究和对策**/谭琳、姜秀花主编/北京：社会科学文献出版社/2007
6. **性别与法律——性别平等的法律进路**/周安平著/北京：法律出版社/2007
7. **妇女法基本问题研究**/林建军著/北京：中国社会科学出版社/2007
8. **国际视野　本土实践——亚洲地区性别与法律研讨会论文集**/薛宁兰主编/北京：中国社会科学出版社/2008
9. **社会性别与妇女权利**/薛宁兰著/北京：社会科学文献出版社/2008
10. **女性犯罪研究与预防**/赵林金著/太原：山西人民出版社/2008
11. **性别平等的法律与政策——国际视野与本土实践**/谭琳、杜洁等著/北京：中国社会科学出版社/2008
12. **妇女法研究**/李明舜、林建军主编/北京：中国社会科学出版社/2008
13. **性别平等与法律改革——性别平等与法律改革国际研讨会论文集**/黄列主编/北京：中国社会科学出版社/2009
14. **妇女权益与公益诉讼**/郭建梅、李莹主编/北京：中国人民公安大学出版社/2009
15. **女性维权法律实用全书**/孙林编著/北京：法律出版社/2009

16. **主体性的缺失与重构——权利能力研究**/周清林著/北京：法律出版社/2009

17. **法律的性别分析**/孙文恺著/北京：法律出版社/2009

18. **性别平等的法律保障**/李傲著/北京：中国社会科学出版社/2009

19. **性别与法律研究概论**/陈明侠、黄列主编/北京：中国社会科学出版社/2009

20. **妇女法教程**/孙启泉、张雅维主编/北京：北京大学出版社/2010

21. **女性权利的法律保护**/吴宁、岳昌智编/上海：同济大学出版社/2010

22. **最高人民法院拐卖妇女儿童犯罪典型案例评析及法律法规精选**/周峰主编/北京：中国法制出版社/2010

23. **性别与法律研究**/蔡锋主编/北京：中国妇女出版社/2010

中国大陆社会性别经济学研究

1. **潜藏的力量——西部地区农村女性人力资源开发**/李澜著/北京：中国经济出版社/2006

2. **女性人力投资问题研究**/郭砚莉著/北京：中国社会科学出版社/2006

3. **女性经济学**/雷庆礼主编/北京：中国科学技术出版社/2008

4. **当代中国女性人力资本投资研究**/晏月平主编/北京：人民出版社/2008

5. **社会性别预算——理论与实践**/马蔡琛等著/北京：经济科学出版社/2009

6. **企业人力资源开发中的性别歧视问题研究**/颜士梅著/北京：科学出版社/2009

7. **市场语境下的性别关系**/梁理文著/广州：广东经济出版社/2009

8. **中国经济转型与女性经济学**/〔美〕冈扎利·迪瑞克、〔加〕董晓媛、〔美〕格尔·萨玛费尔德主编/北京：经济科学出版社/2009

9. **云南贫困山区农村人力资源开发中性别平等问题研究**/高梦滔、毕岚岚、和云著/北京：民族出版社/2010

10. **国际贸易法中的"性别"——女性主义的视角**/廖艳嫔著/北京：法律出版社/2010

女性人类学研究

1. **寻找东女国——女性文化在丹巴到泸沽湖的历史投影**/王怀林著/成都：四川民族出版社/2006

2. **性别研究与中国考古学**/〔美〕林嘉琳（Katheryn M. Linduff）、孙岩主编/北京：科学出版社/2006

3. **世界唯一的女性文字——女书**/宫哲兵著/武汉：武汉出版社/2006

4. **女书通——女性文字工具书**/宫哲兵主编/武汉：湖北教育出版社/2007

5. **国际博物馆：文化遗产与博物馆的性别视角**/联合国教科文组织《国际博物馆》

全球中文版编辑部编/南京：译林出版社/2008

6. 符号·性别·遗产——苗族服饰的艺术人类学研究/安丽哲著/北京：知识产权出版社/2010

7. 潇水流域的江永女书/骆晓戈等著/北京：九州出版社/2010

8. 中国北方村落的社会性别与权力/〔加〕朱爱岚（Ellen R. Judd）著、胡玉坤译/南京：江苏人民出版社/2010

·

女性主义政治学研究

1. 母殇——国家安全发展中的妇女儿童问题/孙小迎著/北京：工人出版社/2007

其 他

2. 永恒的话题——多元性别视角的交锋/虞宝竹、郭锐主编/北京：人民出版社/2006

3. 平等·和谐·发展——继续 '95 共谋发展妇女论坛论文集/北京市妇女儿童工作委员会、北京市妇女联合会、北京市社会科学院编著/北京：中国社会科学出版社/2006

4. 女性文化学/赵树勤主编/桂林：广西师范大学出版社/2006

5. 中国女性主义（6）/荒林主编/桂林：广西师范大学出版社/2006

6. 中国女性主义（7）/荒林主编/桂林：广西师范大学出版社/2006

7. 社会性别文化的历史与未来/王凤华、贺江平等著/北京：中国社会科学出版社/2006

8. 微笑的话语行动——中国女性主义学术文化沙龙文集/荒林等著/北京：九州出版社/2007

9. 人体是秀场还是战场——张强踪迹学报告与女性主义/尤汪洋主编/重庆：重庆出版社/2007

10. 社会性别（第 3 辑）/杜芳琴主编/天津：天津人民出版社/2007

11. 中国女性主义（8）/荒林主编/桂林：广西师范大学出版社/2007

12. 中国女性主义（9）/荒林主编/桂林：广西师范大学出版社/2007

13. 中国妇女研究年鉴（2001～2005）/刘伯红主编、全国妇联妇女研究所编/北京：社会科学文献出版社/2007

14. 女性与社会发展：复旦大学第三届社会性别与发展论坛论文集（上册）/张乐天、邱晓霞、沈奕斐主编/上海：上海社会科学院出版社/2008

15. 妇女发展与和谐社会建设论坛论文集/尹玲珍主编/北京：中共中央党校出版社/2008

16. 中国女性主义（10）/荒林主编/桂林：广西师范大学出版社/2008

17. 女性诱惑与大众流行文化/殷国明著/上海：华东师范大学出版社/2008

18. **两色世界——中国文化中的性别意识**/孙祖眉著/兰州：敦煌文艺出版社/2008

19. **中国女性主义（11）**/荒林主编/桂林：广西师范大学出版社/2009

20. **性别来了——一位女性研究者的性别观察**/王向贤著/天津：天津人民出版社/2009

21. **中国女性行为的文化释义**/钱民辉、田玉荣著/北京：社会科学文献出版社/2009

22. **沉溺与飞升——女性自觉论**/宋新军著/北京：海洋出版社/2009

23. **中国·日本·韩国大学生性向词汇比较研究**/李成浩著/北京：中国传媒大学出版社/2009

24. **台湾性/别研究演讲集**/徐颖果主编/天津：南开大学出版社/2009

25. **妇女/性别理论与实践——《妇女研究论丛》（2005～2009）集萃**/谭琳、姜秀花主编/北京：社会科学文献出版社/2009

26. **现代女性主体意识与社会性别**/霞光、杨青主编/北京：中国妇女出版社/2010

27. **性别、理论与文化（2010年第1卷）**/何成洲、〔美〕王玲珍主编/南京：南京大学出版社/2010

28. **女性·文化·社会——纪念三八国际劳动妇女节100周年文集**/俞晓红主编/合肥：安徽人民出版社/2010

29. **性别·社会·人生**/沈智著/上海：上海三联书店/2010

30. **男女关系学**/方辉著/太原：山西人民出版社/2010

31. **中国性别平等与妇女发展地图集**/于冬梅、黄仁涛主编/北京：中国地图出版社/2010

32. **平等　和谐　发展：内蒙古大学女性文化研究文集（2007/8）**/乌云娜主编/呼和浩特：内蒙古大学出版社/2010

博士学位论文索引

中国特色社会主义妇女理论研究

1. 当代中国女性发展研究/杨凤/中山大学/2006
2. 宋庆龄思想纲要/李雪英/中共中央党校/2008
3. 当代中国女性发展探析/刘晓辉/山东大学/2010

妇女组织与妇女工作研究

4. 型塑与变革：现代国家建构进程中的妇联组织研究/陈琼/华中师范大学/2009
5. 定位与功能：转型期中国妇联组织角色研究/赵明/武汉大学/2009

妇女与就业、社会保障、贫困研究

6. 中国经济转型中城镇女性劳动供给行为分析/谭岚/浙江大学/2006
7. 城市贫困女性问题及对策研究/吴玲/河海大学/2006
8. 女性创业意向与创业行为及其影响因素研究/钱永红/浙江大学/2007
9. 创业女性工作家庭平衡及其对绩效影响机制研究/黄逸群/浙江大学/2007
10. 成功职业女性的生涯发展与性别建构——基于生活历史法的研究/徐改/华东师范大学/2007
11. 我国女性创业及影响因素研究/胡怀敏/华中科技大学/2007
12. 单位制变革与劳动力市场中的性别不平等/武中哲/上海大学/2008
13. 中国转型期非正规就业女性群体的福利权问题研究/唐斌尧/南开大学/2009
14. 中国城镇劳动力市场性别和户籍差异实证研究/黄志岭/浙江大学/2009
15. 中国女性社会福利制度建设研究——基于老年妇女贫困的视角/李丽/西南财经大学/2009
16. 英国反就业歧视法研究——以两性工作平等为中心/饶志静/上海交通大学/2009

17. 我国劳动力市场中的性别歧视与户籍歧 | 视/石莹/山东大学/2010

妇女参政与公共政策、公共管理研究

18. 社会转型期妇女参政的社会支持系统研究/祝平燕/华中师范大学/2006

19. 政治文明进程中的妇女参政/王瑞芹/中共中央党校/2006

20. 当代台湾女性参政研究/林小芳/福建师范大学/2007

21. 社会性别视角下的中国女性参政研究/鲍静/北京大学/2008

22. 帝制中国的女主与政治——关于女性统治的合法性探析/米莉/中国政法大学/2008

23. 广西母亲安全政策评价研究/黎健/复旦大学/2008

24. 新时期农村妇女政治参与研究/张家智/首都师范大学/2009

25. 现代国家建构与农村妇女的政治参与——以河南宇县为例（1900~2008）/杨翠萍/华中师范大学/2009

26. 欧盟与性别平等——女性决策参与发展中的欧盟制度因素/曲宏歌/山东大学/2009

27. 社会性别视角下当代中国女性政治参与问题研究/师凤莲/山东大学/2010

28. 制度分析框架下的女县长发展研究——基于湖北省 35 个干部的访谈分析/陈丽琴/华中师范大学/2010

29. 当代中国民族地区少数民族妇女参政研究——基于女性人类学的视角/张翠/中央民族大学/2010

妇女健康、性和身体研究

30. 改善流动人口妇幼卫生保健服务利用的策略研究/陈刚/复旦大学/2006

31. 上海市外来孕产妇保健管理现况与政策研究/朱丽萍/复旦大学/2006

32. 山东省农村已婚育龄妇女 RTI 干预与病原体筛查方法研究/刘洪庆/山东大学/2006

33. 中国农村生殖健康领域社会性别意识和行为量表的系统研究/杨雪燕/西安交通大学/2006

34. 贫困地区外出打工群体（女性流动人口）生殖健康需求与服务研究/李孜/华中科技大学/2006

35. 贫困农村地区社会性别与卫生公平性研究/刘茂伟/华中科技大学/2007

36. 晚清至五四时期女性身体观念考/段炜/华中师范大学/2007

37. 农村妇幼保健中社会性别问题研究/方为民/华中科技大学/2008

38. 海南省黎、汉族青年艾滋病相关知识、态度及性行为：流动经历、社会性别和社区环境的影响/王瑜/中国协和医科大

学/2008

39. 上海、广东外来未婚女工生殖健康行为的生态学因素及干预探索研究/钱序/复旦大学/2008

40. 印象管理与女性健身活动及心理健康的关系/张立敏/北京体育大学/2008

41. 有形与无形——艾滋病患者的社会性别研究/张翠娥/武汉大学/2009

42. 社会性别视角下农村留守妇女艾滋病行为干预策略研究/秦其荣/安徽医科大学/2009

43. 我国三地区女性性工作者对女性主导HIV/STI预防措施的可接受性及其影响因素/韩琳/中国协和医科大学/2009

44. 安徽省农村已婚育龄妇女生殖道感染现状及相关因素研究/张秀军/安徽医科大

学/2009

45. 生殖健康服务领域服务对象满意的影响机制研究——基于社会性别视角/李亮/西安交通大学/2009

46. 孕妇营养状况与枯萎卵妊娠关系的研究/殷妍/中国协和医科大学/2009

47. 台湾高尔夫球女性桿弟骨质密度与健康相关因素研究/林添鸿/苏州大学/2009

48. 山东省农村居民高血压患病与血压控制的性别差异分析/李慧/山东大学/2009

49. 开远市暗娼艾滋病性病感染率变化趋势及其流行因素研究/汪海波/中国疾病预防控制中心/2010

50. 山东省女性性工作者艾滋病高危行为变化及抽样方法研究/廖玫珍/山东大学/2010

妇女与教育研究

51. 近代女子教育思潮与女性主体身份建构——以周南女校为个案的考察（1905～1938）/万琼华/湖南大学/2007

52. 东乡族女教师生涯发展研究/李艳红/西北师范大学/2007

53. 历史的背影：一代女知识分子的教育记忆/姜丽静/华东师范大学/2008

54. 性别视角下的东乡族中小学潜在课程研究/吕晓娟/西北师范大学/2009

55. 中小学女生性别同一性发展特点及其机

制研究/马川/华东师范大学/2009

56. 社会性别视角下的高校女教师发展研究/禹旭才/湖南师范大学/2009

57. 教会女子大学在中国社会的历史演变——以金陵女子大学为个案/杨兰英/湖南师范大学/2009

58. 社会性别视角下乡村女教师生涯发展研究——基于三兴中学五位女教师的个人生活史考察/李长娟/东北师范大学/2010

妇女与科技、女性高层人才研究

59. 中国女性科学家群体状况研究/杨丽/中国科学技术大学/2010

60. 组织变革背景下女企业家领导力模式研究/胡剑影/上海交通大学/2010

61. 基于领导－成员交换的女性管理者职涯　｜　阻隔研究/田力/华中科技大学/2010

妇女与婚姻家庭研究

62. "成家"与"立业"：青年白领女性的工作家庭冲突研究/唐美玲/南京大学/2006

63. 劳动力外流下中国农村老年人家庭代际支持性别分工研究/宋璐/西安交通大

学/2008

64. 城市女性婚姻移民的社会适应和社会支持研究——以上海市"外来媳妇"为例/赵丽丽/上海大学/2008

性别与媒介研究

65. 拯救与困惑——中国早期电影中的女性悲剧（1905～1949）/周霞/中国传媒大学/2006

66. 女性电视叙事研究——以《半边天》栏目为主要个案/郑大群/四川大学/2006

67. 从理想国到日常生活——当代中国大众传媒中的社会性别话语（1995～2005）/张晨阳/复旦大学/2006

68. 时尚杂志与中产阶级女性身份——以《世界时装之苑——ELLE》为个案/刘芳/上海大学/2006

69. 民国时期上海的知识女性与大众传媒——以女性刊物为中心的研究/李晓红/厦门大学/2007

70. 历史与女性的抒写——二十世纪八十年代以来华语电影女编剧创作论/孙晓虹/复旦大学/2007

71. 传媒中的中国女性与现代性/白蔚/上海

大学/2007

72. 电视剧传播框架中的女性：形象建构与身份认同/马琳/华东师范大学/2008

73. 影像、性别与革命意识形态——大跃进时期上海女劳模研究/徐大慰/华东师范大学/2009

74. 形象建构与身体言说——新中国女性电影明星研究/潘国美/上海大学/2009

75. 女性主义视野下的媒介批评/张艳红/武汉大学/2009

76. 影视文化的性别批评/李东/辽宁大学/2010

77. 国内电视谈话节目成功女主持人研究/曹莉/华东师范大学/2010

78. 中美报纸新闻中女性形象塑造的跨文化研究/吴越民/浙江大学/2010

79. 《玲珑》杂志中的30年代都市女性生活/何楠/吉林大学/2010

女性主义艺术研究

80. 女性主义如何干预艺术史——格里赛尔达·波洛克艺术史理论基础考辨/齐鹏/

中央美术学院/2007

81. 中国学院背景女雕塑家创作研究/李仲

如/中国艺术研究院/2007

82. 共性·个性·女性——中央美术学院雕塑艺术创作研究所雕塑家群体研究/陈艳/中央美术学院/2007

83. 男旦：性别反串——中国戏曲特殊文化

现象考论/徐蔚/厦门大学/2007

84. 中国话剧女导演研究/顾春芳/上海戏剧学院/2008

85. 苗侗女性服饰文化比较研究/周梦/中央民族大学/2010

妇女与宗教研究

86. 汉唐期间道教修炼方式与道教女性观之变化研究/岳齐琼/四川大学/2007

87. 托妮·莫里森宗教思想研究/张宏薇/东北师范大学/2009

88. 性别、族群、宗教与文学——妇女主义

圣经批评视野下的五四女性文学研究/郭晓霞/河南大学/2009

89. 女性主义视角下的宗教人格与创作：勃朗特姐妹研究/张静波/南开大学/2010

男性研究

90. 中国当代文学和大众文化中的男性气质/张伯存/华东师范大学/2006

91. 男性性工作者男性气质建构的质性研究/方刚/中国人民大学/2007

92. 从五四到抗战：中国女性小说中的男性形象/张毅/山东大学/2007

93. 第五代与新生代导演作品中的男性形象研究/周隽/南京艺术学院/2010

94. 身份的危机与建构——欧内斯特·盖恩斯小说中的男性气概/隋红升/浙江大学/2010

反对针对妇女的暴力研究

95. 性骚扰的侵权责任/靳文静/中国政法大学/2006

96. 湖南家庭暴力研究/曹玉萍/中南大学/2006

97. 中国性犯罪立法之现实困境及其出路研究/刘芳/吉林大学/2007

98. 夫妻暴力社会心理高危因素及其预防性心理干预的研究/邹韶红/中南大学/2007

99. 论性骚扰纠纷的民事诉讼规制/骆东平/

西南政法大学/2008

100. 孕期家庭暴力与孕妇心理、产后抑郁、新生儿神经生化及遗传－环境交互作用对婴儿认知行为的影响/张勇/中南大学/2008

101. 亲密关系中的暴力——以1035名大学生调查为例/王向贤/中国社会科学院研究生院/2008

102. 家庭暴力干预政策过程分析及社会组

织在其中的作用——以广西壮族自治区为例/杨肖光/复旦大学/2008

103. 论基于性别的家庭暴力的民法规制——中国法与美国法之比较研究/秦志远/西南政法大学/2008

104. 家庭暴力受虐妇女杀夫犯罪问题研究/邢红枚/中国政法大学/2009

105. 职场性骚扰雇主责任研究/李妍/吉林大学/2010

女性生活方式研究

106. 已婚女性的时间配置研究/石红梅/厦门大学/2006

女性体育研究

107. 中国社会体育参与中的妇女与性别差异研究/潘丽霞/北京体育大学/2007

108. 我国竞技体育女性参与的研究/卢玲/上海体育学院/2010

109. 珠江三角洲城市职业女性体育生活方式研究/杜熙茹/上海体育学院/2010

性别与空间研究

110. 都市空间与文学空间——多丽丝·莱辛小说研究/肖庆华/四川大学/2007

111. 都市意象的女性主义书写/刘贺娟/辽宁大学/2008

112. 托妮·莫里森小说的空间叙事/胡妮/上海外国语大学/2010

113. 空间、角色与权力——上海城市空间与女性研究（1843～1911）/姚霏/上海师范大学/2010

114. 上海都市文化与上海女作家写作/赵欣/上海师范大学/2010

115. 西方女性主义建筑学的若干议题研究/滕静茹/清华大学/2010

少数民族妇女研究

116. 农村维吾尔族女性的行为特征研究——以库车县牙哈镇克日希两村为例/王海霞/中央民族大学/2006

117. 西双版纳傣族女性观念及其变迁研究/董印红/中央民族大学/2006

118. 甘青宁回族女性传统社会与文化变迁研究/骆桂花/兰州大学/2006

119. 中国朝鲜族女性涉外婚姻研究——以嫁到韩国的朝鲜族女性为研究个案/全信子/中央民族大学/2006

120. 索玛花的叙事——四川凉山彝族女性研究/刘世风/中央民族大学/2007

121. 西道堂妇女——一个中国伊斯兰教派的女性人类学研究/马雪莲/中山大学/2007

122. 经济组织中的维吾尔族妇女——以新疆喀什地区为例/李智环/兰州大学/2009

123. 性别关系变迁研究：从传统到现代——以湖北恩施土家族双龙村为例/崔应令/武汉大学/2009

124. 维吾尔族城乡女性比较研究——以切

克曼村与乌鲁木齐市为例/努尔古丽·阿不都苏力/中央民族大学/2009

125. 从培养"男性附属品"到促成"社会半边天"——从女性角色转变看哈萨克女性教育变迁/张兴/华东师范大学/2009

126. 社会转型期城市回族女性观念、行为变迁研究：建立在西安、兰州两地实证考察基础上的分析/温文芳/兰州大学/2010

农村妇女发展与受流动影响的妇女研究

127. 中国农村妇女在社区林业管理中的参与研究/刘晶岚/北京林业大学/2007

128. 西部农村女性人力资源开发研究/黄雯/西北农林科技大学/2008

129. 农村妇女就业模式变化对农村发展的影响——基于辽宁省的研究/李旻/沈阳农业大学/2008

130. 农村女性劳动力流动及影响因素研

究——以长江三角洲为例/宋瑜/浙江大学/2008

131. 农村女性劳动力转移就业问题研究/刘妍/南京农业大学/2008

132. 新疆农村劳动妇女素质与发展问题研究/朱晓敏/新疆农业大学/2009

133. 城市化进程中农村女性劳动力流动转移问题研究/王东平/河北农业大学/2010

女童研究

134. 女童教育研究二十年的回顾与反思——我国教育研究的个案分析/王舟/西北师范大学/2008

135. 拉祜女童的教育选择——一项教育人类学的回访与再研究/杨红/中央民族大学/2010

老年妇女研究

136. 中国女性老年人的生活现状与需求研究——与日本比较/张雨明/华东师范大学/2008

137. 中国老年教育参与者性别失衡研究——基于社会性别视角的分析/贾云竹/中国人民大学/2010

女性主义国际关系研究

138. 女性主义视角下的世界秩序研究/苏云婷/吉林大学/2007

139. 国际关系的女性主义观照：权力、冲突与发展问题的社会性别分析/胡传荣/上海外国语大学/2007

140. 女性主义国际关系理论研究/周绍雪/中共中央党校/2010

国外女性/性别研究

141. 美国华裔文学中的社会性别身份建构/张卓/苏州大学/2006

142. 精神追寻与生存突围——论欧美华人女作家纪实作品中的女性自我书写/宋晓英/山东师范大学/2006

143. 对弗吉尼亚·伍尔夫小说"双性同体"的探索/张昕/上海外国语大学/2006

144. 美国黑人女性主义批评研究/周春/四川大学/2006

145. 美国黑人女性主义文学批评研究/王淑芹/山东大学/2006

146. 走向完整的生存——艾丽丝·沃克的妇女主义文学创作研究/王晓英/南京师范大学/2006

147. 边缘与中心之间——对伊丽莎白·乔丽作品的符号学研究/梁中贤/华东师范大学/2006

148. 多元的梦想——百衲被审美与托尼·莫里森的艺术诉求/焦小婷/河南大学/2006

149. 冲突的思考　融合的启示——托尼·莫里森作品的文化定位/曾梅/山东大学/2006

150. 在差异的世界中重构黑人文化身份——解读解构主义者托妮·莫里森/王玉/上海外国语大学/2006

151. 追寻自我——温迪·华瑟斯廷和她的女性人物/贺安芳/华东师范大学/2006

152. "表现性形式"的历史呈现——苏珊·朗格符号学美学研究/王妍慧/首都师范大学/2006

153. 剧场里的毕加索——英国剧作家凯萝·邱吉尔的后布莱希特戏剧解读/潘薇/上海戏剧学院/2006

154. 18～19世纪英国妇女的生活和工作状况研究/王晓焰/四川大学/2006

155. 俄罗斯文学中的圣徒式女性形象/谢春艳/黑龙江大学/2006

156. 《白雪公主》嬗变研究/张颖/上海外国语大学/2006

157. 二十世纪二三十年代美国妇女生存状况与妇女运动研究/周莉萍/华东师范大学/2006

158. 苏珊·桑塔格批评思想研究/陈文钢/浙江大学/2006

159. 关于日语女性用语的研究——从历时

的观点和词汇学的角度/赵鸿/上海外国语大学/2007

160. 作为解放手段的文学——结合马尔库塞的理论探讨桑塔格二十世纪六十年代的作品/梅丽/上海外国语大学/2007

161. 斯皮瓦克研究/关熔珍/四川大学/2007

162. 压抑的自我，异化的人生——多丽斯·莱辛非洲小说研究/蒋花/上海外国语大学/2007

163. 知识女性的愿景——玛格丽特·德拉布尔三部小说的主题研究/杨跃华/上海外国语大学/2007

164. 女性创作与童话模式——英国十九世纪女性小说创作研究/戴岚/华东师范大学/2007

165. 弗吉尼亚·伍尔夫：性别差异与女性写作研究/潘建/北京语言大学/2007

166. 西方当代女权主义乌托邦小说研究/欧翔英/四川大学/2007

167. 从贵妇到修女——西欧中世纪贵族妇女修道原因初探/李建军/首都师范大学/2007

168. 民族、文化与性别——后殖民主义视角下的《尤利西斯》研究/申富英/山东大学/2007

169. 维拉·凯瑟的生态视野/谭晶华/上海外国语大学/2007

170. 爱与死亡：尤金·奥尼尔的性别理论研究/刘永杰/华东师范大学/2007

171. 加拿大女性主义翻译研究中的性别——罗比涅荷-哈伍德与费拉德翻译理论之比较研究/陈喜荣/上海外国语大学/2007

172. 佐拉·尼尔·赫斯顿小说中的民俗文化研究/张玉红/上海外国语大学/2007

173. 女性凝视的震撼——马奈的"莫涵绘画"与舍曼《无题电影剧照》中的女性图像研究/孙琬君/中央美术学院/2007

174. 进入主流——二十世纪上半期西方女艺术家自画像/王燕飞/中央美术学院/2007

175. 美国女子高等教育史研究/高惠蓉/华东师范大学/2007

176. 英国妇女社会政治同盟参政运动研究/王赳/华东师范大学/2007

177. 古代朝鲜女性汉诗研究/庄秀芬/中央民族大学/2007

178. 文艺复兴时期意大利的婚姻研究/程新贤/上海师范大学/2008

179. 中世纪盛期西欧圣母崇拜探析/李玉华/首都师范大学/2008

180. 萝斯玛丽·雷德福·鲁塞尔的生态女性主义神学思想研究/李瑞虹/中国社会科学院研究生院/2008

181. 论安妮塔·布鲁克纳小说的后现代现实主义风格/滕学明/上海外国语大学/2008

182. 在精神荒野中重建精神家园——论黑人音乐对托妮·莫里森小说的影响/李美芹/山东大学/2008

183. 透过文学进行文化和政治批评——斯皮瓦克的文学政治观研究/李秀丽/北京语言大学/2008

184. 身份的识别与重构：论拜厄特早期小说女性人物的神话性塑造/梁晓冬/上海外国语大学/2008

185. "完整生存"——后殖民英语国家女性创作研究/方红/苏州大学/2008

186. 1900～1981 年的中东女性主义与民族主义关系研究——以埃及、伊朗为例/邢桂敏/西北大学/2008

187. 古罗马妇女美德：男性意识形态和妇女的应对（约公元前 2 世纪至公元 2 世纪）/付静/复旦大学/2009

188. 新世代女性文学的位相/王宗杰/东北师范大学/2009

189. 近代日本女教育家及其女子学校的研究/周萍萍/南开大学/2009

190. 女性身份的嬗变：海尔曼和诺曼戏剧研究/岑玮/山东大学/2009

191. 对中篇小说《饥饿》中女性主义特征的及物性研究/秦俊红/山东大学/2009

192. A. S. 拜厄特小说中的性别问题研究/刘爱琴/山东大学/2009

193. 母亲与谋杀：中世纪晚期英国文学中的母性研究/张亚婷/华东师范大学/2009

194. 严歌苓小说研究/邢楠/东北师范大学/2009

195. 托妮·莫里森小说的文学伦理学批评/修树新/东北师范大学/2009

196. 嘉黛·萨曼内战三部曲中知识分子的身份认同/史月/上海外国语大学/2009

197. 后回潮时代的美国女性主义第三次浪潮/都岚岚/清华大学/2009

198. 反抗与生存——玛格丽特·阿特伍德作品的主题研究/袁霞/苏州大学/2009

199. 解构与建构——吉尔曼女权主义乌托邦研究/曾桂娥/上海外国语大学/2009

200. 冲撞·融合——莱斯莉·玛蒙·西尔科与美国印第安身份构建/叶如兰/复旦大学/2009

201. 童话的青春灵药——"白雪公主"与"睡美人"的当代改写/阙蕊鑫/上海外国语大学/2009

202. 莎乐美形象的历史演变及文化解读/关涛/首都师范大学/2009

203. 赛珍珠《水浒传》翻译研究——后殖民理论的视角/唐艳芳/华东师范大学/2009

204. 赛珍珠与何巴特的中美跨国写作：论来华新教女传教士的"边疆意识"/朱骅/复旦大学/2010

205. 以自我否定形式成就自我——艾米莉·狄金森诗歌创作论/金文宁/上海外国语大学/2010

206. 贝尔·胡克斯黑人女性主义文学批评研究/赵思奇/山东大学/2010

207. 二十世纪美国女剧作家自我书写的语用文体研究/左进/上海外国语大学/2010

208. 桑塔格文艺思想研究/王建成/山东师范大学/2010

209. "南方女性神话"的现代解构——以韦尔蒂、麦卡勒斯、奥康纳为例的现代南方女性作家创作研究/平坦/吉林大学/2010

210. 性、政治与诗歌理念——艾德里安娜·里奇的女同性恋女性主义/许庆红/上海外国语大学/2010

211. 发展中的美国女性就业权平等保护/郭延军/华东政法大学/2010

230. 晚明传奇中女性形象研究/蒋小平/苏州大学/2006

231. 论清末民初思想和文学中的"英雌"话语/李奇志/华中师范大学/2006

232. 怨妇母题与20世纪中国小说/马永生/山东大学/2006

233. 略论中国近现代通俗小说中的女性形象/于晓风/山东大学/2006

234. 被建构的女性——中国现代文学社会性别研究/刘传霞/山东师范大学/2006

235. 从革命女性到女性革命——现代女性革命小说的女性关怀/杨晶/吉林大学/2006

236. 女性的发现——论1919～1949年现代女性叙事三主题/肖泳/浙江大学/2006

237. 秋水斜阳芳菲度——中国现代女作家传记研究/朱旭晨/复旦大学/2006

238. 流亡异邦的中国文学：张爱玲的启示/王进/复旦大学/2006

239. 论新时期女性主义文学批评发展衍变的历史轨迹/邓利/四川大学/2006

240. 中国当代女性文学思潮论/马春花/山东师范大学/2006

241. 第二性的权力话语：论中国当代女性主义文学批评的形态及特征/林晓云/复旦大学/2006

242. 二十世纪九十年代女性散文的主体建构/杨珺/河南大学/2006

243. 成长如蜕——二十世纪九十年代女性成长小说研究/高小弘/河南大学/2006

244. 追寻与建构——王安忆小说研究/谭玉敏/武汉大学/2006

245. 王安忆小说创作论/李淑霞/山东师范大学/2006

246. 人类的关爱与生命的体贴——铁凝小说论/王志华/山东师范大学/2006

247. 在欲望与审美之间——论20世纪80年代以降台湾女性小说的欲望书写/艾尤/苏州大学/2006

248. 二十世纪八九十年代中韩女性作家爱情小说比较研究/安炳三/山东大学/2006

249. 中国与斯里兰卡爱情诗歌的比较研究/瓦库迪/南京师范大学/2006

250. 追寻、认同与反思——20世纪90年代以后女性主义电影创作研究/毛琦/中国艺术研究院/2006

251. 汉魏六朝女性著述考论/庄新霞/山东大学/2007

252. 唐前女性题材诗歌研究/周峨/复旦大学/2007

253. 唐宋时期杨贵妃题材文学研究/罗英华/复旦大学/2007

254. 明清女性作家戏曲创作研究/刘军华/陕西师范大学/2007

255. "三言"性别话语研究——以话本小说的文献比勘为基础/刘果/华中师范大学/2007

256. 从晚清到五四：女性身体的现代想象、建构与叙事/程亚丽/山东师范大学/2007

257. 拓展与变异——启蒙思潮中的女性文学论/谢海平/山东大学/2007

258. 现代文学家庭书写新论——性别视角下的考察/陈千里/南开大学/2007

259. 殖民异化与文学演进——侵华时期满

洲中日女作家比较研究/王劲松/四川大学/2007

260. "东吴系女作家"研究（1938～1949）/王羽/华东师范大学/2007

261. 二十世纪前半期性别文学史书写研究/张磊/南开大学/2007

262. 多元调和：张爱玲翻译作品研究/杨雪/上海外国语大学/2007

263. 未竟的审美之旅——论新时期女性小说对日常生活的诗性探寻/赖翅萍/河南大学/2007

264. 反思与建构——论新时期以来的女性文学与女性文学批评/吕颖/山东师范大学/2007

265. 中国当代言情小说女性原型研究/刘玉霞/苏州大学/2007

266. 当代文学批评中的女性身体观念/陈宁/南开大学/2007

267. 自我认同与性别表述：1980年代女性诗歌研究/齐军华/首都师范大学/2007

268. 全球化视域里的中国性别诗学研究（1985～2005大陆）/万莲姣/暨南大学/2007

269. 走向女性主义日常生活诗学——论日常生活对女性主义批评的意义/陆兴忍/华中师范大学/2007

270. 中国当代文学宏大叙事中的女性形象书写/王林/四川大学/2007

271. 20世纪90年代女性小说身体话语/任亚荣/上海大学/2007

272. 王安忆小说主题研究/裴艳艳/河南大学/2007

273. 铁凝与新时期文学/闫红/山东师范大学/2007

274. 当代小说视阈中的"另类"作家——残雪小说创作论/栗丹/山东师范大学/2007

275. 跨越时空的文学唱和——二十世纪末香港与台湾女性作家小说与张爱玲/冯晓艳/山东大学/2007

276. 称谓语性别差异的社会语言学研究/张莉萍/中央民族大学/2007

277. 女性主义视角下先秦两汉文学中的女性形象研究/刘建波/山东大学/2008

278. 先秦两汉文学老姬形象研究/王艳丽/东北师范大学/2008

279. 女性物事与宋词研究/田苗/复旦大学/2008

280. 明清女剧作家研究/邓丹/首都师范大学/2008

281. 被建构的西方女杰——《世界十女杰》在晚清的翻译/唐欣玉/复旦大学/2008

282. 五四文学中的女子问题叙事——以同期女子解放思潮和运动事实为参照/张文娟/吉林大学/2008

283. 中国现代文学生态主义叙事中的女性形象/王明丽/兰州大学/2008

284. 中国现代文学性别批评之研究/洪武奇/南开大学/2008

285. 在诗意和尘嚣间游移——大众消费主义文化视野下的当代女性叙事/岳斌/山东师范大学/2008

286. 二十世纪女作家生命意识与性别诗学的建构/刘巍/辽宁大学/2008

287. 困境中的反叛与突围：1990年代中国女性文学/王璐/吉林大学/2008

内蒙古大学/2010

317. 当代新疆文学的性别书写及其文化内涵/王志萍/南开大学/2010

318. 从依附到自觉——当代女性主义文学批评研究/王艳峰/华东师范大学/2010

319. 20世纪90年代女性诗歌研究/董秀丽/南开大学/2010

320. 20世纪中国文学女性生命体验的性别

书写/刘艳琳/湖南师范大学/2010

321. 近三十年中国大陆背景女作家的跨文化写作/周颖菁/武汉大学/2010

322. 韩中巾帼英雄小说比较研究——《洪桂月传》与《兰花梦奇传》比较研究/金慧子/中央民族大学/2010

323. 英汉语性别歧视现象的对比研究/王显志/中央民族大学/2010

妇女/性别史研究

324. 中国古代性别角色的分化及其社会化/王小健/陕西师范大学/2006

325. 巫文化视域下的宋代女性——立足于女性生育、疾病的考察/方燕/四川大学/2006

326. 宋代士人阶层女性研究——秩序、规范与女性生活/铁爱花/武汉大学/2006

327. 近代中国反缠足的努力与成效述略/杨兴梅/四川大学/2006

328. 理想、女性、习俗——唐宋时期敦煌地区婚姻家庭生活研究/陈丽萍/首都师范大学/2007

329. 十六至十八世纪婢女生存状态研究/王雪萍/东北师范大学/2007

330. 明代女性碑传文与品官命妇研究/陈超/东北师范大学/2007

331. 清末民初女性犯罪研究（1901～1919）/艾晶/四川大学/2007

332. 近代广东妇女权利研究——以20世纪20～30年代中期的情形为例/向仁富/中国政法大学/2007

333. 革命与变迁——20世纪三四十年代近

蒙妇女生活状况研究/王克霞/山东大学/2007

334. 身体理论视域中的秦汉女性美研究/逄金一/山东大学/2007

335. "礼"与"情"：明代女性在困厄之际的抉择/赵秀丽/华中师范大学/2008

336. 清朝中期妇女犯罪问题研究/杨晓辉/中国政法大学/2008

337. 民初女性权利变化研究——以大理院婚姻、继承司法判解为中心/徐静莉/中国政法大学/2008

338. 性别、权力与社会转型——1927～1937年上海女性自杀问题研究/侯艳兴/复旦大学/2008

339. 民国时期城市生育节制运动的研究——以北京、上海、南京为重点/俞莲实/复旦大学/2008

340. 《玉台画史》中女才人及其社会角色研究/徐玉红/中国美术学院/2009

341. 先秦女性研究——从社会性别视角的考察与分析/白路/南开大学/2009

342. 两汉妇女生活情态研究/顾丽华/东北

师范大学/2009

343. 清末女性才德观研究——以上海为中心（1897～1907）/刘丽娟/复旦大学/2009

344. 清代贵州女性生活研究/张磊/中央民族大学/2009

345. 近代上海的分娩卫生研究（1927～1949）/赵婧/复旦大学/2009

346. 《易》《礼》《诗》对妇女的定位——

西周至两汉主流妇女观/焦杰/陕西师范大学/2010

347. 宋代妇女婚姻生活研究——以《全宋文》所涉4802篇墓志为例/郑丽萍/华东师范大学/2010

348. 清代夫妻相犯研究——基于《大清律例》与刑科档案的法文化考察/钱泳宏/华东政法大学/2010

女性主义哲学研究

349. 女权主义的划界、反思与超越/田雨/吉林大学/2006

350. 当代英美马克思主义/社会主义女权主义对女性受压迫问题的新探讨/虞晖/中国人民大学/2008

351. 西方马克思主义女性主义的现代性批

判——对《资本主义的终结》的解读/史巍/东北师范大学/2010

352. 波伏瓦女性主义伦理思想研究/屈明珍/中南大学/2010

353. 从反再现到承认的政治——女性身份认同研究/傅美蓉/陕西师范大学/2010

女性主义法学研究

354. 中国妇女权利研究/邹晓红/吉林大学/2006

355. 婚姻家庭法之女性主义分析/黄宇/西南政法大学/2007

356. 离婚诉讼话语中权力和亲密关系的性别解读/李祥云/山东大学/2008

357. 妇女权利平等保护的能力进路/贺利云/中国政法大学/2009

358. 《中华人民共和国妇女权益保障法》修改研究/莫文秀/中国政法大学/2009

359. 科学发展观视野下妇女权益保障体系构建研究/蒋梅/湖南师范大学/2009

360. 女性主义法学的自我反思与重构/岳丽/西南政法大学/2010

361. 性别变更的法律问题研究/李燕/复旦大学/2010

女性主义经济学研究

362. 女性的选择权与劳动参与决策的经济学分析/郑美琴/华中农业大学/2006

363. 边境贸易中的女性发展/李溱/中山大学/2006

女性人类学研究

妇女/性别研究学术刊物及专栏名录

一 学术刊物

《妇女研究论丛》

《妇女研究论丛》由中华全国妇女联合会主管、全国妇联妇女研究所和中国妇女研究会联合主办，1992 年创刊，中国妇女研究会会刊，多年来连续被评为中文社会科学引文索引来源期刊、中国人文社会科学核心期刊、全国中文核心期刊、中国核心学术期刊和"复印报刊资料"重要转载来源期刊，是中国妇女/性别研究领域的一份具有独特地位的重要杂志。该刊大 16 开本，双月刊，在国内外公开发行。主编谭琳。

该刊始终坚持以马克思主义为指导，积极探索有中国特色的妇女理论；坚持以理论研究促进妇女运动发展，推动将性别意识纳入决策主流；坚持吸收多学科的理论和方法，丰富和拓展妇女/性别研究的理论视野；借鉴国际妇女运动的理论与实践，并将中国妇女运动的实践经验向世界传播。主要栏目有："理论探索与争鸣""观察与调查""热点问题讨论""史学研究与反思""性别文化研究""国外妇女/性别研究""学科建设""研究动态与信息""读书与思考"等。

地址：北京市东城区建国门内大街 15 号

邮编：100730

电话：010 - 65103472

电子邮箱：17656@263. net；luncong@ wsic. ac. cn

《中华女子学院学报》

由全国妇联主管、中华女子学院主办，创刊于 1989 年，是中国第一家以研究和探索妇女问题为主的综合性学术刊物。曾用名为《中国妇女管理干部学院学报》，大 16 开本，双月刊。该刊为"复印报刊资料"重要转载来源期刊、"中国人文社会科学引文数据库"来源期刊、全国百强社科学报、中国社会科学期刊精品数据库期刊。主编蔡锋。

《中华女子学院学报》自创刊以来，始终坚持"双百"方针、立足妇女教育、站在时代前沿、突出女性特色的办刊宗旨，坚持为党和国家的工作全局服务，为推动女性高等教育、促进妇女发展服务；始终坚持正确的学术导向，及时刊发妇女研究领域最新的科研成果，以引领和传播先进性别文化为己任。主要栏目有："女性与法律""女性高等教育研究""性别研究""国外妇女研究""女性文学研究""妇女史研究""儿童发展研究"等。

地址：北京市朝阳区育慧东路 1 号

邮编：100101

电话：010 – 84659045

电子邮箱：znxy@ chinajournal. net. cn

《中华女子学院山东分院学报》

由中华女子学院山东分院主办，是以研究妇女理论、妇女问题和女性教育为特色的专业性学术理论刊物。其前身是《妇女学苑》，创刊于 1987 年，属内部刊物。1999 年 1 月改名为《中华女子学院山东分院学报》（2010 年 10 月更名为《山东女子学院学报》），国际大 16 开本，双月刊。该刊为全国高校优秀社科期刊、华东地区优秀期刊、山东省优秀期刊、中国核心期刊（遴选）数据库收录期刊、中国学术期刊综合评价数据库来源期刊、中国科技期刊数据库来源期刊、《CAJ – CD 规范》执行优秀期刊。现任主编杨荣。

该刊坚持以马列主义、毛泽东思想、邓小平理论和"三个代表"重要思想及科学发展观为指导，以宣传研究马克思主义妇女观为宗旨，以探讨性别平等理论、女性与社会发展、女性与法律、女性文化、女性人力资源、女性教育等为主要内容，以提高妇女整体素质、促进妇女的社会参与和两性的和谐发展、构建社会主义和谐社会为主要任务。主要栏目有："妇女理论研究""女性文学""妇女文化""调查与思考""争鸣与探索""妇运史话""妇女教育研究"等。

地址：山东省济南市长清大学科技园大学路 2399 号

邮编：250300

电话：0531 – 86526071　86526369

电子邮箱：shandongnzxb@ 163. com

《社会性别与公共管理》

由天津大学中国社会性别与公共管理研究中心主办，以研究社会性别理论、社会性别与公共政策和公共政策的性别平等问题为特色的综合性以书代刊的学术系列出版物。创刊于 2007 年，由天津大学出版社正式出版，全国新华书店发售，大 16 开本，每年出版一辑。主编张再生。

该书以中国特色社会主义理论为指导，注重借鉴西方社会性别理论，研究探讨有中国特色的妇女发展理论、社会性别问题和公共政策的性别分析等问题，以推动和促进中国社会性别主流化和性别平等的公共政策为己任。该书坚持面向社会和广大公共管理理论和实践工作者，坚持理论联系实际、实事求是，坚持百家争鸣、繁荣学术的方针。主要关注的问题有："社会性别理论研究""公共政策性别分析""社会性别主流化""性别与就业""性别与社会保障""公共管理教育与社会性别平等""社会性别预算"等。

地址：天津市卫津路 92 号天津大学管理与经济学部

邮编：300072

电话：022 - 87401925

电子邮箱：tjugender@ gmail. com

《中国女性主义》

由首都师范大学妇女问题研究中心和广西师范大学出版社共同主办，创刊于 2004 年，属出版社连续出版发行的学术丛刊，亦是"十一五"国家重点图书出版规划项目。16 开本，每年出版两卷。主编荒林。

该刊展示全球女性主义思潮前卫动态，介绍全球女性主义最新理论成果，并深入探讨中国女性主义的发展趋势和与国际女性主义对话情况。设"女性主义在行动""女学""女性主义教育学""女性主义关键词""女性主义文本细读""女性主义群落""女性主义视窗""女性主义数据存档""女性主义全球信息点击"等专栏，呈现各国各群落女性主义风貌，反映各国各地区女性主义学科建设形势，勘探全球女性主义思潮之壮观，每卷约 25 万字，图文并茂，各栏目不仅适合高校教学参考及相关学科建设阅读，而且适合相关学位论文选题和撰写参考使用。该刊促进了"中国女性主义"这一名词的出现和学术平台的形成，体现了西方女性主义理论的本土化成效。

北京编辑部地址：北京市海淀区北洼路 29 号颐安嘉园 19 层 1907 室

邮编：100089

电话：010 - 68411587

电子邮箱：alleyeshot@ 263. net

桂林编辑部地址：广西桂林市中华路 22 号广西师范大学出版社

邮编：541001

电话：0773 - 5806962

电子邮箱：zgnx@ bbtpress. com

《中国女性文化》

该学刊由首都师范大学中国女性文化研究中心、首都师范大学历史学院中国近现代社会文化史研究中心主办，创办于 2000 年，属于以书代刊的连续出版物。小 16 开本，为半年刊。主编王红旗。

该刊以"性别"为文化命名，以"创建两性平等、互补共生的性别和谐文化"为宗旨，以女性的生命体验与文化经验为核心，对中国历史与现实的女性文化精神与创造经验进行整合性、探索性研究。坚持中国女性文化的本土化建构，是一份中国本土的文化女性主义研究理论学刊。主要栏目有："前沿""对话""性别""人物""赏典""画廊""学林""学术沙龙"。该刊容纳争鸣，重视新见，以开放的表现形式，打开新视野，明辨新理论，发现新问题，共享新成果。

地址：北京市西三环北路 105 号首都师范大学主校区第四教学楼 402 室

邮编：100087

电话：010 - 68905519

电子邮箱：wanghongqi7856@ vip. sina. com

《中国家庭研究》

《中国家庭研究》由上海社会科学院家庭研究中心主办，旨在探讨家庭研究中有关家庭权利、性别和性别平等、家庭健康婚前性行为等诸多家庭研究领域的前沿问题。创刊于 2006 年，上海社会科学院出版社出版发行，大 16 开，每年出版 1 卷，截至 2010 年已连续出版 5 卷。

《中国家庭研究》前三卷主要汇集了由家庭社会学和人口学学科的专家精选的 20 世纪 80 年代以来中国婚姻家庭研究领域的代表作，其中包括中国社会学的学术泰斗的学术经典，以及新时期家庭社会学、人口学研究的开拓者们在不同领域的佳作。从第 4 卷开始设有"论文精粹""研究报告""学术综述""国外文摘""推介与评论"等栏目，主要撷取近年来家庭学研究的最新动态和理论探讨观点，探讨家庭研究中有关家庭权利、性别和性别平等、家庭健康婚前性行为等诸多家庭研究领域的前沿问题。

地址：中国上海淮海中路 622 弄 7 号 599 室上海社会科学院家庭研究中心

邮编：200020

电话：021 – 53060606 转 2599

电子邮箱：jiating@ sass. org. cn

《家庭与性别评论》

《家庭与性别评论》自 2008 年由社会科学文献出版社出版第 1 辑始，至 2010 年已出版两辑。16 开本，不定期出版，第 1、第 2 辑分别由唐灿、李银河担任主编。

《家庭与性别评论》分专题系统地刊发和评论 1995～2007 年海内外性别研究用中文发表的在家庭与性别研究领域中有独到见解的研究论文，主要关注的议题有："家庭结构变动""生育行为""分家制度""家庭策略""夫妻关系""婚姻挤压""婚内强奸"等。力图通过系统梳理和介绍国内外家庭与性别研究的理论和学术观点，集中展示和梳理国内外相关研究领域中的多样化研究视角和研究成果，最终认识、发现和揭示家庭和性别模式变迁过程的规律及其特性。

地址：北京建国门内大街 5 号中国社会科学院社会学所

邮编：100732

电话：010 – 85195558

电子邮箱：ctang87@ 126. com

二　学术刊物专栏

《浙江学刊》"妇女研究"栏目

《浙江学刊》由浙江省社会科学院主办，该刊是国家社科基金资助期刊、全国人文社会科学核心期刊、中文社会科学引文索引来源期刊、全国中文核心期刊。设有"妇女研究"栏目（不定期）。

地址：浙江省杭州市凤起路 620 号省行政中心 11 号楼

邮编：310007

电话：0571 – 87057581

电子邮箱：zjxkzzs@ mail. hz. zj. cn

《思想战线》"社会性别研究"栏目

《思想战线》由云南大学主办，该刊是国家社科基金资助期刊、中文社会科学引文索引来源期刊、中国人文社会科学核心期刊、中文核心期刊。全国民族地区学报（期刊）名刊、云南期刊奖优秀期刊、全国高校社科名刊。设有"社会性别研究"栏目。

地址：云南省昆明市翠湖北路 2 号云南大学

邮编：650091

电话：0871 – 65031473

电子邮箱：sxzx@ ynu. edu. cn

《山西师大学报（社会科学版）》"妇女与性别研究"栏目

《山西师大学报（社会科学版）》由山西师范大学主办，是全国中文核心期刊、全国百强社科学报、中国人文社科核心期刊、北方优秀期刊、山西省一级期刊。设有"妇女与性别研究"栏目（不定期）。

地址：山西省临汾市贡院街 1 号

邮编：041004

电话：0357 – 2051149

电子邮箱：skxb1973@ 126. com

《南开学报（哲学社会科学版）》"性别视角下的中国文学与文化"栏目

《南开学报（哲学社会科学版）》是国家社科基金首批资助期刊、教育部名刊工程首批入选期刊、全国中文核心期刊、中国人文社会科学核心期刊、中文社会科学引文索引（CSSCI）来源期刊。该刊每年第 2、4、6 期有"性别视角下的中国文学与文化"栏目。

地址：天津市卫津路 94 号

邮编：300071

电话：022 – 23501681

《中共宁波市委党校学报》"妇女与社会"栏目

《中共宁波市委党校学报》由中共宁波市委党校、宁波市行政学院、宁波市社会主义学院主办，是全国优秀社科学报、全国高校优秀社科期刊、中国学术期刊综合评价数据库来源期刊、中国核心期刊遴选数据库收录期刊、中国期刊网中国学术期刊（光盘版）全文收录期刊、万方数字化期刊群全文上网期刊、中文科技期刊数据库上网期刊。设有"妇女与社会"栏目。

地址：浙江省宁波市甬水桥路 281 号

邮编：315012

电话：0574 – 87082073　87082077

电子邮箱：zglb@ chinajournal. net. cn

《徐州工程学院学报（社会科学版）》"女性主义与性别文化研究"栏目

《徐州工程学院学报（社会科学版）》由徐州工程学院主办，该刊为"中国知网""万方数据 – 数字化期刊群"《中国科技期刊数据库》《CEPS 中文电子期刊服务资料库》等全文收录期刊，为中国人民大学书报资料中心《复印报刊资料》《高等学校文科学术文摘》等来源期刊。设有"女性主义与性别文化研究"栏目（不定期）。

地址：江苏省徐州市南郊徐州工程学院

邮编：221000

电话：0516 – 83888205

电子邮箱：bjb@ xzit. edu. cn

妇女/性别研究网站名录

（按行政区划顺序排序）

中文名称： 中国妇女网

网　　址： http：//www. women. org. cn

主办单位： 中华全国妇女联合会

栏目设置： 全国妇联、历届领导、重要文献、领导讲话、妇联要闻、各地快讯、调研思考、妇女之家、女性人物、国际交流、文件资料、法律法规、团体会员、党员之家、音像视频、图片聚焦、特别关注。

中文名称： 中国妇女研究网

网　　址： http：//www. wsic. ac. cn

主办单位： 中国妇女研究会、全国妇联妇女研究所

栏目设置： 机构概况、研究课题、研究成果、图书资料、学术活动、妇女研究论丛、BBS。

中文名称： 中国妇联新闻

网　　址： http：//acwf. people. com. cn

主办单位： 全国妇联宣传部、人民网

栏目设置： 妇联要闻、权威发布、维权中心、五彩生活、家庭美德、培训就业、关爱儿童、音频视频、女性图集、特别关注。

中文名称： 国务院妇女儿童工作委员会

网　　址： http：//www. nwccw. gov. cn

主办单位： 国务院妇女儿童工作委员会

栏目设置： 机构介绍、新闻中心、政策法规、纲要规划、领导讲话、重要文件、部门动态、地方专递、培训课堂、两纲之窗、监测评估、专家视角、国家交流、调查研究、热点专题等。

中文名称： 中国性别与法律网

网　　址： www. genderandlaw. org. cn

主办单位： 中国社会科学院性别与法律研究中心

栏目设置： 性别与法律研究中心、性别与法律研究网络、研究动态、热点关注、
研究资料等。

中文名称： 社会性别与公共政策

网　　址： http：//www. xingbie. org

主办单位： 中央党校妇女研究中心

栏目设置： 最新动态、法规政策点评、参考文库、多媒体课堂、读书沙龙、视频
文件下载等。

中文名称： 中华女子学院

网　　址： http：//www. cwu. edu. cn

主办单位： 中华女子学院

栏目设置： 学校新闻、学校概况、教学单位、管理机构、教育教学、科学研究、
招生就业、校园文化、图书档案、交流合作、学校简介等。

中文名称： 中华女性网

网　　址： http：//www. china-woman. com

主办单位： 中国妇女报社

栏目设置： 新闻中心、健康、图书、漫画、专题、理事会、短信、论坛、订阅、
性别平等、调查、家庭周末报、农家女等。

中文名称： 两性视野

网　　址： http：//www. alleyeshot. com

主办单位：《中国女性主义》北京编辑部

栏目设置： 学术动态、男性批判、女性批判、传媒观察、学术之窗、教授演讲、
生存笔述、讨论区、女性主义文学、女性主义在行动、《中国女性主
义》沙龙、福特项目、青春对话、女性主义书吧、学者博客集以及一
些专栏等。

中文名称：北京大学中外妇女问题研究中心

网　　址：http：//web5. pku. edu. cn/wsc/html/index. htm

主办单位：北京大学中外妇女问题研究中心

栏目设置：最新动态、人员介绍、教学情况、科研成果、对外交流、硕士培养、女性论坛、研究与培训基地等。

中文名称：北京众泽妇女法律咨询服务中心、北京市千千律师事务所

网　　址：http：//www. woman-legalaid. org. cn

主办单位：北京众泽妇女法律咨询服务中心

栏目设置：中心简介、成员介绍、案例锦集、要闻动态、资料中心、项目介绍、中心快讯、媒体报道、公众论坛、观点荟萃、人物专访、焦点关注等。

中文名称：联合国教科文组织媒介与女性教席、中国传媒大学媒介与女性研究中心

网　　址：http：//mgi. cuc. edu. cn

主办单位：联合国教科文组织"媒介与女性"教席、中国传媒大学媒介与女性研究中心

栏目设置：新闻快报、教席出版成果资料库、研究生培养与教学、学术研究、学术研究项目、媒介与女性教席观察等。

中文名称：红枫妇女心理咨询服务中心

网　　址：http：//www. maple. org. cn

主办单位：北京红枫妇女心理咨询服务中心

栏目设置：红枫动态、红枫热线、红枫项目、心理服务、学术研究、志愿者、最新爱心捐赠名单、热线简报、红枫信箱等。

中文名称：反对家庭暴力网

网　　址：http：//www. stopdv-china. org

主办单位：中国法学会反对家庭暴力网络（研究中心）

栏目设置：关于我们、新闻、项目、专题、历程、资料、影音等。

中文名称：女声网（妇女传媒监测网络）

网　　址：http：//www. genderwatch. cn

主办单位：妇女传媒监测网络

栏目设置：电子周报、性别批评、民间行动、行业新闻、国际动态、独家发布、影像艺术、理论研究、倡导资源、优秀报道、读物推荐。

中文名称：妇女/社会性别学学科发展网

网　　址：http：//www. chinagender. org

主办单位：妇女/社会性别学学科发展网络

栏目设置：关于我们、专题讨论、课程荟萃、网络文库、网络资讯、网络行动、爱心平台、新闻动态、论坛。

中文名称：社会性别与发展在中国

网　　址：http：//www. china-gad. org

主办单位：社会性别与发展在中国网络

栏目设置：新闻资讯、GAD 网络动态、焦点讨论、民间行知、信息通告、资源宝藏、女声等。

中文名称：农家女

网　　址：http：//www. nongjianv. org

主办单位：北京农家女文化发展中心

栏目设置：农村社区发展、打工妹之家、农家女微创业、爱心支持、刊物 & 视频、农家女故事等。

中文名称：社会性别与全球问题研究

网　　址：http：//blog. sina. com. cn/gendercenter

主办单位：北京外国语大学社会性别与全球问题研究中心

栏目设置：博文目录、图片等。

中文名称：山西省女知识分子协会、山西省女性人才研究中心

网　　址：http：//www. sxfia. cn

主办单位： 山西省女知识分子协会

栏目设置： 协会概况、中心概况、新闻资讯、公告通知、申请加入、会员留言、加入收藏、联系我们。

中文名称： 真我性别研究网站

网　址： http：//202.199.159.238/default.asp

中文名称： 大连大学性别研究中心

栏目设置： 性别研究中心、性别研究专题、学术交流、女子学院、大连妇女研究所、大连大学、真我论坛等。

中文名称： 延边大学女性研究中心

网　址： http：//skc.ybu.edu.cn/index.php? id=106

主办单位： 延边大学女性研究中心

栏目设置： 研究中心简介、研究活动、学术活动、教育活动、发刊资料、研究中心新闻、中国朝鲜族女性研究会、总同学会（女性终身教育总同学会）、交流平台。

中文名称： 东北师范大学女性研究中心

网　址： http：//wzhongxin.nenu.edu.cn

主办单位： 东北师范大学女性研究中心

栏目设置： 中心简介、人员组成、学术研究、资料文献、课程建设、最新成果、公告栏、课程建设、最新动态、中心工作、基地展台。

中文名称： 上海市妇女学学会网站（在东方网上海女性频道开设网页）

网　址： http：//www.shwomen.org/renda/08women/llyj/yjjg/u1a1575047.html

主办单位： 上海市妇女学学会、上海市婚姻家庭研究会

栏目设置： 学会简介、研究动态、研究成果和专家介绍。

中文名称： 中华女子学院山东分院

网　址： http：//www.sdwu.edu.cn

主办单位： 中华女子学院山东分院

栏目设置：学校概况、领导关怀、人才培养、机构设置、科学研究、学工在线、
　　　　　图书资料、合作交流、精品课程、媒体看女院、院长信箱。

中文名称：武汉大学妇女与性别研究网

网　　址：http：//shxx. whu. edu. cn/site/shxx/

主办单位：武汉大学妇女与性别研究中心/基地

网站栏目：中心简介、学科建设、科学研究、性别培训、女性论坛、学者天地、
　　　　　工作信息、交流平台、学位论文资助、最新广告、热点文章、下载
　　　　　中心。

中文名称：妇女/性别研究与女性教育中心

网　　址：http：//www. hnnd. com. cn/newbumen/fnxbynxjyyjzx/

主办单位：湖南女子学院妇女/性别研究与女性教育中心

栏目设置：中心介绍、新闻资讯、专业建设、精品课程、重点学科、学术前沿、
　　　　　学术交流、教学团队、学生工作、女性维权、新书推荐、图片展示。

中文名称：麓山枫：湖南妇女/社会性别学与文学论坛

网　　址：www. 38hn. com

主办单位：湖南商学院女性研究中心

栏目设置：网站信息、跨界合作、课程教材、电子学刊、视频教学、讲座推荐、
　　　　　学术空间、公益创业、女书研究、有机生活、麓山枫论坛、English
　　　　　Version。

中文网站：湖南省妇女干部学校

网　　址：http：//women. hnswdx. gov. cn

主办单位：湖南省妇女干部学校

栏目设置：学校概况、教学管理、科研信息、教授风采、两性论坛、女性频道、
　　　　　支部建设、研究中心、学会建设。

中文名称：中山大学性别教育论坛

网　　址：http：//genders. sysu. edu. cn

主办单位： 中山大学中文系比较文学与世界文学教研室

栏目设置： 妇女维权行动、南方媒体观察、性别校园、性别新视界、妇女研究、性别与文化再现、比较文学与文化研究、性别教育资源库。

中文名称： 重庆妇女网

网　　址： http：//www.cqwomen.org.cn

主办单位： 重庆市妇联

栏目设置： 妇联概况、巾帼风采、主体活动、维权之窗、儿童工作、妇儿工委、调查研究、创业就业、爱心共筑、资料中心。

中文名称： 西南政法大学外国家庭法及妇女理论研究中心

网　　址： http：//www.swupl.edu.cn/wgjtf

主办单位： 西南政法大学外国家庭法及妇女理论研究中心

栏目设置： 中心简介、中心新闻、学术成果、家事法研究文库、学术讲座、新书推荐、学习园地、精品课程、留言版等。

中文名称： 西部女性网

网　　址： http：//www.westwomen.org

主办单位： 陕西省妇女理论婚姻家庭研究会

栏目设置： 我们的机构、我们的项目、社会关注、研究交流、电子数据库、图片库。

中文名称： 陕西省委党校妇女/性别研究与培训基地

网　　址： http：//www.shxdx.com/Index/catalog561.aspx

主办单位： 陕西省委党校

栏目设置： 部门简介、人员编制、最新活动消息、"党建带妇建"数据库。

中文名称： 陕西妇源汇性别发展培训中心

网　　址： http：//www.gdschina.org

主办单位： 陕西省妇女研究会

栏目设置： 关于我们、培训课题、核心项目、公益平台、联系我们。

中文名称：西安交通大学人口与发展研究所性别与发展研究中心

网　　址：http：//ipds. xjtu. edu. cn/Institute. php？num＝83

主办单位：西安交通大学人口与发展研究所

栏目设置：研究所简介、研究人员、科研工作、科研成果、新闻中心、研究生培养、合作关系、学术交流、社会评价与报道、留言板。

全国妇联、中国妇女研究会第二届中国妇女研究优秀成果奖、优秀组织奖获奖名单（2010 年）

一 优秀成果奖

一等奖

1. 专著类

（1）蒋永萍主编、全国妇联妇女研究所课题组著《社会转型中的中国妇女地位》，北京：中国妇女出版社，2006 年 11 月。

（2）陈明侠、夏吟兰、李明舜、薛宁兰主编《家庭暴力防治法基础性建构研究》，北京：中国社会科学出版社，2005 年 8 月。

（3）莫文秀主编《妇女教育蓝皮书：中国妇女教育发展报告 NO.1（1978～2008)》，北京：社会科学文献出版社，2008 年 10 月。

（4）刘思谦著《"娜拉"言说——中国现代女作家心路纪程》，开封：河南大学出版社，2007 年 9 月。

2. 论文类

（空缺）

3. 调查研究报告类

（1）肖扬：《对高层决策者社会性别意识的调查与分析》，《新华文摘》2005 年 1 月。

（2）重庆市女检察官协会、重庆市妇女理论研究会调研组：《关于对重庆市农村留守女性遭受性侵犯情况的调研报告》，《现代法学》2008 年增刊。

4. 学术普及读物（含教材）类

（空缺）

5. 工具书类

（空缺）

6. 译著类

（空缺）

二等奖

1. 专著类

（1）丁娟著《男女平等基本国策研究》，北京：中国妇女出版社，2005 年
3 月。

（2）王金玲主编《跨地域拐卖或拐骗——华东五省流入地个案研究》，北京：
社会科学文献出版社，2007 年 7 月。

（3）夏吟兰著《离婚自由与限制论》，北京：中国政法大学出版社，2007 年
10 月。

（4）刘霓、黄育馥著《国外中国女性研究——文献与数据分析》，北京：中
国社会科学出版社，2009 年 6 月。

（5）郭景萍著《情感社会学：理论·历史·现实》，上海：上海三联书店，
2008 年 3 月。

（6）杨雪燕、李树苗著《社会性别量表的开发与应用》，北京：社会科学文
献出版社，2008 年 6 月。

2. 论文类

（1）金一虹：《铁姑娘再思考——中国"文化大革命"期间的社会性别与劳
动》，《社会学研究》2005 年第 1 期。

（2）谭深：《改革与妇女地位的变迁》，载于李强主编《中国社会变迁 30
年》，北京：社会科学文献出版社，2008 年 11 月。

（3）徐安琪：《夫妻权力和妇女家庭地位的评价指标：反思与检讨》，《社会
学研究》2005 年第 4 期。

（4）马忆南：《离婚救济制度的评价与选择》，《中外法学》2005 年第 2 期。

（5）郑丹丹：《身体的社会形塑与性别象征——对阿文的疾病现象学分析及
性别解读》，《社会学研究》2007 年第 2 期。

（6）侯杰、陈晓曦：《事件·文本·解读——以民国时期"双烈女事件"为
中心》，《近代史研究》2008 年第 3 期。

（7）刘筱红：《以力治理、性别偏好与妇女参加——基于女性参与乡村治理
的地位分析》，《华中师范大学学报》2006 年第 4 期。

3. 调查研究报告类

（1）中国社会科学院妇女/性别研究中心：《他们的生存状况及权利保障——多学科视角下的妇女儿童状况调查》，《中国社会科学院要报》2007年第8期，2008年第18期、第19期、第20期。

（2）裔昭印主编《社会转型与都市知识女性》，北京：中国社会科学出版社，2005年3月。

（3）陕西省人民政府妇女儿童工作委员会办公室，魏掌志、赵银侠执笔：《关于在陕西省实行农村孕产妇免费住院分娩的可行性调研报告》，入选陕西省人民政府《陕西妇女调研报告集（2003~2007）》。

（4）陈苇、杜江涌著《中国农村妇女土地使用权与物权法保障研究》，载于《家事法研究（2005年卷）》，北京：群众出版社，2006年1月。

（5）苏州市妇联、苏州市妇女干部学校：《苏州市家政服务业现状调查及发展趋向分析》，《江苏妇运》2006年第11~12期。

（6）刘伯红、张永英、李亚妮：《工作和家庭的平衡：中国的问题与政策研究报告》，国际劳工组织出版，2008年5月。

4. 学术普及读物（含教材）类

佟新著《社会性别研究导论——两性不平等的社会机制分析》，北京：北京大学出版社，2005年7月。

5. 工具书类

全国妇联妇女研究所编《中国妇女研究年鉴（2001~2005）》，北京：社会科学文献出版社，2007年11月。

6. 译著类（1部）

侯晶晶译《始于家庭：关怀与社会政策》，北京：教育科学出版社，2006年9月出版。

三等奖

1. 专著类

（1）乔以钢著《中国当代女性文学的文化探析》，北京：北京大学出版社，2006年12月。

（2）林建军著《妇女法基本问题研究》，北京：中国社会科学出版社，2007年5月。

（3）刘明辉著《女性劳动和社会保险权利研究》，北京：中国劳动社会保障出版社，2005 年 10 月。

（4）肖巍著《女性主义教育观及其实践》，北京：中国人民大学出版社，2007 年 10 月。

（5）马珏玶著《中国古典小说女性形象源流考论》，南京：南京师范大学出版社，2008 年 11 月。

（6）沈文捷著《她们嫁给城市——城市外来农村媳妇生活状况透视》，上海：学林出版社，2007 年 11 月。

（7）陈丽菲著《日军慰安妇制度批判》，北京：中华书局，2006 年 11 月。

（8）钱虹著《文学与性别研究》，上海：同济大学出版社，2008 年 4 月。

（9）赵叶珠著《美日中三国女子高等教育比较》，厦门：厦门大学出版社，2007 年 12 月。

2. 论文类

（1）中国电视女性频道/栏目研究课题组：《电视女性频道/栏目的生存状况与发展障碍——关于 5 个电视女性栏目的访谈资料和文本分析》，载于《妇女发展蓝皮书》，北京：社会科学文献出版社，2007 年 12 月出版。

（2）石彤：《构建女大学生发展性德育模式》，《妇女研究论丛》2008 年第 1 期。

（3）马焱：《从性别平等的视角看出生婴儿性别比》，《人口研究》2004 年第 5 期。

（4）李玲：《女性文学主体性论纲》，《南开学报（哲学社会科学版）》2007 年第 4 期。

（5）薛宁兰：《性骚扰侵害客体的民法分析》，《妇女研究论丛》2006 年 8 月增刊。

（6）周玉：《未竟的性别平等——一项基于权力职场的考察》，《东南学术》2008 年第 6 期，人大复印报刊资料《妇女研究》2009 年第 2 期全文转载。

（7）郭少榕：《农村留守女童：一个被忽视的弱势群体——福建农村留守女童问题调查分析》，《福州大学学报（哲学社会科学版）》2006 年第 3 期。

（8）叶文振、葛学凤、叶妍：《流动妇女的职业发展及其影响因素——以厦门市流动人口为例》，《人口研究》2005 年第 1 期。

（9）韩贺南：《对五四时期妇女解放思潮中"男性本质"建构的研究》，《妇女研究论丛》2007 年第 6 期，人大复印报刊资料《妇女研究》2008 年第 2 期全文转载。

（10）吉国秀：《婚姻支付变迁与姻亲秩序谋划：辽东 Q 镇的个案研究》，《社会学研究》2007 年第 1 期，《中国社会科学文摘》2007 年第 3 期选摘。

（11）王纯菲：《女神与女从——中国文学中女性伦理表现的两极性》，《南开学报（哲学社会科学版）》2006 年第 6 期，《中国社会科学文摘》2007 年第 3 期选摘。

（12）王春荣、吴玉杰：《反思、调整与超越：21 世纪初的女性文学批评》，《文学评论》2008 年第 6 期。

（13）李琴、孙良媛：《失地妇女就业及其收入的影响因素》，《世界经济文汇》2007 年第 3 期。

（14）尹旦萍：《新农村建设公共政策的社会性别分析——兼论社会性别主流化的实现途径》，《妇女研究论丛》2007 年第 4 期。

（15）陈琼、刘筱红：《保护性政策与妇女公共参与——湖北广水 H 村"性别两票制"选举试验观察与思考》，《妇女研究论丛》2008 年第 1 期。

（16）施国庆、吴小芳：《社会性别视角下的农村妇女土地保障状况——基于温州三个村的调查研究》，《浙江学刊》2008 年第 6 期，人大复印报刊资料《妇女研究》2009 年第 1 期全文转载。

（17）吴玲、施国庆：《论城市贫困女性的社会资本》，《江海学刊》2005 年第 4 期。

（18）张立敏：《印象管理对成年女性健身活动的影响》，《天津体院学报》2008 年第 7 期。

（19）畅引婷：《中国妇女与性别学科的发展演变及本土特征》，《晋阳学刊》2009 年第 1 期。

（20）董江爱：《农村妇女土地权益及其保障》，《华中师范大学学报》2006 年第 1 期。

（21）刘宁：《推进农村女性家庭式迁移的实践与探索——来自山西省北录树企业集团的调查报告》，《中共山西省委党校学报》2007 年第 5 期，

《中国社会科学文摘》2007 年第 6 期转载。

（22）姚先国、谭岚：《家庭收入与中国城镇已婚妇女劳动参与决策分析》，《经济研究》2005 年第 7 期。

（23）肖文、汤相萍：《失地农村妇女的社会保障问题研究》，《浙江大学学报》2005 年第 5 期。

3. 调查研究报告类

（1）全国妇联发展部：《农村妇女是建设社会主义新农村的重要力量——万名农村妇女参与新农村建设问卷调查》，2006 年 12 月。

（2）全国妇联妇女研究所"双学双比"活动评估项目组：《具有中国特色的妇女运动实践探索——"双学双比"活动评估报告》，《妇女研究论丛》2008 年第 2 期。

（3）天津市妇联课题组：《天津市贫困单亲母亲家庭社会救助长效机制研究》，2007 年 1 月。

（4）王晶：《吉林省百村老年妇女生存状况调查研究》，2009 年 6 月。

（5）蔡巧玉：《关于深圳和香港构建女性社区服务网络的比较研究》，载于深圳蓝皮书《深圳社会发展报告（2008）》，北京：社会科学文献出版社，2008 年 8 月。

（6）陕西省妇女联合会、西安交通大学妇女/性别研究与培训基地：《社会资助对贫困地区女大学生接受高等教育的作用和影响——以红凤工程为例》，载于中共陕西省委政策研究室、陕西省人民政府研究室编《2007 年度全省党政领导干部优秀调研成果汇编》，2008 年 3 月。

（7）湖北省妇联、湖北省政府发展研究中心、湖北省统计局：《万名下岗妇女就业状况调查报告》，2007 年 9 月。

（8）上海社会科学院妇委会、上海社会科学院妇女研究中心编：《性别与家庭调研报告》，上海：上海社会科学院出版社，2008 年 8 月出版。

（9）贵州省妇联、贵州财经学院联合课题组：《换届后贵州县、乡两级妇女干部参政议政情况及存在问题研究》。

（10）邱立明、尚健纯、范威、张欣春、刘鑫：《辽宁省农村贫困母亲救助问题的调查与思考》，收入 2006～2007 年辽宁省优秀调研成果文集《振兴的实践与探索》，沈阳：辽宁人民出版社，2008 年 7 月。

4. 学术普及读物（含教材）类

（1）中共江苏省委宣传部、中共江苏省委党史工作办公室、江苏省妇联：《巾帼英杰》，南京：江苏人民出版社，2009 年 1 月。

（2）董进霞主编《女性与体育：历史的透视》，北京：北京体育大学出版社，2005 年 2 月。

5. 工具书类

（1）卜卫编著《社会性别与儿童报道培训手册》，国务院妇女儿童工作委员会办公室、联合国儿童基金会，2006 年 6 月。

（2）谢玉娥编《女性文学研究与批评论著目录总汇（1978~2004）》，开封：河南大学出版社，2007 年 3 月。

6. 译著类

（空缺）

二 优秀组织奖

1. 优秀组织奖

福建省妇女理论研究会

上海市妇女学学会

中国社科院妇女/性别研究中心

北京大学中外妇女问题研究中心

东北师范大学女性研究中心

武汉大学妇女与性别研究中心

2. 组织奖

厦门大学妇女/性别研究与培训基地

中华女子学院妇女/性别研究与培训基地

陕西省委党校妇女/性别研究与培训基地

辽宁省妇女研究会

江苏省妇女学研究会

新疆维吾尔自治区妇女理论研究会

中国妇女研究会第一届至第三届妇女/性别研究优秀博士、硕士学位论文获奖名单

一 中国妇女研究会第一届妇女/性别研究优秀博士、硕士学位论文获奖名单
(2006 年)

(一) 博士学位论文获奖名单 (共 14 名)

一等奖

1. 论文题目：性别表述与现代认同
      ——中国大陆当代小说的另一种解读
   作　　者：王　宇
   毕业院校：南京大学
   报送单位：江苏省妇女学研究会

2. 论文题目：北京双职工家庭中的婚姻冲突：社会性别的视角
   作　　者：张李玺
   毕业院校：香港理工大学
   报送单位：北京妇女理论研究会

二等奖

1. 论文题目：中国农村招赘婚姻及其影响的系统研究
      ——基于三个县的比较分析
   作　　者：靳小怡

毕业院校：西安交通大学

报送单位：陕西省妇女理论婚姻家庭研究会

2. 论文题目：电视剧：叙事与性别

作　　者：张兵娟

毕业院校：河南大学

报送单位：河南省妇女问题理论研究会

3. 论文题目：从美国女性频道看社会性别与媒介传播

作　　者：刘利群

毕业院校：中国传媒大学

报送单位：北京妇女理论研究会

4. 论文题目：民国时期上海女子教育口述研究（1912～1949）

作　　者：杨　洁

毕业院校：华东师范大学

报送单位：陕西省妇联

三等奖

1. 论文题目：从彰显到渐隐

　　　　　　——20世纪前50年中国女性文学话语流变

作　　者：常　彬

毕业院校：中山大学

报送单位：海南省妇女儿童问题研究会

2. 论文题目：妇女社会地位评价方法研究

作　　者：单艺斌

毕业院校：东北财经大学

报送单位：辽宁省妇联

3. 论文题目：父权制与当代资本主义批判

　　　　　　——马克思主义的女性主义哲学审视

作　　者：戴雪红

毕业院校：南京大学

报送单位：江苏省妇女学研究会

4. **论文题目**：英国妇女选举权运动

　作　　者：陆伟芳

　毕业院校：南京大学

　报送单位：江苏省妇女学研究会

5. **论文题目**：新文化运动时期的女性主义思潮

　作　　者：尹旦萍

　毕业院校：武汉大学

　报送单位：湖北省妇女理论研究会

6. **论文题目**：走向自由和谐的两性关系

　　　　　　——社会变迁中性别观念的变革

　作　　者：胡晓红

　毕业院校：吉林大学

　报送单位：吉林省妇联　吉林省妇女学会

7. **论文题目**：择偶形态：对生存环境的适应方式

　　　　　　——对西北一个村庄择偶问题的研究

　作　　者：孙淑敏

　毕业院校：南京大学

　报送单位：上海市妇女学学会

8. **论文题目**：女性主义科学观探究

　作　　者：董美珍

　毕业院校：复旦大学

　报送单位：上海市妇女学学会

（二）硕士学位论文获奖名单（共14名）

一等奖

　论文题目：师生互动的性别行动研究

　　　　　　——以小学数学课堂为例

　作　　者：陈　萍

　毕业院校：北京师范大学

　报送单位：北京妇女理论研究会

二等奖

1. 论文题目："五四"女作家的女性观及其创作
   作　　者：王　爽
   毕业院校：南开大学
   报送单位：天津市妇联

2. 论文题目：一种"僭越"和"突围"的写作
   ——八十年代中期以来女性小说探析
   作　　者：廖冬梅
   毕业院校：厦门大学
   报送单位：福建省妇女理论研究会

3. 论文题目：论陈家林导演的女性审美理想及性别文化心理
   作　　者：张　杰
   毕业院校：中国传媒大学
   报送单位：北京妇女理论研究会

4. 论文题目：增权模式
   ——虐妻之社会工作应对
   作　　者：张　洁
   毕业院校：上海大学
   报送单位：上海市妇女学学会

三等奖

1. 论文题目：论中国近代产业女工（1872～1937）
   作　　者：谷正艳
   毕业院校：郑州大学
   报送单位：河南省妇女问题理论研究会

2. 论文题目：飞翔与穿越
   ——90年代台湾女性小说论
   作　　者：李　娜
   毕业院校：南开大学

报送单位：天津市妇联

3. 论文题目：配偶继承权制度研究

           ——兼论女性配偶继承权的保护

   作   者：张剑芸

   毕业院校：厦门大学

   报送单位：福建省妇女理论研究会

4. 论文题目：惠东婚俗的变迁

           ——以大岞村为例

   作   者：吴建梅

   毕业院校：厦门大学

   报送单位：福建省妇女理论研究会

5. 论文题目：女大学生自信心发展状况的研究

           ——女子院校与男女共学院校之比较

   作   者：王丽馨

   毕业院校：厦门大学

   报送单位：福建省妇女理论研究会

6. 论文题目：农村女性职业流动中的社会资本研究

   作   者：刘莫鲜

   毕业院校：武汉大学

   报送单位：湖北省妇女理论研究会

7. 论文题目：从女性主义视角探索我国女性道德发展存在的问题

           及其解决对策

   作   者：李   慧

   毕业院校：华中师范大学

   报送单位：湖北省妇女理论研究会

8. 论文题目：村委会选举制度的演进对农村妇女当选的影响

           ——来自宜昌 J 村的调查

   作   者：向常春

   毕业院校：华中师范大学

   报送单位：湖北省妇女理论研究会

9. **论文题目：** 女性主义安全理论研究

     ——以国家安全、经济安全和生态安全为例

  作 者： 彭习华

  毕业院校： 复旦大学

  报送单位： 上海市妇女学学会

二 中国妇女研究会第二届妇女/性别研究优秀 博士、硕士学位论文获奖名单 （2008 年）

（一）博士学位论文获奖名单（共 8 名）

一等奖

（空缺）

二等奖

1. **论文题目：** 中国城市下岗失业贫困妇女求助和受助

     经验的叙述分析

  作 者： 马凤芝

  毕业院校： 香港中文大学

  报送单位： 北京妇女理论研究会

2. **论文题目：** 宋代士人阶层女性研究

     ——秩序、规范与女性生活

  作 者： 铁爱花

  毕业院校： 武汉大学

  报送单位： 湖北省妇女理论研究会

3. **论文题目：** 女性主义科学史的编史学研究

  作 者： 章梅芳

  毕业院校： 清华大学

  报送单位： 北京妇女理论研究会

三等奖

1. 论文题目：已婚女性的时间配置研究

   作　　者：石红梅

   毕业院校：厦门大学

   报送单位：福建省妇女理论研究会

2. 论文题目：中国 20 世纪"失踪女性"数量估计与人口后果分析

   作　　者：姜全保

   毕业院校：西安交通大学

   报送单位：陕西省妇联

3. 论文题目："成家"与"立业"：青年白领女性的工作家庭冲突研究

   作　　者：唐美玲

   毕业院校：南京大学

   报送单位：福建省妇女理论研究会

4. 论文题目：清至民国的蓄妾习俗与社会变迁

   作　　者：程　郁

   毕业院校：复旦大学

   报送单位：上海市妇女学学会

5. 论文题目：美日中三国女子高等教育比较研究

   作　　者：赵叶珠

   毕业院校：厦门大学

   报送单位：福建省妇女理论研究会

（二）硕士学位论文获奖名单（共 13 名）

一等奖

论文题目：女性创业的现状与促进对策研究

　　　　　——以镇江市为例

作　　者：居凌云

毕业院校：江苏大学

报送单位：江苏省妇女学研究会

二等奖

1. **论文题目**：吕碧城：擅旧词华，具新理想
   ——清末民初男权社会中女性新形象的构建
   作　　者：秦　方
   毕业院校：南开大学
   报送单位：天津市妇联

2. **论文题目**：宋代士人妇女在家庭经济运营中的作用
   作　　者：戚良艳
   毕业院校：上海师范大学
   报送单位：上海市妇女学学会

3. **论文题目**：生平情境与再社会化：城乡夹缝中的生存与适应
   ——对北京市 H 区女农民工的个案研究
   作　　者：杨　可
   毕业院校：北京大学
   报送单位：北京妇女理论研究会

4. **论文题目**：女性主义视野下的和平研究
   作　　者：钱亚平
   毕业院校：复旦大学
   报送单位：上海市妇女学学会

三等奖

1. **论文题目**：生命历程与应付策略
   ——一项下岗失业女工的研究
   作　　者：黄　凤
   毕业院校：北京大学
   报送单位：北京妇女理论研究会

2. **论文题目**：媒体与民国时期女性主体性的建构
   ——以天津《益世报·妇女周刊》为例
   作　　者：李净昉
   毕业院校：南开大学

报送单位：天津市妇联

3. 论文题目：以女性主义视角看科学的世界新图景

  作　　者：彭克慧

  毕业院校：海军工程大学

  报送单位：湖北省妇女理论研究会

4. 论文题目：五四前后的妇女解放思潮

  ——1920～1925 年《妇女杂志》述评

  作　　者：张　静

  毕业院校：厦门大学

  报送单位：福建省妇女理论研究会

5. 论文题目：现代性、父权制共同塑造下的女性身体

  ——对北京市美发一条街时尚美发消费行为的分析

  作　　者：李　捷

  毕业院校：北京大学

  报送单位：北京妇女理论研究会

6. 论文题目：历年辛苦不寻常

  ——晚年单士釐研究

  作　　者：黄湘金

  毕业院校：南京师范大学

  报送单位：江苏省妇女学研究会

7. 论文题目：农村老年妇女贫困问题研究

  ——以河南省岗村为例

  作　　者：崔学华

  毕业院校：郑州大学

  报送单位：河南省妇女问题理论研究会

8. 论文题目：家事劳动价值之立法研究

  ——以婚姻家庭法为视角

  作　　者：张　颖

  毕业院校：厦门大学

  报送单位：福建省妇女理论研究会

三　中国妇女研究会第三届妇女/性别研究优秀
博士、硕士学位论文获奖名单
（2010年）

（一）博士学位论文获奖名单（共19名）

一等奖

1. 论文题目：现代文学家庭书写新论
   ——性别视角下的考察
   作　　者：陈千里
   毕业院校：南开大学
   报送单位：天津市妇女发展研究中心
2. 论文题目：清末民初女性犯罪研究（1901～1919）
   作　　者：艾　晶
   毕业院校：四川大学
   报送单位：辽宁省妇女研究会

二等奖

1. 论文题目：儒家女性观研究
   作　　者：彭　华
   毕业院校：南京大学
   报送单位：黑龙江省妇女发展学会
2. 论文题目：中国农村居民生殖健康行为社会性别公平影响机制研究
   作　　者：张　莹
   毕业院校：西安交通大学
   报送单位：山西省妇女研究会
3. 论文题目：甘青宁回族女性传统社会文化变迁研究
   作　　者：骆桂花
   毕业院校：兰州大学

　　报送单位：青海省妇联

4. 论文题目：浮出历史地表之前：女学生与现代妇女写作的

　　　　　　　发生（1898～1925）

　　作　　者：张　莉

　　毕业院校：北京师范大学

　　报送单位：天津市妇女发展研究中心

5. 论文题目："完整生存"

　　　　　　　——后殖民英语国家女性创作研究

　　作　　者：方　红

　　毕业院校：苏州大学

　　报送单位：江苏省妇女学研究会

三等奖

1. 论文题目：社会性别视角下的中国女性参政研究

　　作　　者：鲍　静

　　毕业院校：北京大学

　　报送单位：中国行政管理学会

2. 论文题目：婚姻家庭法之女性主义分析

　　作　　者：黄　宇

　　毕业院校：西南政法大学

　　报送单位：重庆市妇女理论研究会

3. 论文题目：性别再生产中的传统与变迁

　　　　　　　——城市独生子女性别角色社会化研究

　　作　　者：张艳霞

　　毕业院校：南京大学

　　报送单位：河南省妇女问题理论研究会

4. 论文题目：婚姻迁移者的城市新生活

　　　　　　　——城市外来农村媳妇生活状况研究

　　作　　者：沈文捷

　　毕业院校：南京大学

　　报送单位：江苏省妇女学研究会

5. 论文题目：索玛花的叙事

           ——四川凉山彝族女性研究

   作   者：刘世风

   毕业院校：中央民族大学

   报送单位：北京妇女理论研究会

6. 论文题目：欧盟层面家庭政策研究（1952～2004 年）

   作   者：吕亚军

   毕业院校：云南大学

   报送单位：云南省妇女理论研究会

7. 论文题目：正式和非正式制度中的乡村性别关系

           ——以河北红村为例

   作   者：王冬梅

   毕业院校：中国农业大学

   报送单位：北京妇女理论研究会

8. 论文题目：中韩女性教育比较研究

   作   者：金香花

   毕业院校：东北师范大学

   报送单位：吉林省妇女学会

9. 论文题目：中国科技女性职业发展影响因素研究

   作   者：李乐旋

   毕业院校：中国科学院科技政策与管理科学研究所

   报送单位：中华女子学院

10. 论文题目：古典时期雅典家庭研究

   作   者：孙晶晶

   毕业院校：上海师范大学

   报送单位：上海市妇女学学会

11. 论文题目：中国当代战争小说中的情爱叙事研究

   作   者：赵启鹏

   毕业院校：山东师范大学

   报送单位：山东女子学院

12. **论文题目**：性别、权利与社会转型：1927～1937 年上海女性
     自杀问题研究

　　　作　　者：侯艳兴

　　　毕业院校：复旦大学

　　　报送单位：上海市妇女学学会

（二）硕士学位论文获奖名单（共 21 名）

一等奖

　　论文题目：画中有话：晚清《人镜画报》的文化构图
　　　　　　　——性别、国族和视觉表述

　　　作　　者：李　钊

　　　毕业院校：南开大学

　　　报送单位：天津市妇女发展研究中心

二等奖

1. **论文题目**：称谓·家族·婚姻·宗法
　　　　　　　——《尔雅·释亲》的文化学研究

　　　作　　者：王雪燕

　　　毕业院校：内蒙古大学

　　　报送单位：内蒙古妇女儿童研究会

2. **论文题目**：当代女大学生性心理结构及发展特点

　　　作　　者：张　楠

　　　毕业院校：沈阳师范大学

　　　报送单位：辽宁省妇女研究会

3. **论文题目**：论西方女性主义文学批评的"双性同体"观

　　　作　　者：陶　慧

　　　毕业院校：陕西师范大学

　　　报送单位：陕西省妇女理论婚姻家庭研究会

4. **论文题目**：从社会性别视角看征地村妇女的家庭地位
　　　　　　　——以山西 S 煤矿区 Y 村为例

作　　者：周　莺

毕业院校：河海大学

报送单位：江苏省妇女学研究会

5. 论文题目：当西方传教女性遭遇近代上海

作　　者：瞿晓凤

毕业院校：上海师范大学

报送单位：上海市妇女学学会

三等奖

1. 论文题目：我国女性旅游安全研究

作　　者：范向丽

毕业院校：华侨大学

报送单位：福建省妇女理论研究会

2. 论文题目：女企业家与女公务员能力建设需求及对比研究

——以杭州市为例

作　　者：苏　洁

毕业院校：浙江理工大学

报送单位：浙江省妇女研究会

3. 论文题目：欧盟性别政策的发展与实践初探（1957～）

作　　者：张炳贵

毕业院校：云南大学

报送单位：云南省妇女理论研究会

4. 论文题目：支持农村妇女参与村民自治的制度变迁研究

——以湖北省 C 乡为例

作　　者：刘术泉

毕业院校：华中师范大学

报送单位：湖北省妇女理论研究会

5. 论文题目：3～6 岁幼儿的性别角色建构探析

——以焦作市 Y 幼儿园为例

作　　者：王晓莉

毕业院校：郑州大学

　　　　报送单位：河南省妇女问题理论研究会

6. **论文题目**：当代女大学生职业理想探析

　　　　作　　者：陈姗姗

　　　　毕业院校：复旦大学

　　　　报送单位：上海市妇女学学会

7. **论文题目**：社会性别视角下的农村妇女权益保障问题研究

　　　　　　　　——以上海市嘉定区为例

　　　　作　　者：沈雅玲

　　　　毕业院校：复旦大学

　　　　报送单位：上海市妇女学学会

8. **论文题目**：方舟沉浮

　　　　　　　　——20世纪90年代以来女性小说姐妹情谊阐释

　　　　作　　者：李校争

　　　　毕业院校：河南大学

　　　　报送单位：河南省妇女问题理论研究会

9. **论文题目**：新疆维吾尔族与汉族生育文化比较研究

　　　　作　　者：高　卉

　　　　毕业院校：石河子大学

　　　　报送单位：新疆维吾尔自治区妇女理论研究会

10. **论文题目**：王端淑研究

　　　　作　　者：张　敏

　　　　毕业院校：南京师范大学

　　　　报送单位：江苏省妇女学研究会

11. **论文题目**：矛盾的纠缠

　　　　　　　　——居斯塔夫·莫罗笔下女性绘画形象研究

　　　　作　　者：黄　敏

　　　　毕业院校：南京艺术学院

　　　　报送单位：江苏省妇女学研究会

12. **论文题目**：女大学生自爱及其与父母养育方式关系研究

　　　　作　　者：周友焕

　　　　毕业院校：苏州大学

报送单位：江苏省妇女学研究会

13. 论文题目："奇观"与"叙事"

——性别视角下的《满城尽带黄金甲》

作　　者：朱华煜

毕业院校：厦门大学

报送单位：福建省妇女理论研究会

14. 论文题目：论欧美新移民女作家书写的"自我东方主义"现象

作　　者：董静怡

毕业院校：厦门大学

报送单位：福建省妇女理论研究会

15. 论文题目：希腊化时期埃及妇女研究

作　　者：徐海晴

毕业院校：上海师范大学

报送单位：上海市妇女学学会

全国妇联妇女研究所简介

全国妇联妇女研究所（Women's Studies Institute of China，WSIC）成立于1991年1月，是由中华全国妇女联合会主管、具有综合研究职能的国家级妇女研究机构。历任所长陶春芳、李秋芳（全国妇联书记处书记兼），现任所长谭琳（全国妇联书记处书记兼）。

妇女研究所坚持以马克思主义为指导，坚持妇女研究为国家法律政策的制定与实施服务，为妇女运动和妇女工作实践服务的正确方向，坚持走"社会化、开放式办科研"的道路，实施"出重大科研成果、出优秀研究人才"的发展战略，从多学科视角开展妇女理论研究、历史研究、实证研究、法律法规政策研究和中外妇女理论比较研究，努力促进妇女发展，推进男女平等进程。

妇女研究所目前设八个处室，分别为办公室、科研处、信息中心、妇女理论研究室、妇女历史研究室、政策法规研究室、国际妇女研究室及《妇女研究论丛》编辑部。

联系电话：010 – 85112139　65103462

传　　真：010 – 65225396

网　　址：www. wsic. ac. cn

主编简介

肖扬（1955~），女，全国妇联妇女研究所原副所长、研究员。兼任中国人口学会理事、中共党史学会理事、中国妇女研究会理事、中国婚姻家庭研究会常务理事、中国家庭教育学会常务理事、全国总工会女职工委员会委员、中国残联主席团委员、中国精协副主席、中国老区建设促进会妇女工作委员会理事、中国孤独症儿童康复协会常务副会长。

姜秀花（1963~），女，全国妇联妇女研究所所长助理、妇女历史研究室主任、研究员。兼任中国妇女研究会理事，中国婚姻家庭研究会理事，中华预防医学会劳动卫生职业病专业委员会委员，首都师范大学中国女性文化研究中心、中国女性文化研究基地特聘研究员，山东省女性人力资源开发与管理研究基地专家委员会委员。

图书在版编目（CIP）数据

中国妇女研究年鉴.2006～2010/肖扬,姜秀花主编.—北京:社会科学文献出版社,2015.6

ISBN 978 - 7 - 5097 - 7550 - 9

Ⅰ.①中⋯ Ⅱ.①肖⋯ ②姜⋯ Ⅲ.①妇女工作 - 研究 - 中国 - 2006～2010 - 年鉴 Ⅳ.①D442.6 - 54

中国版本图书馆 CIP 数据核字（2015）第 117484 号

中国妇女研究年鉴（2006～2010）

编　　者 / 全国妇联妇女研究所
主　　编 / 肖　扬　姜秀花

出 版 人 / 谢寿光
项目统筹 / 周映希
责任编辑 / 周映希

出　　版 / 社会科学文献出版社·皮书出版分社(010)59367127
　　　　　地址:北京市北三环中路甲 29 号院华龙大厦　邮编:100029
　　　　　网址:www. ssap. com. cn
发　　行 / 市场营销中心（010）59367081　59367090
　　　　　读者服务中心（010）59367028
印　　装 / 北京盛通印刷股份有限公司

规　　格 / 开　本:787mm×1092mm　1/16
　　　　　印　张:50.5　字　数:866 千字
版　　次 / 2015 年 6 月第 1 版　2015 年 6 月第 1 次印刷
书　　号 / ISBN 978 - 7 - 5097 - 7550 - 9
定　　价 / 298.00 元